劉寶楠撰
高流水點校

論語正義 上

文史哲出版社印行

文史集刊 ⑪

論語正義

著者：劉寶楠
出版者：文史哲出版社
登記證字號：行政院新聞局局版臺業字〇七五五號
發行所：文史哲出版社
印刷者：文史哲出版社
台北市羅斯福路一段七十二巷四號
郵撥〇五一二八八一二彭正雄帳戶
電話：三五一一〇二八
平裝二冊定價新臺幣六二〇元
中華民國七十九年十一月初版

ISBN 957-547-022-2（精裝）
ISBN 957-547-023-0（平裝）

本書點校說明

孔子是我國古代偉大的思想家和教育家。記述孔子言行的主要材料是論語。有關論語的成書情況，歷來說法不一。漢書藝文志認爲是孔子「門人相與輯而論纂」，有的學者考證認爲是孔子弟子仲弓、子游、子夏所撰，也有的學者認爲是曾參、有若、閔子騫的弟子所撰。總之，論語是依據孔子弟子及再傳弟子的記錄，加以整理編纂而成，大約成書於戰國初期。

在漢初，流傳的論語有三個本子：一是古論語，二是齊論語，三是魯論語。漢書藝文志說「古論語二十一篇」，班固注：「出孔子壁中，兩子張。」「齊論語二十二篇」，班固注：「多問王、知道。」「魯論語二十篇，傳十九篇。」傳播齊論語的，據漢書藝文志載有王吉、宋畸、貢禹、五鹿充宗、膠東庸生等人；傳播魯論語的，有龔奮、夏侯勝、韋賢、魯扶卿、蕭望之、張禹等人。古論語是漢景帝時，由魯恭王劉餘在孔子舊宅壁中發現，世所不傳。何晏論語集解序認爲孔安國曾爲古論語訓解，後來多數學者對此有懷疑。古論語屬於古文，齊論語和魯論語屬於今文。當時張禹依據魯論語的篇目，兼采齊說，善者從之，號稱張侯論，在當時影響頗大，這是論語的第一次改訂本。東漢末年，鄭玄又依據張侯論，並參照古論和齊論，爲論語作注，這可說是論語的第二次改訂本，也就是現在通行各本的祖本。

漢代已經把論語和孝經作爲學者的必讀書，認爲只有讀了這兩部書，才能進而學習易、書、詩、禮、春秋五經。而後來論語也被列爲經書之一。歷代學者莫不研讀論語，注釋、考證論語的書，真可謂汗牛充棟，舉不勝舉。其中影響較大的，有三國時何晏的論語集解、南北朝時皇侃的論語義疏、宋代邢昺的論語疏、南宋朱熹的論語集注和清代劉寶楠的論語正義。

何晏的論語集解，實際是孫邕、鄭衝、曹羲、荀顗、何晏五人共同完成的。匯集了兩漢至三國時孔安國、包咸、周氏、馬融、鄭玄、陳羣、王肅、周生烈諸家之説，保留了論語幾個古本的原貌，是論語最早的集注本。

皇侃的論語義疏，是對何晏論語集解所作的注解。由於當時玄學比較盛行，再加皇侃本人就是個玄學家，所以他的義疏，摻雜了不少玄學内容，但它「博極羣言，補諸書之未至，爲後學所宗」，仍有可貴的參考價值。

邢昺的論語疏，也是對何晏論語集解所作的疏證。它「翦皇氏之枝蔓，而稍傅以義理」，側重於章句訓詁，又帶有義理之學的特色。它是漢學向宋學轉變的標志，影響超過了皇疏。

朱熹的論語集注，是朱熹用畢生精力爲四書所作的章句、集注之一。因爲朱熹是宋代理學的集大成者，所以他借注四書，着重闡發他的理學思想，並多采用二程及其弟子的説法，後來隨着理學上升爲官學，它又成爲封建科舉考試的教科書。但朱熹也注意文字訓詁和史實考訂，並吸取了一些前人注釋的積極成果，對研究論語也具有一定的參考作用。

劉寶楠的論語正義，也是對何晏論語集解所作的注釋。它充分吸收了前人的注釋成果，同時對其謬誤也多所匡正。它還采集了不少清人注釋、考證論語的新材料，並注重文字訓詁、史實考訂和闡述經義，經學家周予同先生認爲「其詳博超於舊疏」，可說是論語舊注中水平最高的。

劉寶楠，字楚楨，號念樓，江蘇寶應人。生於公元一七九一年，卒於公元一八五五年，曾任直隸文安(今屬河北)知縣。劉寶楠初治毛詩、鄭禮，後與同鄉劉文淇、梅植之、包慎言、柳興恩、陳立相約各治一經，劉寶楠專治論語。清史稿劉寶楠傳稱其「病皇、邢疏蕪陋，蒐輯漢儒舊說，益以宋人長義及近世諸家」，仿照焦循孟子正義的體例，「先爲長編，次乃薈萃而折衷之」，撰著論語正義。後因官事繁忙，未能完成，交由其子劉恭冕續編成書。本書的刻本從卷一至卷十七，卷題下都署「寶應劉寶楠學」，卷十八至卷二十四，則署「恭冕述」，這表明前十七卷是劉寶楠自己撰寫的，後七卷則是他的兒子劉恭冕在長編的基礎上續撰的。

劉寶楠的論語正義有幾個顯著特點：

一、充分地吸收了前人的研究成果，尤其是清人的注釋考證。皇疏、邢疏和朱熹的集注雖然在注釋論語中影響較大，各有千秋，但也有不少謬誤，尤其明顯地受到各個時代哲學思潮的影響。劉寶楠對他們的注解，在做了充分辨證的基礎上，指正謬誤，兼采善說。對其他諸家好的注解，也時有甄采。

特別是對清人的注解考證，更是博采衆長，詳加采録。其所采用的主要有劉台拱的論語駢枝，劉寶樹的經義説略，方觀旭的論語偶記，錢坫的論語後録，包慎言的論語温故録，焦循的論語補疏，劉逢禄的論語述何，宋翔鳳的論語發微，戴望的論語注，毛奇齡的論語稽求篇和四書賸言，凌曙的四書典故覈，周炳中的四書典故辯正，陳鱣的論語古訓，劉培翬的四書拾義，翟灝的四書考異，江永的鄉黨圖攷，黄式三的論語後案等。應該説這是論語正義的主要特點，也是它超過前人注解的主要標誌。

二、發揚了乾嘉學風，在注釋中注重文字訓詁、史實考訂和闡發經義。尤其對古代的典章名物制度、風俗禮節、歷史事件以及人名地名的注釋考證，更爲詳備。對前人的注解，作者多所評判；對拿不定主意的地方，作者又往往兼收並蓄，留待讀者自己鑒別。

書中如爲政篇「舉直錯諸枉」的「錯」字，作者先引唐陸德明經典釋文：「錯，鄭本作措。」又引説文：「措，置也。」再引漢費鳳碑「舉直措枉」爲證，據此肯定「措」爲正字，「錯」爲假借字。這樣的訓解是較爲確切的。又如公冶長篇「願車馬衣輕裘」的「輕」字，劉寶楠認爲唐以前的本子没有「輕」字，是宋人依雍也篇「衣輕裘」誤加，並引阮元的校勘記，列舉四條證據加以證明，這樣的考證也是比較有説服力的。再如學而篇「千乘之國」的解釋，馬融依據周禮，認爲「千乘之國」地方三百一十六里有畸，包咸依據王制和孟子，認爲「千乘之國」就是百里之國，何晏並存兩説。劉寶楠徵引了大量的先秦古籍和前人的考證，證明包咸的説法較爲可靠，從而解決了何晏遺留下來的疑難問題。還有對子罕篇「子畏於匡」匡地的考證，雍也篇汶水、武城的考證，作者都詳列了前人的幾種不同說法，進行比較分析，然後采納了較爲合理的解釋。這也是論語正義的注解比其他舊注較爲精當的地方。

三、論語正義不但保留了漢魏古注，而且還對這些古注作了詳細疏解，從而豐富了論語的注釋內容。對宋翔鳳輯的鄭玄論語序逸文和何晏的論語序也作了詳細疏證，從中可以看出論語一書的歷史演變過程。

當然，論語正義也有它不可避免的缺點。如它承襲了乾嘉學風，言必有據，論必有證，這固然有好的一面，但弄得十分繁瑣，使人讀起來望而生畏。同時在注釋中，有些地方比較牽强，如對雍也篇「子見南子，子路不説」的解釋等等。

論語正義最早的刻本是清同治五年的初刻本，後來據此而翻刻或排印的還有皇清經解續編本、四部備要本、萬有文庫本、諸子集成本和國學基本叢書本。這次點校，以清同治五年原刻本爲底本，參考了其它幾種本子。點校中發現，後來的翻刻本和排印本，與原刻本相比，除改正了個別明顯的錯別字外，基本没有校勘，有些錯字也照刻照排。針對這種情況，這次點校重點核校了引文的出處，糾正了不少錯誤。如學而篇正義引「民者，君之本也」，本應在穀梁傳桓公十四年，而誤作「四年」。引呂氏春秋愼人篇，誤作「愼大覽」。又如爲政篇正義引左傳襄公七年「正曲爲直」，誤作「哀公七年」。八佾篇正義引春秋繁露郊語篇「天者，百神之大君也。事天不備，雖百神猶無益也」，誤作「郊祭篇」。類似這樣的錯誤很多，這次點校中都依照原書作了更正，並作了校勘記。對引文文字出入不大的，都用了引號；不違背原意的，不作校記。對引文文字出入較大的或意引的，一般不用引號；對重要字詞有出入或與原意出入較大的，一般都作了校記。此外還改正了不少異體字和避諱字。原書篇下分章，但鄉黨篇全篇僅一章，故在章下又分節。整理時在每章、每節之首加了一個阿拉伯數字以表示章次或節次，爲的是便於翻檢。先進、衛靈公、陽貨、微子四篇，原書在篇題下標明的章數與正文實際劃分的章數不符，其原因劉寶楠在疏中已予説明，今一律不改。原書無目録，爲便於查檢，新編了一個本書檢目放在書前。爲了幫助讀者了解劉寶楠的生平，還在書後附録了清史稿劉寶楠傳一篇，供參考。

本書檢目

凡例

恭冕述

一、經文注文，從邢疏本，惟泰伯篇「予有亂臣十人」，以子臣母，有干名義，因據唐石經删「臣」字。其他文字異同，如漢、唐、宋石經及皇侃疏、陸德明釋文所載各本，咸列於疏。至山井鼎考文所引古本，與皇本多同。高麗、足利本與古本亦相出入，語涉譖加，殊爲非類，既詳見於考文及阮氏元論語校勘記、馮氏登府論語異文疏證，故此疏所引甚少。古本、高麗、足利本有與皇本、釋文本、唐石經證合者，始備引之，否則不引。至注文訛錯處，多從皇本及後人校改。其皇本所載注文，視邢本甚繁，非關典要，悉從略焉。

一、注用集解者，所以存魏、晉人箸録之舊，而鄭君遺注，悉載疏内。至引申經文，實事求是，不專一家。故於注義之備者，則據注以釋經；畧者，則依經以補疏；其有違失未可從者，則先疏經文，次及注義。若説義二三，於義得合，悉爲録之，以正向來注疏家墨守之失。

一、鄭注久佚，近時惠氏棟、陳氏鱣、臧氏鏞、宋氏翔鳳咸有輯本，於集解外，徵引頗多，雖拾殘補闕，聯綴之迹，非其本真，而舍是則無可依據。今悉詳載，而原引某書某卷及字句小異，均難備列，閲者諒諸。

一、古人引書，多有增減，蓋未檢及原文故也。翟氏灝四書考異、馮氏登府論語異文疏證，於諸史及漢、唐、宋人傳注，各經說、文集，凡引論語有不同者，悉爲列入，博稽同異，辨證得失。既有專書，此宜從略。

一、漢、唐以來，引孔子說，多爲諸賢語、諸賢說。或爲孔子語者，皆由以意徵引，未檢原文。翟氏考異既詳載之，故此疏不之及。

一、漢人解義，存者無幾，必當詳載，至皇氏疏、陸氏音義所載魏、晉人以後各說，精駁互見，不敢備引。唐、宋後箸述益多，尤宜擇取。

一、諸儒經說，有一義之中是非錯見，但采其善而不箸其名，則嫌於掠美；若備引其說而並加駁難，又嫌於葛藤，故今所輯，舍短從長，同於節取，或祇撮大要，爲某某說。

一、引諸儒說，皆舉所箸書之名，若習聞其語，未知所出何書，則但記其姓名而已。又先祖考國子監典簿諱履恂箸秋槎雜記，先叔祖丹徒縣學訓導諱台拱箸論語駢枝、經傳小記，先伯父五河縣學訓導諱寶樹箸經義說略，疏中皆稱爵。

論語正義卷一

學而第一

正義曰：釋文及皇、邢疏本皆有此題。邢疏云：「自此至堯曰是魯論語二十篇之名及第次也。當弟子論撰之時，以論語爲此書之大名，學而以下，爲當篇之小目。第，順次也。一，數之始也。言此篇於次當一也。」案：古人以漆書竹簡約當一篇，卽爲編列，以韋束之。故孔子讀易，韋編三絶。當孔子時，諸弟子撰記言行，各自成篇，不出一人之手，故有一語而前後篇再出也。毛詩序疏引說文：「第，次也，从竹弟。」今本說文脫。「弟」字下云：「韋束之次弟也。從古字之象。」疑「弟」指韋束之次言，「第」則指竹簡言。釋名釋書契云：「稱題亦有第，因其第次也。」後漢安帝紀李賢注：「第謂有甲乙之次第。」

集解

正義曰：陸德明經典釋文載論語舊題，止「集解」二字，在學而第一之下。自注：「一本作何晏集解。」一本必六朝時人改題，誤以集解爲何晏一人作也。然釋文雖仍舊題，而云「何晏集孔安國」云云，其文兩見，則亦爲後世之誤說所惑也。

凡十六章　正義曰：釋文舊有此題，其所據卽集解本。今皇、邢疏無凡幾章之題者，當由所見本已删之也。漢石經則每卷後有此題，蓋昔章句家所記之數。統計釋文各篇四百九十二章，趙岐孟子篇敍曰「論四百八十六章」，較釋文少六章。然釋文先進篇二十三章，依集解宜爲二十四章。衞靈篇四十九章，依集解實爲四十三章。又陽貨篇二十四章，漢石經作廿六章。凡皆所據本異，故多寡迥殊。今但依釋文以存集解之舊，其有離合錯誤，各記當篇之下。至後世分析移併之故，言人人殊，既由臆造，則皆略焉。又趙岐言章次大小各當其事，無所法也，明謂論語章次依事類敘，無所取法，與孟子篇章迥殊。而皇疏妄有聯貫，翟氏灝考異已言其誤。後之學者，亦有茲失，既非理所可取，則皆删佚，不敢更箸其說焉。

1 **子曰：「學而時習之，不亦說乎？**【注】馬曰：「子者，男子之通稱，謂孔子也。」王曰：「時者，學者以時誦習之。誦習以時，學無廢業，所以爲說懌。」

正義曰：「曰」者，皇疏引說文云：「開口吐舌謂之爲曰。」邢疏引說文云：「曰，詞也。從口，乙聲，亦象口气出也。」所引說文各異。段氏玉裁校定作「從口乙，象口氣出也」。又引孝經釋文云：「從乙在口上，乙象氣，人將發語，口上有氣，故曰字缺上也。」「學」者，說文云：「斅，覺悟也。从教从冂。冂，尚矇也，臼聲。學，篆文斅省。」白虎通辟雍篇：「學之爲言覺也，以覺悟所未知也。」與說文訓同。荀子勸學篇：「君子博學而日參省乎己，則知明而行無過矣。故不登高山，不知天之高也；不臨深谿，不知地之厚也；不聞先王之遺言，不知學問之大也。」又云：「學惡乎始？惡乎終？曰：其數則始乎誦經，終乎讀禮；其義則始乎爲士，終乎爲聖人。眞積力久則入，學至乎沒而後止也。」案：王制言「樂正崇四術，立四教，順先王詩書禮樂以造士，春秋教以禮樂，冬夏教以詩書，王太子、王子、羣后之太子、卿大夫元士之適子，國之俊選，皆造焉。」是詩書禮樂，乃貴賤通習之學，學已大成，始得出仕，所謂先進於禮樂者也。春秋時，廢選舉之務，故學校多廢，禮樂崩壞，職此之由。夫子十五志學，及後不仕，乃更删定諸經。史記孔子世家言孔子當定公五年已修詩書禮樂，卽謂此也。刪定之後，學業復存。凡篇中所言爲學之事，皆指夫子所刪定言之矣。「時習」者，說文：「時，四時也。」此謂春、夏、秋、冬。而日中晷刻亦得名「時」。引申之義也。皇疏云：「凡學有三時：一是就人身中爲時。內則云：『六年教之數目，十年學書計，十三年學樂、誦詩、舞勺，十五年成童舞象。』並是就身中爲時也。二就年中爲時。王制云：『春夏學詩樂，秋冬學書禮。』三就日中爲時。前身中、年中二時，而所學並日日修習，不暫廢也。今云『學而時習之』者，『時』是日中之『時』。」「之」者，詩蓼莪鄭箋云：「之，猶是也。」此常訓。「不亦說乎」者，孟子滕文公上：「不亦善乎！」趙岐注：「不亦者，亦也。」爾雅釋詁：「說，樂也。」皇本凡「說」皆作「悅」。說文有「說」無「悅」，「悅」是俗體。夫子自言「發憤忘食，樂以忘憂」，又稱顏回好學，雖貧不改其樂，皆是說學有然也。「乎」者，說文云：「乎，語之餘也。」廣雅釋詁：「乎，詞也。」此用爲語助。○注「子者」至「說懌」。○正義曰：白虎通號篇：「子者，丈夫之通稱也。」與此注義同。言尊卑皆得稱「子」，故此孔子門人稱師亦曰「子」也。邢疏云：「書傳直言『子曰』者，皆指孔子。以其聖德著聞，師範來世，不須言其氏，人盡知之故也。」「誦習」者，說文：「誦，諷也。諷，誦也。」周官大司樂注：「倍文曰『諷』，以聲節之曰『誦』。」「諷」、「誦」皆是口習，故此注言「誦習」也。但古人爲學，有操縵、博依、雜服、興藝諸事，此注專以「誦習」言者，亦舉一端以見之也。說文：「習，鳥數飛也。」引申爲凡重習、學習之義。呂覽審己注：「習，學也。」下章「傳不習乎」，訓義亦同。「學不廢業」者，廢者，棄也。說文：「業，大版也。所以飾縣鐘鼓，捷業如鋸齒。」簡册亦用竹爲版，故亦名「業」。曲禮云：「請業則起。」注「業謂篇卷也」是也。「說懌」者，說文新附：「懌，說也。」注重言以曉人。

有朋自遠方來，不亦樂乎？

【注】包曰：「同門曰朋。」

正義曰：宋氏翔鳳樸學齋札記：「史記世家：『定公五年，魯自大夫以下，皆僭離於正道，故孔子不仕，退而修詩書禮樂，弟子彌衆，至自遠方，莫不受業焉。』弟子至自遠方，即『有朋自遠方來』也。『朋』即指弟子，故白虎通辟雝篇云：『師弟子之道有三，論語曰「朋友自遠方來」，朋友之道也。』又孟子子濯孺子曰：『其取友必端矣』，亦指『友』爲弟子。」按：宋説是也。釋文云：「有或作友，非。」考白虎通引「有朋」作「朋友」，疑白虎通本作「友朋」，即釋文所載或本，後人乃改作「朋友」耳。隸釋載漢婁壽碑「有朋自遠」，亦作「有朋」。盧氏文弨釋文考證云：「呂氏春秋貴直篇『有人自南方來』，句法極相似。陸氏謂『作友非是』也。」「自遠方來」者，廣雅釋詁：「自，從也。」爾雅釋詁：「遠，遐也。」淮南兵略訓：「方者，地也。」禮表記注：「方，四方也。」爾雅釋詁：「來，至也。」並常訓。學記言：「學至大成，足以化民易俗，近者説服，而遠者懷之，此大學之道。」然則朋來，正是學成之驗。「不亦樂乎」者，蒼頡篇：「樂，喜也。」與「説」義同。易象傳：「麗澤，兑。君子以朋友講習。」「兑」者，説也。禮中庸云：「誠者，非自誠己而已也，所以成物也。」此文「時習」是「成己」，「朋來」是「成物」。但「成物」亦由「成己」，既以驗己之功修，又以得教學相長之益，人才造就之多，所以樂也。孟子以「得天下英才而教育之」爲樂，亦此意。○注：「同門曰朋。」○正義曰：文選古詩十九首注引鄭注此文，與包同。「同門」者，謂同處一師門也。禮學記云：「古之教者，家有塾。」注：「古者仕焉而已者，歸教於閭里，朝夕坐於門，門側之堂謂之塾。」孔疏：「周禮，百里之内，二十五家爲閭，同共一巷，巷首有門，門邊有塾。」當夫子時，學校已廢，仕焉而已者多不任爲師，夫子乃始設教於魯，以師道自任，開門授業，洙、泗之間，必別有講肄之所，而非爲舊時家塾矣。

人不知而不愠，不亦君子乎？」【注】愠，怒也。凡人有所不知，君子不怒。

正義曰：「人不知」者，謂當時君卿大夫不知己學有成舉用之也。「不愠」者，鄭注云：「愠，怨也。」詩緜正義引説文同。「君子」者，白虎通號篇：「或稱君子者，道德之稱也。君之爲言羣也。子者，丈夫之通稱也。」禮哀公問：「君子也者，人之成名也。」禮中庸記：「子曰：『正己而不求於人，則無怨。上不怨天，下不尤人。』」又論語下篇：「子曰：『莫我知也夫！不怨天，不尤人，下學而上達。知我者其天乎！』」正謂己之爲學，上達於天，爲天所知，則非人所能知，故無所怨尤也。夫子一生進德脩業之大，咸括於此章。是故學而不厭，時習也，知也；誨人不倦，朋來也，仁也。遯世不見，知而不悔，不知不愠也，惟聖者能之也。夫子生衰周之世，知天未欲平治天下，故惟守先王之道，以待後之學者。記者因以其言，列諸篇首。○注「愠怒」至「不怒」。○正義曰：詩緜傳：「愠，恚也。」恚、怒義同。皇疏後一解云：「君子易事，不求備於一人，故爲教誨之道，若人有鈍根不能知解者，君子恕之而不愠怒之也。」此卽注義。焦氏循論語補疏：「注言『人有所不知』，則是人自不知，非不知己也。我所知而人不知，因而愠之，矜也。後漢儒林傳注引魏略云：『樂詳字文載，黄初中，徵拜博士。時有博士十餘人，〔一〕學多褊，又不熟悉，惟詳五業並授。其或難質不解，詳無愠色，以杖畫地，牽譬引類，至忘寢食。』」此亦焦氏就注説證之。實則教學之法，語之而不知，雖舍之亦可，無容以不愠卽稱君子。此注所云，不與經旨應也。

2 有子曰：【注】孔子弟子，有若。「其爲人也孝弟，而好犯上者，鮮矣；【注】鮮，少也。上，謂凡在己上者。言孝弟之人必恭順，好欲犯其上者少也。不好犯上，而好作亂者，未之有也。正義曰：阮氏元論語解：「弟子以有子之言似夫子，而欲師之，惟曾子不可彊，其餘皆服之矣。故論語次章，卽列有子之語在曾子之前。」案：曾子

〔一〕「時有博士」四字原脱，據後漢書何焯校本補。

不可彊，非不服有子也，特以尊異孔子，不敢以事師之禮用之他人。觀曾子但言孔子德不可尚，而於有子無微辭，則非不服有子可知。當時弟子惟有子、曾子稱子，此必孔子弟子於孔子没後，尊事二子如師，故通稱子也。至閔子騫、冉有各一稱子，此亦二子之門人所記，而孔子弟子之於二子仍稱字，故篇中於閔、冉稱字，稱子錯出也。「其爲人」者，尚書大傳注：「其，發聲也。」周官典同注：「爲，作也。」並常訓。禮運曰：「人者，其天地之德，陰陽之交，鬼神之會，五行之秀氣也。」又曰：「人者，天地之心也，五行之端也，食味別聲被色而生者也。」「孝弟」者，爾雅釋訓：「善父母爲孝，善兄弟爲友。」此文不言友言弟者，友是兄弟相愛好，此則專指爲人弟者，不兼兄言也。賈子道術云：「子愛利親謂之孝，反孝爲孽；弟敬愛兄謂之悌，反悌爲敖。」「悌」即「弟」俗體。論語釋文云：「弟本作悌。」皇本、高麗本亦作「悌」，並從俗作也。「好犯上」者，皇疏云：「好，謂心欲也。」爾雅釋詁：「犯，勝也。」說文：「犯，侵也。」「鮮」者，鄭注云：「鮮，寡也。」此本爾雅釋詁。說文：「尟，是少也。」「尟」正字。「鮮，魚名，出貉國。」叚借字。時世教衰，民知德者鮮，故孝弟之人容有犯上，故云「鮮」也。「作亂者」，爾雅釋言：「作，爲也。」左宣十二年傳：「人反物爲亂。」十五年傳：「民反德爲亂。」作亂之人，由於好犯上；好犯上，由於不孝不弟。故古者教弟子就外舍，學小藝焉，履小節焉；束髮就大學，學大藝焉，履大節焉，皆令知有孝弟之道。而父之齒隨行，兄之齒鴈行，朋友不相踰，又令知有事長上處朋友之禮，故孝弟之人鮮有犯上。若不好犯上，而好作亂，知爲必無之事，故曰「未之有也」。曾子立孝云：「是故未有君而忠臣可知者，孝子之謂也；未有長而順下可知者，弟弟之謂也；未有治而能仕可知者，先脩之謂也。故曰孝子善事君，弟弟善事長。君子一孝一弟，可謂知終矣。」是言孝弟之人必爲忠臣順下，而不好犯上、不好作亂可無疑矣。春秋之時，學校已廢，卿大夫多世官，不復知有孝弟之道。故事君事長，鮮克由禮，而亂臣賊子，遂至接踵以起也。○注：「孔子弟子，有若。」○正義曰：皇本作孔安國注。史記仲尼弟子列傳：「有若，少孔子三十三歲。」論語邢疏及禮檀弓疏引作「四十三歲」。裴駰史記集解引鄭玄云「魯人」。此出鄭氏孔子弟子目錄，今佚不傳。○注「鮮少」至「少也」。○正義曰：「鮮少」者，說文：「少，不多也。」「上」者，謂凡在己上者。蔡邕獨斷：「上者，尊位所存也。」亦謂位在己上。「凡」者，總舉之辭。「恭順」者，說文：「恭，肅也。」釋名釋言語：「順，循也，循其理也。」注以犯上則非恭順，故人能孝弟，必恭順於上也。丘光庭兼明書以犯上爲干犯君上之法令，亦此注義所括。**君子務本，本立而道生。孝弟也者，其爲仁之本與！**【注】本，基也。基立而後可大成。先能事父兄，然後仁道可大成。正義曰：「務本」者，說文：「務，趣也。」高誘呂氏春秋孝行覽注：「務，猶求也。」「本立而道生」者，李賢後漢郎顗傳注：「立，猶定也。」「道」者，人所由行之路。事物之理，皆人所由行，故亦曰「道」。漢書董仲舒傳「道者，所繇通於治之路也」是也。廣雅釋詁：「生，出也。」大戴禮保傅云：「易曰：『正其本，萬事理。』」說苑建本篇：「孔子曰：『君子務本，本立而道生。』夫本不正者末必倚，始不盛者終必衰。詩云：『原隰既平，泉流既清。』本立而道生。」阮氏元論仁篇以「本立而道生」爲古逸詩，愚謂「務本」二句是古成語，而有子引之。說苑及後漢延篤傳皆作孔子語者，七十子所述皆祖聖論，又當時引述各經未撿原文，或有錯誤故也。中庸言達道五：君臣，父子，夫婦，昆弟，朋友。而父子、昆弟尤爲本根之所在。若人能孝弟，則於君臣、夫婦、朋友之倫，處之必得其宜，而可名之爲道，故「本立而道生」也。「爲仁」猶言行仁，所謂利仁彊仁者也。下篇「其爲仁矣，不使不仁者加乎其身」，「克己復禮爲仁」，「爲仁由己」，「子貢問爲仁」，「堂堂乎張也，難與並爲仁矣」，皆是言「爲仁」。又志於仁，求仁欲仁，用力於仁，亦是言「爲仁」也。「仁」者何？下篇「樊遲問仁。子曰：『愛人。』」此「仁」字本訓。說文「仁」字從二人，會意，言己與人相親愛也。善於父母，善於兄弟，亦由愛敬之心。故禮言「孝子有深愛」，又言「立愛自親始，立敬自長始」，敬亦本乎愛也。孝弟所以爲爲仁之本者，孝經云：「夫孝，德之本也，教之所由生也。」德兼仁、義、禮、智。此不言德，言仁者，仁統四德，故爲仁尤亟也。孟子離婁篇：「仁之實，事親是也；義之實，從兄是也。」又云：「親親而仁民，仁民而愛物。」是爲仁必先自孝弟始也。孝經云：「故不愛其親而愛他人者，謂之悖德；不敬其親而敬他人者，謂之悖禮。以順則逆，民無則焉。不在於善，而皆在於凶德。雖得之，君子不貴也。」觀此，則不孝不弟，雖有他善，終是不仁。何者？爲其大本已失，其末自不足貴也。宋氏翔鳳鄭注輯本「爲仁」作「爲人」，云：「言人有其本性，則成功立行也。」案：「仁」、「人」當出齊、古、魯異文。鄭就所見本「人」字解之「爲人之本」，與上文「其爲人也」句相應，義亦通也。鄭注又云：「孝爲百行之本。」言孝則弟可知。「百行」者，不一行也。呂氏春秋孝行云：「凡爲天下，治國家，必務本而後末。」又云：「務本莫貴于孝。夫孝，三皇五帝之本務，而萬事之紀也。夫執一術而百善至，百邪去，天下從者，其惟孝也。故論人必先以所親，[一]而後及所疏；必先所重，而後及所輕。」是知孝弟爲爲人之本，故君子先務此也。「孝弟也者」云云，是釋「務本」二句之義。「與」者，語助辭。○注「本基」至「大成」。○正義曰：說文：「本，木下曰本。从木，一在下。」「一在下」，象其根。注訓「基」者，說文：「基，牆始也。」始亦本也。「大成」者，大猶廣也。訓「生」爲「成」，此引申之義。表記云：「仁之難成久矣，人人失其所好，故仁者之過易辭也。」又云：「仁之爲器重，其爲道遠，舉者莫能勝也，行者莫能致也。取數多者，仁也。夫勉於仁者，不亦難乎？」是仁道大成，最爲難能。故惟能先事父兄，復擴充其本性之善，兼有衆

[一]「故」原誤作「夫」，據呂氏春秋改。

德，然後仁道可冀大成也。皇本以「先能事父兄」二句爲包注。

3 子曰：「巧言令色，鮮矣仁！」【注】包曰：「巧言，好其言語；令色，善其顏色。皆欲令人說之，少能有仁也。」

正義曰：禮表記：「子曰：『情欲信，辭欲巧。』」詩雨無正：「巧言如流，俾躬處休。」左傳載師曠善諫，叔向引「巧言如流」以美之。又烝民詩：「令儀令色。」彼文言「巧」、「令」，皆是美辭。此云「鮮矣仁」者，以巧令多由僞作，故下篇言：「巧言、令色、足恭，左丘明恥之，丘亦恥之。」又書皐陶謨云：「何畏乎巧言令色孔壬。」孔，甚也；壬，佞也。以巧言令色爲甚佞，則不仁可知。然夫子猶云「鮮仁」者，不忍重斥之，猶若有未絶於仁也。曾子立事云：「巧言令色，能小行而篤，難於仁矣。」與此文義同。皇本「仁」上有「有」字。○注「巧言」至「仁也」。○正義曰：「巧」、「好」音義相近。詩雨無正箋：「巧，猶善也。」禮表記注：「巧，謂順而說也。」皆謂好其言語，即詩云「好言自口」也。爾雅釋詁：「令，善也。」書皐陶謨「令色」，史記夏本紀作「善色」，是「令」有「善」義。說文：「色，顏气也。」齊語韋昭解：「顏，眉目之間。」引申之，凡氣之達於面者，皆謂之顏。故注以「顏色」連文。云「少能有仁」，似注所見本亦作「有仁」。

4 曾子曰：【注】馬曰：「弟子曾參。」「吾日三省吾身：爲人謀而不忠乎？與朋友交而不信乎？傳不習乎？」【注】言凡所傳之事，得無素不講習而傳之。

正義曰：「吾日三省吾身」者，爾雅釋詁：「吾，我也。」說文：「吾，我自稱也。」日行一周天爲一晝夜，故一晝夜即名日。周髀算經注：「從旦至旦，爲一日也。」是也。說文：「三，數名。」阮氏元數說：「古人簡策繁重，以口耳相傳者多，以目相傳者少，且以數記言，使百官萬民易誦易記。洪範、周官，尤其最箸者也。論語以數記文者，如：一言，三省，三友，三樂，三戒，三畏，三愆，三疾，三變，四教，絕四，四惡，五美，六言，六蔽，九思之類。則亦皆口授耳，受心記之古法也。」鄭注云：「思察己之所行也。」此以「省」訓「察」，本爾雅釋詁。說文：「省，視也。」義亦近。爾雅釋詁：「身，我也。」說文：「身，躳也。象人之身。」釋名釋身體云：「身，伸也。可屈伸也。」「爲人謀而不忠」者，國策魏策注：「爲，助也。」左襄四年傳：「咨難爲謀。」魯語：「咨事爲謀。」毛詩皇皇者華傳：〔一〕「咨事之難易爲謀。」用內、外傳義也。周語：「忠者，文之實也。」楊倞荀子禮論注：「忠，誠也。」「誠」、「實」義同。誠心以爲人謀謂之忠，故臣之於君，有誠心事之，亦謂之忠。「與朋友交而不信乎」者，禮檀弓注：「與，及也。」此常訓。鄭注云：「同門曰朋，同志曰友。」同門義見前疏。同志者，謂兩人不共學而所志同也。鄭箋詩關雎、注禮坊記並有此訓。說文：「㕛，同志爲友，从二又，相交友也。」義與鄭同。說文：「交，交脛也。〔二〕从大，象交形。」朋友與己兩人相會合，亦得稱交，引申之義也。皇本「交」下有「言」字。說文：「信，誠也。从人从言。」會意。釋名釋言語：「信，申也。言以相申束，使不相違也。」五倫之義，朋友主信，故曾子以不信自省也。「傳不習乎」者，「傳」謂師有所傳於己也。夫子言「十室之邑，必有忠信，而不如丘之好學」，可見好學最難。其於及門中，惟稱顏子好學。今曾子三省，既以忠信自勗，又以師之所傳，恐有不習，則其好學可知。曾子立事篇：「日旦就業，夕而自省思，以沒其身，亦可謂守業矣。」又云：「君子既學之，患其不博也；既博之，患其不習也；既習之，患其不知也；既知之，患其不行也。」此正曾子以「傳不習」自省之證。「習」兼知行，故論語祇言習也。鄭注云：

〔一〕「皇皇者華」原誤作「四牡」，據詩傳改。　〔二〕下「交」字原脫，據說文補。

「魯讀傳爲專。今從古。」臧氏庸輯鄭注釋云：「此傳字，從專得聲，魯論故省用作專，鄭以古論作傳，于義益明，故從之。」如臧此言，是「專」與「傳」同謂師之所「傳」，而字作「專」者，所謂叚借爲之也。宋氏翔鳳論語發微：「孔子爲曾子傳孝道而有孝經。孝經說曰：『春秋屬商，孝經屬參。』則曾子以孝經專門名其家，故魯論讀傳爲專。所業既專，而習之又久，師資之法無絕，先王之道不湮，曾氏之言，卽孔子傳習之旨也。」包氏愼言論語溫故錄：「專謂所專之業也。呂氏春秋曰：『古之學者，說義必稱師，說義不稱師命之曰「叛」。』所專之業不習，則隳棄師說，與叛同科。故曾子以此自省。後漢書儒林傳：『其耆名高義開門受徒者，編牒不下萬人，皆專相傳祖，莫或訛雜。揚雄所謂「譊譊之學，各習其師」。』此卽魯論義也。」案：宋、包二君義同。廣雅釋詁：「專，業也。」亦謂所專之業。此魯論文既不箸，義亦難曉，故既取臧說，兼資宋、包，非敢定於一是也。○注：「弟子曾參。」○正義曰：元和姓纂：「夏少康封少子曲烈于鄫，春秋時，爲莒所滅。鄫太子巫仕魯，去邑爲曾氏，見世本。巫生阜，阜生晳，晳卽曾點，曾子父也。」史記弟子傳：「曾子，名參，字子輿，南武城人，少孔子四十六歲。」○注：「言凡所傳之事，得無素不講習而傳之。」○正義曰：「得無」者，疑辭。郭氏翼雪履齋筆記：「曾子三省，皆指施於人者言。傳亦我傳乎人。傳而不習，則是以未嘗躬試之事而誤後學，其害尤甚於不忠不信也。」焦氏循論語補疏：「己所素習，用以傳人，方不妄傳，致誤學者，所謂『溫故而知新，可以爲師』也。」二說皆從集解，亦通。

5 子曰：「道千乘之國，【注】馬曰：「道謂爲之政教。司馬法：『六尺爲步，步百爲畝，畝百爲夫，夫三爲屋，屋三爲井，井十爲通，通十爲成，成出革車一乘。』然則千乘之賦，其地千成，居地方三百一十六里有畸。唯公侯之封，乃能容之。雖大國之賦，亦不是過焉。」包曰：「道，治也。千乘之國者，百里之國也。古者井田，方里爲井，十井爲乘，百里之國，適千乘也。」融依周禮，包依王制、孟子，義疑，故兩存焉。正義曰：「道」，皇本作「導」。「千」者，數名。說文：「千，十百也。」「乘」本作「椉」。說文云：「椉，覆也。從入桀。」「覆」者，加乎其上之名。故人所登車亦謂之乘。三蒼云：「椉，載也。」左隱元年傳杜注：「車曰乘，車駕馬，多用四。」故儀禮聘禮注云：「乘，四馬也。」趙岐孟子梁惠王篇注：「千乘，兵車千乘，謂諸侯也。」「國」者，說文云：「國，邦也。」周官太宰鄭注：「大曰邦，小曰國。」此對文有異，若散文亦通稱。○注「馬曰」至「存焉」。○正義曰：說文云：「政，正也。从支从正。正亦聲。教，上所施，下所效也。」「政教」，卽「敬」、「信」諸端。注言此者，明「敬事」云云，卽所以道國也。「道」本道路之名，人所循行。此政教，亦是示人以必行，故得曰「道」。包云「治」者，謂治之以政教。義與馬不異也。鄭此注云：「司馬法云：『步百爲畝，畝百爲夫，夫三爲屋，屋三爲井，井十爲通，通十爲成，成方十里，出革車一乘，甲士三人，步卒七十二人。』公侯之封，乃能容之。雖大國之賦，亦不是過焉。」鄭此注與馬同。又公羊哀十年傳疏引云：「公侯方百里井十，則賦出革車一乘。」亦此注文，「井十」當作「井百」。邢疏云：「史記齊景公時，有司馬田穰苴善用兵。周禮司馬掌征伐。六國時，齊威王使大夫追論古者兵法，附穰苴於其中，凡一百五十篇，號曰司馬法。此『六尺曰步』，至『成出革車一乘』，皆彼文也。引之者，以證千乘之國爲公侯之大國也。」皇疏云：「凡人一舉足爲跬。跬，三尺也。兩舉足曰步。步，六尺也。廣一步，長百步，爲一畝。畝百爲夫，是方百步也。謂爲夫者，古者賦田，以百畝地給一農夫也。夫三爲屋，則是方百步者三也。〔一〕並而言之，則廣一里。一里，三百步也，而猶長百步也。

〔一〕「步」原誤作「里」，據皇疏改。

謂爲屋者，一家有夫、婦、子，三者具，則屋道乃成，故合三夫目爲屋也。屋三爲井，三屋並方之，則方一里也。名爲井者，因夫間有遂水縱橫相通成井字也。井十爲通，十井之地並之，則廣十里、長一里也。謂爲通者，其地有三十屋相通，共出甲士一人，徒卒二人也。通十爲成，則方十里也。謂爲成者，兵賦法一乘成也。〔一〕其地有三百屋，出革車一乘，甲士十人，徒卒二十人也。方十里者千，卽是千成，則容千乘也。方百里者，有方十里者百。若方三百里，三三爲九，則有方百里者九。合成方十里者九百也，是方三百里，唯有九百乘也。若作千乘，猶少百乘，是方百里者一也。今取方百里者一，而六分破之，每分得廣十六里，長百里，引而接之，則長六百里，其廣十六里也。今半斷各長三百里，設法特埤前三百里，南西二邊，是方三百十六里也。然西南角猶缺方十六里者一，方十六里者一，有方十里者二，又方一里者五十六，是少方一里者二百五十六也。然則向割方百里者爲六分，埤方三百里，兩邊猶餘方一里者四百。今以方一里者二百五十六，埤西南角猶餘方一里者一百四十四，又設法破而埤三百十六里兩邊，則每邊不復得半里，故云『方三百十六里有奇』也。」邢疏申馬說云：「案周禮大司徒云：『諸公之地，封疆方五百里；諸侯之地，封疆方四百里；諸伯之地，封疆方三百里；諸子之地，封疆方二百里；諸男之地，封疆方百里。』此千乘之國，居地方三百十六里有畸，伯、子、男自方三百而下，則莫能容之。故云『唯公侯之封，乃能容之』。坊記云：『制國不過千乘。』然則地雖廣大，以千乘爲限。故云『雖大國之賦，亦不是過焉』。」又申包說云：「云『千乘之國，百里之國也』者，謂夏之公侯，殷、周上公之國也。云『古者井田，方里爲井』者，孟子云：『方里而井，井九百畝』是也。云『十井爲乘，百里之國，適千乘也』者，此包以古之大國不過百里，以百里賦千乘，故計之

〔一〕「兵」原誤作「共」，據皇侃論語義疏改。

每十井爲一乘。是方一里者十爲一乘，則方一里者百爲十乘。開方之法，方百里者一，爲方十里者百。每方十里者一，爲方一里者百，其賦十乘；方十里者百，則其賦千乘也。與乘數適相當，故云『適千乘也』。云『融依周禮，包依王制、孟子』者，馬融依周禮大司徒文，以爲諸公之地方五百里，侯四百里以下也。包氏依王制云：『凡四海之内九州，州方千里，州建百里之國三十，七十里之國六十，五十里之國百有二十。凡二百一十國也。』又孟子云：『天子之制，地方千里；公侯之制，皆方百里；伯七十里，子男五十里。』包氏據此以爲大國不過百里，不信周禮有方五百里、四百里之封也。」案：注包、馬異説，皇、邢疏如文釋之，無所折衷，後人解此，乃多轇轕。從馬氏，則以千乘非百里所容；從包氏，則以周禮爲不可信。紛紛詰難，未定一是。近人金氏鶚求古録説此最明最詳，故備録之。其説云：「孟子言『天子千里，大國百里，次國七十里，小國五十里』。又言『萬乘之國，千乘之家；千乘之國，百乘之家。萬取千焉，千取百焉』。是千里出車萬乘，百里出車千乘，十里出車百乘也。子産言『天子一圻，列國一同，圻方千里，同方百里』，亦如孟子之説。以開方之法計之，方里而井，百里之國計有萬井，萬井而出車千乘，則十井出一乘矣。若馬氏説，百井出一乘，則百里之國止有百乘，必三百一十六里有奇乃有千乘，與孟子不合。包氏合於孟子，是包氏爲可據矣。哀十二年公羊傳注言：『軍賦十井，不過一乘。』此一證也。馬氏之説，則據司馬法。鄭注小司徒亦引司馬法云：『井十爲通，通三十家，爲匹馬，士一人，徒二人。通十爲成，成百井，三百家，出革車一乘，士十人，徒二十人。十成爲終，終千井，三千家，革車十乘，士百人，徒二百人。十終爲同，同方百里，萬井，三萬家，革車百乘，士千人，徒二千人。』賈疏：『通，九十夫之地，宫室涂巷，三分去一，又不易、一易、再易通率三夫，受六夫之地，是三十家也。』案：司馬法一書，未必真周公之制，所言與孟子、子産皆不合。信司馬法，何如信孟子耶？坊記云：『制國不過千乘，家富不過百乘。』今謂大夫百乘，地方百里，等于大國諸侯，必不然矣。或謂司馬法車乘有兩法：一云兵車一乘，士十人，徒二十人。一云兵車一乘，甲士三人，步卒七十二人。賈公彥以士十人徒二十人爲天子畿內采地法，以甲士三人、步卒七十二人爲畿外邦國法。此言千乘之國，是畿外邦國也。一乘車，士卒共七十五人，又有炊家子十人，固守衣裝五人，廄養五人，樵汲五人，共一百人，馬牛芻茭具備，此豈八十家所能給哉？不知天子六軍，出于六鄉，大國三軍，出于三鄉，蓋家出一人爲兵也。又三遂亦有三軍，三鄉爲正卒，三遂爲副卒，鄉遂出軍而不出車，都鄙出車而不出兵。孔仲達成元年『丘甲』疏云：『古者天子用兵，先用六鄉，六鄉不足，取六遂，六遂不足，取都鄙及諸侯。若諸侯出兵，先盡三鄉三遂，鄉遂不足，然後徧徵境內。』賈公彥小司徒疏亦云：『大國三軍，次國二軍，小國一軍，皆出于鄉遂，猶不止，徧境出之，是爲千乘之賦。』然則都鄙固不出兵也。江愼修云：『七十五人者，丘乘之本法；三十人者，調發之通制。魯頌「公車千乘，公徒三萬」，正與司馬法合。』此說得之。然則都鄙卽至出兵，而調發之數，惟用三十人，豈八十家所不能給哉？至於丘乘之法，八十家而具七十五人，無過家一人耳。此但備而不用，惟蒐田講武乃行，又何不給之有？農隙講武，正當人人訓練，家出一人，不爲厲民也。若夫車馬之費，亦自不多。古者材木取之公家山林而無禁，則造車不難。馬牛畜之民間，可給民用，不過暫出以供蒐田之用耳。芻茭則尤野人所易得者也。且以八十家而出一車四馬，又何患其不給乎？或又謂百里之國，山川林麓，城郭宮室，涂巷園囿，三分去一。三鄉三遂，又不出車，又不易、一易、再易通率三夫，受六夫之地，則三百乘且不足，安得有千乘乎？不知百里之國，以出稅之田言，非以封域言也。孟子言頒祿，正是言田，其曰『地方百里』者，地與田通稱，故井地卽井田也。百里以田言，則山川林麓，以及涂巷園囿等，固已除去矣。

頒祿必均，若不去山川，山川天下不同，則祿不均矣。苟境內山川甚多，而封域止百里，田稅所出，安足以給用乎？故知大國百里，其封疆必不止此。周禮所以有五百里、四百里之說，蓋兼山川附庸而言也。孟子則專言穀土耳。城郭、宮室、涂巷等，雖有定數，然亦非穀土，則亦不在百里之內也。先儒三分去一之說，亦未必然。孟子言方里而井，百里、七十里、五十里，皆以井計數。方里不必其形正方，以方田之法算之，有九百畝則曰方里。地方百里等方字，皆如是也。然則百里之國，不謂封疆，其里亦非廣長之里矣。孟子言一夫百畝，而周禮有不易百畝，一易二百畝，再易三百畝之說，蓋孟子言其略，周禮則詳言之也。分田必均，周禮以三等均之，其說至當。左傳：『井衍沃，牧隰皋。』鄭氏謂『隰皋，九夫爲牧，二牧而當一井』是也。是則一井不必九百畝，百里之國亦不必九百萬畝，以通率二井當一井，當有一千八百萬畝矣。孟子但舉不易之田，故曰『一夫百畝』，大國百里也。鄉遂之民皆受田，則亦有車乘，但其作之之財受于官府，故曰『不出車』，非無車也。夫如是，百里之國，豈不足於千乘哉？包氏之說，可無疑矣。」敬事而信，【注】包曰：「爲國者舉事必敬慎，與民必誠信。」節用而愛人，【注】包曰：「節用不奢侈，國以民爲本，故愛養之。」使民以時。」【注】包曰：「作使民必以其時，不妨奪農務。」正義曰：「事」謂政事，「用」謂財用也。「愛」，說文作「愛」，行貌。別一義。本字作「㤅」，「惠也。從心，旡聲」。今經典皆叚「愛」爲「㤅」。「使」者，令也，教也。「民」者，說文：「民，衆氓也。從古文之象。」書多士序鄭注：「民，無知之稱。」呂刑注及詩靈臺序注並云：「民者，冥也。」冥亦無知之義。宋石經避諱「敬」作「欽」，後放此。○注：「爲國者舉事必敬慎，與民必誠信。」○正義曰：說文：「敬，肅也。從攴苟。」釋名釋言語：「敬，警也。恒自肅警也。」此注言「敬慎」者，「慎」亦肅警意也。下篇「執事」、「敬事」、「思敬」訓並同。荀子議兵篇：「慮必先事，而申之以敬，慎終如始，終始如一」，夫是之謂大吉。凡百事之成也，必在敬之；其敗也，必在慢之。」「與民必誠信」者，誠者，實也，言舉事必誠信也。事是政令，政令所以教民，故注以「與民」言之。晉語箕鄭曰：「信於君心，則美惡不踰；信於民，則上下不干；信於令，則時無廢功；信於事，則民從事有業。」○注「節用」至「養之」。○正義曰：說文云：「節，竹約也。」引申爲節儉之義。賈子道術云：「費弗過適謂之節。」易彖傳：「節以制度，不傷財，不害民。」是人君不知節用，必致傷財，且害民也。「奢侈」者，奢，張也。侈，汰也。大戴禮子張問入官云：「奢侈者，財之所以不足也。」管子八觀篇：「國侈則用費，用費則民貧，民貧則姦智生，姦智生則邪巧作。故姦邪之所生，生於匱不足；匱不足之所生，生於侈；侈之所以生，生於無度。故曰審度量，節衣服，儉財用，禁侈泰，爲國之急也。」「國以民爲本」者，注以「愛人」，人指民言。避下句「民」字，故言「人」耳。穀梁桓十四年傳：〔一〕「民者，君之本也。」君主乎國，故國以民爲本。「愛養」者，養謂制民之產，有以養民，乃爲愛也。說苑政理篇：「武王問於太公曰：『治國之道若何？』太公對曰：『治國之道，愛民而已。』曰：『愛民若何？』曰：『利之而勿害，成之勿敗，生之勿殺，與之勿奪，樂之勿苦，喜之勿怒。此治國之道，使民之誼也。民失其所務，則害之也。農失其時，則敗之也。有罪者重其罰，則殺之也。重賦斂者，則奪之也。多徭役以罷民力，則苦之也。勞而擾之，則怒之也。』」是皆言治國者當愛民也。劉氏逢祿論語述何篇解此文云：「人謂大臣、羣臣。易訟二爻『邑人三百户』，舉大數，謂天子上大夫受地視侯也。」此以下文言民，則人非民，故解爲大臣、羣臣。於義亦通。○注「作使」至「農務」。○正義曰：「作」，如「動作」之作。邢疏云：「『作使民必以其時』者，謂築都邑城郭也。春秋莊二十九年左氏傳曰：『凡土功，龍見而畢務，戒事也。』注

〔一〕「十」字原脫，據穀梁傳補。

云：『謂今九月，周十一月。龍星角、亢，晨見東方，三務始畢，戒民以土功事。』『火見而致用』，注云：『大火，心星，次角、亢見者，致築作之物。』『水昏正而栽』，注云：『謂今十月，定星昏而中，於是樹板幹而興作。』『日至而畢』，注云：『日南至，微陽始動，故土功息。』若其門户道橋城郭牆塹，有所損壞，則特隨壞時修之。故僖二十年左傳曰『凡啟塞，從時』，是也。」

案：邢疏謂「損壞隨時修之」，是動小工，不必須農隙也。左隱五年傳言治兵振旅，蒐苗獮狩，皆于農隙以講事，謂講武事。此使民之大者，春秋時，兵爭之禍亟，日事徵調，多違農時，尤治國所宜戒也。

6 子曰：「弟子，入則孝，出則弟，謹而信，汎愛衆，而親仁。行有餘力，則以學文。」【注】馬曰：「文者，古之遺文。」

正義曰：「弟子」者，對兄父之稱，謂人幼少爲弟爲子時也。儀禮特牲饋食禮注：「弟子，後生也。」大射儀注：「弟子，其少者也。」「入則孝出則弟」者，禮內則云：「異爲孺子室於宮中。」是父子異宮，則入謂由所居宮至父母所也。內則又云：「十年出就外傅，居宿於外。」大戴禮保傅云：「古者年八歲而出就外舍，學小藝焉，履小節焉。束髮而就大學，學大藝焉，履大節焉。」是出謂就傅，居小學、大學時也。「弟」者，言事諸兄、師長皆弟順也。教弟子先以孝弟者，孟子言「孩提之童，無不知愛其親；及其長也，無不知敬其兄」，是孝弟本人所自具，因弟子天性未漓而教導之。曲禮、內則、少儀、弟子職所述，皆其法也。諸言「則」者，急辭也。「謹而信」者，詩民勞箋：「謹，猶慎也。」謹於事見，信於言見也。「汎愛衆而親仁」者，說文：「汎，浮貌。」引申爲普徧之義。廣雅釋言：「汎，博也。」左襄二十八年傳引此文作「氾愛」，說文：「氾，濫也。」義亦通。爾雅釋詁：「衆，多也。」周語：「人三爲衆。」引申之，人在衆中，無以表異於人，亦得稱衆。

仁則衆中之賢者也。廣雅釋詁：「親，近也。」君子尊賢而容衆，故於衆人使弟子汎愛之，所以養治其血氣，而導以善厚之教，又使之親近仁者，令有所觀感也。大戴禮保傅云：「故孩提，三公三少固明孝仁禮義，以導習之也。逐去邪人，不使見惡行。於是比選天下端士，閑博有道術者，以輔翼之，使之與太子居處出入，故太子乃目見正事，聞正言，行正道，左視右視，前後皆正人。夫習與正人居，不能不正也，猶生長於楚，不能不楚言也。」亦言教太子當孩提時宜近正人，即此教弟子親仁之意也。「行有餘力，則以學文」者，皇疏云：「行者，所以行事已畢之迹也。」說文：「餘，饒也。」凌氏鳴喈論語解義：「有餘力，謂僮子精力有餘也。」曲禮云：「人生十年曰幼學。」內則云：「十年學書計，朝夕學幼儀，請肄簡諒，十有三年，學樂、誦詩、舞勺，成童舞象。」是古教幼學之法。此言「行有餘力，則以學文」，亦是學幼儀既畢，仍令學文也。言有餘力學文，則無餘力不得學文可知。先之以孝弟諸行，而學文後之者，文有理誼，非童子所知。若教成人，則百行皆所當謹，非教術所能徧及，故惟冀其博文，以求自得之而已。此夫子四教，先文後行，與此言教弟子法異也。○注：「文者，古之遺文。」○正義曰：凡文皆古人所遺，故言「遺文」。馬以弟子所學，別有一書，如弟子職之類，後或失傳，故衹言古之遺文而已。鄭注云：「文，道藝也。」周官保氏：「養國子以道，乃教之六藝：一曰五禮，二曰六樂，三曰五射，四曰五馭，五曰六書，六曰九數。」是「藝」爲「六藝」也。「藝」所以載道，故注「道藝」連文，其義與馬氏並通也。

7 子夏曰：「賢賢易色，【注】孔曰：「子夏，弟子卜商也。言以好色之心好賢則善。」事父母，能竭其力；事君，能致其身；【注】孔曰：「盡忠節不愛其身。」與朋友交，言而有信。雖曰未學，吾必謂之學矣。」

正義曰：周官太宰鄭注云：「賢，有善行也。」「賢賢」者，謂於人之賢者賢之，猶言親親、長長也。宋氏翔鳳樸學齋札記：「三代之學，皆明人倫。賢賢易色，明夫婦之倫也。毛詩序云：『周南、召南，正始之道，王化之基，是以關雎樂得淑女以配君子，憂在進賢，不淫其色，哀窈窕，思賢才，而無傷善之心焉。是關雎之義也。』此賢賢易色，指夫婦之切證。」陳氏祖范經咫、〔一〕管氏同四書紀聞略同。今案：夫婦爲人倫之始，故此文敍於事父母、事君之前。漢書李尋傳引此文，顔師古注：「易色，輕略於色，不貴之也。」公羊文十二年傳：「俾君子易怠。」何休注：「易怠，猶輕惰也。」是易有輕略之義。又廣雅釋言：「易，如也。」王氏念孫疏證引之云：「論語『賢賢易色』，『易』者，如也。猶言好德如好色也。」此訓亦通。「事父母能竭其力」者，曲禮記：「生曰父曰母。」説文：「父，矩也。家長率教者。从又舉杖。母，牧也。从女，象褱子形。一曰象乳子也。」説文又云：「竭，負舉也。」負舉者必盡力，故竭又訓盡。此文義得兼之。曾子本孝云：「庶人之孝也，以力惡食。」盧辯注：「分地任力致甘美。」又曾子大孝云：「小孝用力，慈愛忘勞，可謂用力矣。」孔氏廣森補注：「庶人之孝，孟子萬章篇言舜事云：『我竭力耕田，供爲子職而已矣。』是竭力爲庶人孝養之事也。」「事君能致其身」者，儀禮喪服傳：「君，至尊也。」鄭注：「天子諸侯及卿大夫有地者皆曰君。」説文：「致，送詣也。」詩四牡云：「四牡騑騑，周道倭遲，豈不懷歸；王事靡盬，我心傷悲。」毛傳云：「思歸者，私恩也。靡盬者，公義也。傷悲者，情思也。無私恩，非孝子也。無公義，非忠臣也。君子不以私害公，不以家事辭王事。」是言事君不得私愛其身，稽留君事也。「雖曰未學」者，廣雅釋詁：「雖，詞也。」當時多世卿，廢選舉之務，雖不學亦得出仕，故有未學已事君也。「吾必謂之學」者，廣雅釋詁：「謂，説也。」子夏以此人所行，於人倫大

〔一〕「經咫」原誤作「經説」，據中國叢書綜録改。

端無所違失，與已學無異，故云「必謂之學」。「必謂」者，深信之辭。春秋繁露玉杯篇：「禮之所重者，在其志。志敬而節具，則君子予之知禮；志和而音雅，則君子予之知樂；志哀而居約，則君子予之知喪。」董子所言正與此文義同。○注「子夏」至「則善」。○正義曰：史記弟子列傳：「卜商，字子夏，少孔子四十四歲。」集解引鄭說「温國卜商」，温是衞邑。稱國者，或本爲國，從其初名之也。家語弟子解以爲衞人，與鄭目録合。孔穎達檀弓疏則云魏人，又唐贈魏侯，宋封魏公。據史記及呂氏春秋舉難、察賢篇，並言子夏爲魏文侯師，是子夏固嘗居魏，魏、衞同音，故誤以爲魏人耳。「言以好色之心好賢」者，此以易爲更易，義涉迂曲，今所不從。

8 子曰：「君子不重，則不威；學則不固。【注】孔曰「固，蔽也。」一曰言人不能敦重，既無威嚴，又不能堅固識其義理。」　正義曰：稱「君子」者，言凡已仕未仕有君師之責者也。「不重」者，法言修身篇：「或問何如斯謂之人？曰：取四重，去四輕。曰：何謂四重？曰：重言，重行，重貌，重好。言重則有法，行重則有德，貌重則有威，好重則有觀。」是言君子貴重也。禮玉藻云：「足容重，手容恭，目容端，口容止，聲容静，頭容直，氣容肅，立容德，色容莊。」並言人當重慎之事。則不威者，言無威儀也。左傳劉康公曰：「民受天地之中以生，所謂命也。是以有動作禮義威儀之則，以定命也。是故君子勤禮，勤禮莫如致敬。」衞北宮文子曰：「有威而可畏謂之威，有儀而可象謂之儀。君有君之威儀，其臣畏而愛之，則而象之，故能有其國家，令聞長世。臣有臣之威儀，其下畏而愛之，故能守其官職，保族宜家。順是以下皆如是，是以上下能相固也。」又云：「故君子在位可畏，施舍可愛，進退可度，周旋可則，容止可觀，作事可法，德行可象，聲氣可樂；

動作有文，言語有章，以臨其下，謂之有威儀也。」又下篇夫子語子張曰：「君子正其衣冠，尊其瞻視，儼然人望而畏之，斯不亦威而不猛乎？」並言君子有威儀之事。不威由於不重，故言行輕薄之士，必不能遠暴慢鄙倍，雖厲聲色，蓁刑罰，人莫畏之矣。○注「孔曰」至「義理」。○正義曰：鄭注曲禮云：「固，謂不達於理也。」注祭義云：「固，猶質陋也。」皆蔽塞之義。下篇夫子告子路曰：「好仁不好學，其蔽也愚；好知不好學，其蔽也蕩；好信不好學，其蔽也賊；好直不好學，其蔽也絞；好勇不好學，其蔽也亂；好剛不好學，其蔽也狂。」是言不學之蔽，而可知人之成德達材必皆由學矣。中論治學篇：「民之初載，其矇未知。譬如寶在於玄室，有所求而不見，白日照焉，則羣物斯辨矣。學者，心之白日也。」是其義也。「一曰」以下，此集解別存一義，非仍前所注之人，下皆放此。說文：「重，厚也。」「敦」亦訓「厚」，故注以「敦重」連文。詩天保傳：「固，堅也。」亦常訓。此以不重不威之人，雖知所學，不能堅固，無由深造之以道而識其義理也。所以然者，以此人學若堅固，必能篤行，其容貌、顏色、辭氣必不至輕惰若此矣。今不能敦重，無威嚴，故知其學不能堅固也。義與前異，亦略通。

主忠信。無友不如己者。過，則勿憚改。」

【注】鄭曰：「主，親也。憚，難也。」

正義曰：釋文云：「毋音無，本亦作無。」宋刊九經本亦作「毋」。說文：「毋，止之詞也。」「橆，止也。」「無」即「橆」，隸省。儀禮士昏禮、公食大夫禮注並云古文「毋」爲「無」。然則「毋」、「無」亦今古文異。廣雅釋言：「如，均也。」「己」，即我之別稱。說文：「己承戊，象人腹。」是己本象人形，故人得自稱「己」。曾子制言中：「吾不仁其人，雖獨也，吾弗親也。」故周公曰：「不如我者，吾不與處，損我者也。與吾等者，吾不與處，無益我者也。吾所與處者，必賢于我。」由曾子及周公言觀之，則不如己者即不仁之人，夫子不欲深斥，故祇言不如己而已。呂氏春秋驕恣篇引仲虺曰：「能自爲取師者王，能自取友者存，其所擇而莫如己者亡。」羣書治要引中論曰：「君子不友不如己者，非羞彼而大我也。不如己者，須己慎者也。然則扶人不暇，將誰相我哉？吾之憤也，亦無日矣。」又韓詩外傳南假子曰：「夫高比，所以廣德也；下比，所以狹行也。比於善者，自進之階；比於惡者，自退之原也。」諸文並足發明此言之旨。「過則勿憚改」者，周官調人注：「過，無本意也。」詩東山箋：「勿，無也。」説文：「改，更也。」並常訓。言人行事，有非意之過，卽當改之，不可畏難，復依前行之也。曾子立事篇：「太上不生惡，其次而能夙絶之，其下復而能改。」又下篇子曰：「過而不改，是謂過矣。」皆言人有過當速改也。皇疏載一説云：「若結友過誤，不得善人，則改易之，莫難之也。故李充云：『若友失其人，改之爲貴也。』」案：高誘注呂氏春秋驕恣篇引「無友不如己者，過則勿憚改」，以證「所擇而莫如己者亡」之義，亦以過爲結友過誤，或漢人有此義，故李充云然。然既知誤交，何難卽改？似不足爲君子慮也。○注：「主，親也。憚，難也。」○正義曰：「主」訓「親」者，引申之義。注意謂人當親近有德，所謂勝己者也。然下文復言「無友不如己」，於意似重，或未必然。皇疏云：「以忠信爲百行所主。」是言忠信在己不在人，其義較長。周語云：「是以不主寬惠，亦不主猛毅。」韋昭注：「主，猶名也。」義可互證。説文：「憚，忌難也。從心，單聲。一曰難也。」「難」就事言，「忌難」謂人忌畏之。詩雲漢箋「憚，猶畏也」是也。此注同許後義，亦通。

9 曾子曰：「慎終，追遠，民德歸厚矣。」【注】孔曰：「慎終者，喪盡其哀；追遠者，祭盡其敬。君能行此二者，民化其德，皆歸於厚也。」

正義曰：爾雅釋詁：「慎，誠也。」説文：「慎，謹也。」「誠」、「謹」義同。周官疾醫：「死終則各書其所以。」鄭注：「老死曰終。」禮記檀弓云：「君子曰終，小人曰死。」此對文異稱。檀弓又云：「曾子曰：『喪三日而殯，凡附於身者，必誠必信，勿之有悔焉耳矣。三月而葬，凡附於棺者，必誠必信，勿之有悔焉耳矣。』」皆是言「慎終」之事。「追遠」者，說文：「追，逐也。」詩鴛鴦箋：「遠，猶久也。」並常訓。言凡父祖已殁，雖久遠，當時追祭之也。荀子禮論云：「故有天下者事十世，有一國者事五世，有五乘之地者事三世，有三乘之地者事二世。」又周官司尊彝言「四時間祀」有「追享」，鄭康成注以爲「祭遷廟之主」。則此文「追遠」，不止以父母言矣。「民德歸厚」者，樂記云：「德者，性之端也。」淮南子齊俗訓：「得其天性謂之德。」穀梁僖二十八年傳：「歸者，歸其所也。」墨子經上：「厚，有所大也。」當春秋時，禮教衰微，民多薄於其親，故曾子諷在位者，但能慎終追遠，民自知感厲，亦歸於厚也。禮坊記云：「修宗廟，敬祭祀，教民追孝也。」又祭統云：「夫祭之爲物大矣，其興物備矣，順以備者也，其教之本與？是故君子之教也，外則教之以尊其君長，內則教之以孝於其親。是故明君在上，則諸臣服從，崇事宗廟社稷，則子孫順孝。盡其道，端其義，而教生焉。是故君子之教也，必由其本，順之至也，祭其是與？故曰祭者，教之本也已。」○注「慎終」至「厚也」。○正義曰：祭統云：「是故孝子之事親也，有三道焉：生則養，没則喪，喪畢則祭。養則觀其順也，喪則觀其哀也，祭則觀其敬而時也。盡此三道者，孝子之行也。」是喪當盡哀，祭當盡敬。然此文「慎終」，不止以盡哀言。禮雜記云：「子貢問喪。子曰：『敬爲上，哀次之，瘠爲下。』」「敬」與「謹」同，卽此文所云「慎」也。言君者，以曾子言民德，民是對君之稱，蓋化民成俗，必由在上者有以導之也。

10 子禽問於子貢曰：「夫子至於是邦也，必聞其政，求之與？抑與之與？」【注】鄭曰：「子禽，弟子陳亢也。子貢，弟子，姓端木，名賜。亢怪孔子所至之邦，必與聞其國政，求而得之耶，抑人君自願與之爲治。」子貢曰：「夫子温、良、恭、儉、讓以得之。夫子之求之也，其諸異乎人之求之與？」【注】鄭曰：「言夫子行此五德而得之，與人求之異，明人君自與之。」

正義曰：「問於子貢」者，說文：「問，訊也。」釋文：「貢本亦作贛。音同。」隸釋載漢石經論語殘碑，凡子貢皆作子贛。說文：「貢，獻功也。贛，賜也。」子貢名賜，字當作贛。凡作「貢」，皆是省借，作「贛」則譌體也。「夫子至於是邦」者，夫子卽孔子。夫者，人所指名也。子者，孳也，人之別稱也。皇疏云：「禮，身經爲大夫者，得稱爲夫子。孔子，魯大夫，故弟子呼爲夫子也。」字林：「至，到也。」廣雅釋言：「是，此也。」說文：「邦，國也。從邑，丰聲。」周官太宰注：「大曰邦，小曰國。」此對文。若散言，亦通稱也。「必聞其政」者，說文：「聞，知聞也。」下篇云：「政者，正也。」時人君有大政事，皆就夫子諮度之，故言「必聞其政」也。「求之與、抑與之與」者，穀梁定元年傳：「求者，請也。」抑者，更端之辭。漢石經「抑與」作「意予」。案：周語「抑人故也」，賈子禮容語下作「意人」。又詩十月之交：「抑此皇父。」鄭箋：「抑之言噫。」釋文引韓詩云：「抑，意也。」則「抑」、「意」音近義同，故二文互用。「與」，猶言告也。石經作「予」，亦通用字。下篇「君孰與足」，漢書谷永傳作「予足」，可證也。「温良恭儉讓以得之」者，說文：「昷，仁也。」温，水名，義別。經典悉叚「温」爲「昷」。爾雅釋訓：「温温，柔也。」詩燕燕箋：「温謂顏色和也。」下篇「子温而厲」，是「温」指貌言。說文云：「㝗，善也。」今隸變爲「良」。賈子道術篇：「安柔不苛謂之良。」良謂心之善也。爾雅釋詁：「恭，敬也。」說文：「恭，肅也。」又：「儉，約也。」易象傳：「君子以儉德辟難。」左襄十三年傳：「讓者，禮之主也。」說文：「攘，推也。讓，相責讓也。」凡謙讓、揖讓字當作「攘」。今經典亦假「讓」爲「攘」。又說文彳部：「得，行有所得也。」論衡知實篇引此文解之云：「温、良、恭、儉、讓，尊行也。有尊行於人，人親附之，則人告語之矣。」但其迹有似於求而得之，故子貢就其求之之言，以明其得聞之故。

明夫子得聞政，是人君與之，非夫子求之矣。吳氏嘉賓論語說：「君所自擅者謂之政，常不欲使人與聞之，況遠臣乎？溫、良、恭、儉、讓，是誠於不干人之政也。誠於不干人之政，則入人之國，無有疑且忌焉者，其視聖人如己之素所師保，安忍不以告焉？今之人求以聞人之政，不知其身且將不之保，韓非說難是已。」「夫子之求之也，其諸異乎人之求之與」者，公羊桓六年傳：「其諸以病桓與？」何休注：「其諸，辭也。」說文：「異，分也。」夫子原不是求此，假言卽以夫子得之爲求，亦與人異也。宋石經避諱，凡「讓」字作「遜」。皇本作「其諸異乎人之求之與也」。○注「子禽」至「名賜」。○正義曰：臧氏庸拜經日記：「史記弟子列傳有原亢籍，無陳亢。蓋原亢卽陳亢也。鄭注論語、檀弓俱以陳亢爲孔子弟子，當是名亢，字籍，一字子禽。籍，禽也。故諱籍字禽。否則亢言三見論語，弟子書必無不載，太史公亦斷無不錄。家語既有原抗，字禽籍，不當復有陳亢子禽矣。明係王肅竄入。原、陳之所以不同，何也？蓋原氏出於陳，原、陳同氏也。詩陳風：『東方之原。』毛傳：『原，大夫氏。』春秋莊二十七年：『公子友如陳，葬原仲。』則原亢之爲陳亢信矣。漢書古今人表中中分陳亢、陳子禽二人，與魯太師、公明賈、子服景伯、林放、陳司敗、陽膚、尾生高、申棖、師冕同列，又以陳子亢隸下，上與陳弃疾、工尹商陽、齊禽敖、餓者同列，分爲三人，與申棖皆不以爲弟子。此不足據。」案：臧說是也。檀弓：「陳子車死於衞，其妻與其家大夫謀以殉葬。定，而后陳子亢至。」鄭注：「子車，齊大夫。子亢，子車弟。」則亢亦齊人也。弟子傳：「原亢籍，少孔子四十歲。」又云：「端木賜，衞人，少孔子三十一歲。」皇疏本「陳亢也」句下有「字子禽也」四字，「名賜」句下有「字子貢也」四字，於文爲複，當是皇所增。

11 子曰：「父在，觀其志；父沒，觀其行；三年無改於父之道，可謂孝矣。」【注】孔曰：「父在，子不得自專，故觀其志而已。父沒，乃觀其行。」【注】孔曰：「孝子在喪，哀慕猶若父存，無所改於父之道。」

正義曰：爾雅釋詁：「在，存也。」說文同。又：「觀，諦視也。」穀梁隱五年傳：「常視曰視，非常曰觀。」毛詩序：「在心爲志。」廣雅釋詁：「志，意也。」說文：「㱚，終也。」「歾」、「𣧻」或從旻，今字作歿。隸體小變：「溲，沈也。」別一義，蓋假借也。禮坊記注：「行，猶事也。」爾雅釋天：「夏曰歲，商曰祀，周曰年，唐、虞曰載。」郭注解「周曰年」云：「取禾一熟。」義本說文。汪氏中釋「三九」曰：「三年者，言其久也。何以不改也？爲其爲道也。若其非道，雖朝死而夕改可也。何以知其然也？『昔者鯀湮洪水，汨陳其五行，彝倫攸斁，天乃不畀洪範九疇，鯀則殛死。禹乃嗣興，彝倫攸敍，天乃畀禹洪範九疇。』蔡叔啓商，惎閒王室，其子蔡仲，改行帥德。周公以爲卿士，見諸王而命之以蔡，此改乎其父者也。不寧惟是，『虞舜側微，父頑、母嚚、象傲，克諧以孝，烝烝乂，不格姦，祗載見瞽瞍，夔夔齊栗，瞽瞍亦允若。』曾子曰：『君子之所謂孝者，先意承志，諭父母於道。』此父在而改於其子者也，是非以不改爲孝也。然則何以不改也？爲其爲道也。『三年』云者，雖終其身可也。自斯義不明，而後章惇、高拱之邪說出矣。」案：汪說是也。漢書五行志：「京房易傳曰：『幹父之蠱，有子，考亡咎。』子三年不改父道，思慕不皇，亦重見先人之非。」南史蔡廓子興宗傳：「先是大明世，奢侈無度，多所造立，賦調繁嚴，徵役過苦，至是發詔，悉皆削除。自孝建以來，至大明末，凡諸制度，無或存者。興宗慨然曰：『先帝雖非盛德，要以道始終。三年無改古典所貴。』」二史所言，皆以無改爲孝，不復計及非道。則自漢以來，多不知此義矣。禮坊記：「子云：『君子弛其親之過，而敬其美。』論語曰：『三年無改於其父之道，可謂孝矣。』」弛過敬美，正是「擇善而從」。即夫子論孟莊子之孝，不改父臣與政爲難能，亦是因獻子之臣與政，本不須改，而莊子能繼父業，所以爲孝。若父之道有所未善，而相承不變，世濟其惡，又安足貴乎？「可」者，深許之辭。說文：「可，肎也。」○注「父在」至「其行」。○正義曰：鄭注云：「孝子，父在無所自專，庶幾於其善道而已。」此僞孔所襲。韓詩外傳：「孔子曰：『昔者周公事文王，行無專制，事無由己，可謂子矣。』」是「父在子不得自專」也。「庶幾於其善道」，謂但觀其志，有善道，無行事可見也。朱子或問引范祖禹說：「以人子於父在時，觀父之志而承順之；父沒，則觀父之行而繼述之。」與鄭、孔注義異。錢氏大昕潛研堂文集極取范說曰：「孔子之言，論孝乎？論觀人乎？以經文『可謂孝矣』證之。其爲論孝不論觀人，夫人而知之也。旣曰論孝，則以爲觀父之志行是也。不論觀人，則以爲觀人子之志行非也。子之不孝者，好貨財，私妻子，父母之養且不顧，安能觀其志？朝死而夕忘之，安能觀其行？禮曰：『視於無形，聽於無聲。』觀其志之謂也。又曰：『善繼人之志，善述人之事。』觀其行之謂也。孟子論事親爲大，以曾元之賢，僅得謂之養口體。則孔子之所謂養其志者，惟曾子之養志足以當之。如是而以孝許之，奚不可乎？」案：范說亦通。但論孝卽是觀人。旣觀其行，而知三年無改於父之道，故以孝許之。鄭、孔義本不誤，故仍主鄭、孔而以范說附之。○注「孝子」至「之道」。○正義曰：注以三年是居喪之期，故云「在喪」也。宋氏翔鳳發微說：「按七略，春秋經十一卷，出今文家。繫閔公篇於莊公下，博士傳其說曰：『子未三年，無改於父之道。』傳曰：『則曷爲於其封內三年稱子？緣孝子之心，則三年不忍當也。』」又漢書師丹傳丹上書言：「古者諒闇不言，聽於冢宰，三年無改於父之道。」皆以三年就居喪言，與此注同。「哀慕猶若父存，無所改於父之道」者，謂人子居喪，猶若父存時，己仍爲子。若曲禮言居喪之禮：「升降不由阼階，出入不當門隧。」皆若父存，不敢遽當室也。此說於義似通。然居喪不敢改父之道，喪終自仍宜改。改與不改，皆是恒禮，奚足以見人子之孝？故知此注尚未然也。」

12 有子曰：「禮之用，和爲貴。先王之道，斯爲美；小大由之。有所不行，知和而和，不以禮節之，亦不可行也。」【注】馬曰：「人知禮貴和，而每事從和，不以禮爲節，亦不可行。」　正義曰：禮祭義云：「禮者，履此者也。」管子心術篇：「登降揖讓，貴賤有等，親疏有體，謂之禮。」方言：「用，行也。」說文：「用，可施行也。」禮主於讓，故以和爲用，燕義云「和寧，禮之用也」是也。說文：「龢，調也。讀與咊同。盉，味也。和，相應也。」三義略近，今經傳通作「和」。賈子道術篇：「剛柔得道謂之和，反和爲乖。」韋昭晉語注：「貴，重也。」高誘呂氏春秋尊師注：「貴，尚也。」和是禮中所有，故行禮以和爲貴。皇、邢疏以「和」爲樂，非也。樂記云：「禮勝則離。」鄭注：「離謂析居不和也。」又易繫辭傳：「履以和行。」虞翻注：「禮之用，和爲貴，故以和行。」和是言禮，非謂樂，審矣。論衡四諱篇：「死亡謂之先。」爾雅釋詁：「王，君也。」戴氏望論語注云：「先王，謂聖人爲天子制禮者也。」詩殷其靁傳：「斯，此也。」周官大司徒注：「美，善也。」並常訓。禮有威儀文物，故以美言之。「小大」，指人言。下篇「君子無小大」，詩泮水「無小無大，從公于邁」，皆以「小大」指人之證。爾雅釋詁：「由，自也。」自與從同。史記禮書云：「君臣、朝廷、尊卑、貴賤之序，下及黎庶、車輿、衣服、宮室、飲食、嫁娶、喪祭之分，事有宜適，物有節文。」是言人小大皆有禮也。「有所不行」者，謂人但循禮，不知用和，故不可行，所謂「禮勝則離」者也。檀弓云：「品節斯之謂禮。」皇疏云：「人若知禮用和，而每事從和，不復用禮爲節者，則於事亦不得行也。所以言亦者，沈居士云：『上純用禮不行，今皆用和，亦不可行也。』」案：有子此章之旨，所以發明夫子中庸之義也。說文：「庸，用也。」凡事所可常用，故「庸」又訓「常」。鄭君中庸目錄云：「名曰中庸者，以其記中和之爲用也。」注「君子中庸」云：「庸，常也。用中爲常道也。」兩義自爲引申。堯咨舜、舜咨禹云：「允執其中。」孟子言「湯執中」，「執中」即用中也。「舜執兩端，用其中於民」，「用中」即「中庸」之倒文。周官大司樂言六德：「中、和、祗、庸、孝、友。」言「中和」又言「庸」，夫子本之，故言中庸之德。子思本之，乃作中庸。而有子於此章已明言之。其謂「以禮節之」者，禮貴得中，知所節，則知所中。中庸云：「和而不流，强哉矯，中立而不倚，强哉矯。」「和而不流」，則禮以節之也，則禮之中也。中庸皆所以行禮，故禮篇載之。逸周書度訓云：「和非中不立，中非禮不慎，禮非樂不履。」樂謂和樂，即此義也。漢石經「亦不行也」，「不」下無「可」字。

13 有子曰：「信近於義，言可復也。【注】復，猶覆也。義不必信，信非義也。以其言可反覆，故曰近義。恭近於禮，遠恥辱也。【注】恭不合禮，非禮也。以其能遠恥辱，故曰近禮也。因不失其親，亦可宗也。」【注】孔曰：「因，親也。言所親不失其親，亦可宗敬。」

正義曰：「信近於義言可復」者，說文：「近，附也。誼，人所宜也。義，己之威儀也。」二字義別，今經傳通作「義」。禮中庸記云：「義者，宜也。」表記云：「義者，天下之制也。」言制之以合宜也。孟子離婁篇云：「大人者，言不必信，唯義所在。」是信須視義而行之，故此言近於義也。鄭注云：「復，覆也。」言語之信可反覆。案：「復」、「覆」古今語。爾雅釋言：「復，返也。」返與反同。說文：「復，往來也。」往來，即反覆之義。人初言之，其信能近於義，故其後可反覆言之也。曾子立事篇云：「久而復之，可以知其信矣。」又云：「言之必思復之，思復之必思無悔言，亦可謂慎矣。」「思無悔言」，亦謂以義裁之。否則，但守硜硜之信，而未合於義，人將不直吾言，吾雖欲復之，不得也。「恭近於禮遠恥辱」者，廣雅釋詁：「遠，離也。」說文：「恥，辱也。辱，恥也。」表記云：「恭以遠恥。」亦謂恭近於禮，以行之也。否則，雖恭敬於人，不能中禮，或爲人所輕侮，而不免恥辱。下篇云「恭而無禮則勞」，亦此意也。皇本「宗」下有「敬」字。○注「義不」至「近義」。○正義曰：邢疏云：「義不必信者，若春秋『晉士匄帥師侵齊，聞齊侯卒，乃還』。春秋善之，是合宜不必守信也。云『信非義也』者，史記尾生與女子期於梁下，女子不來，水至不去，抱柱而死。是雖守信而非義也。」案：注以近義是由復言後觀之，蓋知其人言可反覆，曉其近於義也。下注「以其能遠恥辱，故曰近禮」，義同。○注「因親」至「宗敬」。○正義曰：詩皇矣：「因心則友。」傳：「因，親也。」此文上言「因」，下言「親」，變文成義。說文：「宗，尊祖廟也。」宗有尊訓。此言「宗敬」者，引申之義。曾子立事云：「觀其所愛親，可以知其人矣。」謂觀其所親愛之是非，則知其人之賢不肖。若所親不失其親，則此人之賢可知，故亦可宗敬也。桂氏馥羣經義證解此注云：「詩皇矣正義曰：『周禮六行，其四曰姻。注：「姻，親於外親。」是姻得爲親。』據此，則『因』即『姻』省文。野客叢書引南史王元規曰：『姻不失親，古人所重，豈得輒昏非類？』張說之碑亦云：『姻不失親，官復其舊。』又徐鍇說文通論：『禮曰：「姻不失其親。」故古文肖女爲妻。』邢、皇二疏，俱失孔指。」今案：孔注「因親」是通說人交接之事。其作「姻」者，自由後世所見本不同。然婚姻之義，於注本得兼之，皇、邢疏依注爲訓，未爲失指。

14 子曰：「君子食無求飽，居無求安，【注】鄭曰：「學者之志，有所不暇。」敏於事而愼於言，就有道而正焉，可謂好學也已。」【注】孔曰：「敏，疾也。有道，有道德者。正謂問其是非。」正義曰：此章言君子當安貧力學也。「食無求飽」者，禮記曲禮注：「食，飯屬也。」說文：「飽，猒也。」「猒」者，足也。禮記禮器云：「有以少爲貴者，天子一食，諸侯再，大夫士三，庶人食力無數。」注：「一食、再食、三食，謂告飽也。食力，謂工商農也。」又公食大夫禮：「賓三飯以湆醬。」注：「三飯而止，君子食不求飽。」彼言禮食之事，君子不當求飽。故此言家貧者，食無求飽爲君子也。「居無求安」者，說文：「凥，處也。從尸几。尸得几而安也。居，蹲也。」二字義別，今經傳皆叚「居」爲「凥」。爾雅釋詁：「安，定，止也。」無求飽，無求安，若顏子一簞食，一瓢飲，在陋巷不改其樂者也。「就有道而正焉」者，學記：「就賢體遠。」注：「就謂躬下之。」荀子性惡篇：「夫人雖有性質美而心辯知，必將求賢師而事之，擇良友而友之。得賢師而事之，則所聞者，堯、舜、禹、湯之道也；得良友而友之，則所見者，忠信敬讓之行也。身日進於仁義，而不自知也者，靡使然也。」「焉」、「也已」，助語之辭。漢石經「也已」作「已矣」。皇本作「也已矣」。○注「敏疾」至「是非」。○正義曰：說文：「敏，疾也。」敏於事謂疾勤於事，不懈倦也。下篇「訥於言而敏於行」，訓同。焦氏循論語補疏：「敏，審也。謂審當於事也。聖人教人，固不專以疾速爲重。」案：焦說與孔注義相輔。聞斯行之，夫子以教冉有，是亦貴疾速可知。說文：「正，是也。」周官：「家司馬各使其臣，以正於公司馬。」注：「正，猶聽也。」邢疏：「言學業有所未覺，當就有道德之人，正定其是之與非。易文言曰：『問以辨之也。』」

15 子貢曰：「貧而無諂，富而無驕，何如？」子曰：「可也，」【注】孔曰：「未足多。」未若貧而樂，富而好禮者也。」【注】鄭曰：「樂謂志於道，不以貧爲憂苦。」正義曰：皇本「子貢」下有「問」字。說文：「貧，財分少也。」又：「讇，諛也」。諂，讇或從臽。皇疏引范寧曰：「不以正道求人爲諂也。」說文：「富，備也，一曰厚也。」人財多，當無不備也。「驕」者，馬高六尺之名。人自高大，故亦稱「驕」。皇疏：「富厚者既得人所求，好生陵慢，是爲驕也。」「何如」者，何似也。「未若」，猶言未如。儀禮有司徹注「今文若爲如是」二字，義同。皇本、高麗本、足利本並作「樂道」。唐石經「道」字旁注。陳氏鱣論語古訓云：「鄭注本無『道』字，集解兼采古論。下引孔曰：『能貧而樂道。』是孔注古論本有『道』字。史記所載語亦是古論，仲尼弟子傳引『不如貧而樂道』，正與孔合。文選幽憤詩：『樂道閒居。』注引論語：『子曰「貧而樂道」。』是集解本有『道』字，今各本脫去。鄭據本蓋魯論，故無『道』字。」今案：作「樂道」，自是古論。漢書王莽傳、後漢書東平王蒼傳注引並無「道」字，與鄭本同。下篇「回也不改其樂」，「樂亦在其中矣」，皆不言樂道，而義自可通，故鄭不從古以校魯也。至孔注是後人僞撰，陳君援孔注以證史記，稍誤。坊記：「子云：『貧而好樂，富而好禮，衆而以寧者，天下其幾矣。』」是樂道好禮爲人所難能，故無諂無驕者不能及之也。○注：「樂謂志於道，不以貧爲憂苦。」○正義曰：鄭以「樂」即「樂道」，與古論同。呂氏春秋慎人篇：〔一〕「古之得道者，窮亦樂，達亦樂，所樂非窮達也。道得於此，則窮達一也。如寒暑風雨之節矣。」〔二〕子貢曰：「詩云：『如切如磋，如琢如磨。』其斯之謂與？」【注】孔曰：「能貧而樂道，富而好禮者，能自切磋琢磨。」子曰：「賜也，始可與言詩已矣，告諸往而知來者。」【注】孔曰：「諸，之也。子貢知引詩以成孔子義，善取類，故然之。往，告之以貧而樂道。來，答以切磋琢磨。」

正義曰：「詩云」者，毛詩序云：「詩者，

〔一〕「慎人篇」原誤作「慎大覽」，據呂氏春秋改。按：慎人篇屬孝行覽。〔二〕呂氏春秋「如」作「爲」，「節」作「序」。

志之所之也。在心爲志，發言爲詩。」書微子馬注：「云，言也。」「如切如磋，如琢如磨」者，衛詩淇澳篇文。說文：「切，刌也。琢，治玉也。」「磋」謂治象差次之，使其平滑也。「磨」，釋文作「摩」，云：「一本作磨。」說文：「礳，礱也，礪也。」意「摩」、「磨」卽「礳」之異體。鄭此注云：「切磋琢磨，以成寶器。」寶者，貴也。爾雅釋器：「骨謂之切，象謂之磋，玉謂之琢，石謂之磨。」郭注：「皆治器之名，謂治骨象玉石以成器也。」又釋訓云：「如切如磋，道學也；如琢如磨，自修也。」此本禮記大學篇文。先從叔丹徒君論語駢枝據爾雅釋此文云：「蓋無諂無驕者，生質之美；樂道好禮者，學問之功。夫子言『十室之邑，必有忠信，不如丘之好學』。而七十子之徒，獨稱顏淵爲好學，顏淵而下，穎悟莫若子貢，故夫子進之以此。然語意渾融，引而不發。子貢能識此意，而引詩以證明之，所以爲告往知來。」謹案：毛詩傳云：「道其學而成也，聽其規諫以自修，如玉石之見琢磨也。」又荀子大略云：「人之於文學也，猶玉之於琢磨也。詩曰：『如切如磋，如琢如磨。』謂學問也。」並同爾雅之義。「告」者，廣雅釋詁：「告，教也。」「往來」猶言前後也。子貢聞一知二，故能「告往知來」。皇本謂下「來者」下均有「也」字。○注：「往告之以貧而樂道。」○正義曰：此句下當有「富而好禮」句。

16 子曰：「不患人之不己知，患不知人也。」　正義曰：說文：「患，憂也。」人不己知，己無所失，無可患也。己不知人，則於人之賢者不能親之用之，人之不賢者不能遠之退之，所失甚巨，故當患。呂氏春秋論人篇：「人同類而智殊，賢不肖異，皆巧言辯辭，〔一〕以自防禦，此不肖主之所以亂也。」是言不知人之當患也。皇本作「不患人之不己

〔一〕「辭」原誤作「亂」，據呂氏春秋改。

知也，患己不知人也」。高麗、足利本亦作「患己不知人也」。釋文云：「『患不知也』，本或作『患己不知人也』。俗本妄加字；今本『患不知人也』。」臧氏琳經義雜記：「古本作『患不知也』，與里仁『不患莫己知，求爲可知也』語意同。『人』字，淺人所加。」案：皇本有王注云：「但患己之無能知也。」己無能知，卽未有知之義，則皇本「人」字爲俗妄加無疑。

論語正義卷二

爲政第二　集解

凡二十四章

1 子曰：「爲政以德，譬如北辰，居其所而衆星共之。」【注】包曰：「德者無爲，猶北辰之不移，而衆星共之。」

正義曰：説文：「譬，諭也。」墨子小取篇：「辟也者，舉他物而以明之也。」「辟」與「譬」同。鄭注云：「北極謂之北辰。」此本爾雅釋天文。李巡曰：「北極，天心，居北方，正四時，謂之北辰。」郭璞曰：「北極，天之中，以正四時。天中卽天心。天體圜，此爲最高處，名赤道極。」稱北極者，對南極言之。成周洛陽之地，北極出地三十六度，南極入地亦三十六度。中國在赤道北，祇見北極，故舉爲言也。楚辭天問：「斡維焉繫？天極焉加？」稱「天極」。周髀算經稱「北極樞」，呂氏春秋有始覽稱「天樞」，與「北極」、「北辰」俱一體而異名也。周官考工記匠人：「夜考諸極星，以正朝夕。」呂氏春秋亦言「極星」。「極」卽「北極」，「北極」非星名。而考工、呂覽稱「極星」者，此就人所視近北極之星，舉以爲識別也。周髀經立八尺表，以繩繫表顛，希望北極中大星，明大星在北極中，非北極卽爲星也。史記天官書：「中宮天極星，其一明者，太一常居也。」此卽考工等所言「極星」。陳氏懋齡經書算學天文考引許慶宗説爲句陳大星。案：説苑辨物篇：「璿璣謂北辰。

句陳，樞星也。」則以句陳爲「極星」，漢人已有此說。繁露奉本篇：「星莫大於北辰。」何休公羊傳注：「迷惑不知東西者，須視北辰，以別心、伐。」皆以「北辰」爲星名。故漢書天文志云：「北極五星，第五紐星爲天之樞。」以紐星爲天樞，即謂北辰也。陳氏懋齡云：「古人指星所在處爲天所在處，其實北辰是無星處。」又云：「凡天之無星處曰辰。天有十二辰，自子畢亥，爲日月所聚會之次舍。如十一月冬至，日月畢會於丑，必有所當之星宿。漢初不知歲差，以牽牛爲冬至常星。若以歲差之理言之，今時在箕一度。冬至子中，未嘗板定星度，北辰如何認定極星？但以之爲標準耳。」案：陳說甚是。然北辰是無星處，朱子語類已言之。夏氏炘學禮管釋據考工、呂覽諸言極星之文，遂以「北辰」爲「天樞」，「北極」爲星名，且疑爾雅爲漢人附益，過矣。「北極」爲赤道極，左旋西行，其日月五星各居一極，日曰黃道極，與月五星同爲右旋東行，而二十八宿亦東行。二十八宿，統名恒星。句陳等星，與恒星同度。恒星歲差五十一秒，故梁祖暅之以儀準候不動處，在紐星之末，猶一度有餘，宋沈括測天中不動處，遠極星三度有餘，元郭守敬測極星離不動處三度，則星度常差，不能執定一星以求北辰之所在矣。「居其所」者，三蒼云：「所，處也。」廣雅釋詁：「所，凥也。」北辰居其所，即陳氏所圖距等圈之削成一點也。「衆星共之」者，說文云：「曐，萬物之精，上爲列星。」或省作「星」。釋名釋天云：「星，散也。列位布散也。」漢書天文志：「經星常宿中外官凡百一十八名，積數七百八十三星。」自後諸史志及推測家言數各異，今亦未能詳之也。陳氏懋齡云：「赤道宗北極，恒星宗黃極。赤道西行，恒星東行。右旋之度，因左旋而成。只爲動天左旋西行，帶定七政恒星，晝夜運轉，故七政恒星得以差次自行。是東行之度，以西行而生黃極，以赤極爲樞，衆星所以共北辰也。」鄭注云：「拱，拱手也。」「共」是「拱」省。鄭與包所見本異。說文：「拱，斂手也。」何休公羊僖三十二年注：「拱，可以手對抱。」衆星列峙錯居，還繞北辰，若拱向之也。蔡邕明堂月令論：「以北辰居其所，爲人君居明堂之象。謂明堂爲政教所由生，變化所由來，是明一統。」其說是也。宋氏翔鳳發微云：「明堂之治，王中無爲，以守至正；上法璇璣，以齊七政。故曰政者，正也。王者，上承天之所爲，下以正其所爲，未有不以德爲本。德者，不言之化，自然之治，以無爲爲之者也。雖有四時、天地人之政，而皆本於一德。雖有五官、二十八星之名，而皆筦於北辰。爲政不出於明堂，而禮樂刑政四達不悖，德之符也。北辰不離於紫宮，而衆星循環，終古不忒，樞之筦也。」○注：「德者無爲，猶北辰之不移，而衆星共之。」○正義曰：李氏允升四書證疑：「既曰爲政，非無爲也。政皆本於德，有爲如無爲也。」又曰：「爲政以德，則本仁以育萬物，本義以正萬民，本中和以制禮樂，亦實有宰制，非漠然無爲也。」案：李說足以發明此注之意。禮中庸云：「詩云：『不顯惟德，百辟其刑之。』是故君子篤恭而天下平。」「篤恭」者，德也，所謂共己正南面也。共己以作之則，則百工盡職，庶務孔修，若上無所爲者然，故稱舜無爲而治也。「北辰之不移」者，呂覽云：「極星與天俱游，而天樞不移。」此注所本。周髀云：「欲知北極樞旋周四極，常以夏至夜半時，北極南游所極；冬至夜半時，北極北游所極；冬至日加酉之時，西游所極；日加卯之時，東游所極。」北極樞卽北辰。周髀言有四游，則非不移可知。後漢天文志注引星經曰：「璇璣謂北極。」此舜作璇、璣，以象北極。伏生書傳曰：「璇者，還也。璣者，幾也，微也。其變幾微而所動者大，謂之璇璣。」是故璇、璣謂之北極。據大傳言其變幾微，故天文家咸以爲不動。辭雖異，意實同也。皇本此注作「鄭曰」。

2 子曰：「詩三百，【注】孔曰：「篇之大數。」一言以蔽之，【注】包曰：「蔽，猶當也。」曰：『思無邪。』」

【注】包曰：「歸於正。」

正義曰：史記孔子世家：「古者詩三千餘篇，及至孔子，去其重，取可施於禮義，上采契、后稷，中述殷、周之盛，至幽、厲之缺。」又云：「三百五篇，孔子皆弦歌之，以求合韶、武、雅、頌之音，禮樂自此可得而述，以備王道，成六藝。」據此，則三百五篇，夫子所刪定也。「禮義」即「禮儀」，亦即謂禮樂也。詩皆入樂，故可弦歌。夫子屢言「詩三百」，一見禮運，兩見論語，皆綜大數以爲教也。漢書藝文志云：「古有采詩之官，王者所以觀風俗，知得失，自考正也。孔子純取周詩，上采殷，下取魯，凡三百五篇，遭秦而全者，以其諷誦不獨在竹帛故也。」班志此文以三百五篇爲孔子所取，與世家合。其三百五篇之外，單章零句，有可述者，儒者肄業，雖不妨及之，要無與於弦歌之用，故不數之也。「一言」者，詩關雎疏云：「句則古者謂之爲言。」引此文謂以「思無邪」一句爲一言也。又引左傳「臣之業在揚之水卒章之四言」，趙簡子稱子大叔遺我以九言，皆以一句爲一言也。案：春秋繁露楚莊王篇：「介以一言曰：王者必改制。」亦一證。「思無邪」者，魯頌駉篇文。說文：「恖，容也。」言心有所念，能容之也。顧氏鎮虞東學詩云：「詩者，思也。發慮在心，而形之於言，以攄其懷抱。繫於作詩之人，不繫於讀詩之人。」又曰：「論語之言，詩獨詳，曰誦，曰學，曰爲，皆主於誦詩者也。」今直曰「詩三百」，是論詩，非論讀詩也。蓋當巡狩采詩，兼陳美刺，而時俗之貞淫見焉。及其比音入樂，誦自瞽矇，而後王之法戒昭焉。故俗有淳漓，詞有正變，而原夫作者之初，則發於感發懲創之苦心，故曰「思無邪」也。○注：「篇之大數。」○正義曰：今詩存三百五篇，合笙詩六爲三百十一篇。此言三百，是舉大數。○注：「蔽，猶當也。」○正義曰：鄭注云：「蔽，塞也。」「塞」、「當」義同。廣雅釋詁：「蔽，障也。」○注：「歸於正。」○正義曰：賈子道術：「方直不曲謂之正，反正爲邪。」毛詩序云：「詩者，志之所之也。在心爲志，發言爲詩。」又云：「故正得失，動天地，感鬼神，莫近於詩。」又云：「故變風發乎情，止乎禮義。發乎情，民之性也；止乎禮義，先王之澤也。」禮樂記：「師乙曰：『寬而靜，柔而正者，宜歌頌；廣大而靜，疏達而信者，宜歌大雅；恭儉而好禮者，宜歌小雅；正直清廉而讓者，宜歌風；肆直而慈愛者，宜歌商；溫良而能斷者，宜歌齊。』」荀子大略篇：「國風之好色也，傳曰『盈其欲而不愆其止，其誠可比於金石，其聲可內於宗廟。』小雅不以於汙上，自引而居下，疾今之政，以思往者。其言有文焉，其聲有哀焉。」史記屈賈列傳：「國風好色而不淫，小雅怨誹而不亂。」皆言詩歸於正也。

3 子曰：「道之以政，【注】孔曰：「政謂法教。」齊之以刑，【注】馬曰：「齊整之以刑罰。」民免而無恥；【注】孔曰：「免，苟免。」道之以德，【注】包曰：「德謂道德。」齊之以禮，有恥且格。」【注】格，正也。

正義曰：「道」如「道國」之道，謂教之也。禮緇衣云：「教之以德，教之以政。」文與此同。漢祝睦碑：「導濟以禮。」皇本兩「道」字並作「導」。釋文：「道，音導。下同。」說文：「導，導引也。」此義亦通。祝睦碑作「導」，作「濟」。又云「有恥且恪」，諸異文當出齊、古。爾雅釋言：「濟，益也。」釋詁：「恪，敬也。」於義並合。漢書貨殖傳：「於是在民上者，道之以德，齊之以禮，故民有恥而且敬。」即本此文。言民知所尊敬，而莫敢不從令也。鄭注此云：「格，來也。」本爾雅釋言。又釋詁：「格，至也。」「來」、「至」義同，謂來歸於善也。漢費汎碑「有恥且佫。」方言：「佫，至也。」說文：「假，至也。」「佫」、「假」一字。爾雅釋文「格」字或作「佫」。書「格於上下」，說文引作「假」。「假」與「徦」同，則「格」、「假」字通。說文：「格，木長貌。」於訓「敬」訓「來」之義，皆不相應，蓋叚借也。緇衣云：「夫民教之以德，齊之以禮，則民有格心；教之以政，齊之以刑，則民有遯心。」

注云：「格，來也。遯，逃也。」彼言「遯」，此言「免」，義同。廣雅釋詁：「免，脫也。」謂民思脫避於罪也。大戴禮禮察篇：「爲人主計者，莫如安審取舍。取舍之極定於內，安危之萌應於外也。以禮義治之者積禮義，以刑罰治之者積刑罰，刑罰積而民怨倍，禮義積而民和親。故世主欲民之善同，而所以使民之善者異也。或導之以德教，或敺之以法令。導之以德教者，德教行而民康樂；敺之以法令者，法令極而民哀戚。哀樂之感，禍福之應也。」家語刑政篇：「仲弓問於孔子曰：『雍聞至刑無所用政，桀、紂之世是也；至政無所用刑，成、康之世是也。信乎？』孔子曰：『聖人治化，必刑政相參焉。太上以德教民，而以禮齊之；其次以政導民，而以刑禁之。化之弗變，導之弗從，傷義以敗俗，於是乎用刑矣。』」孔叢子刑論篇：「仲弓問古之刑教與今之刑教。孔子曰：『古之刑省，今之刑繁。其爲教，古有禮然後有刑，是以刑省；今無禮以教，而齊之以刑，刑是以繁。』書曰：『伯夷降典，折民惟刑。』謂先禮以教之，然後繼以刑折之也。夫無禮則民無恥，而正之以刑，故苟免。」又：「孔子答衞將軍文子曰：『齊之以禮，則民恥矣；刑以止刑則民懼矣。』文子曰：『今齊之以刑，刑猶弗勝，何禮之有？』孔子曰：『以禮齊民，譬之于御則轡也；以刑齊民，譬之于御則鞭也。執轡于此而動於彼，御之良也；無轡而用策，則馬失道矣。』文子曰：『以御言之，左手執轡，右手運策，不亦速乎？若徒轡無策，馬何懼哉？』孔子曰：『吾聞古之善御者，執轡如組，兩驂如舞，非策之助也。是以先王盛于禮而薄于刑，故民從命。今也廢禮而尚刑，故民彌暴。』」諸文並足發明此章之義。○注：「齊整之以刑罰。」○正義曰：廣雅釋言：「齊，整也。」此常訓。說文：「刑，剄也。㓝，罰辠也。」二字義別，今經典多混用。「罰」者，說文云：「辠之小也。」罰本小辠，制之以法，故亦曰「罰」。周官司救云：「凡民之有衺惡者，三讓而罰。」注：「罰，謂撻擊之也。」是也。白虎通五刑篇：「聖人治天下，必有刑罰何？所以佐德助治，順天之度也。故懸爵賞者，示有所勸也；設刑罰者，明有所懼也。」○注：「德謂道德。」○正義曰：注意德屬人君，卽上章「爲政以德」之意。鄭注云：「德謂智、仁、聖、義、中、和。」此本周官大司徒所謂「以鄉三物教萬民，而賓興之」者也。鄭彼注云：「知，明于事；仁，愛人以及物；聖，通而先識；義，能斷時宜；忠，言以中心；和，不剛不柔。」此六德也。鄭義與此注均通。○注：「格，正也。」○正義曰：漢書刑法志顏師古注同。孟子離婁云：「惟大人爲能格君心之非。」

4 子曰：「吾十有五而志于學，三十而立，【注】有所成也。四十而不惑，【注】孔曰：「不疑惑。」五十而知天命，【注】孔曰：「知天命之始終。」六十而耳順，【注】鄭曰：「耳聞其言，而知其微旨。」七十而從心所欲，不踰矩。」【注】馬曰：「矩，法也。從心所欲，無非法。」

正義曰：「十五」、「三十」云云者，夫子七十時追敍所歷年數也。「有」之言「又」也。「志于學」，漢石經及高麗本「于」作「乎」。翟氏灝考異以論語自引詩、書外，例作「於」，此變體爲「于」，必「乎」之誤。尚書大傳：「古之帝王者，必立大學小學，使王太子、王子、羣后之子，以至公、卿、大夫、元士之適子，十有三年始入小學，見小節焉，踐小義焉。年二十入大學，見大節焉，踐大義焉」。大戴禮保傳云：「古者年八歲而出就外傳，束髮而就大學。」盧注：「束髮謂成童。」古以年十六爲成人，則成童是十五。戴禮與大傳傳聞各異。白虎通辟雍篇：「古者所以年十五入大學何？以爲八歲毀齒，始有識知，入學學書計。七八十五陰陽備，故十五成童志明，入大學，學經術。」故曲禮曰：『十年曰幼學。』論語曰：『吾十有五而志于學，三十而立。』」則十五者，入大學之年。尚書大傳言「入大學，知君臣之儀，上下之位」。禮小戴有大學篇，始「致知格物」，終「治國平天下」，皆所謂大節大義也。夫子生知之聖，而以學知自居，故云「志于學」。「志」如「志於道」之「志」，毛詩序云：「志者，心之所之也。」先兄五河君經義説略謂「志」、「識」同，卽默而識之也，亦通。「三十」，漢石經作「卅」。白虎通引「三十而立」，連上句則「立」謂學也。漢書藝文志：「古之學者，且耕且養，三年而通一經，用日少而畜德多，三十而五經立。」又吴志吴主與孫皎書：「孔子言『三十而立』，非但謂五經也。」足知立謂學立，乃漢人舊義，故皇疏同之。周時成均之教，春秋禮樂，冬夏詩書，無「五經」之目。班氏假「五經」以説所學之業，其謂「三年通一經」，亦是大略言之，不得過拘年數也。諸解「立」爲立于道，立于禮，皆統於學，學不外道與禮也。至三十後，則學立而德成之事。張栻論語解：「聖人之所以爲聖人者，以其有始有卒，常久日新，必積十年而一進者，成章而後達也。」「四十不惑」者，子曰：「知者不惑。」禮中庸云：「子曰：『素隱行怪，後世有述焉，吾弗爲之矣。』」此卽不惑之事。若孟子言「四十不動心」，則勇者之事，能養氣也。「天命」者，説文云：「命，使也。」言天使己如此也。書召誥云：「今天其命哲，命吉凶，命歷年。」哲與愚對，是生質之異，而皆可以爲善，則德命也。吉凶、歷年，則禄命也。君子脩其德命，自能安處禄命。韓詩外傳：「子曰：『不知命，無以爲君子。』」言天之所生，皆有仁、義、禮、智順善之心，不知天之所以命生，則無仁、義、禮、智順善之心，謂之小人。漢書董仲舒傳：「對策曰：『天令之謂命。人受命於天，固超然異於羣生，貴於物也。故曰：「天地之性，人爲貴。」明於天性，知自貴於物，然後知仁、義、禮、智，安處善，樂循理，謂之君子。故孔子曰：「不知命，無以爲君子。」此之謂也。』」二文皆主德命，意以知德命，必能知禄命矣。是故君子知命之原於天，必亦則天而行。故盛德之至，期於同天。中庸云：「仲尼上律天時，下襲水土。辟如天地之無不持載，無不覆幬。辟如四時之錯行，如日月之代明。」言聖人之德能合天也。能合天，斯爲不負天命；不負天命，斯可以云知天命。知天命者，知己爲天所命，非虚生也。蓋夫子當衰周之時，賢聖不作久矣。及年至五十，得易學之，知其有得，而自謙言「無大過」。則知天之所以生己，所以命己，與己之不負乎天，故以天知命自任。「命」者，立之於己而受之於天，聖人所不敢辭也。他日桓魋之難，夫子言「天生德於予」，天之所生，是爲天命矣。惟知天命，故又言「知我者其天」，明天心與己心得相通也。孟子言「天欲平治天下，舍我其誰？」亦孟子知天命生德當在我也。是故知有仁、義、禮、智之道，奉而行之，此君子之知天命也。知己有得於仁、義、禮、智之道，而因推而行之，此聖人之知天命也。「從心所欲不踰矩」者，說文云：「从，相聽也。」「從」與「从」同。禮樂記注云：「從，順也。」中庸云：「誠者，天之道也；誠之者，人之道也。誠者，不勉而中，不思而得，從容中道，聖人也。誠之者，擇善而固執之者也。」夫子至誠，合乎天道，而言「不踰矩」，若爲思誠者之事。皇疏引李充曰：「自『志學』迄於『從心』，善始令終，貴不踰法，示之易行，而約之以禮，爲教之例，其在茲矣。」○注：「不疑惑。」○正義曰：說文「疑」作「𠤕」，「惑也」。「惑，亂也。」○注：「知天命之始終。」○正義曰：注意難曉。皇疏引「王弼云：『天命廢興有期，知道終不行也。』孫綽云：『大易之數五十，天地萬物之理究矣。以知命之年，通致命之道，窮學盡數，可以得之，不必皆生而知之也。此勉學之至言也。』」案：疏列二說，不知與注意合否？○注：「耳聞其言，而知其微旨。」○正義曰：說文：「恉，意也。」「旨」、「恉」同。聞人之言，而知其微意，則知言之學，可知人也。皇疏引李充云：「耳順者，聽先王之法言，則知先王之德行，從帝之則，莫逆於心。心與耳相從，故曰耳順也。」李以「耳順」爲聞先王之言，亦鄭義所包也。焦氏循補疏：「耳順卽舜之察邇言。所謂善與人同，樂取於人以爲善也。順者，不違也。舍己從人，故言入於耳，隱其惡，揚其善，無所違也。學者自是其學，聞他人之言，多違於耳。聖人之道，一以貫之，故耳順也。」案：焦此義與鄭異，亦通。○注：「矩，法也。」○正義曰：荀子不荀篇：「五寸之矩，盡天下之方也。」楊倞注：「矩，正方之器也。」說文作「巨」，云：「規巨也。從工，象手持之。矩或從木矢。」爾雅釋詁：「矩，常也，法也。」皆引申之義。

5 孟懿子問孝。子曰：「無違。」【注】孔曰：「魯大夫仲孫何忌，懿，謚也。」樊遲御，子告之曰：「孟孫問孝於我，我對曰：『無違。』」【注】鄭曰：「恐孟孫不曉無違之意，將問於樊遲，故告之。樊遲，弟子樊須。」樊遲曰：「何謂也？」子曰：「生，事之以禮；死，葬之以禮，祭之以禮。」

正義曰：漢石經作「毋違」。論衡問孔篇亦作「毋違」。士昏禮注：「古文毋作無。」意此亦古、魯之異。說文：「違，離也。」引申爲背棄之義。又：「⿰韋攴，戾也。」義亦近。毛詩車攻傳：「御，御馬也。」說文：「御，使馬也。」御者居車中，惟兵車居左。樊遲弟子，當爲御者。武氏億羣經義證：「呂氏春秋尊師篇：『視與馬，慎駕馭。』弟子事師，古禮如是。」孟孫者，白虎通姓名篇：「諸侯之子稱公子，公子之子稱公孫，公孫之子，各以其王父字爲氏。」此孟孫本出公子慶父之後，當稱孟公孫，不言公者，省詞。說文云：「我，施身自謂也。對，譍無方也。對、對或從士。」夫子述所告孟孫之言，故言「我對」也。說文：「⿰歺人，澌也，人所離也。葬，臧也。從死在茻中。一，其中所以薦之。」〔一〕今隸變作「死」作「葬」。夫子告樊遲言事親當以禮，則告懿子以「無違」者，是據禮言。故論衡引此文，說之云：「毋違者，禮也。」考懿子爲僖子之子，嘗學禮於孔子，故孔子即以禮訓之。「無違」者，無違乎禮以事親也。凌氏鳴喈論語解義：「大夫以上能備禮，生事葬祭不違乎禮，即順乎親矣。」案：禮記禮運云：「大順者，所以養生送

〔一〕「薦」原誤作「藉」，據說文改。

死，事鬼神之常也。」孔疏：「順，卽順禮。」左文二年傳：「禮無不順。祀，國之大事也。而逆之，可謂禮乎？」「逆」與「順」相反。逆者，逆禮也，卽違禮也。祭統云：「是故賢者之祭也，致其誠信，與其忠敬，參之以時，明薦之而已矣。不求其爲，此孝子之心也。孝者，畜也。順於道，不逆於倫，是之謂畜。」順道卽順禮，順禮故無違禮也。荀子禮論云：「禮者，謹於治生死者也。生，人之始也；死，人之終也；終始俱善，人道畢矣。故君子敬始而愼終，終始如一，是君子之道，禮義之文也。臣之所以致重其君，子之所以致重其親，於是盡矣。」皇疏引衞瓘曰：「三家僭侈，皆不以禮也，故以禮答之也。」方氏觀旭論語偶記：「檀弓云：『三家視桓楹。』葬僭禮也。八佾篇：『三家者以雍徹。』祭僭禮也。惟是懿子之父仲孫貜，春秋書其卒，在昭二十四年。樊遲少孔子三十六歲，是貜卒時，樊遲尚未生。今懿子問孝時，有樊遲御，而夫子備告以生事葬祭者，懿子或尚有母在與？」○注：「魯大夫仲孫何忌，懿，謚也。」○正義曰：禮檀弓云：「幼名，冠字，五十乃稱伯仲。」白虎通姓名篇：「稱號所以有四何？法四時用事先後，長幼兄弟之象也。故以時長幼，號曰伯、仲、叔、季也。適長稱伯，伯禽是也。庶長稱孟，魯大夫孟氏是也。」案：說文：「孟，長也。」魯孟氏爲桓公子。公子慶父之後又稱仲孫者，慶父本居孟，其仲無人，得兼之也。懿子受學聖門，及夫子仕魯，墮三都，懿子梗命，致聖人之政化不行，是實魯之賊臣，弟子傳不列其名，及此注但云「魯大夫」，亦不云「弟子」，當爲此也。周書謚法解：「柔克爲懿，温和聖善曰懿。」是「懿」爲謚也。說文云：「謚，行之迹也。」謚法解：「終葬乃制謚。敍法：大行受大名，細行受細名。」若人有惡行，則亦爲之惡謚，幽、厲之屬是也。天子崩，稱天以謚，諸侯謚於天子，大夫謚於諸侯。春秋時，謚不如法，咸用美謚，故此孟孫得謚「懿」。○注「恐孟」至「樊須」。○正義曰：樊遲與懿子同門，故恐懿子復問樊遲也。史記仲尼弟子列傳：「樊須，字子遲。少孔子三十六歲。」「須」與「顉」同。

須，待也，與「遲」義合。白水碑謂須字子達，遲字子緩，析一人爲二，不足據。鄭目録云「齊人」，家語弟子解及左傳杜注並云「魯人」。

6 孟武伯問孝。子曰：「父母唯其疾之憂。」【注】馬曰：「武伯，懿子之子仲孫彘。武，謚也。言孝子不妄爲非，唯疾病然後使父母憂。」 正義曰：爾雅釋詁：「伯，長也。」武伯於兄弟次爲長，故稱伯也。呂覽義賞篇注：「惟，獨也。」「唯」與「惟」同。說文：「㥑，愁也。憂，和之行也。」二字義別。經典多叚「憂」爲「㥑」，又隸變作「憂」。臧氏琳經義雜記：「論衡問孔云：『武伯善憂父母，故曰「惟其疾之憂」。』又淮南子說林：『憂父之疾者子，治之者醫。』高注云：『論語曰「父母唯其疾之憂」，故曰憂之者子。』則王充、高誘皆以人子憂父母之疾爲孝。」「父母」字當略讀。案：孝經紀孝行章：「子曰：『孝子之事親也，病則致其憂。』」禮記曲禮云：「父母有疾，冠者不櫛，行不翔，言不惰，琴瑟不御，食肉不至變味，飲酒不至變貌，笑不至矧，怒不至詈，疾止復故。」皆以人子憂父母疾爲孝。○注「武伯」至「母憂」。○正義曰：左哀十一年傳：「孟孺子洩。」杜注：「孺子，孟懿子之子武伯彘。」疑彘是名，洩是字也。周書謚法解「剛彊直理」，「威彊睿德」，「克定禍亂」，「刑民克服」，「大志多窮」，皆曰「武」，是武爲謚也。 注謂父母憂子之疾，此馬用古論義也。 孟子云：「守孰爲大？守身爲大。」「守身」所以事親，故人子當知父母之所憂，自能謹疾，不妄爲非，而不失其身矣。不失其身，斯爲孝也。

7 子游問孝。【注】孔曰：「子游，弟子，姓言，名偃。」子曰：「今之孝者，是謂能養。至於犬馬，皆能有養。不敬，何以別乎？」【注】包曰：「犬以守禦，馬以代勞，皆養人者。一曰人之所養，乃至於犬馬，不敬，則無以別。孟子曰：『食而不愛，豕畜之；愛而不敬，獸畜之。』」　正義曰：王氏引之經傳釋詞：「是謂能養，是與祇同義。故薛綜注東京賦曰：『祇，是也。』」說文：「養，供養也。」孝經云：「用天之道，分地之利，謹身節用，以養父母，此庶人之孝也。」大戴禮曾子本孝云：「庶人之孝也，以力惡食。」盧辯注：「分地任力致甘美。」蓋庶人能養不能敬，若語於士，則養未足爲孝。故坊記言：「小人皆能養其親，君子不敬，何以辨？」「小人」即庶人，「君子」則士以上通稱。又曾子立孝云：「君子之孝也，忠愛以敬。」又云：「盡力無禮，則小人也。」盡力，即以力致養之事；無禮，即不敬也。孝經又云：「故母取其愛，而君取其敬，兼之者父也。蓋士之孝也。」與曾子立孝所言「君子之孝」同，明能敬爲士之孝。夫子告子游，正以爲士之道責之矣。孝經又云：「孝子之事親也，居則致其敬，養則致其樂。」禮內則：「曾子云：『孝子之養老也，樂其心，不違其志；樂其耳目，安其寢處；以其飲食忠養之。』」二文所言「養」，皆養志之道，其不廢敬可知。祭義云：「衆之本教曰孝，其行曰養。養可能也，敬爲難；敬可能也，安爲難；安可能也，卒爲難。」是敬猶非至孝，特視祇能養者爲難耳。「犬馬」，皆獸名。「別」者，分也。見廣雅釋詁，此常訓。漢石經無「乎」字。○注：「子游，弟子，姓言，名偃。」○正義曰：仲尼弟子列傳：「言偃，吳人，字子游，少孔子四十五歲。」家語弟子解作「魯人，少孔子三十五歲」。與史違異，非也。下篇子夏稱「言游」，又子游答夫子「稱偃之室」，是姓言名偃也。說文：「游，旌旗之流。從㫃，汓聲。」漢石經於子張篇作「子斿」，「斿」即「游」省，「游」從「㫃」。說文：「㫃，旌旗之游㫃蹇之皃。從屮，曲而垂下，㫃相出入也。讀若偃。」是「㫃」、「偃」聲同。古人名㫃字游，若晉籍偃、荀偃、鄭駟偃及此言偃，皆字游，本皆作「㫃」。叚「偃」字爲之。○注「犬以」至「畜之」。○正義曰：注前後兩說，前說以犬馬皆能養人。養則服事之義，若人子事親，但能養而不敬，則無以異於犬馬之服養人也。毛氏奇齡論語稽求篇引：「唐李嶠表云：『犬馬含識，烏鳥有情，寧懷反哺，豈曰能養？』馬周疏云：『臣少失父母，犬馬之養，已無所施。』宋王豐甫表云：『犬馬之養未伸，風木之悲累至。』」皆用包義。以「犬馬」喻人子，養爲服養也。後說以犬馬喻父母，於義難通，自昔儒者多譏之。引孟子者，盡心篇文。注二說外，又有三說。包氏愼言論語溫故錄：「犬馬二句，蓋極言養之事。雖父母之犬馬，今亦能養之也。內則：『父母之所愛亦愛之，父母之所敬亦敬之，至於犬馬盡然，而況於人乎？』此敬養兼至，故爲貴也。若今之孝者，不過能養，雖至於父母所愛敬之犬馬，亦能養之，然祇能養父母，不能敬也。何以別，謂何以別乎今也。鹽鐵論孝養篇：『善養者，不必芻豢也。以己之所有，盡事其親，孝之至也。故匹夫勤勞，猶足以順禮，歠菽飲水，足以致敬。孔子曰：「今之孝者，是謂能養，不敬，何以別乎？」故上孝養志，其次養色，其次養體。貴其禮，〔一〕不貪其養，禮順心和，〔二〕養雖不備，可也。』此引論語以「不敬」句與「能養」句聯文，則「別」謂別乎今之孝者，此一說也。翟氏灝考異引坊記之文，謂坊記唯變犬馬爲小人，餘悉合此章義。荀子云：「乳彘觸虎，乳狗不遠游，雖獸畜，知愛讓其所生也。」束晳補亡詩：「養隆敬薄，惟禽之似爲人子者，毋但似禽鳥知反哺已也。」皆與坊記言通，此又一說也。先兄五河君經義說略謂坊記「小人」，卽此章「犬馬」。公羊何休注：「言大夫有疾稱犬馬，士稱負薪。犬馬負薪，皆賤者之稱，而大夫士謙言之。」孟子：「子思曰：『今而後知君之犬馬畜伋也。』」〔三〕然則犬馬謂卑賤之人，若臧獲之類，此又一說也。諸說當與注前義並存。

〔一〕〔二〕兩「禮」字原並誤作「體」，據鹽鐵論改。　〔三〕「後」字原脫，「之」下原衍「以」字，據孟子萬章下分別增刪。

8 子夏問孝。子曰：「色難。【注】包曰：「色難者，謂承順父母色乃爲難。」有事，弟子服其勞；有酒食，先生饌，【注】馬曰：「先生，謂父兄。饌，飲食也。」曾是以爲孝乎？」【注】馬曰：「孔子喻子夏服勞先食，汝謂此爲孝乎？未孝也。承順父母顏色，乃爲孝也。」

正義曰：爾雅釋詁：「服，事也。」說文作「𦨈」，云「用也」。釋詁又云：「勞，勤也。」說文：「勞，劇也。從力熒省。」劇者，甚也，言甚勤也。先從叔丹徒君駢枝曰：「年幼者爲弟子，年長者爲先生，皆謂人子也。饌，具也。有事，幼者服其勞；有酒食，長者共具之。是皆子職之常，何足爲孝？內則曰：『男女未冠笄者，味爽而朝，問何食飲矣。若已食，則退；若未食，則佐長者視具。』長者，卽先生也。具，卽饌也。論語中言弟子者七，其二皆年幼者，其五謂門人。言先生者二，皆謂年長者。憲問篇：『見其與先生並行也。』包氏曰：『先生，成人也。』皇疏云：『先生者，謂先己之生也。』」謹案：駢枝說是也。說文：「饌，具食也。從食，算聲。饌，籑或從巽。」禮經凡言「饌」，注皆曰「陳也」，陳卽具食之義。竊謂服勞視饌，並言庶人之孝，視饌卽能養。服勞者，尚書大傳言：「入小學，知有父子之道，長幼之敍。」又言：「歲事既畢，餘子入學，所謂小學之教，則輕任并，重任分，班白不提挈。」皆是服勞之道。曾子大孝云：「小孝用力，慈愛忘勞，可謂用力矣。」孔氏廣森補注：「庶人之孝，夫子以士之孝告子夏，故示以色難，明非士之達於學術者未能幾此也。」釋文：「饌，鄭作餕。」初學記孝部引鄭此注云：「食餘曰餕。」與馬注本作「饌」不同。陳氏鱣論語古訓、段氏玉裁說文注並以馬作「饌」爲古論，鄭作「餕」爲魯論，是也。特牲饋食禮及有司徹注並云：「古文籑，皆作餕。」段氏玉裁謂禮經饌、籑當是各字，「饌」皆訓陳，不言作「餕」。食餘之字皆作「籑」，未有作「饌」者。又謂「禮記之字，於禮經皆從今文，而皆作『餕』，疑儀禮注當云『今文籑作餕。』」其說並是。陳氏古訓解論語云：「內則曰：『父母在，朝夕恒食子婦佐餕，既食恒餕。』注：『每食餕而盡之，末有原也。』正義：『每食無所有餘而再設也。』是餕有食餘勿復進之意，故或者亦以爲孝。」段氏説文注與陳略同。又云：「論語魯『餕』，古『饌』，此則古文叚『饌』爲『餕』。」孔氏廣森經學卮言：「讀當以『食先生饌』爲句，言有燕飲酒，則食長者之餘也。有酒、有事文相偶。有事，弟子服其勞，勤也。有酒食，先生饌，恭也。勤且恭，可以爲弟矣。孝則未備也。」二義皆從鄭爲説，於義甚曲。説文：「曾，詈之舒也。」段氏注云：「曾之言乃也。詩『曾是不意』，『曾是在位』，『曾是在服』，『曾是莫聽』，論語『曾是以爲孝乎』，『曾謂泰山』，孟子『爾何曾比予於管仲』，皆訓爲乃。趙注孟子曰『何曾，猶何乃也』是也。」○注：「色難者，謂承順父母顔色乃爲難。」○正義曰：司馬光家範説此文云：「色難者，觀父母之志趣，不待發言而後順之者也。」即此注意。曲禮云：「視於無形，聽於無聲。」此惟承順顔色者能之，故鹽鐵論以養色爲次孝也。鄭注此云：「言和顔説色爲難也。」以色爲人子之色，與包異義，亦通。內則云：「柔色以温之。」祭法云：「孝子之有深愛者，必有和氣；有和氣者，必有愉色；有愉色者，必有婉容。」又云：「嚴恭儼恪，非事親之道。」呂氏春秋孝行覽：「龢顔色，養志之道也。」是以色事親，爲人子所難。皇疏引顔延之曰：「夫氣色和，則情志通。善養親之志者，必先和其色，故曰難也。」即鄭義也。○注：「饌，飲食也。」○正義曰：廣雅釋詁：「籑，食也。」「饌」與「籑」同，此又一義。○注「孔子」至「孝也」。○正義曰：「先食」謂先生食，不言生者，省文。釋文引注云：「曾，則也。」蓋集解所删脱。

9 子曰：「吾與回言終日，不違，如愚。退而省其私，亦足以發，回也不愚。」【注】孔曰：「回，弟子，姓顔，名回，字子淵，魯人也。不違者，無所怪問，於孔子之言，默而識之，如愚。察其退還，與二三子説繹道義，發明大體，知其不愚。」　正義曰：「終日」者，竟日也。「終日」屬上爲句。「違」者，有所違難也。「不違」，則似不解夫子之言，故曰「如愚」。說文：「愚，戇也。」顏子於夫子之言，鑽仰既久，欲罷不能，而自竭其才以學之。又且聞一知十，故能亦足以發也。皇疏引熊埋云：「既以美顏，又曉衆人未達者也。」皇本「不愚」下有「也」字。〇注「回弟」至「不愚」。〇正義曰：仲尼弟子列傳：「顏回者，魯人也，字子淵。」說文「叟」下云：「回，古文回。回，淵水也。」「淵」下云：「回水也。從水，象形，左右岸也，中象水貌。」此顏子名字所取義。「退還」者，禮檀弓注「退，去也。」說文作「𢔋，卻也。」義皆略同。注謂「退與二三子說繹道義」，則私謂燕私，與羣弟子同居學中時也。禮學記言：「大學之教，退息必有居學。」「居學」非受業之所，故言私也。朱子集注以「私」爲燕居獨處，亦通。周書官人解：「省其居處，觀其義方。」則省私亦觀人之法。「說繹」猶「說釋」。下篇云：「回也非助我者也，於吾言無所不說。」孔彼注云：「言回聞言即解。」解說義同。荀子大略所云「善學者盡其理」是也。釋名釋言語：「發，撥也。撥，使開也。」開有明義，故此注「發明」連文。「大體」猶言大義，凡所發明，於所言所行見之。荀子勸學篇：「君子之學也，入乎耳，箸乎心，布乎四體，形乎動靜，端而言，蝡而動，一可以爲法則。」

10 子曰：「視其所以，觀其所由，察其所安。【注】以，用也。言視其所行用。由，經也。言觀其所經從。人焉廋哉？人焉廋哉？」【注】孔曰：「廋，匿也。言觀人終始，安所匿其情？」　正義曰：說文：「視，瞻也。」穀梁隱五年傳：「常視曰視，非常曰觀。」爾雅釋詁：「察，審也。」說文：「察，覆審也。」視、觀、察，以淺深次第爲義。「安」者，意之所止也。高誘呂氏春秋樂成注：「安，習也。」大戴禮文王官人云：「內觀民務，察度情僞，變官民能，歷其才藝。」又曰：

「用有六徵：一曰觀誠，二曰考志，三曰視中，四曰觀色，五曰觀隱，六曰揆德。」又云：「考其所爲，觀其所由，察其所安，此之謂視中也。」視中者，誠在其中，此見於外，以其前占其後，以其見占其隱，以其小占其大。」則此「所以」、「所由」、「所安」，皆是視中，夫子取爲知人之法。蓋此三語，實該六徵之用，故人無所匿情也。漢石經「人焉廋哉」下句無「哉」字，當是連上爲句，與「禮乎禮」、「徵乎徵」同一句法。○注「以用」至「經從」。○正義曰：「以用」、「由經」，並常訓。皇疏申注謂「即日所行用之事」，故大戴此文以作爲也。「經從」，據皇疏以爲「從來所經歷之事」，則大戴所云「以其前占其後」者也。

○注「廋匿」至「其情」。○正義曰：云「廋、匿」者，趙岐孟子離婁注同。方言：「廋，隱也。」「隱」即「匿」。爾雅釋詁：「匿，微也。」微亦有隱義。「終始」者，所以，是即日所行事，終也。所由，是前日所行事，所安，是意之所處，亦在平時，皆爲始也。云「安所匿其情」者，孔以焉爲安也。焉、安一聲之轉，安，猶何也。

11 子曰：「温故而知新，可以爲師矣。」【注】温，尋也。尋繹故者，又知新者，可以爲人師矣。　正義曰：禮中庸云：「温故而知新。」鄭注：「温讀如『燖温』之温。謂故學之孰矣，後時習之，謂之温。」「燖」或省作「尋」。案：「尋」正字當作「燅」。說文：「燅，於湯中瀹肉也。」儀禮有司徹：「乃燅尸俎。」鄭注：「燅，温也。古文『燅』皆作『尋』，記或作『燖』。春秋傳曰：『若可尋也，亦可寒也。』」賈疏云：「論語及左傳與此古文皆作尋。論語不破，至此疊古文不從彼尋者，論語古文通用，至此見有人作『燅』，有火義，故從今文也。郊特牲云：『血、腥、爓祭。』注云：『爓或爲燖。』今此義指彼記或讀之，故云『記或作燖』也。哀十二年左傳：『若可尋也。』服注云：『尋之言重也，温也。』鄭引之者，證燅尸俎是重温之義。」

案：據賈疏是古論「温故」作「尋」，故鄭不破從「燅」，則亦依「尋」釋之，其義當與服虔解誼同。臧氏庸拜經日記以論語作「温故」，古文作「尋」，乃鄭注文與賈疏不合，非也。廣雅釋詁：「温，煗也。」山海經大荒東經：「有谷曰温源谷。」郭注：「即湯谷也。」鄭注中庸「讀温如燖温」者，「燖」有重義，言重用火爓之，即爲温也。人於所學能時習之，故曰「温故」。鄭君此章注文已佚，故就中庸注爲引申之。「故」之爲言古也，謂舊所學也。廣雅釋言：「新，初也。」穀梁莊廿九年傳：「其言新，有故也。」皇疏：「所學已得者，則温燖之，不使忘失，是月無忘其所能也。知新，則日知其所亡也。」皇疏此言，亦同鄭義。禮王制云：「師者，亦使人法效之者也。」文王世子云：「師也者，教之以事而喻諸德者也。」古者家塾黨庠，師無定立。伏生書傳謂大夫、士年七十致事，大夫爲父師，士爲少師，以其爵爲之差，即是以其德爲之差也。孔子時，大夫、士不必有德，故致事後，有不爲師，或有不學而妄居師位者。今此言「温故」者，謂舊時所學，致事時猶能温尋，不使忘失。且能日知所亡，足見其進德修業，耄而好學，故可以爲人師也。劉氏逢禄論語述何篇：「故，古也。六經皆述古昔、稱先王者也。知新，謂通其大義，以斟酌後世之制作，漢初經師皆是也。」案：劉説亦是。黄氏式三論語後案引漢書成帝紀詔云：「儒林之官，宜皆明於古今，温故知新，通達國體。」百官表以「通古今」備「温故知新」之義。論衡謝短篇：「知古不知今，謂之陸沈；知今不知古，謂之盲瞽；温故知新，可以爲師。古今不知，稱師如何？」孔穎達禮記敍：「博物通人，知今温古，攷前代之憲章，參當時之得失。」是漢、唐人解「知新」多如劉説。○注「温尋」至「師矣」。○正義曰：説文：「㝷，繹理也。」謂紬繹理治之也。此「尋」讀本字，故注以「尋繹」連文，然温無繹理之訓。「温」爲「尋」者，「尋」與「燖」同，即與「燅」同，不謂繹理也。此注蓋誤。

12 子曰：「君子不器。」【注】包曰：「器者，各周其用。至於君子，無所不施。」 注「器者」至「不施」。○正義曰：說文：「器，皿也。」周書寶典：「物周爲器。」孔晁注：「周用之爲器，言器能周人之用也。」「施」，猶行也。君子道無所不行，故禮學記言「大道不器」。鄭注：「謂聖人之道，不如器施於一物。」如者，似也。孔疏以孔子「博學而無所成名」解之，卽包此注義也。學記又云：「察於此者，可以有志於本矣。」注云：「言以學爲本，則其德於民無不化，於俗無不成。」案：此則學爲修德之本。君子德成而上，藝成而下，行成而先，事成而後。故知所本，則由明明德以及親民，由誠意、正心、脩身以及治國、平天下，措則正，施則行，復奚役役於一才一藝爲哉？

13 子貢問君子。子曰：「先行其言而後從之。」【注】孔曰：「疾小人多言而行之不周。」 正義曰：漢石經「貢」作「贛」。下篇云：「古者言之不出，恥躬之不逮也。」君子欲訥於言。」禮緇衣：「子曰：『言從而行之，則言不可飾也。行從而言之，則行不可飾也。故君子寡言而行，以成其信。』」大戴禮曾子制言篇：「君子先行後言。」又立事篇：「君子微言而篤行之。行必先人，言必後人。」均與此章義相發。○注：「疾小人多言而行之不周。」○正義曰：「疾」，惡也。「周」，合也，備也。小人言不顧行，行不顧言，故易致多言。韓詩外傳：「學而慢其身，雖學不尊矣。不以誠立，雖立不久矣。誠未著而好言，雖言不信矣。」然則小人雖多言，奚貴乎？

14 子曰：「君子周而不比，小人比而不周。」【注】孔曰：「忠信爲周，阿黨爲比。」 正義曰：經傳言「小人」有二義：一謂微賤之人，一謂無德之人。此文「小人」，則無德者也。夫子惡似是而非，故於周比、和同、泰驕，及巧言、令色、足恭、鄉原，皆必辨之，所以正人心。而凡知人之術，官人之方，皆必辨乎此矣。○注：「忠信爲周，阿黨爲比。」○正義曰：鄭亦有此注，孔所襲也。案：魯語「忠信爲周」，毛詩皇華、都人士傳：「用之忠信，則能親愛人。」故「周」又訓爲親、爲密、爲合。左哀十六年傳：「周仁之謂信。」杜注：「周，親也。」文十八年「是與比周」，杜注：「周，密也。」離騷「雖不周於今之人兮」，王逸章句「周，合也」是也。「阿黨爲比」者，爾雅釋詁：「比，俌也。」齊語「謂之下比」，韋注：「比，阿黨也。」呂覽達鬱注：「阿曲媚也。」「阿黨」與「忠信」相反，正君子、小人性情之異。晉語：「叔向曰：『吾聞事君者，比而不黨。夫周以舉義比也，舉以其私黨也。』籍偃曰：『君子有比乎？』叔向曰：『君子比而不別。比德以贊事，比也。引黨以封己，利己而忘君，別也。』」彼文之「比」，卽此所謂「周」，彼文之「黨」，卽此所謂「比」，文各相因耳。君子敬而無失，與人恭而有禮，四海之內，皆如兄弟，故能周也。周則忠信之謂，若非忠信，而但引黨以封己，是卽阿黨爲比矣。王氏引之經義述聞謂「周比皆訓爲親，爲密，爲合是也」，而譏此注爲失。案：王氏云：「以義合者，周也；以利合者，比也。」既以義合，得非忠信耶？此注未失，無所可譏也。

15 子曰：「學而不思則罔，【注】包曰：「學不尋思其義，則罔然無所得。」思而不學則殆。」【注】不學而思，終卒不得，徒使人精神疲殆。　正義曰：子夏言「博學近思」，中庸言「博學愼思」，是學、思不可偏廢，故此章兩言其失。釋文：「罔，本又作冈。」○注：「學不尋思其義，則罔然無所得。」○正義曰：賈子道德説：「義者，德之理也。爲學之道，明於古人所言之義，而因以驗之身心，故思足貴也。」孟子曰：「心之官則思，思則得之，不思則不得也。」「不得」卽此注「無所得」之義。荀子勸學篇：「小人之學也，入乎耳，出乎口。口耳之間，則四寸耳，曷足以美七尺之軀哉？」「入耳」、「出口」，卽謂學而不思也。注言「罔然」者，凡稱「然」，皆形容之辭。少儀云：「衣服在躬而不知其名爲罔。」鄭注：「罔猶罔罔，無知貌。」列子周穆王篇：「秦人逢氏有子，壯而有迷罔之疾。」文選東京賦：「罔然若酲。」注云：「罔然，猶惘惘然也。」義皆可證。○注：「不學而思，終卒不得，徒使人精神疲殆。」○正義曰：夫子言「吾嘗終日不食，終夜不寢，以思，無益，不如學也。」又韓詩外傳引：「子曰：『不學而好思，雖知不廣矣。』」是言徒思無益也。趙注孟子「心之官」云：「官，精神所在，是思屬心。心之能思，卽精神也。然思過則損脾，故精神易致疲殆。」「殆」與「怠」同。釋文云：「依義當作怠。」卽本此注。王氏引之經義述聞謂此經「殆」字，及「多見闕殆」，「殆」皆訓疑，引何休公羊襄四年注「殆，疑也」爲據，「思而不學，則事無徵驗，疑而不能定也。」其說亦通。

16 **子曰：「攻乎異端，斯害也已。」**【注】攻，治也。善道有統，故殊塗而同歸，異端不同歸也。　正義曰：說文云：「耑，物初生之題也。端，直也。」二字義別，今經傳多叚「端」爲「耑」。禮記禮器注：「端，本也。」孟子公孫丑注：「端者，首也。」說文：「害，傷也。」皇本「已」下有「矣」字。○注「攻治」至「歸也」。○正義曰：考工記：「凡攻木之工七，攻金之工六，攻皮之工五。」注：「攻，猶治也。」「善道」謂正道。「統」者，統於一也。說文：「統，紀也。」太宰注：「統，猶合也。」易繫辭傳：「同歸而殊塗。」此注本之，而倒其辭曰「殊塗同歸」，謂善道雖殊塗，而皆歸於善，是爲有統。孟子言：「君子之行不同，或遠或近，或去或不去，歸潔其身而已。」潔身，卽是善道。歸，卽謂同歸也。後漢范升傳：「天下之事所以異者，以不一本也。易曰：『天下之動，貞夫一也。』又曰：『正其本，萬事理。』」「一本」，則善道之有統者也。「異端」者，其始既異，其終又異，不能同歸於善道也。下篇「子夏曰：『雖小道，必有可觀者焉。致遠恐泥，是以君子不爲也。』」集解以小道爲異端。泥者，不通也。不通，則非善道，故言「君子不爲」，則不攻治之也。皇疏申此注云：「善道，卽五經正典也。殊塗，謂詩、書、禮、樂，爲教之途不一也。」又云：「異端，謂雜書也。言人若不學六籍正典，而雜學於諸子百家，此則爲害之深。」邢疏云：「異端之書，則或粃糠堯、舜，戕毀仁義，是不同歸也。」案：范升傳：「時尚書令韓歆上疏，欲爲費氏易、左氏春秋立博士，升曰：『今費、左二學，無有本師，而多反異。孔子曰「攻乎異端，斯害也已」。』」是以「異端」爲雜書，乃漢人舊義。故鄭注：「子夏之言小道，亦以爲如今諸子書也。」中庸記云：「子曰：『素隱行怪，後世有述焉，吾弗爲之矣。』」「素隱行怪」，正是小道異端者之所爲，至後世有述，而其害何可勝言？夫子故弗爲以絶之也。此注「善道」云云言其理，皇、邢疏則以諸子百家實之，蓋異端非僅空言也。宋氏翔鳳發微云：「公羊文十二年傳：『惟一介斷斷焉無他技。』何休注：『斷斷，猶專一也。他技，奇巧異端也。孔子曰：「攻乎異端，斯害也已。」』疏云：『鄭注大學云：「斷斷，誠一之貌也，他技，異端之技也。」』是與此合。」按：斷斷，專一，卽中庸之用中，大學之誠意。誠意而能天下平，用中而能經綸天下之大經，立天下之大本，知天地之化育，夫焉有所倚？無所倚，則平也。此釋兩端而用中之謂也。中庸記云：『執其兩端，用其中於民。』鄭注云：『兩端，過與不及。用其中於民，賢與不肖皆能行之。』按：所謂執者，度之也。執其兩端而度之，斯無過不及而能用中。中則一，兩則異，異端卽兩端。民受天地之中以生，所謂命也。是以有動作禮義威儀之則，以定命也。有所治而或過或不及，卽謂之異端。攻乎異端，卽不能用中於民，而有害於定命。如後世楊、墨之言治國，皆有過與不及，有害於用中之道。然其爲過不及之說，其奇足以動人之聽聞，其巧則有一時之近效，自聖人之道不明不行，則一世君臣上下易惑其說，是以異端之技至戰國而益熾。」又云：「孟子言：『子莫執中，執中無權，猶執一也。』權者，能用之之謂也。過與不及，則有輕重，必有兩端，而後立其中。權兩端之輕重，而後中可用。不知有兩端而權之，則執中者無可用，而異端之說轉勝。故異端之熾，由執中無權者致之，是以可與立者，尤貴乎可與權也。」案：宋說權兩端當用其中，用中是專一，與此注「善道有統，殊塗同歸」之旨略合。「殊塗」，猶言兩端也；「專一」，猶言有統也。自此注及宋氏外，又有二說：孫奕示兒編：「攻，如攻人惡之攻。已，止也。謂攻其異端，使吾道明，則異端之害人者自止。孟子距楊、墨，則欲楊、墨之害止；韓子闢佛、老，則欲佛、老之害止。」此解異端與集解不殊，惟「攻」字、「已」字訓釋有異。焦氏循補疏：「韓詩外傳云：『別殊類，使不相害；序異端，使不相悖。』蓋異端者，各爲一端，彼此互異，惟執持不能通則悖，悖則害矣。有以攻治之，卽所謂序異端也。『斯害也已』，所謂使不相悖也。攻之訓治，見考工記注。小雅：『可以攻玉。』傳云：『攻，錯也。』繫辭傳：『愛惡相攻。』虞翻云：『攻，摩也。』彼此切磋攻錯，使紊亂而害於道者悉歸於義，故爲序。韓詩『序』字，足以發明『攻』字之意。已，止也。不相悖，故害止也。楊氏爲我，墨氏兼愛，端之異者也。楊氏若不執於爲我，墨子若不執於兼愛，互相切磋，自不至無父無君，是爲攻而害止也。大學：『斷斷兮無他技。』鄭注云：『他技，異端之技也。』經文自發明之云：『其心休休焉，其如有容焉。人之有技，若己有之；人之彥聖，其心好之，不啻若自其口出。』有容而若己有，則善與人同，故能保我子孫黎民而爲利。媢疾不通，則執己之一端，不能容人，故不能保我子孫黎民而至於殆。殆卽害也，害止則利也。有兩端則異，執其兩端，用其中於民，則有以摩之而不異。剛柔，兩端之異者也。剛柔相摩，則相觀而善。孟子言楊子爲我，墨子兼愛，又特舉一子莫執中，然則凡執一，皆爲賊道，不必楊、墨也。」又曰：「道衷於時而已，故曰：『我則異於是，無可無不可。』各執一見，此以異己者爲非，彼亦以異己者爲非，而害成矣。」焦氏此說，謂攻治異端，而不爲舉一廢百之道，則善與人同，而害自止。二說與集解不同，而焦說尤有至理，故並箸之。

17 子曰：「由！誨女知之乎！知之爲知之，不知爲不知，是知也。」【注】孔曰：「弟子，姓仲，名由，字子路。」

正義曰：說文云：「誨，曉教也。」「女」者，平等之稱。皇本「女」皆作「汝」。「誨女知之」者，言我誨女之言，女知之否耶。俞氏樾平議據荀子子道篇及韓詩外傳所述此文並言「志之」，謂知與志通，亦是也。案：荀子云：「子路盛服見孔子，孔子曰云云。子路趨而出，改服而入，蓋猶若也。孔子曰：『志之！吾語汝。奮於言者華，奮於行者伐，色知而有能者，小人也。故君子知之曰知之，不知曰不知，言之要也。能之曰能之，不能曰不能，行之至也。言要則知，行至則仁。既知且仁，夫惡有不足矣哉！』」據荀子，是此章所言在子路初見夫子時。其云「言要則知」，「知」即「智」字。此文「是知也」，釋文云：「知也，如字，又音智。」音智當卽本荀子。又非十二子篇：「言而當，知也；默而當，亦知也。」以上文言信、言仁例之。「知」當讀「智」。楊倞注引論語此文，可見楊讀「是知」之知亦爲智矣。又儒效篇：「知之曰知之，不知曰不知，內不自以誣，外不自以欺，以是尊賢畏法而不敢怠傲，是雅儒者也。」此卽夫子誨子路之義。皇本「不知之爲不知」，多一「之」字。○注：「弟子，姓仲，名由，字子路。」○正義曰：仲尼弟子列傳：「仲由，字路，卞人也，少孔子九歲。」

18 子張學干祿。【注】鄭曰：「弟子，姓顓孫，名師，字子張。干，求也。祿，祿位也。」子曰：「多聞闕疑，慎言其餘，則寡尤；多見闕殆，慎行其餘，則寡悔。【注】包曰：「尤，過也。疑則闕之，其餘不疑，猶慎言之，則少過。殆，危也。所見危者，闕而不行，則少悔。」言寡尤，行寡悔，祿在其中矣。」【注】鄭曰：「言行如此，雖不得祿，亦同得祿之道。」

正義曰：仲尼弟子列傳作「問干祿」，此出古論。大戴記有「子張問入官」，卽問干祿之意。魯論作「學」，謂學效其法也。於義並通。倪氏思寬讀書記：「詩曰：『干祿豈弟。』又曰：『干祿百福。』自古有『干祿』之語。子張是以請學之，猶樊遲請學爲稼、爲圃之事也。」「多聞」、「多見」，謂所學有聞有見也。易彖傳：「君子多識前言往行以畜其德。」畜者，積也，厚也。以所識言行，爲己言行之則，故凡學者，所以爲己也。言屬聞、行屬見者，錯綜之辭。「闕疑」者，左昭二十年傳注：「闕，空也。」其義有未明、未安於心者，闕空之也。「餘」者，足也，心足乎是也。「慎言其餘」者，謂於無所疑者，猶慎言之；無所殆者，猶慎行之。中庸記所云「有餘，不敢盡」也。「寡尤」、「寡悔」，亦互文。皇疏云：「悔，恨也。」此常訓。荀子王霸篇：「故孔子曰：『知者之知，固以多矣，有以守少，能無察乎？』卽此「慎言」、「慎行」之義。劉氏逢祿論語述何篇：「『多聞』，如春秋采百二十國之寶書。『闕疑』，史闕文也。信以傳信，疑以傳疑，慎之至也。『多見闕殆』，謂所見世也。春秋定、哀多微辭，上以諱尊隆恩，下以避害容身，慎之至也。」劉君以春秋釋此文，其義亦善。「祿在其中」，謂在寡尤、寡悔之中，明祿不待外求也。○注「弟子」至「位也」。○正義曰：仲尼弟子列傳：「顓孫師，陳人，字子張，少孔子四十八歲。」梁氏玉繩古今人表考：「鄭目録謂陽城人，縣固屬陳也。而呂氏春秋尊師云：『子張，魯之鄙家。』考通志氏族略，顓孫氏出陳公子顓孫。左莊二十二年：〔一〕『顓孫來奔。』張葢其後，故又爲魯人。」「干，求」，爾雅釋言文。説文：「迀，進也。讀若干。」段氏玉裁説此「干求」正字。「干，犯也」，義別。爾雅釋詁：「禄，福也。」説文同。福之爲言備也。周官太宰注：「禄，若今月俸也。位，爵次也。位定然後受禄。」故注以「禄位」連文。○注「尤過」至「少悔」。○正義曰：説文：「訧，辠也。」引周書「報以庶訧」，今呂刑作「尤」。詩載馳：「許人尤之。」傳：「尤，過也。」「訧」、「尤」義同。「闕而不行」句下，當有「其餘不危，猶慎行之」二句，疑爲集解誤删。○注：「言行如此，雖不得禄，亦同得禄之道。」○正義曰：王制云：「司馬辨論官材，論進士之賢者，以告於王，而定其論。論定然後官之，任官然後爵之，位定然後禄之。」葢古者鄉舉里選之法，皆擇士之有賢行學業，而以舉而用之，故寡尤、寡悔即是得禄之道。當春秋時，廢選舉之務，世卿持禄，賢者隱處，多不在位，故鄭以寡尤、寡悔有不得禄，而與古者得禄之道相同，明學者干禄，當不失其道，其得之不得，則有命矣。孟子云：「古之人脩其天爵，而人爵從之。」亦言古選舉正法。

19 哀公問曰：「何爲則民服？」孔子對曰：「舉直錯諸枉，則民服；舉枉錯諸直，則民不服。」【注】包曰：「哀公，魯君謚。錯，置也。舉正直之人用之，廢置邪枉之人，則民服其上。」正義曰：夫子魯人，故哀公不稱魯公者，五等之爵，魯爵是侯。得稱公者，白虎通號篇謂「侯、伯、子、男，臣子於其國中褒其君爲公，心俱欲尊其君

〔一〕「左莊二十二年」原誤作「左昭二十五年」，據左傳及古今人表考改。

父」是也。「何爲」者，言何所爲之也。呂覽先己注：「服，從也。」淮南說林注：「服，畏也。」荀子王制注：「服，謂爲之任使。」三訓皆相近。稱孔子者，凡卑者與尊者言，當備書也。釋文：「錯，鄭本作措。」漢費鳳碑：「舉直措枉。」與鄭本合。說文云：「措，置也。」「措」正字，「錯」叚借字。廣雅釋器「鋁謂之錯」，義別。鄭注云：「措，猶投也。諸，之也。言投於下位也。」案：春秋時，世卿持祿，多不稱職，賢者隱處，雖有仕者，亦在下位，故此告哀公以舉措之道，直者居於上，而枉者置之下位，使賢者得盡其才，而不肖者有所受治，亦且畀之以位，未甚決絕，俾知所感奮而猶可以大用。故下篇告樊遲以「舉直錯諸枉，能使枉者直」，卽此義也。○注「哀公」至「其上」。○正義曰：哀公，名將，見魯世家。公出孫越，故謚哀。說文：「擧，對擧也。」今省作「舉」。禮記儒行注：「舉，舉用也。」謂舉而用之，故此注亦言用也。說文：「直，正見也。」易繫辭韓康伯注：「直，剛正也。」左襄七年傳：〔一〕「正曲爲直。」是直爲正也。說文：「桂，邪曲也。」「枉」卽「桂」省。投壺：「某有枉矢哨壺。」注：「枉哨，不正貌。」是枉爲邪也。包以邪枉之人不當復用，故以錯爲廢置，與上句言舉言用之相反見義。此亦用人之一術，自非人君剛明有才，不克爲此。荀子王制篇：「賢能不待次而舉，罷不能不待須而廢。」卽包義也。與夫子尊賢容衆之德，似不甚合。且哀公與三桓釁隙已深，夫子必不爲此激論也。

20季康子問：「使民敬、忠以勸，如之何？」【注】孔曰：「魯卿季孫肥，康謚。」子曰：「臨之以莊，則敬；孝慈，則忠；舉善而教不能，則勸。」【注】包曰：「莊，嚴也。君臨民以嚴，則民敬其上。君能上孝於親，下

〔一〕「襄」原誤作「哀」，據左傳改。

慈於民，則民忠矣。舉用善人而教不能者，則民勸勉。」　正義曰：閻氏若璩四書釋地説：「以，勸者，以，與也。」王氏引之經傳釋詞云：「以勸者，而勸也。」二訓並通。爾雅釋詁云：「臨，視也。」此常訓。「孝慈」者，荀子大略篇：「禮也者，老者孝焉，幼者慈焉。」祭義云：「先王之所以治天下者五：貴老爲其近於親也，慈幼爲其近於子也。」貴老是孝，故又云：「至孝近乎王，雖天子必有父。」又表記曰：「威莊而安，孝慈而敬，使民有父之尊，有母之親。」「孝慈」與此同義。魏書甄琛傳：「慈惠愛民曰孝。」彼是泛言愛民。王氏引之經義述聞引以説此文，義未盡也。説文：「教，上所施，下所效也。」顔師古漢書高紀注：「能，謂材也。」「舉善而教不能」爲一句。漢、魏人引「舉善而教」，皆是趁辭。皇本「臨」下多「民」字，「敬」上、「勸」上亦有「民」字。○注：「魯卿季孫肥，康謚。」○正義曰：魯季氏，莊公母弟公子季友之後，世爲司徒，故曰魯卿。「肥」者，康子名。謚法解「豐年好樂」、「安樂撫民」、「令民安樂」，皆曰「康」。是「康」爲謚也。○注「莊嚴」至「勸勉」。○正義曰：「莊嚴」，見聲類。「君臨民以嚴，則民敬其上」者，包以君臨民亦如此，故廣言之。左傳：「衛北宮文子曰：『君有君之威儀，其臣畏而愛之，則而象之。臣有臣之威儀，其下畏而愛之。』」又曰：「故君子在位可畏，施舍可愛，進退可度，周旋可則，容止可觀，作事可法，德行可象，聲氣可樂，動作有文，言語有章，以臨其下。」是言臨民當以嚴也。説文：「慈，愛也。」釋名釋言語：「慈，字也。字，愛物也。」晉語：「甚寬惠而慈於民。」是言下慈於民也。「勸勉」義見説文。案：此欲康子復選舉之舊也。春秋時，大夫多世爵，其所辟僚佐，又皆奔走使令之私，善者不見任用，故夫子令其舉之。下篇言「子游爲武城宰」，夫子詢以「得人」，「仲弓爲季氏宰，問政」，夫子告以「舉賢才」，皆此舉善之意也。又案：漢、魏人解此文，稱字又爲「稱舉」。包氏愼言溫故録據後漢書卓茂傳、魏志徐邈傳，皆有此義，亦通。尚書大傳：「古之帝王，必有命民，民能敬長、憐孤、取舍、好讓、舉事力者，命於其君，然後得乘飾車駢馬，衣文騈錦。」此卽是稱舉，旌異之也。

21 或謂孔子曰：「子奚不爲政？」【注】包曰：「或人以爲居位乃是爲政。」子曰：「書云：『孝乎惟孝，友于兄弟，施於有政。』是亦爲政，奚其爲爲政？」【注】包曰：「孝乎惟孝，美大孝之辭。友于兄弟，善於兄弟。施，行也。所行有政道，與爲政同。」

正義曰：鄭注云：「或之言有人，不顯其名，而略稱爲或。」案：詩天保箋：「或之言有也。」廣雅釋詁：「或，有也。」人無所顯名，則從略稱之，言有此人也。「奚」者，蒼頡篇云「何也」。「孝于惟孝，友于兄弟」，皆逸書文。東晉古文采入君陳篇。漢石經及白虎通五經篇所引皆作「孝于」。皇本亦作「于」。釋文云：「孝于，一本作孝乎。」唐、宋石經及他傳注所引，皆作「孝乎」。惠氏棟九經古義謂：「後儒據君陳篇改『于』爲『乎』。」其說良然。案：「孝于」與下句「友于」相次，字宜作「于」。呂氏春秋審應覽「然則先生聖于」，高誘注：「于，乎也。」莊子人間世：「不爲社，且幾有翦乎？」釋文：「乎，崔本作于。」列子黄帝篇：「今女之鄙至此乎？」釋文：「乎，本又作于。」莊、列二文以「于」爲「乎」，與呂覽同。竊謂此文「孝于」、「友于」字雖是「于」，義則「乎」也。「孝于惟孝」，與記云「禮乎禮」、公羊「賤乎賤」、爾雅「微乎微」、素問「形乎形，神乎神」、漢語「肆乎其肆」、韓文「醇乎其醇」相同。法言尤多有此句法。「施於有政」以下，乃夫子語。宋氏翔鳳四書釋地辨證以上文引書作「于」，下「施於有政」作「於」，是夫子語顯有「于」、「於」字爲區別。包氏愼言論語温故録：「後漢書郅惲傳鄭敬曰：『雖不從政，施之有政，是亦爲政。』玩鄭敬所言，則『施於有政，是亦爲政』，皆夫子語。」其說並是。東晉古文誤連「施於有政」爲書語，而云「克施有政」，非也。包氏又云：「白虎通云：『孔子所以定五經何？孔子居周末世，王道陵遲，禮義廢壞，彊淩弱，衆暴寡，天子不敢誅，方伯不敢問，閔道德之不行，故周流冀行其道，自衛反魯，知道之不行，故定五經以行其道。故孔子曰：「書云：『孝于惟孝，友于兄弟，施於有政。』是亦爲政也。」』依白虎通說，則孔子之對或人，蓋在哀公十一年後也。五經有五常之道，教人使成其德行，故曰『施於有政，是亦爲政。』」案：包說是也。夫子以司寇去魯，故反魯猶從大夫之後，且亦與聞國政，但不出仕居位而爲之，故或人有不爲政之問。弟子記此章，在哀公、季康子問孔子兩章之後，當亦以時相次。夫子定五經以張治本，而首重孝、友。孝友者，齊家之要，政之所莫先焉者也。有子言「孝弟」爲「爲仁之本」，「其爲人也孝弟」，「不好犯上」，必不好作亂，故孝弟之道明，而天下後世之亂臣賊子胥受治矣。夫子表章五經，又述其義爲孝經。孝經者，夫子所已施之教也，故曰「行在孝經」。「奚其爲爲政」者，言何其居位乃爲政也。皇本「是亦爲政」下有「也」字。釋文云：「『奚其爲爲政也』，一本無一『爲』字。」○注「友于」至「政同」。○正義曰：爾雅釋訓：「善事兄弟爲友。」詩六月：「張仲孝友。」毛傳本爾雅，此注亦本之。說文：「施，旗皃。㢮，敷也。」讀與施同。「敷」者，布也，行也。經傳皆叚「施」爲「㢮」。淮南脩務訓注：「施，行也。」與此注同。文選閒居賦注引包注：「政所施行也。」此逸文當在「施行也」句下。爲政之道，不外明倫，故但能明孝弟之義，卽有政道，與居位爲政無異。故曰：「天下之無道也久矣，天將以夫子爲木鐸。」

22 子曰：「人而無信，不知其可也。【注】孔曰：「言人而無信，其餘終無可。」大車無輗，小車無軏，其何以行之哉？」【注】包曰：「大車，牛車。輗者，轅端橫木以縛軛。小車，駟馬車。軏者，轅端上曲鉤衡。」正義曰：「臣軌下引鄭注云：「不知其可者，言不可行也。大車，柏車；小車，羊車。」案：下篇子張問行，夫子告以忠信、篤敬，蠻貊可行，忠信屬言。呂氏春秋貴信篇：「故周書曰：『允哉允哉，以言非信，則百事不滿也。』」又云：「君臣不信，則百姓誹謗，社稷不寧；處官不信，則少不畏長，貴賤相輕；賞罰不信，則民易犯法，不可使令；交友不信，則離散鬱怨，不能相親；百工不信，則器械苦僞，丹漆染色不貞。」皆言不信則不可行之失也。「大車」、「小車」者，言人所乘車有大小也。釋名釋車云：「車，古者曰車，聲如居。言行所以居人也。」考工記車人云：「柏車轂長一柯，其圍二柯，其輻一柯，其渠二柯者三，五分其輪崇，以其一爲之牙圍。羊車二柯，有參分柯之一。柏車二柯。」是言柏車、羊車之制。柯者，斧柄，長三尺，工人用以爲度。鄭注：「柏車，山車，輪高六尺，牙圍尺二寸。鄭司農云：『羊車，謂車羊門也。』玄謂羊，善也。善車若今定張車，較長七尺。柏車二柯，較六尺也。」賈疏：「羊車『較長七尺』，下柏車『較長六尺』，則羊車大矣。而論語謂『大車爲柏車，小車爲羊車』者，以柏車皆說轂、輻、牙，惟羊車不言，惟言較而已。是知柏車較雖短，轂、輻、牙則長。羊車較雖長，轂、輻、牙則小，故得小車之名也。」案：釋名云：「柏車，柏，伯也，大也。丁夫服任之車也。」是柏有大義。又云：「羊車，羊，祥也。祥，善也。善飾之車，今犢車是也。」用犢者，以其爲小車也。此訓「羊」爲「善」，與後鄭義當同。釋名又云：「立人，象人立也。或曰『陽門在前』，曰陽兩旁似門也。」〔一〕此與前鄭「車羊門」之說合。「羊」、「陽」古通用。毛氏奇齡四書改錯：「以鹿車輢較外向而鉤以駕馬，有似鹿角，故稱鹿車，意車羊門。」亦是其制，其說得之。釋名又云：「贏車、羊車，各以所駕名之也。」此謂以羊駕車，惟晉武淫昏之君一用之，不謂釋名已先有此謬說也。又案：車人職別有「大車」，鄭注以爲

〔一〕「陽兩旁似門」原誤作「陽門兩旁似人」，據釋名釋車改。

「平地載任之車」。又小車有兵車，故詩稱小戎。此注皆不及之者，亦是舉柏車、羊車以該衆車矣。○注：「言人而無信，其餘終無可」。○正義曰：人有五常：仁、義、禮、智，皆須信以成之。若人而無信，其餘四德，終無可行。○注「大車」至「鉤衡」。○正義曰：攷工輈人云：「是故大車登阤，不伏其轅，必縊其牛。及其下阤也，不援其邸，必緧其牛。」是大車駕牛也。釋名云：「小車駕馬，輕小之車也。駕馬宜輕，使之局小也。」駟者四馬，所謂兩服兩驂也，則小車駕馬矣。「轅端」者，轅之前端也。釋名云：「轅，援也。車之大援也。」又謂之輈，輈人注：「輈，車轅也。」今謂之車杠。「軛」，說文作「槅」，云「大車扼」。釋名：「槅，枙也。所以扼牛頸也。」轅端横木謂之衡。衡者，横也。大車謂之鬲，轅端横木以縛軛，用以解輗之制，則包以「輗」即「鬲」也。說文：「軶，轅前也。」「鉤衡」，皇本作「拘衡」。周禮「金路鉤」，故書「鉤」爲「拘」。杜子春讀爲「鉤」，是「鉤」、「拘」同也。說文：「軥，軶下曲。」「軥」、「鉤」同。此注「上曲」，當是下曲之誤。包以「軏」即說文之「軶」，亦即謂車轅也。皇疏云：「古時作牛車，先取一横木，縛著兩轅頭，又別取曲木爲枙，縛著横木以駕牛脰。四馬之車，中央一轅，先横一木於轅頭，而縛枙著此横木。」疏申此注，至爲明憭。鄭注云：「輗穿轅端著之，軏因轅端著之，車待輗軏而行，猶人之行不可無信也。」鄭解「輗軏」，與包異義，鄭氏是也。說文：「輗，大車轅端持衡者。」或體作「𨏯」、作「棿」。「軏，車轅端持衡者。」今論語作「軏」。張參五經文字以爲隸省，是也。許與鄭合，與包異。近世儒者，若戴氏震、阮氏元皆能言包之非，而莫詳於凌氏煥所箸古今車制圖考。其略云：「據許、鄭說，則輗非轅端横木，軏非轅端上曲木，自明顯。戴侗六書故曰：『轅端横木，即衡也。輗乃持衡者。』不爲包咸說所誤，亦是卓見。戴氏震曰：『韓非子外儲說：「墨子曰：『吾不如爲車輗者巧也。用咫尺之木，不爲一朝之事，而引三十石之任。』」』案：大車鬲以駕牛，小車衡以駕馬，其關鍵則名輗軏。轅所以引車，必施輗軏而後行。信之在人，亦交接相持之關鍵，故以輗軏喻信。』包氏以踰丈之輈，六尺之鬲，而當咫尺之輗軏，疏矣。阮氏又引太玄經云：『閑次三：關無鍵，盜入門也；拔我輗軏，貴以仲也。』此卽子雲用論語之義。其曰拔，則爲衡上之鍵可知。且與上關鍵同一義。煥案：衡鬲橫縛轅端，則非兩材相合釘殺可知。若釘殺則加桊焉，卽可無事輗軏之持，又不必加縛矣。且轅端圍僅九寸餘，衡鬲圍亦必如之。若兩材牝牡相穿鑿，損當三、四寸，加輗軏之橫穿鑿，損又二、三寸，轅端之恃以能引重者，所存幾何？兩服馬稍有左右，則轅頸與衡鬲必捩折矣。然則其制奈何？曰：今之舁棺，用獨龍杠，杠端鑿孔，橫木爲小杠，鑿孔相對，以長釘貫而縛之，其橫木可隨舁夫左右轉折，竊意衡鬲亦當如此。說文：『轙，車衡三束也。』〔一〕徐鍇曰：『乘車曲轅木爲衡，別鑽孔縛之。說文又云：「䡅，大車縛軛靼。」靼，柔革也。釋名：「䡅，懸也。所以懸縛軛也。」』徐氏此說，實合古制。今定轅端與橫木之中，俱鑿圜孔相對，以軏直貫而縛之，是爲一束。橫木下左右縛軛，是爲衡三束。是說文之轙，統指衡之束轅、束軛言之。衡軛旣活，服馬卽有轉折，無傷轅端，車亦弗左右搖，輈人所謂『和則安』也。」又云：「軏之用與轄同，轄爲鍵，軏亦爲鍵，鍵從金，則輗軏當以金爲之，〔二〕事在金工，故車人不箸矣。」案：凌君博通說文及戴、阮之說，甚確。其謂輗軏用金，與韓非子用木之說異，而於情事卻合。竊疑當是木質用金爲裹，如車輪之制。宋氏翔鳳過庭録云：「尸子云：『文軒六駃，是無四寸之鍵，則車不行，小者亡則大者不成也。』此四寸謂小車之軏，鄭論語注：『軏因轅端著之。』因，就也。謂就輈衡之大小以著軏，衡圍一尺二寸八分，其直徑三分之一，則中穿以受軏者不過四寸，知軏之脩亦四寸也。韓子言『咫尺』，爲大車之輗。鄭注：『輗穿轅端著之。』云『穿』，當是兩頭穿出。考工不詳

〔一〕「車」字原脫，據說文補。
〔二〕「之」字原脫，據古今車制圖考補。

鬲圍之數，意大車任重，其鬲圍當倍於衡圍，輗又穿出著之，故得有咫尺之度。戴東原謂『輗軏同是咫尺』者誤。」鄭氏珍輪輿私箋亦據鄭義解之云：「因者，蓋軏植定在轅上，駕時但以衡中孔就而著之，若牛車兩轅兩輗，駕時乃旋以輗穿鬲貫轅。太玄經『拔我輗軏』，足明著時是自上而下也。」宋、鄭二說畧同。其分別輗軏之制，亦得鄭意。

23 子張問：「十世可知也？」【注】孔曰：「文質禮變。」子曰：「殷因於夏禮，所損益，可知也；周因於殷禮，所損益，可知也。【注】馬曰：「所因，謂三綱五常；所損益，謂文質三統。」其或繼周者，雖百世，可知也。」【注】物類相召，世數相生，其變有常，故可預知。

正義曰：太平御覽五百廿三引鄭注云〔一〕：「世謂易姓之世也，問其制度變易如何。」案：說文「世」作「丗」，云「三十年爲一世」。此云「易姓稱世」者，引申之義。「制度」者，制，猶作也；度，法也，卽禮也。注言此者，明子張是問後世禮也。釋文云：「可知也，一本作可知乎。鄭本作可知。」無「也」字。

夏、殷、周者，三代有天下之號。論衡正說篇：「唐、虞、夏、殷、周，猶秦之爲秦，漢之爲漢。」則以夏、殷、周皆地名。呂氏春秋本味篇：「和之美者，大夏之鹽。」水經涑水注：「涑水西南過安邑縣西。安邑，禹所都也。」又引地理志：「鹽池在安邑西南，許慎謂之盬。」此卽「大夏之鹽」，則夏是地名。殷本稱商，在今商州，及盤庚遷殷，遂亦稱殷，或殷、商並稱。如詩言「殷、商之旅」是也。書序以盤庚治亳、殷，是殷亦地名。詩江漢「于周受命」，鄭箋：「周，岐周也。」釋名釋州國：「周地在岐山之陽，其山四周也。」三代皆以所都地爲國號，如唐、虞之比。白虎通號篇謂「夏爲大，殷爲中，周爲至。」皆望文爲義，非

〔一〕「三」原誤作「二」，據太平御覽改。

也。宋石經避諱「殷」作「商」。下放此。漢書杜周傳：「欽對策曰：『殷因於夏，尚質；周因於殷，尚文。』」此讀以夏、殷絶句。漢書董仲舒傳有「夏因於虞」之文，史記集解引樂記鄭注：「殷因於夏，周因於殷。」與杜讀同。則知今人以「禮」字斷句者，誤也。說文：「損，減也。益，饒也。」並常訓。漢石經「損」作「損」，隸體小變。「其或繼周者」，「或」之言有也。說文：「繼，續也。從糸𢇍。一曰反𢇍爲繼。」「𢇍」卽「斷」字。御覽引鄭注曰：「所損益可知也者，據時篇目可校數。自周以後，以爲變易，損益之極，極於三王，亦不是過也。」案：夫子言夏禮、殷禮皆能言之。又中庸言君子「考諸三王而不繆」，是夏、殷禮時尚存，當有篇目可校數也。「以爲變易」句有訛字。禮所以有損益者，如夏尚忠，而其敝則惷而愚，喬而野，朴而不文；殷承夏，而其敝則蕩而不靜，勝而無恥；周承殷，而其敝則利而巧，文而不慚，賊而蔽。則承周者，又當救之以質。故凡有所損益，皆是變易之道。三王爲損益之極，極則思反。白虎通三教篇：「三者如順連環，周則復始，窮則反本，此則天地之理，陰陽往來之義也。」春秋繁露楚莊王篇：「謂新王必改制，欲以順天志而明自顯。」此據天道以言人事，明所變易亦天爲之矣。不及夏以前者，漢書董仲舒傳對策說此文云：「夏因於虞，而獨不言所損益者，其道如一而所尚同也。」又云：「是以禹繼舜，舜繼堯，三聖相受而守一道，亡救敝之政也，故不言其所損益也。」是也。荀子天論篇：「百王之無變，足以爲道貫。一廢一起，應之以貫。」楊倞注：「無變，不易也。百王不易者，謂禮也。言禮可以爲道之條貫也。雖文質廢起，時有不同，然其要歸以禮爲條貫。」下引此文云云，是言百世其禮可知之義也。法言五百篇：「或問其有繼周者，雖百世可知也。秦已繼周矣，不待夏禮而治者，其不驗乎？曰：聖人之言，天也。天妄乎？繼周者，未欲泰平也。如欲泰平也，捨之而用他道，亦無由至矣。」據法言此文，則百世可知，爲欲知後世有明徵矣。陳氏澧東塾類稿：「邢疏曰：『國家文質禮變，設若相承，至於十世，世數既遠，可得知其禮乎？』此以爲子張問後十世欲知前十世之禮，最爲得解。蓋十世者，言其極遠也。後世欲知前世，近則易知，遠則難知，故極之十世之遠。觀孔子言夏、殷禮，杞、宋不足徵，一二世已如此，至十世則恐不可知，故問之。」又曰：「雖百世可知，謂此後百世尚可知夏、殷以來之禮也。至今周禮尚存，夏、殷禮亦有可考者，百世可知信矣。」案：如陳說「百世可知」，卽損益可知，兩「可知」緊相承注。史記孔子世家言：「孔子追迹三代之禮，編次其事，觀殷、夏所損益，曰：『後雖百世可知也。』」則可知卽謂編次之事。此當是安國舊義，與法言所解不同。而陳君之說，適與世家闇合者也。故並箸之。皇本「雖百世」下有「亦」字。○注：「文質禮變。」○正義曰：禮器云：「禮有以文爲貴者，有以素爲貴者。」素卽質也。白虎通三正篇：「尚書大傳曰：『王者一質一文，據天地之道。』禮三正記曰：『質法天，文法地也。』」文質並是禮，所以有變易者，時異勢殊，非有變易，則無所救其敝也。禮樂記云：「五帝殊時，不相沿樂；三王異世，不相襲禮。」○注「所因」至「三統」。○正義曰：「所因」謂禮之無所損益者，卽荀子所謂「百王之無變」也。所因、所損益是三事，故董仲舒對策引此文說之云「此言百王之用，以此三者矣」是也。白虎通三綱六紀云：「三綱者何謂也？謂君臣、父子、夫婦也。故含文嘉曰：『君爲臣綱，父爲子綱，夫爲妻綱。』綱者，張也。」又云：「君、臣、父、子、夫、婦，六人也。所以稱三綱何？一陰一陽謂之道，陽得陰而成，陰得陽而序，剛柔相配，故六人爲三綱。」又情性云：「五性者何？謂仁、義、禮、智、信也。仁者，不忍也，施生愛人也。義者，宜也，斷決得中也。禮者，履也，履道成文也。智者，知也，獨見前聞，不惑於事，見微知著也。信者，誠也，專一不移也。故人生得五氣以爲常，仁、義、禮、智、信是也。」此三綱五常之義也。董仲舒對策解此文，以所因爲道：「道之大原出於天，天不變，道亦不變。」董所云「道」，卽三綱五常之道。禮大傳謂「親親、尊尊、長長，男女有別，此其不可得與民變革者也」。並此馬注義也。皇疏云：「『所損益謂文質、三統』者，案：大傳云：『王者始起，改正朔，易服色。』夫正朔有三本，亦有三統。明王者，受命各統一正也。又禮三正記云：『正朔三而改，文質再而復。』尚書大傳云：『夏以孟春爲正，殷以季冬爲正，周以仲冬爲正。』又曰：『夏以十三月爲正，色尚黑，以平旦爲朔；殷以十二月爲正，色尚白，以雞鳴爲朔；周以十一月爲正，色尚赤，以夜半爲朔也。』三統之義如此。」案：禮大傳云：「聖人南面而治天下，必自人道始矣。立權度量，考文章，改正朔，易服色，殊徽號，異器械，別衣服，此其所得與民變革者也。」「變革」即是損益，非祇一事，此注但言三統者，以服色等皆隨三統而改，舉三統，則餘可知。○注「物類」至「預知」。○正義曰：皇疏本此注作「馬曰」，又「召」作「招」。云「物類相招」者，謂三綱五常，各以類相招，因而不變者也。又「世數」作「勢數」。云「勢數相生」者，謂文質、三統及五行相次，各有勢數也。如太昊木德，神農火德，黃帝土德，少昊金德，顓頊水德，周而復始，其勢運相變生也。

24 子曰：「非其鬼而祭之，諂也。【注】鄭曰：「人神曰鬼，非其祖考而祭之者，是諂求福。」見義不爲，無勇也。」【注】孔曰：「義所宜爲而不能爲，是無勇。」

正義曰：墨子經上：「勇，志之所以敢也。」禮樂記云：「臨事而屢斷，勇也。」此章所斥，似皆有所指。邢疏言魯哀不能討陳恒，以爲無勇。亦舉似之言。或謂季氏旅泰山，是祭非其鬼，凡鬼神，得通稱也。冉有仕季氏，弗能救，是見義不爲也。說亦近理。○注「人神」至「求福」。○正義曰：祭法云：「人死曰鬼。」又祭義云：「衆生必死，死必歸土，此之謂鬼。」爾雅釋訓：「鬼之爲言歸也。」說文訓同。「鬼」本謂人死，故鄭以祖考當之。周官：「大宗伯之職，掌建邦之天神、人鬼、地示之禮。」是鬼神義別。此注云「人神」者，散文得通稱也。釋名釋親屬：「祖，祚也，祚物先也。又謂之王父。」父死曰考，考，成也。亦言槁也。此祖考本訓。其曾祖、高祖、遠祖、王考、皇考、顯考，俱得通稱祖考。此注所言，亦其義也。祖考爲其鬼，則非其鬼爲非祖考。凌氏曙四書典故覈：「祖考之祭，命于天子。如任、宿、須句、顓臾司少皞之祀，蓼、六守皋陶之祀。若鄭伯以璧叚許田，請祀周公，衛成夢康叔曰『相奪予享』，乃命祀相，皆非其鬼也。又尊卑有等，如王制、祭法所云：『廟數有定。』若魯之不毀桓、僖，季氏之以禱而立煬宮，皆非其鬼也。」案：公羊成六年：「立武宮。」傳曰：「立者何？不宜立也。」何休注：「時衰，廢人事而求福於鬼神，故重而言之。」是祭非其鬼，皆因求福。然既非禮，亦必不能獲福。故左傳云：「神不歆非類。」曲禮云：「非其所祭而祭之，名曰淫祀。淫祀無福。」

論語正義卷三

八佾第三　集解

凡二十六章　正義曰：漢石經同。惟「二十」作「廿」。

1 孔子謂季氏，「八佾舞於庭，是可忍也，孰不可忍也？」【注】馬曰：「孰，誰也。佾，列也。天子八佾，諸侯六，卿大夫四，士二。八人爲列，八八六十四人。魯以周公故受王者禮樂，有八佾之舞，季桓子僭於其家廟舞之，故孔子譏之。」

正義曰：廣雅釋詁：「謂，説也。」言説季氏此事也。下篇「子謂公冶長」、「子謂南容」並同。「氏」者，五經異義云：「所以別子孫之所出，凡氏或以官，或以邑，或以王父字。」魯季孫得氏，自文子始，以文子爲季友孫也。此文「季氏」，及下篇「季氏旅於泰山」、「季氏富於周公」、「季氏將伐顓臾」，俱不名者，內大夫且尊者宜諱之也。説文：「𦏶，樂也。兩足相背。」今隸變作「舞」。兩足相背，則舞者所立象。舊説舞有文武，文舞用羽籥，謂之羽舞，亦名籥舞；武舞用干戚，謂之干舞，又名萬舞。宗廟之祭，樂成告備，然後興舞。周以武功得天下，故武先於文。春秋書「有事于太廟，萬入去籥」。言萬入在先，籥未入，故去之。左昭二十五年傳載此事云：「禘于襄公，萬者二人，其衆萬于季氏。」「二人」，吳仁傑兩漢刊誤補遺謂當作「二八」。舉萬以該羽籥，正以武先文也。白虎通禮樂篇：「歌者在堂上，舞在堂下何？歌者象德，舞者象功，君子上德而下功。」案：「堂下」卽庭。王逸楚辭「思古」注「堂下謂之庭」是也。淮南繆稱訓：「禹執干戚，舞於兩階之間。」言兩階之間，則舊說謂武舞在西階，文舞在東階，非矣。云「是可忍」者，是，此也。說文：「忍，能也。」廣雅釋言：「忍，耐也。」「能」與「耐」同。當時君臣不能以禮禁止，而遂安然忍之，所謂魯以相忍爲國者也。管氏同四書紀聞：「當其萬也，臧孫曰：『是之謂不能庸先君之廟。』大夫遂怨平子，君臣謀之，而乾侯之難作矣。夫昭公欲逐意如，誠可謂輕舉而得禍，而其臣臧郈等之勸以逐者，皆爲私也。然而季氏之惡，豈復可忍乎？謂昭公制之不得其道則可，謂季氏之惡可忍而不誅，則亂臣賊子無一而非可忍之人矣。而觀左氏及公羊，則當時之人，率以意如爲可忍，故孔子特發此言，寬弱主，罪逆臣，而深警當時之瞶瞶者。」案：管說是也。後漢荀爽對策及魏高貴鄉公、文欽、晉元帝、盧諶、庾亮等，凡聲罪致討，皆用此文說之，其意皆與紀聞合。○注「孰誰」至「譏之」。○正義曰：「孰，誰」，釋詁文。「佾列」者，佾，從人從𠔁，𠔁當是排列之象。春秋繁露三代改制篇：「主天法商制儛溢員，主天法夏儛溢方，主天法質儛溢橢，主天法文儛溢衡。」漢書禮樂志郊祀歌亦作「溢」，則「溢」、「佾」通也。左隱五年傳：「考仲子之宮，將萬焉。公問羽數於衆仲，衆仲對曰：『天子用八，諸侯用六，大夫四，士二。夫舞所以節八音而行八風也，故自八以下。』公從之。」公羊、穀梁傳並謂天子八佾，諸公六佾，諸侯四佾，魯侯國，用六佾爲僭。穀梁又引尸子說：「天子諸侯皆八佾，魯用六羽爲厲樂。」厲者，減也。此禮家異說。服虔左傳解誼云：「天子八八，諸侯六八，大夫四八，士二八。」與馬此注同。八八爲六十四人，六八爲四十八人，四八爲三十二人，二八爲十六人。白虎通禮樂、高誘淮南齊俗訓注並云六六爲行列，杜預注左傳又謂六佾三十六人，四佾十六人，二佾四人。宋書樂志載傅隆議，譏杜氏謂舞所以節八音，八音克諧，然後成樂，故必以八人爲列。自天子至士，降殺以兩，兩者減其二列，預以爲一列又減二人，至士止有四人，豈復成樂？而深以服義爲允。又引左氏傳鄭伯納晉悼公女樂二八，晉以一八賜魏絳，是樂以八人爲列。服氏之義，實爲當矣。魯本六佾，季氏大夫得有四佾，至平子時，取公四佾以往合爲八佾，而公止有二佾，故左氏言「禘于襄公，萬者二八」，「二八」則二佾也。祭統云：「昔者周公旦有勳勞於天下，成王、康王故賜之以重祭，朱干玉戚以舞大武，八佾以舞大夏，此天子之樂也。康周公，故以賜魯也。」又明堂位曰：「成王以周公爲有勳勞於天下，命魯公世世祀周公以天子之禮樂，朱干玉戚，冕而舞大武，皮弁素積，裼而舞大夏。」是魯祭周公得有八佾，其羣公之廟自是六佾。而公羊昭二十五年傳子家駒謂魯僭八佾，此或昭公時所僭用於羣廟矣。大夫家廟，據王制是三廟，一昭一穆，與太祖爲三。祭法則考廟、王考廟、皇考廟爲三，說稍不同。鄭君以王制爲夏、殷禮，則祭法爲周禮矣。郊特牲云：「諸侯不敢祖天子，大夫不敢祖諸侯，而公廟之設於私家，非禮也。由三桓始也。」公廟謂桓公廟，三家皆桓出，故因立其廟，而以周公廟得用天子禮樂，遂亦於桓公廟用之。此注所云「家廟」，當卽指桓廟，以公廟設於私家，故亦稱家廟也。漢書劉向傳「季氏八佾舞于庭云云，卒逐昭公」，是季氏指平子。吳仁傑、管同說並合。此注以爲桓子，意以平子旣僭，桓子當亦用之。然此言於孔子未仕時可也，若孔子旣仕，行乎季孫，此等僭制，必且革之。韓詩外傳：「季氏爲無道，僭天子，舞八佾，旅泰山，以雍徹。孔子曰：『是可忍也，孰不可忍也？』然不亡者，以冉有、季路爲宰臣也。」此以季氏爲康子，與此馬注以爲桓子，皆是大略言之，不爲據也。

2 三家者以雍徹。【注】三家，謂仲孫、叔孫、季孫。雍，周頌臣工篇名。天子祭於宗廟，歌之以徹祭，今三家亦作此樂。子曰：「『相維辟公，天子穆穆』，奚取於三家之堂？」【注】包曰：「辟公謂諸侯及二王之後。穆穆，天子之容貌。雍篇歌此者，有諸侯及二王之後來助祭故也。今三家但家臣而已，何取此義而作之於堂邪？」正義曰：說文：「家，居也。」易師：「開國承家。」荀注：「承家，立大夫也。」左桓二年傳：「諸侯立家。」杜注：「卿大夫稱家。」三家皆桓族，季氏假別子爲宗之義，立桓廟於家，而令孟孫、叔孫宗之，故以氏族言，則稱三家。以三家分三氏而統爲桓族故也。上章稱「季氏」，此章稱「三家」，文互見。釋文云：「撤，本或作徹。」案：「撤」是俗體。說文「徹」去字作「𢖿」，云「發也」。與「徹」訓通異。今經典皆叚「徹」爲「𢖿」。「維」者，語助辭。「天子」者，白虎通爵篇云：「爵所以稱天子者何？王者父天母地，爲天之子也。」皇本「穆穆」下衍「矣」字。「堂」者，檀弓注：「堂形四方而高。」玉篇：「堂，土爲屋基也。」聘禮疏云：「後楣以南曰堂。堂凡四架，前楣與棟之間，爲南北堂之中。蓋古者廟寢同制，皆五架梁，以後一架爲室，前四架爲堂。凡祭在室中，惟樂歌在堂，舞在堂下也。」「雍徹」是樂歌，故以堂言之。郊特牲曰：「歌者在上，貴人聲也。」白虎通曰：「歌者在堂上，歌者象德。」○注「三家」至「此樂」。○正義曰：仲孫，卽孟孫慶父之後；叔孫，叔牙之後。稱孫者，公子之子爲公孫也。「臣工」是周頌第二卷之首篇。雍詩在臣工，故爲臣工篇名。毛詩序：「雝，禘太祖也。」鄭注：「太祖謂文王。」此成王祭文王徹饌時所歌詩。周官樂師：「及徹，率學士而歌徹。」注云：「徹者歌雍，是天子祭宗廟歌之以徹祭也。」又小師言：「王饗諸侯，徹歌此詩。」荀子正論、淮南主術又言「天子食徹，歌此詩」。則凡徹饌皆得歌之矣。若仲尼燕居言諸侯饗禮，歌雍以送賓，振鷺以徹俎，是諸侯相見亦得歌此詩也。凌氏曙典故覈云：「有司徹注云：『徹室中之饌及祝、佐食之俎。』徹兼俎與豆籩：俎，有司徹之；豆籩，婦人徹之。天子之禮，則周禮大祝『既祭令徹』，小祝『贊徹』，內宗、外宗『佐王后，徹豆籩』。

其徹俎，則薦俎之有司也。」○注「辟公」至「堂邪」。○正義曰：爾雅釋詁：「后、辟、公、侯，君也。」邵氏晉涵正義下文云：「辟，法也。言爲人所取法也。穀梁傳云『士造辟而言』是也。」皇疏申包義云：「辟訓君，君故是諸侯也。二王後稱公，公故是二王後也。」二王後謂夏後杞、殷後宋。天子大祭，同姓異姓諸侯皆來助祭，故統言辟公也。烈文詩「烈文辟公」，鄭箋以「辟」爲百辟卿士，「公」爲天下諸侯。雝詩無箋，則與烈文訓同。百辟卿士，指仕王朝者，與天下諸侯爲內外兼舉，說與包異，均得通矣。爾雅釋詁：「穆穆，美也。」釋訓：「穆穆肅肅，敬也。」曲禮云：「天子穆穆。」是穆穆爲天子容貌也。「助祭」者，訓相爲助也。義見毛傳。「家臣」者，大夫稱家，故大夫之臣曰家臣，又曰僕。禮運「仕於家曰僕」是也。

3 子曰：「人而不仁，如禮何？人而不仁，如樂何？」【注】包曰：「言人而不仁，必不能行禮樂。」

正義曰：皇疏云：「此章亦爲季氏出也。季氏僭濫王者禮樂，其既不仁，則奈此禮樂何乎？」○注：「言人而不仁，必不能行禮樂。」○正義曰：儒行云：「禮節者，仁之貌也。歌樂者，仁之和也。」禮樂所以飾仁，故惟仁者能行禮樂。仲尼燕居云：「子曰：『制度在禮，文爲在禮，行之其在人乎？』」又對子張問曰：「師，爾以爲必鋪几筵，升降酌獻酬酢，然後謂之禮乎？爾以爲必行綴兆，興羽籥，作鐘鼓，然後謂之樂乎？言而履之，禮也；行而樂之，樂也。君子力此二者，以南面而立，夫是以天下太平也。」案：「言而履之」、「行而樂之」，此仁者所爲。孟子論禮樂而推本於事親從兄，爲仁義之實，仁統四德，故此言不仁之人不能行禮樂也。漢書翟方進傳引此文，說之云：「言不仁之人，亡所施用；不仁而多材，國之患也。」亡所施用，則不能行禮樂，雖多材，祇爲不善而已。當夫子時，禮樂征伐自大夫出，而僭竊相仍，習非勝是，欲不崩壞，不可得矣。

4 林放問禮之本。【注】鄭曰：「林放，魯人。」子曰：「大哉問！禮，與其奢也，寧儉；喪，與其易也，寧戚。」【注】包曰：「易，和易也。言禮之本意失於奢，不如儉；喪失於和易，不如哀戚」。正義曰：「本」者，萬物之始。先王制禮，緣人情世事而爲之，節文以範圍之。荀子天論言文質「一廢一起，應之以貫」。貫者，言以禮爲條貫也。禮運云：「故禮之不同也，不豐也，不殺也，所以持情而合危也。」禮器云：「孔子曰：『禮不同、不豐、不殺，蓋言稱也。』又曰：「先王之制禮也，不可多也，不可寡也，唯其稱也。」不同者，禮之差等。禮貴得中，凡豐殺，卽爲過中不及中也。過中不及中，俱是失禮。然過中失大，不及中失小，是故文家多失在過中，質家多失在不及中。表記言：「周之敝，利而巧，文而不慚，賊而蔽；殷之敝，蕩而不靜，勝而無恥；夏之敝，惷而愚，喬而野，朴而不文。」則以周尚文，殷質不能勝文。夏尚忠，忠者，質之至也。文質均有所敝，然二者相較，則寧從其失小者取之，所謂權時爲進退也。質有其禮，儉戚不足以當之，而要皆與禮之本相近，蓋禮先由質起，故質爲禮之本也。禮三正記曰：「帝王始起，先質後文者，順天地之道、本末之義、先後之序也。事莫不先有質性，乃後有文章也。」大戴記禮三本云：「凡禮始於脫，成於文，終於隆。故至備，情文俱盡；其次，情文迭興；其下，復情以歸太一。」「太一」者，至質無文，然爲禮之本。當夫子時，奢僭失禮，大非文、周制作之舊，故夫子屢言「從周」。從周者，從乎文、周之所制以修明之而已。然世變已亟，或猶慮從周不足以勝之，則惟欲以質救文。春秋今文家以夫子作春秋，欲變周從殷，卽此義也。林放意亦欲以質救文，故夫子聞其所問，深美大之。大之者，大其有維世之意，撥亂反正，不失仁術也。云「與其」，又云「寧」者，「與」猶許也。說文：「寧，所願也。」先爲與之，後復有所願，抑揚之詞，不得已之思也。「禮」對「喪」言之，則「禮」謂凡賓嘉諸禮也。「奢」者，爾雅釋詁：「奢，勝也。」說文：「奢，張也。」「勝」、「張」皆夸大之意。「喪」者，白虎通崩薨篇：「喪者，亡也。人死謂之喪何？言其喪亡不可復見也。天子下至庶人，俱言喪何？欲言身體髮膚，俱受之父母，其痛一也。」「易」者，先兄五河君經義說略：「爾雅：『弛，易也。』展轉相訓，則易亦訓弛。言喪禮徒守儀文之節，而哀戚之心浸以怠弛，則禮之本失矣。雜記：『孔子曰：「少連、大連善居喪，三日不怠，三月不懈。」』不怠不懈，即不弛之義。故下文云：『期悲哀，三年憂。』言其戚也。蓋易者哀不足，戚者哀有餘。檀弓：『子路曰：「吾聞諸夫子，喪禮與其哀不足而禮有餘也，不若禮不足而哀有餘也。」』義與此同。」謹案：淮南本經訓：「處喪有禮矣，而哀爲主。」高誘注引此文。隋書高祖紀下：「喪與其易也，寧在於戚，則禮之本也。禮有其餘，未若於哀，則情之實也。」〔一〕並以易爲禮有餘。鄭此注但云「易簡」，未明其義。陳氏鱣古訓曰：「檀弓：『子思曰：「喪三日而殯。凡附於身者，必誠必信，勿之有悔焉耳矣。」』時人治喪，以薄爲其道，失之簡略，故夫子以爲寧戚，言必盡哀盡禮也。」陳氏之言，或得鄭義，然少迂曲，未爲當也。俞炎書齋夜話：「『易』字疑是『具』字，檀弓『喪具君子恥具』，『具』與『易』蓋相似也。」此亦可備一說。○注：「林放，魯人。」○正義曰：蜀禮殿圖以林放爲孔子弟子，鄭以弟子傳無林放，故不云弟子。其以爲魯人，亦當別有據。元和姓纂謂「比干之後，逃難長林之下，遂姓林氏」，鄭樵通志謂「周平王世子林開之後」，皆出附會，不足據也。○注：「易，和易也。」○正義曰：詩何人斯傳：「易，說也。」郊特牲注：「易，和說也。」陳氏鱣曰：「包以爲和易，意與戚相

〔一〕「情」原誤作「實」，據隋書改。

反，然世情當不至此。」

5 子曰：「夷狄之有君，不如諸夏之亡也。」【注】包曰：「諸夏，中國。亡，無也。」

正義曰：爾雅釋地：「九夷、八狄、七戎、六蠻謂之四海。」郭注：「九夷在東，八狄在北，七戎在西，六蠻在南。」白虎通禮樂篇：「何以名爲夷蠻？曰聖人本不治外國，非爲制名也，因其國名而言之耳。一說曰：名其短而爲之制名也。夷者，僔夷無禮義。東方者少陽易化，故取名也。北方太陰鄙郄，故少難化。狄者，易也，辟易無別也。」白虎通所稱一說，以後說爲是。後漢東夷傳：「王制云：『東方曰夷。』夷者，柢也，言仁而爲生，萬物柢地而出，故天性柔順，易以道御。」此言「夷」爲善性，而白虎通謂「僔夷無禮義」者，「僔」與「蹲」同，「夷」與「跠」同。廣雅訓「蹲」、「跠」爲「踞」，卽踞肆之義。禮義卽禮儀，言其俗但無禮儀，故名之。包氏慎言溫故録：「夷狄謂楚與吳。春秋『內諸夏，外夷狄』。成、襄以後，楚與晉爭衡，南方小國，皆役屬焉。宋、魯亦奔走其庭。定、哀時，楚衰而吳横，黄池之會，諸侯畢至，故言此以抑之。襄七年，〔一〕鄬之會，『陳侯逃歸』，何氏云：『加逃者，抑陳侯也。孔子曰：「夷狄之有君，不如諸夏之亡。」言不當背也。』又哀十三年『公會晉侯及吳子于黄池』，傳〔二〕：『吳何以稱子？主會也。吳主會，曷爲先言晉侯？不與夷狄之主中國也。』何氏云：『明其寔以夷狄之彊會諸侯爾，不行禮義，故序晉於上。』主書者，惡諸侯之君夷狄。」案：包說是也。此篇專言禮樂之事，楚、吳雖迭主盟中夏，然暴彊踰制，未能一秉周禮，故不如諸夏之亡君，其政俗猶爲近古也。○注：「諸夏，中國。亡，無也。」○正義曰：「諸」者，非一之

〔一〕「七」原誤作「八」，據公羊傳改。

〔二〕「三」字原脫，據公羊傳補。

辭。說文：「夓，中國之人也。從夊從頁從臼。臼兩手，夊兩足也。」此象形之字。公羊成十五年傳注：「諸夏，外土諸侯也。謂之夏者，大總下土言之辭也。」稱「中國」者，自我言之。王者政教之所及也，夷狄在四遠爲外國，故謂諸夏爲中國矣。說文：「亡，逃也。從入從乚。」「𣞤，亡也。從亡，無聲。」「亡」本謂人逃匿，引申爲亡有之義。

6 季氏旅於泰山。子謂冉有曰：「女弗能救與？」【注】馬曰：「旅，祭名也。禮，諸侯祭山川在其封內者，今陪臣祭泰山，非禮也。冉有，弟子冉求。時仕於季氏。救，猶止也。」對曰：「不能。」子曰：「嗚呼！曾謂泰山不如林放乎？」【注】包曰：「神不享非禮，林放尚知問禮，泰山之神，反不如林放耶！欲誣而祭之。」正義曰：玉篇示部：「祣，力煮切。祭名。論語作『旅』。」廣韻同。此後人所增字。漢書班固敘傳：「大夫臚岱，侯伯僭時。」鄭氏曰：「臚岱，季氏旅於太山是也。」師古曰：「旅，陳也。臚亦陳也。臚、旅聲相近，其義一耳。」案：「旅」作「臚」，當出古論。史記六國表：「位在藩臣，而臚於郊祀。」亦作「臚」。儀禮士冠禮注：「古文旅作臚。」周官司儀：「旅擯。」後鄭云：「旅讀爲『鴻臚』之臚。」是臚、旅音近，得通用也。說文：「岱，大山也。」大山卽泰山。泰者，大之極也。俗或爲「太」字。「弗」，皇本作「不」。說文：「弗，撟也。」撟之爲言意有所不順也。公羊桓十年傳何注：「弗者，不之深也。」釋文：「嗚呼，本或作烏乎，音同。」說文烏部：「孔子曰：『烏，盱呼也。』取其助气，故以爲烏呼。」古文作「於嗚」字，口部所無，當由俗作「吁息」也。嗚呼者，歎辭。〇注「旅祭」至「止也」。〇正義曰：周官掌次：「王大旅上帝。」大宗伯：「國有大故，則旅上帝及四望。」是「旅」爲祭名。鄭注大宗伯云：「旅，陳也。陳其祭祀以祈焉，禮不如祀之備也。」爾雅釋天：「祭山曰庪縣。」李巡云：「祭山以黃玉、以璧、以庪置几上，遥遥而眡之若縣，故曰庪縣。」孫炎云：「埋於山足曰庪，埋於山上曰縣。」辭不同者，周官大宗伯：「以貍沈祭山林川澤。」鄭注：「祭山林曰貍。」似孫説所本。儀禮覲禮：「祭山川陵升。」似李説所本。故賈疏以「升」即「庪縣」也。胡氏培翬研六室雜箸答馬水部云：「承詢謂庪縣不當訓爲埋庪，當與禮經『閣庪食』義同。按：玉篇云：『庋，閣也。』『庪』同『庋』，引『祭山曰庪縣』可證。但爾雅、儀禮、周禮三經，文各有當，而義無妨。爾雅云：『祭地曰瘞埋，祭山曰庪縣。』瘞埋，是以牲玉埋藏於地中；庪縣，則有陳列之義。李巡云：『祭山以黄玉以璧庪置几上。』邢疏云：『縣謂縣其牲幣於山林中。』其説良近。蓋古者祭山之法，先庪縣而後埋之，故祭山又名旅。旅，臚陳之也。山海經凡祠山多言『肆瘞』，郭注云：『肆，陳之也。陳牲玉而後埋藏之。』此先陳後埋之證。後埋故亦得名埋。」今案：胡説是也。大宗伯言「旅四望」，彼謂國有大故，天子陳其祭祀而祈之，則旅爲天子祭山之名。惟旅祭是因大故，先陳後埋，其他禮則皆從略，故鄭君以爲不如祀之備也。季氏旅泰山，或亦值大故，而用天子禮行之，故書曰「旅」，與八佾歌雍，同是僭天子，非僭魯侯也。夫子謂冉求之言，其迫切當亦因此。王制云：「天子祭天下名山大川，諸侯祭名山大川之在其地者。」注：「魯人祭泰山，晉人祭河是也。」祭法云：「諸侯在其地則祭之，亡其地則不祭。」公羊傳：「諸侯山川有不在其封内者，則不祭也。」是言諸侯之祭山川，皆在封内也。禮器云：「齊人將有事於泰山。」泰山在齊、魯界，兩國通得祭之。禮言大夫祭五祀，不及山川，故祭山爲非禮。季氏稱「陪臣」者，説文：「陪，重土也。」引申之，凡重皆曰陪。諸侯是天子之臣，諸侯之大夫亦是天子之臣，故爲重也。曲禮「列國之大夫，入天子之國，自稱曰陪臣某」是也。下篇「陪臣執國命」，彼是大夫之臣對諸侯言之，與此異也。云「冉有，弟子冉求」者，史記弟子列傳：「冉求，字子有，少孔子二十九歲。」鄭目録云「魯人」。云「時仕季氏」者，以夫子責之，知爲季氏家臣也。云「救猶止」者，說文：「救，止也。」此常訓。○注：「神不享非禮。」○正義曰：「神」者，祭法云「山林、川谷、丘陵，能出雲，爲風雨，見怪物，皆曰神」是也。「享」者，說文作「亯」，云：「獻也。從高省。曰象進孰物形。」凡受人之獻亦曰享。孝經云「祭則鬼享之」是也。曲禮云：「非其所祭而祭之，名曰淫祀。淫祀無福。」明神不降福，知不享之也。

7 子曰：「君子無所爭。必也射乎！【注】孔曰：「言於射而後有爭。」揖讓而升，下而飲。【注】王曰：「射於堂，升及下皆揖讓而相飲。」其爭也君子。」【注】馬曰：「多算飲少算，君子之所爭。」

正義曰：「爭」者，競勝之意。民有血氣，皆有爭心。「君子」者，將以禮治人，而恭敬、撙節、退讓以明之，故無所爭也。說文：「䠶，弓弩發於身而中於遠也。從矢從身。篆文䠶從寸。寸，法度也，亦手也。」禮經言射有四：一曰大射，天子、諸侯、卿、大夫將祭而擇士，天子於射宮，諸侯於大學，卿大夫於郊，士無臣，無所擇，故無大射禮。二曰賓射，天子在治朝，諸侯則或在朝，或會盟在竟，卿、大夫、士皆有之，亦射於郊。三曰燕射，天子、諸侯在路寢，卿、大夫、士亦在郊。四曰鄉射，州長春秋屬民射於州序。天子、諸侯皆無此禮。論語此文指大射。鄭氏射義目錄云：「名曰大射者，諸侯將有祭祀之事，與其羣臣射以觀其禮，數中者，得與於祭，不得數中者，不得與於祭。」鄭說大射止稱諸侯，不及天子及卿大夫者，文不備耳。釋文：「爭，絕句。鄭讀以『必也』絕句。」然射義注引此文「必也射乎」四字連讀。論語中如「必也聖乎」、「必也使無訟乎」、「必也正名乎」、「必也狂狷乎」、「必也親喪乎」，皆不以「必也」絕句，則釋文所稱「鄭讀」恐誤記也。「揖讓」者，說文云：「揖，讓也。從手，咠聲。一曰手箸胸曰揖。攘，推也。從手，襄聲。」許君解「揖」存二義，前義則「揖」、「讓」禮同。「攘」古「讓」字，見曲禮鄭注。「讓」卽「攘」，謂推手也。後義則「揖」是手箸匈，與「攘」是推手異。段氏玉裁說文注以手箸匈爲卽禮經之「厭」。「厭」者，引手是也。鄭注鄉飲酒禮云：「推手曰揖。」鄭以凡「揖」皆是推手，故解周官司儀以「土揖」、「天揖」、「時揖」並爲推手，則鄭與許前義同也。聘記注云：「讓謂舉手平衡也。」舉手與引手相似，但不箸匈耳。此鄭說揖、讓禮之異也。白虎通禮樂篇：「禮所以有揖讓者，所以尊人自損也。」凡賓主行禮，至門至階，皆有讓者，門則讓入，階則讓升也。此揖讓在升階時。淩氏廷堪禮經釋例歷引聘禮、士冠、士昏、鄉飲酒、鄉射、公食大夫諸文，皆有三讓之儀，知凡升階，皆是三讓。春秋繁露官制象天篇謂「禮三讓而成一節也」是也。「升」者，「登」之借字。說文：「登，上車也。」引申爲凡進上之義。升是由階至堂，下是降堂。「飲」者，說文作「㱃」，云「歠也」。釋名釋飲食：「飲，奄也。以口奄而引咽之也。」射義「孔子曰：『君子無所争』」云云，文與此同。鄭注：「必也射乎，言君子至於射，則有争也。下，降也。飲射爵者，亦揖讓而升降，勝者袒決遂，執張弓，不勝者襲，說決拾，卻左手，右加弛弓於其上而升飲。君子恥之，是以射則争中。」鄭氏此注全據大射儀之文，在三耦第二番射後，所以決勝負也。其文云：「司射命設豐，司宮士奉豐，坐設于西楹西，勝者之弟子，洗觶升酌散，南面坐奠于豐上，司射命三耦及衆射者，勝者皆袒決遂，執張弓，不勝者皆襲，說決拾，卻左手，右加弛弓于其上，遂以執弣。一耦出揖如升射，及階，勝者先升，升堂少右。不勝者進北面坐，取豐上之觶興，少退，立卒觶，進，坐奠于豐下，興揖。不勝者先降，與升飲者相左，交於階前，相揖。適次釋弓，襲，反位，僕人師繼酌射爵，取觶實之，反奠于豐上。升飲者如初，三耦卒飲。」此三耦二番射後揖讓之事。禮又云：「司射猶挾一個，以作射如初，一耦揖升如初。司射請以樂于公，公許，司射命曰：『不鼓不釋。』三耦卒射如初。司射命設豐，實觶如初，遂命勝者執張弓，不勝者執弛弓，升飲如初。」此三耦第三番射揖讓之事，並所謂「君子之爭」也。惟飲君則用致爵之禮，若飲賓，諸公卿大夫耦不升，立飲西階上，無揖讓事，所以尊尊也。若以士爲公卿大夫之耦，不勝則亦執弛弓，特升飲，亦無揖讓事，以士賤不敢匹尊者也。釋文云：「鄭讀『揖讓而升下』絕句。」然箋詩賓筵又云「下而飲」，此鄭兩讀義皆通。○注：「言於射而後有爭。」○正義曰：射義云：「故射者進退周還必中禮，內志正，外體直，然後持弓矢審固。持弓矢審固，然後可以言中。此可以觀德行矣。」又云：「孔子曰：『射者何以射？何以聽？循聲而發，發而不失正鵠者，其惟賢者乎！若夫不肖之人，則彼將安能以中？』」案：此則射中乃君子所尚，必於平時講肄，至射時以不勝爲恥，蓋不勝嫌於不肖，故君子必求中焉。求中即是爭，即是爭爲賢者，故曰「其爭也君子」。惟爭爲君子，故言於射而後有爭也。皇疏引李充、欒肇說，謂於射尤必君子之無爭，非經旨。○注：「多算飲少算。」○正義曰：鄉射記：「箭籌八十，長尺，有握。」注：「籌，算也。籌八十者，略以十耦爲正。」凡人四算，一耦八算。皇疏：「射者各有算數，每中則以算表之。若中多則算多，中少則算少。」案：算多爲勝，算少爲不勝，於每耦射畢，各就算之多少計之。

8 **子夏問曰：「『巧笑倩兮，美目盼兮，素以爲絢兮。』何謂也？」**【注】馬曰：「倩，笑貌。盼，動目貌。絢，文貌。此上二句，在衞風碩人之二章，其下一句逸也。」 正義曰：倩、盼、絢皆韻。「兮」者，語助。說文：「兮，語所稽也。從丂八，象氣越亏也。」「素」者，說文：「素，白致繒也。」引申爲凡物白飾之稱。釋名釋采帛云「又物不加飾，皆自謂之素，此色然也」是也。「素以爲絢」，當是白采用爲膏沐之飾，如後世所用素粉矣。絢有衆飾，而素則後加，故曰「素以爲絢」。戴氏震孟子字義疏證：「素，以喻其人之嫺於儀容。上云『巧笑倩，美目盼』者，其美乃益彰，是之謂『絢』。喻意深遠，故子夏疑之。」○注「倩笑」至「逸也」。○正義曰：詩毛傳：「倩，好口輔。」輔者，頰也。人笑則口頰必張動也。倩以言巧，巧卽好也。此注謂「笑貌」者，倩是形容之辭，意亦與毛同矣。詩傳又云：「盼，白黑分也。」說文同。字林：「盼，美目也。」與毛不異。若韓詩章句但云「黑色」，及此注以爲動目，皆屬異義。聘禮「絢組」，注：「采成文曰絢。」是絢爲文貌。鄭注此文亦云：「文成章謂之絢。」蓋婦人容貌，先加他飾，後加以素，至加素，則已成章，故得稱絢。鄭君此注，亦馬義也。「碩人」者，衛詩篇名，所以美莊姜也。注以碩人詩有脫句，故謂「下一句逸」。朱子說「此皆逸詩，非碩人文」，其義爲長。

子曰：「繪事後素。」【注】鄭曰：「繪，畫文也。凡繪畫，先布衆色，然後以素分布其閒，以成其文。喻美女雖有倩、盼美質，亦須禮以成之。」曰：「禮後乎？」【注】孔曰：「孔子言『繪事後素』，子夏聞而解知以素喻禮，故曰『禮後乎』。」子曰：「起予者商也！始可與言詩已矣。」【注】包曰：「予，我也。孔子言子夏能發明我意，可與共言詩。」

正義曰：釋文：「繪，胡對反。本又作繢，同。」考工記注、文選夏侯常侍誄注並引作「繢」。案：今鄭注字作「繪」，義作「繢」。說見下惠氏士奇禮說。子夏疑「素以爲絢」，夫子以後素惟繪事爲然，故舉以示之，子夏遂因素而悟禮。蓋五色之黑、黃、蒼、赤，必以素爲之介，猶五德之仁、義、智、信，必以禮爲之閑。且禮者，五德之一德，猶素者五色之一色。以禮制心，復禮爲仁，禮失而采，禮云禮云。太素者，質之始也，則素爲質。後素者，繪之功也，則素爲文。故曰「素以爲絢」。素也者，萬物之所成終而所成始也。故履初素，賁上白。素者，履之始；白者，賁之終。然則忠信之人，可以學禮，何謂也？忠而無禮，則愿也；信而無禮，則諒也。愿則愚，諒則賊，不學禮，而忠信喪其美也。是故畫繢以素成，忠信以禮成。素者，無色之文；禮者，無名之樸。老子不知，以爲忠信之薄，宮立而五音清，甘立而五味平，白立而五色明，禮立而五德純，故曰大文彌樸，孚似不足，非不足也，質有餘也。」「起予」者，晉語「世相起」，韋注：「起，扶持也。」漢石經「起予」下無「者」字。

○注「繪畫」至「成之」。○正義曰：說文：「繢，織餘也。一曰畫也。」此卽畫繢之義。考工記：「設色之工，畫繢、鍾、筐、㡛。」又曰：「畫繢之事雜五色。」是繢爲畫文。至說文「繪」訓「五采繡」，與畫繢爲設色不同。然許君「繪」下引論語作「繪」，而「繢」下無文。洪氏頤煊讀書叢錄謂許從古論，鄭從魯論。若然，則許解論語爲「五采繡」，與鄭異矣。書益稷〔一〕：「日、月、星、辰、山、龍、華蟲作繪。」鄭注「繪讀曰繢」。鄭以裳用繡，則衣用繢，故破讀從繢。此注訓畫文，亦當有「繪讀曰繢」四字，作集解時删之耳。惠氏士奇禮說：「畫繢之事，代有師傅，秦廢之，而漢明復古，所謂『班閒賦白，疏密有章』，康成蓋目覩之。」必非臆說。按考工記言「畫繢雜五色」，五色者五采，卽青、赤、黃、白、黑。此注所云「衆采」也，考工云：「青與白相次也，赤與黑相次也，玄與黃相次也。」是言布衆色之次。又云：「凡畫繢之事後素功。」鄭注：「素，白采也。後布之，爲其易漬汙也。」惟不爲衆采漬汙，乃可成文。禮注與此注義相足矣。素加而衆采以明。采者，禮之文也。鄭以美女雖有美質，須加禮以成之。詩所云「素」，猶之繪事亦後加素也。美質須禮以成，則子夏言「禮後」，重禮而非輕禮矣。○注「予我」至「言詩」。○正義曰：「予我」，爾雅釋詁文。言「發明」者，訓起爲發也。顏子「亦足以發」，亦發明之意。

9 子曰：「夏禮，吾能言之，杞不足徵也；殷禮，吾能言之，宋不足徵也。【注】包曰：「徵，成

〔一〕「益稷」原誤作「咎繇謨」，據尚書改。

也。杞、宋，二國名，夏、殷之後。夏、殷之禮，吾能說之。杞、宋之君，不足以成也。」文獻不足故也。足，則吾能徵之矣。」【注】鄭曰：「獻，猶賢也。我不以禮成之者，以此二國之君，文章賢才不足故也。」

正義曰：「文」謂典策，「獻」謂秉禮之賢士大夫。子貢所謂賢者識大，不賢者識小，皆謂獻也。禮中庸云：「子曰：『吾學夏禮，杞不足徵也；吾學殷禮，有宋存焉。』」言祇有宋存，而文獻皆不足徵也。又禮運云：「孔子曰：『我欲觀夏道，是故之杞，而不足徵也，吾得夏時焉；我欲觀殷道，是故之宋，而不足徵也，吾得坤乾焉。』」夏時、坤乾，皆文之僅存者。夫子學二代禮樂，欲斟酌損益，以爲世制，而文獻不足，雖能言之，究無徵驗。故不得以其說箸之於篇，而祇就周禮之用於今者，爲之考定而存之。中庸云：「考諸三王而不繆。」以周監二代，周禮存，則夏、殷之禮可推而知，故通言考也。又云：「上焉者雖善無徵，無徵不信，不信民弗從。」注云：「徵或爲證，所謂徵驗也。」此鄭存異本，視徵成之義爲長。民之所徵，皆在文獻，故文獻不足，則不能徵之。漢書藝文志：「古之王者，世有史官，左史記言，右史記事，事爲春秋，言爲尚書，帝王靡不同之。周室既微，載籍殘缺，仲尼思存前聖之業，乃稱曰『夏禮吾能言之』云云。以魯周公之國，禮文備物，史官有法，故與左丘明觀其史記，據行事，仍人道，因興以立功，就敗以成罰，假日月以定曆數，藉朝聘以定禮樂。」據漢志，是夫子此言，因修春秋而發，春秋亦本周禮也。戴氏望論語注云：「王者存二王之後，杞、宋於周，皆得郊天，以天子禮樂祭其始祖，受命之王，自行其正朔服色，備其典章文物。周衰，杞爲徐、莒所脅，而變於夷。宋三世內娶，皆非其國之故。孔子傷其不用賢，以致去禮，故言俱不足徵以歎之。」○注「徵成」至「之後」。○正義曰：鄭注中庸云：「徵，猶明也。吾能說夏禮，顧杞之君不足與明之也。」注禮運云：「徵，成也。無賢君，不足與成也。」成、明同義。亦包此注意也。史記陳杞世家：「杞東樓公者，夏后禹之苗裔也。周武王封之於杞，以奉夏后氏祀。」宋世家：「微子開者，殷帝乙之首子，而紂之庶兄也。代殷後，奉其先祀，國于宋。」是杞、宋爲二國名，夏、殷之後也。杞初封卽今開封府杞縣，後遷東國，與齊、魯地近。宋都商丘，卽今歸德府治商丘縣。○注「獻猶」至「故也」。○正義曰：爾雅釋言：「獻，聖也。」郭注：「謚法曰：『聰明睿智曰獻。』」書益稷：〔一〕「萬邦黎獻。」某氏傳：「獻，賢也。」此注云「猶賢」者，據說文，「獻」本「宗廟犬名羹獻」，與「賢」義絕遠，注以「獻」爲「儀」之叚借，故曰「猶賢」。爾雅釋詁：「儀，善也。」詩文王「宣昭義問」，毛傳：「義，善也。」「義」、「儀」字同。書大誥「民獻有十夫」，伏生傳作「民儀」。周官司尊彝注「獻」讀爲「犧」，又讀爲「儀」，皆「獻」、「儀」通用之證。此段氏玉裁說，見尚書撰異。鄭以「獻」指杞、宋之君。禮運注云：「謂無賢君也。」又中庸注云：「君雖善，善無明徵，則其善不信也。」言君雖善無明徵，卽是文獻不足，禮注與此注相發。

10 子曰：「禘自既灌而往者，吾不欲觀之矣。」【注】孔曰：「禘祫之禮，爲序昭穆，故毀廟之主及羣廟之主，皆合食於太祖廟。灌者，酌鬱鬯灌於太祖以降神也。既灌之後，列尊卑，序昭穆。而魯逆祀，躋僖公，亂昭穆，故不欲觀之矣。」

正義曰：禘禮之說，千古聚訟，今求之禮經，參以諸儒之論，爲之說曰：爾雅釋天云：「禘，大祭也。」言大祭者，殷人夏祭曰禘，至周以夏祭爲禴，而以禘爲殷祭之名，故言大也。禘行於夏，與祫行於秋，在四時之閒，故司尊彝謂之「閒祀」。儀禮喪服傳：「大宗者，尊之統也。諸侯及其太祖，天子及其始祖之所自出。」禮記喪服小記：「王者禘其祖之所

〔一〕「益稷」原誤作「咎繇謨」，據尚書改。

自出，以其祖配之，而立四廟。」注「高祖以下與始祖而五。」大傳：「禮，不王不禘，王者禘其祖之所自出，以其祖配之。」始祖者，始封之祖。周始后稷，則以稷爲始祖也。稷之所自出者，嚳也。故祭法言周人禘嚳也。孝經曰：「孝莫大於嚴父，嚴父莫大於配天，則周公其人也。昔者周公郊祀后稷以配天，宗祀文王於明堂以配上帝。」郊是祭天，而以稷配；宗是祭上帝，而以文王配。此周公嚴父之義，禮三本所謂「王者天太祖」也。此與宗廟之祀后稷、文王異，禮，宗廟不得配天配上帝也。中庸言武、周之達孝云：「郊社之禮，所以事上帝也；宗廟之禮，所以祀乎其先也。」又言：「明乎郊社之禮，禘嘗之義。」「宗廟」、「禘嘗」，互文見義，此與郊社無與，而解者多混爲一，誤矣。周官大宗伯：「以肆、獻、祼享先王，以饋食享先王，以祠春享先王，以禴夏享先王，以嘗秋享先王，以烝冬享先王。」鄭注以肆、獻、祼爲祫，饋食爲禘，其祭大於時祭，故列於上，即司尊彝所謂「追享、朝享」也。天子三年喪畢，新主將入廟，有禘祭，謂之吉禘，春秋所書「吉禘」是也。有吉禘則亦有吉祫。何休公羊解詁謂「禮，禘祫從先君，數遭祫則祫，遭禘則禘」是也。其常祭，則三歲一祫，五歲一禘，所謂「五年再殷祭」也。禘大祫小，故春秋所紀，爾雅所載，俱有禘無祫。劉歆遂以禘、祫爲一祭二名，禮無差降，誤也。大傳曰：「大夫士有大事，省於其君，干祫及其高祖。」祫下及大夫士，而禘則不王不禘，祫是合已遷未遷廟之主祭於大廟，然止及始祖，不及始祖之所自出。又何休公羊解詁謂「禘，功臣皆祭」，是禘大於祫。惟漢宗廟之祭，有祫無禘，故漢儒多以祫大於禘也。禘是天子宗廟之祭，魯得用之者。祭統曰：「昔者周公旦有勳勞於天下，周公既没，成王、康王追念周公之所以勳勞者，而欲尊魯，故賜之重祭。外祭則郊社是也，内祭則大嘗禘是也。夫大嘗禘，升歌清廟，下而管象，朱干玉戚，以舞大武，八佾以舞大夏。此天子之樂也，康周公，故以賜魯也。」明堂位曰：「季夏六月，以禘禮祀周公於太廟，牲用白牡，尊用犧、象、山罍，鬱尊用黃目，灌用玉瓚大圭，薦用玉豆雕篹，爵用玉琖仍雕，加以璧散璧角，俎用梡嶡，升歌清廟，下管象，朱干玉戚，冕而舞大武，皮弁素積，裼而舞大夏。昧，東夷之樂也；任，南蠻之樂也。納四夷之樂於大廟，言廣魯於天下也。」此周公廟得有禘禮，出自成、康所賜也。詩閟宮云：「秋而載嘗，夏而楅衡。」載嘗卽嘗祭，楅衡卽禘祭，祭統所云「大嘗禘」也。毛彼傳云：「諸侯夏禘則不礿，秋祫則不嘗，惟天子兼之。」此謂魯當禘祫之年，則廢一時祭。言諸侯者，據魯稱之。他國諸侯，雖有特祀，不得名禘，且用其禮也。若然，魯大祭皆成、康所賜，而禮運載孔子言以魯郊禘非禮，又歎周公其衰者，此夫子譏伯禽之失，不當受賜，亦以郊禘禮大故也。春秋閔公二年二月「吉禘于莊公」，時閔公年幼，政在大夫，始僭用禘禮於羣廟，故春秋書而譏之。僖公賢君，復魯舊制，終僖公世祇八年書「禘于太廟」，若羣廟未有書其僭者，則意文、宣以後，禮樂征伐出自大夫，始踵前失而復僭之。春秋左氏昭十五年：「禘于武宮。」廿五年：「禘于襄公。」是羣廟有禘矣。襄十六年傳：「晉人曰：『寡君之未禘祀。』」是晉亦有禘矣。魯禘本在六月，而僖八年以七月，昭十五年以三月，定八年以十月。又雜記言：「七月而禘，孟獻子爲之。」則僭竊之失，不能有定制矣。史記禮書：「是以君臣朝廷尊卑貴賤之序，下及黎庶車輿衣服宮室飲食嫁娶喪祭之分，事有宜適，物有節文。仲尼曰：『禘自既灌而往者，吾不欲觀之矣。』周衰，禮廢樂壞，大小相踰，管仲之家，兼備三歸。」如史公說，則不欲觀爲魯僭禘，此禘明在羣廟矣。莊氏述祖別記：「宗廟有灌，天子諸侯之禮同也。明堂位：『季夏六月，以禘禮祀周公於太廟，鬱尊用黃目，灌用玉瓚大圭。』郊特牲曰：『黃目，鬱氣之上尊也。』鄭注：『黃目，黃彝也。周所造，於諸侯爲上也。』正義云：『明堂位「灌尊，夏后氏以雞彝，殷以斝，周以黃目」。天子則黃彝之上，有雞彝斝彝，備前代之器，諸侯但有黃彝，故曰於諸侯爲上也。』又周禮司尊彝職曰：『春祠夏禴，祼用雞彝鳥彝；秋嘗冬烝，裸用斝彝黃彝；追享朝享，裸用虎彝蜼彝。』今魯禘灌用黃彝，不備前代之器，從諸侯禮也。至迎牲以後，朝踐再獻之時，則白牡山罍，兼用四代之禮，其餘可以類推，故夫子曰：『吾不欲觀之矣。』」案：凌氏曙典故覈：「天子宗廟禮有九獻，魯亦如之。君灌爲一獻，夫人灌爲再獻。既灌之後，君出迎牲視殺，而薦血、腥于堂爲朝獻，是三獻四獻。薦孰于室爲饋食，是五獻六獻。獻尸食畢，而君與夫人咸酳尸，是七獻八獻。賓長酳尸是九獻。九獻之後，又有加爵其閒，有獻祝宗、獻賓、獻卿大夫士，及餕而禮畢。」然則灌者，祭禮之始，故祭統言「獻之屬，莫重於裸也」。鄭此注云：「禘祭之禮，自血、腥始。」鄭以灌後卽迎牲視殺，而薦血薦腥爲三獻四獻之禮，言此者，明既灌而往往爲此禮也。禘禮自血、腥始，則血、腥前尚非禘禮。鄭注本非全文，其義或如莊氏所云矣。郊特牲疏引崔氏云：「周禮之法，宗廟以裸地爲始。」又引熊氏云：「凡大祭並有三始：祭宗廟以樂爲致神始，以灌爲歆神始，以腥爲陳饌始。是血、腥前當有二始，鄭以致神、歆神與他祭同，未用禘禮，故不數之也。」易觀：「盥而不薦。」馬融注：「盥者，進爵灌地以降神也。」此是祭祀盛時，及神降薦牲，其禮簡略，不足觀也。祭祀之盛，莫過初盥降神，故孔子曰：「禘自既灌而往者，吾不欲觀之矣。」虞翻、王弼略同。案：灌後禮文甚繁，不知何故以爲簡略，且聖人致敬盡禮，亦斷不因簡略而遂云不欲觀也。此義非是。○注「禘祫」至「之矣」。

○正義曰：「序」者，順也。「昭穆」者，父、子之次也。周官小宗伯：「掌建國之神位，辨廟祧之昭穆。」昭之言明，穆之言敬。周自后稷之子爲昭，孫爲穆，傳至文王爲穆，武王爲昭，成王又爲穆也。注言此者，欲見禘祫之禮，毁廟及羣廟主皆合食於太祖廟，故有昭穆，當序之也。說文：「祫，大合祭先祖親疏遠近也。禘，諦祭也。」以序昭穆，當審諦之也，故崔靈恩說：「禘以審諦昭穆，序列尊卑。」禘者，諦也，第也。是其義也。公羊文二年傳：「大祫者何？合祭也。其合祭奈何？毁廟之主陳于太祖，未毀廟之主皆升，合食于太祖。」此僞孔所本。祫既合食，知禘亦合食，故祫禘並當審諦昭穆也。郊特牲：「周人尚臭，灌用鬯臭，鬱合鬯，臭陰達於淵泉，灌以圭璋，用玉氣也。」注云：「灌謂以圭瓚酌鬯，始獻神也。」又祭統：「君執圭瓚灌尸，大宗執璋瓚亞灌。」灌尸卽是灌神，故皇疏引鄭氏尚書傳注云：「灌是獻尸，尸乃得獻，乃祭酒以灌地也。」是也。言「鬱鬯」者，郊特牲云「鬱合鬯」與下「蕭合黍稷」，皆謂二物。詩江漢：「秬鬯一卣。」毛傳：「秬，黑黍也；鬯，香草也。築煑合而鬱之曰鬯。」春官鬯人注：「鄭司農云：『鬯，香草。』」王度記：「天子以鬯，諸侯以薰，大夫以蘭芝，士以蕭，庶人以艾。」是鬯爲香草也。毛傳「合而鬱之」，此鬱爲鬱積，不以鬱爲草也。春官鬱人：「凡祭祀賓客之祼事，和鬱鬯以實彝而陳之。」注：「築鬱金煑之，以和鬯酒。鄭司農云：『鬱，草名。十葉爲貫，百二十貫爲築，以煑之鐎中，停于祭前。鬱爲草若蘭。』」二鄭並以鬱爲草，與毛異義。說文：「鬯，以秬釀鬱艸，芬芳攸服以降神也。鬱，芳艸也。十葉爲貫，百廿貫，築以煑之爲鬱。一曰鬱鬯，百草之華，遠方鬱人所貢芳草，合釀之以降神。鬱，今鬱林郡也。」許以鬯爲芬芳，卽毛、鄭以鬯爲香草之義。鬱與鬱同，當卽鬱金。其解鬱二說，前說與先鄭合，後說則兼備異聞。惟鬱爲百草之華，故春秋繁露執贄篇以暢爲百香之心。「暢」與「鬯」同。又白虎通考黜篇：「鬯者，以百艸之香鬱金合而釀之，成爲鬯。」均與許後說畧同也。魯逆祀在文二年，兄弟異昭穆，今躋僖在閔上，故曰「亂昭穆」。注義不從，故亦略之，不具釋焉。

11 或問禘之說。子曰：「不知也。【注】孔曰：「答以不知者，爲魯諱。」知其說者之於天下也，其如示諸斯乎！」指其掌。【注】包曰：「孔子謂或人言知禘禮之說者，於天下之事，如指示掌中之物，言其易了。」 正義曰：夫子諱魯僭禘，故答以不知。而復廣其說於天下，明爲王者之事，非魯所得知也。仲尼燕居：「子曰：『郊社之義，所以仁鬼神也；嘗禘之禮，所以仁昭穆也。』」又曰：「明乎郊社之義，嘗禘之禮，治國其如指諸掌而已乎！」又祭統言四時之祭云：「禘者，陽之盛也。嘗者，陰之盛也。故曰莫重於禘嘗。古者於禘也，發爵賜服，順陽義也。於嘗也，出田邑，發秋政，順陰義也。故曰：禘嘗之義大矣，治國之本也，不可不知也。明其義者君也，能其事者臣也。不明其義，君人不全；不能其事，爲臣不全。」中庸云：「宗廟之禮，所以序昭穆也；序爵，所以辨貴賤也；序事，所以辨賢也；旅酬下爲上，所以逮賤也；燕毛，所以序齒也。」又曰：「郊社之禮，所以事上帝也；宗廟之禮，所以祀乎其先也。明乎郊社之禮，禘嘗之義，治國其如示諸掌乎！」諸文皆禘說之可知者。鄭注中庸云：「示，讀如『寘諸河干』之寘。寘，置也。物而在掌中，易爲知力者也。」此文無注，意亦當同。宋書周朗傳：「昔仲尼有言：治天下若寘諸掌。」此或出鄭本。古「寘」多作「示」，易坎上六「寘于叢棘」，劉表注作「示」。詩鹿鳴「示我周行」，鄭箋「示當作寘」是也。邢疏云：「指其掌者，弟子等恐人不知『示諸斯』謂指示何物，故著此一句，言是時夫子指其掌也。」爾雅釋詁：「指，示也。」謂人指有所向以告人也。說文：「掌，掌中也。」釋名釋形體：「掌，言可以排掌也。」○注：「答以不知者，爲魯諱。」○正義曰：孔以諱卽逆祀之事。

12 祭如在，【注】孔安國曰：「言事死如事生。」祭神如神在。【注】孔曰：「謂祭百神。」子曰：「吾不與祭，如不祭。」【注】包曰：「孔子或出或病，而不自親祭，使攝者爲之，不致肅敬其心，與不祭同。」正義曰：「祭如在」二句，朱子以爲此門人記孔子祭祀之誠意，是也。祭法云：「大夫立三廟：曰考廟，曰王考廟，曰皇考廟。適士二廟：曰考廟，曰王考廟。官師一廟：曰考廟。庶士、庶人無廟。」此周制也。王制：「大夫三廟，一昭一穆，與太祖之廟而三，士一廟，庶人祭於寢。」大夫廟制與祭法異者，鄭志答趙商以「王制爲夏、殷雜，不合周制」，是也。鄭注王制「士一廟」云：「謂諸侯之中士、下士，名曰官師者。上士二廟。」如鄭所言，上士卽適士，是謂士之廟數，殷、周同矣。祭法又云：「大夫立三祀：曰族厲，曰門，曰行。適士立二祀：曰門，曰行。庶士、庶人立一祀，或立戶，或立竈。」又王制：「大夫祭五祀。」鄭注：「五祀，謂司命也，中霤也，門也，行也，厲也。此祭謂大夫有地者，其無地，祭三耳。」孔疏申鄭意，以此及祭法俱是周禮。若曲禮「大夫祭五祀，歲徧」，注以爲殷制，不言有地無地之分。又曲禮云：「士祭其先。」亦與周制士立二祀或立一祀異也。五祀中，司命屬天神，中霤、門、行屬地示，厲屬人鬼。此文祭神統言五祀，夫子是無地大夫，亦止有三祀也。春秋繁露祭義篇：「祭之爲言際也與察也。祭然後能見不見。見不見之見者，然後知天命鬼神；知天命鬼神，然後明祭之意；明祭之意，乃能重祭事。孔子曰：『吾不與祭。祭神如神在。』重祭事如事生，故聖人於鬼神也，畏之而不敢欺也，信之而不獨任，事之而不專恃。恃其公，報有德也，幸其不私與人福也。」董釋祭神之義，而引文有脫誤。○注：「言事死如事生。」○正義曰：中庸云：「事死如事生，事亡如事存。」祭法云：「文王之祭也，事死者如事生，稱諱如見親，如見親之所愛。」又云：「祭之日，入室，僾然必有見乎其位。周還出戶，肅然必有聞乎其容聲。出戶而聽，愾然必有聞乎其嘆息之聲。」又云：「進退必敬，如親聽命，則或使之也。」注云：「如居父母前，將受命而使之。」○注「孔子」至「祭同」。○正義曰：「孔子或出」者，孔子仕時，如夾谷之會，隨君在外，是或出也。公羊桓八年傳：「春曰祠，夏曰礿，秋曰嘗，冬曰烝。士不及茲四者，則冬不裘，夏不葛。」何注：「士有公事，不得及此四時祭者，則不敢美其衣服，蓋思念親之至也。故孔子曰：『吾不與祭，如不祭。』」

案：公羊以士職卑，有公事，不能使人攝祭，則廢祭也。注引論語者，謂孔子仕爲大夫，有事，故使人攝祭。已未致其思念，如不祭然，則與士廢祭同也。特牲饋食禮云：「特牲饋食之禮，不諏日。」注：「士賤職褻，時至事暇可以祭，則筮其日矣。不如少牢大夫先與有司於廟門諏丁巳之日。」賈疏：「鄭云『時至事暇可以祭』者，若祭時至，有事不得暇，則不可以私廢公故也。若大夫已上，時至，唯有喪，故不祭，自餘吉事，皆不廢祭，若有公事及病，使人攝祭。故論語注云云。」又祭統云：「是故君子之祭也，必身親涖之，有故則使人可也。雖使人也，君不失其義者，君明其義故也。」是君大夫有病，故皆得使人攝祭。則賈以孔子爲大夫，得使人攝祭，與士異也。「不致肅敬其心」者，言已未與祭，肅敬之心，無由而致，故已有所歉也。賈引論語注無姓名，今鄭注輯本皆據疏列入，但與包此注文同，或賈卽引包氏也。

13 王孫賈問曰：「與其媚於奧，寧媚於竈，何謂也？」【注】孔曰：「王孫賈，衞大夫。奧，内也，以喻近臣。竈，以喻執政。賈，執政者，欲使孔子求昵之，故微以世俗之言感動之也。」子曰：「不然。獲罪於天，無所禱也。」【注】孔曰：「天以喻君。孔子拒之曰：『如獲罪於天，無所禱於衆神。』」

正義曰：御覽五百卄九引鄭此注云：「王孫賈自周出仕於衞也。」案：白虎通姓名篇：「王者之子稱王子，王者之孫稱王孫，故春秋有王子瑕，論語有王孫賈。」是賈爲周王者孫也。皇疏以賈爲靈王孫，廣韻引世本、通志氏族略並以爲頃王之後。梁氏玉繩古今人表考引春秋分記，又以爲康叔子王孫牟之後。則以王孫爲氏，本爲衞人，非自周出仕，與鄭氏異義，非也。下篇言衞靈之臣「王孫賈治軍旅」，是賈仕衞也。「媚」者，說文：「媚，說也。」周語「若是乃能媚於神」，韋注同。曲禮釋文：「意向曰媚。」御覽引鄭此注又云：「宗廟及五祀之神皆祭於奧，室西南隅謂之奧也。」又云：「明當媚其尊者。」夫「竈」，老婦之祭。所見鄭注，非全文。釋文「奧，鄭云西南隅」。亦節引也。爾雅釋宮云：「西南隅謂之奧。」說文：「奧，宛也。室之西南隅。」釋名釋宮室：「室中西南隅曰奧。不見戶明，所在秘奧也。」凡室制以奧爲尊，故曲禮云：「爲人子者，居不主奧。」明奧爲尊者所居，故凡祭亦於奧矣。少牢饋食禮：「司宮筵于奧，祝設几于筵上，右之。」注云：「布陳神位也，席東面近南爲右。」是宗廟之祭在於奧也。其五祀，若祭戶、祭中霤，亦於此。若祭竈、祭門、祭行，皆在廟門外室之奧。故鄭注以爲宗廟及五祀皆祭於奧也。五祀者：戶、中霤、竈、門、行也。月令注亦云：「凡祭五祀於廟，用特牲，有主有尸，皆先設席于奧。」孔疏以爲逸中霤禮文，則此注所云亦逸中霤禮說也。周官亨人：「職外內饔之爨亨煮，辨膳羞之物。」注：「爨，今之竈。主於其竈煮物。」周官、儀禮皆言「爨」，論語或言「竈」，「爨」、「竈」古今語。釋名釋宮室：「竈，造也。造創物食也。」日用飲食之竈，其地經無明文。若此言祭竈，則在廟門外也。少牢禮云：「雍爨在門東南，北上，廩爨在雍爨之北。」又特牲云：「牲爨在廟門外東南，魚腊爨在其南，皆西面。饎爨在西壁。」注：「西壁，堂之西牆下。」按：牲爨、魚腊爨即雍爨。特牲記注：「舊說云：宗婦祭饎爨，亨者祭饔爨，用黍肉而已，無籩豆俎。」此謂宗廟之祭，尸卒食則設此祭以報功也。饎爨祭於西堂下，饔爨之祭在廟門外，不言廩爨之祭，疑廩爨即饎爨之別設者也。禮器：「孔子曰：『臧文仲安知禮？燔柴于奧。』夫奧者，老婦之祭也。盛于盆，尊于瓶。」注云：「奧當爲爨，字之誤也，或作竈。禮，尸卒食而祭饎爨、饔爨也。時人以爲祭火神，乃燔柴。老婦，先炊者也。盆、瓶，炊器也。明此祭先炊，非祭火神，燔柴似失之。」如鄭所說，是因祀廟而祭爨，其祭即在爨室，不於奧也。其於奧者，乃夏祭之禮，即此所云媚奧媚竈也。月令：「孟夏之月，其祭竈。」注：「祀竈之禮，先席於門之奧，東面設主於竈陘，乃制肺及心肝爲俎，奠於主西。又設盛於俎南，亦祭黍三，祭肺心肝各一，祭醴三，亦既祭徹之，更陳鼎俎，設饌於筵前，迎尸，如祀户之禮。」孔疏：「『祀竈之禮』以下，皆逸中霤禮文。云『先席于門之奥』，謂廟門外西室之奥。云『東面設主于竈陘』者，謂設主於東面也。竈陘謂竈邊，承祭之物，以土爲之。云『又設盛於俎南』者，盛謂黍稷盛之於簠。皇氏以爲此祭老婦，盛於盆，非其義也。云『既祭徹之，更陳鼎俎，設饌於筵前』者，筵前謂初設廟門室奥之筵，准特牲、少牢鼎當陳於廟門室之前，稍東，西向，執俎者以俎就鼎，或肉入設於筵前，在葅醢之東，其黍稷等設於俎南。此惟云『祭黍』，〔一〕或無稷也。」案：疏所云『西室』，即門外西堂之室，竈在廟門東南，故設主向西。論語祭奥、祭竈連文，指夏祭言，與盆瓶之祭不同。鄭注禮器破奥爲竈，駁五經異義云：「臧文仲燔柴於竈。」此注亦云：「夫竈，老婦之祭。」皆自用所定之本。鄭駁異義以竈神是老婦，老婦卽先炊者，雖夏祭與盆瓶之祭不同，而竈神無異。故此注亦引禮器之文，其下必有辨別之語，今已脱佚，無由詳其説矣。奥、竈本一神，時人以竈設主，主者，神之所棲，親媚之，易爲福也。奥則迎尸祭之，尸者，人所象似，非神所憑，媚之或無益也。賈仕衛，有媚於衛君，故引人言以自解説，且疑夫子盡禮亦是媚，故問夫子當明媚道也。云「不然」者，禮記大傳注：「然，如是也。」其言不是，則深斥之，故曰「不然」也。廣雅釋詁：「獲，得也。」此常訓。墨子經上：「辠，犯禁也。」説文：「辠，犯法也。從辛從自。言辠人蹙鼻苦辛之憂。秦以辠似皇字，改爲罪。」賈自周出仕衛，必有獲罪周王者。臣以君爲天，故假天言之。「禱」者，説文云：「告事求福也。」周官大祝「五曰禱」，是禱亦祭名。繁露郊語篇引此文説之云：〔二〕「天者，百神之大君也。事天不備，雖百神猶無益也。」是其義也。○注「奥内」至「執政」。○正義曰：文選

〔一〕「云」原誤作「三」，據禮記月令孔疏改。　〔二〕「郊語」原誤作「郊祭」，據春秋繁露改。

褚白馬賦注引鄭注尚書云：「奥，内也。」與此注合。奥在室西南隅，故爲内也。内喻近臣，當謂彌子瑕之類。妄謂孔子主我，衞卿可得，故意孔子或媚之也。奥居内，則竈居外，指外臣。故云「竈喻執政」。○注：「天以喻君。」○正義曰：爾雅釋詁：「天，君也。」左宣四年傳：「君，天也。」孔以天喻君，言人有妄求於君即是得罪。

14 子曰：「周監於二代，郁郁乎文哉！吾從周。」【注】孔曰：「監，視也。言周文章備於二代，當從之。」

正義曰：説文：「代，更也。」言世相更變也。「二代」謂夏、殷。「郁郁」，文章貌。説文：「戫，有文章也。」汗簡謂古論語「郁」作「彧」，即「戫」省。漢書禮樂志：「王者必因前王之禮，順時施宜，有所損益，即民之心，稍稍制作，至太平而大備。周監於二代，禮文尤具，事爲之制，曲爲之防，故稱『禮經三百，威儀三千』。孔子美之曰：『郁郁乎文哉！吾從周。』」案：禮三本云：「凡禮成於文，終於隆，故至備情文俱盡。其次，情文迭興。周承二代，有至備之文，故夫子美其文盛也。」魯，周公之後。周公成文、武之德，制禮作樂。祝鮀言伯禽封魯，其分器有備物典册，典册即周禮，是爲周所賜也。故韓宣子謂「周禮盡在魯」。又孔子對哀公言「文、武之道，布在方策」。方策者，魯所藏也。中庸云：「吾學周禮，今用之，吾從周。」「今」亦指魯。夫子此言「吾從周」，是據魯所存之周禮言。禮運：「孔子曰：『吾觀周道，幽、厲傷之，吾舍魯何適矣！』」是言魯能存周禮也。○注：「監，視也。」○正義曰：「監視」，爾雅釋詁文。説文：「監，臨下也。䁙，視也。」義微別，今通用「監」。

15 子入太廟，【注】包曰：「太廟，周公廟。孔子仕魯，魯祭周公而助祭也。」注「太廟」至「祭也」。○正義曰：

考工記：「左祖右社。」注：「祖，宗廟。」小宗伯：「掌建國之神位，右社稷，左宗廟。」注云：「庫門內、雉門外之左右。」劉向別録謂社稷宗廟在路寢西，與周官異。陳氏奐毛詩疏謂爲殷禮，是也。王制：「天子七廟，三昭三穆，與太祖之廟而七。諸侯五廟，二昭二穆，與太祖之廟而五。」鄭注以爲周制。漢書韋玄成傳：「禮，王者始受命，諸侯始封之君皆爲太祖。以下，五廟而迭毀。」周公是魯始封爲魯太祖，故廟曰太廟也。公羊文十三年傳：「周公稱太廟，魯公稱世室，羣公稱宮。」周公何以稱太廟于魯？封魯公以爲周公也。」穀梁傳略同。明堂位：「太廟，天子明堂，山節藻梲，復廟重檐，刮楹達嚮，崇坫康圭，疏屏，天子之廟飾也。」阮氏元明堂論：「魯之太廟，猶周明堂中之清廟也。故左氏傳『取郜大鼎于宋，納于太廟』，臧哀伯卽『以清廟茅屋』爲說，明堂以茅蓋屋也。魯，侯國，不得別立明堂，其一切非常典禮，皆於太廟行之。」言「孔子仕魯」者，明孔子得入太廟也。雜記云：「大夫冕而祭於公，士弁而祭於公。」是大夫、士皆助君祭也。朱子集注以此助祭在始仕時。閻氏若璩釋地謂：「鄹人之子，乃孔子少賤時之稱。孔子年二十爲委吏，二十一爲乘田吏。委吏若周官委人，共祭祀之薪蒸木材。乘田吏若牛人，凡祭祀共其牛牲之互，與其盆簝以待事。羊人，凡祭祀，飾羔，割羊牲，登其首。」皆有職於太廟也。

每事問。或曰：「孰謂鄹人之子知禮乎？入太廟，每事問。」【注】孔曰：「鄹，孔子父叔梁紇所治邑。時人多言孔子知禮，或人以爲知禮者不當復問。」子聞之，曰：「是禮也。」【注】孔曰：「雖知之，當復問，慎之至也。」

正義曰：三蒼云：「每，非一定之辭也。」事，謂犧牲服器及禮儀諸事也。魯祭太廟，用四代禮樂，多不經見，故夫子每事問之，以示審慎。論衡知實篇解此文云：「不知故問，爲人法也。」是也。莊氏述祖別記謂「魯祭非禮，夫子此問，卽簿正祭器之事」，不知魯僭禮在羣公廟，不在太廟，莊氏誤也。閻氏若璩釋地引顧瑞屏說：「每事問，當在宿齊時。若正祭，雍雍肅肅，無容得每事問也。」○注：「郰，孔子父叔梁紇所治邑。」○正義曰：說文云：「郰，魯下邑，孔子鄉。」史記世家：「孔子生魯昌平鄉陬邑。」「陬」與「郰」偏旁互易，論語作「鄹」，當是或體。杜注左傳云：「郰邑在魯縣東南莝城。」莝城在今曲阜與鄒縣界。水經泗水注：「漷水又逕魯國鄒山而西南流，春秋傳所謂嶧山也。邾文公之所遷，叔梁紇之邑也，孔子生於此。」左昭九年疏引論語作鄒人，此由鄒、郰聲近，地又相接，故以鄒爲郰叔梁紇邑。實則說文「郰」是孔子鄉，而「鄒」下但言「魯縣，古邾國」，不爲孔子鄉，則鄒、郰地異，文亦異矣。左襄十年傳：「偪陽人啟門，諸侯之士門焉。郰人紇抉之，以出門者。」杜注：「紇，郰邑大夫，仲尼父叔梁紇也。」與孔此注同。潛夫論志氏姓云：「伯夏生叔梁紇，爲鄹大夫，故曰鄹叔紇。」是「鄹人」爲鄹大夫，漢人相傳有此說也。左傳孔疏云：「古稱邑大夫，多以邑冠人。」邢疏引左傳「新築人仲叔于奚」證之，是也。段氏玉裁說文注：「謂鄹人，是舉所居之地，非爲所治邑。鄹大夫之文，始見王肅私定家語。孔氏論語注，乃肅輩僞託者，似不足信。」段氏此辨甚是。然其誤自潛夫已然，亦非始王肅也。○注：「雖知之，當復問，愼之至也。」○正義曰：注以夫子不知故問，然云「每事」，容亦有所已知者，今猶復問於人，故爲愼也。繁露郊事對義正如此。

16 子曰：「射不主皮，【注】馬曰：「射有五善焉：一曰和，志體和；二曰和容，有容儀；三曰主皮，能中質；四曰和頌，合雅、頌；五曰興武，與舞同。天子三侯，以熊、虎、豹皮爲之。言射者不但以中皮爲善，亦兼取和容也。」正義曰：說文：「皮，剝取獸革者謂之皮。」舊說禮惟大射有皮，所謂皮侯，棲皮爲鵠者也。賓射，則用采侯，畫布爲五采以爲正。燕射、鄉射，則畫布爲獸形以爲正，皆不用皮也。金氏榜禮箋辨之云：「梓人爲侯，廣與崇方，三分其廣而鵠居一焉。凡侯，未有不設鵠者。大射之侯，棲皮爲鵠，鵠外以采畫之謂之正。天子五重，諸侯三重，大夫、士再重。燕射之侯，天子、諸侯亦棲皮爲鵠，大夫、士則畫布爲鵠。大射、燕射異同如是。司裘：『王大射，則共虎侯、熊侯、豹侯，設其鵠；諸侯則共熊侯、豹侯；卿大夫則共麋侯。皆設其鵠。』射人：『王以六耦射三侯五正，諸侯以四耦射二侯三正，卿大夫以三耦射一侯二正，士以三耦射犴侯二正。』大射儀：『公射大侯，大夫射參，士射干。』三經皆謂大射之侯也。司裘職主設鵠，故不言正，士卑，又不掌設其鵠，故鄭仲師射人注釋三侯爲虎、熊、豹，二侯爲熊、豹，與司裘職所設鵠之侯爲一，明設正鵠於一侯矣。賈景伯周禮注云：『四尺曰正，正五重，鵠居其內，而方二尺。』蓋假『侯中六尺』明之，與梓人『三分其廣而鵠居一』數合。此禮家相傳古義也。據鵠言之爲皮侯，據正言之爲采侯。」又云：「燕射之侯，尊卑皆張一侯。鄉射記：『凡侯，天子熊侯白質，諸侯麋侯赤質，大夫布侯，畫以虎豹，士布侯，畫以鹿豕。凡畫者丹質。』熊、麋、虎、豹、鹿、豕之侯，咸取名於鵠。記言大夫、士布侯用畫，則熊侯、麋侯棲皮爲鵠，對文見異矣。鄉射之禮，所以習射上功，當張麋侯二正，與大射同。賓射之禮，以親故舊朋友張獸侯，與燕射同歟？」案：金說甚核。齊猗嗟詩：「終日射侯，不出正兮。」則正侯同爲一侯審矣。詩賓筵疏引周禮鄭衆、馬融注，皆謂正在鵠內。惟正在鵠內，故詩以射不出正，誇爲技藝。則金氏引賈景伯以正在鵠外，非也。天子諸侯無鄉射禮，鄉射記所言熊侯、麋侯云云，皆指燕禮。故金氏引以證燕射也。凡禮射主皮，但主於中，不尚貫革，故鄉射禮「不貫不釋」，鄭注：「貫，猶中也。」明中卽是貫，非如賈疏以爲貫穿也。不貫不釋爲主皮，若不主皮者，則以人力或弱，不能及侯，則不中皮，而比於禮樂，亦必取之也。樂記言：「武王克殷，貫革之射息。」此軍射貫穿，不可以說禮射。○注「射有」至「容也」。○正義曰：馬此注據鄉射言。鄉射者，行射於鄉。所以賓興賢能，至射之明日，鄉大夫復以鄉射之禮五物詢衆庶，詢其稍能習者，以備後次之賓興。此見周官鄉大夫之職。五物者，五事也。馬云「五善」，謂五物爲善也。凌氏廷堪鄉射五物攷：「一曰和，二曰容，三曰主皮，四曰和容，五曰興舞，此五物之序也。前既云『和』、『容』，後復曰『和容』，人多不得其解。昔之説一曰和二曰容者，鄭司農曰：『和謂閨門之内行，容謂容貌。』鄭康成曰：『和載六德，容包六行説。』四曰和容者，杜子春讀和容爲和頌，謂能爲樂也。又馬融論語注：『一曰和，志體和；二曰容，有容儀；四曰和容，合雅、頌。』此皆因經文和容前後再見，故彊生異義。至主皮之射，説者尤爲聚訟，考周官明云：『退而以鄉射之禮五物詢衆庶。』則五者固在鄉射禮之中，不在鄉射禮之外也。蓋一曰和、二曰容者，即鄉射禮之『三耦射』也。獲而未釋，獲但取其容體比於禮也，是爲第一次射。三曰主皮者，即鄉射禮之三耦，及賓主人大夫衆耦皆射也。司射命曰『不中不釋』，蓋取其中也。故謂之主皮。馬氏論語注以主皮爲能中質，是也，是爲第二次射。四曰和容、五曰興舞者，即鄉射禮之以樂節射也。司射命曰『不鼓不釋』，既取其容體比禮，又取其節比於樂也。比於禮，故謂之和容。蓋如前三耦射也。比於樂，故謂之興舞，取其應鼓節也。故前已言和、容，此復言和容也，是爲第三次射。鄉射記『禮射不主皮』，鄭注：『不主皮者，貴其容體比於禮，其節比於樂，不待中爲雋也。』蓋古經師相傳之解，指第三次射而言，深得經意。不主皮爲第三次射，不鼓不釋；則主皮爲第二次射，不貫不釋可知矣。時至春秋之末，鄉射但以不貫不釋爲重，而容體比於禮節，比於樂，不復措意，故孔子歎之，以爲古禮仍有不主皮之射也。或者謂鄉射記云『主皮之射』者，勝者又射，不勝者降。則似鄉射之外，更有此射者，此殊不然，鄉射記所云，即指第二次射也。凡經所未言，見於記者甚多，不獨主皮之射一節也。又禮經釋例云：『案鄉射記始射，獲而未釋，獲謂初射也。』又云復釋，獲謂再射也。又云復用樂行之，謂三射也。射皆三次，不獨鄉射，卽大射亦然，但節文小異耳。射必三次者，大射儀注云：『君子之於事，始取苟能，中課有功，終用成法，教化之漸也。』射用應節爲難，孔子曰：『射者何以聽？循聲而發，發而不失正鵠者，其唯賢者乎！』以樂節射者，卽禮射也。所謂『其容體比於禮也，其節比於樂也』。然則射以應節爲上，中侯次之，故論語曰：『射不主皮，古之道也。』」案：凌說是也。竊以射皆三次，則賓射、燕射亦當同，惜無文以明之。鄭注鄉射記，以禮射爲大射、賓射、燕射，不數鄉射，此其疏也。若然，論語「射不主皮」當兼凡禮射，而凌氏專指鄉射者，正據馬氏此注五物之詢爲鄉大夫，且舉鄉射明諸禮射得通之也。云「一曰和，志體和；二曰和容，有容儀」者，「和容」，「和」字當衍，志體言其體，容儀言其容，所謂「容體比於禮也」。云「三曰主皮，能中質」也者，質謂侯中受矢之處，卽鄉射記所云白質、赤質、丹質也。賓筵詩「發彼有的」，毛傳：「的，質也。」荀子勸學篇「質的張而弓矢至焉」，質、的二名一物。鄭衆、馬融注周禮，並以質四寸，居於正之內是也。云「四曰和頌，合雅、頌」者，此與杜子春讀同，以和爲合，容爲頌也。此馬自用其所據周禮之義，亦可通也。云「五曰興武，與舞同」也者，左氏春秋「以蔡侯獻舞歸」，穀梁作「獻武」。又禮器「詔侑武方」，注云：「武當爲舞，聲之誤也。」鄭彼注以武爲聲誤，馬此注以武與舞同，則以二字通用，與鄭異也。云「天子有三侯，以熊、虎、豹皮爲之」者，天子無鄉射，此假天子大射之侯言之，明此主皮亦棲皮爲侯也。不及諸侯以下者，文見司裘，可推而知也。以熊、虎、豹皮爲侯，則鄭彼注謂以虎、熊、豹、麋之皮飾其側者，蓋未然也。若鄭注鄉大夫「五物」以主皮爲張皮射之無侯，益非是也。云「亦兼取和容」者，卽一曰和、二曰容，不及和頌、興武，於義未備，當用凌說補之也。

爲力不同科，古之道也。」【注】馬曰：「爲力，力役之事。亦有上、中、下，設三科焉，故曰不同科。」

注「爲力」至「同科」。○正義曰：云「爲力，力役之事」者，爲猶效也，言效此力役之事，即孟子所云「力役之征」也。云「亦有上、中、下，設三科焉」者，說文：「科，程也。」廣雅釋言：「科，條也。科，品也。」周官小司徒：「上地家七人，可任也者家三人；中地家六人，可任也者二家五人；下地家五人，可任也者家二人。」注云：「可任，謂丁彊任力役之事也。」是上地、中地、下地有三科。又均人云：「凡均力政，以歲上下，豐年則公旬用三日焉，中年則公旬用二日焉，無年則公旬用一日焉。」亦以年分三科，皆此注義所具也。春秋時，徵發頻仍，興築無已，不復循三科之制，故孔子思古之道也。劉敞七經小傳不從此注，謂「不主皮者，以力不同之故」，則主皮之射爲尚力，其說亦通。

論語正義卷四

17 子貢欲去告朔之餼羊。【注】鄭曰：「牲生曰餼。禮，人君每月告朔於廟有祭，謂之朝享。魯自文公始不視朔，子貢見其禮廢，故欲去其羊。」子曰：「賜也！爾愛其羊，我愛其禮。」【注】包曰：「羊存，猶以識其禮；羊亡，禮遂廢。」

正義曰：白虎通三正篇：「朔者，蘇也，革也。言萬物革更於是，故統焉。」四時篇：「朔之言蘇也。明消更生，故言朔。」說文：「朔，月一日始蘇也。」書大傳：「夏以平旦爲朔，殷以雞鳴爲朔，周以夜半爲朔。」謂夏用寅時，殷用丑時，周用子時也。史記曆書：「三王之正若循環，窮則反本。天下有道，則不失紀序；無道，則正朔不行於諸侯。幽、厲之後，周室微，陪臣執政，史不記時，君不告朔。」君謂天子，正朔不行，則天子不復告也。漢書五行志：「周衰，天子不班朔。」律曆志劉歆曰：「周道既衰，天子不能班朔。」「班朔」即告朔。史記言幽、厲之後，是統東遷言之。先叔丹徒君駢枝曰：「告讀如字。周禮太史：『正歲年以序事，頒之于官府及都鄙，頒告朔于邦國。』先鄭司農云：『頒讀爲班。班，布也。以十二月朔告布天下諸侯。』孔子三朝記曰：『天子告朔於諸侯，率天道而敬行之，以示威於天下也。』又數夏桀、商紂之惡曰：『不告朔於諸侯。』穀梁文六年傳曰：『天子不以告朔。』又十六年傳曰：『天子告朔于諸侯。』然則『告朔』云者，以上告下爲文，不以下告上爲義。天子所以爲政於天下，而非諸侯所以禮於先君也。餼之爲言乞也，謂乞與也。凡供給賓客，或以牲牢，或以禾米，生致之皆曰餼。說文：『氣，饋客芻米也。從米，气聲。』或作餼。其見於經傳者，曰饔餼，曰稍餼，曰餼牢，曰餼獻，曰餼牽。天子之於諸侯，有行禮，有告事。行禮於諸侯，若頫問、賀慶、賑膰、賵禬之屬，大使卿，小使大夫。告事於諸侯，若冢宰布治，司徒布教，司馬布政，司寇布刑之屬，皆常事也。以其爲歲終之常事，又所至非一國，故不使卿大夫，而使微者，行之以傳遽，達之以旌節，然後能周且速焉。諸侯以其命數禮之，或以少牢，或以特羊而已。幽王以後，不告朔於諸侯，而魯之有司循例供羊，至於定、哀之閒猶秩之。」謹案：此說最確。書堯典曰：「敬授民時。」授時，卽頒官府、都鄙之制。其下「分命」、「申命」，則所謂「頒告朔於邦國」也。宋氏翔鳳說：「月令『季秋合諸侯制，百縣爲來歲受朔日』，鄭注謂百縣與諸侯互文。四方諸侯，極於天下，必三月而後畢達，故以季秋行之，非如鄭說『秦以建亥爲歲首，於是歲終』也。」其說良是。周官太史不言頒告朔在何時，先鄭謂「以十二月朔布告天下諸侯」，不知天下諸侯斷非一月所能畢達，於義非也。許氏五經異義：「諸侯歲遣大臣之京師，受十二月之正。」此臆測，於經傳無徵。天子頒告諸侯，謂之告朔，又謂之告月。春秋文公六年：「閏月不告月，猶朝于廟。」不告月，王朝之禮失也。猶朝于廟，魯之未失禮也。公羊傳：「不告月者，不告朔也。曷爲不告朔？天無是月也，閏月矣，何以謂之天無是月？非常月也。」穀梁傳：「不告月者何也？不告朔也。不告朔，則何爲不言朔也？閏月者，附月之餘日也，積分而成於月者也。天子不以告朔，而喪事不數也。」二傳意以天子閏月本不告朔，左氏則以閏月不告朔爲非禮，左氏義長。蓋不告，則諸侯或不知有閏也。至以告朔爲天子告於諸侯，三傳皆然，無異義也。諸侯視天子所頒者而行之，謂之視朔。左僖五年傳：「春王正月辛亥朔，日南至。公既視朔，遂登觀臺以望。」又文十六年傳：「夏五月，公四不視朔。」是也。又謂之聽朔。玉藻：「天子玄端而朝日東門之外，聽朔於南門之外，諸侯皮弁聽朔於太廟。」鄭注以南門爲明堂。天子稱天而治，亦有聽朔之禮，與諸侯同，特天子聽朔於明堂，諸侯則於廟耳。於廟，故又謂之朝廟。春秋所云「猶朝於廟」是也。其歲首行之，謂之朝正。左襄二十九年傳「釋不朝正于廟」是也。襄公以在楚不得朝正，則是公在國時必朝正矣。朝正卽視朔。當時天子猶頒告朔，故魯視朔之禮尚未廢。至定、哀之時，天子益微弱，告朔不行，而魯之有司猶供餼羊，故子貢欲去之。駢枝謂「幽王以後，天子不告朔」，此稍未審。若然，則春秋所書「視朔」者，將安所視耶？春秋言文公六年「閏月不告月」，未言常月不告月也。十六年始書「四不視朔」，則明謂天子告月而文公不視之也。何休公羊注：「禮，諸侯受十二月朔政于天子，藏于太祖廟，每月朔朝廟，使大夫南面奉天子命，君北面而受之。比時使有司先告朔，謹之至也。」按：何君先引禮，至「比時」云云，似何君引申之義。所引禮當是逸禮，未嘗言「告朔」，何君直以己意補入。宋氏翔鳳發微本之，反以駢枝所言爲非。然君北面受朔，是受之天子，餼羊之禮，將安所施？宋君因謂「以羊祭是朝廟，論語統朝廟於告朔，以大告朔之禮」，則春秋言文公猶朝於廟，其後朝廟未廢，當卽殺牲以祭，何以仍名爲餼，而子貢且欲去之耶？其亦未達於理矣。金氏鶚禮說亦引駢枝辨之，謂「左傳天子無頒朔事」，舍大戴記、穀梁傳之明文，而欲求之左傳所未言，過矣。「頒告朔于邦國」，載在太史，而以「頒告朔」非卽「告朔」，義更不憭。又謂「諸侯皆自爲曆，故晉用夏正，宋用殷正。左氏言魯曆失閏，又言司曆過，是天子無頒朔事」。案：諸侯受所頒每月之朔，簡册繁重，容有錯亂，魯曆之過，正緣於此。舜典所以言天子巡守有協時月、正日之事，今以司曆過爲魯別爲曆，非也。至晉用周正，見蟋蟀之詩。宋爲殷後，當用殷正，以此致難，均未當矣。唐石經「爾」作「女」，皇本作「汝」。○

注「禮人」至「其羊」。○正義曰：鄭此注非全文。臧、宋輯本云：「牲生曰餼。禮，人君每月告朔於廟有祭，謂之朝享也。諸侯用羊，天子用牛與？以其告朔禮略，故用特牛。魯自文公始不視朔，視朔之禮，已後遂廢。子貢見其禮廢，故欲去其羊也。」考鄭此注，其誤有四：云「牲生曰餼」者，聘禮主國「使卿歸饔餼五牢」。鄭注：「餼，生也。」春秋傳：「餼臧石牛。」服虔亦云「牲生」。是牲生曰餼也。然餼是供給賓客，若己國宗廟，牲生稱餼，於經無徵。且諸侯受朔政，行禮於天子，何得以一生羊爲敬？其誤一也。云「禮，人君每月告朔於廟有祭，謂之朝享也」者，此鄭君以意說禮，非禮本文有如此也。廟者，太廟。玉藻：「諸侯聽朔於太廟。」鄭注周禮，何休注公羊，皆云「祖廟」，卽謂太祖廟。穀梁傳注以爲禰廟，非也。鄭氏以視朔爲告朔，卽如其說，告朔亦是行禮於天子，無爲用祭。若告朔後有祭廟之禮，此直是祭廟。魯廢告朔，不必廢祭。至朝享，見周禮司尊彝職。鄭駁五經異義謂「天子諸侯告朔禮訖，然後祭於宗廟」。則祭法所言天子月祭，從祖廟下至考廟，諸侯月祭，自皇考以下是也。此則月祭宗廟之禮，與朝廟不同。秦氏蕙田五禮通考：「祠、禴、烝、嘗、追享、朝享，所謂六享也。宗廟六享，乃去禘祫不數，而以請禱告朔足之，已自不倫，況月祭乃薦新之祭，與告朔朝廟何與？與朝享祫祭又何與乎？聽朔在明堂，月祭則在五廟，朝廟行於每月，朝享間於四時，各有攸當，何可混三者而一之耶？」金氏鶚禮說補遺亦謂「朝廟，禮之小者。而朝享祼用虎彝蜼彝，朝踐用兩大尊，再獻用兩山尊，其禮甚大，非朝廟可知。且朝享每月行之，又不得謂四時之閒祀」。是秦氏、金氏皆不以鄭此注爲然也。愚謂朝廟卽視朔，歲首行之，則爲朝正于廟。若常月行之，亦可云朝朔于廟。今言朝廟，不言朔者，省文。此專行之太祖廟，與朝享截然不同，不知鄭君何以牽合爲一，其誤二也。云「諸侯用羊，天子用牛與？以其告朔禮略，故用特牛」者，此無文，亦以意說之。玉藻注：「凡聽朔，必以特牲告其帝及神，配以文王、武王。」此言天子明堂之禮。然其所云「天子用牛」者，止以論語「餼羊」是諸侯禮，故疑天子當用牛，非有他證。究之論語「餼羊」，是供待賓客之用，非視朔所需，其誤三也。云「魯自文公始不視朔，視朔之禮已後遂廢」者，萬氏斯大學春秋隨筆：「文公十六年：『夏五月，公四不視朔。』不視者，二月至五月耳。六月以後，復如初矣。公羊云：『自是公無疾不視朔也。』果爾，則經不應有『四』字。經有『四』字，必非遂不視朔也。」論語駢枝云：「夫謂文公始不視朔者，據十六年『夏五月，公四不視朔』之文言之也。夫四不視朔，而謂之始不視朔可乎？四不視朔，曠也；始不視朔，廢也。曠之與廢，則必有分矣。曠四月不視朔，猶必詳其月數而具書之，而況其廢乎？變古易常，春秋之所謹也。初稅畝，作丘甲，用田賦，皆謹而書之。始不視朔，豈得不書？鄭君此言，出於公羊，彼欲遷就其大惡諱、小惡書之例，因虛造此言爾。如其說，自十六年二月公有疾，至十八年公薨，並閏月數之，其爲不視朔者二十有六；而春秋横以己意爲之限斷，書於前而諱於後，存其少而没其多，何以爲信史乎？」謹案：二説皆足正公羊及鄭注之誤。以左襄二十九年「不朝正于廟」觀之，可知襄公時，天子告朔，諸侯視朔，其禮尚未廢。鄭氏誤依公羊，不知辨正，其誤四也。又案：鄭注「始」本作「四」，見公羊文十六年疏所引。然云「視朔之禮已後遂廢」，則鄭固謂文公始不視朔也。

18 子曰：「事君盡禮，人以爲諂也。」【注】孔曰：「時事君者多無禮，故以有禮者爲諂。」注「時事」至「爲諂」。○正義曰：當時君弱臣彊，事君者多簡傲無禮，或更僭用禮樂，皆是以臣干君。「盡禮」者，盡事君之禮，不敢有所違闕也。時人以爲諂，疑將有所求媚於君，故王孫賈有媚奧媚竈之喻，亦以夫子是諂君也。

19 定公問：「君使臣，臣事君，如之何？」【注】孔曰：「定公，魯君謚。時臣失禮，定公患之，故問之。」孔子對曰：「君使臣以禮，臣事君以忠。」

注「定公」至「問之」。○正義曰：定公名宋，襄公之子，昭公弟也。周書謚法解：「大慮慈民曰定，安民大慮曰定，安民法古曰定，純行不爽曰定。」是定爲謚也。定公承昭公之後，公室益微弱，時臣多失禮於君，故公患之。言如何君使臣、臣事君，將欲求其說以救正之。爲此言者，其在孔子將仕時乎？焦竑筆乘：「晏子曰：『惟禮可以爲國。是先王維名分，絕亂萌之具也。』定公爲太阿倒持之君，故欲坊之以禮；三家爲尾大不掉之臣，故欲教之以忠。」俞氏正燮癸巳類稿：「君使臣以禮，禮非儀也。晉女叔齊曰：『禮所以守其國，行其政令，無失其民。』譏魯君公室四分，民食於他，不圖其終，爲遠於禮。齊晏嬰爲其君言陳氏之事，亦曰『惟禮可以已之。家施不及國，大夫不收公利。禮者，君令臣共，父慈子孝，兄愛弟敬，夫和妻順，姑慈婦聽。君令而不違，臣共而不貳，父慈而教，子孝而箴，兄愛而友，弟敬而順，夫和而義，妻柔而正，姑慈而從，婦聽而婉，禮之善物也』。晉女叔論昭公，齊晏嬰告景公，皆痛心疾首之言，孔子事定公，墮三都，欲定其禮，禮非恭敬退讓之謂。孔子告景公，欲其君君臣臣，若使定公承昭出之後，慕謙退之儀，是君不君矣。天地間容有迂議，然非孔子之言也。」

20 子曰：「關雎，樂而不淫，哀而不傷。」【注】孔曰：「樂不至淫，哀不至傷，言其和也。」

正義曰：鄭注云：「關雎，國風之首篇。樂得淑女，以爲君子之好仇，不爲淫其色也。寤寐思之，哀世夫婦之道，不得此人，不爲減傷其愛也。」按：關雎爲周南首篇，周南亦國風也。毛傳云：「關關，和聲也；雎鳩，王雎也。」義本爾雅。鄭君先學魯詩，魯義今不傳。據毛說「淑女」，淑者，善也。后妃求此淑女，以事君子，謂三夫人以下也。「君子」謂文王。「仇」與「逑」同。

「仇」者，匹也。「好逑」言思與之匹也。后妃樂得淑女，有德有容，以共事君子，佐助宗廟之祭祀，非爲淫于色也。「寤寐思之」，謂詩言「寤寐求之，求之不得，寤寐思服」也。毛詩序云：「關雎樂得淑女以配君子，憂在進賢，不淫其色。哀窈窕，思賢才，而無傷善之心焉，是關雎之義也。」鄭彼注云：「哀，蓋字之誤也。當爲衷，衷謂中心念之。」彼注破「哀」爲「衷」，則鄭以關雎無哀義也。此注云「哀世夫婦之道，不得此人」者，此人卽淑女，求之不得，故爲可哀也。「不爲減傷其愛」者，減者，損也。愛者，心之所好也。言雖不得此淑女，而已愛好之心，未嘗有所減傷，則仍是哀思，與詩注義異。鄭志答劉琰問曰：「論語注，人閒行久，義或宜然，故不復定以遺後說。」是鄭注論語在前，其後注詩，已不用其舊義矣。先從叔丹徒君駢枝以鄭注及毛詩篇義皆囘穴難通，別爲之說曰：「詩有關雎，樂亦有關雎，此章特據樂言之也。古之樂章，皆三篇爲一。傳曰：『肆夏之三，文王之三，鹿鳴之三。』記曰：『宵雅肄三。』鄉飲酒義：〔一〕『工入升歌三終，笙入三終，閒歌三終，合樂三終。』蓋樂章之通例如此。國語曰：『文王、大明、緜，兩君相見之樂也。』左傳但曰『文王，兩君相見之樂』，不言大明、緜。義禮『合樂，周南關雎、葛覃、卷耳，召南鵲巢、采蘩、采蘋』，而孔子但言『關雎之亂』，亦不及葛覃以下，此其例也。樂亡而詩存，說者遂徒執關雎一詩以求之，豈可通哉？『樂而不淫』者，關雎、葛覃也。『哀而不傷』者，卷耳也。關雎，樂妃匹也。葛覃，樂得婦職也。卷耳，哀遠人也。哀樂者，性情之極致，王道之權輿也。能哀能樂，不失其節。詩之教，無以加於是矣。葛覃之賦女工，與七月之陳耕織一也。季札聞歌豳而曰『美哉，樂而不淫』，卽葛覃可知矣。」謹案：駢枝以卷耳「維以不永傷」，證「哀而不傷」，其義甚精。燕禮記「升歌鹿鳴」，亦以鹿鳴統四牡、皇皇者華也。八佾此篇皆言禮樂之

〔一〕「義」原誤作「禮」，據禮記鄉飲酒義改。

事，而關雎諸詩列於鄉樂，夫子屢得聞之，於此贊美其義，他日又歎其聲之美盛「洋洋盈耳」也。

21 **哀公問社於宰我。**正義曰：此有兩本，魯論作「問主」，古論作「問社」。莊氏述祖輯本白虎通云：「祭所以有主者何？言神無所依據，孝子以主繼心焉。論語云『魯哀公問主於宰我』云云。宗廟之主，所以用木爲之者，木有終始，又與人相似也。蓋題之以爲記，欲令後有知者。」公羊文二年傳：「主者曷用？虞主用桑，練主用栗。用栗者，藏主也。」何休注：「爲僖公廟作主也。用桑者，取其名與其麤觕，所以副孝子之心。埋虞主於兩階之閒，易用栗也。夏后氏以松」云云。左文二年經：「作僖公主。」杜注：「主者，殷人以柏，周人以栗。」孔疏引此文作「問主」，又引張、包、周等並爲「廟主」，凡皆魯論義也。說文：「宔，宗廟宔祏也。從宀，主聲。宀者，交覆深屋。」廟之象也。今皆省寫作主。其他祭祀，所以依神者，皆得名主，叚借之義也。公羊注言宗廟之主，「狀正方，穿中央，達四方，天子長尺二寸，諸侯長一尺」。白虎通則云：「方尺，或曰長尺二寸。」此其制也。鄭此注云：「主，田主，謂社主。」皇疏：「鄭論本云問主。」釋文：「社如字，鄭本作主。」左文二年疏「案：古論語及孔、鄭皆以爲社主。」禮器、祭法疏引五經異義云：「論語『哀公問社於宰我』云云，今春秋公羊說：『祭有主者，孝子之主繫心，夏后氏以松，殷人以柏，周人以栗。』周禮說：『虞主用桑，練主用栗。』無夏后氏以松爲主之事。」許君謹案：「從周禮說。論語所云謂社主也。」鄭氏無駁，從許義也。是古論作「問社」，鄭君據魯論作「問主」，而義則從古論爲「社主」，亦是依周禮說定之矣。白虎通社稷篇：「王者所以有社稷何？爲天下求福報功。人非土不立，故封土立社，示有土也。」又言社壇之制：「天子廣五丈，諸侯半之。」祭法：「王爲羣姓立社曰大社，王自爲立社曰王社，諸侯爲百姓立社曰國社，諸侯自爲立社曰侯社。」舊説大社、國社在庫門、雉門内之右，王社、侯社在籍田。據周官小宗伯：「掌建國之神位，右社稷，左宗廟。」右在西。劉向別録謂在路寢之西，則大社也。周頌載芟序云：「春籍田而祈社稷也。」則王社也。天子諸侯別有勝國之社，爲廟屏戒，與廟相近。故左氏言「閒于兩社」，亦以勝國社在東，對在西之國社言也。周受殷社曰亳社，亳者，殷所都也。春秋哀公四年「六月，亳社災」，李氏惇羣經識小以爲哀公問宰我，即在此時，蓋因復立其主，故問之。其説頗近理。鄭云「田主」者，周官大司徒之職：「邦國都鄙，設其社稷之壝，而樹之田主。」注：「田主，田神，后土、田正之所依也。詩人謂之田祖。」案：后土，社神；田正，稷神。主以依神，故樹田神之主，而后土、田正憑焉。説文：「社，地主也。從示土。春秋傳曰：『共工之子句龍爲社神。』」據左傳則句龍爲后土，配食於社，故亦以爲社神矣。史記仲尼弟子列傳：「宰予，字子我。」與齊闞止字同，故史公誤以宰予死陳氏難也。鄭目録云：「宰予，魯人。」宰我對曰：「夏后氏以松，殷人以柏，周人以栗，曰，使民戰栗。」【注】孔曰：「凡建邦立社，各以其土所宜之木，宰我不本其意，妄爲之説。因周用栗，便云使民戰栗。」

正義曰：白虎通云：「夏稱后者，以揖讓受于君，故稱后。殷稱人者，以行仁義，人所歸往。」案：爾雅釋詁：「后，君也。」夏稱后，復言氏者，當以世遠別異之也。松、柏、栗，皆木名，所在有之，此謂社主所用之木也。五經異義曰：「夏后氏都河東，宜松也；殷人都亳，宜柏也；周人都灃鎬，宜栗也。」大司徒：「設其社稷之壝而樹之田主，各以其野之所宜木，遂以名其社與其野。」注：「所宜木謂若松、柏、栗也。若以松爲社者，則名松社之野，以別方面。」如彼注所言，是夏后氏社樹、社主皆用松，殷人社樹、社主皆用柏，周人社樹、社主皆用栗也。俞氏正燮癸巳類稿：「侯國社主用木依京師，凡主皆然也。大司徒云：『設其社稷之壝而樹之田主，各以其野之所宜木。』明周社樹非栗。又云：『遂以名其社與其野。』若皆樹栗，則天下皆栗社栗野，何勞名之？」俞氏之意，以松、柏、栗爲社主所用之木，其社樹則各以其土之所宜，不與社主同用一木，其義視鄭爲長。白虎通云：「社稷所以有樹何也？尊而識之，使民望卽見敬之，又所以表功也。」又引尚書逸篇曰：「大社唯松，東社唯柏，南社唯梓，西社唯栗，北社唯槐。」此皆社樹之制，不定是一木，亦當以其土所宜爾。鄭以社主用木，而小宗伯注又云「社之主，蓋用石爲之」。蓋者，疑辭。惠氏士奇禮說：「案宋史志社以石爲主，長五尺，方二尺，剡其上，培其半。先是州縣社主不以石，禮部以爲社稷不屋而壇，當受霜露風雨以達天地之氣，故用石主，取其堅久，請令州縣社主用石，尺寸廣長，半大社之制，從之。崔靈恩曰：『地產最實，故社主用石。』鄭注及孔疏亦云然，故宋人據以爲說。淮南齊俗訓云：『有虞氏社用土，夏后氏社用松，殷人社用石，周人社用栗。』然則石主始於殷，周改以栗與？韓非子云：『夫社，木而塗之，〔一〕鼠因自託也。燻之則木焚，灌之則塗阤，故患社鼠。』是古樹木爲社主而加塗焉，所謂社用土者以此。小宗伯：『大師立軍社。』肆師：『師田祭社宗。』社宗者，社主與遷主皆載於齊車者也。秦、漢以後，載主未聞，春秋鄭入陳，『陳侯擁社』。擁社者，抱主以示服。若後世五尺之石主，埋其半於地，卽不便於載，亦不可抱而持。然則社主，春秋以前皆用木，秦、漢以後或用石與？」案：惠氏謂「秦、漢後社主用石」，其說甚是。若淮南子「殷人以石」，與論語文異，此自傳聞之誤。惠氏謂石主始於殷，不免爲淮南所惑。社是有壇無屋，其木主平時藏於壇旁石室。癸巳類稿云：「社藏主石室，左傳莊十四年正義謂『慮有非常火災』，而郊特牲言『大社必受霜露風雨，以達天地之氣』，故藏主於壇中石匱。後世埋石不爲匱，號之爲主。」又云：「『軍出，取社主以行』，小宗伯所謂『太師立軍

〔一〕「木」原誤作「主」，據韓非子外儲說右上改。

社，奉主車』，大祝所謂『太師宜於社』。立社主，定四年左傳云：『君以軍行，祓社釁鼓，祝奉以從。』定知社主非樹矣。鄭注小宗伯云：『社主蓋用石。』案鄭以軍社立主，不宜空社而行，當如守圭有瑑。許慎云：『今山陽俗祠有石主。』社故以土爲壇，石是土類，或鄭以所見況之。又或鄭以禮行軍取遷廟主，則社取殷石主，非謂大社、王社、國社、侯社主用石。賈疏不曾明鄭意也。」案：俞氏謂「軍社用石主」，是就鄭意揣之，與惠氏石主不便於載之說異，當以惠說爲然。其謂取殷石主，則謂勝國之社主，軍不用命，則戮於社，罰之所施，豈能操於亡國之神？於義非也。惠氏又云：「聖王建國營都，必擇木之修茂者，立以爲菆位。菆位者，社稷也。戰國策『恒思有神叢』，叢木之茂者神所憑，故古之社稷，恒依樹木。漢高祖禱豐枌榆社，社在枌榆鄉。枌榆者，白榆也。社與鄉皆以樹名焉。慕容皝遷于龍城，植松爲社主。蔡邕所謂尊而表之，使人望見，則加畏敬也。」俞氏亦謂王侯以木爲社主，民閒自以樹爲田主，引檀弓云：「古之侵伐者不斬祀。」注云：「祀，神位有屋樹者。」左傳云：「陳侵鄭，木伐井堙。」是近神皆有樹，不獨社然也。說苑奉使篇楚使問齊大樹，以立國久，朝社樹大，故孟子譏時人徒以喬木爲故國。莊子人閒世云：「櫟無用則爲社。」淮南說林訓云：「侮人之鬼者，過社而搖其枝。」韓非外儲說、說苑政理篇並云：「君亦見夫爲社者乎？樹木而塗之。」並謂社樹爲神，不別立主也。錢氏大昕潛研堂文集答或問曰：「神樹如戰國策神叢，莊子櫟社見夢之類，皆虛誕不足信。漢高祖禱枌榆社，注家以枌榆爲鄉名，非即立枌榆以爲社神也。社樹歲久，或能爲祟，愚民無知祠之，閩、粵閒此風尤甚，三代以前無此等淫祀也。」據錢此言，則惠氏兼存「社樹爲社主」之說，於義難通。俞氏謂「民閒以樹爲田主，與王侯以木爲社主不同」，說亦歧誤，今所不從。栗爲戰栗者，爾雅釋詁：「戰慄，懼也。」戰本爭鬭之名，人所懼也。慄與栗同。黃鳥詩：「惴惴其栗。」說文卤部云：「㮚，木也。从木。其實下垂，故从鹵。」徐巡說：木至西方戰栗。」案：徐義卽本此文。白虎通更云：「夏后氏以松，松者，所以自悚動；殷人以柏，柏者，所以自迫促；周人以栗，栗者，所以自戰栗。」何休公羊注又云：「松猶容也，想見其容貌而事之，主人正之意也。柏猶迫也，親而不遠，主地正之意也。栗猶戰栗，謹敬貌，主天正之意也。」皆本此文而附會之。復稱「曰」者，箸其爲引申詞也。皇本「戰栗」下有「也」字。方氏觀旭偶記：「宰我『戰栗』之對，胡安國作春秋傳引之。用韓非書之說曰：『哀公問於仲尼曰：「春秋記隕霜不殺草，李梅實，何爲記之也？」曰：「此言可殺也。夫宜殺而不殺，則李梅冬實。天失其道，草木猶干犯之，而況君乎？」』是故以天道言四時，失其序，則其施必悖，無以統萬象矣。以君道言五刑，失其用，則其權必喪，無以服萬民矣。哀公欲去三桓，張公室，問社於宰我，宰我對以使民戰栗，蓋勸之斷也。仲尼則曰：『成事不說，遂事不諫，既往不咎。』其自與哀公言，乃以爲可殺，何也？在聖人，則能處變而不失其常；在賢者，必有小貞吉、大貞凶之戒矣。愚案：此時哀公與三桓有惡，觀左傳記公出孫之前，『遊於陵阪，遇武伯，呼余及死乎？』至于三問，是其杌隉不安，欲去三桓之心，已非一日。則此社主之問與宰我之對，君臣密語，隱衷可想。又社陰氣主殺，甘誓云：『不用命，戮于社。』大司寇云：『大軍旅，涖戮于社。』是宰我因社主之義，而起哀公威民之心，本非臆見附會。」○注：「凡建邦立社，各以其土所宜之木。」○正義曰：公羊疏謂古論語及孔、鄭皆以爲社主，今觀孔注無社主義，蓋集解刪節失之矣。子聞之，曰：「成事不說，【注】包曰：「事已成，不可復解說。」遂事不諫，【注】包曰：「事已遂，不可復諫止。」既往不咎。」【注】包曰：「事已往，不可復追咎。孔子非宰我，故歷言此三者，欲使慎其後。」正義曰：夫子時未反魯，聞宰我言，因論之也。方氏觀旭偶記：「成事、遂事，必指一事而言。左氏襄十年傳：『知伯曰：「女成二事而後告予。」』注：『二事：伐偪陽，封向戌。』可爲論語

『成事』之證。緣哀公與宰我俱作隱語，謀未發洩，故亦不顯言耳。其對立社之旨，本有依據，是以夫子置社主不論，但指其事以責之，蓋已知公將不沒於魯也。」今案：「成事」、「遂事」，當指見所行事。「既往」，當指從前所行事。竊疑既往指平子言。平子不臣，致使昭公出亡，哀公當時必援平子往事以爲禍本，而欲聲罪致討，所謂既往咎之者也。然而祿去公室，政在大夫，已非一朝一夕之故。哀公未知使臣當以禮，又未能用孔子，遽欲逞威洩忿，冀以收已去之權，勢必不能，故夫子言此以止之。蓋知哀公之無能爲，而不可輕於舉事，此雖責宰我，亦使無禮於君者知所懲戒而改事君矣。爾雅釋詁：「咎，病也。」詩伐木傳：「咎，過也。」引申之，凡有所過責於人，亦曰咎。○注：「事已成，不可復解說。」○正義曰：言說以解之也。焦氏循補疏：「說讀若脱，『解脱』與『諫止』互明。」案：解說，「說」字，卽「成事不說」之「說」，經注似宜讀本字。○注：「事已遂，不可復諫止。」○正義曰：廣雅釋詁：「遂，竟也。」言其事雖將成勢，將遂竟，不可復諫止之也。說文：「諫，証也。」証者，正其失也。白虎通諫諍篇：「諫者，閒也，更也。是非相閒，革更其行也。」

22 子曰：「管仲之器小哉！」【注】言其器量小也。 正義曰：史記管晏列傳：「管仲夷吾者，潁上人也。」左閔元年疏：「管氏，仲字，謚敬，名夷吾。」史記太史公曰：「管仲世所謂賢臣，然孔子小之。豈以爲周道衰微，桓公既賢，而不勉之至王，乃稱霸哉？」新序雜事篇：「桓公用管仲則小也。故至于霸而不能以王。故孔子曰：『小哉！管仲之器。』蓋善其遇桓公，惜其不能以王也。」案：霸與伯同。王、伯之分，天子諸侯之異稱也。王季、文王，當殷世爲西伯，伯豈不美之名哉！特桓公伯道未純，故當世多羞稱之。今謂管仲器小，由於桓公稱霸，非矣。春秋繁露精華篇：「齊桓仗賢臣之能，用大國之資，於柯之盟，見其大信，一年而近國之君畢至。至於救邢、衞之事，見存亡繼絶之義，而明年遠國之君畢至。其後矜功，振而自足，而不脩德，故楚人滅弦而志弗憂，江、黄伐陳而不往救，損人之國而執其大夫，不救陳之患而責陳不納，不復安鄭，而必欲迫之以兵，功未良成而志已滿矣。故曰『管仲之器小哉』！自是日衰，九國叛矣。」法言先知篇：「或曰：齊得夷吾而伯，仲尼曰『小器』，請問大器。曰：大器猶規矩準繩乎？先自治而後治人，謂之大器。」此皆以管仲驕矜失禮爲器小，無與於桓公稱霸之是非也。程氏瑶田論學小記：「事功大者，必有容事功之量，堯則天而民無能名，蓋堯德如天，而即以天爲其器。夫器小者，未有不有功而伐者也。其功大者，其伐益驕，塞門反坫，越禮犯分，以驕其功，蓋不能容其事功矣。吾於管仲之不知禮，而得器小之説矣。享富貴者，必有容富貴之量，舜、禹之有天下而不與，蓋舜、禹之德亦如天，亦即以天爲其器。夫器小者，未有不富貴而淫者也。其富貴愈顯者，其淫益張，三歸具官，窮奢極侈，以張其富，蓋不能容其富貴矣。吾於管仲之不儉，而得器小之説矣。」惠氏棟九經古義：「管子小匡篇：『施伯謂魯侯曰：「管仲者，天下之賢人也，大器也。」』蓋當時有以管仲爲大器者，故夫子辨之。」

或曰：「管仲儉乎？」【注】包曰：「或人見孔子小之，以爲謂之大儉。」曰：「管氏有三歸，官事不攝，焉得儉？」【注】包曰：「三歸，娶三姓女。婦人謂嫁曰歸。攝猶兼也。禮，國君事大，官各有人，大夫兼并，今管仲家臣備職，非爲儉。」

正義曰：皇本「焉得儉」下有「乎」字。○注「三歸」至「爲儉」。○正義曰：東周策：「齊桓公宮中七市，女閭七百，國人非之。管仲故爲三歸之家，以掩桓公非，自傷於民也。」列子楊朱篇：「管仲之相齊也，君淫亦淫，君奢亦奢。」並謂管仲取女之事，包所本也。先考典簿君秋槎雜記：「天子、諸侯娶妻班次有三：適也，姪也，娣也。天子娶后，三國媵之，國三人，並后本國爲十二女；諸侯娶夫人，二國媵之，並夫人本國爲九女。本國之媵，從夫人歸於夫家者也。二國之媵，或與夫人同行。春秋成八年『冬，衞人來媵』；九年『春二月，伯姬歸於宋』是也。或後夫人行，九年『夏，晉人來媵』；十年『夏，齊人來媵』是也。其本國歸女爲一次，二國各一次，故曰『三歸』。左傳云：『同姓媵之，異姓則否。』包云『三姓女』，非也。」謹案：白虎通謂「卿、大夫一妻二妾，不備姪娣」，言不兼備也。二妾同妻以嫁日偕行，無三歸禮。俞氏正燮癸巳類稿：「諸侯三宮，祭義：『卜三宮之夫人。』公羊傳：『以有西宮，亦知諸侯之有三宮也。』卿、大夫、士一宮，禮云『命士以上，父子異宮』是也。左傳云：『衞太叔疾使人誘其初妻之娣，寘于犂，而爲之一宮，如二妻。』管子則三人者皆爲妻。列女傳：『衞君死，弟立，謂夫人曰：「衞，小國也。不容二庖。」』今管子則有三庖。古者夫家餘子受田懸殊，立一妻，則多一室家禮節之費，管子家有三宮之費，故曰『焉得儉』？」俞氏此言，與先考說相輔。而雜引鄭文公娶于芊、姜江蘇，及魯文二妃、齊桓三夫人諸文說之，則皆列國驕淫之事，多娶異姓，與諸侯不再娶之禮相違，故左氏備文譏之，不得援以說昏制也。解「三歸」者，言人人殊，自包注外，有可紀者。俞氏樾羣經平議：「韓非子外儲說：『管仲父出，朱蓋青衣，置鼓而歸，庭有陳鼎，家有三歸。』先云『置鼓而歸』，後云『家有三歸』，是所謂歸者，卽以管仲言，謂自朝而歸，其家有三處也。家有三處，則鐘鼓帷帳不移而具，故足見其奢。且美女之充下陳者亦必三處如一，故足爲女閭七百分謗，而『娶三姓女』之說或從此出也。晏子春秋雜篇：『昔吾先君桓公有管仲，恤勞齊國，身老，賞之以三歸。』是又以三歸爲桓公所賜，蓋猶漢世賜甲第一區之比。故因晏子辭邑，而景公舉此事以止之也。其賞之在身老之後，則『娶三姓女』之說可知其非矣。下云『宮事不攝』，亦卽承此而言。管仲家有三處，一處有一處之官，不相兼攝，是謂不攝。」包氏愼言溫故錄：「韓非子：『管仲相齊，曰：「臣貴矣，然而臣貧。」桓公曰：「使子有三歸之家。」孔子聞之曰：「泰侈逼上。」」漢書公孫弘傳：『管仲相桓公，有三歸，侈儗於君。』禮樂志：『陪臣管仲、季氏三歸，雍徹，八佾舞庭。』由此數文推之，三歸當爲僭侈之事。古『歸』與『饋』通。公羊注引逸禮云：『天子四祭四薦，諸侯三祭三薦，大夫、士再祭再薦。』又云：『天子、諸侯、卿、大夫，牛、羊、豕凡三牲曰大牢。天子元士，諸侯之卿、大夫，羊、豕凡二牲曰少牢。諸侯之士特豕。』然則『三歸』云者，其以三牲獻與？故班氏與季氏之舞佾、歌雍同稱。晏子春秋內篇：『公曰：「昔先君桓公以管子爲有功，邑狐與穀，以共宗廟之鮮，賜其忠臣。今子忠臣也，寡人請賜子州。」辭曰：「管子有一美，嬰不如也；有一惡，嬰弗忍爲也。」其宗廟養鮮，終辭而不受。』外篇又云：『晏子老，辭邑，公曰：「桓公與管仲狐與穀，以爲賞邑，昔吾先君桓公有管仲恤勞齊國，身老，賞之以三歸，澤及子孫。今夫子亦相寡人，欲爲夫子三歸，澤及子孫。」』合觀內、外篇所云，則三歸亦出於桓公所賜。內篇言『以共宗廟之鮮』，而外篇言『賞以三歸』，則三歸爲以三牲獻無疑。晏子以三歸爲管仲之一惡，亦謂其侈擬於君。」案：評議、溫故錄二說，雖與此注異，亦頗近理，當並箸之。若翟氏灝考異、梁氏玉繩瞥記，據管子經重丁篇，以「三歸」爲地名，則管子明言「五衢之民，樹下談語，專務淫游，終日不歸」。「歸」是民歸其居，豈得爲管仲所有，而遂附會爲地名耶？說苑善說篇：「桓公謂管仲『政卒歸子矣。政之所不及，唯子是匡』，仲故築三歸之臺，以自傷於民。」此劉向誤解東周策之文。毛氏奇齡稽求篇謂：「國策有宋子罕、齊管仲掩蓋君非二事。宋君之非在築臺，故子罕以扑築掩之。齊桓之非在女市、女閭之多，故管仲以三娶掩之。若齊桓非在多女，而仲以築臺掩之，是遮甲而障乙。」其說極辨。解者不察，而舉魯莊公娶孟任，築臺臨黨氏，衛宣公納伋之妻，作新臺河上，以昏禮有築臺迎女事，雜舉亂制，入之古典，殊爲不倫。若秦穆姬登臺而哭，則天子、諸侯本有觀臺在雉門上，故曰臺門。左傳所載崔杼、季平子、孔悝宮內之臺，皆是僭禮。故郊特牲言「大夫僭臺門」，不及管仲。而雜記言「管仲旅樹反坫」，又不及臺門，則管仲未僭臺門，而三歸之非臺明矣。癸巳類稿云：「管子權脩云：『地闢而國貧者，舟輿飾，臺榭廣，賦斂厚也。』八觀云：『臺榭相望，上下相怨也。』臣乘馬篇：『諫立扶臺。』則管仲實不築臺以傷於民。」此辨致確，足以正說苑之誤。云「婦人謂嫁曰歸」者，說文：「歸，女嫁也。」婦人以夫爲家，故謂其嫁曰歸。桃夭詩「之子于歸」是也。云「攝猶兼也」者，左氏傳：「羊舌鮒攝司馬。」杜注：「攝，兼官也。」禮：天子六卿，諸侯三卿，三卿下有小卿五人，所謂「下大夫五人」也。孟子告子下言齊桓葵丘之令曰「官事無攝」，是諸侯之臣不得兼攝。故此注言「國君事大，官各有人」也。若大夫事少，家臣必當兼攝。禮運云：「大夫具官，非禮也，是謂亂國。」鄭注：「臣之奢富，儗於國君，敗亂之國也。」孔疏：「大夫若有地者，則置官一人，用兼攝羣職，不得官官各須具足如君也。」如疏所言，有地卿、大夫之家尚是兼官，則無地卿、大夫之家亦兼官可知。但置官多寡，宜量事之煩簡，未必有定額。疏但謂「置官一人」，於情事似不合。包氏慎言温故錄：「官事者，事謂祭祀，官謂助祭之官。大夫不能備官，故祭祀之時，每以一官兼司數事。少牢禮云：『司宮摡豆籩勺爵。』注云：『大夫攝官，司宮兼掌祭器也。』疏云：『下文司宮筵神席于奧，此又掌籩豆之等，故鄭云攝官。』彼經又云：『司馬封羊，司士擊豕。』疏云：『案周禮鄭注：「司空奉豕。」司士乃司馬之屬官，今不使司空者，諸侯猶兼官，況士無官，僕隸爲司馬、司士兼其職可知，故司士擊豕也。』彼經又云：『雍人陳鼎五。』疏云：『按公食大夫云：「甸人陳鼎。」鄭注云：「甸人，家宰之屬，兼亨人者。」此大夫雍人陳鼎者，周禮甸人掌供薪蒸，與亨爨聯職相通，是以諸侯無亨人，故甸人陳鼎。此大夫無甸人，故使雍人與亨人聯職。』此大夫祭祀攝官，見於經、傳可考者。管氏不攝，蓋自同於諸侯，與三歸同爲宗廟僭侈之事。」案：温故錄說亦通。「然則管仲知禮乎？」

【注】包曰：「或人以儉問，故答以安得儉。或人聞不儉，便謂爲得禮。」　正義曰：皇本「然則」上有「曰」字。○注「或人聞不儉，便謂爲得禮。」○正義曰：左傳曰：「儉，德之共也。」儉是美德，而或人以不儉爲得禮者，山樞之詩，刺儉不中禮，而晏子一狐裘三十年，遣車一乘及墓而反，有子譏其不知禮。又晏子豚肩不掩豆，澣衣濯冠而朝，君子以爲隘，是過於儉者不中禮也。過儉爲不中禮，故不儉疑爲得禮。

曰：「邦君樹塞門，管氏亦樹塞門。邦君爲兩君之好，有反坫，管氏亦有反坫。【注】鄭曰：「人君別内外，於門樹屏以蔽之。反坫在兩楹之間，若與鄰國爲好會，其獻酢之禮更酌，酌畢則各反爵於坫上。今管仲皆僭爲之，如是，是不知禮也。」管氏而知禮，孰不知禮？」

正義曰：漢石經「邦」作「國」。皇本「孰不知禮」下有「也」字。○注「人君」至「禮也」。○正義曰：皇、邢疏本「人君別内外」十二字誤在「兩楹之閒」句下，今正。宋輯本有「樹，屏也」句在注首。爾雅釋宮：「屏謂之樹。」舍人注云：「以垣當門蔽爲樹。」郭璞注云：「小牆當門中。」說文：「屏，蔽也。」蒼頡篇：「屏，牆也。」明堂位注：「屏謂之樹。今桴思也，刻之爲雲氣蟲獸，如今闕上爲之矣。」廣雅釋宮：「罘罳謂之屏。」顏師古漢文紀注：「罘罳，謂連闕曲閣也，以覆重刻垣墉之處，其形罘罳然，一曰屏也。」古今注：「罘罳，屏之遺象也。」漢西京罘罳合版爲之，亦築土爲之，每門闕殿舍前皆有焉，於今郡國廳前亦樹之。案：周人屏制，當是用土，故亦稱蕭牆。其廟屏用木，故明堂位謂之疏屏。疏者刻也，今人家照壁，是其遺象。荀子大略篇：「天子外屏，諸侯内屏，禮也。外屏，不欲見外也；内屏，不欲見内也。」淮南主術訓：「天子外屏，所以自障。」是屏所以別内外也。注言「人君」，兼有天子、諸侯。郊特牲云：「臺門而旅樹，反坫，大夫之僭禮也。」注：「言此皆諸侯之禮也。旅，道也。屏謂之樹，樹所以蔽行道。管氏『樹塞門』，室猶蔽也。禮：天子外屏，諸侯内屏，大夫以簾，士以帷。」雜記：「管仲旅樹而反坫，賓大夫也，而難爲上也。」曲禮疏謂「諸侯內屏，在路門內，天子外屏，在路門外而近應門」。江氏永鄉黨圖考：「屏設於正門，天子以應門爲正門，屏在應門外。諸侯以雉門爲正門，屏在雉門內。」以孔疏之說爲非。然吴語謂「越王入命夫人，王背屏」，此當在路門內，或春秋時不如制矣。云「反坫，反爵之坫，在兩楹之閒」者，說文：「坫，屏也。」爾雅：「垝謂之坫。」廣雅釋宮：「反坫謂之垿。」屏者短垣，垝者毀垣，垿與序同。東西牆爲序，皆以同類相稱也。皇疏云：「坫，築土爲之，形如土堆。」其說甚合禮圖。謂「以木爲之，高八寸，足高二寸，漆赤中，制殊庳小」，且云：「以木與古制乖，非也。」大射儀疏以承尊之豐與坫爲一物，亦非。禮經言坫甚多，明堂位「崇坫康圭」，此在堂下。全氏祖望經史問答謂「覲禮『侯氏奠圭』，以在堂下，故稍崇之」是也。士冠禮：「爵弁皮弁緇布冠各一匴，執以待於西坫南。」注：「坫在堂角。」士喪禮：「牀第夷衾，饌於西坫南。」士虞禮：「苴茅之制，饌於西坫上。」此堂隅之坫在西者也。大射儀：「將射，上遷於下，東坫之東南。」既夕記：「設棜於東堂下，南順，齊于坫。」此堂隅之坫在東者也。內則說閣之制云：「士於坫一。」此庋食之坫在房中也。周書作雒解：「乃位五宮：太廟、宗宮、考宮、路寢、明堂，咸有四阿反坫。」是反坫不止一處。反者，還也，致也。凡可以庋物皆爲反坫、反爵，其一事也。孔晁注周書以反坫爲外向室，不知所本。而黃氏日抄、全氏經史問答據之以釋論語、郊特牲諸文，可謂疏矣。爵者，飲器。韓詩說「一升曰爵」是也。明堂位：〔二〕「反坫出尊，天子之廟飾也。」注：「反坫，反爵之坫也。」坫在尊南，言天子坫在尊南，則諸侯坫或在尊北與？尊以盛酒，爵以酌酒。此注云「在兩楹之閒」者，說文：「楹，柱也。」謂堂上東西兩柱，當前楣下也。坫在兩楹閒，此無文，鄭以意言之。金氏鶚禮說以「兩楹閒賓主行禮處，不得設坫於此」，歷引士昏

〔二〕「明堂位」原誤作「郊特牲」，據禮記改。

禮、聘禮說之：「鄉飲酒『尊于房戶閒』，燕禮『尊于東楹之西』。房戶閒正當東楹，東楹之西，去楹不遠。蓋尊酒者，主人所以敬客，主人位在東階上，故設尊必在東方。然則兩君燕飲設尊，亦必在東矣。兩君敵體，與鄉飲一類，是亦宜尊于房戶之閒，與東楹相當。由是言之，反坫不在兩楹之閒明矣。或者以燕禮爲諸侯與臣下行禮事，兩君好會與燕禮同，尊于東楹之西，是又君臣無別。禮經或言『兩楹之閒』，或言『東楹之西』，正所以別其同異，豈可混而一之？」其說甚有依據，視鄭爲優矣。禮，諸侯來朝，禮畢，主君享賓於廟，燕賓於朝，故云「爲好會」也。會者，合也，遇也。主人酌酒進賓，謂之獻；賓飲畢，酌酒以進主人，謂之酢；主人飲畢，復自飲而後酌以勸賓，謂之酬。邢疏：「熊氏云：『主君獻賓，賓筵前受爵，飲畢，反此虛爵於坫上，於西階上拜，主人於阼階上答拜。賓於坫取爵，洗爵，酌以酢主人，主人受爵，飲畢，反此虛爵於坫上，主人阼階上拜，賓答拜。』是賓主飲畢反爵於坫上也。而云『酌畢各反爵於坫上』者，文不具耳。其實當飲畢。」案：熊說見郊特牲疏，疏引此注作「獻酬」，此釋文引「一本亦作酬」，疑以「酬」字爲是。大夫無坫，以鄉飲酒禮考之，凡奠爵皆于篚，即君與臣燕，亦但設二篚以承爵，且皆在堂下，不在堂上。是大夫不得有反坫，今管仲僭爲之。

23 子語魯太師樂，曰：「樂其可知也：始作，翕如也；【注】太師，樂官名。五音始奏，翕如盛。從之，純如也，【注】從讀曰縱。言五音既發，放縱盡其音聲，純純和諧也。皦如也，【注】言其音節明也。繹如也，以成。」【注】縱之以純如、皦如、繹如，言樂始作翕如，而成於三。

正義曰：皇本「知也」下有「已」字，「成」下有「矣」字。孔子世家述此文在哀十一年反魯後，即「樂正雅、頌得所」之事，故云「樂其可知」，言樂正而後可知也。云「始作」者，爾雅釋詁：「作，爲也。」言始爲此樂也。鄭注云：「始作，謂金奏時。聞金作，人皆翕如，變動之貌。從讀曰縱。縱之，謂八音皆作。純如，咸和之矣。皦如，使清濁別之貌。繹如，志意條達。」案：云「始作，謂金奏時」者，周官：「鍾師掌金奏。」注云：「金奏，擊金以爲奏樂之節，金謂鍾及鎛。」是也。云「聞金作，人皆翕如，變動之貌」者，莊氏述祖別記申此注云：「國語云：『鍾不過以動聲。』韋注：『動聲，謂合樂以金奏，而八音從之。』毛詩：『鼓鍾欽欽。』傳云：『欽欽，言使人樂進也。』欽、翕聲相近。言『變動』者，亦使人樂進之意。」云「從讀曰縱。縱之謂八音皆作」者，莊氏云：「從、縱通。大司樂：『凡六樂者，文之以五聲，播之以八音。』注云：『六者，言其均皆待五聲八音乃成也。』大師注云：『文之者，以調五聲使之相次，如錦繡之有文章。播猶揚也。揚之以八音，乃可得而觀之矣。』上始作，既單言『金奏』，此云『從之』，則言『八音』，可知金奏始作，律呂相應，使人皆變動，樂進由是從之，以均五聲八音，而堂上堂下之樂皆作也。」云「純如，咸和之矣」者，高誘淮南原道注：「純，不雜糅也。」咸者，皆也。謂人聲樂聲相應而不雜，故爲和也。樂記：「審一以定和。」注云：「審一，審其人聲也。」審一即純如之義，謂人聲既一，而後與樂和也。莊氏改此注「咸」爲「感」，「矣」爲「美」，非是。云「皦如，使清濁別之貌」也者，莊氏云：「鄭注大司樂云：『凡五聲，宮之所生。濁者爲角，清者爲徵羽。』樂記：『倡和清濁。』注：『清謂蕤賓至應鍾，濁謂黃鍾至大呂。』〔一〕是十二律、五聲、八音皆有清濁。又樂記：『比物以飾節。』注云：『比物，謂雜金革土匏之屬也。』言雜八音之器，而有以別其清濁，唯明者能之。」云「繹如志意條達」者，莊氏云：「周頌：『驛驛其達。』箋：『達，出地

〔一〕「大呂」十三經注疏本作「中呂」。

也。』釋訓：『繹繹，生也。』繹、驛通，言美心之感發，如草木之有生意，暢茂條達也。樂記云：『志意得廣焉。』孟子云：『樂則生矣，生則惡可已也？惡可已，則不知足之蹈之，手之舞之。』言樂至此而每變，足以致物矣。」宋氏翔鳳發微云：「始作，是金奏頌也。儀禮大射儀納賓後乃奏肆夏，樂闋後有獻酢旅酬諸節，而後升歌，故曰『從之』。從同縱，謂縱緩之也。入門而金作，其象翕如變動，緩之而後升歌。重人聲，其聲純一，故曰『純如』。即樂記所謂『審一以定和』也。繼以笙入，笙者有聲無辭，然其聲清別，可辨其聲而知其義，故曰『皦如』。繼以閒歌，謂人聲笙奏閒代而作，相尋續而不斷絶，故曰『繹如』。此三節皆用雅，所謂『雅、頌各得其所』也。有此四節而後合樂，則樂以成。合樂即鄉樂周南關雎、葛覃、卷耳，召南鵲巢、采蘩、采蘋。燕禮『大師告于樂正曰：「正歌備。」』鄭注：『正歌者，升歌及笙各三終，閒歌三終，合樂三終，爲一備。備亦成也。』鄭鄉射禮注云：『不歌、不笙、不閒，志在射，畧於樂也。不畧合樂者，周南、召南之風，鄉樂也。不可畧其正也。』據此，知孔子所謂『樂其可知』及謂『然後樂正』者，並指鄉樂，儀禮謂之『正歌』。如鄉射不歌、不笙、不閒，而合鄉樂則告『正歌備』，大射有歌有笙，而不閒不合，鄉樂則不告『正歌備』，〔一〕知正歌專指鄉樂也。必合鄉樂而後備一成，故知『以成』是合樂也。論語於金奏至閒歌，以『翕如』諸言形容其象，而於合樂但言『以成』者，以合樂之象，已於『樂其可知』一語先出之。後言『師摯之始，關雎之亂，洋洋乎盈耳哉』，亦暢言合樂之象。子謂伯魚曰：『人而不爲周南、召南，其猶正牆面而立也與？』則子之重鄉樂也至矣。」案：宋氏依禮爲說，視鄭氏爲確。李氏惇羣經識小不數金奏，以始作爲升歌，純如爲笙奏，皦如爲閒歌，繹如爲合樂，不及宋說之備，故置彼録此。詩樛木傳：「成，就也。」說文同。周官樂師：「凡樂成則

〔一〕「鄉樂」原誤作「鄉射」，據文義並參大射文改。

告備。」注：「成謂所奏一竟。」燕禮記注：「三成，三終也。」〔一〕是樂之終爲成也。○注「太師」至「如盛」。○正義曰：云「太師，樂官名」者，周官：「太師，下大夫二人。小師，上士四人。」注云：「凡樂之歌，必使瞽矇爲焉，命其賢知者爲太師、小師。」疏云：「以其無目，無所睹見，則心不移於音聲，故不使有目者爲之也。」案：諸侯樂官，太師當止一人。此所語「太師樂」，應指師摯，是太師爲樂官名也。云「五音始奏」者，管子地員篇：「凡聽宮，如牛鳴窌中；凡聽商，如離羣羊；凡聽角，如雉登木以鳴，音疾以清；凡聽徵，如負豬豕，覺而駭；凡聽羽，如鳴馬在野。」是五音之别也。云「翕如盛」者，說文：「翕，起也。」方言：「翕，熾也。」文選甘泉賦注：「翕，赫盛貌。」義皆相近，故此注以「翕」訓「盛」。○注：「言其音節明也。」○正義曰：「音」謂樂聲，「節」謂樂之節目也。樂記云：「文采節奏，聲之飾也。」又云：「比物以飾節，節奏合以成文。」言「明」者，訓「皦」爲明也。義見坤蒼。

24 儀封人請見，【注】鄭曰：「儀蓋衞邑。封人，官名。」曰：「君子之至於斯也，吾未嘗不得見也。」從者見之。【注】包曰：「從者，弟子隨孔子行者，通使得見。」出曰：「二三子何患於喪乎？天下之無道也久矣，天將以夫子爲木鐸。」【注】孔曰：「語諸弟子言何患於夫子聖德之將喪亡耶？天下之無道已久矣，極衰必盛。木鐸，施政教時所振也。言天將命孔子制作法度，以號令於天下。」正義曰：皇本「斯」下「也」字作「者」，「無道」下無「也」字。爾雅釋詁：「請，謁告也。」言告夫子求見也。「木鐸」者，周官小宰、小司徒、小司寇、士師、宮正、司烜氏、鄉

〔一〕「注」字原脱，「三成、三終」原誤作「三終、三成」，據燕禮記「笙入三成」注增改。

師皆有「木鐸」之徇。鄭注小宰云：「古者將有新令，必奮木鐸以警衆，使明聽也。木鐸，木舌也。文事奮木鐸，武事奮金鐸。」疏云：「以木爲舌，則曰木鐸；以金爲舌，則曰金鐸。」案：鼓人：「以金鐸通鼓。」注：「鐸，大鈴也。振之以通鼓。司馬職曰：『司馬振鐸。』是武用金鐸也。」說文：「鐸，大鈴也。」與鄭同。法言學行篇以木鐸爲金口木舌，其字從金，則木鐸亦是金口，惟舌用木，與金鐸全用金不同。李氏惇羣經識小：「鐸如今之鈴，中有舌，以繩繫之，搖之而出聲。」○注：「儀蓋衞邑。封人，官名。」○正義曰：邢疏云：「鄭以左傳『入于夷儀』，疑與此爲一，故云衞邑。」案：今直隸順德府邢臺縣、山東東昌府聊城縣並有夷儀故城。司馬彪郡國志「浚儀」注引晉地道記曰：「儀封人，此邑也。」水經注引西征記同。浚儀，今河南開封府祥符縣。焦氏循論語補疏謂「浚儀在開封，漢屬陳留，陳留郡之長垣、封丘，皆在其北。以漢縣計之，衞境止得長垣，多得封丘、南燕，自此而南，皆鄭、宋地。使儀封人在浚儀，當今祥符、蘭陽閒，雖爲由陳至衞之道，而邑非衞邑矣」。案：明一統志儀城在蘭陽西北二十里，即封人請見處。蘭陽、祥符地本相接通，以浚儀之名附會爲封人所官邑。又浚儀始見郡國志，不若夷儀爲尤古矣。又一統志以儀爲開封府儀封縣，其地在蘭陽之東，去浚儀更遠。考儀封，漢名東昏，後易東明，宋元始改今名，則謂儀即儀封者，尤非也。夫子五至衞：第一去魯司寇，輒適衞；第二將適陳，過匡、過蒲，皆不出衞境，而反乎衞；第三過曹而宋、而鄭、而陳，仍適衞；第四將西見趙簡子，未渡河而反衞；第五如陳而蔡、而葉，復如蔡而楚，仍反乎衞。夫子之至儀邑，不知在何時。焦氏以爲由陳至衞之道，是指第三次至衞，此假設言之。閻氏若璩釋地以「喪」爲失位去國，是第一次適衞，並恐未然。云「封人，官名」者，周官封人職云：「掌設王之社壝，爲畿封而樹之。凡封國封其四疆，造都邑之封域者，亦如之。」注云：「畿上有封，若今時界矣。」又序官注云：「聚土曰封。」其職則中士四人，下士八人。若侯國封人，當祇以下士爲之。左傳潁谷封人，蔡封人，蕭封人，鄖陽封人，呂封人，皆此官。○注：「通使得見。」○正義曰：言弟子爲紹介，通之於夫子，使得見之也。左傳伍員見鱄設諸於公子光，齊豹見宗魯於公孟。○注：「何患於夫子聖德之將喪亡耶！」○正義曰：錢氏坫後錄：「喪讀『將喪斯文』之喪。」卽孔此義。劉敞七經小傳以「喪」爲失位，閻氏若璩說同，亦通。○注「木鐸」至「天下」。○正義曰：明堂位：「振木鐸於朝，天子之政也。」注：「天子將發號令，必以木鐸警衆。」是木鐸爲施政教時所設也。夫子不得位行政，退而刪詩、書，正禮樂，脩春秋，是亦制作法度也。中庸言天子方議禮、制度、考文，孟子亦以春秋爲天子之事，則知夫子所定之六藝，皆天子之政也。封人蓋知夫子之終無所遇，而將以言垂教，故以「木鐸」爲喻。法言云：「天之道不在仲尼乎？仲尼駕說者也。不在茲儒乎？如將復駕其所說，則莫若使諸儒金口而木舌。」李軌注：「莫如使諸儒宣揚之。」春秋緯：「聖人不空生，必有所制，以顯天心，丘爲木鐸制天下法。」皆以「木鐸」爲制作法度也。

25 **子謂韶，「盡美矣，又盡善也。」謂武，「盡美矣，未盡善也」。**【注】孔曰：「韶，舜樂名。謂以聖德受禪，故盡善。武，武王樂也。以征伐取天下，故未盡善。」

正義曰：樂記：「韶，繼也。」注：「韶之言紹也。言舜能繼紹堯之德。」又作「磬」，見周官大司樂。又作「招」，見墨子三辨、伏生書傳、史記舜紀、漢書禮樂志。鄭此注云：「韶，舜樂也。美舜自以德禪於堯，又盡善，謂太平也。武，周武王樂。美武王以此定功天下，未盡善，謂未致太平也。」案：漢書董仲舒傳：「對策曰：堯在位七十載，迺遜于位，以禪虞舜。舜因堯之輔佐，繼其統業，是以垂拱無爲而天下治。孔子曰：『韶，盡美矣，又盡善矣。」此之謂也。」仲舒此言，即鄭君義。左襄二十九年傳：「季札見舞象箾、南籥者，曰：『美哉！猶有憾。』見舞大武者，曰：『美哉！周之盛也，其若此乎！』見舞韶箾者，曰：『德至矣哉，大矣！如天之無不幬也，如地之無不載也。雖甚盛德，其蔑以加於此矣，觀止矣。若有他樂，吾弗敢請已。』」此正武樂不及韶之證。蓋舜德既盛，又躬致太平，非武所及，故韶樂獨盡美盡善。若文王未洽於天下，則猶有憾，亦與武樂未盡善同也。樂記：「干戚之舞，非備樂也。」〔一〕注云：「樂以文德爲備，若咸池者。」下引此文云云。疏云：「舞以文德爲備，故云『韶盡美矣』，謂樂音美也。『又盡善也』，謂文德具也。虞舜之時，雜舞干羽於兩階，而文多於武也。『謂武盡美矣』者，大武之樂，其體美矣。『未盡善』者，文德猶少，未致太平。」此疏申鄭義，得之。史記封禪書言「武王天下未寧而崩」，其時殷之頑民迪屢不靜，餘風未殄，則是未致太平也。焦氏循補疏：「武王未受命，未及制禮作樂，以致太平，不能不有待於後人，故云『未盡善』。善，德之建也。周公成文、武之德，即成此未盡善之德也。孔說較量於受禪征伐，非是。」案：春秋繁露楚莊王篇：「文王之時，民樂其興師征伐也，故武。武者，伐也。是故舜作韶而禹作夏，湯作頀而文王作武。四樂殊名，則各順其民始樂於己也。」又云：「紂爲無道，諸侯大亂，民樂文王之怒而詠歌之也。周人德已洽天下，反本以爲樂，謂之大武，言民所始樂者武也云爾。」白虎通禮樂篇：「周樂曰大武、象，周公之樂曰酌，合曰大武。天下始樂周之征伐行武〔二〕，故詩人歌之：『王赫斯怒，爰整其旅。』天下樂文王之怒，以定天下，故樂其武也。」然則武兼文武。左傳言「見象箾、南籥」，則文樂不名武也。文樂名武當出周公所稱，其實亦因武王樂得名，故左傳以大武爲武王樂。○注：「以征伐取天下，故未盡善。」○正義曰：顏師古董仲舒傳注：

〔一〕「樂」原誤作「德」，據禮記樂記改。　〔二〕「周」原誤作「用」，據白虎通改。

「以其用兵伐紂，故有慙德，未盡善也。」即此注義。

26 子曰：「居上不寬，爲禮不敬，臨喪不哀，吾何以觀之哉？」　正義曰：邢疏云：「此章總言禮意。」案：「居上」者，言有位者居民上，禮樂所自出也。「爲禮」、「臨喪」，並指居上者言之。「寬」者，書皐陶謨「寬而栗」，鄭注謂「度量寬宏」。夫子言「寬則得衆」，其答子張問仁，告之以寬，是寬爲仁德。詩：「昊天有成命。」箋：「寬仁所以止苛刻也。」春秋繁露仁義微篇：「君子攻其惡，不攻人之惡，非仁之寬與？自攻其惡，非義之全與？此之謂仁造人，義造我，是故以自治之節治人，是居上不寬也。以治人之度自治，是爲禮不敬也。爲禮不敬則傷行，而民弗尊；居上不寬則傷厚，而民弗親。」此先漢遺義，以「寬」爲仁德，「敬」爲義德也。「禮」謂凡賓祭、鄉射諸禮也。「臨喪」謂臨視他人之喪。曲禮云：「臨喪不笑。」又云：「臨喪則必有哀色。」或謂「臨」者哭臨。「臨」讀去聲。周官鬯人「凡王弔臨」，左傳云「臨於周廟」，亦通。「觀」者，觀禮也。禮無足觀，斯懈於位，而民不可得而治也。

論語正義卷五

里仁第四　　集解

凡二十六章

1子曰：「里仁爲美。擇不處仁，焉得知？」【注】鄭曰：「里者，仁之所居。居於仁者之里，是爲美。求居而不處仁者之里，不得爲有知。」　正義曰：説文：「擇，柬選也。」後漢張衡傳：「衡作思玄賦曰：『匪仁里其焉宅兮！』」李賢注：「論語『里仁爲美，宅不處仁』，里、宅皆居也。」困學紀聞謂論語古文本作「宅」。惠氏棟九經古義：「釋名曰：『宅，擇也，擇吉處而營之。』是宅有擇義。或古文作『宅』，訓爲『擇』，亦通。」馮氏登府異文攷證引劉璠梁典「署宅歸仁里」，亦作「宅」字。○注「里者」至「有知」。○正義曰：爾雅釋詁：「里，邑也。」説文：「里，居也。」「仁之所居」，「仁」當依皇本作「民」。文選潘岳閒居賦注「民」作「人」，此唐人避諱。「居於仁者之里，是爲美」者，大戴禮主言云：「昔者明主之治民有法，必別地以州之，分屬而治之，然後賢民無所隱，暴民無所伏。使有司日省，如時考之，歲誘賢焉，則賢者親，不肖者懼。」是古有別地居民之法，故居於仁里，卽己亦有榮名，是爲美也。「求居而不處仁者之里，不得爲有知」者，此訓「擇」爲「求」也。荀子勸學篇：「故君子居必擇鄉，遊必就士，所以防邪僻而近中正也。」今求居不處仁者之里，是無知人之明，不得爲有知矣。鄭氏此訓與論語古文義合。皇疏引沈居士云：「言所居之里，尚以仁地爲美，況擇身所處，而不處仁道，安得智乎？」案：孟子公孫丑上：「孟子曰：『矢人豈不仁於函人哉？矢人惟恐不傷人，函人惟恐傷人。巫匠亦然。故術不可不愼也。孔子曰：「里仁爲美。擇不處仁，焉得智？」夫仁，天之尊爵也，人之安宅也。莫之禦而不仁，是不智也。』」觀孟子所言，是「擇」指行事。沈說蓋本此，於義亦通。

2 子曰：「不仁者不可以久處約，【注】孔曰：「久困則爲非。」不可以長處樂。【注】孔曰：「必驕佚。」仁者安仁，知者利仁。」【注】包曰：「惟性仁者自然體之，故謂安仁。」王曰：「知仁爲美，故利而行之。」

正義曰：墨子經上：「久，彌異時也。」說文：「𨱗，久遠也。」隸變作「長」。禮記坊記注：「約，猶窮也。」不仁之人，貧富皆不可久處，故先王制民使有恒產，既富必教之也。「安仁」者，心安於仁也。「利仁」者，知仁爲利而行之也。二者中有所守，則可久處約，長處樂。表記：「子曰：『仁有三：與仁同功而異情。與仁同功，其仁未可知也。與仁同過，然後其仁可知也。仁者安仁，知者利仁，畏罪者強仁。』」「安仁」是自然體合，功過皆所不計，此其仁可知。故直許之曰仁者，若利仁、強仁，是與仁同功也，其仁未可知，故利仁但稱爲知也。又表記：「子曰：『中心安仁者，天下一人而已矣。』」又曰：「無欲而好仁者，無畏而惡不仁者，天下一人而已矣。」言「無欲而好仁」，則與利仁者異；「無畏而惡不仁」，則與畏罪強仁者異。此惟安仁者能之。中庸云：「或安而行之，或利而行之，或勉強而行之，及其成功一也。」彼文以安行爲仁，利行爲知，勉強行爲勇，聖人均要於成功，不以誠僞苟求之也。大戴禮曾子立事云：「仁者樂道，智者利道。」義同。○注：「惟性仁者，自然體之。」○正義曰：易文言傳：「君子體仁，足以長人。」

3 子曰：「惟仁者能好人，能惡人。」【注】孔曰：「惟仁者能審人之所好惡。」　正義曰：「惟」，皇本、宋石經、宋刻九經俱作「唯」。凡人用情，多由己愛憎之私，於人之善不善有所不計，故不能好人惡人也。若夫仁者，情得其正，於人之善者好之，人之不善者惡之，好惡咸當於理，斯惟仁者能之也。禮記大學云：「秦誓曰：『人之有技，媢嫉以惡之；人之彥聖，而違之俾不通。實不能容，以不能保我子孫黎民，亦曰殆哉！』惟仁人放流之，迸諸四夷，不與同中國。此謂惟仁人爲能愛人，能惡人。」與此文相發。荀子非十二子云：「貴賢，仁也；賤不肖，亦仁也。」○注：「惟仁者，能審人之所好惡。」○正義曰：焦氏循補疏：「仁者好人之所好，惡人之所惡，故爲能好能惡。必先審人之所好所惡，而後人之所好好之，人之所惡惡之，斯爲能好能惡也。」案：注說頗曲，姑依焦說通之。

4 子曰：「苟志於仁矣，無惡也。」【注】孔曰：「苟，誠也。言誠能志於仁，則其餘終無惡。」　正義曰：釋文：「惡如字，又烏路反。」案：前後章皆言好惡，此亦當讀烏路。春秋繁露玉英篇：「難者曰：爲賢者諱皆言之，爲宣、穆諱獨弗言，何也？曰：不成於賢也。其爲善不法，不可取，亦不可棄。棄之則棄善志也，取之則害王法。故不棄亦不載，以意見之而已。苟志於仁，無惡，此之謂也。」又鹽鐵論刑德篇：「故春秋之治獄，論心定罪，志善而違於法者免，志惡而合於法者誅。」亦是此義。漢石經無「也」字，與繁露同。○注「苟誠」至「無惡」。○正義曰：毛詩采苓傳：「苟，誠也。」皇疏云：

「言人若誠能志於仁，則是爲行之勝者，故其餘所行皆善，無惡行也。」

5 子曰：「富與貴，是人之所欲也；不以其道得之，不處也。【注】孔曰：「不以其道得富貴，則仁者不處。」貧與賤，是人之所惡也；不以其道得之，不去也。【注】時有否泰，故君子履道而反貧賤，此則不以其道得之，雖是人之所惡，不可違而去之。

正義曰：說文：「貧，不賤也。賤，賈少也。」古稱有爵祿者爲貴，無爵祿者爲賤，引申之義也。富貴人所欲，貧賤人所惡，亦是言好惡也。若於不以其道之富貴則不處，不以其道之貧賤則不去，斯惟仁者能之。蓋仁者好惡，有節於內，故於富貴則審處之，於貧賤則安守之。坊記所謂「君子辭貴不辭賤，辭富不辭貧」者也。孟子告子上：「孟子曰：『欲貴者，人之同心也。人人有貴於己者，弗思耳。詩曰：「既醉以酒，既飽以德。」言飽乎仁義也，所以不願人之膏粱之味也。令聞廣譽施於身，所以不願人之文繡也。』」荀子性惡篇：「仁之所在無貧窮，仁之所亡無富貴。」謝氏墉校注：「此言仁之所在，雖貧窮甘之；仁之所亡，雖富貴去之。」並是此義。呂覽有度篇注：「不以其道得之不居。」畢氏沅校云：「案：古讀皆以『不以其道』爲句，此注亦當爾。論語『不處』，此作『不居』。論衡問孔、刺孟兩篇並同。」案：後漢陳蕃傳、鹽鐵論褒賢篇亦作「不居」，自是齊、古、魯文異。呂覽注「居」下無「也」字，高麗本「不去」下亦無「也」字，當以有「也」字爲是。且古讀皆至「得之」爲句，畢校非是。○注：「不以其道得富貴，則仁者不處。」○正義曰：夫子謂「不義而富且貴，於我如浮雲」，孟子謂「非其道，則一簞食不可受於人」，皆此意。○注「時有」至「去之」。○正義曰：「否」者，塞也。「泰」者，通也。君子履道，當得富貴而反貧賤，是不以其道得之，於此當以義命自安，不可違而去之，輒妄冀得富貴也。大戴禮曾子制言中：「故君子無悒悒於貧，無勿勿於賤，無憚憚於不聞，布衣不完，蔬食不飽，蓬戶穴牖，日孜孜上仁。」君子去仁，惡乎成名？【注】孔曰：「惡乎成名者，不得成名爲君子。」君子無終食之閒違仁，造次必於是，顛沛必於是。」【注】馬曰：「造次，急遽；顛沛，偃仆。雖急遽偃仆不違仁。」正義曰：表記云：「子曰：『仁之難成久矣，唯君子能之。』」故此文言仁，皆舉君子也。仁既難成，故鮮能成名。君子知仁是美名，故終不去仁，所以能審處富貴，安守貧賤也。此君子，是「知者利仁」也。「君子無終食之閒違仁」者，邢疏：「言仁不可斯須去身，故君子無食頃違去仁道也。」案：終食之閒，常境也；造次顛沛，變境也。君子處常境，無須臾之閒違仁，故雖值變境，亦能依於仁行之，所以能審處富貴，安守貧賤也。此君子，是「仁者安仁」也。曾子制言云：「昔者，舜匹夫也，土地之厚，則得而有之；人徒之衆，則得而使之。舜唯以得之也。是故君子將說富貴，必勉於仁也。昔者，伯夷、叔齊仁者也，死於溝澮之閒，其仁成名於天下。夫二子者，居河、濟之閒，非有土地之厚，貨粟之富也。言爲文章，行爲表綴於天下。是故君子思仁，晝則忘食，夜則忘寐，日旦就業，夕而自省，以歿其身，亦可謂守業矣。」案：舜是以道得富貴，伯夷、叔齊則不以道得貧賤，而其仁成名於天下，皆所謂「安仁」者也。若君子將說富貴必勉於仁，又晝夜日夕，皆是思仁，此則爲「利仁」也。曾子所言，最足發明此章之旨。○注「造次，急遽；顛沛，偃仆。」○正義曰：鄭注云：「造次，倉卒也。」「倉促」與「急遽」義同。廣雅釋詁：「趚，屖，造，猝也。」王氏念孫疏證：「趚、屖一字也。說文：『趚，倉卒也。』卒與猝同，趚之言造次也。倉卒造次，語之轉。次、趚古同聲，故廣雅趚、造二字並訓爲猝。」案：易夬九四：「其行次且。」釋文「次」項：「本亦作趑。說文及鄭作趚，同七私反。馬云：『卻行不前也。』」「卻行」與「急遽」相反，文各有因也。漢書景十三王傳：「河閒獻王德被服儒術，造次必於儒者。」言「造次」與此文義同。説文：「蹎，跋也。跋，蹎跋也。」詩蕩篇：「顛沛之揭」，毛傳「顛仆沛拔」，「拔」與「跋」同。考之説文，「顛」本訓「頂」，「沛」爲水名，皆叚借也。「偃仆」者，説文：「偃，僵也。仆，頓也。」皇本及釋文本「偃」作「僵」。説文：「僵，僨也。」義亦同。

6 子曰：「我未見好仁者，惡不仁者。好仁者，無以尚之；【注】孔曰：「難復加也。」惡不仁者，其爲仁矣，不使不仁者加乎其身。【注】孔曰：「言惡不仁者，能使不仁者不加非義於己，不如好仁者，無以尚之爲優。」有能一日用其力於仁矣乎？我未見力不足者。【注】孔曰：「言人無能一日用其力脩仁者耳，我未見欲爲仁而力不足者。」蓋有之矣，我未之見也。」【注】孔曰：「謙不欲盡誣時人，言不能爲仁，故云爲能有爾，我未之見也。」

正義曰：「其爲仁矣」，爲仁卽用力於仁也。「矣」者，起下之辭。王氏引之經傳釋詞：「矣，也，一聲之轉。」三國志顧歡傳引「其爲仁也」。「加」者，呂覽不苟論、當賞篇注[一]：「加，施也。」「有能一日用其力於仁」者，申言爲仁之事也。夫子言：「力不足者，中道而廢。」又表記：「子曰：『鄉道而行，中道而廢，忘身之老也，不知年數之不足也，俛焉日有孳孳，斃而後已。』」並言爲仁實用其力。惟力已盡，身已斃，而學道或未至，方是「中道而廢」。其廢也，由於年數不足，有不得不廢者也。如是而後謂之力不足，是誠不足也。若此身未廢，而遽以力不足自諉，是卽夫子之所謂畫矣。夫仁，人心也。人卽體質素弱，而自存其心志之所至，氣亦至焉，豈患力之不足？故曰「我欲仁，斯仁至矣」，「一日克己復禮，天下歸仁焉」。

[一]「不苟論當賞篇」原誤作「孝行自知篇」，據呂氏春秋高注改。

「一日」者，期之至近而速者也。「蓋有之」者，言此用力於仁，人必有耳，但我未之得見。「蓋」是語辭，不是疑辭。漢石經「我未見好仁」下無「者」字。皇本「用其力於仁」下有「者」字，又「力不足者」下有「也」字，「蓋有之矣」，「矣」作「乎」。○注「難復加也。」○正義曰：說文：「尚，曾也。」「曾」與「增」同，故注訓「加」。皇疏引李充曰：「所好惟仁，無物以尚之也。」○注「言惡」至「爲優」。○正義曰：注以經言「好仁者，惡不仁者」，是就兩人說之。「惡不仁者」不如「好仁者」爲優，意以「惡不仁者」或是利仁、強仁，若「好仁者」，則是安仁也。

7 子曰：「人之過也，各於其黨。觀過，斯知仁矣。」【注】孔曰：「黨，黨類。小人不能爲君子之行，非小人之過，當恕而勿責之。觀過，使賢愚各當其所，則爲仁矣。」正義曰：皇本「人」作「民」。「各於其黨」者，皇疏引殷仲堪曰：「言人之過失，各由於性類之不同。直者以改邪爲義，失在於寡恕，仁者以惻隱爲誠，過在於容非」是也。表記：「子曰：『仁之難成久矣，人人失其所好，故仁者之過易辭也。』」注：「辭猶解說也。仁者恭儉，雖有過不甚矣。」明言仁道難成，仁者雖有過，不失其爲仁也。又子曰：「仁有三，與仁同功而異情。與仁同功，其仁未可知也。與仁同過，然後其仁可知也。仁者安仁，知者利仁，畏罪者強仁。」注云：「三謂安仁也，利仁也，強仁也。利仁、強仁，功雖與安仁者同，本情則異。功者，人所貪也。過者，人所辟也。在過之中，非其本情者，或有悔者焉。」案：表記此文，最足發明此章之義。漢書外戚傳：「燕王上書言子路喪姊，期而不除。」後漢書吳祐傳言：「嗇夫孫性私賦民錢，市衣進父。」南史張裕傳言：「張岱母年八十，籍注未滿，便去官還養。」三傳皆引此文美之，惟吳祐傳作「知人」，「人」與「仁」通用字。○注「黨黨」至「仁矣」。○

正義曰：禮記仲尼燕居注：「黨，類也。」亦常訓。焦氏循補疏申此注云：「各於其黨，卽是觀過之法，此爲莅民者示也。」皇侃云：「猶如耕夫不能耕，乃是其失。若不能書，則非耕夫之失也。」此說「黨」字義最明。案：注說甚曲，焦氏不免曲徇。且知仁因觀而知，則仁卽過者之仁，而孔以爲觀者知仁術，亦誤。

8 子曰：「朝聞道，夕死可矣。」【注】言將至死，不聞世之有道。

正義曰：爾雅釋詁：「朝，早也。」說文：「朝，旦也。夕，莫也。从月半見。」朝夕言時至近，不踰一日也。「聞道」者，古先聖王君子之道，已得聞知之也。聞道而不遽死，則循習諷誦，將爲德性之助。若不幸而朝聞夕死，是雖中道而廢，其賢於無聞也遠甚，故曰「可矣」。新序雜事篇載楚共王事，晉書皇甫謐傳載謐語，皆謂聞道爲已聞道，非如注云「聞世之有道」也。漢石經「矣」作「也」。

9 子曰：「士志於道，而恥惡衣惡食者，未足與議也。」

正義曰：白虎通爵篇：「士者，事也，任事之稱也。故傳曰：通古今、辨然不謂之士。」案：士居四民之首，其習於學，有德行道藝者，始出仕亦謂之士。故士爲學人進身之階。荀子儒效篇：「匹夫問學，不及爲士，則不教也。」聖門弟子來學時多未仕，故夫子屢言士，而子張、子貢亦問士，皆循名責實之意。記言「士先志」，孟子言「士尚志」，又言「士志仁義」，「大人之事備仁義」，卽此文所云「道」也。「士志於道」，故當議道。說文：「議，語也。」廣雅釋詁：「議，言也。」「與」是夫子與之，夫子以道設教，故云「與」也。士既志道，而以口體之養不若人爲恥，忮害貪求之心必不能免，故言「未足與議」，以絕之也。

10 子曰：「君子之於天下也，無適也，無莫也，義之與比。」

正義曰：言「天下」者，謂於天下之人與事也。「無適」、「無莫」者，釋文云：「適，鄭作敵。莫，鄭音慕，無所貪慕也。」惠氏棟九經古義：「禮記雜記『計於適者』，鄭注云：『適讀爲匹敵之敵。』史記范雎傳『攻適伐國』，田單傳『適人開户』，李斯傳『羣臣百官皆畔，不適』，徐廣皆音『征敵』之敵。荀卿子君道篇云：『天子四海之内無客禮，告無適也。』注讀爲敵。」由惠氏所引證觀之，是「適」、「敵」通用。鄭所見本作「敵」，不知其義云何？至釋文於「莫」字，引鄭音「慕」，其下「無所貪慕」，必亦鄭注之義。馮氏登府異文攷證：「莫、慕一聲之轉。一切經音義維摩詰經上『適莫』注：『安適，主適也，亦敵也。莫猶慕也。』敵、慕二訓當亦本鄭注。」竊謂「敵」，當即仇敵之義。「無敵無慕，義之與比」，是言好惡得其正也。鄭氏專就事言。後漢書劉梁傳梁著和同論云：「夫事有違而得道，有順而失義，有愛而爲害，有惡而爲美。〔一〕其故何乎？蓋明智之所得，闇僞之所失也。是以君子之于事也，無適無莫，必考之以義焉。」此義當與鄭合。又李固傳：「子燮所交皆舍短取長，成人之美。時潁川荀爽、賈彪雖俱知名而不相能，燮並交二子，情無適莫。」白虎通諫諍篇：「君所以不爲臣隱何？以爲君之於臣，無適無莫，義之與比，賞一善而衆臣勸，罰一惡而衆臣懼。」風俗通十反篇：「蓋人君者，闢門開窗，號咷博求，得賢而賞，聞善若驚，無適也，無莫也。」諸文解「適」、「莫」，皆就人言。皇疏引范寧曰：「適莫，猶厚薄也。比，親也。君子與人無有偏頗厚薄，唯仁義是親也。」范氏意似以「適」爲「厚」，「莫」爲「薄」，故邢疏即云：「適，厚也；莫，薄也。」此與鄭氏義異。疑李固傳及白虎通、風俗通皆如此解，則亦論語家舊説，於義並得通也。至邢疏又云：「言君子於天下之人，無問富厚窮薄，但有義者，則與之爲親。」其義淺陋，

〔一〕「有」原誤作「者」，據後漢書改。

不足以知聖言矣。皇本有注云:「言君子之於天下,無適無莫,無所貪慕也,唯義之所在也。」案:「無所貪慕」,乃鄭君解「無莫」之義,與「無適」句無涉,此注必妄人所增。

11 子曰:「君子懷德,【注】孔曰:「懷,安也。」小人懷土;【注】孔曰:「重遷。」君子懷刑,【注】孔曰:「安於法。」小人懷惠。」【注】包曰:「惠,恩惠。」

正義曰:爾雅釋詁:「懷,思也。」說文:「懷,思念也。」君子己立立人,己達達人,思成己將以成物,所思念在德也。管子心術篇:「化育萬物謂之德。」又正篇云:「愛之生之,養之成之,利民不德,天下親之曰德。」此德爲君子所懷也。小人惟身家之是圖,飢寒之是恤,故無恒產,因無恒心,所思念在土也。爾雅釋言:「土,田也。」說文:「土,地之吐生萬物者也。」先王制民之產,八家同井,死徙無出鄉,必使仰足事父母,俯足畜妻子,然後驅而之善,所謂能知小人之依矣。「懷刑」,則日儆於禮法,而不致有匪僻之行,此君子所以爲君子也。小人愍不畏法,故以刑齊民,不能使民恥也。書皐陶謨云:「安民則惠,黎民懷之。」是小人所懷在恩惠也。夫君子自治以治人者也,小人待治於人者也。知所以自治以治人,則好善惡不善,勿能已矣;知所以待治於人,則先富後教,處之必有道矣。○注:「懷,安也。」○正義曰:詩終風、雄雉、揚之水箋並云:「懷,安也。」文選登樓賦注引此注作「懷,思也」。以下句「安於法」例之,「思」字誤。○注:「重遷。」○正義曰:爾雅釋詁:「遷,徙也。」言小人以遷徙爲重難也,亦懷居之意。漢書元帝紀詔曰:「安土重遷,黎民之性。」○注:「惠,恩惠。」○正義曰:荀子王制注同。說文:「惠,仁也。」

12子曰：「放於利而行，多怨。」【注】孔曰：「放，依也。每事依利而行，取怨之道。」 正義曰：此爲在位好利者箴也。利者，財貨也。怨者，説文云「恚也」。荀子大略篇：「故義勝利者爲治世，利克義者爲亂世。上重義則義克利，上重利則利克義。故天子不言多少，諸侯不言利害，大夫不言得喪，士不言通貨財。〔一〕有國之君不息牛羊，錯質之臣不息雞豚，冢卿不脩幣，大夫不爲場園。從士以上皆羞利而不與民爭業，樂分施而恥積臧。然故民不困財，貧窶者有所竄其手。」皆言在上位者宜知重義，不與民爭利也。若在上者放利而行，利壅於上，民困於下，所謂「長國家而務財用」，必使「菑害並至」，故民多怨之也。周語：「芮良夫曰：『夫利，百物之所生也，天地之所載也，而或專之，其害多矣。天地百物，皆將取焉，胡可專也？所怒甚多，而不備大難。』」○注：「放，依也。」○正義曰：鄭注天官食醫、儀禮少牢饋食有此訓。漢書公孫賀等傳贊引桓寬鹽鐵論曰：「桑大夫不師古，始放於末利。」師古注：「放，縱也。」謂縱心於利也。一説放，依也。案：放縱義亦通。

13子曰：「能以禮讓爲國乎？何有？【注】何有者，言不難。不能以禮讓爲國，如禮何？」【注】包曰：「如禮何者，言不能用禮。」 正義曰：「讓」者，禮之實；「禮」者，讓之文。先王慮民之有爭也，故制爲禮以治之。禮者，所以整壹人之心志，而抑制其血氣，使之咸就於中和也。「爲國」者，爲猶治也。管子五輔篇：「夫人必知禮然後恭敬，恭敬然後尊讓，尊讓然後少長貴賤不相踰越，少長貴賤而不相踰越，故亂不生而患不作，故曰：禮不可不謹也。」禮記

〔一〕「言」字原脱，據荀子補。

禮運曰：「何謂人情？喜、怒、哀、懼、愛、惡、欲，七者弗學而能。何謂人義？父慈、子孝、兄良、弟弟、夫義、婦聽、長惠、幼順、君仁、臣忠，十者謂之人義。講信修睦，謂之人利。爭奪相殺，謂之人患。故聖人之所以治人七情，修十義，講信修睦，尚辭讓，去爭奪，舍禮何以治之？」左襄十三年傳：「君子曰：讓，禮之主也，世之治也。君子尚能而讓其下，小人農力以事其上，是以上下有禮，而讒慝黜遠，由不爭也，謂之懿德。及其亂也，君子稱其功以加小人，小人伐其技以馮君子，是以上下無禮，亂虐並生，由爭善也，謂之昏德。國家之敝，恒必由之。」諸文並足發明此章之義。後漢劉愷傳賈逵上書引此文，作「能以禮讓爲國，於從政乎何有」，列女傳曹世叔妻上疏引亦同。此疑出齊、古文異。○注：「何有，言不難。」○正義曰：後漢列女傳注：「何有，言若無有。」是其不難也。

14 子曰：「不患無位，患所以立。不患莫己知，求爲可知也。」【注】包曰：「求善道而學行之，則人知己。」

正義曰：周官大宰八則：「四曰祿位，以馭其士。」注：「爵次也。」「立」者，立乎其位也。「患所以立」，猶言患無所以立。下篇「其未得之也，患得之」，亦謂患不得之，皆語之急爾。潛夫論貴忠篇引此文作「患己不立」，當是以義增成，或謂「立」與「位」同。上二句兩「位」字，與下二句兩「知」字，文法一例。漢石經春秋「公卽位」作「卽立」，周官「小宗伯掌建國之神位」，故書「位」作「立」。鄭司農云：「古立、位同字。」「患所以位」，謂患己所以稱其位者，此說亦通。案：「不患無位，患所以立」，就涖官時言之。「不患莫己知，求爲可知」，就爲學時言之。荀子非十二子篇：「君子能爲可貴，不能使人必貴己；能爲可信，不能使人必信己；能爲可用，不能使人必用己。故君子恥不脩，不恥見汙；恥不信，不恥不見信；

恥不能，不恥不見用。是以不誘於譽，不恐於誹，率道而行，端然正己，不爲物傾側，夫是之謂誠君子。」皇本「已」字下有「也」字。

15 子曰：「參乎！吾道一以貫之。」曾子曰：「唯。」【注】孔曰：「直曉不問，故答曰唯。」 正義曰：「參」者，曾子名。說文「森」字，「讀若曾參之參」，則「參」、「森」音同。其字子輿，則取三人同與義也。曾子時與門人同侍夫子，深知聖道，故夫子呼告之也。「一以貫之」者，焦氏循雕菰樓集曰：「孔子言『吾道一以貫之』，曾子曰『忠恕而已矣』，然則一貫者，忠恕也。忠恕者何？成己以及物也。孔子曰：『舜其大知也與！舜好問而好察邇言，隱惡而揚善，執其兩端，用其中於民。』孟子曰：『大舜有大焉，善與人同，舍己從人，樂取於人以爲善。』舜於天下之善無不從之，是真一以貫之，以一心而容萬善，此所以大也。」又云：「孟子曰：『物之不齊，物之情也。』惟其不齊，則不得以己之性情，例諸天下之性情，即不得執己之所習、所學、所知、所能，例諸天下之所習、所學、所知、所能。故有聖人所不知而人知之，聖人所不能而人能之；知己有所欲，人亦各有所欲；己有所能，人亦各有所能。聖人盡其性以盡人物之性，因材而教育之，因能而器使之，而天下之人，共包函於化育之中，致中和，天地位焉，萬物育焉。是故人之有技若己有之，保邦之本也；己所不知，人其舍諸，舉賢之要也；知之爲知之，不知爲不知，力學之基也；克己則無我，無我則有容天下之量；有容天下之量，以善濟善，而天下之善揚，以善化惡，而天下之惡亦隱。貫者通也，所謂通神明之德，類萬物之情也。惟事事欲出乎己，則嫉忌之心生；嫉忌之心生，則不與人同而與人異；不與人同而與人異，執一也，非一以貫之也。孔子又謂子貢曰：『女以予爲多學而識之者與？』曰：『然，非與？』曰：『非也，予一以貫之。』聖人惡夫不知而作者，曰：『多聞，擇其善者而從之；多見而識之；知之次也。』次者，次乎一以貫之者也。多學而後多聞多見，多聞多見，則不至守一先生之言，執一而不博，然多仍在己，未嘗通於人。未通於人，僅爲知之次，而不可爲大知，必如舜之舍己從人，而知乃大。不多學，則蔽於一曲，雖兼陳萬物，而縣衡無其具，乃博學則不能皆精。吾學焉，而人精焉，舍己以從人，於是集千萬人之知，以成吾一人之知，此一以貫之所以視多學而識者爲大也。孔子非不多學而識，多學而識，不足以盡，若曰我非多學而識者也，是一以貫之者也。多學而識，成己也；一以貫之，成己以及物也。僅多學而未一貫，得其半，未得其全，故非之。」又廣雅釋詁：「貫，行也。」王氏念孫疏證：「衛靈公篇：『子貢問曰：「有一言而可以終身行之者乎？」子曰：「其恕乎！」』里仁篇：『子曰：「吾道一以貫之。」』一以貫之，卽一以行之也。荀子王制篇云：『爲之貫之。』貫亦爲也。漢書谷永傳云：『以次貫行，固執無違。』後漢書光武十王傳云：『奉承貫行。』貫亦行也。爾雅：『貫，事也。』事與行義相近，故事謂之貫，亦謂之服，行謂之服，亦謂之貫矣。」阮氏元揅經室集曰：「吾道一以貫之，此言孔子之道皆於行事見之，非徒以文學爲教也。一與壹同。後漢馮緄傳、淮南說山訓、管子心術篇皆訓一爲專，大戴衛將軍、荀子勸學、臣道、後漢書順帝紀皆訓一爲皆，荀子大略、左昭二十六年、穀梁僖九年、禮記表記、大學皆訓壹爲專。一以貫之，猶言壹是皆以行事爲教也。弟子不知所行爲何道，故曾子曰『夫子之道，忠恕而已矣。』」又云：「子貢之一貫，亦當訓爲行事，此夫子恐子貢但以多學而識學聖人，而不於行事學聖人也。夫子於曾子則直告之，於子貢則略加問難而出之，卒之告子貢曰『予一以貫之』，亦謂壹是皆以行事爲教也，亦卽忠恕之道也。」案：「一貫」之義，自漢以來不得其解，若焦與王、阮二家之説，求之經旨皆甚合，故並録存之。皇本「貫之」下有「哉」字。○注：「直曉不問，故答曰唯。」○正義曰：「『唯』卽是答，故以答明之。説文：『唯，諾也。』曲禮記『唯而不諾』，注：『應辭唯恭於諾。』」子出，門人問曰：「何謂也？」曾子曰：「夫子之道，忠恕而已矣。」　正義曰：「門人」者，謂受學於夫子之門之人也。下篇「子路使門人爲臣」，「門人欲厚葬之」，「門人不敬子路」，又孟子言「門人治任將歸」，皆是夫子弟子。惟曾子謂門弟子，則曾子門人。子夏之門人問交於子張，則子夏弟子也。「忠恕」者，周語云：「中能應外，忠也。」曾子大孝云：「忠者，中此者也。」周官大司徒注：「忠，言以中心。」賈子道術：「以己量人謂之恕。」大戴記小辨云：「知忠必知中，知中必知恕，知恕必知外，知外必知德。」又曰：「內思畢心曰知中，中以應實曰知恕。」曾子立孝篇：「曾子曰：『君子立孝，其忠之用也，禮之貴也。故爲人子而不能孝其父者，不敢言人父不能畜其子者；爲人弟而不能承其兄者，不敢言人兄不能順其弟者；爲人臣而不能事其君者，不敢言人君不能使其臣者。』」禮中庸曰：「子曰：『忠恕違道不遠。施諸己而不願，亦勿施於人。君子之道四，丘未能一焉。所求乎子以事父，未能也；所求乎臣以事君，未能也；所求乎弟以事兄，未能也；所求乎朋友先施之，未能也。庸德之行，庸言之謹，有所不足，不敢不勉；有餘，不敢盡。言顧行，行顧言。君子胡不慥慥爾！』」二文言忠恕之義最顯。　蓋忠恕理本相通，忠之爲言中也。中之所存，皆是誠實。大學：「所謂誠意，毋自欺也。」卽是忠也。中庸云：「誠者非自成己而已也，所以成物也。」中庸之「誠」，卽大學之「誠意」。誠者，實也；忠者，亦實也。君子忠恕，故能盡己之性；盡己之性，故能盡人之性。非忠則無由恕，非恕亦奚稱爲忠也？説文訓「恕」爲「仁」，此因恕可求仁，故恕卽爲仁，引申之義也。是故仁者，「己欲立而立人，己欲達而達人」。己立己達，忠也；立人達人，恕也。二者相因，無偏用之勢。「而已矣」者，無餘之辭。自古聖賢至德要道，皆不外忠恕，能行忠恕，便是仁聖，故夫子言「忠恕違道不遠」也。忠恕之道，即一以貫之之道，故門人聞曾子此言，不復更問矣。宋相臺本、岳本此節下有集解云：「忠以事上，恕以接下，本一而已，惟其人也。」其注，諸本並無，蓋後人所增。

16 子曰：「君子喻於義，小人喻於利。」【注】孔曰：「喻，猶曉也。」 正義曰：包氏愼言溫故錄：「大雅瞻卬：『如賈三倍，君子是識。』箋云：『賈物而有三倍之利者，小人所宜知也。君子知之，非其宜也。』孔子曰：「君子喻於義，小人喻於利。」案：如鄭氏說，則論語此章，蓋爲卿大夫之專利者而發，君子、小人以位言。」范甯曰：「棄貨利而曉仁義，則爲君子；曉貨利而棄仁義，則爲小人。」見皇侃義疏，與鄭箋意同。董子對策曰：「古之所予祿者，不食於力，不動於末，故利可均布，而民可家足。公儀子相魯，見其家織帛，怒而出其妻，食於舍而茹葵，慍而拔其葵，曰：『吾已食祿，又奪園夫女紅利乎？』古之賢人君子在列位者皆如是。及周之衰，其卿大夫緩于誼而急于利，故詩人刺之曰：『節彼南山，維石巖巖。赫赫師尹，民具爾瞻。』爾好義，則民向仁而俗善；爾好利，則民向邪而俗敗。由是觀之，天子大夫，下民之所視傚，豈可居賢人之位而爲庶人行哉？夫皇皇求利，惟恐匱乏者，庶人之意也；皇皇求仁義，常恐不能化民者，卿大夫之意也。」觀董子此言，可知鄭說之約而該矣。焦氏循雕菰樓文集：「荀子王制篇：『古者雖王公卿士大夫之子孫，不能屬於禮義，則歸之庶人；雖庶人之子孫，積文學、正身行能屬於禮義，則歸之卿士大夫。』案：卿士大夫，君子也；庶人，小人也。貴賤以禮義分，故君子、小人以貴賤言，即以能禮義不能禮義言。能禮義，故喻於義；不能禮義，故喻於利。『無恒產而有恒心者，惟士爲能』，君子喻於義也。『若民則無恒產，因無恒心』，小人喻於利也。惟小人喻於利，則治小人者必因民之所利而利之，故易以君子孚于小人爲利。君子能孚於小人，而後小人乃化於君子。此教必本於富，驅而之善，必使仰足事父母，俯足畜妻子。儒者知義利之辨，而舍利不言，可以守己，而不可以治天下之小人，小人利而後可義，君子以利天下爲義。孔子此言，正欲君子之治小人者，知小人喻於利。」○注：「喻，猶曉也。」○正義曰：禮記文王世子注同。淮南主術、脩務訓注：「喻，明也。」「明」、「曉」義同。

17 子曰：「見賢思齊焉，見不賢而內自省也。」【注】包曰：「思與賢者等。」　正義曰：鄭注云：「省，察也。察己得無然也。」案：「省察」常訓。荀子脩身篇：「見善，脩然必以自存也；見不善，愀然必以自省也。」即此章之義。○注：「思與賢者等。」○正義曰：鄭注云：「齊，等也。」與包同。

18 子曰：「事父母幾諫，見志不從，又敬不違，勞而不怨。」【注】包曰：「幾者，微也。當微諫納善言於父母。見志，見父母志有不從己諫之色，則又當恭敬，不敢違父母意而遂己之諫。」　正義曰：說文云：「諫，証也。」謂以言正之也。白虎通諫諍云：「諫者，閒也，更也，是非相閒，革更其行也。」孝經云：「父有爭子，則身不陷於不義。」是父母有過，人子當諫止之也。「勞而不怨」者，王氏引之經義述聞：「勞，憂也。高誘注淮南精神篇曰：『勞，憂也。』凡詩言『實勞我心』，『勞心忉忉』，『勞心慱慱』，『勞人草草』之類，皆謂憂也。論語『勞而不怨』，承上『見志不從』而言，亦謂『憂而不怨』」

也。曲禮曰『三諫而不聽，則號泣而隨之』，可謂憂矣。皇侃疏引內則『撻之流血，不敢疾怨』以爲證。案：『撻之流血』，非勞之謂也。邢昺疏曰：『父母使己以勞辱之事，己當盡力服其勤，不得怨父母。』則又與上文『幾諫』之事無涉，胥失之矣。孟子萬章篇曰：『父母愛之，喜而不忘；父母惡之，勞而不怨。』勞與喜相類，亦謂憂而不怨也。」案：王說是也。祭義：「父母愛之，嘉而不忘；父母惡之，懼而無怨。」「懼」、「憂」義同。「勞而不怨」，謂憂父母之不從，更思進諫也。皇本「敬」下有「而」字。○注「幾者」至「之諫」。○正義曰：易繫辭傳：「幾者，動之微。」說文：「幾，微也。」坊記：「子云：『從命不忿，微諫不倦，勞而不怨，可謂孝矣。』」「微諫」卽幾諫。此注言「微諫」，當卽本坊記。鄭彼注云：「微諫不倦者，子於父母尚和順，不用鄂鄂。」又檀弓云：「事親有隱而無犯。」鄭注云：「無犯，不犯顏而諫。論語曰『事父母幾諫。』」合鄭兩注觀之，是「微諫」爲和順之義。內則所云「父母有過，下氣怡色，柔聲以諫」是也。「納善言於父母」者，謂所諫之辭，皆是善言，所謂「諭父母於道」也。「見志，見父母志有不從己諫之色」者，言父母志不可見，但見父母色，知其志也。「則又當恭敬」云云者，內則云：「諫若不入，起敬起孝，說則復諫。不說，與其得罪於鄉黨州閭，寧孰諫。」是子諫父母不從，當益加孝敬，思復進諫，不可遽違父母意，徑情直行。但欲遂己之諫，不計父母之恥怒也。祭法云：「父母有過，諫而不逆。」鄭注：「順一而諫之。」「不逆」與「不違」義同，蓋不違亦是「幾諫」，非不敢違父母意，遂不諫也。白虎通諫諍云：「子諫父，父不從，不得去者，父子一體而分無相離之法，猶火去木而滅也。論語『事父母幾諫，又敬不違』。」白虎通引此文，以「不違」爲不去，卽內則所云「不說」則「孰諫」，必待親從諫而後已，己不得違而去之也。此與包注義別，亦通。

19子曰：「父母在，不遠遊，遊必有方。」【注】鄭曰：「方，猶常也。」　正義曰：皇本「不遠」上有「子」字。詩板傳：「遊，行也。」此常訓。吳氏嘉賓說：「必有方者，亦非遠遊也。雖近且必有其所常至，使家人知之，曲禮曰『所遊必有常』是也。」案：玉藻云：「親老，出不易方。」義與此同。邢疏，云：「遊必有常所，使父母呼己，得卽知其處也。設若告云『詣甲』，則不得更詣乙，恐父母呼己於甲處，不見，則使父母憂也。」○注：「方，猶常也。」○正義曰：鄭注檀弓、禮器並同。

20子曰：「三年無改於父之道，可謂孝矣。」【注】鄭曰：「孝子在喪，哀戚思慕，無所改於父之道，非心所忍爲。」　正義曰：釋文曰：「此章與學而篇同，當是重出。」陳氏鱣古訓曰：「漢石經亦有此章，當是弟子各記所聞，故鄭注之。」案：論語中重出者數章，自緣聖人屢言及此，故記者隨文記之。春秋繁露祭義篇：「孔子曰：『書之重，辭之復。嗚乎！不可不察也。其中必有美者焉。』」○注「鄭曰」至「忍爲」。○正義曰：釋文云：「學而是孔注，今此是鄭注，本或二處皆有集解，或有無者。」

21子曰：「父母之年，不可不知也。一則以喜，一則以懼。」【注】孔曰：「見其壽考則喜，見其衰老則懼。」　正義曰：「喜」、「懼」者，說文云：「喜，樂也。懼，恐也。」皇疏引李充曰：「孝子之事親也，養則致其樂，病則致其憂，憂樂之情深，則喜懼之心篤。然則獻樂以排憂，進歡而去戚者，其惟知父母之年乎！豈徒知年數而已哉？貴其能稱年而致養也。是以惟孝子爲能達就養之方，盡將從之節，喜於康豫，懼於失和，孝子之道備也。」○注「孔曰」至「則懼」。○正義曰：釋文云：「此章注或云孔注，或云包氏，又作鄭玄語辭，未知孰是。」

22 子曰：「古者言之不出，恥躬之不逮也。」【注】包曰：「古人之言，不妄出口，爲身行之將不及。」

正義曰：爾雅釋詁：「躬，身也。逮，及與也。」釋言：「逮，及也。」並常訓。禮緇衣云：「子曰：『言從而行之，則言不可飾也；行從而言之，則行不可飾也。故君子寡言而行，以成其信，則民不得大其美而小其惡。』」義與此章相發。皇本作「古之者言之不妄出也」。

23 子曰：「以約失之者鮮矣。」【注】孔曰：「俱不得中，奢則驕佚招禍，儉約無憂患。」

正義曰：「約」即「曾子守約」之約。趙氏佑溫故錄：「賁盡飾，受以剝；節當位，受以孚。君子損益盈謙，與時消息，於謙得六爻之吉，於豐厪日中之憂。天道人事，未有不始於約，終於約者。約而爲泰則無恒，泰而能約故可久。曲禮曰：『敖不可長，欲不可從，志不可滿，樂不可極。』皆言約之道也。」武氏億經讀考異：「此凡兩讀，『以約』爲句，『失之者鮮矣』爲句。又『以約失之者』爲句，『鮮矣』爲句，並通。」○注「俱不」至「憂患」。○正義曰：注謂約即儉也。奢則不孫，儉則固，二者俱不得中，而約可免憂患，故其失鮮。易象傳：「天地不交否，君子以儉德辟難。」表記：「子曰：『夫恭近禮，儉近仁，信近情，敬讓以行，此雖有過，其不甚矣。夫恭寡過，情可信，儉易容也。以此失之者，不亦鮮乎！』」義與此文相證。

24 子曰：「君子欲訥於言，而敏於行。」【注】包曰：「訥，遲鈍也。言欲遲而行欲疾。」 注：「訥，遲鈍也。」○正義曰：說文云：「訥，言難也。」廣雅釋詁：「訥，遲也。」玉篇引論語作「吶」，以「吶」爲「訥」之或體。說文：「㕯，言之訥也。」「㕯」在口部，「訥」在言部，字異義同。檀弓：「其言吶吶然，如不出諸其口。」注：「吶吶，舒小貌。」亦遲鈍之義。釋文引鄭注云：「言欲難。」意與包同。

25 子曰：「德不孤，必有鄰。」【注】方以類聚，同志相求，故必有鄰，是以不孤。 正義曰：張栻解云：「德立於己，則天下之善斯歸之，蓋不孤也。如善言之集，良朋之來，皆所謂『有鄰』也。至於天下歸仁，是亦『不孤』而已矣。」案：張解深合經旨。易坤文言曰：「君子敬以直內，義以方外，敬義立而德不孤。」言內外皆有所立，故德不孤。不孤者，言非一德也。韓詩外傳齊桓公過麥丘之封人，謂其善祝曰：「至德不孤，善言必再。」又曰：「至德不孤，善言必三。」義尤明顯。「必有鄰」者，言己有德，則有德之人亦來歸也。鹽鐵論論誹篇引此文說之云：「故湯興而伊尹至，不仁者遠矣。未有明君在上，而亂臣在下也。」漢書董仲舒傳：「臣聞天之所大奉使之王者，必有非人力所能致而自至者，此受命之符也。天下之人，同心歸之，若歸父母，故天瑞應誠而至。書曰『白魚入於王舟』云云，此蓋受命之符也。孔子曰：『德不孤，必有鄰。』皆積善累德之效也。」此引論語爲「人同心歸之」之證。積善累德，即釋不孤義也。皇疏：「又一云鄰，報也。言德行不孤矣，必爲人所報也。」故殷仲堪曰：「推誠相與，則殊類可親，以善接物，物亦不皆忘，以善應之，是以德不孤焉，必有鄰也。』」案：說苑復恩篇：「孔子曰：『德不孤，必有鄰。』夫施德者貴不德，受恩者尚必報。」是以「鄰」爲「報」，亦漢人舊誼，故並箸之。○注「方以」至「不孤」。○正義曰：邢疏云：「『方以類聚』者，周易上繫辭文也。方謂法術性行，各以類相聚也。云『同志相求』者，周易乾卦文言也，〔一〕言志同者相求爲朋友也。」

26子游曰：「事君數，斯辱矣；朋友數，斯疏矣。」【注】數謂「速數」之數。

正義曰：「疏」，遠也。見呂覽慎行注。邢疏云：「此章明爲臣結交當以禮漸進也。」吴氏嘉賓説：「『數』與『疏』對，記曰『祭不欲數』是也。君子之交淡如水，小人之交甘如醴。君子淡以成，小人甘以壞，事君與交友皆若是矣。『數』者，昵之至於密焉者也。惟恐其辱，乃所以召辱，不欲其疏，乃所以取疏，故曰上交不諂，下交不瀆。」案：吴氏此説，與邢疏合。宋書蕭思話劉延孫傳論：「夫侮因事狎，敬由近疏，疏必相思，狎必相厭，厭思一殊，榮禮自隔。子曰：『事君數，斯疏矣。』」雖引文有誤，而其義亦與邢疏同。釋文云：「數，鄭世主反，謂數己之功勞。」隋書李諤傳：「時當官者好自矜伐。諤上疏云：『舜戒禹云：「女惟不矜，天下莫與汝争能，女惟不伐，天下莫與女争功。」言偃又云：「事君數，斯辱矣，朋友數，斯疏矣。」此皆先哲之格言。』」正本鄭説，以「數」爲數己之功勞也。先兄五河君經義説略辨之云：「如鄭此説，則下『朋友數』不可通，當訓爲數君友之過。漢書項籍傳、陳餘傳、司馬相如傳下、主父偃傳注並云：『數，責也。』國策秦策注『數讓』，『責讓』，皆數其過之義。儒行：『其過失可微辨，而不可面數也。』謂不可面相責讓也。」俞氏樾羣經平議説同。又云：「曲禮云：『爲人臣之禮，不顯諫。』故諫有五，而孔子從其諷，其於朋友，則曰『忠告而善道之』。事君而數，則失『不顯諫』之義。朋友而數，則非所以『善道』之矣。」此説於

〔一〕「同志相求」，易乾卦文言作「同氣相求」。

義亦順，因並箸之。○注：「數謂『速數』之數。」○正義曰：爾雅釋詁：「數，疾也。」樂記：「衞音趨數煩志。」注：「趨數讀如促速。」祭義：「其行也趨趨以數。」注：「數之言速也。」是數、速音義皆相近，此注義不顯備。胡氏紹勳拾義申此注，謂「數者，疾諫也。」又謂「數有驟義，如廣雅釋詁三、小爾雅廣言皆訓『驟』爲『數』。左傳宣二年『驟諫』服注、楚辭悲回風『驟諫君而不聽兮』注並云：『驟，數也。』驟諫未有不致辱者」。此說當得注意。陳氏鱣古訓引錢廣伯說「速數」乃「疏數」之訛，非是。皇本此注爲孔安國。

論語正義卷六

公冶長第五　集解

凡二十九章

1 子謂公冶長，「可妻也。雖在縲紲之中，非其罪也」。以其子妻之。【注】孔曰：「冶長，弟子，魯人也。姓公冶，名長。縲，黑索。紲，攣也。所以拘罪人。」　正義曰：「以」者，主婚之辭。「子」者，儀禮喪服經：「女子子在室爲父。」注：「子，女也。」「妻」者，以女適人，與之爲妻也。說文：「妻，婦與夫齊者也。」大戴禮保傅云：「謹爲子孫娶妻嫁女，必擇孝悌世世有行義者。」[一]故此辨其非罪。及論南容，亦稱其德行，示當謹擇士也。非其罪，傳無所聞。皇疏引范寧曰：「公冶行正獲罪，罪非其罪，孔子以女妻之，將以大明衰世用刑之枉濫，勸將來實守正之人也。」又引別書名論釋稱公冶長解禽語，食死人肉，致疑爲殺人，繫獄。邢疏斥其不經。愚以周官「夷隸掌與鳥言」，「貉隸掌與獸言」，則以公冶解鳥語，容或有之，而謂因此獲罪，則傅會之過矣。「紲」，唐石經作「絏」，張參五經文字以爲避諱偏旁。○注「冶長至「罪人」。○正義曰：史記弟子傳：「公冶長，齊人。」家語弟子解則云「魯人」，與此孔注合。史記「長可妻也」，不連「公冶」

[一]「行」下原衍「仁」字，據大戴禮記解詁刪。

爲文，故此注以公冶爲姓，長爲名。而又稱「冶長」者，猶馬遷、葛亮之比，凡兩字姓，得單舉一字也。家語云「名萇」，邢疏引家語作「字子長」，釋文引家語作「字子張」，據史傳亦「字子長」。皇疏及釋文引范寧曰：「名芝，字子長。」白水碑作「子之」，似又以子之爲字。諸說各異，當以史傳爲正。「縲」爲黑索者，說文無「縲」字，「纍」下云：「綴得理也，一曰大索也。」「縲」與「纍」同。凡索皆綴屬而成，故兩訓可互取。史記此文作「累」，淮南子氾論訓「累紲」兩見。孟子梁惠王下「係累其子弟」，趙岐注：「係累，猶縛結也。」荀子成相「箕子累」，楊倞注：「累讀爲縲。」案：「累」即「纍」之省。春秋左氏傳「不以纍臣釁鼓」，「兩釋纍囚」，「使其衆男女別而纍」，皆以纍爲索也。說文：「紲，系也。從系，世聲。緤，紲或從枼。」廣雅釋詁：「紲，系也。」釋器：「紲，纍索也。」少儀：「犬則執紲。」左氏傳：「臣負羈紲。」是紲亦繩索之稱。凡繫人繫物，皆謂之紲。孔以「紲」爲攣者，說文：「攣，係也。」易中孚：「有孚攣如。」馬注：「攣，連也。」虞注：「攣，引也。」義皆可證。

2 子謂南容，「邦有道，不廢；邦無道，免於刑戮」。以其兄之子妻之。【注】王曰：「南容，弟子，南宮縚，魯人也，字子容。不廢，言見用。」

正義曰：爾雅釋詁：「廢，舍也。」此常訓。說文：「戮，殺也。」廣雅釋詁：「戮，殺也，辱也，辠也。」義皆相近。大戴禮衛將軍文子篇：「獨居思仁，公言言義，其聞之詩也，[一]一日三復白圭之玷，是南宮縚之行也。夫子信其仁，以爲異姓。」盧辯注：「謂以兄之子妻之也。」案：「思仁」、「言義」，則有臨民之德，當國有道時，必見錄用也。其心謹言，則當無道時，危行言遜，故可免刑戮也。皇疏云：「昔時講說，好評公冶、南容德有優劣，故妻有己女、

[一]「之」字原脫，據大戴禮記解詁補。

兄女之異。侃謂二人無勝負也。卷舒隨世，乃爲有智，而枉濫獲罪，聖人猶然，亦不得以公冶爲劣也。以己女妻公冶，以兄女妻南容，非謂權其輕重，政是當其年相稱而嫁事，非一時在次耳，則可無意其間也。」「兄之子」者，史記索隱引家語云：「梁紇娶魯之施氏，生九女。其妾生孟皮，病足，乃求婚於顏氏徵在。」則孔子兄卽孟皮也。孟皮此時已卒，故孔子爲兄子主婚。○注「南容」至「子容」。○正義曰：「南宮」者，兩字氏，亦單舉一字，故曰「南」。史記仲尼弟子列傳：「南宮括，字子容。」「括」又作「适」。史以南宮括、南容爲一人，此注又以南容、南宮縚爲一人。檀弓：「南宮縚之妻之姑之喪，夫子誨之髽。」而家語又以「三復白圭」爲「南宮韜之行」，「韜」與「縚」同。論語釋文亦云：「縚，本又作韜。」則陸所見此注亦作「韜」。「韜」與「容」、「括」義皆相貫，作「縚」作「适」，皆通用字。鄭氏檀弓注云：「南宮縚，孟僖子之子南宮閱也，字子容，其妻孔子兄女。」疏云：「案：左氏傳『孟僖子將卒，召其大夫云：「屬說與何忌於夫子，以事仲尼。」』以南宮爲氏，故世本云『仲孫貜生南宮縚』是也。」案：仲孫貜卽孟僖子，世本誤以南宮縚、南宮閱爲一人，而鄭君遂承其誤。「閱」與「說」通用字，左傳所云「屬說」，卽南宮閱也，又名仲孫閱，又名南宮說，而其謚爲敬，其字爲叔，與南宮縚無涉。自鄭君誤依世本，而陸德明釋文、司馬貞史記索隱皆沿用之。然漢書古今人表分列南宮敬叔、南容爲二人，則世本不可信。明錢可選箸補闕疑曾列四疑以辨之，謂孔子在魯，族姓頗微，而敬叔爲公族元士，定已娶於彊家，豈孔子得以兄子妻之？又檀弓載「南宮敬叔反，必載寶而朝」，孔子謂「不如速貧之愈」。若而人豈能抑權力而伸有德，謹言行而不廢於有道之邦者耶？毛氏奇齡四書賸言亦謂敬叔卽曾受僖子命，與其兄懿子學禮孔子，然並不在弟子之列。史記、家語所載弟子止容一人，向使容卽敬叔，則未有載敬叔不載懿子者，至縚妻姑喪，孔子誨其女髽法。若是敬叔，則此姑者，孟僖子妻也。世族喪服自有儀法，不容誨也。至若史記、家語，各載敬叔從孔子適周，見金人緘口，孔子戒以謹言，事與容無涉。二家之論致確。梁氏玉繩古今人表攷、史記志疑說畧同。惟毛氏賸言以南宮适別爲一人，非是。南容與史記不合，其誤顯然，此故不載其說也。又顏師古漢書注：「南容卽南宮縚也，敬叔卽南宮括也。」以南宮括爲敬叔，亦誤。

3 子謂子賤，【注】孔曰：「子賤，魯人，弟子宓不齊。」「君子哉若人！魯無君子者，斯焉取斯？」【注】包曰：「若人者，若此人也。如魯無君子，子賤安得此行而學行之？」

正義曰：呂氏春秋察賢篇：「宓子賤治單父，彈鳴琴，身不下堂，而單父治。巫馬期以星出，以星入，日夜不居，以身親之，而單父亦治。巫馬期問其故於宓子。宓子曰：『我之謂任人，子之謂任力，任力者故勞，任人者故逸。』宓子則君子矣。」韓詩外傳同。又云：「子賤治單父，其民附。孔子曰：『告丘之所以治之者。』對曰：『所父事者三人，所兄事者五人，所友者十有二人，所師者一人。』孔子曰：『所父事者三人，足以教孝矣；所兄事者五人，足以教弟矣；所友者十有二人，足以祛壅蔽矣；所師者一人，足以慮無失策，舉無敗功矣。惜也不齊爲之小，不齊爲之大，功乃與堯、舜參矣。』」說苑政理篇略同。然則夫子所云魯之君子，卽指所父事、兄事、所友、所師者言。子賤爲政，在能得人，故說苑又載子賤告夫子以三得，終之以朋友益親，夫子贊美子賤能取人，而又以見魯多君子，故云：「若魯無君子，子賤安所取法以成其治乎？」新序雜事二：「魯君使宓子賤爲單父宰，子賤辭去，因請借善書者二人，使書憲書教品，魯君予之。〔一〕至單父使書，子賤從旁引其肘，醜則怒之，欲好書則又引之。書者患之，請辭而去，

〔一〕「予」原誤作「子」，據新序改。

歸以告魯君。魯君曰：『子賤苦吾擾之，使不得施其善政也。』乃命有司無得擅徵發單父，單父之化大治。故孔子曰：『君子哉子賤！魯無君子者，斯安取斯？』美其德也。」新序與說苑同出劉向。蓋魯君信用子賤，而子賤又能取人以輔其治，故孔子美之。○注：「子賤，魯人，弟子宓不齊。」○正義曰：史記弟子列傳：「宓不齊，字子賤，少孔子四十九歲。」不言何國人。家語弟子解始云「魯人」，與此注合。漢書藝文志有「宓子十六篇」，顏師古注：「宓讀與伏同。」又或作「虙」，見五經文字所引論語釋文。然釋文以作「宓」爲誤，則不知「虙」、「宓」俱從必得聲，未爲誤也。又或作「密」，見淮南子泰族訓。

4 子貢問曰：「賜也何如？」子曰：「女，器也。」【注】孔曰：「言女器用之人。」曰：「何器也？」曰：「瑚璉也。」【注】包曰：「瑚璉，黍稷之器。夏曰瑚，殷曰璉，周曰簠簋。宗廟之器貴者。」

正義曰：夫子論諸弟子，非在一時，記者以次書之。皇疏謂「子貢聞孔子評諸弟子而不及己，故有此問」，非也。惠氏棟九經古義：「瑚璉當爲胡連。春秋傳曰『胡簋之事』，明堂位曰『夏后氏之四連』，皆不從玉旁。孔廟禮器碑又作胡輦，古連、輦字通。」段氏玉裁說文注引禮器碑，又引司馬法『夏后氏輦曰余車，殷曰胡奴車，周曰輜輦。』」疑「胡輦」皆取車爲名。案：說文：「槤，瑚槤也。」其字從木，當是以木爲之。潛夫論讚學云：「胡簋之器，其始也，乃山野之木。」是其證。陳祥道禮書：「瑚以玉，簋以竹爲之。」祇以瑚字從玉，簋字從竹，妄爲說之，無他證也。馮氏登府異文考證考「胡連」本瓦器，而飾以玉。孟郁修堯廟碑「瑚」字又作「⿰土瑚」，可知胡連本瓦器，故後人又加土旁。案：考工記：「旊人爲簋。」馮見簋是瓦器，而明堂位以「四連」、「六瑚」、「八簋」爲文，則胡連亦瓦器。然旊人疏云：「祭宗廟皆用木簋，今此用瓦簋，祭天地及外神尚質，器用陶匏之類也。」則簋有以木，以瓦之異。堯廟碑是祭外神，當用瓦，故字作瑚。若論語言祭宗廟之器本不用瓦，不得同彼文作瑚也。○注「瑚璉至「貴者」。○正義曰：鄭注云：「黍稷器，夏曰瑚，殷曰璉。」與包咸同。說文云：「黍，禾屬而黏者也。稷，齋也。」程氏瑶田九穀考說：「黍穗似禾而舒散，今北人稱黃小米。稷，今之高粱。」宗廟之祭，食用黍稷，此瑚璉爲盛黍稷器也。其制之異同，鄭注明堂位已云「未聞」。凌氏曙典故覈引三禮圖：「瑚受一升，如簋而平下。璉受二升，漆赤中，蓋亦龜形，飾口以白金，制度如簠而鋭下。」則以瑚圜璉方，未知何本。明堂位稱夏之四璉，殷之六瑚，今包、鄭注俱云「夏瑚殷璉」，賈、服、杜注左傳亦言「夏曰瑚」，疑今本明堂位文有誤也。「周曰簠簋」者，鄭注周官舍人云：「方曰簠，圜曰簋，盛黍稷稻粱器。」賈疏：「案孝經云『陳其簠簋』，註云『內圜外方，受斗二升』者，直據簠而言。若簋則內方外圜。」此其制也。夫子言「賜也達，可使從政」，故以宗廟貴器比之。言女器若瑚璉者，則可薦鬼神，羞王公矣。

5 或曰：「雍也仁而不佞。」【注】馬曰：「雍，弟子，仲弓名，姓冉。」子曰：「焉用佞？禦人以口給，屢憎於人。不知其仁，焉用佞？」【注】孔曰：「屢，數也。佞人口辭捷給，數爲人所憎惡。」　正義曰：說文云：「佞，巧讇高材也。」曲禮釋文：「口才曰佞。」下篇「惡夫佞者」、「無乃爲佞乎」訓同。仲弓德行中人，行必先人，言必後人，或者以爲仁而不佞者。當時尚佞，見雍不佞，故深惜之。「禦」者，爾雅釋言云「禁也」。「不知其仁」，言以口給禦人，不知其人於仁何如也。唐石經初刻作「其仁」，後磨改作「其人」，皇本末二句尾並有「也」字。○注：「雍，弟子，仲弓名，姓冉。」○正義曰：史記弟子列傳：「冉雍，字仲弓。」鄭目録云「魯人」。論衡自紀篇以仲弓爲冉伯牛子，史記索隱引家語又云：「伯牛之宗族。二說各異，當從論衡。○注「屢數」至「憎惡」。○正義曰：毛詩賓筵傳：「屢，數也。」此常訓。「捷給」者，捷，速也。給，足也。荀子性惡篇「齊給便敏而無類。」注：「給謂應之速，如供給者也。」非十二子篇：「齊給便利而不順禮義。」注：「給，急也。」速、急皆引申之義。大戴禮保傅篇：「接給而善對。」曾子立事篇：「進給而不讓。」說苑尊賢篇孔子對哀公以取人之術曰：「毋取拑者，毋取口銳者。拑者大給利，不可盡用；口銳者多誕而寡信，後恐不驗也。」皆謂口辭捷給也。韓詩外傳：「人之利口贍辭者，人畏之，畏之斯惡之。」子曰：『惡利口之覆邦家者。』」

6 **子使漆雕開仕。對曰：「吾斯之未能信。」**【注】孔曰：「開，弟子也。漆雕姓，開名。仕進之道，未能信者，未能究習。」**子說。**【注】鄭曰：「善其志道深。」

正義曰：釋文：「雕，本或作凋。」皇本、唐、宋石經皆作「彫」。邢本作「雕」，與釋文合。阮氏元校勘記：「依說文當作琱。凡琱琢之成文則曰彫，雕、凋皆叚借字。」案：依阮說，漆雕氏必其職掌漆飾琱刻，以官爲氏者也。夫子使開仕，當在爲魯司寇時。皇疏云：「答師稱吾者，古人皆然也。」考答師稱吾，僅見此文。宋氏翔鳳過庭錄：「疑吾爲启字之訛，启卽啟字。」亦通。○注「開弟」至「究習」。○正義曰：史記弟子列傳：「漆雕開，字子開。」閻氏若璩四書釋地謂「上開本啟字，漢人避諱所改」。引漢藝文志「孔子弟子漆雕啟」證之，其說是也。古今人表亦作「啟」。啟者，開也，故字子開。此注以開爲名，作僞者之疏可知。楊簡先聖大訓又名憑，家語弟子解又字子若，白水碑字子脩，皆妄人所造。鄭目錄云「魯人」，家語則云「蔡人」，亦誤也。仕進之道，恐未能究習，故云「未能信」。信者，有諸己之謂也。由開之言觀之，其平時好學，不自矜伐，與其居官臨民謹畏之心，胥見於斯。其後仕與不仕，史傳並無明文。家語謂開「習尚書，不樂仕」。夫不樂仕，非聖人之教。中庸云：「誠者非自成己而已也，所以成物也。」夫子謂「仁者，己欲立而立人，己欲達而達人」。子路亦謂「不仕無義，欲潔其身，而亂大倫」。是開之言「未能信」，實以仕進之道未能究習，而非不樂仕矣。此注雖僞作，猶能不失其義。王肅注家語云：「言未能明信斯書義。」是肅自爲附會。○注：「善其志道深。」○正義曰：子曰：「三年學，不至於穀，不易得也。」即此義。

7 子曰：「道不行，乘桴浮于海。從我者，其由與？」【注】馬曰：「桴，編竹木，大者曰栰，小者曰桴。」子路聞之喜。【注】喜與己俱行。

正義曰：「乘」，說文作「椉」，云「覆也」。覆者，加乎其上也。詩七月傳：「乘，升也。」「浮」者，說文云「氾也」。漢書地理志注：「浮，以舟渡也。」「于」，皇本作「於」，爾雅釋詁：「于，於也。」二字義同，故經傳通用。王氏瑬四書地理考：「浮海指勃海。」說文：「海，天池也。以納百川者。」又云：「澥，勃澥，海之別也。」潛丘劄記：「太史公多言勃海，河渠書謂永平之勃海，封禪書謂登萊之勃海，蘇秦列傳指天津衞之海，朝鮮列傳指海之在遼東者。勃海之水大矣，非專爲近勃海郡者也。」案：漢書地理志：「玄菟、樂浪，武帝時置〔一〕，皆朝鮮、濊貉、句驪蠻夷。殷道衰，箕子去之朝鮮，教其民以禮義，田蠶織作。樂浪、朝鮮民犯禁八條：相殺以當時償殺；相傷以穀償；相盜者男沒入爲其家奴，女子爲婢，欲自贖者，人五十萬。雖免爲民，俗猶羞之，嫁娶無所讎，是以其民終不相盜，無門戶之閉，婦人貞信不淫辟。可貴哉，仁賢之化也！然東夷天性柔順，異於三方之外，故孔子悼道不行，設浮於海，欲居九夷，有以也。」顏注：「言欲乘

〔一〕「置」字原脫，據地理志補。

桴筏而適東夷，以其國有仁賢之化，可以行道也。」據志言，則浮海指東夷，卽勃海也。夫子當日必實有所指之地，漢世師說未失，故尚能知其義，非泛言四海也。夫子本欲行道於魯，魯不能竟其用，乃去而之他國，最後乃如楚。則以楚雖蠻夷，而與中國通已久，其時昭王又賢，葉公好士，故遂如楚以冀其用，則是望道之行也。至楚，又不見用，始不得已而欲浮海居九夷，史記世家雖未載「浮海」及「居九夷」二語，爲在周遊之後，然以意測之當是也。其欲浮海居九夷，仍爲行道，由漢志注繹之，則非遯世幽隱，但爲世外之想可知，卽其後浮海居九夷，皆不果行，然亦見夫子憂道之切，未嘗一日忘諸懷矣。其必言乘桴者，錢氏坫論語後錄謂「爾雅釋水『庶人乘泭』，夫子言道不行，以庶人自處」，是也。說文：「憙，說也。從心從喜，喜亦聲。」今經傳通作「喜」，皇本「由」下有「也」字。○注：「桴，編竹木，大者曰栰，小者曰桴。」○正義曰：詩周南疏引論語注與此注同。臧、宋以爲鄭注佚文，或鄭用其師說也。說文：「桴，棟名。」別一義。「泭，編木以渡也。」爾雅釋言：「舫，泭也。」孫炎注：「方木置水中爲泭筏也。」釋文：「泭字或作䉵，樊本作柎。」釋水李巡注：「併木以渡也。」詩周南「不可方思」，邶風「方之舟之」，毛傳並云：「方，泭也。」「方」與「舫」同。周南釋文：「泭本亦作䉵，又作桴，或作柎。」諸字惟「桴」是叚字，餘皆同音異體也。韋昭國語注：「編木曰泭，小泭曰桴。」分「泭」、「桴」爲二，失其義矣。王逸楚辭惜往日注：「編竹木曰泭。」與此注同。方言：「泭謂之簰，簰謂之筏。筏，秦、晉之通語也，江、淮家居簰中謂之薦。」廣雅釋水：「簰、䉵、䉶，筏也。」衆經音義卷三：「筏，通俗文作𦪑，韻集作橃。編竹木浮於河以運物也。南土名簰，北人名筏。」楚辭王逸注：「楚人曰泭，秦人曰橃。」「筏」、「𦪑」、「橃」並同。周南釋文引郭璞音義云：「木曰簰，竹曰筏，小筏曰泭。」泭爲小，則筏爲大，此據人當時所稱別之。然泭、筏對文，有大小之殊，散文亦通稱。故方言、廣雅廣列異名，不爲分別也。○注：「喜與己俱行。」○正義曰：子路親師，雖相從患難勿恤也。今見夫子使從浮海，若夫子獨許己與之俱行，故聞而喜也。子曰：「由也好勇過我，無所取材。」【注】鄭曰：「子路信夫子欲行，故言好勇過我。無所取材者，無所取於桴材。以子路不解微言，故戲之耳。一曰子路聞孔子欲浮海，不復顧望，故孔子歎其勇曰過我。無所取哉，言唯取於己。古字材、哉同。」

注「子路」至「哉同」。○正義曰：注用鄭義，後則集解兼存他說也。釋文：「『過我』絶句。」此本鄭氏。又云：「一讀過字絶句。」此集解後說。說文：「材，木挺也。」周官太宰「五曰材貢」，史記貨殖傳「山居千章之材」，並謂木也。夫子浮海，是不得已之思，其勢亦不能行，子路信爲實然，則以不解夫子微言故也。「微」者，爾雅釋詁云：「匿，微也。」微者，隱也。其義深隱，則曰「微言」，猶所謂「隱語」也。子路伉直，不解微言，故夫子但言「無所取材爲桴」以戲之，所以深悟之也。爾雅釋詁：「戲，謔也。」三國吴志薛綜傳權欲浮海親征公孫淵，綜諫曰：「昔孔子疾時，託乘桴之語，季由是喜，拒以無所取才。」繹其辭義，亦謂桴材。作「才」者，叚借字。「一曰」云云，以「過」爲好勇太過我。「無所取材」，爲但以由從，不復取他人哉，言必不能也。云「古字材哉同」者，馮氏登府異文考證：「哉字從才，才與哉通。」崔瑗張平子碑：「往才汝諧。」邢昺爾雅疏：「哉，古文才。」

8 孟武伯問：「子路仁乎？」子曰：「不知也。」【注】孔曰：「仁道至大，不可全名也。」又問。子曰：「由也，千乘之國，可使治其賦也，不知其仁也。」【注】孔曰：「賦，兵賦。」

正義曰：史記弟子傳作「季康子問」，當出古論。釋文：「賦，梁武帝云：『魯論作傅。』」陳氏鱣古訓曰：「賦、傅同音，故魯論借用。」大戴禮衛將軍文子篇子貢歷言仲由、冉有、公西赤之行，文子以爲一諸侯之相。與此章所論相合。程氏瑶田論學小記：「夫仁，至重而至難者也。故曰『仁以爲己任，任之重也。死而後已，道之遠也』。如自以爲及，是未死而先已，聖人之所不許也。故曰『回也，其心三月不違仁』，『吾見其進也，未見其止也』。言夫行恕以終其身，死而後已，不自以爲及者也。故有問人之仁於夫子者，則皆曰『未知』，蓋曰吾未知其及焉否也。」○注：「賦，兵賦。」○正義曰：鄭注：「賦，軍賦。」此孔所襲。説文：「賦，斂也。」顔師古漢書地理志注：「賦者，發斂土地所生之物，以供天子也。」胡氏渭禹貢錐指：「周時軍旅之征謂之賦。周禮大司馬注：『賦，給軍用者也。』小司馬注曰：『賦謂出車徒給繇役也。』左傳曰：『天子之老請帥王賦。』又曰『悉索敝賦』，又曰『韓賦七邑』，又曰『魯賦八百乘，邾賦六百乘』。又曰『鄭無賦於司馬』，其所謂賦皆，軍賦也。」「求也何如？」子曰：「求也，千室之邑，百乘之家，可使爲之宰也，不知其仁也。」【注】孔曰：「千室之邑，卿大夫之邑，卿大夫稱家。諸侯千乘，大夫百乘。宰，家臣。」正義曰：武伯更問求、赤於仁何如？夫子直告以二子之才，不俟再問也。「千室之邑」者，説文：「室，實也。從宀從至，至所止也。邑，國也。從口。先王之制，尊卑有大小，從卪。」宰者，公羊隱元年傳：「宰者何？官也。」古凡大小官多稱宰，如家宰、大宰、膳宰、宰夫、宰胥、宰旅及邑長家臣，皆名宰也。左隱元年疏引鄭注論語云：「公大都之城，方三里。」臧、宋輯本列之此文之下，考左傳云：「凡邑有宗廟先君之主曰都。」又云：「先王之制，大都不過參國之一。」鄭以國爲上公之國。周官典命：「公九命，其國家宮室、車旗、衣服、禮儀皆以九爲節。」鄭注云：「公城蓋方九里。」是大都三國之一，則爲三里矣。就鄭君殘注繹之，千室之邑謂公邑。凌氏曙四書典故覈云：「周官之制，天子自六鄉以外，分六遂及家稍、小都、大都。其餘之地，制爲公邑，使大夫治之。在二百里、三百里以上，大夫如州長；在四百里、五百里以下，大夫如縣正」，皆屬於遂人。載師「以公邑之田任甸地」，舉甸以該稍、縣、畺也。鄉遂之民，以七萬五千家爲定，其餘夫皆受田於公邑，故遂人授民夫以廛，田百晦，萊五十晦，餘夫亦如之。餘夫所受，公邑之萊也。太宰「九賦」，邦甸、家稍、都鄙之賦皆公邑所出。諸侯之國亦然。以魯言之，三鄉三遂之外，除大夫之采邑，皆公邑。孔子爲中都宰，子夏爲莒父宰，子賤爲單父宰，子游爲武城宰，皆公邑也。惟費宰爲季氏邑，成宰爲孟氏邑，郈宰爲叔孫氏邑，非公邑耳。王畿之地，鄉遂以家計，公邑蓋以里計。諸侯之地，皆以家計。故春秋之世，動云書社幾百，蓋二十五家爲社，可知邑之大小，皆論室之多少也。周禮：「四井爲邑，四邑爲丘，四丘爲甸，四甸爲縣，四縣爲都。」鄭注：「甸方八里，旁加一里治洫，則方十里爲一成。四甸爲縣，方二十里。」縣二百五十六井，二千三百四十夫之地。以鄭意推司馬法算之，宮室涂巷三分去一，通不易、一易、再易計之，爲一室受二夫之田，實一縣受田出稅人爲七百六十九夫，又旁加一里，內受田治洫人四百三十一夫，共千二百夫。云「千室之邑」，舉成數也。或容有餘夫分授，杜氏注左傳「築郿」曰：「四縣爲都，四井爲邑。然宗廟所在，則雖邑曰都，尊之也」。孔疏引釋例曰：「邑有先君宗廟，雖小曰都，都而無廟，固宜稱城。」案：此則自井以上至縣，凡有城皆稱邑。至四縣爲都，乃稱都，故云「千室之邑」。其宰則如周禮之縣正也。」鄭此注又云：「大夫之家，邑有百乘，采地一同之廣輪也。」案：大學云「百乘之家」。鄭注：「有采地者也。」坊記云：「家富不過百乘。」兩疏以爲皆卿采邑，凡卿亦稱大夫，故鄭君此注及雜記注並言大夫有百乘也。坊記疏以爲百里正一同之制。司馬法：「六尺爲步，步百爲畮，畮百爲夫，夫三爲屋，屋三爲井。井十爲通，通爲匹馬三十家，士一人，徒二人。通十爲成，成百井，三百家，革車一乘，士十人，徒二十人。十成爲終，終千井，三千家，革車十乘，士百人，徒二百人。十終爲同，同方百里，萬井，三萬家，革車百乘，士千人，徒二千人。」此司馬法，鄭君引以注小司徒，知此采地一同亦其制也。賈公彥小司徒疏云：「謂之爲同者，取象雷震百里所聞同。」是同方百里之義也。「廣輪」猶言廣長，凡輪皆直行，此據開方法言之。○注：「千室之邑，卿大夫之邑。」○正義曰：注以「千室之邑」爲卿大夫采邑，不爲公邑，與鄭氏異。則似冉有衹能仕於私家，於義未能備也。皇疏云：「舊說五等之臣，其采地亦爲三等，各依其君國十分爲之。上公地方五百里，其臣大采方五十里，中采方二十五里，小采方十二里半。侯方四百里，其臣大采方四十里，中采方二十里，小采方十里。伯方三百里，其臣大采方三十里，中采方十五里，小采方七里半。子方二百里，其臣大采方二十里，中采方十里，小采方五里。男方百里，其臣大采方十里，中方五里，小方二里半。凡制地方一里爲井，井有三家，若方二里半，有方一里者六，又方半里者一，則合十八家有餘，故論語云『十室之邑』也。其中大小各隨其君，故或有三百户，是方十里者一，或有千室，是方十里者三有餘也。」

「赤也何如？」子曰：「赤也，束帶立於朝，可使與賓客言也，不知其仁也。」【注】馬曰：「赤，弟子公西華。有容儀，可使爲行人。」

正義曰：說文：「束，縛也。」釋名釋言語：「束，促也，相促近也。」「帶」，繫繚於要，所以整束其衣，故曰「束帶」。釋名釋衣服：「帶，蔕也。著于衣，如物之繫蔕也。」漢孫根碑「束鞶立朝」，本此文。當爲齊、古之異。鞶者，革帶。段氏玉裁說文注云：「古有大帶，有革帶。革帶以繫佩韍，而後加之大帶，則革帶統於大帶，故許於鞶曰大帶也。」戴氏清四書典故考辨：「凡冕服皆素帶，而爵弁、皮弁、朝服玄端皆緇帶。爲擯相者，當服皮弁，所謂束帶與賓客言者，乃緇帶也。」「立於朝」者，「立」與「位」同。爾雅釋宮：「中庭之左右謂之位。」左氏傳「有位於朝」，即立於朝也。禮行聘於廟，朝會燕饗則於廟，或於朝，或於寢。此衹言朝者，亦舉一以賅耳。凌氏曙四書典故覈：「其立位則接賓時，陳擯於大門外，上擯近君，門東，西面，既入廟門，擯者負東塾東上立，則在中庭。至授玉時，上擯進阼階之西，釋辭于賓，遂相君拜，既受玉，退負東塾而立。」此但依聘禮言之，亦舉聘則他禮可推知也。說文：「賓，所敬也。客，寄也。」謂他國諸侯及卿大夫也。凌氏廷堪禮經釋例：「案聘禮：『及廟門，几筵既設，擯者出請命。』注：『上擯待而出，請受賓所以來之命，重停賓也。』又云：『擯者入告，出辭玉。』〔一〕注：『擯者，上擯也。』覲禮：『侯氏入門右，坐奠圭，再拜稽首，擯者謁。』注：『謁猶告也。上擯告以天子前辭，欲親受之，如賓客也。』又聘禮『擯者出請事』，敖繼公曰：『擯者，上擯也。』是相大禮皆上擯之事也。」據凌氏言，此與賓客言，亦是上擯。下篇言「宗廟之事，如會同，願爲小相」，小相於聘禮則「承擯、紹擯」，此赤自謙之辭，故夫子曰「赤也爲之小，孰能爲之大？」明赤能爲上擯也。又案與言，當兼禮辭及無常之辭。若成三年「齊侯朝晉，將授玉，郤克趨進曰」云云。襄七年「衛孫文子來聘，公登亦登，叔孫穆子趨進曰」云云。皆是無常之辭。大戴禮衞將軍文子篇：「子貢曰：『志通而好禮，擯相兩君之事，篤雅其有禮節也，是公西赤之行也。』孔子曰：『禮儀三百，可勉能也；威儀三千，則難也。』公西赤問曰：『何謂也？』孔子曰：『貌以擯禮，禮以擯辭，是之謂也。』孔子之語人也，曰：『當賓客之事則通矣。』謂門人曰：『二三子欲學賓客之禮者，於赤也。』」皆雜記公西赤事，與此章及下篇互證。○注「赤弟」至「行人」。○正義曰：史記弟子傳：「公西赤，字子華，少孔子四十二歲。」公西，兩字氏，鄭目録云「魯人」。「容儀」謂禮容禮儀，容主貌，儀主事也。周官序官：「大行人中大夫二人，小行人下大夫四人。」注云：「行人，主國使之禮。」此指主國出聘，其使臣稱行人也。與擯相各是一職，而皆主賓客。若子華使齊，即是行人之比，故馬以此「可使爲行人」也。

〔一〕「出」字原脱，據儀禮聘禮補。

9 子謂子貢曰：「女與回也孰愈？」【注】孔曰：「愈猶勝也。」對曰：「賜也何敢望回？回也聞一以知十，賜也聞一以知二。」子曰：「弗如也，吾與女弗如也。」【注】包曰：「既然子貢不如，復云吾與女俱不如者，蓋欲以慰子貢也。」正義曰：「望」者，釋名釋姿容：「望，茫也，遠視茫茫也。」子貢言顏子有大智之德，已不敢視比之也。釋文：「聞，本或作問字，非。」「知十」、「知二」，皆叚數多寡以明優劣也。說文云：「十，數之具也。」數始於一，終於十。君子之爲學也，原始要終，一以貫之，其在聖門，惟顏子好學，能有此詣。夫子與回言「終日不違」及「退省其私，亦足以發」。發者，夫子所未言之義，卽顏子所聞而知之者也。子貢未能一貫，故聞一但能知二。二者一之比，言已未能盡其義也。釋文云：「吾與爾，本或作女，音汝。」○注：「愈猶勝也。」○正義曰：鄭有此注，孔所襲也。廣雅釋言：「愈，賢也。」「賢」、「勝」義近。○注「既然」至「貢也」。○正義曰：論衡問孔篇：「吾與汝俱弗如也。」鄭玄別傳：「馬季長謂盧子幹曰：『吾與女皆不如也。』」後漢橋玄傳魏武祭文「仲尼稱不如顏淵」，三國志夏侯淵傳下令稱之曰：「淵虎步關右，所向無前，仲尼有言：『吾與爾不如也。』」俱與此注義合。皇疏引顧歡曰：「回爲德行之俊，賜爲言語之冠，淺深雖殊，而品裁未辨，欲使名實無濫，故假問『孰愈』？子貢既審回、賜之際，又得發問之旨，故擧十與二，以明懸殊愚智之異。夫子嘉其有自見之明，而無矜尅之貌，故判之以『弗如』，同之以『吾與女』。此言『我』與『爾』雖異，而同言『弗如』，能與聖師齊見，所以爲慰也。」

10 宰予晝寢。【注】孔曰：「宰予，弟子宰我。」子曰：「朽木不可雕也，糞土之牆不可杇也；【注】包曰：「朽，腐也。雕，雕琢刻畫。」王曰：「杇，鏝也。此二者，以喻雖施工猶不成。」於予與何誅？」【注】孔曰：「誅，責也。今我當何責於汝乎？深責之。」

正義曰：江氏聲論語竢質：「説文：『晝，日之出入，與夜爲界。』是日出後爲晝。凡人雞鳴而起，宰我日出後尚寢寐未起，故責之。」鄭注云：「寢，卧息也。」案説文：「寑，卧也。」其字從宀，故所卧室亦名之。釋名釋宮室：「寢，寢也。所寢息也。」是也。晝非寢時，故禮言君子「不晝居内」，若「晝居内，雖問疾焉可也」。夫晝居内且不可，矧晝寢耶？韓、李筆解謂「晝，舊文作畫字」。所云「舊文」，或有所本。李匡義資暇録：「寢，梁武帝讀爲『寢室』之寢，畫作胡卦反，且云當爲畫字，言其繪畫寢室。」周密齊東野語：「嘗見侯白所注論語，謂『晝』當作『畫』字。侯白，隋人。」二讀與舊文合。李氏聯琇好雲樓集：「漢書揚雄傳『非木摩而不彫，牆塗而不畫』，此正雄所作甘泉賦諫宮觀奢泰之事，暗用論語，可證『畫寢』之説，漢儒已有之。」案：禮言天子廟飾「山節藻棁」。穀梁莊廿四年傳：「禮，天子之桷，斲之礱之，加密石焉；諸侯之桷，斲之礱之；大夫斲之；士斲本。」又廿三年傳：「禮，天子諸侯黝堊，大夫倉，士黈。」周官守祧云：「其祧則守祧黝堊之。」皆説宗廟之飾，其宮室當亦有飾。鄭注禮器云：「宮室之飾，士首本，大夫達棱，諸侯斲而礱之，天子加密石焉。」此本晉語。又爾雅釋宮：「牆謂之堊。」統廟寢言之。周官掌蜃云：「共白盛之蜃。」注云：「謂飾牆使白之蜃也。」此與黝堊異飾，當是宮室中所用。左襄卅一年傳：「圬人以時塓館宮室。」亦當謂加飾。春秋時，大夫、士多美其居，故土木勝而知氏亡，輪奐頌而文子懼。意宰予晝寢，亦是其比。夫子以「不可雕」、「不可杇」譏之，正指其事。此則舊文，於義亦得通也。「雕」，皇本、唐、宋石經並作「彫」。釋文：「糞，或作眞。」説文此篆作「𡊄」，云：「棄除也。从廾，推華棄采也。」胡氏紹勳四書拾義：「左傳云：『小人糞除先人之敝廬。』是除穢謂糞，所除之穢亦謂糞。此經『糞土』猶言『穢土』。古人牆本築土而成，歷久不免生穢，故曰『不可杇』。」「牆」者，說文作「牆」，云「垣蔽也」。釋名釋宮室：「牆，障也。所以自障蔽也。」「杇」，皇本、釋文本並作「圬」，說文有「杇」無「圬」，「圬」乃「杇」之俗。玉篇作「杅」，隸體小變。宋石經作「朽」，此形近之訛。「於予與何誅」，釋文云：「與，疑辭。」王氏引之經傳釋辭：「與，猶也也。『於予與改是』同。〇注：「宰予，弟子宰我。」〇正義曰：宰我，已見八佾篇。此稱宰予，予爲其名。爾雅釋詁：「予，我也。」皇本此注爲包氏。〇注「朽腐」至「鏝也」。〇正義曰：說文：「㱙，腐也。朽，㱙或從木。腐，爛也。㓮，剥也。琱，治玉也。」義並相近。「雕」、「彫」皆叚借字。「刻畫」猶「刻劃」。說文：「刻，鏤也。劃，錐刀畫曰劃。」是也。「杇鏝」者，爾雅釋宮：「鏝謂之杇。」李巡曰：「鏝一名杇，塗工作具也。」郭璞云：「泥鏝，言用泥以鏝也。」說文木部：「杇，所以塗也。秦謂之杇，關東謂之槾。從木，亏聲。槾，杇也。從木，曼聲。」金部：「鏝，鐵杇也。從金，曼聲。」段氏玉裁木部注：「此器今江、浙以鐵爲之，或以木。戰國策：『豫讓變姓名，入宮塗厠，欲以刺襄子。襄子如厠，心動，執問塗者，則豫讓也。刃其杅曰：「欲爲智伯報讎。」』『杅』謂涂厠之杅，今本皆作扞，侯旰切，謬甚。刃其杅，謂皆用木而獨刃之。」案：杇，槾，同物異名，用以塗牆，故亦謂塗牆之人爲杇人，左傳稱「圬人以時」是也。孟子滕文公下「毁瓦畫墁」，謂所墁之牆，雜畫之也。〇注：「誅，責也。」〇正義曰：周官太宰：「八曰誅，以馭其過。」注：「誅，責讓也。」司救：「掌萬民之衺惡過失，而誅讓之。」注：「誅，誅責也。」

11 子曰：「始吾於人也，聽其言而信其行；今吾於人也，聽其言而觀其行。於予與改是。」【注】孔曰：「改是，聽言信行，更察言觀行，發於宰我之晝寢。」 正義曰：逸周書芮良夫解云：「以言取人，人飾其言，以行取人，人竭其行。飾言無庸，竭行有成。」說苑尊賢篇：「夫言者，所以抒其匈而發其情者也。是故先觀其言而揆其行。夫以言觀其行，雖有姦軌之人，無以逃其情矣。」是取人之術當以言察其行也。大戴禮五帝德篇：「子曰：『吾欲以言語取人，於予邪改之。』」即此章義。集注引胡氏曰：「聽言觀行，聖人不待是而後能，亦非緣此而盡疑學者，特因此立教以警羣弟子，使謹於言而敏於行耳。」皇、邢疏連上爲一章，與總章數不合。○注：「發於宰我之晝寢。」○正義曰：論衡問孔篇說亦與此同。愚謂前篇「人而不仁，如禮樂何」，在季氏舞八佾、三家雍徹章後，則「人」指「季氏」「三家」言。下篇「子所雅言」，在學易章後，則「所」字指「易」言。「民可使由，不可使知」，在詩禮樂章後，則「可使由，不可使知」，指詩、禮、樂言。「吾友張也爲難能也」，在堂堂乎張章前，則「難能」指「堂堂」言。此皆前後章相發明之例，姑舉數則，爲此注證之。

12 子曰：「吾未見剛者。」或對曰：「申棖。」【注】包曰：「申棖，魯人。」子曰：「棖也慾，焉得剛？」【注】孔曰：「慾，多情慾。」

正義曰：鄭注云：「剛謂彊志不屈撓。」案：說文：「剛，彊斷也。」皐陶謨：「剛而塞，彊而毅。」是剛、彊義近。撓者，曲也，折也。志不屈撓，則「富貴不能淫，貧賤不能移，威武不能屈」，所以能無慾也。凌氏鳴喈解義：「剛爲天德，故近仁。慾，坤象，陰也。損之，窒慾也。損初益上，艮以止之。慾者，勝人爲彊，有似乎剛，故或以爲疑。」○注：「申棖，魯人。」○正義曰：「棖」，或作「棠」，或作「堂」，或作「黨」，或作「儻」。漢王政碑：「黜申棠之欲。」此作「棠」也。史記索隱：「申堂字周。」本史記弟子列傳，此作「堂」也。今本史記云：「申黨字周。」此作「黨」也。朱氏彝尊弟子考引漢文翁禮殿圖有「申儻」，此作「儻」也。諸家文雖有異，而音則相通。詩丰云：「俟我乎堂兮！」鄭箋：「棠當爲棖。」可證也。唐、宋以來，因稱名參錯，分申棖、申黨爲二人。玄宗開元二十七年，封申黨召陵伯、申棖魯伯。真宗祥符二年，封棖文登侯、黨淄川侯，俱列從祀。至明嘉靖九年，因大學士張璁奏，存棖去黨，而祀典始正。困學紀聞云：「史記索隱謂文翁圖有申棖、申棠，今所傳禮殿圖有申黨，無申棖。」文獻通考亦云：「今考文翁石室圖，無所謂棖與棠也。」是圖本止申黨一人。伯厚所見圖作「黨」，與朱氏彝尊所見圖作「儻」不同，當以朱爲是。諸字皆由音近通用，莫知其何者爲正。困學紀聞獨以「黨」爲傳寫之訛，梁氏玉繩漢書古今人表考亦以「儻」爲訛，皆未必然也。史記索隱引鄭此注云：「申棖，魯人，弟子也。」論語釋文及邢疏並引鄭曰：「申棖，蓋孔子弟子申續。」又引家語：「申續字周。」似「續」又「棖」之別名。史記索隱引家語作「申繚」，困學紀聞引家語作「申續」，今本家語作「申績，字子周」。錢氏大昕養新録謂古文「賡」、「續」同聲，家語「申續」，蓋讀如「庚」，與「棠」音亦不遠，今本家語作「績」，則傳寫誤也。盧氏文弨釋文攷證略同。梁氏人表考云：「鄭作申續，必有所據。『續』與『續』通，『繚』、『績』兩字，乃傳寫之譌。」諸說皆依鄭注作「續」。臧氏庸拜經日記：「徐鯤曰：『史記索隱引家語作「繚」，據「字周」義，疑「繚」爲得之。』庸案：徐說是也。索隱於『公伯繚字子周』下云〔一〕：『家語無公伯繚，而有申繚子周。』〔二〕又於『申黨字周』下云：〔三〕『家語有申繚，字周。』又史記正義於『公伯僚字子周』下云：〔四〕『家語有申繚子周』。〔五〕然則司馬貞、張守節所見家語並作申繚，蓋家語無公伯繚及申堂。王肅僞造申繚一人以當申堂、公伯繚二人，因別增改。」

〔一〕〔四〕兩「子」字原脫，並據史記仲尼弟子列傳補。〔二〕〔三〕「繚」字原脫，「黨」原誤作「棠」，據史記索隱分別增改。〔五〕「子」原誤作「字」，據史記正義改。

二人名姓雖異，而字周則同，爲足以相混也。論語音義及家語作『申續』，乃『繚』字形近之譌。王伯厚所見本作『續』，今本作『續』，此又『續』字之轉誤。論語音義引鄭云：『蓋孔子弟子申續。』此『續』字乃後人據誤本家語所改，當本作『申堂』，鄭正據仲尼弟子列傳也。索隱曰：『申堂字周，論語有申根。鄭玄云：「申根，魯人，弟子也。」蓋申堂是根不疑，以根、堂聲相近。』案：小司馬此言，正據鄭注論語，以申根爲申堂，故云然也。」案：臧說甚辨，當可依據。蒼頡碑作「字子續」，此又因名續而妄爲之。王肅以申繚、申堂、公伯繚爲一人，而非孔子弟子。此包注亦不云弟子，或包不據弟子傳，以申根、申堂爲非一人也。至包以根爲魯人，與鄭同。漢魯峻石壁殘畫象有魯根。○注：「慾，多情慾。」○正義曰：古無「慾」，有「欲」。欲根於性而發於情，故樂記言「性之欲」，說文言「情，人之侌氣有欲者」也。聖凡智愚，同此性情，即同此欲，其有異者，聖智皆能節欲，能節故寡欲也。若不知節欲，則必縱欲，而爲性情之賊。故孟子曰：「養心莫善於寡欲。〔一〕其爲人也寡欲，雖有不存焉者，寡矣；其爲人也多欲，雖有存焉者，寡矣。」

13 子貢曰：「我不欲人之加諸我也，吾亦欲無加諸人。」【注】馬曰：「加，陵也。」子曰：「賜也，非爾所及也。」【注】孔曰：「言不能止人使不加非義於己。」　正義曰：大學言「絜矩之道」云：「所惡於上，毋以使下；所惡於下，毋以事上；所惡於前，毋以先後；所惡於後，毋以從前；所惡於右，毋以交於左；所惡於左，毋以交於右。」即子貢此言之旨。戴氏震孟子字義疏證：「夫物之感人無窮，而人之好惡無節，則是物至而人化物也。人化物也者，

〔一〕「養」原誤作「存」，據孟子盡心下改。

滅天理而窮人欲者也。於是有悖逆詐僞之心，有淫泆作亂之事。是故彊者脅弱，衆者暴寡，知者詐愚，勇者苦怯，疾病不養，老幼孤獨不得其所，此大亂之道也。誠以弱、寡、愚、怯與夫疾病、老幼、孤獨，反躬而思其情，人豈異於我？一人之欲，天下人之同欲也。故曰『性之欲』。好惡既形，遂己之好惡，忘人之好惡，往往賊人以逞欲。反躬者，以人之逞其欲，思身受之情也。情得其平，是爲好惡之節，是爲依乎天理。」程氏瑤田論學小記進德篇曰：「仁者，人之德也；恕者，行仁之方也。堯、舜之仁，終身恕焉而已矣。勉然之恕，學者之行仁也；自然之恕，聖人之行仁也；能恕則仁矣。不以勉然者爲恕，自然者爲仁，生分別也。子貢曰：『我不欲人之加諸我也，吾亦欲無加諸人。』此恕之說也。自以爲及將止而不進焉，故夫子以『非爾所及』警之。」○注：「加，陵也。」○正義曰：左襄十三年傳：「君子稱其功以加小人。」杜注：「加，陵也。」陵者，大阜有臨下之象。下篇云「己所不欲，勿施於人」，「施」、「加」同義。說文：「加，語相增加也。」段氏玉裁改「增」爲「譖」，云：「『譖』下曰『加也』，『誣』下曰『加也』，此言『語相譖加也』。知譖、誣、加三字同義。誣人曰譖，亦曰加。論語曰云云，馬融曰：『加，陵也。』袁宏曰：『加，不得理之謂也。』劉知幾史通曰：『承其誣妄，重以加諸。』韓愈爭臣論曰：『吾聞君子不欲加諸人，而惡訐以爲直者。』皆得加字本義。」沈氏濤論語孔注辨僞曰：「舊唐書僕固懷恩傳：『共生意見，妄作加諸。』『加諸』蓋飾辭毀人之謂。」今案：段、沈說又一義，非經注旨所有。○注：「言不能止人使不加非義於己。」○正義曰：義與不義，以不欲、無欲觀之，其意自見，不必更言非義也。夫子之道不過忠恕，故以爲非爾所及。若夫橫逆之來，聲色之誘，其由外至者，雖聖賢不能禁止之，而使其必無，況在中材以下！君子知其然也，故但修其在己，而不必遽非諸人也。僞孔此注，全失本旨。

14 子貢曰：「夫子之文章，可得而聞也；夫子之言性與天道，不可得而聞也。」【注】章，明也。文彩形質著見，可以耳目循。性者，人之所受以生也。天道者，元亨日新之道。深微，故不可得而聞也。

正義曰：史記孔子世家言：「定公時，魯自大夫以下，皆僭離於正道。故孔子不仕，退而修詩書禮樂，弟子彌衆，至自遠方，莫不受業焉。」又云：「孔子之時，周室微而禮樂廢，詩書缺。追迹三代之禮，序書傳。觀殷、夏所損益，曰：『後雖百世可知也，以一文一質。周監二代，郁郁乎文哉。吾從周。』故書傳、禮記自孔氏。語魯太師：『樂云云。』自衞反魯，然後樂正，雅頌各得其所。』古者詩三千餘篇，及至孔子，去其重，取可施於禮義。三百五篇孔子皆弦歌之，以求合韶、武、雅、頌之音。禮樂自此可得而述，以備王道，成六藝。」又云：「孔子以詩書禮樂教，弟子蓋三千焉。」據世家諸文，則夫子文章謂詩書禮樂也。古樂正，崇四術以造士，春秋教以禮樂，冬夏教以詩書。至春秋時，其學寖廢，夫子特修明之，而以之爲教。故記夫子四教，首在於文，顏子亦言「夫子博我以文」，此羣弟子所以得聞也。世家又云：「孔子晚而喜易，序彖、繫、象、說卦、文言。讀易，韋編三絕。曰：『假我數年，若是，我於易則彬彬矣。』」蓋易藏太史氏，學者不可得見，故韓宣子適魯，觀書太史氏，始見周易。孔子五十學易，惟子夏、商瞿晚年弟子得傳是學。然則子貢言「性與天道不可得聞」，易是也。此說本之汪氏喜荀，略見所著且住菴文稿。宋氏翔鳳發微云：「易明天道以通人事，故本隱以之顯；春秋紀人事以成天道，故推見至隱。天官書曰：『孔子論六經，紀異而說不書，至天道命，不傳。傳其人，不待告。告非其人，雖言不著。』漢書李尋傳贊曰：『幽贊神明，通合天人之道者，莫著乎易、春秋。然子貢猶云「夫子之文章可得而聞，夫子之言性與天道不可得而聞」已矣。』班氏以易、春秋爲性與天道之書，故引子貢之言以實之。顏師古注以易、春秋爲夫子之文章者誤，文章自謂詩書禮樂也。」案：宋說亦是。然言「性與天道」，則莫詳於易，今卽易義略徵之。繫辭上傳：「一陰一陽之謂道。繼之者善也，成之者性也。」又曰：「成性存存，道義之門。」文言傳：「乾道變化，各正性命。」又曰：「利貞者，性情也。」說卦傳：「窮理盡性以至於命。」又曰：「昔者聖人之作易也，將以順性命之理。」此言性也。臨彖傳：「大亨以正天之道也。」謙彖傳：「天道下濟而光明，地道卑而上行。」又云：「天道虧盈而益謙，地道變盈而流謙。」恒彖傳：「天地之道，恒久而不已也。」繫辭傳言天道尤多。凡陰陽、剛柔、法象、變化、健順、易簡，皆天道之說。又无妄彖傳：「大亨以正，天之命也。」與臨彖同。則天命卽天道也。又乾彖傳、蠱彖傳、剝彖傳、復彖傳所言天行，亦卽天道，是並言天道也。鄭注此云：「性謂人受血氣以生，有賢愚。」

案：受血氣則有形質，此「性」字最初之誼。包氏汝翼中庸說：「天道陰陽，地道柔剛，陰陽合而剛柔濟，則曰中。中者，天地之交也。天地交而人生焉，故曰人者，天地之心也。天以動闢，地以靜翕，一闢一翕，絪縕相成，交氣流行，於是有寒暑、風雨、晦明。人秉其氣以生，而喜、怒、哀、樂具焉。赤子無知，而有笑有啼，有舞蹈奮張。人之生也，莫此爲先，所謂性也。性也者，天地之交氣也。天氣下降，地氣上升，交在於中，故傳曰『人受天地之中以生』。性之於字，從心從生，人生肖天地，而心其最中者也。」案：包說卽鄭注「人受血氣以生」之旨。血氣受之父母，父母亦天地之象也。孟子云：「形色，天性也。」形色卽形質。人物各受血氣以生，各有形質，而物性不能皆善，惟人性則無不善。說文云：「性，人之陽气。性善者也。」許言「性」爲陽气者，對「情」爲陰气言之。繫辭以善爲繼之，性爲成之，則性善之義，自孔子發之。而又言「性相近」者，言人性不同，皆近於善也。鄭又云「性有賢愚」者，賢愚猶知愚，謂資質有高下也。又注「天道」云：「七政動變之占。」案：後漢書桓譚傳注引「動」作「通」。書堯典：「在璿、璣、玉衡以齊七政。」鄭注：「七政，日月五星也。」五星謂金、木、水、火、土之星。先王觀乎天文，而知寒暑之序，以敬授民時，故以日月五星爲七政也。變動若飛伏進退之類。說文云：「占，視兆問也。從卜從口。」周官占人注：「占蓍龜之卦，兆吉凶。」是占合龜、筮言之。人君見天道之變而占之，以觀其吉凶，反之人事加修省焉，此占問之意也。漢世儒者，若伏生、董生、翼奉、劉向、劉歆，皆以五行說天道，而眭京等亦言七政災變，故班氏傳贊引論語天道爲說。又前書張禹傳：「成帝問張禹以天變，因用吏民所言王氏事示禹。禹對：『災異之意深遠難見。性與天道，自子貢之屬不得聞，何況淺見鄙儒之所言？』」後書桓譚傳：「天道性命，聖人所難言。自子貢以下，不得而聞。今諸巧慧小才技數之人，增益圖書，矯稱讖記，以欺惑貪邪，詿誤人主。」皆以吉凶禍福言天道。故鄭氏同之，其義備於春秋矣。錢氏大昕潛研堂文集：「一說性與天道，猶言性與天合也。後漢書馮異傳：『臣伏自思惟：以詔敕戰攻，每輒如意；時以私心斷決，未嘗不有悔。國家獨見之明，久而益遠，乃知「性與天道，不可得而聞也」。』管輅別傳：『苟非性與天道，何由背爻象而任胷心？』晉書紀瞻傳：『陛下性與天道，猶復役機神於史籍。』此亦漢儒相承之說。」宋氏翔鳳發微亦本錢氏而小異，云：「聖人言性合乎天道，與猶言合也。後言『利與命與仁』，亦是合義。」今案：以「與」爲「合」，此漢儒誤解，不可援以爲訓。顏師古漢書外戚傳注云：〔一〕「論語云云，謂孔子不言性命及天道，而學者誤讀，〔二〕謂孔子之言，自然與天道合，〔三〕非惟失於文句，實乃大乖意旨。」是錢氏所引諸說，皆所師古所不取矣。〔四〕史記世家「夫子之言天道與性命」，「性命」連文。阮氏元性命古訓謂爲安國真本，義或然也。皇本、高麗本，又漢書眭弘等傳贊、外戚傳注、

〔一〕「顏師古」原誤作「李賢」，「漢書」原誤作「後漢書」，並據漢書外戚傳注改。　〔二〕〔三〕「讀」字原脫，「言」下原衍「性」字，據漢書注分別增刪。　〔四〕「師古」原誤作「章懷」，承上文改。

匡謬正俗引並作「也已矣」。○注「章明」至「聞也」。○正義曰：書堯典：「平章百姓。」鄭注：「章，明也。」與此注同。易傳云：「六畫而成章。」孟子云：「君子之爲學也，〔一〕不成章不達。」章是文之所見，故注云「文彩形質著見」，以「文彩」釋「文」，以「著見」釋「章」也。古無「彩」字，經典俱作「采」。禮樂記「文采節奏」，又曰「省其文采」，注以文章爲禮儀，故以形質言之。明有威可畏，有儀可象，故人耳目得以循行也。性爲人之所受以生，即鄭君「人受血氣以生」之義。「天道，元亨日新之道」者，元，始也。亨，通也。易彖傳：「大哉乾元，萬物資始。」此「元」爲始也。通則運行不窮，故日月往來以成晝夜，寒暑往來以成四時也。乾有四德，元亨利貞。此不言「利貞」者，略也。天道不已，故有日新之象。禮記哀公問篇云：「敢問君子何貴乎天道也？孔子對曰：『貴其不已，如日月東西相從而不已也，是天道也。不閉其久，是天道也。』」中庸言天道爲「至誠無息」，引「詩『維天之命，於穆不已』」，蓋曰天之所以爲天也。」此詩所言「天命」，據鄭箋即天道也。聖人法天，故易言「君子終日乾乾，夕惕若」。夫子贊易曰：「天行健，君子以自彊不息。」又曰：「剛健篤實輝光，日新其德。」皆不已之學也，皆法乎天也。性與天道，其理精微，中人以下，不可語上，故不可得聞。其後子思作中庸，以性爲天命，以天道爲至誠。孟子私淑諸人，謂人性皆善，謂盡心則能知性，知性則能知天，皆夫子性與天道之言，得聞所未聞者也。集解釋「性」與鄭合，其釋「天道」，本易言之。與鄭氏之據春秋言吉凶禍福者，義皆至精，當兼取之。

15 **子路有聞，未之能行，唯恐有聞。**【注】孔曰：「前所聞未及行，故恐後有聞，不得並行也。」注「前

〔一〕「爲學」，孟子盡心上作「志於道」。

所」至「行也」。〇正義曰：有聞文章之道也。子路好勇，聞斯行之，其未及行，又恐別有所聞，致前所聞不能並行。荀子哀公篇：「是故知不務多，務審其所知。」楊倞注引此文：「蓋審其所知，即是欲行之，故不務多知也。」包氏慎言溫故錄：「聞，讀若聲聞之聞。韓愈名箴云：『勿病無聞，病其曄曄。昔者子路唯恐有聞，赫然千載，德譽愈尊。』其言當有所本。蓋子路當時有聲聞之一事，爲人所稱道，子路自度尚未能行，故唯恐復有聞。」此說與孔注異，亦通。

16 子貢問曰：「孔文子何以謂之『文』也？」【注】孔曰：「孔文子，衛大夫孔圉。文，謚也。」子曰：「敏而好學，不恥下問，是以謂之『文』也。」【注】孔曰：「敏者，識之疾也。下問，謂凡在己下者。」注「孔文」至「謚也」。〇正義曰：世本云：「孔達生得閭叔穀，穀生成叔烝鉏，鉏生頃叔羈，羈生昭叔起，起生圉。」圉即孔叔圉，亦稱仲叔圉。邢疏引謚法云：「勤學好問曰文。」是文爲謚也。春秋時，謚法雖失實，然猶不輕謚「衣」，故子貢問孔文子之謚，而夫子於公叔文子之謚文，亦特表其行，明凡謚「文」當慎之也。〇注：「下問，謂凡在己下者。」〇正義曰：俞氏樾平議云：「下問者，非必以貴下賤之謂，凡以能問於不能，以多問於寡，皆是。」案：俞說即此注言「凡」之旨。

17 子謂子產，「有君子之道四焉：【注】孔曰：「子產，鄭大夫公孫僑。」其行己也恭，其事上也敬，其養民也惠，其使民也義」。 正義曰：「君子」者，卿大夫之稱。子產德能居位，合於道者有四，故夫子表之：行己恭，則能修身。事上敬，則能盡禮。養民惠，則田疇能殖，子弟能誨，故夫子稱爲「惠人」。惠者，仁也。仁者愛人，故又言古之遺愛也。使民義，則集注所云「如都鄙有章，上下有服，田有封洫，廬井有伍之類」，皆是。○注：「子產，鄭大夫公孫僑。」○正義曰：「鄭」者，周同姓國。韋昭晉語注謂「子產，鄭穆公之孫，子國之子」，故稱公孫。晉語言公孫成子，成其謚也。錢氏大昕後漢書攷異：「產者，生也。木高曰喬，有生長之義，故名喬，字子產。後人增加人旁。」案：說文：「僑，高也。」僑言人之高者，郭注山海經長股國言有喬國，今伎家喬人，蓋象此身。「喬」、「僑」通用。左傳「長狄僑如」，當亦取高人之意。僑、產義，合高大爲美，故子產又字子美。此當兼存二義。

18 子曰：「晏平仲善與人交，久而敬之。」【注】周曰：「齊大夫，晏姓，平謚，名嬰。」 正義曰：周官大宰「二曰敬故」，鄭注：「敬故，不慢舊也。」晏平仲久而敬之。」據鄭說，則久謂久故也。君子不遺故舊，則民不偷，故稱平仲爲「善交」。皇疏引孫綽曰：「交有傾蓋如舊，亦有白首如新。隆始者易，克終者難。敦厚不渝，其道可久，所以難也。」孫說謂平仲與人交久，與鄭微異，亦得通也。皇本作「久而人敬之」，疏云：「凡人交易絕，而平仲交久而人愈敬之也。」此就所據本說之，實則當從鄭本無「人」字，解爲平仲敬人。○注：「晏姓，平謚，名嬰。」○正義曰：史記管晏列傳：「晏平仲，萊之夷維人也。」索隱曰：「名嬰，平謚，仲字。」晏者，地名，以邑爲氏。一統志：「晏城，在齊河西北二十五里。」即其地也。謚法解「治而無眚」，「執事有制」，「布綱治紀」，皆曰「平」。是「平」爲謚也。

19 子曰：「臧文仲居蔡，【注】包曰：「臧文仲，魯大夫臧孫辰。文，謚也。蔡，國君之守龜，出蔡地，因以爲名焉，長尺有二寸。居蔡，僭也。」山節藻棁，【注】包曰：「節者，栭也，刻鏤爲山。棁者，梁上楹，畫爲藻文。言其奢侈。」何如其知也？」【注】包曰：「非時人謂之爲知。」

正義曰：龜者，介蟲之長，有知靈，能先知，故用爲卜。白虎通蓍龜篇：「天子下至士，皆有蓍龜者，重事決疑，示不自專。」凡卜皆在廟，故藏龜亦於廟。周官龜人：「凡取龜用秋時，攻龜用春時，各以其物入于龜室。」注云：「六龜各異室也。」史記龜策列傳言「高廟有龜室」，又言「置室西北隅懸之」，此其制也。左文二年傳說臧孫此事云：「作虛器。」杜注：「作虛器，謂居蔡，山節藻棁也。有其器而無其位，故曰虛。」如杜所言，則居蔡謂作室以居之，所謂龜櫝也。漢書食貨志：「玄龜爲蔡，非四民所得居，有者入太卜受直。」然則文仲得此蔡，卽當歸諸周室，而不得私藏之。禮器所云「家不寶龜」是也。乃文仲則儼爲己有，且以此龜本藏天子廟中，故亦以天子廟飾居之。其所置之處，亦必在文子家廟中。明堂位曰：「山節藻棁，複廟重檐，天子之廟飾也。」文仲諂瀆神物，以冀福佑，而不知其僭上無等之罪，必不爲神所相，故夫子不斥其僭，而但斥以不知。全氏祖望經史問答：「據漢人之說，則居蔡是僭諸侯之禮，山節藻棁是僭天子宗廟之禮，以飾其居。如此則已是二不知，不應概以作虛器罪之曰一不知也。」又云：「山節藻棁，實係天子之廟飾，管仲僭用以飾其居，而臧孫未必然者。蓋臺門反坫，朱紘鏤簋，出自夷吾之奢汰，不足爲怪。而臧孫則儉人也，天下豈有以天子之廟飾自居，而使妾織蒲於其中者？蓋亦不相稱之甚矣。吾故知其必無此也。然則山節藻棁將何施？曰：施之於居蔡也。」案：全氏此辨致確。其據家語，以文仲世爲魯之守蔡大夫，又取陸佃說，以伯禽所受封之繁弱爲蔡別名，又名僂句，皆謬妄不足辨，故略之。「節」與「楶」同。陳氏鱣古訓、藝文類聚引作「楶」，「楶」、「楶」一字。案：爾雅釋宮：「栭謂之楶。」釋文：「楶音節。」孫炎本作「節」，是「楶」、「節」通用。論語釋文又云：「棁，本又作棳。」○注「臧文」至

「僭也」。○正義曰：臧文仲卽臧孫辰，見左莊二十八年傳。鄭注云：「蔡，國君之守龜也。龜出於蔡，故得以爲名焉。」與包略同。左昭五年傳：「吳蹶由曰：『卜之以守龜。』」又曰：「國之守龜，其何事不卜？」是國君有守龜也。漢書食貨志：「玄龜岠冉長尺二寸，公龜九寸，侯龜七寸，子龜五寸。」又云「玄龜爲蔡」，是蔡長尺二寸也。白虎通引禮三正記：「天子龜爲蔡，長一尺二寸，諸侯一尺，大夫八寸，士六寸。」與食貨志異。然皆以天子龜爲尺二寸也。但包既以蔡爲長尺二寸，則是天子守龜，不當云「國君之守龜」，此稍誤矣。淮南說山訓：「大蔡神龜，出於溝壑。」高誘注與包、鄭同。漢食貨志如氏注以「蔡」爲蔡國，薛瓚以「蔡」爲龜名，不取蔡國之說，爲顏監所糾正。路史國名紀言「蘄春江中有蔡山，在廣濟縣。大龜納錫，故曰蔡。」非姬姓蔡。王氏瑬四書地理志引之，謂今黃梅縣西南九十里，曰蔡山，西接廣濟縣。此或包、鄭所指龜所出之地名矣。俞氏樾平議：「包氏此解亦臆說，竊疑『蔡』當讀爲『𣪠』。說文：『𣪠，楚人謂卜問吉凶曰𣪠。讀若贅。』龜者，所以卜問吉凶也，因卽名之曰𣪠。蓋楚語也。龜本荆州所貢，故沿襲其語耳。『𣪠』與『蔡』音相近。孔氏廣森經學卮言謂『蔡，蔡叔之蔡，卽「𡨥三苗」之𡨥。』然則以『蔡』爲『𣪠』，猶以『蔡』爲『𡨥』矣。」案：俞此說甚可據，因並箸之。○注「節者」至「奢侈」。○正義曰：鄭亦有此注，與包同。「節爲栭」者，本爾雅文。說文云：「榕，欂櫨也。欂櫨，柱上枅也。枅，屋欂櫨也。栭，屋枅上標也。」鄭注明堂位云：「山節，刻欂櫨爲山也。」三蒼云：「柱上方木曰枅。一名榙。山東、河南皆曰枅，自陝以西曰榙。」廣雅釋宮：「欂謂之枅。榕謂之笮。」合諸訓觀之，榕也，栭也，枅也，欂櫨也，榙也，笮也，六名實一物。王延壽靈光殿賦：「芝栭攢羅以戢孴。」張載注云：「芝栭，柱上節，方小木爲之，長三尺。」此卽節也。段氏玉裁說文注云：「有枅，有曲枅。枅，則楶也。曲枅，則欒也。曲枅加於柱，枅加於曲枅，栭又加於枅，以次而小，故名之栭。」薛注西京賦曰：

「栭，斗也。」張載注靈光賦曰：「栭，方小木爲之。栭在枅之上。枅者，柱上方木。斗又小於枅，亦方木也。然後乃抗梁焉。」「栭」與「枅」非一物。釋宮云：「栭謂之楷。」合二事渾言之，許則析言之。案：說文以「栭」爲枅標，標者，枅上端也。栭與枅正是一物，而段云「非一物」，誤矣。爾雅：「閞謂之槉。」郭注：「柱上欂也。亦名枅，又曰楷。」說文：「閞，門欂櫨也。」徐鍇繫傳：「斗上承棟者，横之似笄也。柱端交牾之處，置方木焉，使相接合，故謂之槉。」案：「閞」字從門從幵，幵象其形，從門則爲門上之枅，與柱端之枅同，故其訓亦不異。郝氏懿行義疏謂「楶、槉一物兩名，楶言其標，槉言其末」，亦未是也。鄭注禮器云：「山節，謂刻柱頭爲斗拱，形如山也。柱頭者，節也。斗拱者，山之形。」鄭據目見言之，非謂刻山形於節上也。「梲爲梁上楹」者，爾雅云：「宋廇謂之梁。其上楹謂之梲。」是梲在梁上。郭注以爲侏儒，鄭注明堂位亦云「畫侏儒柱爲藻文」也。侏儒者，短柱之稱。故禮器注云：「藻梲，謂畫梁上短柱爲藻文也。」釋名：「梲儒，梁上短柱也。」「儒」上當補「侏」字。淮南主術訓：「短者以爲朱儒。」高誘注：「朱儒，梁上戴蹲跪人也。」朱儒本短人，故短木亦稱朱儒。高舉其形似言之，非謂刻爲人也。玉篇：「梲，栭也。」以「梲」爲楶，殊誤。徐鍇說文繫傳以楶爲梁上短柱，而以兩旁枝梧之木爲梲，亦與舊訓不合。藻者，水草。爾雅釋草：「莙，牛薻。」「藻」與「薻」同。包以山節藻梲爲奢侈，不言僭者，以奢侈則僭可知。鄭此注又云：「山節藻梲，天子之廟飾。皆非文仲所當有之。」案：鄭注禮器云：「宮室之飾，士首本，大夫達稜，諸侯斲而礱之，天子加密石焉，無畫山藻之禮也。」又云：「山節藻梲，此是天子廟飾。」而管仲僭之者，考「士首本」云云，見穀梁傳及晉語、尚書大傳，皆是言桷飾。鄭以桷飾如此，則凡飾皆同。而又言「天子廟飾，山節藻梲」，是於密石之外又加此山藻之飾，與宮室之制不同也。山節藻梲是二事，皆非文仲宮室中所當有，故夫子譏之。

20子張問曰：「令尹子文【注】孔曰：「令尹子文，楚大夫，姓鬭，名穀，字於菟。」三仕爲令尹，無喜色；三已之，無慍色。舊令尹之政，必以告新令尹。何如？」子曰：「忠矣。」曰：「仁矣乎？」曰：「未知。焉得仁？」【注】但聞其忠事，未知其仁也。

正義曰：「令尹」，楚官名。邢疏云：「令，善也；尹，正也。言用善人正此官也。」「三已」者，詩墓門箋：「已，去也。」南山有臺箋：「已，止也。」全氏祖望經史問答：「子文於莊公卅年爲令尹，至僖公廿三年讓於子玉，凡在位廿八年。子玉死，蔿呂臣繼之，子上又繼之，大孫伯又繼之，成嘉又繼之，是後楚之令尹，不見於左傳。文公十二年，子越之亂，追紀曰：『令尹子文卒，鬭般爲令尹。』則意者成嘉之後，子文嘗再起爲令尹，而仁山以爲子上之後者，誤也。子上死，卽有商臣之變，使子文是時在位，豈尚可以言忠？」案：子越亂在宣四年，非文十二年，全氏誤也。如全此說，子文僅再仕再已，而論語云「三仕」、「三已」者，大略之辭。汪氏中述學云：「易『近利市三倍』，詩『如賈三倍』，論語『焉往而不三黜』，春秋傳『三折肱爲良醫』，此不必限以三也。論語『季文子三思而後行』，『雌雉』，『三嗅而作』，孟子書陳仲子『三咽』，此不可知其爲三也。論語『子文三仕』、『三已』，史記管仲『三仕、三已』，『三戰、三走』，田忌『三戰、三勝』，范蠡『三致千金』，此不必其果爲三也，故知三者虛數也。」案：楚語觀射父曰：「昔鬭子文三舍令尹，無一日之積，恤民之故也。」潛夫論遏利篇：「楚鬭子文三爲令尹，而有飢色，妻子凍餒，朝不及夕。」皆言子文三仕三已，與論語正合。若荀子堯問、莊子田子方、呂氏春秋知分、淮南子道應、史記鄒陽傳、循吏列傳皆以三仕、三已爲孫叔敖之事。閻氏若璩四書釋地又續云：「孫叔敖之令尹，見宣十一年。叔敖死於楚莊王時，約令尹僅七八年。莊王之賢，豈肯暫已叔敖？意莊子、荀子原係子文事，傳譌而爲叔敖。」其說是也。夫子許爲忠者，皇疏引李充曰：「進無喜色，退無怨色，公家之事，知無不爲，忠臣之至也。」釋文：「『未知』如字，鄭音智。注及下同。」漢書古今人表先列聖人，次仁人，次智人，其序篇引此二語。論衡問孔篇：「子文曾舉子玉代己位而伐宋，以百乘敗而喪其衆，不知如此，安得爲仁？」中論智行篇：「或曰：然則仲尼曰『未知，焉得仁？』乃高仁邪？何謂也？對曰：仁固大也。然則仲尼亦有所激然，非專小智之謂也。若有人相語曰：彼尚無有一智也，安得乃知爲仁乎？」二文皆讀「知」爲「智」，與鄭同。李充曰：「子玉之敗，子文之舉，舉以敗國，不可謂智也。賊夫人之子，不可謂仁也。」可補鄭義。皇本「何如」下有「也」字。○注：「姓鬭，名穀，字於菟。」○正義曰：左宣四年傳：「初，若敖娶于䢵，生鬭伯比。若敖卒，從其母畜于䢵，淫于䢵子之女，生子文焉。䢵夫人使棄諸夢中，虎乳之。䢵子田見之，懼而歸，以告夫人，遂使收之。楚人謂乳穀，謂虎於菟，故命之曰鬭穀於菟。實爲令尹子文。」說文：「穀，乳也。從子，𣪊聲。」漢書敍傳上：「楚人謂乳穀。」如氏曰：「穀音構。牛羊乳汁曰穀。」廣雅釋詁：「穀，生也。」曹憲音曰：「穀，春秋之穀烏菟。」釋言：「穀，乳也。」「穀」、「穀」一字。左傳作「穀」，或係叚借。論語釋文：「穀，本又作穀。」荀子禮論：「君子以倍叛之心接臧穀，猶且羞之。」楊倞注：「孺子曰穀。」莊子駢拇：「臧與穀二人。」崔注同。「穀」與「穀」同。若言乳兒也。於菟爲虎，此反切之權輿。曹憲作「烏菟」，漢書敍傳作「於檡」，皆以音近通用。王氏引之春秋名字解詁：「於菟，虎文貌。說文：『䖘，黃牛虎文。讀若涂。』菟、䖘聲義並同。虎有文謂之於菟，故牛有虎文謂之䖘。說文：『虍，虎文也。』於菟與虍，聲近而義同。」如王此說，子文爲字，亦是名字相應矣。敍傳云：「故名穀於檡，字子文。」此注以「穀」爲名，於「菟」爲字，而不言子文之爲名爲字，作僞者之疏可知。「崔子弒齊君，陳文子有馬十乘，棄而違之。【注】孔曰：「皆齊大夫。崔杼作亂，陳文子惡之，捐其四十匹馬，違而去之。」至於他邦，則曰：『猶吾大夫崔子也。』違之。之一邦，則又曰：『猶吾大夫崔子也。』違之。何如？」子曰：「清矣。」曰：「仁矣乎？」曰：「未知。焉得仁？」

【注】孔曰：「文子避惡逆，去無道。當春秋時，臣陵其君，皆如崔子，無有可止者。」

正義曰：「崔」者，地名，以邑爲氏也。左襄二十七年傳：「成請老于崔。」杜注：「濟東朝陽縣西北有崔氏城。」在今濟南府章丘縣西北二十五里，俗呼古城。「弑」者，說文云：「臣殺君也。」左宣十八年傳：「凡自虐其君曰弑。」白虎通誅伐篇引春秋讖曰：「弑者，伺也。欲言臣子殺其君父不敢，卒候閒司事，可稍稍試之。」是其義也。釋文：「弑，本又作殺。」說文：「殺，戮也。」段氏玉裁注云：「述其實則曰殺，正其名則曰弑。春秋，正名之書也。故言弑不言殺。三傳，述實以釋經之書也。故或言弑或言殺。」案：此則弑、殺兩通。齊君莊公名光，左襄二十五年傳言莊公通崔杼之妻姜氏：「崔子因是，又以其閒伐晉也，欲弑公以說于晉。夏五月乙亥，公問崔子疾，遂從姜氏。姜入于室，與崔子自側戶出。甲興，公踰牆，又射之，中股反隊，遂弑之。」是崔子弑君之事也。論語釋文：「崔子，鄭注云：『魯讀崔爲高。』今從古。」論衡別通篇：「仕宦爲吏，亦得高官。將相長吏，猶吾大夫高子也，安能別之？」亦據魯論。包氏慎言溫故錄：「高氏爲齊命卿，與文子同朝者，高止也。崔杼弑君，而魯論書『高子』者，責其不討賊也。與趙盾同義。文子去齊而之他邦，其閒或欲請師討賊，而見其執國命者，皆與惡人爲黨，故曰『猶吾大夫高子也』。」陳氏立句溪雜箸曰：「以左傳崔杼事證之，則魯論信爲誤字。然文子所至各國，亦何至皆如崔子，而文子亦何至輒擬人以弑君之賊？則下兩言『猶吾大夫崔子』，似以魯論作高子爲長。蓋弑君之逆，法所必討，高子爲齊當國世臣，未聞聲罪致討，以春秋貶趙盾律之，宜與崔子同惡矣。其首句自當作崔子，魯論作高子，則涉下高子而誤。」案：包、陳二說微異，皆可得魯論之義。鄭以古論定魯論，亦以莊公時高子不當權，要與趙盾異，春秋無所致譏，故宜從古論作『崔子』也。

陳文子，名須無，文者，謚也。文子出奔，春秋經傳皆無之。劉氏逢祿論語述何篇：「時非有執政，且旋反國，故不錄也。」「清」者，說文云：「澂水之貌。」下篇「身中清」，馬融曰：「清，純潔也。」皇疏引李充曰：「違亂求治，不汚其身，清矣。而所之無可，驟稱其亂，不如寧子之能愚，蘧生之可卷，未可爲智也。潔身而不濟世，未可謂仁也。」此亦當得鄭義。唐石經「棄」作「弃」，卽古「棄」字。「違之，之一邦」，皇本作「違之，之至他邦」。○注：「捐其四十匹馬，違而去之。」○正義曰：說文：「棄，捐也。捐，棄也。」轉相訓。曲禮云：「問大夫之富，數馬以對。」〔一〕故此言「有馬十乘」也。一乘是四匹馬，則十乘是四十匹馬。陳氏鱣簡莊集解此文云：「此指其在廐之馬。」金氏仁山以「十乘乃十甸之地，其采邑之大可知」非也。論語「千乘之國」及「百乘之家」，皆指出車之數而言。陳文子有馬十乘及齊景公有馬千駟，則指公馬之畜于官者，非國馬之散在民間也。大學「畜馬乘」，謂士初試爲大夫者。「百乘之家」，謂有采地者。鄭注甚明。周官校人云：「家四閑，馬二種。」鄭志答遒商曰：「當八百六十四匹。」此言天子之卿大夫之制，若侯國初試爲大夫者，畜馬乘。今文子有馬十乘，亦可謂多矣。閻氏釋地以開方之法，計其賦十乘，而定爲文子采邑，蓋仍沿金氏之誤耳。

21 **季文子三思而後行。子聞之，曰：「再，斯可矣。」**【注】鄭曰：「季文子，魯大夫季孫行父。文，謚也。文子忠而有賢行，其舉事寡過，不必及三思。」正義曰：「三思」者，言思之多，能審慎也。左氏傳言文子將聘於晉，求遣喪之禮以行，後晉襄公果卒。杜預注以爲「三思而後行」，此可證矣。說文：「再，一舉而二也。」皇本「再」下有

〔一〕「數馬以對」，禮記曲禮下作「以車數對」。

「思」字。顧氏炎武金石文字記：「唐石經斯作思。」○注「季文」至「三思」。○正義曰：行父者，季孫字也。「忠而有賢行」者，左成十六年傳：「范文子曰：『季孫於魯，相二君矣。妾不衣帛，馬不食粟，可不謂忠乎！』」襄五年傳：「季文子卒，宰庀家器爲葬備，無衣帛之妾，無食粟之馬，無藏金玉，無重器備，君子是以知季文子之忠於公室也。」皆言文子忠事也。「舉事寡過，不必及三思」，故言再思卽可矣。左襄二十五年傳：「衞太叔文子曰：『君子之行，思其終也，思其復也。』」哀二十七年傳：「中行文子曰：『君子之謀也，始衷終皆舉之而後入焉。』」是三思乃美行。吳志諸葛恪傳注引志林曰：「恪輔政，大司馬呂岱戒之曰：『世方多難，每事必十思。』恪答曰：『昔季文子三思而後行。夫子曰：「再，斯可矣。」今君令恪十思，明恪之劣也。』」亦以文子三思爲賢，與鄭注意合。

22 子曰：「寧武子，【注】馬曰：「衞大夫寧俞。武，謚也。」邦有道，則知；邦無道，則愚。其知可及也，其愚不可及也。」【注】孔曰：「佯愚似實，故曰不可及也。」 正義曰：有道無道，不知在何時。朱子集注以有道屬文公，無道屬成公。全氏祖望經史問答云：「武子之事文公，其於左氏無所見。則或謂有道，亦衹就成公之世無事之時。」樊氏廷枚四書釋地補引汪廷珍說：「此有道，乃對禍亂而言，與史魚章兩『有道』正同。成公復國後，武子輔政，凡十餘年。其閒如請改祀命，〔一〕不答彤弓等事，皆所謂有道則知也。」宋氏翔鳳發微云：「左氏所載寧武子遭罹國難，盡忠竭謀，乃使衞侯再得返國，斯亦知矣。且晉責舊憾，與師相加，其君既出，其國廑存，內外有枕戈之憂，上下無晏

〔一〕「祀」原誤作「杞」，據左僖三十一年傳改。

安之樂，武子於此，運其知謀，宛濮之盟，醫衍之貨，凡爲藎臣，皆知及此。若論其愚，當非有言可紀、有事可載也。蓋成公之無道，不在失國，在不知人。以叔武之守而至於殺，則寧氏之行亦恐不全也。乃前驅背盟，不言於事，後於晉爭訟，從坐而無辭，從容大國之間，周旋闇君之側，譖訴皆絕，刑罰不罹，斯其能愚之，實足以脫乎亂世，非有聖賢之學，烏能及於此乎？」○注：「衞大夫寧俞。」○正義曰：左文四年經：「衞使寧俞來聘。」傳作「寧武子」，是武子卽寧俞。程公說春秋分紀：「寧武子，莊子速之子。」左文五年：「晉陽處父聘於衞，反過寧。」杜注：「寧，晉邑，汲郡脩武縣也。」今河南衞輝府獲嘉縣西北有修武故城，卽古寧邑。其地與衞境相接，或本爲衞邑。武子世食於此，故氏寧也。說本江氏永春秋地理考實。

23 子在陳，曰：「歸與！歸與！吾黨之小子狂簡，斐然成章，不知所以裁之。」【注】孔曰：「簡，大也。孔子在陳思歸欲去，故曰：吾黨之小子狂簡者，進取於大道，妄作穿鑿以成文章，不知所以裁制，我當歸以裁之耳，遂歸。」正義曰：陳者，國名。說文云：「陳，宛丘也。」今河南陳州府治淮寧縣。史記孔子世家：「孔子至陳。歲餘，吳王夫差伐陳，取三邑而去。孔子居陳三歲，會晉、楚爭彊，更伐陳，及吳侵陳，陳常被寇。孔子曰：『歸與！歸與！吾黨之小子狂簡，進取不忘其初。』於是孔子去陳，過蒲，適衞。去衞將西見趙簡子，臨河乃還。反乎衞，又去衞，復如陳。是歲魯哀公三年，而孔子年六十矣。季桓子卒，康子代立，使使召冉求，冉求將行，孔子曰：『魯人召求，非小用之，將大用之也。』是日，孔子曰：『歸乎！歸乎！吾黨之小子狂簡，斐然成章，吾不知所以裁之。』子贛知夫子思歸，送冉求，因誡曰『卽用，以孔子爲招』云。」世家此文，述夫子再有「歸與」之辭。前文見孟子，後文見論語。蓋夫子思歸之切，屢見乎辭，故世家各隨文記之。司馬貞索隱疑爲一文兩敍。閻氏若璩釋地續以孔子此歎，興起於魯之召、求之歸，前所載爲錯簡復出，非也。釋文：『吾黨之小子狂簡』絕句，鄭讀至『小子』絕句。」今鄭說已佚。孟子趙注：「孔子在陳，不遇賢人，上下無所交，蓋歎息思歸，欲見其鄉黨之士也。周禮：『五黨爲州，五州爲鄉。』故曰吾黨之士也。」此稱「吾黨」之義也。「狂」者，說文云：「㹟，狾犬也。」狾犬雄猛善發，故人之矯恣自張大者，亦謂之「狂」。孟子：「萬章曰：『敢問何如斯可謂狂矣？』曰：『如琴張、曾晳、牧皮者，孔子之所謂狂矣。』『何以謂之狂也？』曰：『其志嘐嘐然。曰：「古之人，古之人。」夷考其行，而不掩焉者也。』」趙注：「嘐嘐，志大、言大者也。重言『古之人』，欲慕之也。夷，平也。考察其行，不能掩覆其言，是其狂也。」「斐然」者，禮記大學「有斐君子」，鄭注：「斐，有文章貌也。」爾雅釋訓注：「斐，文貌。」言弟子居魯，所學已就，能成文章可觀也。「裁」者，爾雅釋言：「裁，節也。」張栻論語解：「方聖人歷聘之時，詩書禮樂之文，固已付門人次序之矣。及聖人歸於魯，而後有所裁定。」又云：「狂簡之士，雖行有不掩，而其志大，蓋能斐然以成章矣。至於義理之安，是非之平，詳略之宜，則必待聖人裁之而後爲得也。」案：孔子世家言陽虎亂政時，「孔子不仕，退而修詩書禮樂，弟子彌衆，至自遠方，莫不受業」。是孔子年五十內，已修詩書禮樂，非至晚年歸魯始爲之也。弟子受業，即受孔子所修之業。當時洙、泗之間，必有講肄之所，不皆從夫子出遊，故此在陳得思之也。沈氏濤論語孔注辨僞誤解世家之文，以「歸」爲冉求將歸，「吾黨之小子」亦指冉求。則世家此文下明言子贛知夫子思歸，又夫子言「求也退」，即求亦自言「力不足」，是求之爲人與狷近，與狂簡絕遠。沈君說未爲是也。「不知所以裁之」，謂弟子學已成章，嫌己淺薄，不知所以裁之也。此正謙幸之辭，其弟子之當裁制，自不言可知。世家「不知」上有「吾」字，皇本「裁之」下有「也」字。○注「簡大」至「遂歸」。○正義曰：「簡、大」，爾雅釋詁文。趙注孟子云：

「簡，大也。狂者，進取大道而不得其正者也。」沈氏濤辨僞云：「斐字從文，古訓無不以爲文貌者。今云『妄作穿鑿』，謬矣。」案下篇：「子曰：『不得中行而與之，必也狂狷乎！』」是狂簡亦有爲之人，但務爲高遠，所言或不副其所行，非有所穿鑿也。包咸子罕篇注曰：「時人有穿鑿妄作篇籍者，此則不知而作，豈諸弟子所爲乎！」焦氏循論語補疏：「妄作穿鑿，申解斐然。蓋讀斐爲匪，匪猶非也。」此或得孔義，然亦謬矣。「妄作穿鑿以成文章，不知所以裁制」，是以「不知」爲弟子不知也，於義亦隔。云「遂歸」者，終言之。孔子反魯，在哀十一年冬。

24 子曰：「伯夷、叔齊不念舊惡，怨是用希。」【注】孔曰：「伯夷、叔齊，孤竹君之二子。孤竹，國名。」

正義曰：爾雅釋詁：「念，思也。希，罕也。」並常訓。大戴禮衞將軍文子篇：「孔子曰：『不克不忌，不念舊惡，蓋伯夷、叔齊之行也。』」皇疏云：「舊惡，故憾也。人若録於故憾，則怨恨更多，唯夷、齊豁然妄懷，若有人犯己，己不怨録之，所以於人怨少也。」邢疏云：「不念舊時之惡而欲報復，故希爲人所怨恨也。」毛氏奇齡四書改錯：「此惡字，猶左傳『周、鄭交惡』之惡。舊惡，卽夙怨也。惟有夙怨而相忘，而不之念，因之恩怨俱泯，故『怨是用希』。此必有實事，而今不傳者，張文檒曰：『魏書：「房景伯除清河太守，郡民劉簡虎嘗失禮于景伯，景伯署其子爲西曹掾。」論者以爲不念舊惡。南齊皇甫肅曾勸劉勔殺王廣之，及勔亡，肅反依廣之，而廣之感且契賞，且啟武帝使爲東海太守，史臣以爲不念舊惡。』然則此『惡』字，並解作『怨』字。」案：毛説與皇疏合。惟「怨」字當從邢疏，以爲人怨恨也。朱子集注云：「孟子稱其『不立於惡人之朝，不與惡人言。與鄉人立，其冠不正，望望然去之，若將浼焉』。其介如此，宜若無所容矣。然其所惡之人，能改卽止，故人亦不甚怨之也。」案：集注亦是。曾子立事云：「朝有過，夕改則與之；夕有過，朝改則與之。」即此義。○注「伯夷」至「國名」。○正義曰：「伯」、「叔」，少長之字；「夷」、「齊」，其名也。皇疏謂「伯夷名允，叔齊名致」。釋文云：「允字公信，智字公達，夷、齊謚也。見春秋少陽篇。」史記索隱亦同。惟「智」作「致」，與義疏合。案：謚法解夷、齊並爲謚，然古人無以字居謚上者。困學紀聞引胡明仲曰：「彼已去國，誰爲之節惠哉！蓋如伯達、仲忽，亦名而已矣。」其説良是。史記伯夷列傳云：「伯夷、叔齊，孤竹君之二子也。」爾雅釋地觚竹列於「四荒」。郭注：「觚竹在北。」「觚」與「孤」同。漢地理志「遼西郡令支有孤竹城」，今永平府盧龍縣東有古孤竹城。

25 子曰：「孰謂微生高直？或乞醯焉，乞諸其鄰而與之。」【注】孔曰：「微生姓，名高，魯人也。乞之四鄰以應求者，用意委曲，非爲直人。」 正義曰：「乞醯」者，乞猶求也。左僖廿六年經：「公子遂如楚乞師。」杜注：「乞，不保得之辭。」説文：「醯，酸也。作醯以鬻以酒，從鬻酒，並省。」「鬻」與「粥」同。儀禮聘禮注：「以醯穀爲陽醯，肉爲陰醯。」連「穀」言，是其以鬻爲之。説文：「酸，酢也。關東謂酢曰酸。」「酢」卽「醋」字。禮記内則「和用醯」，釋文：「醯，酢也。」周官疾醫注：〔一〕「五味，醯酒、飴蜜、薑、鹽之屬。」疏云〔二〕：「醯則酸也。」古酸用梅，疑卽加之於醯，故醯味酸。士昏、公食大夫所云「醯醬」，據注云：「以醯和醬。」則是加醯於醬也。醬不必皆加以醯，故有芥醬、卵醬、醢醬、醯醬之别。廣雅釋器：「醓，醋也。」「醓」與「醯」同。論語釋文：「醯，亦作醓。」郊特牲、内則、天官釋文同。釋名釋飲食以「醯多汁者爲

〔一〕〔二〕「注」字原脱，「疏」原誤作「注」，據周禮疾醫注疏增改。

醯」，醯，瀋也。惠氏士奇禮說：遂以醯、醬爲一物，又謂古無醋，其說並誤。「乞諸其鄰而與之」，不爲直者，乞諸其鄰，而冒爲己物以與人，人知與之爲微生，而不知爲鄰，所以不得爲直。若乞諸鄰，而稱鄰以與之，此亦厚德，無所可議矣。○注：「微生姓，名高，魯人也。」○正義曰：漢書古今人表：「尾生高、尾生晦。」師古曰：「卽微生高、微生畝也。」燕策蘇代曰：「信如尾生高。」又曰：「信如尾生高，則不過不欺人耳。」蘇秦曰：「信如尾生，期而不來，抱梁柱而死。」莊子盜跖篇：「尾生與女子期於梁下，女子不來，水至不去，抱梁柱而死。」淮南氾論、說林並載此事，高誘注云：「魯人，則微生蓋嘗硜硜自守者，故當時或以爲直也。「尾」與「微」通。書堯典「鳥獸孳尾」，史記五帝紀作「微」，是其證。

26 子曰：「巧言、令色、足恭，左丘明恥之，丘亦恥之。【注】孔曰：「足恭，便僻貌。左丘明，魯太史。」匿怨而友其人，左丘明恥之，丘亦恥之。」【注】孔曰：「心內相怨，而外詐親。」

正義曰：釋文云：「一本此章有『子曰』字，恐非。」案：陸所見無「子曰」，與上章合爲一章，蓋由傳寫脫誤，不當以有者爲非也。爾雅釋詁：「匿，微也。」舍人注：「匿，藏之微也。」說文：「匿，亡也。」「亡」若「亡命」之亡，謂隱藏也。左丘明與孔子同時，而卒於孔子後。漢劉歆稱「其好惡同於聖人」，卽指此文之類。○注：「足恭，便僻貌。左丘明，魯太史。」○正義曰：邢疏云：「便僻，其足以爲恭，謂前卻俯仰，以足爲恭也。」臧氏庸拜經日記：「表記孔子曰：『君子不失足於人，不失色於人，不失口於人。』曾子立事篇：〔一〕『亟達而無守，好名而無體，忿怒而爲惡，足恭而口聖，而無常位者，君子弗與也。巧言令色，能小行而篤，難于仁矣。』文王官

〔一〕「曾子立事」原誤作「曾子修身」，據大戴禮記解詁改。

人篇：『華如誣，巧言令色，足恭，一也，皆以無爲有者也。』案：不失足者，不足恭也；不失色者，不令色也；不失口者，不巧言也。故文王官人三者並舉。足恭而口聖，口聖卽巧言也。詩板『無爲夸毗』，正義曰：『夸毗者，便辟其足前卻爲恭。』孔注言「足恭便僻之貌」者，義當如此解。爾雅釋訓：『籧篨，口柔也；戚施，面柔也；夸毗，體柔也。』李巡注：『巧言好辭，以口饒人，是謂口柔；和顏悅色以誘人，是謂面柔；屈己卑身，求得於人，曰體柔。』論語『友便辟』，馬融曰：『便辟，巧避人所忌，以求容媚者。』『友善柔』，馬融曰：『面柔者也。』『友便佞』，鄭玄曰：『便，辯也，謂佞而辯也。』然則便辟爲體柔，善柔爲面柔，便佞爲口柔，體柔爲足恭，面柔爲令色，口柔爲巧言，斷斷然矣。」案：臧說深得此注之義。管子小匡篇：「曹孫宿之爲人，巧佞卑諂足恭而辭結。」「結」與「給」同。史記五宗世家：「趙王彭祖爲人，巧佞、卑諂、足恭，而心刻深。」又日者列傳「孅趨而言」，索隱曰：「孅趨，猶足恭也。」顏師古漢書景十三王傳注：「足恭，謂便辟也。」李賢後漢書崔駰傳注：「夸毗，謂佞人足恭，善爲進退。」皆讀足如字。皇疏引繆協曰：「足恭者，以恭足於人意，而不合於禮度。」此讀「足」爲將樹反，見陸氏音義。仲尼燕居：「恭而不中禮，謂之給。」子曰：『給奪慈仁。』」鄭注：「巧言、足恭之人，似慈仁，實鮮仁。」據鄭注義，則「給」如「供給」之給，謂足也。故鄭引「足恭」說之，此義亦通。史記十二諸侯年表序：「自孔子「論史記，次春秋，七十子之徒，口受其傳。魯君子左丘明懼弟子各有安其意，失其真，故具論其語，成左氏春秋。」又自敘篇稱：「左丘失明，厥有國語。」漢書藝文志：「左氏傳三十卷。左丘明，魯太史。」案：史公以左丘連文，則左丘是兩字氏，明其名也。左丘亦單稱左，故舊文皆言左傳，不言「左丘傳」。說者疑左與左丘爲二，作國語者左丘明，作左傳者別一人，與史、漢諸文不合，非也。左丘明雖爲太史，其氏左丘，不知何因？解者援玉藻「動則左史書之」，謂左丘明是以官爲氏，則但當氏左，不當連丘爲文，亦恐非也。周官太史:「下大夫二人,上士四人。」侯國羣臣秩差降,太史當止以士爲之。

27 顏淵季路侍。子曰:「盍各言爾志?」子路曰:「願車馬衣輕裘,與朋友共,敝之而無憾。」【注】孔曰:「憾,恨也。」顏淵曰:「願無伐善,無施勞。」【注】孔曰:「不自稱己之善,不以勞事置施於人。」

正義曰:季路,卽子路。「季」者,少長之稱。閻氏若璩四書釋地又續:「季路長顏淵二十一歲,而先顏淵者,尚德也。」「侍」者,說文云:「侍,承也。」釋名釋言語:「侍,時也。尊者不言,常於時供所當進者也。」鄭注云:「盍,何不也。」案:爾雅釋言:「曷,盍也。」郭注:「盍,何也。」「何」與「何不」,語有詳略。「各」者,說文云:「各,異詞也。」夫子欲覘二子之志,故問其何不各言之也。「願」者,有志而未逮之辭。爾雅釋詁:「願,思也。」「裘」者,說文云:「裘,皮衣也。」「裘」卽「裘」字。凡裘服,毛在外,故有加衣以襲之。衣裘猶衣裳。皇、邢各本「衣」下有「輕」字。阮氏元校勘記:「唐石經『輕』字旁注。案:石經初刻本無『輕』字。『車馬衣裘』,見管子小匡及齊語,是子路本用成語,後人涉雍也篇『衣輕裘』而誤衍『輕』字。錢大昕云:『石經「輕」字,宋人誤加。』考北齊書唐邕傳:『顯祖嘗解服青鼠皮裘賜邕,云:「朕意在車馬衣裘與卿共敝。」』蓋用子路故事,是古本無『輕』字,一證也。釋文於『赤之適齊』節,音衣爲于既反,而此衣字無音。是陸本無『輕』字,二證也。邢疏云:『願以己之車馬衣裘,與朋友共乘服。』是邢本亦無『輕』字,三證也。皇疏云:『車馬衣裘共乘服。』是皇本亦無『輕』字,四證也。今注疏與皇本正文有『輕』字,則後人依通行本增入,非其舊矣。」白虎通三綱六紀云:「朋友之交,貨則通而不計,共憂患而相救。」下引此文至「敝之」絕句。唐邕傳同。言己與朋友共用至敝也。今讀「與朋友共」爲一句,「敝之而無憾」爲一句，似「敝之」專指朋友，於語意未晰。說文：「共，同也。」又：「㡀，敗衣也。从巾，象衣敗之形。敝，帗也。一曰敗衣。」今經傳訓「敗」之字皆作「敝」，是從或義也。皇本作「弊」，乃通用字。「施勞」者，朱子集注云：「施者，張大之意。」案：「施勞」與「伐善」對文。禮記祭統注：「施，猶著也。」淮南詮言訓：「功蓋天下，不施其美。」謂不誇大其美也。「善」言德，「勞」言功，周官司勳「事功曰勞」是也。禮記表記：「君子不自大其事，不自尚其功，以求處情。過行弗率，以求處厚。」荀子君子篇：「備而不矜，一自善也，謂之聖。不矜矣，夫故天下不與爭能，而致善用其功。有而不有也，夫故爲天下貴矣。」二文所言，卽顏子之志。曾子言「有若無，實若虛，昔者吾友嘗從事於斯」。若無若虛，卽無伐、無施之意。「吾友」謂顏子，顏子未得位，未能行其所志，故嘗以其所願從事之也。○注「憾，恨也」。○正義曰：見廣雅釋詁，此常訓。○注「不自」至「於人」。○正義曰：「伐」訓稱者，引申之義。左襄十三年傳：「小人伐其技以馮君子。」杜注：「自稱其能曰伐。」皇疏云：「願己行善而不自稱，欲潛行而百姓日用而不知也。又願不施勞役之事於天下也，故鑄劒戟爲農器，使子貢無施其辨，子路無厲其勇也。」案：孟子云：「以佚道使民，雖勞不怨。」孔子亦言「擇可勞而勞之」，是勞民非政所能免。今但言不施以勞事，然則將可勞者亦勿勞之乎？於義爲短，今所不從。

子路曰：「願聞子之志。」子曰：「老者安之，朋友信之，少者懷之。」【注】孔曰：「懷，歸也。」

正義曰：「老者」，人年五十以上之通稱。爾雅釋詁：「老，壽也。」「少者」，禮記少儀目錄：「少，猶小也。」趙岐孟子萬章注：「人少，年少也。」韓詩外傳：「遇長老，則脩弟子之義；遇等夷，則脩朋友之義；遇少而賤者，則脩告道寬裕之義。故無不愛也，無不敬也，無與人爭也，曠然而天地苞萬物也。如是，則『老者安之，少者懷之，朋友信之』。」據韓傳所言，則朋友謂其年位與夫子等夷者也。「信」者，禮記經解云：「民不求其所欲而得之，謂之信。」竊謂子路重倫輕利，不失任卹之道，義者之事也。顏子勞而不伐，有功而不德，仁者之事也。夫子仁覆天下，教誠愛深，聖者之事也。○注：「懷，歸也。」○正義曰：爾雅釋詁：「懷，止也。」釋言：「懷，來也。」並與歸訓近。言少者得所養教，歸依之若父師也。

28 子曰：「已矣乎！吾未見能見其過而內自訟者也。」【注】包曰：「訟，猶責也。言人有過，莫能自責。」

正義曰：「已矣乎」者，歎辭。已，止也。大學記云：「所謂誠其意者，毋自欺也。如惡惡臭，如好好色，此之謂自謙。故君子必慎其獨也。」獨者，人所未及知，而己所獨知之之時也。意有善惡，誠意者，於意之善者好之，意之不善者惡之，惡不善，正是葆其善。故君子之於改過，尤亟亟也。人凡有過，其始也皆藏於意，故能自見。能自見而內自訟，則如惡惡臭，必思所以去之。夫子言惡不仁之人，不使不仁者加乎其身，所謂「內自訟者」如此，所謂誠意者如此。否則見其過而不能自訟，即是自欺，自欺則非誠意矣。夫子嘆未見好仁、惡不仁者，及此又有未見能自訟之歎，蓋改過爲學者至要，而亦至難，故非慎獨不克致力矣。所以云「未見」者，察之於色與言，觀之於所行事，所謂誠於中必形於外，人之視己，如見其肺肝然也。○注：「訟，猶責也。」○正義曰：「訟」訓「責」者，引伸之義。廣雅釋詁：「訟，賫也。」「賫」即「責」字。

29 子曰：「十室之邑，必有忠信如丘者焉，不如丘之好學也。」

正義曰：淩氏曙典故覈：「四井爲邑，井有三家。四井，凡十二家。云『十室』，舉成數也。」大戴禮曾子制言云：「是故昔者，禹見耕者五耦而式，過十室之邑必下，爲秉德之士存焉。」即此「必有忠信」之意。案：「忠信」者，質之至美者也。然有美質，必濟之以學，斯可袪其所蔽而進於知仁之道，故子以四教先文行於忠信，行卽行其所學也。韓詩外傳：「劒雖利，不厲不斷；材雖美，不學不高。故學然後知不足。」卽此義也。釋文云：「『焉』如字，衛瓘於虔反，爲下句首。」皇疏引衛說云：「所以忠信不如丘者，由不能好學如丘耳。苟能好學，可使如丘也。」案：訓「焉」爲「由」，其義甚曲。武氏億經讀考異：「焉，猶安也。安不如我之好學，言亦如我之好學也。」此亦以「焉」屬下句，其義較衛爲順，當並箸之。

論語正義卷七

雍也第六　集解

正義曰：皇疏言古論以雍也爲第三篇，此僞本不足據。

凡三十章

1 子曰：「雍也可使南面。」【注】包曰：「可使南面者，言任諸侯治。」

正義曰：周官撢人注：「面，猶鄉也。」人君鄉明而治，故位皆南面。鄭此注云「言任諸侯之治」，與包同。說苑修文篇：「當孔子之時，上無明天子也，故言『雍也可使南面』。南面者，天子也。」與包、鄭說微異。鹽鐵論殊路篇：「七十子皆諸侯卿相之才，可南面者數人。」亦兼天子、諸侯言之。古人爲學，皆以盡倫。學也者，效也。學之爲父子焉，學之爲君臣焉。推之昆弟、夫婦、朋友，莫不各有當然之則，卽莫不各有當學之事。舍人倫，無學也。學修於己，自能成物，而得勢以行其所學，故能措施裕如，中庸所謂「道前定則不窮」者也。大學言「格物致知」，而極之「治國平天下」。夫治國平天下，皆天子、諸侯之所有事，而列於大學之目，此正言人盡倫之學。若曰爲君而後學爲君，爲臣而後學爲臣，則當其未學，便已廢倫，一旦假之以權，其不至於敗乃事者幾希。孟子謂士志仁義，不能「殺一無罪」，此亦指天子、諸侯言之，故曰「大人之事備矣」。大人以位言之，舉位則德自見，蓋德必稱其位，而後爲能居其位。故夫天子、諸侯、卿大夫、士位之差，卽德之差。其德能爲天子而爲天子，則舜、禹之由登庸而進也。其德能爲天子、諸侯，而僅爲卿大夫，或僅爲士，則孔、孟之不得位以行其道也。孟子云：「匹夫而有天下，德必若舜、禹，而又有天子薦之者，故仲尼不有天下。」荀子謂「聖人之得勢者，舜、禹是也。聖人之不得勢者，仲尼、子弓是也」。子弓卽仲弓。夫子議禮考文作春秋，皆天子之事。其答顏子問爲邦，兼有四代之制。蓋聖賢之學，必極之治國平天下，其不嫌於自任者，正其學之分内事也。夫子極許仲弓，而云「可使南面」，其辭隱，其義顯。包、鄭均指諸侯，劉向則謂「天子」，説雖不同，要皆通也。近之儒者，謂「爲卿大夫」，不兼天子、諸侯，證引雖博，未免淺測聖言。文選思玄賦注引論語摘輔像曰：「仲弓淑明清理，可以爲卿。」彼自爲文，不足證此。

2 仲弓問子桑伯子。【注】王曰：「伯子，書傳無見焉。」子曰：「可也簡。」【注】孔曰：「以其能簡，故曰可也。」仲弓曰：「居敬而行簡，以臨其民，不亦可乎？居簡而行簡，無乃大簡乎？」【注】孔曰：「居身敬肅，臨下寬略，則可。」包曰：「伯子之簡，大簡。」子曰：「雍之言然。」

正義曰：鄭注云「子桑，秦大夫」，以公孫枝字子桑，故爲秦大夫。然左傳言子桑之忠，知人能舉善，並無行簡之事，鄭此説未可據也。莊子山木篇：「孔子問子桑雽」云云，「異日，桑雽又曰：『舜之將死』」云云。釋文：「雽音户，本又作雩〔一〕，音于。李云：『桑姓，雽其名，〔二〕隱人也。』或云：姓桑雽，名隱。」釋文所載二説，以前説爲是。至大宗師篇言「桑户與孟子反、琴張爲友」，楚辭涉江篇以接輿、桑扈並舉。「雽」、「户」、「扈」音近通用。與孔子同時。漢書古今人表列於周顯王之世，非也。王逸楚辭注謂桑扈爲隱士，與莊子李注同。

〔一〕〔二〕兩「雽」字原並誤作「雩」，據釋文改。

則通志氏族略以爲魯大夫者，亦非桑氏伯字。下「子」字，爲男子之美稱；上「子」字，則弟子尊其師者之稱。如子沈子、子公羊子之例。楚辭云：「桑扈臝行。」王逸注：「去衣裸裎，効夷狄也。」說苑修文篇：「孔子曰：『可也簡。』簡者，易野也。易野者，無禮文也。孔子見子桑伯子，子桑伯子不衣冠而處，弟子曰：『夫子何爲見此人乎？』曰：『其質美而無文，吾欲說而文之。』孔子去，子桑伯子門人不說，曰：『何爲見孔子乎？』曰：『其質美而文繁，吾欲說而去其文。』故曰文質修者謂之君子，有質而無文謂之易野。子桑伯子易野，欲同人道於牛馬。仲弓曰：『大簡。』」此卽孔子所指爲簡之事。當時隱者多是如此，仲弓正之曰「居敬而行簡，以臨其民」，居敬則有禮文，禮毋不敬也。居敬，卽大舜之共己；行簡臨民，卽大舜之無爲而治。此足見仲弓成己、成物之學與隱士有異。說苑所謂「仲弓通於化術，孔子明於王道，而無以加仲弓之言」者，是也。朱子或問謂「夫子雖不正言其居簡之失，而所謂可者，固有未盡善之意。仲弓默契聖人之微旨，而分別夫居敬、居簡之不同，夫子所以深許之」。此說亦是。皇疏此節與上章別，邢疏則聯上爲一章。說苑云：「雍之所以得稱南面者，問子桑伯子於孔子」云云。是以此節仲弓所言，爲「可使南面」之證，足知當日弟子類記，不爲無意。○注：「伯子，書傳無見焉。」○正義曰：王未考莊子、楚辭、說苑，又不從鄭，故云「未見」。○注：「孔曰：『以其能簡，故曰可也。』」○正義曰：皇本無「孔安國曰」，以「可」爲美辭，非經旨。○注：「居身敬肅，臨下寬略，則可。」○正義曰：爾雅釋詁：「簡，大也。」寬大之治，有似疎略。毛詩匪風傳：「亨魚煩則碎，治民煩則散。」「煩」與「簡」相反。夫子以「居上不寬」爲不足觀，又言「寬則得衆」，是亦尚行簡之意。是故居敬則有威儀可觀，行簡則不大聲色。於以化民，民自能順帝則，又且用得其賢，衆職咸理，此「居敬行簡」之所以爲可也。若不能居敬，而所行事又簡，在己已無法度可守，所行必至怠惰，或更放誕無禮，斯臨民亦必綱紀廢弛，而不可爲治矣。

3 哀公問：「弟子孰爲好學？」孔子對曰：「有顏回者好學，不遷怒，不貳過。不幸短命死矣，今也則亡，未聞好學者也。」【注】凡人任情，喜怒違理。顏淵任道，怒不過分。遷者，移也。怒當其理，不易移也。不貳過者，有不善未嘗復行。

正義曰：說文：「㚔，吉而免凶也。從夭從屰。」夭，死之事，故死謂之不幸，言不能免凶也。「短命」者，言顏子受命短也。史記仲尼弟子傳：「顏回少孔子三十歲。年二十九，髮盡白，蚤死。」未箸卒之歲年。家語弟子解始云「三十一，早死」，[一]王肅注：「校其年，則顏回死時，孔子年六十一。」李氏鍇尚史辨之云：「顏子卒於伯魚之後。按譜孔子七十而伯魚卒，是顏子之卒，當在孔子七十一之年，顏子少孔子三十歲，是享年四十有一矣。」江氏永鄉黨圖考同。臧氏庸拜經日記：「史記列傳但云『蚤死』，夫五十以下而卒，皆可謂之蚤。『三十一』之文，不知所本，必係王肅僞撰。公羊傳哀十四年：『顏淵死。子曰：「噫！天喪予。」子路死。子曰：「噫！天祝予。」西狩獲麟。孔子曰：「吾道窮矣。」』何休注：『天生顏淵、子路爲輔佐，皆死者，天將亡夫子證。時得麟而死，此亦天告夫子將沒之徵。』又史記孔子世家：『「河不出圖，雒不出書，吾已矣夫！」顏淵死，「天喪予！」及西狩獲麟，曰：「吾道窮矣！」』夫子曰『天喪予』，曰『天祝予』，曰『吾道窮』，曰『吾已矣』者，皆孔子將沒之年所言，故公羊春秋及弟子傳皆連言之。則顏子之死，必與獲麟，子路死，夫子卒，相後先。孔子年七十一獲麟，七十二子路死，七十三孔子卒。顏子少孔子三十歲，孔子七十，顏子已四十也。

[一]「一」原誤作「二」，「早」原作「而」，據家語改。

又史記世家云：『伯魚年五十，先孔子卒。』以核家語孔子年二十而生伯魚之說，尚不甚遠，則伯魚卒時，孔子年六十九。據論語顏子死在伯魚之後，則孔子年七十，顏子正四十也。魯哀、季康之問，皆在哀十一年孔子反魯之後，時顏子新卒，故聖人述之。有餘痛焉。」案：臧說甚核。毛氏奇齡稽求篇、孔氏廣森公羊通義並略同。但與李鍇說差少一年，今更無文定之也。又案：秦、漢人說顏子卒年，本多乖互。列子力命篇：「顏子之才，不出衆人之下，而壽十八。」淮南子精神訓：「顏淵夭死。」高誘注：「顏淵十八而死。」後漢書郎顗傳：「顏子十八，天下歸仁。」皆以顏子卒年爲十八。此真異說，非可據也。三國志孫登傳：「權立登爲太子，年三十三卒。臨終上疏曰：『周晉、顏回有上智之才，而尚夭折，況臣愚陋，年過其壽。』」亦以顏子卒年未至三十三，則或與家語同，未可知也。皇本「問」下有「曰」字。釋文云：「本或無亡字，即連下句讀。」俞氏樾羣經平議謂「既云『亡』，又云『未聞好學』，於辭複。」此與先進篇語有詳略，因涉彼文而誤衍「亡」字，當據釋文或本訂正。

○注「凡人」至「復行」。○正義曰：「喜怒」者，七情之發。凡人任情，多致違理，不中節也。但喜雖違理，無所傷害於人，故夫子專以怒言之。春秋言「君子善善及子孫，惡惡止其身」，是喜雖違理，不失爲君子，若怒則不宜，違理也。左宣十七年傳：「范武子曰：『喜怒以類者鮮，易者實多。』」杜注：「易，遷怒也。」蓋喜怒當其理謂之類，類者，比也。若遷怒，則不依其類而違理矣。顏子好學，能任道，故善養其氣而幾於中和也。「遷、移」，見廣雅釋言，此常訓。易繫辭傳：「子曰：『顏氏之子，其殆庶幾乎！有不善未嘗不知，知之未嘗復行也。』易曰：『不遠復，无祇悔，元吉。』」此注言「有不善未嘗復行」，即本易傳。「過」者，謂或過中、或不及中也。中庸云：「子曰：『回之爲人也，擇乎中庸，得一善，則拳拳服膺，而弗失之矣。』」當未擇時，不能無過中之失，及得善而服膺弗失，所以能不貳過。此顏子思誠之學，以人道合天道者也。是故言天行者，不能無羸縮陵歷之異，水旱沴鬱之災，而於穆不已，不遠能復。故於復「見天地之心」，益初至四互復，其象曰：「君子以見善則遷，有過則改。」明改過能有益也。夫子學易，「可以無大過」，顏子好學，亦能體復，故夫子易傳獨稱之。

4 子華使於齊，冉子爲其母請粟。子曰：「與之釜。」【注】馬曰：「子華，弟子公西赤之字。六斗四升曰釜。」請益。曰：「與之庾。」【注】包曰：「十六斗曰庾。」冉子與之粟五秉。【注】馬曰：「十六斛曰秉，五秉合爲八十斛。」子曰：「赤之適齊也，乘肥馬，衣輕裘。吾聞之也：君子周急不繼富。」【注】鄭曰：「非冉有與之太多。」

正義曰：「使」者，夫子使之也。此與原思爲宰，不必同在一時。弟子類記之，以見聖人取予之際，各有所宜爾。冉子，據鄭注卽冉有。稱子者，冉有門人所記也。說文：「粟，嘉穀實也。」粟本禾米之名，諸穀亦得稱之。「請粟」，是請於夫子。「與粟五秉」，則冉有自以藏粟與其母也。言「粟五秉」，則與「釜」、與「庾」不言數，是爲一釜一庾矣。「適齊」者，爾雅釋詁：「適，往也。」此常訓。「周急」者，禮記月令「周天下」，注：「周，謂給不足也。」周官鄉師職：「賙萬民之囏阨。」鄭司農云：「賙讀爲『周急』之周。」明「周」、「賙」同也。李賢後漢書王丹傳注：「周急，謂周濟困急也。」○注「子華」至「曰釜」。○正義曰：鄭此注與馬同。史記弟子傳：「公西赤字子華。」公西是兩字氏。鄭目錄曰：「魯人，少孔子四十二歲。」「釜」爲「鬴」或字，見說文。考工記：「㮚氏爲量，量之以爲鬴，深尺，內方尺，而圜其外，其實一鬴。」左昭三年傳：「齊舊四量，豆、區、釜、鍾。四升爲豆，各自其四，以登于釜。」鄭注㮚氏云：「四升曰豆，四豆曰區，四區曰鬴，鬴六斗四升也。」依左氏文爲說。○注：「十六斗曰庾。」○正義曰：說文：「斞，量也。」「庾」卽「斞」字叚借。考工記陶人：「庾實二觳，厚半寸，脣寸。」注：「豆實三而成觳，則觳受斗二升。『庾』讀如『請益與之庾』之庾。」戴氏震補注：「二斗四升曰庾，十六斗曰籔。『庾』與『籔』音聲相通。傳注往往譌溷。論語『與之庾』，謂於釜外更益二斗四升。蓋『與之釜』已當，所益不得過乎始與。」馬氏宗璉左傳補注引戴說又云：「案：庾、籔譌溷者，聘禮記云『十六斗曰籔』，鄭注：『今文「籔」或爲「逾」。』康成但謂其音同庾，非謂『籔』卽『庾』也。論語包注直云『十六斗曰庾』，始混『籔』爲『庾』矣。」元凱注左傳混「庾」爲「籔」，正義反援儀禮正之。且以「庾」爲瓦器，非量器，尤爲臆說。今案：左昭二十年傳：「粟五千庾。」賈逵注：「十六斗爲庾。」此元凱所本。魯語「缶米」，韋昭解云：「缶，庾也。」亦誤以爲瓦器。又引聘禮曰：「十六斗曰庾」，此用儀禮今文以「庾」與「逾」同，故直引聘禮作「庾」。小爾雅廣量云：「二釜有半謂之庾。」其誤與包咸同。藝文類聚八十五引鄭此注云：「六斛四升曰庾。」文有譌錯，當據考工注文正之。又廣雅釋器云：「區四曰釜，釜十曰鍾，鍾十曰斞。」釜爲六斗四升，則釜十曰鍾，當得六斛四斗。鍾十曰斞，當得六十四斛。此說斞數太多，未知所本。○注：「十六斛曰秉。」○正義曰：聘禮記：「十六斗曰籔，十籔曰秉。」鄭注：「秉，十六斛。」王氏念孫廣雅疏證：「秉之言方也。方者，大也。量之最大者也。」

5 原思爲之宰，【注】包曰：「弟子原憲，思，字也。孔子爲魯司寇，以原憲爲家邑宰。」與之粟九百，辭。【注】孔曰：「九百，九百斗。辭，辭讓不受。」

注「弟子」至「邑宰」。○正義曰：史記弟子列傳：「原憲，字子思。」鄭目錄云「魯人」，司馬貞索隱引家語云：「宋人，少孔子三十六歲。」金氏鶚禮說：「依家語，則夫子仕魯時，子思方十七、八歲，未任爲宰。家語『三』字當是『二』字之譌。」鄭此注云：「孔子初仕魯，爲中都宰，從中都宰爲司空，從司空爲司寇也。」案：孔子五十二歲始仕魯，爲中都宰，五十三歲進位爲司空、司寇，五十六歲去位。則此原思爲宰，蓋在孔子爲司空、司寇時也。包氏止就司寇言，舉最後之官，意中兼有司空，與鄭義同。云「原憲爲家邑宰」者，晉語云：「官宰食加。」韋昭注：「官宰，家臣也。加，大夫之加田也。論語曰：『原憲爲家邑宰。』」與包此注合。「加田」當謂采地，原憲爲家邑宰，明此與粟爲食加矣。儀禮喪服斬衰章疏：「孤卿大夫有采邑者，其邑既有邑宰，又有家相。若魯三卿，公山弗擾爲季氏費宰，子羔爲孟氏郈宰之類，皆爲邑宰也。陽貨、冉有、子路之等爲季氏家相，亦名家宰。若無地卿大夫，則無邑宰，直有家相者也。」賈氏此言最晰。諸書言孔子仕魯，不言采地，則止有家相，不得有邑宰。包、韋之説，未可據矣。○注「九百」至「不受」。○正義曰：云「九百，九百斗」者，孔以意言之。胡氏紹勳拾義「案：世家：『孔子居魯，奉粟六萬。』索隱云：『當是六萬斗。』正義云：『六萬小斗，當今二千石也。』據此知孔子時三斗當唐時一斗。宋沈括筆談云：『予求秦、漢以來度量，計六斗當今之一斗七升九合。』是宋斗又大於唐斗。元史言『世祖取江南，命輸粟者止用宋斗斛。』以宋一石當今七斗，是元斗又大於宋斗。然則周時九百斗，合元時僅得一百八十九斗也。江氏永羣經補義云：『古者百畝，當今二十三畝四分三釐有奇，就整爲二十三畝半。今稻田自佃一畝，約收穀二石四斗，二十三畝半收穀五十六石四斗，折半爲米二十八石二斗。人一歲約食米三石六斗，可食八人。』據江氏説，古農夫百畝，合今斗且得米二百八十二斗。如孔注以九百爲九百斗，止合元斗一百八十九斗，反不及農夫所收之數，原思何又嫌多而辭之？或九百爲九百石，則又不若是多。古制計粟以五量，量莫大於斛，十斗爲一斛，粟多至九百，必以量之最大者計之，則九百當爲九百斛。何以知爲九百斛也？當時孔子爲小司寇，卽下大夫，其家宰可用上士爲之。孟子曰『上士倍中士』，當得四百畝之粟。又曰『卿以下必有圭田，圭田五十畝』。明士亦有圭田，以五十畝合四百畝，爲四百五十畝。以漢制畝收粟一石半計之，當得六百七十五石。若以石合斛，一石爲百二十斤，古無大斗，一斛粟不足百斤，二斛約重一石有半，是百畝收百五十石，合得二百斛，四百畝爲八百斛，加圭田五十畝爲一百斛，共得九百斛。」案：胡說近理，因並箸之。云「辭，辭讓不受」者，說文：「辤，不受也。辭，訟也。」二字義別，今經典多作「辭」。

子曰：「毋，以與爾鄰里鄉黨乎！」【注】孔曰：「祿法所得，當受無讓。」鄭曰：「五家爲鄰，五鄰爲里，萬二千五百家爲鄉，五百家爲黨。」

正義曰：鄭注云：「毋，止其辭讓也。士辭位，不辭祿。」案：說文：「毋，止之詞也。」古人祿皆以粟，故注以祿解粟。此與上章「請粟」爲私與之粟不同也。有位則有祿，義所當受，不得辭，惟辭位乃無祿耳。鄭以「毋」字絶句。武氏億經讀考異謂「毋」通作「無」，「以」通作「已」，「毋以」亦連下讀，如孟子「無以則王乎」句，亦通。王氏引之經傳釋詞謂「毋」與「無」通，「無」訓爲「不」，連下讀。與武又異，而義亦遜。○注「五家」至「爲黨」。○正義曰：說文：「鄉，國離邑，民所封鄉也。」[一]「國離邑」者，言鄉爲國所附麗之邑也。釋名釋州國：「鄉，向也。衆所向也。」玉篇：「鄗，廣雅云居也。一曰五百家爲鄗，今作黨。」據說文：「黨，從尚黑。」訓「不鮮」，則叚借也。周官大司徒：「令五家爲比，五比爲閭，四閭爲族，五族爲黨，五黨爲州，五州爲鄉。」注：「黨五百家，鄉萬二千五百家。」又遂人：「掌邦之野，以土地之圖經田野，五家爲鄰，五鄰爲里，四里爲酇，五酇爲鄙，五鄙爲縣，五縣爲遂。」注：「鄭司農云：『田野之居，其比伍之名，與國中異制，故五家爲鄰。』玄謂異其名者，示相變耳。」案：此則鄰里鄉黨實兼鄉遂之制。各舉二者，以概其餘。

[一]「封鄉」原作「居」，據說文改。

6 子謂仲弓，曰：「犂牛之子騂且角，雖欲勿用，山川其舍諸？」【注】犂，雜文。騂，赤也。角者，角周正，中犧牲。雖欲以其所生犂而不用，山川寧肯舍之乎？言父雖不善，不害於子之美。」

正義曰：皇疏載一說：「犂或音梨，謂耕牛也。」釋文：「犂，又力兮反，耕犂之牛。」此六朝經師解誼之最可據者。說文：「𤚩，耕也。」「耕，𤚩也。」互相訓。「犂」即「𤚩」省。古有人耕、牛耕二法。孔門弟子，如冉耕字伯牛，司馬牛名犂，名、字都是相配。惠氏士奇禮說：「犂牛爲耕牛。犂牛之子，非犢而何？體醇騂而角繭栗，此天牲也。以天牲而用之山川，則近於非禮。然天下未有歆於上帝而吐於山川者，故曰『山川其舍諸』。說者據此以爲山川用騂牲，誤矣。何休云：『別天牲，主以角。』故知騂且角爲天牲。」先從叔丹徒君駢枝云：「惠氏謂山川不得用騂牲，以其非禮，故欲勿用，此義非也。又云『天下未有歆於上帝而吐於山川者，故曰山川其舍諸』，夫既非禮矣，山川豈得享之？祭義曰：『古者天子諸侯，必有養獸之官，犧牷祭牲，必於是取之。』民間耕牛，非所以待祭祀，故欲勿用。然有時公牛不足，則耕牛之犢，亦在所取。周禮羊人職云：『若牧人無牲，則受布於司馬，使其賈買牲而共之。』遂人所謂『野牲』，曲禮所謂『索牛』是也。周禮用騂牲者三：祭天南郊，一也；宗廟，二也；望祀南方山川，三也。郊廟，大祀也；山川，次祀也。耕牛之犢，而有騂角之材，縱不用諸上帝山川次祀，亦豈得舍之？不得已而思其次之辭也。三代以下，世及爲禮，未有起畎畝之中，膺天子之薦者。論匹夫之遭際，至於得國而止。五嶽視三公，四瀆視諸侯，故有山川之喻。說苑脩文篇曰：『「雍也可使南面」，南面者，天子也。』孫卿子曰：『聖人之得埶者，舜、禹是也。聖人之不得埶者，仲尼、子弓是也。』楊倞注：『子弓，仲弓也。』顏淵問爲邦，夫子告以四代禮樂。仲弓德行亞於顏淵，觀夫子所以稱之者，其分量可知矣。」謹案：駢枝此義甚精。南齊禮志：〔一〕「建武二年，何佟之奏：『牧人云：「陽祀用騂牲，陰祀用黝牲。」鄭云：「陽祀，祭天南郊及宗廟；陰祀，祭地北郊及社稷。」』前軍長史劉繪議：『語云「犂牛之子」云云。未詳山川合爲陰祀否？若在陰祀，則與黝乖矣。』佟之云：『周禮以天地爲大祀，四望爲次祀，山川爲小祀。自四望以上，牲色各依其方者，以其祀大，宜從本也。山川以下，牲色不見者，以其祀小，從所尚也。則禮、論二說，合爲一矣。』從之。」考佟之議謂此「山川」爲山林川澤，羣祀之小者，與四望不同。四望者，五嶽、四瀆，其祀尊，故各用其方色。山川，其祀卑，則各從所尚用之。明堂位：「夏后氏牲尚黑，殷尚白，周騂剛。」騂本周所尚，故此山川得用之也。四望、山川，不在陰祀之列，故鄭注牧人不數之。騂枝謂望祀南方山川用騂，是山川亦用其方之色，與四望大祭同。此騂牛但舉南方，與何說異。何謂山川用牲，各從所尚。考之經傳，未有所徵，則當以騂枝爲然也。若然，山川用騂，而牧人云「凡外祭毀事用尨」，外祭兼有山川，彼謂毀除殃咎之祭，非正祭。說文：「市居曰舍。捨，擇也。」誼別，今經典多叚「舍」爲「捨」。○注「犂雜」至「之美」。○正義曰：云「犂雜文」者，王氏引之經義述聞：「犂與騂對舉，犂者，黃黑相雜之名也。〔二〕魏策『驪牛之黃也似虎』，驪與犂通。犂之爲驪，猶黎之爲驪。禹貢『厥土青黎』，史記夏本紀作『青驪』。東山經：『鱅鱅之魚，其狀如犂牛。』郭注：『牛似虎文者。』則犂牛卽驪牛矣。廣韵：『黧，黑而黃也。』黧亦與犂通。然則犂牛者，黃黑相雜之牛也。淮南說林篇：『髡屯犂牛，既科以橢，決鼻而羈，生子而犧，尸祝齋戒，以沈諸河，河伯豈羞其所從出，辭而不享哉？』犧與犂相對爲文。魯頌閟宮傳：『犧，純也。』曲禮鄭注：『犧，純毛。』則犂爲不純色者矣。故高注曰：『犂牛不純色。』引論語云云。據此，則雜文之訓，確不可易。月令曰：『命宰歷卿大夫至於庶民土田之數，而賦犧牲，以共山林名川之祀。』則山川之祀

〔一〕「禮志」原誤作「祭祀志」，據南齊書改。〔二〕「雜」原誤作「聞」，據經義述聞改。

亦用純色，而不純者不用。此正與論語義合。」今案：法言脩身篇：「或問：犂牛之鞹與玄騂之鞹有以異乎？曰：同。然則何以不犂也？曰：將致孝乎鬼神，不敢以其犂也。如刲羊刺豕，罷賓犒師，惡在犂不犂也。」此亦以犂牛爲雜文，與淮南同。其實論語「犂牛」卽是耕牛，東山經借「犂」爲「驪」，與此「犂牛」字同實異，不得援以爲證。且騂角之牛既已可用，何必追溯所生，而以雜文爲嫌，致有勿用之疑？若以雜文喻仲弓父行惡，無論此說全不可信，且卽有之，而稱子之美，必及其父之惡，長者所不忍言，而謂聖人能出諸口乎？然則以犂牛爲耕牛，以耕牛爲喻微賤，其說信不可易。云「騂，赤也」者，郊特牲云：「牲用騂，尚赤也。」明堂位「周騂剛」，注：「騂，赤色。」草人職云：「騂剛用牛。」注：「故書騂爲挈，杜子春挈讀爲騂，謂地色赤。」案：說文：「垟，赤剛土也。从土，觲省聲。」此卽草人「騂剛」之義。「垟」正字，叚「騂」字爲之。與明堂位「騂剛」騂爲正字異也。說文馬部無「騂」，徐鉉新附字作「騂」，云「从馬，觲省聲。」云「角者，角周正，中犧牲」者，說文：「角，獸角也。象形，角與刀魚相似。」釋名釋形體：「角者，生於額角也。」何休公羊僖三十一年傳注：「禮，祭天牲角繭栗，社稷宗廟角握，六宗五嶽四瀆角尺。」「繭栗」者，言其堅細。角以細小爲貴，故握大於繭栗，尺又大於握也。此祭山川，當用角尺。皇疏云：「角周正，長短尺寸合禮也。」周氏柄中典故辨正云：「角爲周正，如春秋『鼷鼠食郊牛角』，則不周矣。爾雅『角一俯一仰曰觭』，則不正矣。」此言角雖合度，然稍有偏損，亦爲不合用也。說文：「犧，宗廟之牲也。」賈侍中說此非古字意。」古或以「羲」爲之。又說文：「牲，牛完全。」凡鳥獸用於祭祀，皆謂之犧牲，引申之義也。騂角合禮，故言「中犧牲」也。云「雖欲以其所生犂而不用，山川寧肯舍之乎」者，此言人欲勿用之也。王氏引之經傳釋詞：「諸，之乎也。急言之曰諸，徐言之曰之乎。」據王說，則此注「之乎」二字，卽釋「諸」字也。云「言父雖不善，不害於子之美」者，此魏、晉人誤說。史記仲尼弟子列傳「仲弓父賤人。孔子曰：『犂牛之子。』」云云。賤者，微賤之稱。夫子亦自言少賤，非謂其行有不善也。家語弟子解乃云：「仲弓，伯牛之宗族，生於不肖之父。」家語爲王肅所亂，不足取證。論衡自紀篇：「母犂犢騂，無害犧牲；祖濁裔清，不妨奇人。鯀惡禹聖，叟頑舜神。伯牛寢疾，仲弓潔全。顏路庸固，回傑超倫。孔、墨祖愚，丘、翟聖賢。」以伯牛爲仲弓父，必有所本。伯牛寢疾，豈爲惡行？可知家語及此注之謬。

7 子曰：「回也，其心三月不違仁，其餘則日月至焉而已矣。」【注】餘人暫有至仁時，唯回移時而不變。

正義曰：顏子體仁，未得位行道，其仁無所施於人，然其心則能不違，故夫子許之。「日月至」者，謂每一日皆至仁也。一日皆至仁，非謂日一至也。積日成月，故曰「日月至」。○注：「餘人暫有至仁時，唯回移時而不變。」○正義曰：言「日月至」，則非終日終月不違仁，故注以「暫」言之。云「移時」者，天有四時，每三月爲一時，過三月竟則移時。皇疏云：「既『不違』，則應終身而止。舉『三月』者，三月一時，爲天氣一變，一變尚能行之，則他時能可知也。亦欲引汲，故不言多時也。故苞述云：『顏子不違仁，豈但一時？將以勗羣子之志，故不絕其階耳。』」

8 季康子問：「仲由可使從政也與？」子曰：「由也果，【注】包曰：「果謂果敢決斷。」於從政乎何有？」曰：「賜也可使從政也與？」曰：「賜也達，【注】孔曰：「達謂通於物理。」於從政乎何有？」曰：「求也可使從政也與？」曰：「求也藝，【注】孔曰：「藝謂多才藝。」於從政乎何有？」

正義曰：「從政」謂從事於

政。或據左傳「晉之從政者新」，以此「從政」爲執政，非也。魯人使使召冉求，冉求先歸，至此，康子始問三子從政。則由、求之仕季氏，並在夫子歸魯後矣。果者能任事，達者能明事，藝者能治事，故皆可以從政。公孫丑以樂正子爲政，疑其强、有知慮、多聞識。强卽是果，有知慮卽是達，多聞識卽是藝。皇本「曰賜也達」、「曰求也藝」，兩「曰」上有「子」字。○注：「果謂果敢決斷。」○正義曰：爾雅釋詁：「果，勝也。」一切經音義引爾雅作「惈」。孫炎曰：「惈，決之勝也。」又引蒼頡篇：「惈，憨也。」「憨」與「敢」同。子路好勇，故遇事明決，爲果敢也。其可使治賦，亦以此。○注：「達謂通於物理。」○正義曰：儀禮士昏禮注：「達，通達也。」此常訓。物猶事也。○注：「藝謂多才藝。」○正義曰：鄭亦有此注，同孔所襲也。「藝」本作「埶」，見說文。古以禮、樂、射、御、書、數爲六藝。人之才能，由六藝出，故藝卽訓才能。冉求自任，以爲小國三年，可使足民，其藝可知。

9 季氏使閔子騫爲費宰。【注】孔曰：「費，季氏邑。季氏不臣，而其邑宰數畔，聞子騫賢，故欲用之。」

正義曰：史記弟子列傳：「閔損字子騫，少孔子十五歲。」鄭目録云「魯人」。玉篇：「鄪，魯季氏邑。論語作費，或作鄪。」○注「費季」至「用之」。○正義曰：左僖元年傳：「公賜季友汶陽之田及費。」是費爲季氏邑也。顧氏棟高春秋大事表：「費邑有二：魯大夫費庈父之邑，在今兖州府魚臺縣西南。季氏之費邑，在今沂州府費縣治西南七十里。」江氏永春秋地理考實：「費伯帥師城郎，郎亦在魚臺縣，故城在今費縣西北二十里。今之費縣治祊城，于欽齊乘謂『伯國姬姓，魯懿公之孫，後爲季氏之邑』。以費伯之費與季氏之費合爲一，非也。」「邑宰數畔」，謂南蒯、公山弗擾之類。如注所言，季氏當指康子。以上章康子問三子從政觀之，此爲康子無疑。閔子騫曰：「善爲我辭焉！【注】孔曰：「不欲爲季氏宰，託使者善爲我辭焉。説令不復召我。」如有復我者，則吾必在汶上矣。」【注】孔曰：「復我者，重來召我，去之汶水上。欲北如齊。」

正義曰：陸氏釋文曰：「一本無『吾』字，鄭本無『則吾』二字。」阮氏元校勘記：「史記無『則吾』二字。」與鄭本同。○注「不欲」至「召我」。○正義曰：史記弟子傳閔損「不仕大夫，不食汙君之禄」。不仕大夫卽指此辭費宰言。家語執轡篇載「閔子爲費宰，問政於夫子」，與論語顯背，此可知其僞矣。毛氏奇齡改錯曰：「夫子一門多仕季氏，卽夫子已先爲季氏史，爲季氏司職吏，閔子祇以費本巖邑，而其先又經叛臣竊據，實恐難任，故辭之頗堅。觀其居喪未終，要絰從政，則非仲尼之門不肯仕大夫之家已可知也。」案：毛説固是。然閔子實不欲臣季氏，與由、求諸人異，所謂君子之行有不同也。史傳稱其「不食汙君之禄」，與上句「不仕大夫」互文見義，明此大夫亦汙君之類，故不欲仕。不得援「要絰從政」，謂此辭宰但以難任故矣。云「説令不復召我」，「説」卽辭也。或謂辭與「原思辭粟」之辭同，辭不受也。亦通。○注：「去之汶水上，欲北如齊。」○正義曰：漢書地理志泰山郡萊蕪下曰：「禹貢汶水出西南，入濟。」瑯邪郡朱虛下曰：「東泰山，汶水所出，東至安丘入濰。」是汶水有二。此水經由齊、魯界上，閔子所指之汶，未知確在何處？水經汶水注云：「汶水經鉅平縣故城而西南流，城東有魯道，詩所云『魯道有蕩』是也。」王氏衵説齊、魯往來孔道實在嬴、博，當今寧陽東平閒，則意汶上亦在嬴、博，説頗近理。閻氏若璩釋地引曾彦和曰：「出萊蕪縣原山入濟者，徐州之汶也；出朱虛縣泰山入濰者，青州之汶也。論語『在汶』，指徐州言，以魯事也。」

10 伯牛有疾，子問之，自牖執其手，【注】馬曰：「伯牛，弟子冉耕。」包曰：「牛有惡疾，不欲見人，故孔子從牖執其手也。」

正義曰：說文：「牖，穿壁，〔一〕以木爲交窗也。從片户，甫聲。〔二〕譚長以爲『甫』上『日』也，非『户』也。牖所以見日。」段氏玉裁注：「交窗者，以木橫直爲之，即今之窗也。在牆曰牖，在屋曰窗，此則互明之。必言以木者，字從片也。古者室必有户有牖，牖東户西，皆南鄉。毛詩傳曰：『向，北出牖也。』北或有穴通明，至於塞之。然士虞禮『祝啓牖鄉』，鄭注云：『鄉牖一名。』明堂位『達鄉』，注：『鄉，〔三〕牖屬。』是南牖亦名向。士喪禮『寢東首於墉下』，喪大記作『北墉下』，今本『墉』皆譌『牖』，非也。」今案：士虞禮注：「牖先闔後啓，扇在内也。」窗扇在内，故毛傳及說文以「向」爲北出牖，北出猶言北開。士虞禮、明堂位所云「啓鄉」、「達鄉」，即豳詩之「塞向」，非有南牖、北牖之分。古人寢居在奧，故士昏禮「御衽于奧，媵衽良席，在東，北止」。至冬時氣寒，故令塞向。塞者，蔽也。不是北牆別有穴以通明而名向也。喪大記「寢東首于北墉下」，注：「謂君來視之時也。病者恒居北墉下，或爲『北牖下』。」釋文：「庸本又作墉。」則經文必本作「庸」，非作「牖」可知。作「牖」者，鄭君所記別本，陸氏未爲作音也。孔疏所見經注皆是「牖」，不能辨正，且謂「病者恒在北牖下，若君來視之時，暫移嚮南牖下，東首，令君得南面視己」，與鄭注違異，非也。毛氏奇齡稽求篇：「郊特牲云『亳社北牖』，謂喪國之社，屋其上而開北牖，所以絶陽光而通陰氣。陰生則物死，是北牖爲死牖。而謂病者居其下，誤矣。」方氏觀旭偶記：「說者謂古人西北隅有扉，謂之屋漏。案：喪大記『甸人取所徹廟之西北厞』，〔四〕舊解云『厞是屋簷也』，不爲門。扉、厞

〔一〕「壁」下原衍「也」字，據說文刪。

〔二〕「聲」字原脫，據說文補。

〔三〕「鄉」字段注原脫，據禮記明堂位注補。

〔四〕「取」字原脫，據喪大記補。

之義爲隱，是室隱處。惟喪事徹去其厞，爲日光漏入，因而其處有屋漏之名。然則西北隅無扉，不必爲『北牖』一誤字，從而爲之辭。」案：古人平時寢處皆在奥，病時始遷北墉下，卽君視疾亦然。毛氏奇齡謂「東首西面，與君之入室西立東面正得相對」。若然，病者遷北墉下。而論語稱「自牖執其手」者，包咸謂「牛有惡疾，不欲見人」，故遷於南牖下，夫子自牖外就而問之。此是變禮，故論語特文記之。漢書龔勝傳：「勝稱病篤，爲牀室中户西南牖下，東首，加朝服拕紳。使者入户，西行南面立，致詔付璽書，遷延再拜。」蓋勝不欲仕莽，僞辭以疾，而惟恐使者知之，故遷於牖下，不令入室，以示不敢當尊之意。其使者則仍入户致詔，蓋亦知其非病矣。毛氏奇齡謂「因王莽詔使迎勝，勝以死自居」。案：死後遷牖下是南首，龔勝遷牖下是東首，與平時寢處無異，何言自居以死？毛説誤也。又案：以龔勝傳觀之，伯牛遷牖下，亦當是東首。○注「伯牛」至「手也」。○正義曰：史記弟子列傳：「冉耕字伯牛。」鄭目録云：「魯人。」聖門志、闕里廣志稱「伯牛少孔子七歲」，不審何據。弟子傳又云「伯牛有惡疾」，此包所本。淮南子精神訓：「伯牛爲厲。」説文：「癘，惡疾也。」「厲」卽「癘」省。毛氏奇齡賸言「古以惡疾爲癩。禮『婦人有惡疾去』，以其癩也。故韓詩解芣苢之詩，謂『蔡人之妻傷夫惡疾，雖愚癩而不忍絶』。而劉孝標作辨命論，遂謂『冉耕歌其芣苢』。」正指是也。曰：「亡之，【注】孔曰：「亡，喪也。疾甚，故持其手曰喪之。」命矣夫！斯人也而有斯疾也！斯人也而有斯疾也！」【注】包曰：「再言之者，痛惜之甚。」正義曰：漢書楚元王傳「蔑之命矣夫」，新序節士篇「末之命矣夫」，本此文。「亡」、「蔑」、「末」皆訓「無」。「末」、「蔑」又聲轉。史記弟子傳曰：「命也夫！斯人也而有斯疾，命也夫！」當是古論如此。白虎通壽命篇：〔一〕「命者何謂也？人之壽也，天命己使生

〔一〕「壽命」原誤作「情性」，據白虎通改。

者也。」又言：「命有三科：有遭命以遇暴。遭命者，逢世殘賊，若上逢亂君，下必災變暴至，天絶人命。」下云：「冉伯牛危言正行，而遭惡疾。孔子曰：『命矣夫！斯人而有斯疾也。』是則孔子此歎，蓋傷時無賢君，有道之士多致夭病，與哭顏淵同意。○注：「亡，喪也。疾甚，故持其手曰喪之。」○正義曰：注以「疾甚」知其將死，故曰「喪之」。吳氏英經句說讀「亡」爲無，云：「春秋傳『公子曰「無之」』，謂無其事也。此『無之』，謂無其理也。有斯疾，必有致斯疾者，而斯人無之也。」案：吳說亦通。新序言關龍逢諫桀，因囚拘之，君子引此文惜之，亦謂無其理也。顏師古楚元王傳注：「蔑，無也。言命之所遭，無有善惡。」此義非是。

11 子曰：「賢哉，回也！一簞食，一瓢飲，在陋巷，人不堪其憂，回也不改其樂。賢哉，回也！」【注】孔曰：「簞，笥也。顏淵樂道，雖簞食，在陋巷，不改其所樂。」正義曰：說文云：「陋，阸陜也。」「陜」與「狹」同。顏子家貧，所居陋狹，故曰「陋巷」。說文：「䢼，里中道。從𨛜從共。皆在邑中所共也。」「𨞬」，篆文從𨛜省。廣雅釋詁：「衖，尻也。」釋宮：〔一〕「衖，道也。」又云：「閤謂之衖。」「衖」爲「䢼」之變體，「巷」則從篆文𨞬省。古人稱巷有二義：里中道謂之巷，人所居亦謂之巷，故廣雅兼列二訓。顏子陋巷，卽儒行所云「一畝之宮，環堵之室」。解者以爲街巷之巷，非也。此王氏念孫說，見經義述聞。寰宇記：「陋巷在曲阜縣西南二里，孔子廟北二百步。」一統志：「陋巷在曲阜縣闕里東北，今顏子廟在焉。」此出後世傅會，不足依據。○注「簞笥」至「所樂」。○正義曰：鄭注云：「簞，笥也。」此僞孔所本。說文：「簞，

〔一〕「釋宮」原誤作「釋室」，據廣雅改。

笥也。漢律令：『簞，小筐也。』笥，飯及衣之器也。」其字從竹，是簞、笥以竹爲之。亦有用葦者。士喪禮「櫛於簞」，注：「簞，葦笥是也。」「笥」兼大小，「簞」則止是小者，故許引漢律以「簞」爲小筐也。說文匚部：「匡，飯器，筥也。」筥者，籍之一名，容五升，則此小筐亦容五升矣。廣雅釋器：「箭、匧、匰，笥也。簞、籚、籃，筐也。」「匰」與「簞」同。曲禮：「凡以弓劒、苞苴、簞笥問人者。」鄭注：「簞笥，盛飯食者，圜曰簞，方曰笥。」對文「簞」、「笥」別，散文通稱。皇本「簞，笥也」下有「瓢，瓠也」三字。案：云「瓢，瓠」者，謂瓠爲瓢也。衆經音義十八引三蒼云：「瓢，瓠，勺也。」士昏禮：「實四爵合卺。」鄭注：「合卺，破匏也。」太平御覽引三禮圖云：「卺取四升，瓠中破。」然則瓢亦是破瓠爲之，但此用爲飲器，其容數未聞。鄭注云：「貧者，人之所憂。而顏淵志道，自有所樂，故深賢之。」此注云「樂道」，與鄭同。趙岐注孟子離婁篇云：「當亂世安陋巷者，不用於世，窮而樂道也。惟樂道，故能好學。夫子疏水曲肱，樂在其中，亦謂樂道也。」

12 **冉求曰：「非不說子之道，力不足也。」子曰：「力不足者，中道而廢。今女畫。」**【注】孔曰：「畫，止也。力不足者，當中道而廢。今女自止耳，非力極。」注「畫止」至「力極」。○正義曰：說文：「畫，界也。象田四界，聿所以畫之。」引申之，凡有所界限而不能前進者，亦爲畫，故此注訓「止」。法言學行篇：「是故惡夫畫也。」李軌注同。凡人志道，皆必力學。人不可一日勿學，故於學自有不已之功。聖門弟子，若顏子大賢，猶言「欲罷不能，既竭吾才，欲從末由」，其於夫子之道，蓋亦勉力之至。然循序漸進，自能入德，奚至以力不足自諉？里仁篇：「夫子云：『有能用其力於仁矣乎？我未見力不足者。』」若此言「力不足者，中道而廢」，蓋特就冉求之言，指出真力不足之人以曉之。張栻論語解：「爲仁未有力不足者，故仁以爲己任者，死而後已焉。今冉求患力之不足，非力不足也，乃自畫耳。所謂中道而廢者，如行半塗而足廢者也。士之學聖人，不幸而死則已矣。此則可言力不足也，不然而或止焉，則皆爲自畫耳。畫者，非有以止之而自不肯前也。」南軒説卽此注義。表記云：「鄉道而行，中道而廢，忘身之老也，不知年數之不足也。俛焉日有孳孳，斃而後已。」鄭注：「廢，喻力極罷頓，不能復行則止也。俛焉，勤勞之貌。」表記之文，與此章相發。「中道而廢」卽是斃，惟斃不得不廢，廢猶言止也。人之力生於氣，而其爲學也，則有志以帥氣，志之不立，而諉於氣之不振，是自棄矣。是故君子之爲學，日知所亡，月無忘其所能，莫殫也，莫究也，期之終身而已。身之未亡，是力猶未盡，故夫彊有力者，將以爲學也。舍學而彊有力，將何用焉？力之既至，而學亦至，則希聖達天之詣。力之既至，而學猶未至，則是中道而廢，亦不失爲賢者之歸。當時若顏子未達一間，而遽以早死，是亦中道而廢者也。冉求未至罷頓力極，而曰力不足，則是自爲畫止，非力不足可知。注中「力極」二字，似本表記注。

13 子謂子夏曰：「女爲君子儒！無爲小人儒！」【注】孔曰：「君子爲儒，將以明道；小人爲儒，則矜其名。」

正義曰：周官太宰：「四曰儒以道得民。」注：「儒，諸侯保氏有六藝以教民者。」大司徒：「四曰聯師儒。」注：「師儒，鄉里教以道藝者。」據此，則「儒」爲教民者之稱。子夏於時設教，有門人，故夫子告以爲儒之道。君子儒，能識大而可大受；小人儒，則但務卑近而已。君子、小人，以廣狹異，不以邪正分。○注「孔曰」至「其名」。○正義曰：小人儒，不必是「矜名」，注説誤也。皇本作「馬曰」，弟子傳集解引作「何曰」，足利本不載姓名，則亦以爲「何曰」矣。北堂書鈔六十六引何休注文同，當是何晏之誤。

14 子游爲武城宰。【注】包曰：「武城，魯下邑。」子曰：「女得人焉耳乎？」【注】孔曰：「焉耳乎，皆辭。」曰：「有澹臺滅明者，行不由徑，非公事，未嘗至於偃之室也。」【注】包曰：「澹臺姓，滅明名，字子羽。言其公且方。」

正義曰：「耳」，他本或引作「爾」，「耳」、「爾」皆辭。阮氏元校勘記、段氏說文注並以「耳」爲「爾」譌。爾，於此也。此者，此武城也。段云：「耳在古音一部，爾在古音十五部，音義絕不相混。」然唐、宋石經、宋本九經岳珂本，此文皆作「耳」。「耳」訓語辭，不必從「爾」訓於此矣。鄭注云：「汝爲此宰，寧得賢人與之耳語與也。」注有譌脫，莫曉其義。又云：「澹臺滅明者，孔子弟子，子游之同門也。步道曰徑。修身正行，公事乃肯來我室，得與之語耳，非公事不肯來。言無私謁。」案：弟子列傳：「澹臺滅明，狀貌甚惡，欲事孔子，孔子以爲材薄。既已受業，退而脩行，行不由徑，非公事不見卿大夫。」是滅明先受學孔子，與子游同門。「同門」者，謂同在一師門也。「步道曰徑」者，說文：「徑，步道也。」言爲人所步走之道。釋名釋道云：「徑，經也。人所經由也。」周官遂人職：「夫閒有遂，遂上有徑。」此即步道之徑。祭義「道而不徑」，老子「大道甚夷，而民好徑」。焦竑筆乘：「古井田之制，道路在溝洫之上，方直如棊枰，行必遵之，毋得斜冒取疾。野廬氏『禁野之横行徑踰者』，脩閭氏『禁徑踰者』，皆其證。」惠氏士奇禮說：「徑謂之蹊。釋名：『蹊，系也。射疾則用之，故還系於正道。』康成亦云『徑踰射邪趨疾，禁之所以防姦』，謂不由正道，昌翔覬伺，將開寇盜之端，故横行徑踰者禁之，有相翔者誅之，則寇盜之端絕矣。君子絕惡於其細，禁奸於其微，射邪趨疾，未必遂爲盜也，而昌翔覬伺，爲盜之端遂萌於此。

野廬氏掌凡道徑，塞其塗，弁其迹，則形勢不得爲非，使民無由接於姦邪之地，故晏嬰治阿而築蹊徑者，以此也。」春秋禁書雖存，而官失其職，道禁之不行久矣。子羽獨奉而行之，以爲先王之道存焉，則一步一趨，無在而非先王之道也。「私謁」者，謂以私事謁也。「謁」訓「請」，亦訓「告」。○注：「武城，魯下邑。」○正義曰：魯有兩武城。史記弟子列傳：「曾參，南武城人。澹臺滅明，武城人。」大戴禮衞將軍文子篇注：「曾參，魯南武城人。澹臺滅明，魯東武城人。」分別甚明。顧氏炎武日知録謂子羽、曾子同一武城。子羽傳次曾子，省文但曰武城，似非南武城。據顧氏棟高春秋大事表，在今嘉祥縣，於曲阜爲西南。東武城與郲、吴接壤，在今費縣，於曲阜爲東南。江氏永春秋地理考實引彙纂云：「通典費縣有古武城，今故城在費縣西南九十里。一云在費縣西南八十里石門山下。」案：八十里説近是。山東通志引闕里志云：「武城在費縣西南八十里，關陽川之旁，子游所宰邑也。有古石刻云：『仰視高山，俯聽流水，絃歌之聲，宛然如在。』」今以嘉祥之南武山爲武城，並東昌之武城縣爲絃歌鄉者，皆循名而失實也。○注「澹臺」至「且方」。○正義曰：弟子列傳：「澹臺滅明，字子羽，少孔子三十九歲。」云「公且方」者，公謂不以私事至也，方謂行不由徑。朱子集注云：「不由徑，則動必以正，而無見小欲速之意可知。非公事不見邑宰，則其有以自守，而無枉己徇人之私可見矣。」

15 子曰：「孟之反不伐，【注】孔曰：「魯大夫孟之側，與齊戰，軍大敗。不伐者，不自伐其功。」奔而殿，將入門，策其馬，曰：『非敢後也，馬不進也。』」【注】馬曰：「殿在軍後，前曰啟，後曰殿。孟之反賢而有勇，軍大奔，獨在後爲殿。人迎功之，不欲獨有其名，曰：『我非敢在後拒敵，馬不能前進。』」

正義曰：「之反」，毛本誤「子反」。

鄭注云：「姓孟，名之側，字之反也。」案：古人名多用「之」爲語助，若舟之僑，宮之奇，介之推，公罔之裘，庾公之斯，尹公之他，與此孟之反皆是。杜預左傳注：「之側，孟氏族也。」「奔」，說文作「犇」，云「走也」。走謂速走。釋名釋姿容：「奔，變也，有疾變奔赴之也。」「門」者，國門。左哀十一年傳說此事云：「抽矢策其馬曰：『馬不進也。』」似謂以矢策馬。說文：「敕，擊馬也。」「敕」、「策」同音叚借。○注：「魯大夫孟之側。」○正義曰：之反爲大夫，亦以意言。○注「殿在」至「爲殿」。○正義曰：左傳云：「齊伐我及清，孟孺子洩帥右師，師及齊師戰于郊。右師奔，齊人從之。陳瓘、陳莊涉泗。孟之側後入以爲殿。」錢氏大昕潛研堂文集：「古文尻、臀字本作屍，殿從屍得聲，臀又從殿取聲。人之一身，臀居其後。軍後曰殿，亦取斯義。漢時課吏有殿最之法，亦以居後爲殿也。」案：詩采菽傳：「殿，鎮也。」孔疏：「軍行在後曰殿，取其鎮重之義。」愚謂臀居人後，亦以其鎮重故名之。左襄二十三年傳：「齊侯伐衞，大殿，商子游御夏之御寇。」是「殿」本軍制。邢疏引司馬法謀帥篇「乘車大震」，「大震」卽大殿，音相似是也。魯師雖奔，而之反能在後結陳以行，所保全之功甚鉅，故注云「軍大奔，獨在後爲殿」也。云「前曰啟」者，詩：「元戎十乘，以先啟行。」司馬法：「夫前驅啟。」「啟」訓開，爲軍先鋒，故在前也。注言此者，明啟、殿皆陳法，非是奔在後卽爲殿也。

16 子曰：「不有祝鮀之佞，而有宋朝之美，難乎免於今之世矣。」【注】孔曰：「佞，口才也。祝鮀，衞大夫子魚也。時世貴之。宋朝，宋之美人而善淫。言當如祝鮀之佞，而反如宋朝之美，難乎免於今之世害也。」○正義曰：鄭注云：「不有，言無也。」「祝」卽祝史。說文：「祝，祭主贊詞者。」○注「祝鮀」至「害也」。○正義曰：周官惟大祝是下大夫，小祝、喪祝、甸祝、詛祝皆以士爲之。此祝鮀於衛，不得儕大夫，注以意言之耳。左定四年傳先言祝鮀，後言子魚，鮀者，魚名，故名鮀，字子魚。古今人表作「佗」，則「鮀」同音叚借字。宋朝謂宋公子朝也。朝初仕衛爲大夫，通於襄夫人宣姜，又通於靈公夫人南子，並見左氏傳，是其善淫也。衛別有公子朝，爲季札所説，許爲君子，昭二十一年曾救宋，與宋公子朝爲二人。杜預注左傳未能晰矣。先兄五河君經義説畧：「美必兼佞，方可見容。美而不佞，衰世猶嫉之。故九侯女不憙淫，商辛惡之。褒姒不好笑，周幽惡之。莊姜之美，衛人爲之賦碩人，而衛莊亦惡之。美而不佞，豈容於衰世乎？蓋美者，色也。所以説其美者，情也。如不必有可説之情，胡然而天，胡然而帝，祇見其尊嚴而已，何説之有？故夫子歎時世不佞之人，雖美難免，夫子非不惡宋朝也，所以甚言時之好佞耳。」先兄此説，卽注義也。王氏引之經傳釋詞訓「而」爲「與」，引墨子尚同「聞善而不善，皆以告其上」，〔一〕韓子説林「以管子之聖而隰朋之智」，「而」，皆與也。而、與聲之轉，説與注異，亦通。他家疑「而」爲不誤，或謂而、如通用，如或也。皆未是。

17 子曰：「誰能出不由户？何莫由斯道也？」【注】孔曰：「言人立身成功當由道，譬猶出入，要當從户。」

正義曰：説文：「誰，何也。」言何人能？若有以問之也。上句言誰，下句言何，互相訓。「出」謂出室也。宮室之制，外半爲堂，内半爲室。室有南壁，東開户以至堂。説文：「户，護也。半門曰户，象形。」一切經音義十四引字書云：「一扇曰户，兩扇曰門。」「何莫由斯道」者，莫猶非也。説文：「道，所行道也。」言人日用行習，無非是道，特人或終身由之而不知耳。禮

〔一〕「尚同」原誤作「有同」，據墨子尚同上改。

記禮器云：「禮有大有小，有顯有微，大者不可損，小者不可益，顯者不可揜，微者不可大也。故經禮三百，曲禮三千，其致一也。未有入室而不由戶者。」彼文言人行事必由禮，如入室不能不由戶，故此文亦言出當由戶。「何莫由斯道」，意與禮器同也。春秋繁露身之養重於義篇：「故曰聖人天地動、四時化者，非有他也。其見大義故能動，〔一〕動故能化，化故能大行，化大行故法不犯，法不犯故刑不用，刑不用則堯、舜之功德。此大治之道也，先聖傳授而復也。故孔子曰：『誰能出不由戶？何莫由斯道也？』」繁露此言，以道爲先聖傳授，明雖久遠無所變易，故知人必由之也。後人解「何莫由斯道」，謂人知由戶，不知由道，故夫子慨歎之。與繁露之旨不合。皇本「戶」下有「者」字。

18 子曰：「質勝文則野，文勝質則史。文質彬彬，然後君子。」【注】包曰：「野如野人，言鄙略也。史者，文多而質少。彬彬，文質相半之貌。」正義曰：禮有質有文。質者，本也。禮無本不立，無文不行，能立能行，斯謂之中。失其中則偏，偏則爭，爭則相勝。君子者，所以用中而達之天下者也。古稱天子、諸侯、卿大夫、士，皆曰君子。君者，羣也，言羣下之所歸心也。子者，男子之稱也。非有位而稱君子者，以其人有道德，可任在位也。此文「君子」，專指卿大夫、士。下篇云：「後進於禮樂，君子也。」「君子質而已矣，何以文爲？」皆就有位者言之。當時君子非質勝文，卽文勝質，其名雖稱君子，其實則曰野、曰史而已。夫子爲之正其名，究其義，曰「文質彬彬，然後君子」，言非文質備，無以爲君子矣。其無以爲君子者，以君子必用中于民。若文質偏勝，無以示民，民無所效法，而何以爲稱其位哉？禮緇衣云：

〔一〕「大義」二字原誤倒，據春秋繁露乙正。

「子曰：『長民者，衣服不貳，從容有常，以齊其民，則民德壹。』詩云：『彼都人士，狐裘黃黃。其容不改，出言有章。行歸于周，萬民所望。』」案：此詩二章言「臺笠緇撮」，三章言「充耳琇實」，四章言「垂帶而厲」，又屢言「君子女」。君子卽都人士。言都者，君子居國中也。詩意謂古之長民者，能備文質，與此章義相發。○注「野如」至「之貌」。○正義曰：爾雅釋地：「牧外謂之野。」說文：「野，郊外也。」野爲人所居，故謂其人曰野。夫子言「野哉！由也」，亦謂其有似野人。仲尼燕居：「敬而不中禮謂之野。」禮是文，野人有質無文，故言「鄙略」。儀禮聘禮記云：〔一〕「辭多則史。」注：「史謂策祝。」亦言史官辭多文也。是史有二，此注渾言未晰，莫曉其所主。策祝文勝質，則禮所譏失其義、陳其數是也。史官文勝質，則當時紀載或譏爲浮夸者，是也。釋文引注「文質相半也」，無「之貌」二字。鄭注：「彬彬，雜半貌也。」義同。說文：「份，文質備也。」引此文作「份份」。「彬」，古文「份」，從彡林。段注：「今論語作『彬』，古文也。彡者，毛飾畫文也。飾畫者，拭而畫之也。從彡，與彫、彰同意。」案：「彬」又作「斌」，史記儒林傳：「斌斌多文學之士。」

19 子曰：「人之生也直，【注】馬曰：「言人所以生於世而自終者，以其正直也。」罔之生也幸而免。」【注】誣罔正直之道而亦生者，是幸而免。

正義曰：皇本無上「之」字。晉語：「德不純而福祿並至，謂之幸。」言非分而得，可慶幸也。○注「言人」至「直也」。○正義曰：皇疏引李充云：「人生之道，惟其身直乎！」言惟直乃可生也。此卽馬義。蓋直者，誠也。誠者，內不自以欺，外不以欺人。中庸云：「天地之道，可一言而盡也。其爲物不貳，則其生物不測。」不貳

〔一〕下「禮」字原脫，據儀禮補。

者，誠也，即直也。天地以至誠生物，故繫辭傳言乾之大生，靜專動直。專直，皆誠也，不誠則無物，故誠爲生物之本。人能存誠，則行主忠信，而天且助順，人且助信，故能生也。若夫罔者，專務自欺以欺人，所謂「自作孽，不可活」者，非有上罰，必有天殃，其能免此者，幸爾。鄭此注云「始生之性皆正直」，鄭以「生也直」即夫子性善之旨，與馬不同。然則「罔之生」便是告子所稱性不善，其實性不善，由於習爲惡，不關性也。○注：「誣罔正直之道而亦生。」○正義曰：「罔」本訓無，誣者皆造爲虛無，故曰罔。玉篇：「誷，誣也。」「罔」與「誷」同。或謂經文「罔之」句，言無直道也。亦通。

20 子曰：「知之者，不如好之者；好之者，不如樂之者。」【注】包曰：「學問知之者，不如好之者篤；好之者，不如樂之者深。」 注「學問」至「者深」。○正義曰：尚書大傳言「新穀已入，櫌鉏已藏，祈樂已入，歲事既畢，餘子皆入學」。是庶人之子孫亦得受學。至春秋時，庠塾之制廢，詩書之澤衰，人多不知學，故此言「知之者」，明與不知有異也。至「好之」、「樂之」，更不多覯，故夫子於門人中，獨稱「顏子好學」。又謂「一簞食，一瓢飲，在陋巷，不改其樂」，正謂不改其好學之樂。夫子疏食飲水，樂在其中，亦是此樂，故曰「發憤忘食，樂以忘憂」。樂者，樂其有得於己也。故論語首章即以「時習」之說示人。

21 子曰：「中人以上，可以語上也；中人以下，不可以語上也。」【注】王曰：「上謂上知之所知也。兩舉中人，以其可上可下。」 注「上謂」至「可下」。○正義曰：釋文：「上知，音智。」漢書古今人表列「知」、「仁」之目，亦引此文說之。穀梁僖二年傳有「中知以上」、〔一〕「中知以下」之文。然則此兩言「中人」，謂中知矣。中人爲中知，則上謂上知，下謂愚也。顏師古人表注解此文，以「中人」爲中庸，失之。孔子罕言利、命、仁、性與天道，弟子不可得聞，則是不可語上。觀所答弟子、諸時人語，各有不同，正是因人才知量爲語之，可知夫子循循善誘之法。若夫性質既愚，又不能自勉於學問，是夫子所謂「下愚」，非惟「不可語上」，且並不可語之矣。

22 樊遲問知。子曰：「務民之義，【注】王曰：「務所以化道民之義。」敬鬼神而遠之，可謂知矣。」【注】包曰：「敬鬼神而不黷。」問仁。曰：「仁者先難而後獲，可謂仁矣。」【注】孔曰：「先勞苦而後得功，此所以爲仁。」

正義曰：「務」猶事也。「民之義」者，禮運曰：「何謂人義？父慈，子孝，兄良，弟弟，夫義，婦聽，長惠，幼順，君仁，臣忠，十者謂之人義。」是也。「敬鬼神而遠之」者，謂以禮敬事鬼神也。表記：「子曰：『夏道尊命，事鬼敬神而遠之，近人而忠焉。殷人尊神，率民以事神，先鬼而後禮。周人尊禮尚施，事鬼敬神而遠之，近人而忠焉。』」鄭注：「遠鬼神近人，謂外宗廟，內朝廷。」案：尊命、尊禮、尚施，皆近人之事。周道與夏道，略相似也。「近人而忠」，即是務民之義。於鬼稱「事」、神稱「敬」者，禮數故言事，禮疏故言遠也。但事亦是敬，故論語此文，統言「敬鬼神」。夫子所以告樊遲者，正是教之從周道。左氏傳：「季梁曰：『民，神之主也。』」是以聖王先成民，而後致力于神，亦是舉夏、周道言之矣。「難」謂事難也。獲，得也，謂得祿也。春秋繁露仁義法篇〔二〕：「孔子謂冉子曰：『治民者，先富之，而後加教。』語樊遲曰：『治身者，先

〔一〕「二」原誤作「元」，據穀梁傳改。

〔二〕「法」原誤作「發」，據春秋繁露改。

難後獲。』以此之謂治身之與治民，所先後者不同焉矣。詩云：『飲之食之，教之誨之。』先飲食而後教誨，謂治人也。又曰：『坎坎伐輻，彼君子兮，不素餐兮。』先其事，後其食，謂治身也。」董子說此義至明。下篇言「事君，敬其事而後其食」，義同。竊以夫子此文論仁知，皆居位臨民之事，意樊遲時或出仕故也。皇本「問仁」下有「子」字。唐石經初刻作「先勞」，磨改作「先難」。○注：「敬鬼神而不黷。」○正義曰：遠者敬之，至不知所遠，雖敬亦黷。黷者，慢也。楚語觀射父曰：「古者民神異業，敬而不瀆，故神降之嘉生，民以物享，禍災不至，求用不匱。及少皞之衰也，九黎亂德，民神雜糅，不可方物。夫人作享，家爲巫史，無有要質。民匱於祀，而不知其福，烝享無度，民神同位。民瀆齊盟，無有嚴威。神狎民則，不蠲其爲。嘉生不降，無物以享。禍災薦臻，莫盡其氣。顓頊受之，乃命南正重司天以屬神，命火正黎司地以屬民，使復舊常，無相侵瀆，是謂絕地天通。」案：世衰則神教興，其始亦以禍福示戒，而終必歸於瀆祀，以長其諂慢之罪。春秋時，如黃能、實沈，多非禮之祀，在上者僭越無等，在下者習於風俗，競爲祈禳，而不知所懲，究之獲罪鬼神，莫能徼福而免於患，斯惑之甚者矣。惟知敬遠之義，則吉凶順逆，皆可順受其正，修其在己而不爲无妄之求，斯可謂知矣。

23 子曰：「知者樂水，【注】包曰：「知者樂運其才知以治世，如水流而不知已。」仁者樂山。【注】仁者樂如山之安固，自然不動，而萬物生焉。知者動，【注】包曰：「日進故動。」仁者靜。【注】孔曰：「無欲故靜。」知者樂，【注】鄭曰：「知者自役得其志，故樂。」仁者壽。」【注】包曰：「性靜者多壽考。」正義曰：皇疏云：「樂水樂山爲智仁之性，動靜爲智仁之用，壽樂爲智仁之功。」案：夫子體備仁智，故能言之，所謂善言德行也。爾雅釋詁：「動，作也。」說文：

「静，審也。竫，亭安也。」義微別。凡與「動」對言當爲「竫」，今經典通作「静」。「壽」即「𦒱」省。說文：「𦒱，久也。」○注：「知者樂運其才知以治世，如水流而不知已。」○正義曰：韓詩外傳：「夫水者，緣理而行，不遺小間。似有智者動而下之，似有禮者蹈深不疑，似有勇者障防而清，似知命者歷險致遠，卒成不毀。似有德者天地以成，羣物以生，國家以寧，萬物以平，品物以正。此智者所以樂於水也。」說苑雜言篇略同。又云：「子貢問曰：『君子見大水必觀焉，何也？』孔子曰：『夫水者，君子比德焉。遍予而無私，似德；所及者生，似仁；其流卑下，句倨皆循其理，似義；淺者流行，深者不測，似智；其赴百仞之谷不疑，似勇；綿弱而微達，似察；受惡不讓，似包蒙；不清以入，鮮潔以出，似善化；至量必平，似正；盈不求概，似度；其萬折必東，似意。是以君子見大水，觀焉爾也。』」案此，則樂水兼有數義，注渾舉其意，而以「治世」言之，即外傳「天地以成」云云之旨。○注：「仁者樂如山之安固，自然不動，而萬物生焉。」○正義曰：韓詩外傳：「夫山者，萬民之所瞻仰也。草木生焉，萬物植焉，飛鳥極焉，走獸休焉，四方益取予焉。出雲道風，從乎天地之間，天地以成，國家以寧，此仁者所以樂於山也。」說苑略同。此注言「樂如山」者，言仁者願比德於山，故樂山也。「安固」、「不動」，即外傳「國家以寧」之義。○注：「日進故動。」○正義曰：水運行不已，有進之象。君子自强不息，進德脩業，日有孳孳而莫之止，其進也，即其動也。易象傳〔一〕：「水洊至，習坎。君子以常德行，習教事。」○注：「無欲故静。」○正義曰：欲即聲、色、味、臭、安、佚之欲，仁者所不能無。而云「無欲」者，仁者善制其欲，克己復禮。凡視聽言動，自能以禮制心，而不稍過乎欲，故曰無欲。無欲者，無非禮之欲也。易象傳〔二〕：「兼山，艮。君子以思不出其位。」思不出位，故能無欲。○注：「知者自役得

〔一〕「象」原誤作「象」，據易坎卦改。

〔二〕「象」原誤作「象」，據易艮卦改。

其志，故樂。」○正義曰：知者能爲世用，不嫌自役，知有成功得志，故樂。○注「性靜者多壽考。」○正義曰：說文：「考，老也。」易象傳：「敦艮之吉，以厚終也。」「厚終」，謂當得壽也。春秋繁露循天之道篇：「故仁人之所以多壽者，外無貪而內清淨，心平和而不失中正，取天地之美以養其身，是其且多且治。」申鑒俗嫌篇：「仁者內不傷性，外不傷物，上不違天，下不違人，處正居中，形神以和，故咎徵不至，而休嘉集之，壽之術也。」中論夭壽篇：「或問：孔子稱『仁者壽』，而顏淵早夭，豈聖人之言不信而欺後人耶？潁川荀爽以爲古人有言，『死而不朽』，其身殁矣，其道猶存，故謂之不朽。夫形體固自朽弊、消亡之物，壽與不壽，不過數十歲，德義立與不立，差數千歲，豈可同日言也哉？詩云：『萬有千歲，眉壽無有害。』人豈有萬歲千歲者？皆令德之謂也。北海孫翺以爲死生有命，非他人之所致也。若積善有慶，行仁得壽，乃教化之義，誘人而納於善之理也。幹以爲二論皆非其理也。夫壽有三：有王澤之壽，有聲聞之壽，有行仁之壽。書曰：『五福，一曰壽。』此王澤之壽也。詩云：『其德不爽，壽考不忘。』此聲聞之壽也。孔子曰：『仁者壽。』此行仁之壽也。孔子云爾者，以仁者利養萬物，萬物亦受利矣，故必壽也。聞自堯至於武王，自稷至於周、召，皆仁人也。君臣之數不爲少矣，此非仁者壽之驗耶？又七十子豈殘酷者哉？顧其仁有優劣耳。其夭者惟顏回，據一顏回而多疑其餘，無異以一鉤之金，權於一車之羽，云金輕於羽也。」

24 子曰：「齊一變，至於魯；魯一變，至於道。」【注】包曰：「言齊、魯有太公、周公之餘化。太公大賢，周公聖人。今其政教雖衰，若有明君興之，齊可使如魯，魯可使如大道行之時。」○注「言齊」至「之時」。○正義曰：齊者，國名也。周武王滅紂，封太師吕望於齊，是爲齊太公。太者，尊大之稱。說苑政理篇：「伯禽與太公俱受封而各之國。三年，太公來朝。周公問曰：『何治之疾也？』對曰：『尊賢，先疏後親，先義後仁也。此霸者之迹也。』周公曰：『太公之澤及五世。』五年，伯禽來朝。周公問曰：『何治之難？』對曰：『親親，先內後外，先仁後義也。此王者之迹也。』周公曰：『魯之澤及十世。』故魯有王迹者，仁厚也。齊有霸迹者，武政也。齊之所以不如魯者，太公之賢不如伯禽也。」漢書地理志：「初太公治齊，修道術，尊賢智，賞有功，故至今其士多好經術，矜功名，舒緩闊達而足智。其失夸奢朋黨，言與行繆，虛詐不情，急之則離散，緩之則放縱。」又云：「周興，以少昊之虛曲阜，封周公子伯禽爲魯侯，以爲周公主。其民有聖人之教化，故孔子曰：『齊一變，至於魯；魯一變，至於道。』言近正也。瀕洙、泗之水，其民涉度，幼者扶老而代其任。俗既益薄，長老不自安，與幼少相讓，故曰：『魯道衰，洙、泗之間齗齗如也。』孔子閔王道將廢，乃修六經，以述唐、虞、三代之道，弟子受業而通者七十有七人。是以其民好學，上禮義，重廉恥。」顏師古注：「魯庶幾至道，齊人不如魯也。」案：周公雖封魯，猶仕王朝，身未歸魯，惟命伯禽之國就封，而伯禽亦能秉周公之教，以存王迹。故說苑、漢書歸美伯禽，與此注歸美周公意同。魯俗雖衰，而洙、泗之閒王化未歇，追沐聖人之教，而俗益臻醇美。蓋所謂「至於道」者，其言殊有驗矣。

25 子曰：「觚不觚，【注】馬曰：「觚，禮器，一升曰爵，二升曰觚。」觚哉！觚哉！」【注】觚哉！觚哉！言非觚也。以喻爲政不得其道，則不成。

注：「觚，禮器，一升曰爵，二升曰觚。」○正義曰：云「觚禮器」者，燕禮：「公用象觚。」注：「觚，有象骨飾也。」說文云：「觚，鄉飲酒之爵也。」段氏玉裁注謂「鄉當作禮，鄉飲酒有爵觶無觚」是也。聶崇義三

禮圖謂「觚用木」，惟用木，故考工梓人制之。宣和博古圖載商、周觚三十五，其形如今銅花瓶，而腹起四棱，與禮注不合。且皆以金爲之，則非梓人所司，後世僞作，此無疑矣。云「一升曰爵，二升曰觚」者，言爵、觚盛酒之量。鄭注禮器云：「凡觴，一升曰爵，二升曰觚，三升曰觶，四升曰角，五升曰散。」特牲記注引舊說同。梓人疏引禮器制度亦云：「觚大二升。」五經異義：「今韓詩說，一升曰爵。爵，盡也，足也。二升曰觚。觚，寡也，飲當寡少。三升曰觶。觶，適也，飲當自適也。四升曰角。角，觸也，不能自適，觸罪過也。五升曰散。散，訕也，飲不能自節，爲人所謗訕也。總名曰爵。」並與此馬注同。考工記梓人：「爲飲器，觚三升。」禮器疏引異義載「古周禮說，觚二升，獻以爵而酬以觚，一獻而三酬，則一豆矣。」陳氏壽祺疏證謂「二升當作三升」。此周禮說，與韓詩異。許君異義云：「謹案周禮一獻三酬當一豆，若觚二升，不滿一豆。」此許從周禮說以辨韓詩之非。鄭駁異義，以周禮獻以爵而酬以觚，「觚」是「觗」譌，觗卽觶。則意梓人「觚三升」亦爲「觗三升」，觗三則觚二，周禮與韓詩無異矣。皇疏：「一獻之禮，賓主百拜，此則明有觚之用也。當於爾時用觚酌酒，而沈湎無度，故王肅曰：『當時沈湎於酒。』故孔子曰『觚不觚』，言不知禮也。『觚哉觚哉』，言用觚之失道也。」毛氏奇齡改錯云：「古制器命名，各有取義。禮注云『觚容二升』，取寡爲義。詩說所云『飲常寡少曰觚』，則此觚命名原與君子之稱『孤』、『寡』有同義也。今飲常不寡而仍稱曰觚，名實乖矣，猶曰觚哉！」又云：「諸酒器皆有義，而獨及觚者，此猶燕禮極尚宴樂，而其洗奠享獻，惟用一觚，亦以觚本常用，並取寡少無過之名。蓋不觚非改制，但不寡飲，卽失名實耳。」案：毛說與王肅同，可補馬義。舊有注云：「孔子曰：『削觚而志有所念，觚不時成。』故曰『觚哉觚哉』。觚小器耳。心不專一，尚不時成，況于大事也？」此說觚爲木簡，與馬異。宋氏翔鳳謂是徐氏論語隱義語，義當本鄭，亦是意爲之辭。說文：「柧，棱也。棱，柧也。」史游急就章：「急就奇觚與衆異。」顏師古注：「觚者，學書之牘，或以記事，削木爲之，蓋簡屬也。孔子歎觚，卽此之謂。其形或六面，或八面，皆可書。觚者，棱也。以有棱角，故謂之觚。班固西都賦曰：『上觚棱而棲金爵。』今俗猶呼小兒削書簡爲木觚章，蓋古之遺語也。」王應麟補注：「史記『破觚爲圜』，應劭曰：『觚八棱有隅者。』說文通釋觚八棱木，於其上學書。」又引說文云：「幡，書兒拭觚布也。」據此，則「柧」亦作「觚」。廣雅釋器：「籍、籥、𥸮、笘、籐，䉉也。」竹木本一類，故柧亦作䉉。漢書所云「操觚之士」，西京雜記「傅介子好學書，嘗棄觚而歎」，卽此柧也。柧有四棱、八棱之異。通俗文曰：「木四方爲棱，八棱爲柧。」此析言之，若散文亦通稱。故師古以觚有六面，則六棱亦名柧矣。孔子歎觚。師古之說，與舊注同異不可知，或謂觚當有棱，其後無棱亦名觚。如史記所云「破觚爲圜」之比，此亦名實相乖，於義得通者也。○注：「以喻爲政不得其道，則不成。」○正義曰：政者，正也。其身不正，如正人何？政不得成，猶彊名之。注說亦當有所本。

26 宰我問曰：「仁者，雖告之曰，『井有仁焉』。其從之也？」【注】孔曰：「宰我以仁者必濟人於患難，故問有仁人墮井，將自投下從而出之不乎，欲極觀仁者憂樂之所至。」子曰：「何爲其然也？君子可逝也，不可陷也；【注】孔曰：「逝，往也。言君子可使往視之耳，不肯自投從之。」可欺也，不可罔也。」【注】馬曰：「可欺者，可使往也；不可罔者，不可得誣罔令自投下。」

正義曰：皇本「有仁」下有「者」字。「其從之也」，「也」，皇本作「與」。王氏引之經傳釋詞謂「也」、「與」、「歟」同義。○注「宰我」至「所至」。○正義曰：仁者無不愛也，故見人有患難則必濟之，而於仁人尤所親念，故宰我設爲此問，以見仁道之至難也。俞氏樾平議謂井有人爲井中有仁道。從之者，行仁道也。或謂井有仁，卽井有人，「仁」與「人」同，並通。○注「逝往」至「從之」。○正義曰：「逝往」，爾雅釋詁文。「往視之」者，思所以出之也。「不肯自投從之」者，徒傷其身，無以救人，故不肯也。俞氏樾平議讀「逝」爲「折」，云：「君子殺身成仁則有之，故可得而摧折，不可以非理陷害之。」此義亦通。○注「可欺」至「投下」。○正義曰：「可使往」者，言使往救之也。孟子亦曰：「君子可欺以其方，難罔以非其道。」方者，義也。以義責君子，君子必信而從之。然非其道，則亦難罔之矣。蓋可欺者，仁也，不可罔者，知也。宋氏翔鳳發微云：「夫滔滔天下，非人誰與？色斯之舉，可以翔集。公山佛肸之往，南子之見，是可逝也，可欺也。磨而不磷，涅而不緇，是不可陷也，不可罔也。」

27 子曰：「君子博學於文，約之以禮，亦可以弗畔矣夫！」【注】鄭曰：「弗畔，不違道。」

正義曰：釋文云：「一本無『君子』字，兩得。」臧氏琳經義雜記：「君子乃成德之稱，不嫌其違畔於道。顏淵篇此章再見，無『君子』字。」知此亦無有者爲得也。馮氏登府異文考證引後漢范升傳亦無「君子」字。程氏瑤田論學小記：「天下達道五，而人之行百，其切於吾身，而不可以須臾離者乎？其切於吾心，而不可以一端弗學矣乎？於何學之？曰於文。聖人賢人，先我而盡道者也，夫固我之師也。然而已往矣，其所存者文而已矣。文存則道存，道存則教存，吾學其文而有獲，不啻親炙焉，而詔我以語之，呼我以喻之也。不啻相依焉，而擕我以擧之，掖我以履之也。舜之大孝也，武王、周公之達孝也，其德同，其所德者不同也。堯之文章也，夫子之文章也，其美富同，其所美富者不同也。徵之於文，而後舜與武王、周公之所德，若或聞而知之矣。徵之於文，而後堯與夫子之所美富者，亦若見而知之矣。是故學文不可緩也。」案：「博文」者，詩書禮樂與凡古聖所傳之遺籍是也。文所以載道，而以禮明之者也。禮即文之所箸以行之者也。博學於文，則多聞多見，可以畜德，而於行禮驗之。禮也者，履也，言人所可履行之也。禮箸於經曲之大，而慎於視、聽、言、動之際，凡人能以所行納於軌物，而無所違，是之謂「約」。約者，約束，非謂省約，與上「博」字爲反對也。「之」者，此也，謂此身也。夫子告顏子以「克己復禮」。復者，反也，反之於禮，是爲約矣。他日顏子言夫子善誘，「博我以文，約我以禮」，約禮即復禮之教也。是故「博文」即大學之致知格物，「約禮」即大學之誠意、正心、脩身。人非博學，無由約禮，故夫子言「誦詩三百」，不足以一獻。然徒事博文，而不約之以禮，則後世文人記誦之習，或有文無行，非君子所許也。後漢范升傳引「孔子曰：『博學約之，弗叛矣夫！』」又曰：「夫學而不約，必叛道也。」明弗畔專以約禮言也。「畔」即「叛」字。唐石經初刻作「叛」，後磨改。說文：「叛，反也。畔，田界也。」義異。經典多叚「畔」爲「叛」。左昭廿一年經「宋華亥、向寧、華定自陳入于宋南里以叛」，公羊經作「畔」。○注：「弗畔，不違道。」○正義曰：禮者，道之所以行也。人違道與否，不可得知。但已博文約禮，由其外以測其內，亦可不致違道。

28 子見南子，子路不說。夫子矢之曰：「予所否者，天厭之！天厭之！」【注】孔安國等以爲南子者，衞靈公夫人，淫亂，而靈公惑之。孔子見之者，欲因以說靈公，使行治道。矢，誓也。子路不說，故夫子誓之。行道既非婦人之事，而弟子不說，與之祝誓，義可疑焉。　正義曰：史記世家：「孔子自蒲反乎衞。靈公夫人有南子者，使人謂孔子曰：『四方之君子，不辱欲與寡君爲兄弟者，必見寡小君。寡小君欲見。』孔子辭謝，不得已而見之。夫人在絺帷中。

孔子入門，北面稽首。夫人自帷中再拜，環佩玉聲璆然。孔子曰：『吾鄉爲弗見，見之禮答焉。』」法言五百篇：「或問：聖人有詘乎？曰：有。曰：焉詘乎？曰：仲尼於南子所不欲見也，於陽虎所不欲敬也。見所不見，敬所不敬，不詘如何？」孔叢子儒服篇創爲異說，以夫人與於大饗。當時南子饗夫子，夫子亦弗獲已。果爾？則禮所應見，子路何爲不說？且論語、史記但言見南子，不言南子饗夫子。毛氏奇齡改錯曰：「古無男女相見之禮，惟祭則主婦獻尸，尸酢主婦，謂之交爵，非祭則否。故坊記云：『非祭，男女不交爵。』亦並非相見卽助祭，卿大夫亦並不因此妄行見禮。若夫人初至，春秋經稱『大夫宗婦覿用幣』，謂大夫之宗婦以覿禮入，非謂大夫亦同入也。至諸侯大饗，大夫出行祼獻禮，同姓諸侯有之，異姓則否。故禮正義謂王饗諸侯及諸侯自相饗，同姓則后夫人親獻，異姓則使人攝獻。自繆侯、陽侯以同姓而遭此變後，凡同姓亦攝獻，是男女無相見禮，無覿禮，祇有交爵、饗獻二禮。而既則交爵存，而饗獻亦廢。至大夫覿幣，惟何休、杜預皆有是說。孔仲達卽非之，謂禮無此文。況穀梁傳云『大夫不見其夫人』，後世儒說，何如傳文足據乎？」由毛說觀之，益知孔叢之謬，不足證矣。竊謂南子雖淫亂，然有知人之明，故於蘧伯玉、孔子皆特致敬。其請見孔子，非無欲用孔子之意，子路亦疑夫子此見，爲將詘身行道，而於心不說，正猶公山弗擾、佛肸召，子欲往，子路皆不說之比，非因南子淫亂而有此疑也。夫子知子路不說，故告以予若固執不見，則必觸南子之怒而厭我矣。天卽指南子。夫子言「人而不仁，疾之已甚爲亂」，孟子亦言「仲尼不爲已甚」，可知聖人達節，非俗情所能測矣。毛氏奇齡稽求篇：「夫子矢之。案：釋名云：『矢，指也。』說文云『否』者，不也。夫子以手指天，而曰吾敢不見哉？不則天將厭我矣，言南子方得天也。故史記直曰『予所不者』，不者，不見也。詞例與項羽傳『不者，吾屬將爲所虜』正同。所，若也。左傳『所不與崔、慶』，史記『所不與子犯共』，皆作

『若』解。舊以此爲誓，正以『所』字相似耳。」案：毛解「天」字稍異。高誘呂覽貴因注引亦作「不」。說文「否」，從不聲。故「不」叚「否」爲之。「厭」與「壓」同。考文引古本正作「壓」。說文：「壓，笮也。」禮記「畏、厭、溺」，左氏傳「將以厭衆」，皆「壓」字。「天厭之」，或當時有此語。論衡問孔篇說此文「天厭之」，正與毛同。而以「否」爲「鄙」，解爲鄙陋之行，反似子路不說爲疑夫子淫亂，紛紛詰難，均無當矣。鄭注云：「矢，誓也。否，不也。」鄭此注非全文，無由知其說。皇疏引繆播曰：「否，不也。」此言予若不用，是天將厭塞此道。欒肇曰：「天厭之者，言我之否屈，乃天所厭也。」王弼曰：「否泰有命，我之所屈，不用於世者，乃天命厭之。言非人事所免也。」蔡謨曰：「矢，陳也。夫子爲子路矢陳天命，非誓也。」李充曰：「夫道消運否，則聖人亦否，故曰『予所否者，天厭之』，厭亦否也，言聖人與天同其否泰耳。」參觀諸說，「矢」或訓「誓」，或訓「陳」，而「否」爲「否塞」，「厭」爲「厭絶」，其辭同也。天未欲夫子行道，豈南子所能與？明己之往見，不過欲答其禮，而非爲求仕可知。此以解子路之惑，於義亦通。但師弟相言，不得設誓，「矢」當訓「指」，爲指天也。王氏崧說緯以「此見在靈公卒後輒立之時，南子欲因孔子以固輒位，子路以見之似有爲輒之意，而與初言『正名』相反，所以不說。夫子則怒而矢之，謂予如不正名，必獲天誅」。其說甚誕。史記敍此文下卽云：「居衞月餘，靈公與夫人同車，使孔子爲次乘，招摇市過之。孔子醜之，去衞。」則此見明在靈公時。江氏永鄉黨圖考繫此事在孔子五十七歲，其非衞輒時可知。至宋孫奕示兒編謂南子是南蒯，欲張公室以叛季氏，夫子見之，與欲赴弗擾、佛肸同意。王應麟困學紀聞引陳自明說同。然南蒯叛時，孔子年方二十二，子路少孔子九歲，年方十三，其說鑿而不通，宜爲伯厚所斥矣。○注「孔安」至「疑焉」。○正義曰：皇本作「孔安國曰『舊以南子者』」，邢本同。釋文載集解本皆作「等以爲南子者」，是「舊」爲「等」之譌。臧氏庸拜經日記謂「孔安國」下不當有「曰」字，「孔安國等以爲」者，首舉孔以該馬、鄭、包、周諸儒之義。「行道」以下四句，乃何氏語，以道國章集解引包、馬說，又云「義疑」，故兩存證之。可見此校極確，今依以訂正。呂氏春秋貴因篇：「孔子道彌子瑕見釐夫人，因也。」釐夫人卽南子。淮南子泰族訓：「孔子欲行王道，東西南北，七十說而無所偶。故因衞夫人、彌子瑕而欲通其道。」鹽鐵論論儒篇：「孔子適衞，因嬖臣彌子瑕以見衞夫人。」此皆當時所傳陋說，以夫子爲詭道求仕，不經之談，敢於侮聖矣。

29 子曰：「中庸之爲德也，其至矣乎！民鮮久矣。」【注】庸，常也。中和可常行之德。世亂，先王之道廢，民鮮能行此道久矣，非適今。注「庸常」至「適今」。○正義曰：說文：「庸，用也。」凡事所可常用，故「庸」又爲常。洪氏震煊中庸說：「鄭君目錄云：『名曰中庸者，以其記中和之爲用也。庸，用也。』注『君子中庸』云：『庸，常也。用中爲常道也。』二說相輔而成，證諸喪服四制之篇曰：『此喪之所以三年，賢者不得過，不肖者不得不及，此喪之中庸也。王者之所常行也。』不得過、不及謂之中，所常行謂之庸。常行者，卽常用是也。故讚舜之大智曰：『執其兩端，用其中於民。』用中卽中庸之義是也。古訓以『庸』爲常，非平常之謂也。『庸德之行，庸言之謹』，鄭君亦注云：『庸猶常也，言德常行也，言常謹也。』證諸易文言曰：『庸言之信，庸行之謹。』九家注云：『庸，常也。謂言常以信，行常以謹。』荀子不苟篇曰：『庸言必信之，庸行必慎之。』楊倞注云：『庸，常也。謂言常信，行常慎。』故下文反之曰：『言無常信，行無常貞，惟利所在，無所不傾，若是則可謂小人矣。』〔一〕此皆以常訓庸者也。爾雅釋詁曰：『典、彝、法、則、刑、範、矩、庸、恒、律、戛、職、秩，常也。』

〔一〕「若」原誤作「者」，據荀子改。

書篇或以典名，或以範名；禮篇或以法名，或以庸名，其義一也。」案：執中始於堯之咨舜，舜亦以命禹，其後湯執中，立賢無方。至周官大司樂以「中、和、祇、庸、孝、友」爲六德，知用中之道，百王所同矣。夫子言「中庸」之旨，多箸易傳。所謂「中行」，行卽庸也。所謂「時」，卽時中也。時中則能和，和乃爲人所可常行。故有子言「禮之用，和爲貴」。而子思作中庸，益發明其說曰：「喜怒哀樂之未發謂之中，發而皆中節謂之和。中也者，天下之大本也；和也者，天下之達道也。致中和，天地位焉，萬物育焉。」明中庸之爲德，皆人所可常用，而極其功能至於位育。蓋盡己之性，以盡人之性；盡人之性，以盡物之性；盡物之性，則可以贊天地之化育，所謂「成己以成物」者如此。故夫子贊爲至德。周官師氏：「一曰至德。」鄭注：「至德，中和之德。覆燾持載含宏者也。」下引論語此文。「覆燾持載」，至德也。惟舜在位，能用中於民，民皆化之。顏子未得位，但能擇中庸，得善勿失，而無所用於民，所謂有德無位，不敢作禮樂者也。世之衰也，上無明天子，下無賢方伯，民無所取法，賢知之所過，愚不肖之所不及，皆無所裁度以適於道。又甚則無所忌憚，如小人之反中庸，故曰「民鮮久矣」。云「非適今」者，適，祇也。中庸篇「子曰：『中庸其至矣乎！民鮮能久矣。』」鄭注：「鮮，罕也。言中庸爲道至美，顧人罕能久行。」鄭意謂當時民亦能行，但不能久行。義逐此注。

30 子貢曰：「如有博施於民而能濟衆，何如？可謂仁乎？」子曰：「何事於仁，必也聖乎！堯、舜其猶病諸。

【注】孔曰：「君能廣施恩惠，濟民於患難。堯、舜至聖，猶病其難。」

正義曰：皇本「如有」作「如能」，「衆」下有「者」字。「何事於仁」，事猶爲也。見禮樂記注。言博施濟衆，何爲於仁言之，明非仁者所能矣。毛氏奇齡改錯曰：「鄉飲酒義曰：『東方者春，春之爲言蠢也，産萬物者聖也。南方者夏，夏之爲言假也。』假者大也，養而大之，仁也。則內聖外王，總以仁及萬物爲言。禮所云『天子之立也，嚮仁而左聖』，以此是也。然則仁與聖，皆推心之恕，以長養萬物，淺深一體，祇春爲生之本，而夏爲養之本。養祇遂生，而春爲資生之原，長養不窮，故聖進於仁。」案：「仁」訓愛，「聖」訓通，並見說文，爲最初之誼。通之爲言無疑滯也，無阻礙也。是故通乎天地、陰陽、柔剛之道，而後可以事天察地，通乎人仁義之道，而後可以成己以成物。若我於理義有未能明曉，我於人有未能格被，是卽我之疑滯阻礙，而有所不通矣。如此者，以之自治，則行事乖戾；以之治人，則多所拂逆。桀、紂、盜跖之行，無惡不作，然推究其失，祇是不通已極耳。是故天地交爲泰，天地不交爲否。泰者，通也，治象也。否者，不通也，亂象也。通與不通，天下之治亂繫之。博施濟衆，無一人不遂其欲，以我性情通於人，並使人無乎不通，故夫子以爲聖，以爲堯、舜猶病。聖仁本用原同，故己達達人，達亦爲通，特聖爲成德之名。仁則尚在推暨時言，仁道大成，方可稱聖。故夫子視聖爲最難，而但言仁；又以仁亦難及，而先言恕。○注「君能」至「其難」。○正義曰：言「廣施」者，「博」訓廣也。廣施恩惠，言君無私，德能徧及也。禮運言「大同之治」云：「選賢與能，講信脩睦，故人不獨親其親，不獨子其子。使老有所終，壯有所用，幼有所長，矜寡孤獨廢疾者皆有所養。男有分，女有歸。」此則可言博施矣。爾雅釋言：「濟，渡也。濟，成也。濟，益也。」三訓此文皆通。注以濟渡爲言，濟於患難，若禹治水，益焚山澤之類。堯、舜者，唐、虞二帝名。當時有洚水，民苦昏墊，艱食鮮食，是博施濟衆，堯舜猶病其難也。廣雅釋詁：「病，難也。」亦據引申以成義。夫仁者，己欲立而立人，己欲達而達人。能近取譬，可謂仁之方也已。」【注】孔曰：「更爲子貢說仁者之行。方，道也，但能近取譬，於己皆恕，己所欲而施之於人。」

正義曰：阮氏元論仁篇：「孔子論人以聖爲第一，仁卽次之，仁固甚難能矣。聖、仁，孔子皆謙不敢當。子貢視仁過高，誤入聖域，故孔子分別聖字，將仁字論之曰：『所謂仁者，己之身欲立則亦立人，己之身欲達則亦達人。』卽如己欲立孝道，亦必使人立孝道，所謂『不匱』、『錫類』也。己欲達德行，亦必使人達德行，所謂『愛人以德』也。又曰『爲之不厭』，己立己達也。『誨人不倦』，立人達人也。立者如『三十而立』之立，達者如『在邦必達，在家必達』之達。」案：「立」謂身能立道也，「達」謂道可行諸人也。○注「更爲」至「於人」。○正義曰：鄭注云：「方，猶道也。」此孔所本。說文：「恕，仁也。」如己之心，以推諸人，此求仁之道，故「恕」亦訓仁。恕、仁本一理，子貢未能至恕，故夫子以爲非爾所及。他日問終身行之，又告以恕，皆此教也。孟子云：「彊恕而行，求仁莫近焉。」卽此「近取譬」之義。譬者，喻也。以己爲喻，故曰「近」。大學言「君子絜矩之道」云：「所惡於上，毋以使下；所惡於下，毋以事上；所惡於前，毋以先後；所惡於後，毋以從前；所惡於右，毋以交於左；所惡於左，毋以交於右。」矩者，法也。卽此所云「譬」也。絜者，結也，挈也，卽此所云「取」也。

論語正義卷八

述而第七　集解

凡三十八章　正義曰：釋文云：「舊三十九章，今三十八章。」所云「舊」，當謂六朝舊本。所多一章，疑分「子路問三軍」爲一章也。釋文又云：「『子於是日』以下，舊別爲章，今宜合前章。『亡而爲有』以下，舊爲別章，今宜與前章合。」盧云「宜合」，但論其理，實未嘗合併也。若已合併，則爲三十六章。盧氏文弨釋文考證以舊三十九章爲釋文本，今三十八章爲朱子本，則誤解陸氏原文爲後人校語也。翟氏灝考異譏陸氏宜合者兩條，總題但減其一，以爲失於點對，則是舊爲四十章，不合言三十九也。

1 子曰：「述而不作，信而好古，竊比於我老彭。」【注】包曰：「老彭，殷賢大夫，好述古事。我若老彭，但述之耳。」

正義曰：說文云：「述，循也。作，起也。」述是循舊，作是創始。禮中庸記云：「非天子不議禮，不制度，不考文。」議禮、制度、考文皆作者之事，然必天子乃得爲之。故中庸又云：「今天下車同軌，書同文，行同倫。雖有其位，苟無其德，不敢作禮樂焉。雖有其德，苟無其位，亦不敢作禮樂焉。」鄭注：「今孔子謂其時，明孔子無位，不敢作禮樂，而但可述之也。」漢書儒林傳：「周道既衰，壞於幽、厲，陵夷二百餘年，而孔子興。究觀古今之篇籍，於是敘書則斷堯典，稱樂則法韶舞，論詩則首周南。綴周之禮，因魯春秋，舉十二公行事，繩之以文、武之道，成一王法，至獲麟而止。蓋晚而好易，讀之韋編三絶，而爲之傳。皆因近聖之事，以立先王之教，故曰『述而不作，信而好古』。」是言夫子所述六藝事也。故中庸云：「仲尼祖述堯、舜，憲章文、武。」憲，法也。章，明也。堯、舜、文、武，其政道皆布在方策，所謂古也。下章云「子曰：『蓋有不知而作之者，我無是也。多聞，擇其善者而從之；多見而識之；知之次也。』」多聞多見，皆所學於古者。故又言「好古，敏以求之也」。若然，孟子云「孔子作春秋」，春秋是述，亦言「作」者，散文通稱。如周公作常棣，召公述之，亦曰「作常棣」矣。「信」者，知之明；不信，必不能好。故言「篤信好學」也。「竊」者，廣雅釋詁云「私也」。夫子謙言，不敢顯比老彭，故言私比也。老彭，殷大夫。夫子亦殷人，故加「我」以親之。○注：「老彭，殷賢大夫。」○正義曰：大戴禮虞戴德云：「昔老彭及仲傀，政之教大夫，官之教士，技之教庶人，揚則抑，抑則揚，綴以德行，不任以言。」漢書古今人表列老彭於仲虺下，仲虺卽仲傀，是老彭爲殷初人。包氏此注當卽本戴記也。鄭注云：「老，老聃；彭，彭祖。老聃，周之太史。」以老、彭爲二人，與包義異。漢書敘傳「若允彭而偕老兮」，師古注謂彭祖、老聃，此老、彭爲二人也。鄭語「彭姓彭祖」，爲祝融之後，滅於商。楚辭天問：「彭鏗斟雉，帝何饗？」王逸注謂彭祖以雉羹進堯，而堯饗之也。史記五帝紀：「禹、皋陶、契、后稷、伯夷、夔、龍、倕、益、彭祖，自堯時而皆舉用。」則彭祖是堯臣也。史記老子韓非列傳：「老子者，楚苦縣厲鄉曲仁里人也。姓李氏，名耳，字伯陽，謚曰聃。周守藏室之史也。」司馬貞索隱曰：「按：藏室史，周藏書室之史也。又張蒼傳『老子爲柱下史』，蓋卽藏室之柱下，因以爲官名。」則老子是周史也。既老子是史官，意彭祖在堯時亦是史官，故夫子欲竊比此二人矣。莊子音義引世本云：「彭祖姓籛，名鏗，在商爲守藏史。在周爲柱下史。」以彭祖爲商人，與鄭語及五帝紀不合。至入周爲柱下史，則以彭祖爲數百歲人，並恐傳聞之誤。高誘注呂氏春秋情欲諸篇，以老彭、彭祖爲一人。邢昺疏論語謂彭祖於堯時封彭城，又云卽老子也。以老彭、彭祖、老聃爲一人，説與包、鄭又異，尤未是也。老子列傳云：「孔子適周，將問禮於老子。」又云：「老子修道德，其學以自隱無名爲務。居周久之，見周之衰，迺遂去。至關，關令尹喜曰：『子將隱矣，强爲我著書。』於是老子迺著書上下篇，言道德之意五千餘言而去。」又云：「李耳無爲自化，清靜自正。」漢書藝文志：「道家者流，蓋出於史官，歷記成敗、存亡、禍福、古今之道，然後知秉要執本，清虛以自守，卑弱以自持，此人君南面之術。合於堯之克攘，易之嗛嗛，一嗛而四益，此其所長也。及放者爲之，則欲絶去禮樂，兼弃仁義，曰獨任清虛可以爲治。」案：老子之學，源出黃帝，故漢人多以黃、老並言。宋氏翔鳳發微云：「老子曰：『聖人處無爲之事，行不言之教。』無爲而有事，不言而有教，非居敬而何？又曰：『聖人抱一爲天下式。』一者，誠也。誠爲敬，故抱一卽居敬。又曰：『兵者不祥之器，非君子之器。』卽軍旅之事未之學也。又曰：『聖人無常心，以百姓心爲心。』又曰：『善建者不拔，善抱者不脱，子孫祭祀不輟。修之於身，其德乃眞；修之於家，其德乃餘；修之於鄉，其德乃長；修之於國，其德乃豐；修之於天下，其德乃普。』卽修己以安百姓，非獨任清虛者之所及也。其書二篇，屢稱『聖人』，卽述而不作也。又曰：『執古之道，以御今之有。能知古始，是謂道紀。』此信而好古也。又曰：『象帝之先。』又曰：『太上，下知有之。』曰『帝之先』，曰『太上』，此推乎古而益遠者也。」又云：「論語不曰彭老，而曰老彭者，以老子有親炙之義，且尊周史也。至三朝記稱商老彭者，以老子雖生周代，而所傳之學，則歸藏之學，故歸之於商，尤信而好古之明徵也。」案：宋君發明老子之學，是也。其以彭祖爲殷人，則沿世本之誤。而以三朝記老彭爲二人，亦是彊經就我。其他謂孔子贊易，多取於歸藏、小戴所録七十子之記，皆爲殷禮，則顯然違異，今皆删佚，不敢著之以誤來學。

2 子曰：「默而識之，學而不厭，誨人不倦，何有於我哉？」【注】鄭曰：「無是行於我，我獨有之。」

正義曰：「默」者，王逸楚辭惜賢注云「寂也」。「識」者，記也。詩書禮樂，士之正業，皆須諷誦，若博學無方，既非家有其書，則惟宜默識之也。下篇云「多見而識之」，亦謂默識也。「厭」，説文作「猒」，飽也。引申之，訓足，訓棄。夫子自彊不息，日有孳孳，不知年數之不足，故能不厭於學也。「倦」，説文作「𠗨」，勞也。廣雅釋詁：「券，勞也，止也。」「何有於我」，言二者之外，我無所有也。下篇「子曰：『若聖與仁，則吾豈敢？抑爲之不厭，誨人不倦，則可謂云爾已矣。』公西華曰：『正唯弟子不能學也。』」孟子公孫丑篇：「子貢問於孔子曰：『夫子聖矣乎？』孔子曰：『聖則吾不能，我學不厭而教不倦也。』子貢曰：『學不厭，知也；教不倦，仁也。仁且知，夫子既聖矣。』」觀彼文，則「學不厭，教不倦」，乃夫子所自任；「何有於我」，乃辭聖仁不敢居之也。下篇出則事公卿章「何有於我」義同。○注：「無是行於我，我獨有之。」○正義曰：注有譌文，當以「行」字句絶，「我」字重衍。鄭謂他人無是行，夫子乃獨有之，與上篇「爲國乎何有」、「於從政乎何有」、「何有」皆爲不難也。

3 子曰：「德之不修，學之不講，聞義不能徙，不善不能改，是吾憂也。」【注】孔曰：「夫子常以此四者爲憂。」

正義曰：説文云：「修，飾也。」廣雅釋詁：「修，治也。」五常之德，人所固有，當時修治之，則德日新。大學記所云「明明德」是也。「學之不講」者，汪氏中述學云：「講，習也。習，肄也。古之爲教也以四術，書則讀之，禮樂同物，誦之，歌之，弦之，舞之。揖讓周旋，是以行禮，故其習之也，恒與人共之。『學而時習之』，『有朋自遠方來』，所謂『君子以朋友講習』也。學人習之，其師則從而告之。記曰：『小樂正學干，〔一〕大胥贊之；籥師學戈，籥師丞贊之；春誦夏弦，大師詔之；瞽宗秋學禮，執禮者詔之；冬讀書，典書者詔之。』曰學，曰贊，曰詔，必皆有言，故於文『講』從『言』。孔子適宋，與弟子習禮大樹下，魯諸儒講禮，鄉飲、大射于孔子冢，皆講學也。禮樂不可斯須去身，故孔子憂學之不講。」「徙」，說文云「迻也」。此常訓。下篇云「徙義，崇德也」。荀子大略篇：「君子之學如蛻，幡然遷之。故其行效，其立效，其坐效，其置顏色、出辭氣效。無留善。」亦言君子能徙義也。易象傳：「風雷，益。君子以見善則遷，有過則改。」二者貴能力行，故有取於風雷。否則習爲不善，而不復進於德矣。故夫子深憂之也。汪氏中經義知新記：「講字古音媾，修、講一韻，徙、改一韻。」皇本「修」作「脩」，又每句下皆有「也」字。〇注：「夫子常以此四者爲憂。」〇正義曰：北堂書鈔藝文部四引鄭此注云：「夫子常以爲憂也。」此孔所襲。四者是夫子誨人之語，而云「吾憂」者，正恐教術或疎，致有斯失，故引爲己責也。

4 子之燕居，申申如也，夭夭如也。【注】馬曰：「申申、夭夭，和舒之貌。」正義曰：釋文云：「燕，鄭本作宴。」案：後漢仇覽傳引亦作「宴」。說文：「宴，安也。」「宴」本字，「燕」鳥名，蓋叚借也。禮記有仲尼燕居、孔子閒居二篇。鄭目錄云：「退朝而處曰燕居，退燕避人曰閒居。」此皇疏亦云：「燕居者，退朝而居也。」〇注：「申申、夭夭，和舒之

〔一〕「樂」原誤作「學」，據阮元禮記文王世子校勘記改。

貌。」○正義曰：皇疏引詩云：「『桃之夭夭』，卽美舒義。」月出「舒夭紹兮」，亦以夭紹爲舒之姿也。廣雅釋訓：「妖妖、申申，容也。」「妖」與「夭」同。胡氏紹勳拾義：「漢書萬石君傳：『子孫勝冠者在側，雖燕必冠，申申如也。』師古注云：『申申，整勅之貌。』此經記者先言『申申』，後言『夭夭』，猶鄉黨先言『踧踖』，後言『與與』也。『申申』言其敬，『夭夭』言其和。馬注『申申』亦訓『和舒』，失之矣。」案：胡說是也。漢安世房中歌：「敕身齊戒，施教申申。」說文：「申，神也。七月陰氣成體，自申束，從臼自持也。」是申有約束之義。「申申如」者，所謂「望之儼然」；「夭夭如」者，所謂「卽之也溫」。

5 子曰：「甚矣吾衰也！久矣吾不復夢見周公。」【注】孔曰：「孔子衰老，不復夢見周公，明盛時夢見周公，欲行其道也。」正義曰：呂覽去宥篇：「人之老也形益衰。」高誘注：「衰，肌膚消也。」說文：「㝱，寐而有覺也。」今省作「夢」。夫子日有孳孳，不知老之將至，至是血氣益衰，力極罷頓，無復從前之精專，故有此歎。呂氏春秋博志篇：「蓋聞孔子、墨翟晝日諷誦習業，夜親見文王、周公旦而問焉。用志如此其精也，何事而不達？何爲而不成？故曰精而熟之，鬼將告之。非鬼告之也，精而熟之也。」案：周公成文、武之德，致治太平，制禮作樂。魯是周公之後，故周禮盡在魯。夫子言「舍魯何適」？又屢言「從周」，故綴周之禮。其修春秋，繩之以文、武之道，成一王法，與周公制作之意同也。舊讀以「吾衰也久矣」爲句，見翟氏灝考異所引呂覽不苟注、張載正蒙、楊時資吾院記。今讀或以「久矣」屬下句。皇本「公」下有「也」字。釋文云：「本或無『復』字，非。」

6 子曰：「志於道，據於德，依於仁，游於藝。」【注】志，慕也。道不可體，故志之而已。據，杖也。德有成形，故可據。依，倚也。仁者功施於人，故可倚。藝，六藝也。不足據依，故曰游。　正義曰：此夫子誨弟子進德修業之法。道者，明明德親民，大學之道也。德者，少儀云：「士依於德。」鄭注：「德，三德也。一曰至德，二曰敏德，三曰孝德。」此本周官師氏之文。鄭彼注云：「至德，中和之德，覆燾持載含宏者也。敏德，仁義順時者也。孝德，尊祖愛親。」三德所以教國子，故鄭注少儀依用之。論語此文，義當同也。言「據」者，據猶守也。中庸言顏子：「擇乎中庸，得一善，則拳拳服膺，而弗失之。」即據德矣。「依仁」猶言親仁，謂於仁人當依倚之也。「游於藝」者，學記云：「不興其藝，不能樂學。」又云：「故君子之於學也，藏焉修焉，息焉游焉。」鄭注：「興之言喜也，歆也。游謂閒暇無事於之游。」然則游者，不迫遽之意。少儀言「士游於藝」，鄭彼注云：「藝，六藝也。一曰五禮，二曰六樂，三曰五射，四曰五御，五曰六書，六曰九數。」亦本周官保氏，彼注云：「五禮，吉、凶、賓、軍、嘉也。六樂，雲門、大咸、大韶、大夏、大濩、大武也。鄭司農云：『五射，白矢、參連、剡注、襄尺、井儀也。五御，鳴和鸞、逐水曲、過君表、舞交衢、逐禽左。六書，象形、會意、轉注、指事、假借、諧聲也。九數，方田、粟米、差分、少廣、商功、均輸、方程、贏不足、旁要。』」唐石經「游」作「遊」。○注「志慕」至「曰游」。○正義曰：說文云：「據，杖持也。依，倚也。」並常訓。道不可體，德有成形，皆清虛之論，不可以解此文也。禮樂不可斯須去身，故周公自稱「多藝」。夫子言藝能從政，而以爲不足據依，亦異乎吾所聞。

7 子曰：「自行束修以上，吾未嘗無誨焉。」【注】孔曰：「言人能奉禮，自行束修以上，則皆教誨之。」

正義曰：「修」與「脩」同，謂以脩爲摯，見其師也。周官膳夫：「凡肉脩之頒賜，皆掌之。」腊人「掌乾肉，凡田獸之脯腊膴胖之事。」鄭注：「薄析曰脯，棰之而施薑桂曰鍛脩。」釋名釋飲食：「脯又曰脩。脩，縮也，乾燥而縮也。」曲禮云：「以脯脩置者，左朐右末。」鄭注：「屈中曰朐。」此弟子行束脩於其師，亦當如置脯脩之法，左朐右末執之。稱「束」者，少儀疏云：「束脩，十脡脯也。」以非一脡，故須束之。孔氏廣森經學卮言：「禮薦脯五膱。凡作脯之法，皆以條肉中屈之，五膱則爲朐者五，爲脡者十，故謂之束。」取其與束帛十端而五匹者同義。北史儒林傳：「馮偉門徒束脩，一毫不受。」隋書劉炫傳：「後進質疑受業，不遠千里，然嗇於財，不行束脩者，未嘗有所教誨。」是「束脩」爲摯禮。李賢後漢延篤傳注：「束脩謂束帶脩飾，鄭注論語曰：『束脩謂年十五以上也。』」李引鄭注，所以廣異義。人年十六爲成人，十五以上可以行摯見師，故舉其所行之摯以表其年。若然，則十五以下未能行摯，故曲禮云：「童子委摯而退。」「委摯」者，委於地也。後漢伏湛傳：「杜詩薦湛曰：『湛自行束脩，訖無毀玷。』」隸釋謁者景君墓表：「惟君束脩仁知。」幽州刺史朱龜碑：「仁義成於束脩，孝弟根其本性。」隸續金恭碑：「束脩聰。」皆以「束脩」表年，與鄭義同。若後漢和帝紀「束修良吏」，鄧后紀「故能束修，不觸羅網」，鄭均傳「束修安貧，恭儉節整」，馮衍傳「圭潔其行，束修其心」，劉般傳「束修至行」，胡廣傳「使束修守善，有所勸仰」，王龔傳「束修勵節」，皆以約束修飾爲義，而其字與「脩」通用。後之儒者，移以解論語此文，且舉李賢「束帶修飾」之語，以爲鄭義亦然，是誣鄭矣。至闕黨童子，則使將命；互鄉童子，與其潔己，並是夫子教思之廣，雖未行束脩，亦誨之矣。鄭注云：「誨，魯讀爲悔字，今從古。」包氏愼言温故録：「案魯論，則束修不謂脯脡。易曰『悔吝』者，言乎其小疵也。又曰『震，无咎』者，存乎悔。聖人戒慎恐懼，省察維嚴，故時覺其有悔。自行束修以上，謂自知謹飭砥礪，而學日以漸進也。恐人以束修即可無悔，故言『未嘗無悔』以曉之。」案：魯論義不箸，包說但以意測。易繫辭傳「慢藏誨盜」，釋文引「虞」作「悔」，二字同音叚借，疑魯論義與古同，叚「悔」字爲之。鄭以古論義明，故定從「誨」也。○注：「言人能奉禮。」○正義曰：注義不明。書秦誓正義引孔此注云「束帶脩飾」，當是此注脫文，其義卽李賢所本。

8 子曰：「不憤不啟，不悱不發。舉一隅不以三隅反，則不復也。」【注】鄭曰：「孔子與人言，必待其人心憤憤，口悱悱，乃後啟發爲說之。如此，則識思之深也。說則舉一隅以語之，其人不思其類，則不復重教之。」

正義曰：說文云：「啟，教也。從攴，启聲。」下引此文。又「隅，陬也」。淮南原道訓：「經營四隅。」高誘注：「隅猶方也。」一隅三隅，合爲四隅，故舉一隅則可知三隅。「反」者，反而思之也。荀子大畧篇：「有法者以法行，無法者以類舉，以其本知其末，以其左知其右，凡百事異理而相守也。」是其義也。劉氏逢祿述何篇：「聖人之言，皆舉一隅，而俟人之以三隅反，故文約而旨無窮。董子說春秋云：『不能察，寂若無，深察之，無物不在。』謂不書多於書也。」皇本、高麗本、鼂公武據蜀石經「一隅」下有「而示之」三字，文選西京賦注引同。皇本「則」下有「吾」字。○注「孔子」至「教之」。○正義曰：方言：「憤，盈也。」說文：「憤，懣也。」二訓義同。人於學有所不知不明，而仰而思之，則必與其志氣，作其精神，故其心憤憤然也。下篇夫子言「發憤忘食」，謂憤於心也。文選嘯賦注引字書曰：「悱，心誦也。」「誦」疑作「痛」。方言：「菲，惄悵也。」「菲」與「悱」同。廣雅釋詁作「悲」，說文無「悱」字，新附據鄭注補。或疑「悱」卽說文「悲」字，當得之。玉篇：「悱，口悱悱。」此本鄭訓。學記曰：「時觀而弗語，存其心也。」注云：「使之悱悱憤憤，然後啟發也。」記又云：「力不能問，然後語之。」「力不能問」，故口悱悱也。當心憤憤、口悱悱時，已是用力於思，而未得其義，乃後啟發爲說之，使人知思之宜深，不敢不專心致志也。孟子盡心下云：「君子引而不發，躍如也。」引者，引其緒也。又學記云：「故君子之教喻也，開而弗達。開而弗達則思。」注云：「開謂開發事端，但爲學者開發大義而已，亦不事事使之通達也。」並此「舉一隅」之義也。「不復重教之」者，言教之既不深思，則不復重教之。學記所謂「語之而不知，雖舍之可也」。易蒙彖云：「初筮告，再三瀆。瀆則不告，利貞。」鄭注：「弟子初問，則告之以事義。不思其三隅相況以反解而筮者，此勤師而功寡，學者之災也。瀆筮則不復告，欲令思而得之，亦所以利義而幹事也。」

9 子食於有喪者之側，未嘗飽也。【注】喪者哀慼，飽食於其側，是無惻隱之心。 正義曰：檀弓云：「食於喪者之側，未嘗飽也。」注：「助哀戚也。」毛氏奇齡稽求篇謂檀弓所記，即夫子事。皇本連下章，而以此注繫於後，與釋文所見本不合。

10 子於是日哭，則不歌。【注】一日之中，或哭或歌，是褻於禮容。 正義曰：說文云：「哭，哀聲也。」「歌，詠也。」毛詩園有桃傳：「曲合樂曰歌。」謂人聲與樂齊作也。何休公羊注引魯詩傳：「大夫士曰琴瑟。」曲禮云：「大夫無故不徹縣，士無故不徹琴瑟。」注：「故謂災患喪病。」此弔人之喪，既以情親哀哭之故，一日之內，亦不得歌也。曲禮「哭日不歌」，檀弓「弔於人，是日不樂」，毛氏奇齡稽求篇謂檀弓即指夫子此事是也。鄭注檀弓云：「君子哀樂不同日。」又鄭志答臨碩云：「謂一日之中，既以哀事哭，又以樂而歌，是爲哀樂之心無常。」言人既以哀事哭，則竟一日當常有哀心也。此惟弔哭在前則然，若已歌，而後聞他人之喪，則弔哭正禮所宜矣。皇本「日」下有「也」字，論衡感類篇引亦有「也」字。釋文云：「舊以爲別章，今宜合前章。」○注「一日」至「禮容」。○正義曰：皇本此注脫。

11 子謂顏淵曰：「用之則行，舍之則藏，唯我與爾有是夫！」【注】孔曰：「言可行則行，可止則止，唯我與顏淵同。」 正義曰：新語慎微篇引此文說之云：「言顏淵道施於世，而莫之用。」是行、藏皆指道言。孟子謂「士窮不失義，達不離道。」又云：「古之人得志，澤加於民。不得志，修身見於世。窮則獨善其身，達則兼善天下。」卽此義。案：下篇夫子言「天下有道則見，無道則隱」，此明人出處之正法。若此云「用之則行，舍之則藏」，但言「用之」、「舍之」，不復計及有道、無道者，正是維世之意，欲易無道爲有道也。此惟時中之聖能之。孟子稱孔子「可以仕則仕」，謂用之卽可以仕也；「可以止則止」，謂舍之卽可以止也。顏子合符聖德，故夫子言「我與爾有是」矣。 子路曰：「子行三軍，則誰與？」子曰：「暴虎馮河，死而無悔者，吾不與也。必也臨事而懼，好謀而成者也。」【注】孔曰：「大國三軍。子路見孔子獨美顏淵，以爲己勇。至於夫子爲三軍將，亦當誰與己同，故發此問。暴虎，徒搏；馮河，徒涉。」 正義曰：「好謀」者，好猶善也。左襄四年傳：「咨難爲謀。」說文：「慮難曰謀。」戴氏望論語注云：「王者行師，以全取勝，不以輕敵爲上。傳曰：『善爲國者不師，善師者不陳，善陳者不戰，善戰者不死，善死者不亡。』」案：逸周書武紀解：「謀有不足者三：仁廢則文謀不足，武廢則勇謀不足，備廢則事謀不足。」是行軍當用謀也。焦氏循補疏：「『好謀而成』，成猶定也，定卽決也。三國志郭嘉傳：『袁公多端寡要，好謀無決。』無決卽是無成。好謀而成，卽是好謀而能決也。」釋文：「馮，亦作憑。」皇本同。○注「大國」至「徒涉」。○正義曰：夏官序官：「凡制軍：萬有二千五百人爲軍。王六軍，大國三軍，次國二軍，小國一軍，軍將皆命卿。」是大國三軍也。「夫子爲三軍將」，卽命卿矣。子路有治賦之才，故問夫子行軍將誰與？冀己有所能以自見也。「暴虎徒搏，馮河徒涉」，並爾雅釋訓文。郭注「徒搏」，云「空手執也」；「徒涉」云「無舟楫」。說文：「淜，無舟渡河也。」玉篇：「徒涉曰淜。」今經典作「馮」，皆「淜」之叚借。「馮」，說文訓「馬行疾」，別一義。

12 子曰：「富而可求也，雖執鞭之士，吾亦爲之。【注】鄭曰：「富貴不可求而得之，當修德以得之。若於道可求者，雖執鞭之賤職，我亦爲之。」如不可求，從吾所好。」【注】孔曰：「所好者，古人之道。」

正義曰：史記伯夷列傳引「富貴如可求」，此出古論，以「富貴」連文，「而」與「如」義通也。宋氏翔鳳發微云：「周官太宰：『祿，以馭其富。』三代以上，未有不仕而能富者。故官愈尊，則祿愈厚，求富卽干祿也。『富而可求』，謂其時可仕，則出而求祿。孔子爲委吏、乘田，其職與執鞭之士同也。『不可求』，爲時不可仕。孔子世家言『定公五年，陽虎囚季桓子，季氏亦僭於公室，陪臣執國政，是以魯自大夫以下，皆僭離於正道。故孔子不仕，退而修詩書禮樂，弟子彌衆，至自遠方，莫不受業焉』。此『孔子不仕』，謂『不可求』；『修詩書禮樂』爲『從吾所好』。孔子自述出處之際，故以兩『吾』字明之。」案：宋說與古論義合。說苑立節篇引此文說之云：「故阨窮而不憫，勞辱而不苟，然後能有致也」。「勞辱」卽謂「執鞭」言。雖勞辱之事，亦不可苟，當視可求，然後爲之也。阨窮不憫，則從吾所好也。但言爲「執鞭」者，孟子云：「仕非爲貧也，而有時乎爲貧。爲貧者，辭尊居卑，辭富居貧。惡乎宜乎？抱關擊柝。」今此言「富而可求」，謂時可仕，兼己亦爲貧，故但可爲執鞭之士也。釋文：「鞭，或作硬，音吾孟反，非也。」「吾亦爲之」，一本無「亦」字，「之」下有「矣」字。「如不可求」，皇本「求」下有「者」字。○注「富貴」至「爲之」。○正義曰：鄭以「富貴」連言，亦古論義也。修德以得富貴，卽夫子言「寡尤、寡悔，禄在其中」、「學也禄在其中」之旨。「於道可求」，謂仕之道也。言己雖修德，仍視道可仕否也。孟子云：「古之人未嘗不欲仕也，又惡不由其道。」卽此義也。「執鞭」爲「賤職」者，鞭是刑具。書「鞭作官刑」是也。周官：「條狼氏掌執鞭以趨辟，王出入則八人夾道，公則六人，侯伯則四人，子男則二人。」又云：「凡誓，執鞭以趨於前，且命之。」注：「趨辟，趨而辟行人，若今卒辟車之爲也。孔子曰云云。言士之賤也。」據序官，條狼氏是下士，故稱賤矣。

13 子之所慎：齊，戰，疾。【注】孔曰：「此三者，人所不能慎，而夫子獨能慎之。」 正義曰：說文云：「慎，謹也。齋，戒潔也。從示，齊省聲。」經典「齋」、「齊」二文錯見。祭統云：「及時將祭，君子乃齊。齊之爲言齊也，齊不齊以致齊者也。故散齊七日以定之，致齊三日以齊之。」又云：「及其將齊也，防其邪物，訖其耆欲，耳不聽樂。故記曰：『齊者不樂。』言不敢散其志也。心不苟慮，必依於道。手足不苟動，必依於禮。」韓詩外傳八：「傳曰：居處齊則色姝，食飲齊則氣珍，言語齊則信聽，思齊則成，志齊則盈。五者齊，斯神居之。」並言慎齊之事也。說文云：「戰，鬬也。」慎戰謂臨事而懼，好謀而成也。禮器云：「子曰：『我戰則克，祭則受福，蓋得其道。』」此之謂也。「慎疾」者，所以守身也。金匱要略言「人有疾，當慎養，苦酸辛甘不遺，形體有衰，雖在經絡，無由入其腠理」，卽此義也。

14 子在齊聞韶，三月不知肉味，【注】周曰：「孔子在齊，聞習韶樂之盛美，故忽忘於肉味。」曰：「不圖爲樂之至於斯也。」【注】王曰：「爲，作也。不圖作韶樂至於此。此，齊。」

正義曰：皇本「韶」下有「樂」字。史記孔子世家言「孔子年三十五，昭公奔於齊，魯亂，孔子適齊，與齊太師語樂，聞韶音」云云。江氏永鄉黨圖考敍：「此適齊爲孔子三十六歲，三十七歲自齊反魯。」說苑修文篇：「孔子至齊郭門之外，遇一嬰兒挈一壺，相與俱行，其視精，其心正，其行端。孔子謂御曰：『趣趨之！趣趨之！韶樂方作。』」此相傳夫子聞韶樂之事。「不知肉味」，猶言發憤忘食也。說文：「味，滋味也。圖，畫計難也。」「不圖」者，言韶樂之美，非計度所及也。釋文：「爲樂並如字，本或作嬀，音居危反，非。」包氏慎言溫故錄：「嬀，陳姓，夫子蓋知齊之將爲陳氏，故聞樂而深痛太公、丁公之不血食也。」此就釋文所載或本爲義。然此句承「不知肉味」之下，正以贊美韶樂，所以聞習之久，至不知肉味也。若以「爲樂」作「嬀樂」，「至於斯」爲陳將代齊，則別是感痛之義，與上文不貫，似非是也。○注「周曰」至「肉味」。○正義曰：文選嘯賦注引此注爲「周生」，或當時周與周生能識別也。「聞習」者，謂聞而習之。孔子世家言孔子「學之，三月不知肉味」。「學之」二字即安國故也，亦即此注所云「聞習」也。○注「爲作」至「此齊」。○正義曰：「爲、作」，常訓。注以「此」爲「齊」，言此韶樂不意至於齊也。此王誤解。漢書禮樂志：「夫樂本情性，浹肌膚而藏骨髓，雖經乎千載，其遺風餘烈尚猶不絕。至春秋時，陳公子完犇齊。陳，舜之後，招樂存焉。故孔子適齊聞招，三月不知肉味。曰『不圖爲樂之至於斯』，美之甚也。」以「不圖」句爲美，義勝此注。上篇子謂「韶盡美盡善」。又左傳：「吳季札見舞韶箾者，曰：『德至矣哉，大矣！如天之無不幬也，如地之無不載也。雖甚盛德，其蔑以加於此矣，觀止矣。』」是言韶樂至美也。

15 冉有曰：「夫子爲衛君乎？」【注】鄭曰：「爲猶助也。衛君者，謂輒也。衛靈公逐太子蒯聵，公薨而立孫輒。後晉趙鞅納蒯聵於戚城，衛石曼姑帥師圍之，故問其意助輒不乎？」子貢曰：「諾，吾將問之。」入，曰：「伯夷、叔齊何人也？」曰：「古之賢人也。」曰：「怨乎？」曰：「求仁而得仁，又何怨？」【注】孔曰：「夷、齊讓國遠去，終於餓死，故問怨邪。以讓爲仁，豈有怨乎？」出，曰：「夫子不爲也。」【注】鄭曰：「父子爭國惡行，孔子以伯夷、叔齊爲賢且仁，故知不助衛君明矣。」

正義曰：說文云：「諾，譍也。」引夷、齊者，借二子以正衛事也。蓋輒之立及拒蒯聵，是以王父命辭父命。然叔齊亦是父命立之，及父死，不復拘執父命，而讓國伯夷，與衛輒之堅執王父命而辭父命者相反；若伯夷則又遵守父命，而終讓國不受，與衛蒯聵之棄父命而爭國者相反。故子貢於二子，詢其人爲何如，蓋欲以知夫子之爲衛君與否，而兼以明蒯聵之是非耳。云「怨乎」者，言伯夷不得立，叔齊或恐兄爭國，不得已而讓，皆不能無怨。惟夷、齊之讓出於親愛之誠，其心無非求仁，而即得仁，尚何所怨乎？公羊疏解論語此文，以爲夷、齊適周，怨周王不用其言，非矣。 釋文：「吾將問之」，一本無『將』字。「曰古之賢人也」，皇本「曰」上有「子」字，「賢人」作「賢仁」。惠氏棟九經古義引下鄭注「賢且仁」，以爲古本「賢仁」之證，不知鄭注乃檃括「古之賢人也」、「求仁而得仁」二句義，非本作「賢仁」。阮氏元校勘記、皇本、高麗本、考文引古本、足利本「又何怨」下有「乎」字。 左傳哀三年正義、史記伯夷列傳索隱、文選江淹雜體詩注引並作「又何怨乎」，疑古本如此。○注「爲猶」至「不乎」。○正義曰：詩鳧鷖：「福祿來爲。」鄭箋：「爲，猶助也。」左定十四年傳言衛靈公太子蒯聵得罪君夫人南子，〔一〕出奔宋。哀二年：「夏，靈公卒。夫人曰：『命公子郢爲太子，君命

〔一〕「十」字原脫，據左傳改。

也。』對曰：『鄆異於他子，且君沒於吾手，若有之，鄆必聞之。且亡人之子輒在。』乃立輒。」又經書六月乙亥，「晉趙鞅帥師納衛世子蒯聵于戚。三年春，齊國夏、衛石曼姑帥師圍戚。」此蒯聵出奔及輒立拒父始末也。公羊傳：「晉趙鞅帥師納衛世子蒯聵于戚。戚者何？衛之邑也。曷爲不言入于衛？父有子，子不得有父也。齊國夏曷爲與衛石曼姑帥師圍戚？伯討也。此其爲伯討奈何？曼姑受命乎靈公而立輒，以曼姑之義，爲固可以拒之也。輒者曷爲者也？蒯聵之子也。然則曷爲不立蒯聵而立輒？蒯聵爲無道，靈公逐蒯聵而立輒。然則輒之義可以立乎？曰：可。其可奈何？不以父命辭王父命，以王父命辭父命，是父之行乎子也。不以家事辭王事，以王事辭家事，是上之行乎下也。」穀梁傳：「晉趙鞅帥師納衛世子蒯聵于戚。納者，内弗受也。何用弗受也？以輒不受也。以輒不受父之命，受之王父也，信父而辭王父，則是不尊王父也。其弗受，以尊王父也。」二傳所言，自是衛人當日所據之義。鄭依爲說，故此注言「靈公逐蒯聵」，又言「立孫輒」也。周人之法，無適子者立適孫，蒯聵負罪出亡，已絕於衛，故輒得申王父之命。當時臣民安之，大國助之，而夫子亦且爲公養之仕，故冉有疑夫子爲衛君也。夫子於哀六年自楚反衛，爲衛輒四年，此問當在其時。○注「夷齊」至「怨乎」。○正義曰：史記伯夷列傳：「父欲立叔齊，及父卒，叔齊讓伯夷。伯夷曰：『父命也。』遂逃去。叔齊亦不肯立而逃之，國人立其中子。於是伯夷、叔齊聞西伯昌善養老，盍往歸焉。及至，西伯卒，武王東伐紂，伯夷、叔齊叩馬而諫。武王已平殷亂，天下宗周，而伯夷、叔齊恥之，義不食周粟，隱於首陽山，采薇而食之。遂餓死於首陽山。」此即二子讓國，終於餓死之事也。伯夷能順乎親，叔齊能恭其兄，孝弟皆爲仁也。左僖八年傳：「能以國讓，仁孰大焉？」○注「父子」至「明矣」。○正義曰：不言蒯聵爭國，而曰「父子爭國」，是兼絕之也。何休公羊解詁謂「輒雖得正，非義之高」，即引此文說之。

16子曰：「飯疏食飲水，曲肱而枕之，樂亦在其中矣。【注】孔曰：「疏食，菜食。肱，臂也。孔子以此爲樂。」不義而富且貴，於我如浮雲。」【注】鄭曰：「富貴而不以義者，於我如浮雲，非己之有。」　正義曰：說文云：「飯，食也。疏，粗也。〔一〕粗，疏也。」詩召旻「彼疏斯粺」，鄭箋：「疏，麤也，謂糲米也。」段氏玉裁說文注云：「糲米與粺米校，則糲爲粗。」國語「食粗衣惡」是也。「稷與黍稻粱校，則稷爲粗」。喪服傳「食疏食」，注「疏猶麤也」是也。案：論語三言「疏食」，皆謂糲米，亦當兼稷言之。稷，今之高粱，北方用爲常食，比粱黍爲賤也。釋文云：「疏，本又作蔬。」皇本作「蔬」，因孔注致誤。說文云：「枕，卧所薦首者。」「樂亦在其中」者，言貧賤中自有樂也。呂氏春秋愼人篇：「古之得道者，窮亦樂，達亦樂。所樂非窮達也，道得於此，則窮達一也，爲寒暑風雨之序矣。」斯其義也。「不義而富且貴」者，謂不以其道得富貴也。「浮雲」者，說文：「浮，氾也。雲，山川气也。」孟子謂「行一不義，殺一不辜，而得天下，孔子不爲」。故孔子自言不義之富貴，視之如浮雲然，明無所動於心也。劉氏逢祿述何篇：「此因上章而類記之。不義之富貴，不特蒯聵與輒也，即石曼姑之受命於靈公，皆不義也。」○注：「疏食，菜食。肱，臂也。」○正義曰：說文無「蔬」字，疑古菜食之字亦作「疏」。禮記月令云：「有能取疏食。」注：「菜曰疏。」是也。疏爲菜之通名，不爲粗惡，孔此注誤也。說文：「厷，臂上也。肱，古或從肉。」廣雅釋親：「肱謂之臂。」

17子曰：「加我數年，五十以學易，可以無大過矣。」【注】易「窮理盡性以至於命」，年五十而知天命。

〔一〕按：說文「疏」字訓「通也」，不訓「粗也」，劉氏此處蓋誤記。

以知命之年，讀至命之書，故可以無大過。　正義曰：孔子世家：「孔子晚而喜易，序彖、繫、象、說卦、文言。讀易，韋編三絕。曰：『假我數年，若是，我於易則彬彬矣。』」彼文作「假」，風俗通義窮通卷引論語亦作「假」。春秋桓元年：「鄭伯以璧假許田。」史記十二諸侯年表作「以璧加魯，易許田」，是「加」、「假」通也。　夫子五十前得易，冀以五十時學之，明易廣大悉備，未可遽學之也。及晚年贊易既竟，復述從前「假我數年」之言，故曰：「假我數年，若是，我於易則彬彬矣。」「若是」者，竟事之辭。言惟假年，乃彬彬也。世家與論語所述，不在一時，解者多失之。姚氏配中周易學云：「文王爻辭，惟九三言六事，傳則言行、言學、言進脩，无在非學也。象曰：『君子以自強不息。』子蓋三致意焉。子曰『五十以學易』，而於每卦象必曰『以』。『以』者，學之謂也。」又曰：「學易，學爲聖也，非徒趨吉避凶已也。有天地即有易，既作易，而天地之道著，天下之理得，聖之所以爲聖，求諸易而可知矣。」案：「學易可以無大過」者，易之道，皆主中行，主變通，故學之而可與適道，可與立權也。繫辭傳云：「是故君子居則觀其象，而玩其辭；動則觀其變，而玩其占。是以自天祐之，吉无不利。吉凶者，言乎其失得也。悔吝者，言乎其小疵也。无咎者，善補過也。」夫子聖德，既學易，當無小疵。無過可補，而云「可無大過」者，謙言不敢自承無過也。釋文云：「學易如字，魯讀易爲亦，今從古。」此出鄭注。惠氏棟九經古義：「外黃令高彪碑：『恬虛守約，五十以斆。』此從魯論，『亦』字連下讀也。」案：魯讀不謂學易，與世家不合，故鄭從古論。戴氏望論語注：「加當言假，假之言暇。時子尚周流四方，故言『暇我數年』也。『五十』者，天地之數。大衍所從生，用五用十以學易，謂錯綜變化以求之也。易說曰：『易一陰一陽，合而爲十五之謂道。』陽變七之九，陰變八之六，亦合於十五，則彖變之數若一。陽動而進變七之九，象其氣之息也。陰動而退變八之六，象其氣之消也。故大一取其數以行九宮，四正四維皆合於

十五、五音、六律、七宿由此作焉。大過於消息爲十月卦，陽伏陰中，上下皆陰，故雜卦曰『大過，顛也。』顛則陽息，萬物死。聖人使陽升陰降，由復出震，自臨而泰，盈乾生井，終既濟，定六位，正王度，見可不遇大過之世也。」此以「五十」皆易數，亦備一義。○注：「易『窮理盡性以至於命』。」○正義曰：易說卦文。「窮理」者，致知格物之學。「盡性」者，成己成物之學。「至命」，則所以盡人事而達天道也。

18 **子所雅言，【注】孔曰：「雅言，正言也。」詩、書、執禮，皆雅言也。**【注】鄭曰：「讀先王典法，必正言其音，然後義全，故不可有所諱。禮不誦，故言執。」正義曰：此承上章「學易」之言而類記之。「所」字，即指易言。乃不獨易也，若詩、書、執禮，皆雅言也。此略本焦氏循補疏說。不及樂者，方氏觀旭偶記謂「樂在詩、禮之中」是也。○注「讀先」至「言執」。○正義曰：詩、書，皆先王典法之所在，故讀之必正言其音。鄭以「雅」訓「正」，故僞孔本之。先從叔丹徒君駢枝曰：「夫子生長於魯，不能不魯語。惟誦詩、讀書、執禮必正言其音，所以重先王之訓典，謹末學之流失。」又云：「昔者，周公著爾雅一篇，以釋古今之異言，通方俗之殊語。劉熙釋名曰：『爾，昵也；昵，近也。雅，義也；義，正也。』五方之音不同，皆以近正爲主也。上古聖人，正名百物，以顯法象，別品類，統人情，壹道術，名定而實辨，言協而志通。其後事爲踵起，象數滋生，積漸增加，隨時遷變，王者就一世之所宜，而斟酌損益之，以爲憲法，所謂雅也。然而五方之俗不能彊同，或意同而言異，或言同而聲異，綜集謡俗，釋以雅言，比物連類，使相附近，故曰爾雅。詩之有風、雅也亦然。王都之音最正，故以雅名；列國之音不盡正，故以風名。王之所以撫邦國諸侯者，七歲屬象胥諭言語，協辭命，九歲屬瞽史諭書名，聽聲音，正於王朝，達於諸侯之國，是謂雅言。雅之爲言夏也。孫卿榮辱篇云：『越人安越，楚人安楚，君子安雅，是非知能材性然也，是注錯習俗之節異也。』又儒效篇云：〔一〕『居楚而楚，居越而越，居夏而夏，是非天性也，積靡使然也。』然則『雅』、『夏』古字通。」謹案：駢枝發明鄭義，至爲確矣。周室西都，當以西都音爲正。平王東遷，下同列國，不能以其音正乎天下，故降而稱風。而西都之雅音，固未盡廢也。夫子凡讀易及詩、書、執禮，皆用雅言，然後辭義明達，故鄭以爲義全也。後世人作詩用官韻，又居官臨民，必說官話，即雅言矣。曲禮云：「詩、書不諱，臨文不諱。」注云：「爲其失事正。」鄭以「不諱」亦雅言之一端，故舉以明之。「禮不誦，故言執」者，禮亦有讀，但此執禮是在行事時，故言「不誦」也。困學紀聞引葉夢得曰：「蓋古者謂持禮書以治人者，皆曰執。周官太史大祭祀，宿之日，讀禮書；祭之日，執書以次位常；凡射事，執其禮事。」論語駢枝曰：「執，猶掌也。執禮，謂詔相禮事。文王世子曰：『秋學禮，執禮者詔之。』雜記曰：『女雖未許嫁，年二十而笄，禮之，婦人執其禮。』」諸文皆言「執禮」，與此經同。翟氏灝考異云：「古者學禮行禮，皆有詔贊者爲之宣唱校呼，使無失錯。若今之贊禮官，其書若今之儀注，於此而不正其言，恐事亦失正也。」

19 葉公問孔子於子路，子路不對。子曰：「女奚不曰，其爲人也，發憤忘食，樂以忘憂，不知老之將至云爾。」【注】孔曰：「葉公名諸梁，楚大夫。食采於葉，僭稱公。不對者，未知所以答。」　正義曰：「發憤忘食」者，謂好學不厭，幾忘食也。「樂以忘憂」者，謂樂道不憂貧也。「不知老之將至」者，言忘身之老，自彊不息

〔一〕「儒效」原誤作「儒俗」，據荀子改。

也。荀子勸學篇：「眞積力久則入，學至乎沒而後止也。故學數有終，若其義則不可須臾舍也。」是夫子忘老之意也。孔子世家言「齊景公卒之明年，孔子自蔡如葉。葉公問政」云云。「他日問孔子於子路」云云。計夫子時年六十三、四歲，故稱老矣。又世家「其爲人也」句下，有「學道不倦，誨人不厭」二句。皇本「至」下有「也」字。○注「葉公」至「以答」。○正義曰：左定五年傳：「葉公諸梁之弟后臧從其母於吳。」哀十六年傳稱沈諸梁，莊子釋文云：「姓沈，名諸梁，字子高。」杜預左宣三年傳注：「葉，楚地，今南陽葉縣。」〔一〕其故城距今縣治二十里。據左傳葉公是縣尹，非食采之邑。故鄭注禮緇衣云「葉公，楚縣公」是也。鄉飲酒禮注：「大國有孤四命，謂之公。」士喪禮注：「公，大國之孤四命也。」若然，則諸侯臣得稱公，故左傳有邢公、棠公、商成公、白公。此葉公亦是四命之孤，非因僭稱也。然高誘注呂覽察微篇、淮南覽冥訓並云：「楚僭稱王，其守邑大夫皆稱公。」則以公爲僭稱，漢儒已有是說，不始於僞孔矣。「未知所以答」者，子路以己之知不足知聖人也。

20 子曰：「我非生而知之者，好古，敏以求之者也。」【注】鄭曰：「言此者，勸人學。」正義曰：敏，勉也，言黽勉以求之也。說本朱氏彬經傳考證。皇本「敏」下有「而」字。○注：「言此者，勸人學。」○正義曰：生知者，不待學而能知也。夫子亦是生知，特以生知爲上，謙不敢居，且恐學者自恃聰質，將懈於學，故但以學知自承，且以勸勉人也。

〔一〕「今」字原脫，據左傳注補。

21 子不語怪，力，亂，神。【注】王曰：「怪，怪異也。力謂若奡盪舟、烏獲舉千鈞之屬。亂謂臣弒君、子弒父。神謂鬼神之事。或無益於教化，或所不忍言。」 正義曰：「不語」，謂不稱道之也。大戴禮曾子立事篇：「君子亂言而弗殖，神言弗致也。」即此義。○注「怪怪」至「忍言」。○正義曰：說文云：「怪，異也。」此常訓。書傳言夫子辨木、石、水、土諸怪，及防風氏骨節專車之屬，皆是因人問答之非，自爲語之也。至日食、地震、山崩之類，皆是災變，與怪不同，故春秋紀之獨詳。欲以深戒人君，當修德力政，不諱言之矣。「奡盪舟」，憲問篇文，說具彼疏。「烏獲」，見孟子告子下。趙岐注：「古之有力人也，能移舉千鈞。」左宣十五年傳：「民反德爲亂，亂莫大於弒父與君。」故舉以釋之。皇疏：「云『無益於教化』者，解不言怪、力、神三事也。云『或所不忍言』者，解不言亂事也。」

22 子曰：「三人行，必有我師焉，擇其善者而從之，其不善者而改之。」【注】言我三人行，本無賢愚，擇善從之，不善改之，故無常師。 正義曰：「三人」者，衆辭也。「行」者，行於道路也。錢氏坫後錄：「左傳子產曰：『其所善者，吾則行之；其所惡者，吾則改之。是吾師也。』」與此文同義。案：如錢說，是善與不善，謂人以我爲善不善也。我並彼爲三人，若彼二人以我爲善，我則從之；二人以我爲不善，我則改之。是彼二人皆爲吾師。書洪範云：「三人占，則從二人之言。」此之謂也。皇疏引王朗曰：「于時道消俗薄，鮮能崇賢尚勝，故託斯言以厲之。夫三人之行，猶或有師，況四海之內，何求而不應哉？」釋文：「我三人行，一本無『我』字。必得我師焉，本或作『必有』。」唐石經及皇本、高麗本攷文據古本、足利本「三」上並有「我」字。「有」作「得」，與釋文本合。馮氏登府異文考證：「案何注、邢疏並云『言我三人行』，穀梁范注亦云『我三人行』，至『有』作『得』，史記世家亦如此。」○注「言我」至「常師」。○正義云：注似以「行」爲「言行」之行。三人之行，本無賢愚，其有善有不善者，皆隨事所見，擇而從之、改之，非謂一人善，一人不善也。既從其善，即是我師，於義亦可通也。下篇子貢曰：「夫子焉不學？而亦何常師之有？」

23 子曰：「天生德於予，桓魋其如予何？」【注】包曰：「桓魋，宋司馬。天生德者，謂授我以聖性，德合天地，吉無不利，故曰其如予何？」正義曰：書召誥云：「今天其命哲。」是人之知愚皆天所生，夫子五十知天命，知己有德，爲天所命，故此復言「天生德於予」也。史記孔子世家云：「孔子去衞過曹，去曹適宋，與弟子習禮大樹下。宋司馬桓魋欲殺孔子，拔其樹。孔子去。弟子曰：『可以速矣。』孔子曰：『天生德於予，桓魋其如予何？』」是此語爲夫子答弟子之辭。世家云：「是歲，魯定公卒。」爲定十五年。又云：「孔子遂至陳，主於司城貞子家。」宋世家則以孔子過宋在宋景二十五年，當魯哀三年。陳世家及十二諸侯年表又以孔子至陳在湣公六年，當魯定十四年。傳聞異辭，未知孰是。○注「桓魋」至「予何」。○正義曰：桓魋，即向魋。稱桓者，向是桓族也。「聖性」者，孟子以堯、舜爲性之言，性成自然也。夫子聖性，是天所授，雖遭困阨，無損聖德，故曰「吉無不利」也。此夫子據天道福善之理，解弟子憂懼之意，若微服而過，則又知命所宜然矣。

24 子曰：「二三子以我爲隱乎？吾無隱乎爾。吾無行而不與二三子者，是丘也。」【注】包曰：「二三子謂諸弟子。聖人知廣道深，弟子學之不能及，以爲有所隱匿，故解之我所爲無不與爾共之者，是丘之心。」

正義曰：學記云：「教人不盡其材。」注謂師有所隱也。夫子以身教，不專以言教，故弟子疑有所隱也。「行」者，謂所行事也，「與」猶示也，教也。下篇予欲無言章義同。趙氏佑溫故錄：「『乎爾』與詩之『俟我于著乎而』，孟子『然而無有乎爾』，『則亦無有乎爾』，俱齊、魯閒語辭。」皇本作「以我爲隱子乎」，又「吾無」下有「所」字。○注「聖人」至「之心」。○正義曰：聖人知廣道深，弟子學之，既不能及，故夫子亦不教之。所謂「中人以下，不可語上」也。乃弟子則疑夫子有所隱匿，故夫子復以「無隱」解之，明我之心，凡所爲學，無不欲與二三子共之，但二三子未能幾此耳，疑我爲隱，不亦過乎！注此義亦通。「隱匿」者，爾雅釋詁：「隱匿，微也。」說文：「隱，蔽也。」與乚同。「乚」，匿也。象迟曲隱蔽形，讀若隱。」

25 子以四教：文，行，忠，信。【注】四者有形質，可舉以教。　正義曰：「文」謂詩、書、禮、樂，凡博學、審問、愼思、明辨，皆文之教也。「行」謂躬行也。中以盡心曰忠，恒有諸己曰信。人必忠信，而後可致知力行，故曰忠信之人，可以學禮。此四者，皆教成人之法，與教弟子先行後學文不同。

26 子曰：「聖人，吾不得而見之矣；得見君子者，斯可矣。」【注】疾世無明君。　子曰：「善人，吾不得而見之矣；得見有恒者，斯可矣。亡而爲有，虛而爲盈，約而爲泰，難乎有恒矣。」【注】孔曰：「難可名之爲有常。」　正義曰：大戴禮五義篇：「所謂聖人者，知通乎大道，應變而不窮，能測萬物之情性者也。」是言聖人無所不通，能成己成物也。禮記哀公問篇：「子曰：『君子者，人之成名也。』」韓詩外傳：「言行多當，未安愉也；知慮多當，未周密也。是篤厚君子，未及聖人也。」此聖人君子之分也。「善人」者，下篇夫子答子張言善人之道：「不踐迹，亦不入於室。」「入室」者，入聖人之室。言踐迹，然後入室，是善人爲聖人之次也。「有恒者」，有常也。易象傳：「雷風恒，君子以立不易方。」非有恒，無以爲君子，卽無由爲善人，故有恒爲學者始基也。兩加「子曰」者，言非一時也。「虛」者，續漢五行志：「虛，空名也。」「盈」者，說文云「滿也」。「泰」者，易序卦傳「通也」。亡、有、虛、盈、約、泰，以淺深取義。李氏光地箚記說：「有恒，是篤實之人。若不篤實則虛夸，虛夸之人，必不能有常心而久於事。易曰『浚恒之凶，以求深也。』始而求深，在賢者尚有進銳、退速之過，況其下者乎？夫子有川上之歎，而亟稱於水曰：『水哉！水哉！』爲其德至實，不舍晝夜，盈科後進也。故學者始但求小德，得一善，則拳拳服膺如水，雖未出中而涓涓不息也。終則其中未大有若無，〔一〕實若虛，如水之既平而終不盈也。惟如是，是以能常德行而習教事，久於其道，而忽不知入於聖賢之域，此夫子之思有恒意也。」案：中庸云：「君子之道，闇然而日章；小人之道，的然而日亡。」君子是有恒，故能闇然而日章；小人是無恒，故雖的然而日亡。的然，卽亡而爲有諸象也。宋石經避諱「恒」作「常」。釋文云：「亡如字，此舊爲別章，今宜與前章合。」案：皇本正與前章合，不爲別章，或如盧氏文弨考證，謂釋文所云爲後人校語也。○注：「疾世無明君。」○正義曰：注以聖人、君子、善人有恒，皆指當時天子、諸侯言之，所謂「上無明天子，下無賢方伯」也。○注：「難可名之爲有常。」○正義曰：爾雅釋詁：「恒，常也。」說文：「恒，心之常也。」易象傳：「恒，久也。」「久」、「常」義同。

〔一〕「大」原誤作「有」，據李光地箚記改。

27 子釣而不綱，弋不射宿。【注】孔曰：「釣者，一竿釣。綱者，爲大綱。以橫絶流，以繳繫釣羅屬著綱。弋，繳射也。宿，宿鳥。」

正義曰：御覽八百三十四引鄭注云：「綱謂爲大索橫流屬釣。」案：說文：「綱，維紘繩也。」考工記注：「綱，連侯繩也。」皇疏云：「作大綱橫遮於廣水，而羅列多鉤，著之以取魚也。」卽鄭義也。王氏引之經義述聞謂「綱」爲「網」譌，此不解綱制，欲改經字也。釋文：「綱音剛，鄭本同。」「綱」字本可不音，陸氏之意，亦恐人誤作網矣。物茂卿論語徵云：「天子諸侯爲祭及賓客則狩，豈無虞人之供，而躬自爲之，所以敬也。狩之事大，而非士所得爲，故爲祭及賓客則釣弋，蓋在禮所必然焉。古者貴禮不貴財，不欲必獲。故在天子諸侯則三驅，在士則不綱不射宿。」○注「釣者」至「宿鳥」。○正義曰：說文：「釣，鉤魚也。」以鉤取魚謂之釣，故釣亦名鉤。廣雅釋器：「釣，鉤也。」是也。鉤以細鐵絲爲之，以繳繫於竹竿之首，詩云「籊籊竹竿，以釣于淇」是也。注言「一竿釣」者，對大綱有多鉤言之。「繫釣」當作「繫鉤」。文選西征賦注引此注正作「鉤」。「羅」者，列也，言非一鉤也。「繳」者，說文：「繳，生絲縷也。」僞孔此注亦是用鄭義。「弋繳射」者，說文：「隿，繳射飛鳥也。從隹，弋聲。」「弋」卽「隿」省。周官司弓矢：「矰矢茀矢，用諸弋射。」注：「矰矢，弓所用也；茀矢，弩所用也。結繳於矢謂之矰。矰，高也。茀矢象焉。二者皆可以弋飛鳥。」彼注言「矰矢」爲「結繳於矢」，卽此注所云「繳射」矣。說文：「宿，止也。」言鳥棲止巢中也。

28 子曰：「蓋有不知而作之者，我無是也。【注】包曰：「時人有穿鑿妄作篇籍者，故云然。」多聞，擇其善者而從之，多見而識之，知之次也。」【注】孔曰：「如此者，次於天生知之。」

正義曰：「不知」者，不知

其義也。無所聞見，必不能作。惟聞見未廣，又不能擇善而從之識之，斯於義違失，卽爲不知而作矣。「擇善」貫下「多見」，故邢疏云「多見，擇善而識之」是也。公羊哀十四年傳：「春秋何以始乎隱？祖之所逮聞也。所見異辭，所聞異辭，所傳聞異辭。」春秋繁露楚莊王篇：「春秋分十二世以爲三等：有見，有聞，有傳聞。有見三世，有聞四世，有傳聞五世。故哀、定、昭，君子之所見也。襄、成、宣、文，君子之所聞也。僖、閔、莊、桓、隱，君子之所傳聞也。所見六十一年，所聞八十五年，所傳聞九十六年。於所見微其辭，於所聞痛其禍，於傳聞殺其恩，與情俱也。」此夫子修春秋，證之於所聞所見者也。又夫子言夏、殷之禮，皆能言之，但以文獻不足，不敢徵之，此可見聖人愼審之意。漢書朱雲傳贊：「世傳朱雲言過其實，蓋有不知而作之者，我無是也。」謂世人傳述雲事多失實，則爲不知而作。「作」是作述解者，或爲作事，誤也。廣雅釋詁：「次，近也。」儀禮特牲饋食注：「次猶貳。」○注：「如此者，次於天生知之。」○正義曰：下篇子曰：「生而知之者，上也；學而知之者，次也。」夫子自居學知，故言「我非生而知之者，好古，敏以求之者也」。是次於生知也。

29 **互鄉難與言，童子見，門人惑。**【注】鄭曰：「互鄉，鄉名也。其鄉人言語自專，不達時宜，而有童子來見，孔子門人怪孔子見之。」正義曰：說文辛部：「男有辠曰奴，奴曰童。」人部：「僮，未冠也。」是「僮」、「童」義別。今經典俱叚「童」爲「僮」。禮雜記注：「童，未成人之稱。」學記注：「成童十五以上。」皇疏引琳公說：「此鄉有一童子難與言，以『互鄉難與言童子見』八字爲一句。」非經旨。○注「互鄉」至「見之」。○正義曰：互鄉不知所在。元和郡縣志謂滕縣東二十三里有合鄉故城，卽互鄉。顧氏祖禹方輿紀要謂在今嶧縣西北，當卽滕縣東之合鄉。又太平寰宇記徐州沛縣、陳州項城縣北一里，並有亙鄉。又困學紀聞引王無咎云：「鹿邑之外有亙鄉城，前代因立亙鄉縣。」又明一統志謂在陳州商水縣。方氏以智通雅謂亙鄉名古廧里，今在睢州。諸說不同。閻氏若璩釋地續云：「余因新、舊唐書、杜氏通典、隋地理志鹿邑名縣始隋開皇十八年，此後未見有析置亙鄉事。」則無咎之言，閻氏已深斥之。地理家好牽附，恐他說亦多類此矣。「言語自專，不達時宜」，謂其俗鄙固，不信人言也。言「怪孔子見之」，明非怪童子來見。子曰：「與其進也，不與其退也，唯何甚？【注】孔曰：「教誨之道，與其進，不與其退。怪我見此童子，惡惡一何甚？」人潔己以進，與其潔也，不保其往也。」【注】鄭曰：「往猶去也。人虛己自潔而來，當與之進，亦何能保其去後之行？」正義曰：何休公羊注：「去惡就善曰進。」童子來見是求進，故宜與之。與孟子言「來者不拒」意同。劉氏逢祿述何云：「春秋列國進乎禮義者與之，退則因而貶之，亦此義也。」「唯何甚」者，「唯」，語辭。夫子不爲已甚，故云「唯何甚」也。「潔」，唐、宋石經並作「絜」。說文無「潔」字。鄉飲酒義注：「絜，猶清也。保猶保辜之保。」郭璞方言注：「保言可保信也。」○注：「往猶去也。」○正義曰：言從今以往也。皇疏引顧歡曰：「往謂前日之行。夫人之爲行，或有始無終，或先迷後得，故教誨之道，潔則與之，往日之行，非我所保也。」此與鄭異，亦通。

30 子曰：「仁遠乎哉？我欲仁，斯仁至矣。」【注】包曰：「仁道不遠，行之卽是。」正義曰：此求仁得仁之旨。孟子盡心云：「求則得之，舍則失之，是求有益於得也，求在我者也。」○注：「仁道不遠，行之卽是。」○正義曰：注以欲仁卽宜行仁，夫子告顏子以「克己復禮爲仁」，卽此義。

31 陳司敗問昭公知禮乎？孔子曰：「知禮。」【注】孔曰：「司敗，官名，陳大夫。昭公，魯昭公。」正義曰：左昭五年傳：「公如晉，自郊勞至于贈賄，無失禮。晉侯謂女叔齊曰：『魯侯不亦善於禮乎？』對曰：『魯侯焉知禮？』公曰：『何爲？』對曰：『是儀也，不可謂禮。』」公羊昭二十五年傳：「公孫于齊，次于陽州。齊侯唁公于野井，昭公曰：『喪人不佞，失守魯國之社稷』云云。孔子曰：『其禮與？其辭足觀矣。』」是魯昭本習於容儀，當時以爲知禮，故司敗有此問。鄭注云：「司敗，人名，齊大夫。」皇本「孔子」下有「對」字。○注「司敗」至「昭公」。○正義曰：左文十年傳：〔一〕「楚子西曰：『臣歸死於司敗。』」宣四年傳：「楚箴尹克黃自拘于司敗。」是司敗爲官名。「子西歸死司敗」與「晉魏絳歸死司寇」語同。杜注左傳曰：「陳、楚名司寇爲司敗。」陳有司敗，本論語此文。杜與僞孔同，與鄭異也。昭公，名裯，見左襄三十一年傳。周書謚法解：「容儀恭美曰昭。」孔子退，揖巫馬期而進之，曰：「吾聞君子不黨，君子亦黨乎？君取於吴，爲同姓，謂之吴孟子。君而知禮，孰不知禮？」【注】孔曰：「巫馬期，弟子，名施。相助匿非曰黨。魯、吴俱姬姓。禮『同姓不昏』，而君取之，當稱吴姬，諱曰孟子。」巫馬期以告。子曰：「丘也幸，苟有過，人必知之。」【注】孔曰：「以司敗之言告也。諱國惡，禮也。聖人道宏，故受以爲過。」正義曰：夫子見陳司敗，巫馬期爲介，入俟於庭。及夫子退，期當隨行，而司敗仍欲與語，故揖而進之也。皇疏云：「揖者，古人欲相見，前進皆先揖之於禮，巫馬期當答揖，此不言者，畧也。」皇本「進之」作「進也」，「取」作「娶」。釋文：「娶，本今作取。」説文：「娶，取婦也。從女從取，取亦聲。」「吴」者，國名。杜注左宣十八年傳云：「吴國，今吴郡，今江蘇蘇州府治。」○注「巫馬」至「孟子」。○正義曰：

〔一〕「十」下原衍「一」字，據左傳删。

「巫馬」者，以官爲氏。周官有「巫馬掌養疾馬而乘治之」是也。仲尼弟子列傳：「巫馬施，字子旗，少孔子三十歲。」漢書古今人表及呂氏春秋具備覽亦作「巫馬旗」。此文作「期」者，梁氏玉繩人表考云：「説文『施，旗也。』故齊欒施字子旗。」而「期」與「旗」古通。左昭十三年「令尹子旗」，楚語下作「子期」，定四年「子期」，呂覽高義注作「子旗」，戰國策「中期推琴」，史魏世家作「中旗」，皆其證也。案：鄭豐施亦字子旗，見左昭十六年傳注。「旗」本字，凡作「期」，皆叚借也。鄭目録云「魯人」，家語弟子解則云「陳人」。「姬」者，周姓。魯是周公之後，吴是泰伯之後，故云「俱姬姓」也。禮坊記篇：「子云：『取妻不取同姓，以厚別也。』故買妾不知其姓，則卜之。」又大傳曰：「繫之以姓而弗別，綴之以食而弗殊，雖百世而昏姻不通者，周道然也。」是周禮同姓皆不昏也。「當稱吴姬，諱曰孟子」者，吴姬猶齊姜、宋子之比。昭公知娶同姓爲非禮，故諱稱吴孟子。公羊十二年「孟子卒」，傳云：「昭公之夫人也。」稱孟子，諱取同姓，蓋吴女也。何休注：「昭公諱而謂之吴孟子，春秋不繫吴者，婦人繫姓不繫國，雖不諱，猶不繫也。不稱夫人，不言薨，不書葬，深諱之。」據何注，則吴孟子乃昭公所稱，論語所云「謂之」者，昭公謂之也。禮雜記云：「夫人之不命於天子，自魯昭公始也。」注云：「不告於天子，天子亦不命之。」又坊記云：「魯春秋去夫人之姓曰吴，其死曰孟子卒。」注：「吴、魯同姓也。昭公取焉，去姬曰吴而已。至其死，亦畧云孟子卒，不書夫人某氏薨。孟子蓋其且字。」孔疏謂「依春秋之例，當云『夫人姬氏至自吴』，魯諱同姓，但書『夫人至自吴』。」仲尼修春秋，以犯禮明著，全去其文，故經無其事是也。賈逵左傳解詁：「言孟子，若言吴之長女也。」然則子是女子之稱，而杜注左傳以子爲宋姓，則以吴女詭稱宋女。若然，舊史所書應稱「夫人子氏至自宋」，今春秋猶稱「夫人至自吴」，則稱子不爲宋女明矣。○注「諱國」至「爲過」。○正義曰：云「諱國惡禮也」者，左僖元年傳文。公羊隱二年傳：「無駭率師入極，此滅也。其言入何？內大惡，諱也。」白虎通諫諍篇：「所以爲君隱惡何？君至尊，故設輔弼，置諫官，本不當有遺失。」然則君有過惡，亦人臣之責。昭公時，孔子本未仕，既未得諫，而爲君諱，故注以爲道宏也。坊記：「善則稱君，過則稱己，則民作忠。」此夫子言「有過」是稱己同於爲臣之義。皇疏云：「若使司敗無譏，則千載之後，遂承信我言，用昭公所行爲知禮，則禮亂之事從我而始。今得司敗見非而我受以爲過，則後人不謬，故我所以爲幸也。」

32 子與人歌而善，必使反之，而後和之。【注】樂其善，故使重歌，而自和之。 正義曰：孫氏奇逢四書近指：「聲比於琴瑟謂之歌。史記云：『詩三百篇，夫子皆絃歌之，以求合韶、武、雅、頌之音。』」如孫此說，是與人歌爲教弟子樂也。合韶、武、雅、頌則善矣。說文：「咊，相應也。」今作「和」，偏旁移易。「子與人歌」，謂夫子倡，使人和之也。「反之」者，冀其善益嫻熟，故使人倡，乃後和之也。

33 子曰：「文莫吾猶人也。躬行君子，則吾未之有得。」【注】孔曰：「莫，無也。文無者，猶俗言文不也。文不吾猶人者，凡言文皆不勝於人，身爲君子，己未能也。」 正義曰：先從叔丹徒君駢枝曰：「楊慎丹鉛錄引晉欒肇論語駁曰：『燕、齊謂勉強爲文莫。』又方言曰：『侔莫，強也。北燕之外郊，凡勞而相勉，若言努力者，謂之侔莫。』案：說文：『忞，強也。慔，勉也。』『文莫』卽『忞慔』，叚借字也。廣雅亦云：『文，強也。』黽勉、密勿、蠠沒、文莫，皆一聲之轉。文莫行仁義也，躬行君子，由仁義行也。」謹案：淮南子繆稱訓：「猶未之莫與。」高誘注：「莫，勉之也。」亦是借「莫」爲「慔」。夫子謙不敢居安行，而以勉強而行自承，猶之言學不敢居生知，而以學知自承也。胡氏紹勳拾義以「莫」訓「定」，屬下「吾猶人也」爲句，引詩「求民之莫」爲據，於義亦通。蓋夫子言爲學可以及人，至躬行則未能矣。又一說以「莫」爲「其」字，古文相近之誤，嫌易經字，所不敢從。皇本「得」下有「也」字。

34 子曰：「若聖與仁，則吾豈敢？【注】孔曰：「孔子謙不敢自名仁聖。」抑爲之不厭，誨人不倦，則可謂云爾已矣。」公西華曰：「正唯弟子不能學也。」【注】馬曰：「正如所言，弟子猶不能學，況仁聖乎？」

正義曰：「爲之」謂爲學也。孟子公孫丑篇：「子貢問於孔子曰：『夫子聖矣乎？』孔子曰：『聖則吾不能，我學不厭而教不倦也。』子貢曰：『學不厭，知也；教不倦，仁也。仁且智，夫子既聖矣。』」與此章義相發。鄭注云：「魯讀『正』爲『誠』，今從古。」胡氏紹勳拾義：「『爾』當作『尒』，說文云：『尒，詞之必然也。』經傳『尒』字，後人皆改作『爾』。廣雅釋詁訓『云』爲『有』，正此經確詁。『云爾』卽有此之詞，若孟子『是何足與言仁義也云爾』，趙注以爲絕語之辭，『爾』當讀『如』字，與論語異。『薄乎云爾』亦然。」○注：「正如」至「聖乎」。○正義曰：學不厭，教不倦，卽是仁聖。注義非是。

35 子疾病，子路請禱。【注】包曰：「禱，禱請於鬼神。」子曰：「有諸？」【注】周曰：「言有此禱請於鬼神之事。」子路對曰：「有之。誄曰：『禱爾于上下神祇。』」【注】孔曰：「子路失指。誄，禱篇名。」子曰：「丘之禱久矣。」【注】孔曰：「孔子素行，合於神明，故曰丘之禱久矣。」

正義曰：釋文云：「子疾，一本云子疾病，鄭本無病字。」阮氏元校勘記：「案集解於子罕篇始釋病，則此有病字，非。」吴氏嘉賓論語說：「父兄病而子弟禱，此不當使病者知也。周公之册祝自以爲功，雖祝史皆命之，使勿敢言，況請之乎？子路之請禱，欲聖人之致齊以取必於鬼神也。」翟氏灝考異：「說文：『讄，禱也。累功德以求福。論語云：「讄曰：禱爾于上下神祇。」從言，纍省聲。』重文讄，或不省。又『誄，謚也。從言，耒聲。』此論語所引，自有一書名讄，與誄異訓，然經典不妨叚借用之。故周禮大祝：『作六辭，其六曰誄。』注曰：『誄謂積累生時德行以錫之命。春秋傳：「孔子卒，哀公誄之。」或曰誄，論語所謂「誄曰：禱爾于上下神祇」。』疏曰：『生人有疾，亦累列其德而爲辭。』故引論語文以相續。」』又小宗伯『禱祠於上下神示』，注引『讄曰：禱爾于上下神祇』是知『誄』、『讄』通也。」據翟說，是論語義當作「讄」，通作「誄」，當是古、魯文異。「禱爾」者，「爾」是語辭。漢書郊祀志：「孝武皇帝始建上下之祀。」顏師古注：「上下謂天地。」天神曰神，地神曰祇。說文：「祇，地祇。提出萬物者也。」太平御覽五百二十九引舊注云：「誄，大神之辭也。」困學紀聞：「太平御覽引莊子曰：『孔子病，子貢出卜。孔子曰：「子待也。吾坐席不敢先，居處若齋，食飲若祭，吾卜之久矣。」』子路請禱，可以參觀。」皇本「丘之禱久矣」，「禱」下有「之」字。○注：「禱，禱請於鬼神。」○正義曰：「請」者，請福也。鄭注云：「禱，謝過於鬼神。」謂謝過以求福也。○注：「言有此禱請於鬼神之事。」○正義曰：夫子問已有此禱請於鬼神之事否，意以子路或有因而請禱也。此正夫子戰戰兢兢，常若不足之意。鄭注云：「觀子路曉禱禮否？」又一義。○注：「子路失指。誄，禱篇名。」○正義曰：「指」與「旨」同。子路疑夫子問古有此禮否？故引誄篇之辭以對，爲失夫子本旨也。「誄、禱」當讀斷，與說文「讄、禱」訓同。○注：「孔子素行，合於神明。」○正義曰：鄭注云：「孔子自知無過可謝，明素恭肅於鬼神，且順子路之言也。」僞孔此注當畧本之。論衡感虛篇亦云：「聖人修身正行，素禱之日久，天地鬼神知其無罪，故曰禱久矣。」案：夫子平時心存兢業，故恭肅於鬼神，自知可無大過，不待有疾然後禱也。言此者，所以止子路。

36 子曰：「奢則不孫，儉則固。與其不孫也，寧固。」【注】孔曰：「俱失之。奢不如儉，奢則僭上，儉則不及禮。固，陋也。」　正義曰：說文：「愻，順也。」引書「五品不愻」。今通作「遜」，或省作「孫」。○注「俱失」至「及禮」。○正義曰：禮貴得中，奢則過禮，而有僭上之失。儉但不及乎禮，無他失也。

37 子曰：「君子坦蕩蕩，小人長戚戚。」【注】鄭曰：「坦蕩蕩，寬廣貌；長戚戚，多憂懼。」　注「坦蕩」至「憂懼」。○正義曰：說文云：「坦，安也。」君子居易俟命，無入而不自得，故心體常安。下篇「蕩蕩乎民無能名焉」，包曰：「蕩蕩，廣遠之稱。」與此「寬廣」訓同。釋文引注更云：「魯讀坦蕩爲坦湯，今從古。」案：詩宛丘：「子之湯兮！」毛傳：「湯，蕩也。」王逸楚辭章句引作「蕩」，二字音義本同，故鄭仍從古。皇疏引江熙曰：「君子坦爾夷任，蕩然無私；小人馳兢於榮利，耿介於得失，故長爲愁府也。」

38 子温而厲，威而不猛，恭而安。　正義曰：釋文云：「一本作『子曰』，皇本作『君子』。」案此章說孔子德行，依此文爲是。」阮氏元校勘記：「案今皇本仍與今本同，不作『君子』，疑有脫誤。觀後子張篇君子有三變章義疏云：『所以前卷云「君子温而厲」是也。』則皇本此處當脫一『君』字。」案：皇以「君子」卽「孔子」。文選冊魏公九錫文注引論語鄭注云：「厲，嚴整也。」當卽此文之注。後漢崔駰傳注：「厲謂威容嚴整。」釋文：「厲一本作例。」案：「烈山」亦作「厲山」，疑一本用叚借也。皇本「威不猛」，無「而」字，似誤脫。說文：「猛，健犬也。」引申爲剛烈之義。凡人生質，皆由受天地五行之氣，剛柔厚薄，各各不同，故惟備中和爲難也。書皐陶謨言「九德之事」云：「寬而栗，柔而立，愿而恭，亂而敬，擾而毅，直而温，簡而廉，剛而塞，彊而義。」鄭注：「凡人之性有異，有其上者，不必有下；有其下者，不必有上；上下相協，乃成其德。」卽此義也。「恭而安」者，恭而有禮，故安也。

論語正義卷九

泰伯第八　集解

凡二十一章

1子曰：「泰伯，其可謂至德也已矣。三以天下讓，民無得而稱焉。」【注】王曰：「泰伯，周太王之長子。次弟仲雍，少弟季歷。季歷賢，又生聖子文王昌。昌必有天下，故泰伯以天下三讓於王季。其讓隱，故無得而稱言之者，所以爲至德也。」　正義曰：鄭注云：「泰伯，周太王之長子。次子仲雍，次子季歷。泰伯見季歷賢，又生文王，有聖人表，故欲立之，而未有命。太王疾，泰伯因適吳、越採藥，太王歿而不返，季歷爲喪主，一讓也；季歷赴之，不來奔喪，二讓也；免喪之後，遂斷髮文身，三讓也。三讓之美，皆隱蔽不著，故人無德而稱焉。」案：左僖五年傳：「太伯、虞仲，太王之昭也。太伯不從，是以不嗣。」虞仲卽仲雍。不從者，謂不從太王命立己爲嗣也。史記周本紀：「古公有長子曰太伯，次曰虞仲。太姜生少子季歷，季歷生昌，有聖瑞。古公曰：『我世當有興者，其在昌乎！』長子太伯、虞仲知古公欲立季歷以傳昌，乃二人亡如荆蠻，文身斷髮，以讓季歷。古公卒，季歷立，是爲公季。公季卒，子昌立，是爲西伯。西伯曰文王。」此文卽鄭氏所略本也。韓詩外傳云：「太王賢昌，而欲季爲後也，太伯去之吳。太王將死，謂曰：『我死，汝往讓兩兄，彼即不來，汝有義而安。』太王薨，季之吳告伯、仲，伯、仲從季而歸。羣臣欲伯之立季，季又讓。伯謂仲曰：『今羣臣欲我立季，季又讓，何以處之？』仲曰：『刑有所謂矣，要於扶微者，可以立季。』季遂立而養文王，文王果受命而王。孔子曰：『太伯獨見，王季獨知。伯見父志，季知父心。故太王、太伯、王季可謂見始知終，而能承志矣。』」論衡四諱篇：「太伯入吳採藥，斷髮文身，以隨吳俗。太王薨，太伯還，王季辟主。太伯再讓，王季不聽。三讓，曰：『吾之吳、越，吳、越之俗，斷髮文身，吾刑餘之人，不可爲社稷宗廟之主。』王季知不可，權而受之。」二說亦漢儒所傳，與鄭氏異。案：太王薨後，季宜攝主，斷無置喪事國事於不問，而往吳告伯、仲之理。設使伯、仲俱不隨季而歸，將季遂偕逝乎？抑將受伯、仲之讓，獨自歸乎？外傳之言，於是爲疎矣。太王殁，太伯若以奔喪反國，則本爲適長，理應嗣立，羣臣何敢與立季之議？且後既反國，則其始之採藥荆蠻，夫何爲者？論衡此義，亦爲未達。汎觀諸說，惟鄭爲允。詩皇矣云：「帝作邦作對，自太伯、王季；維此王季，因心則友；則友其兄，則篤其慶，載錫之光。」觀此則知王季恭兄之誼，必有非尋常人士所及者。友愛如太伯，固早知之。知其父殁遜位，季必不受，故因太王病而託采藥以行。及太王没，季歷赴之，必屢促之，而太伯決然不返。及免喪之後，文身斷髮，從荆蠻之俗。太伯世家言「荆蠻義之，從而歸之千餘家，立爲國主」。勢不容復返，故季不得已而受讓耳。傳世稱之，是謂「載錫之光」。當時民雖無稱，而歷世久遠，夫子猶歎爲至德，則亦王季厚明之所致矣。其云「三讓之美，隱蔽不著」者，案：孟子云：「好名之人能讓千乘之國。」然則凡讓國者，或出於好名之念，惟太伯以讓之故，幾不得爲子，故其美隱蔽。皇疏引范寧說有二釋，其後釋云：「太伯病而託采藥出，生不事之以禮，一讓也；太王薨而不反，使季歷主喪，死不葬之以禮，二讓也；斷髮文身，示不可用，使季歷主祭，祀不祭之以禮，三讓也。」此即鄭君所云「隱蔽不著」之義也。隱蔽謂其美，非謂其讓，蓋讓國之事，其迹甚著，不可得而隱蔽也。晉孫盛著三讓論，不解鄭氏「隱蔽」之旨，輕爲譏彈，又謂「斷髮之言，與左傳相背，事爲不經」。不知端委治禮乃君吳後事，其斷髮文身自在免喪後從俗之時。兩事判然，毫不相背。辱身遯迹，冀以遜國，豈復以不經爲嫌？凡此之論，未足爲鄭難也。至孫自立說，則弃太子位爲一讓，不赴喪爲二讓，不養仲雍子爲己後爲三讓。一讓、二讓與鄭同，三讓則孫氏臆測。夫泰伯既君吳，雖立後，亦儘爲吳國之嗣，於周何與，而有此深思遠防哉？此亦未爲得理也。至范甯前釋以三讓爲季歷、文王、武王，以武王始得天下故也。然使當時更延數世甫有天下，豈得一併計之？是又以文害辭矣。又案：鄭本周紀謂文王有聖表，故太王欲立王季以及文王，此自冀與其國之意，非有所覬覦於天下也。太王始居邠，及狄人侵之，去之曾不啻敝屣，而謂有所動於天下之念，豈其然乎？然而夫子必言泰伯「以天下讓」者，何也？曰：此自美泰伯之德，大言之耳，明泰伯嗣周能有天下也。荀子正論篇：「天下者，至大也，非聖人莫之能有也。」孟子公孫丑篇言「伯夷、伊尹與孔子，得百里之地而君之，皆能以朝諸侯，有天下」，卽此義也。其德能有天下而讓之人，是謂「以天下讓」。古之以天下讓者，莫大於堯、舜，莫難於泰伯，及周之服事，若禹雖傳世，而其始亦是讓。故弟子記此篇，以論泰伯始，以論堯、舜、文王及禹終也。若夫仲雍偕兄遜國，亦是至德，此不及者，表泰伯則仲雍可知。釋文：「得，本亦作德。」鄭此注卽作「德」，見後漢丁鴻傳注。邢疏引鄭作「得」，誤也。又丁鴻傳論及劉祐傳引經並作「德」，皆是叚「德」爲「得」。○注「泰伯」至「德也」。○正義曰：注言「昌必有天下，故泰伯讓於王季」，是泰伯有利天下之心，且讓迹甚著，復不得言「其讓隱」，此皆注說之誤。至渾言「三讓」，不分節目，亦尚可通。金履祥通鑑前編：「儀禮三遜謂之終遜。然則三以天下讓，謂終以天下遜也。」閻氏若璩四書釋地取之，卽此王注義。

2子曰：「恭而無禮則勞，慎而無禮則葸，【注】葸，畏懼之貌。言慎而不以禮節之，則常畏懼。勇而無禮則亂，直而無禮則絞。【注】馬曰：「絞，絞刺也。」正義曰：恭、慎、勇、直，皆德行之美，然無禮猶不可行。曲禮所云：「道德仁義，非禮不成。」又云：「人有禮則安，無禮則危，故曰禮者不可不學也。」仲尼燕居云：「敬而不中禮謂之野，恭而不中禮謂之給，勇而不中禮謂之逆。」與此言勞、葸、亂義近。○注：「葸，畏懼之貌。」○正義曰：廣雅釋言：「葸，慎也。」王氏念孫疏證：「大戴禮曾子立事云：『人言善而色葸焉，近於不說其言。』荀子議兵篇：『諰諰然，常恐天下之一合而軋己也。』漢書刑法志作『鰓』，蘇林注云：『鰓音「慎而無禮則葸」之葸。鰓鰓，懼貌也。』王延壽魯靈光殿賦云：『心猥猥而發悸。』並字異而義同。」案：鄭注此云「愨質貌」，與畏懼義亦相近。○注：「絞，絞刺也。」○正義曰：「絞」者，兩繩相交之名，故引申爲乖刺之義。鄭注云：「絞，急也。」與馬義不異。下篇云：「好直不好學，其蔽也絞。」韓詩外傳：「堂衣若以子貢言之絞。」後漢杜根傳：「好絞直。」

君子篤於親，則民興於仁；故舊不遺，則民不偷。」【注】包曰：「興，起也。君能厚於親屬，不遺忘其故舊，行之美者，則民皆化之，起爲仁厚之行，不偷薄。」正義曰：舊說此與上文不相屬，宜別爲一章。「故舊」者，故之爲言古也，舊之爲言久也。周官大宗伯：「以賓射之禮，親故舊朋友。」注云：「王之故舊朋友，爲世子時共在學者。」小司寇注：「故謂舊知也。」是也。郭忠恕汗簡載此文「篤」作「竺」。說文：「竺，厚也。篤，馬行遲鈍。」義異。今經傳皆假「篤」爲「竺」。○注「興起」至「偷薄」。○正義曰：「興」訓「起」，見爾雅釋言。君子，指在位者，故注以「君」言之。禮記大傳云：「親者，屬也。」釋名釋親屬云：「親，襯也，言相隱襯也。屬，續也，恩相連續也。」爾雅釋親篇有宗族、母黨、妻黨、婚姻，此注所云「親屬」，意皆兼之。「遺忘」者，連文爲訓。孝經疏引劉炫曰：「遺謂意不存錄也。」下篇「周公謂魯公曰：『君子不施其親，故舊無大故，則不棄也。』」與此文義同。毛詩伐木序云：「自天子至於庶人，未有不須友以成者。親親以睦，友賢不棄，不遺故舊，則民德歸厚矣。」是言民化於上也。緇衣云：「上好仁，則下之爲仁爭先人。」此之謂也。「不偷薄」者，說文云：「媮，薄也。」「偷」與「媮」同。齊語云：「政不旅舊，則民不偷。」

3 曾子有疾，召門弟子曰：「啟予足！啟予手！【注】鄭曰：「啟，開也。曾子以爲受身體於父母，不敢毀傷，故使弟子開衾而視之也。」詩云：『戰戰兢兢，如臨深淵，如履薄冰。』【注】孔曰：「此言詩者，喻己常戒慎，恐有所毀傷。」而今而後，吾知免夫！小子！」【注】周曰：「乃今日後，我自知免於患難。小子，弟子也。呼之者，欲使聽識其言。」

正義曰：廣雅釋詁：「召，呼也。」「門弟子」，謂曾子門人也。禮：「男子不絕於婦人之手。」故曾子呼弟子，啟其手足，以疾重，預戒之也。司馬彪禮儀志下：「登遐，三公啟手足色膚如禮。」是啟手足在既卒之後。曾子既預戒之，又引詩言，自道其平日致謹其身，不敢毀傷之意，皆所以守身也。詩文在小旻篇。毛傳：「戰戰，恐也。兢兢，戒也。」又「臨淵」，傳云「恐墜也」。「履冰」，傳云「恐陷也」。○注「啟開」至「之也」。○正義曰：說文：「启，開也。啟，教也。」義別。今經傳通作「啟」。論衡四諱篇載此文「開予足，開予手」，以訓詁代本字也。說文：「誃，離別也。讀若論語『跢予之足。』」作「跢」，當出古論。「跢」與「誃」音同，義亦當不異。段氏玉裁注引或說「跢」與「哆」同。哆，開也。開卽離別之義。揆古論之意，當謂身將死，恐手足有所拘攣，令展布之也。鄭君以啟爲開，甚合古訓。而以爲開衾視之，未免增文成義。又說文：「䁈，視也。」廣雅釋詁同。王氏念孫疏證引此文，謂「啟」與「䁈」同，此亦得備一解。蓋恐以疾致有毀傷，故使視之也。後漢崔駰傳注引鄭此注，有「父母全而生之，亦當全而歸之」二句，就義測之，當在「受身體於父母」句下。孝經云：「身體髮膚，受之父母，不敢毀傷。」大戴禮曾子大孝篇：「樂正子春下堂而傷其足，傷瘳，數月不出，猶有憂色。門弟子問曰：『夫子傷足瘳矣，數月不出，猶有憂色，何也？』樂正子春曰：『吾聞之曾子，曾子聞諸夫子曰：「天之所生，地之所養，人爲大矣。父母全而生之，子全而歸之，可謂孝矣。不虧其體，可謂全矣。」故君子頃步之不敢忘也。今予忘夫孝之道矣，予是以有憂色也。』」又曰：「一舉足不敢忘父母，故道而不徑，舟而不游，不敢以先父母之遺體行殆也。」皆言不敢毀傷也。

○注「乃今」至「難矣」。○正義曰：曾子知未有毀傷，自今日後，當無有患難致毀傷矣。患難，謂刑辱顛隕之事。

4 曾子有疾，孟敬子問之。【注】孟敬子，魯大夫仲孫捷。曾子言曰：「鳥之將死，其鳴也哀；人之將死，其言也善。【注】包曰：「欲戒敬子，言我將死，言善可用。」君子所貴乎道者三：動容貌，斯遠暴慢矣；正顏色，斯近信矣；出辭氣，斯遠鄙倍矣。【注】鄭曰：「此道謂禮也。動容貌，能濟濟蹌蹌，則人不敢暴慢之；正顏色，能矜莊嚴栗，則人不敢欺詐之；出辭氣，能順而說之，則無惡戾之言入於耳。」籩豆之事，則有司存。」【注】包曰：「敬子忽大務小，故又戒之以此。籩豆，禮器。」

正義曰：宋石經避諱，「敬子」作「欽子」。敬子是大夫，故告以君子之道。「容貌」者，說文：「頌，皃也。皃，頌儀也。貌，籀文。」段氏玉裁注：「頌卽今之容字。凡容言其內，貌言其外，析言則容貌各有當，故叔向曰『貌不道容』是也。絫言則曰容貌，『動容貌』是也。」案：古有容禮，晉羊舌大夫爲和容，漢天下郡國有容史，又魯徐生善爲頌，後有張氏亦善焉。頌卽容也，亦散文，兼貌言之也。「顏色」者，說文以

「顏謂眉目之閒」，色謂凡見於面也。「辭氣」者，辭謂言語，氣謂鼻息出入，若「聲容靜、氣容肅」是也。卿大夫容貌、顏色、辭氣之禮，曲禮、玉藻及賈子容經言之詳矣。「暴慢」者，毛詩終風傳：「暴，疾也。」說文：「慢，惰也。」「鄙倍」者，史記樂書：「鄙者，陋也。」趙岐孟子盡心注：「鄙，狹也。」「倍」與「背」同。荀子大略注：「倍者，反逆之名也。」邢疏云：「人之相接，先見容貌，次觀顏色，次交言語，故三者相次而言也。」案：禮記冠義云：「禮義之始，在於正容體，齊顏色，順辭令。容體正，顏色齊，辭令順，而後禮義備。」表記云：「是故君子貌足畏也，色足憚也，言足信也。」大戴禮四代云：「蓋人有可知者焉：貌色聲衆有美焉，必有美質在其中者矣；貌色聲衆有惡焉，必有惡質在其中者矣。」是容貌、顏色、辭氣皆道所發見之處，故君子謹之。子夏言君子三變：「望之儼然」，謂容貌也；「卽之也溫」，謂顏色也；「聽其言也厲」，謂辭氣也。又韓詩外傳：「故望而宜爲人君者，容也；近而可信者，色也；發而安中者，言也；久而可觀者，行也。故君子容色，天下儀象而望之，不假言，而知宜爲人君者。」並與此文義相發。「有司」者，有，語辭。司，主也。說文云：「司，臣司事於外者也。」廣雅釋言：「有司，臣也。」鄭注士冠禮以「有司」爲士所自辟府史以下。注特牲以「有司」爲士屬吏，謂君命之士。二者皆通稱「有司」。據周官「籩人掌四籩之實」，「醢人掌四豆之實」，則「有司」卽籩人、醢人之屬。「存」者，爾雅釋詁：「在，存也。」釋訓：「存存，在也。」孫氏志祖讀書脞錄：「蕭山徐鯤云：『後漢書崔琦傳「百官外內，各有司存」。』文選頭陀寺碑：『庀徒揆日，各有司存。』翫其文義，皆當以『司存』二字連讀。故晉書職官志敘云：『咸樹司存，各題標準。』又桓沖傳云：『臣司存閫外，輒隨宜處分。』北齊書儒林傳敘云：『齊氏司存，或失其守。』益可以證矣。」案：此訓在爲察，故「司存」二字連讀，自漢後儒者孳生之義，非其朔也。說苑修文篇：「曾子有疾，孟儀往問之。曾子曰：『鳥之將死，必有悲聲。君子集大辟，必有順辭。

禮有三儀，知之乎？』對曰：『不識也。』曾子曰：『來，吾語女：君子修禮以立志，則貪欲之心不來；思禮以修身，則怠惰慢易之節不至；修禮以仁義，則忿爭暴亂之辭遠。若夫置尊俎，列籩豆，此有司之事也。君子雖不能可也。』」與此傳聞略異。○注：「孟敬子，魯大夫仲孫捷。」○正義曰：鄭注檀弓云：「敬子，武伯之子，名捷。」此釋文云：「捷本又作踕，同。」說苑作「孟儀」，疑「儀」是字 ○注「此道」至「於耳」。○正義曰：說苑云「禮有三」，是此文言「道」即禮也。動容貌，謂以禮動之；正顏色，謂以禮正之；出辭氣，謂以禮出之。能濟濟蹌蹌者，曲禮言大夫行容濟濟，士行容蹌蹌，皆美盛之貌也。中論志學篇：「君子口無戲謔之言，言必有防；身無戲謔之行，行必有檢。故雖妻妾不可得而黷也，雖朋友不可得而狎也。」即此注義也。集注以「遠暴慢」、「近信」、「遠鄙倍」屬在己者言，與說苑合，亦通。○注：「籩豆，禮器。」○正義曰：爾雅釋器：「木豆謂之豆，竹豆謂之籩，瓦豆謂之登。」然則籩亦是豆，特以用竹異其名耳。說文：「木豆謂之梪，〔一〕從木豆。豆，古食肉器也。從口，象形。」鄭注周官籩人云：「籩，竹器，如豆者，其容實皆四升。」賈疏謂「鄭依漢禮器制度知之。」明堂位：「夏后氏以楬豆，殷玉豆，周獻豆。」注云：「楬，無異物之飾也。獻，疏刻之。」此三代之異飾也。異飾故異名。

5 曾子曰：「以能問於不能，以多問於寡；有若無，實若虛，犯而不校。【注】包曰：「校，報也。言見侵犯不報。」昔者吾友嘗從事於斯矣。」【注】馬曰：「友謂顏淵。」　正義曰：不能與寡，言人平時莫己若者也。中庸記言天地之大，愚夫愚婦，可與知、能，而聖人或有所不知、不能，故以大舜之知，猶好問、好察邇言者此也。中論虛

〔一〕「豆」原誤作「器」，據說文改。

道篇：「人之爲德，其猶虛器歟！器虛則物注，滿則止焉。故君子常虛其心志，恭其容貌，不以逸羣之才，加乎衆人之上。視彼猶賢，自視猶不足也，故人願告之而不倦。易曰：『君子以虛受人。』詩曰：『彼姝者子，何以告之？』君子之於善道也，大則大識之，小則小識之，善無大小，咸載於心，然後舉而行之。我之所有，既不可奪，而我之所無，又取於人，是以功常前人，而人後之也。」中論所言，與此章相發。前篇顏子言志，「願無伐善，無施勞」，亦此「若無」、「若虛」之意。「犯而不挍」，是言其學能養氣也。韓詩外傳引顏子曰：「人不善我，我亦善之。」即「不挍」之意。鄭注檀弓云：「昔，猶前也。」曾子言時，顏子已卒，故稱「昔者」，與孔子言「今也則亡」意同。皇疏引江熙曰：「稱『吾友』，言己所未能也。」○注：「挍，報也。言見侵犯不報。」○正義曰：小爾雅廣言：「校，報也。」「校」與「挍」同。中庸云：「不報無道。」○注：「友謂顏淵。」○正義曰：知謂顏淵者，以所言非顏淵不足當之。大戴禮曾子疾病篇：「曾子謂曾元、曾華曰：『吾無夫顏氏之言，吾何以語女哉？』」知顏淵爲曾子所甚服也。

6 曾子曰：「可以託六尺之孤，【注】孔曰：「六尺之孤，幼少之君。」**可以寄百里之命，**【注】孔曰：「攝君之政令。」**臨大節而不可奪也。**【注】大節，安國家，定社稷。奪者，不可傾奪。**君子人與？君子人也。」**

正義曰：「託」，玉篇人部引作「侂」。說文「侂」、「託」俱訓「寄」，而從人從言，各有一義，今經傳皆通用「託」字。「六尺之孤」，以古六寸爲尺計之，當今三尺六寸。六尺是幼少，故晏子長不滿六尺，當時以爲身短，而孟子、荀子咸言五尺爲童也。稱「孤」者，無父之辭。鄭注云：「六尺之孤，年十五已下。」周官鄉大夫之職：「國中七尺以及六十，野自六尺以及六十有五，皆征之。」賈疏引鄭此注申之云：「鄭言『已下』者，正謂十四已下，亦可以寄託，非謂六尺可通十四已下。鄭必知六尺年十五者，以其國中七尺爲二十對六十，野之六尺對六十五，晚校五年，明知六尺與七尺早校五年，故以六尺爲十五也。」此疏說鄭義甚明憭。大司徒疏引此注謂「年十五」，脱「已下」二字，當據鄉大夫疏補。說文：「寄，託也。」此常訓。「百里」者，白虎通封公侯篇：「諸侯封，不過百里，象雷震百里，所潤雲雨同也。」「不可奪」者，說文：「敓，手持佳失之也。敓，彊取也。」二字義微別，今經傳「敓」皆作「奪」。「君子」者，卿大夫之稱。曾子言此人才德能稱其位，故重言「君子」以美之。釋文：「君子也，一本作君子人也。」是釋文原本無「人」字。臧氏庸拜經日記：「義疏曰：『此是君子人與也。』」又引繆協曰：「非君子之人與君子者，孰能要其終而均其致乎？」蓋讀「君子人與君子也」七字爲句。亦上有「人」字，下無「人」字，今本下文亦衍。○注：「攝君之政令。」○正義曰：禮緇衣：「甫刑曰：『苗民匪用命。』」注：「命謂政令也。」魯語：「諸侯朝修天子之業命。」注：「命，令也。」「攝」，猶兼也，代也。言君幼，凡政令，皆臣攝治之也。或謂「百里之命，謂民命也」。書多方：「大降爾四國民命。」禮中庸注引孝經說：「命，人所稟受度也。」六尺之孤謂幼君，百里之命謂民命，猶秦誓言「子孫黎民」也。此義亦通。○注「大節」至「傾奪」。○正義曰：「大節」猶大事，故注以國家、社稷言之。明此「大節」所關在宗社安危存亡也。能安國家社稷，則不得以利害移、威武屈，故知不可傾奪。傾者，覆也，謂覆而取之也。呂氏春秋忠廉篇言「忠臣之事君，苟便於主，利於國，無敢辭違，殺身出生以徇之。」即此注意。

7 曾子曰：「士不可以不弘毅，任重而道遠。【注】包曰：「弘，大也。毅，彊而能斷也。士弘毅，然後能負重任，致遠路。」仁以爲己任，不亦重乎？死而後已，不亦遠乎？」【注】孔曰：「以仁爲己任，重莫重焉！死而後已，遠莫遠焉！」

正義曰：白虎通爵篇：「士者，事也，任事之稱也。」言士雖先未仕，後或有爵位，當任事也。祭義鄭注：「任，所擔持也。」表記云：「仁之爲器重，其爲道遠，擧者莫能勝也，行者莫能致也，取數多者仁也。夫勉於仁者，不亦難乎？」表記之文，與此章互證。惟勉於仁，故士貴弘毅也。三國志邴原傳注引孔融曰：「仁爲己任，授手援溺，振民於難。」後漢書荀爽傳論：「誠仁爲己任，期紓民於倉卒也。」是德被羣生爲仁。仁者，性之德，己所自有，故當爲己任。中庸云：「誠者，非自誠己而已也，所以成物也。」孟子述伊尹之言曰：「天之生斯民也，以先知覺後知，以先覺覺後覺。予，天民之先覺者也。予將以斯道覺斯民也。非予覺之而誰也？」又述其意云：「思天下之民匹夫、匹婦有不被堯、舜之澤者，若己推而內之溝中，其自任以天下之重也。」故孟子稱爲聖之任，又謂伊尹與伯夷、柳下惠皆爲仁。仁者，天德，故仁爲乾元。易傳云：「天地之大德曰生。」德卽仁也。中庸云：「天地之道，可一言而盡也。其爲物不貳，則其生物不測。」不貳者，誠也。天地之道，皆是至誠，故有不已之德。人受天地之中以生，當則天而行，故於仁亦當無一息之閒，故曰「君子無終食之閒違仁」。表記：「小雅曰：『高山仰止，景行行止。』子曰：『詩之好仁如此，鄉道而行，中道而廢，忘身之老也，不知年數之不足也。俛焉日有孳孳，斃而後已。』」「孳孳」者，不倦之意。是仁以爲己任者也。年數有盡，不能不斃。斃者，身之終也。惟斃而後已，則未斃而先已，非聖賢之所許矣。孟子謂士志仁義，「大人之事備」。此言「士弘毅」，亦是謂士之志，任重故貴能弘，道遠故貴能毅也。○注：「弘，大也。毅，强而能斷也。」○正義曰：爾雅釋詁：「弘，大也。毅，勝也。」說文：「毅，有決也。」

8 子曰：「興於詩，立於禮，成於樂。」【注】包曰：「興，起也。言修身當先學詩。禮者所以立身，樂所以成性。」

正義曰：禮內則云：「十年出就外傅，朝夕學幼儀。十有三年，學樂，誦詩舞勺，成童舞象。二十而冠，始學禮，舞大夏。」又王制言造士之教云：「樂正崇四術，立四教，順先王詩書禮樂以造士。春秋教以禮樂，冬夏教以詩書。」並自古相傳教學之法。夫子時，世卿持祿，人不由學進，故學制盡失。聖門弟子，自遠至者，多是未學，夫子因略本古法教之，學詩之後即學禮，繼乃學樂。蓋詩即樂章，而樂隨禮以行，禮立而後樂可用也。大戴禮衞將軍文子篇：「吾聞夫子之施教也，先以詩，世道者孝弟，説之以義而視諸體，成之以文德。蓋入室升堂七十有餘人。」〔一〕體者，禮也。文德者，樂也。入室升堂，則能興、能立、能成者也。大戴所言，正此文實義。又孔子世家言「孔子以詩書禮樂教，弟子蓋三千焉，身通六藝者七十二人。」六藝，兼易、春秋言之。身通六藝，則興於詩，立於禮，成於樂之實效也。易與春秋，夫子不以教，其教惟以詩書禮樂。論語不及書者，書言政事，成德之後自學之也。程氏廷祚説引李氏塨曰：「詩有六義，本于性情，陳述德義，以美治而刺亂，其用皆切於己。説之，故言之而長，長言之不足，至形於嗟歎舞蹈，則振奮之心，黽勉之行，油然作矣，詩之所以主於興也。恭敬辭讓，禮之實也；動容周旋，禮之文也；冠昏喪祭射鄉相見，禮之事也。事有宜適，物有節文，學之而德性以定，身世有準，可執可行，無所摇奪，禮之所以主於立也。論倫無患，樂之情也；欣喜歡愛，樂之官也。小大相承，終始相生，倡和清濁，迭相爲經。學之則易、直、子、諒之心生，易、直、子、諒之心生則樂，樂則安，安則久而無不化，樂之所以主於成也。」○注「言修」至「成性」。○正義曰：注以立於禮、成於樂皆是修身，故言修身當先學詩。下

〔一〕「入室升堂」，大戴禮記解詁作「受教者」。

篇云：「詩可以興，可以觀，可以羣，可以怨。邇之事父，遠之事君。」毛詩序云：「故正得失，動天地，感鬼神，莫近於詩。先王以是經夫婦，成孝敬，厚人倫，美教化，移風俗。」則學詩能修身也。韓詩外傳：「凡用心之術，由禮則理達，不由禮則悖亂。飲食衣服，動靜居處，由禮則和節，不由禮則墊陷生疾。容貌態度，進退趨步，由禮則雅，不由禮則夷固。」是學禮可以立身，立身卽脩身也。樂記云：「是故先王本之情性，稽之度數，制之禮義，合生氣之和，道五常之行，使之陽而不散，陰而不密，剛氣不怒，柔氣不懾，四暢交於中而發作於外，皆安其位而不相奪也。然後立之學等，廣其節奏，省其文采，以繩德厚。律小大之稱，比終始之序，以象事行，使親疏、貴賤、長幼、男女之理，皆形見於樂，故曰樂觀其深矣。」是樂以治性，故能成性，成性亦修身也。皇本末句作「孔注」。

9 子曰：「民可使由之，不可使知之。」【注】由，用也。可使用而不可使知者，百姓能日用而不能知。」

正義曰：凌氏鳴喈論語解義以此章承上章詩禮樂言，謂「詩禮樂可使民由之，不可使知之」，其説是也。愚謂上章是夫子教弟子之法，此「民」亦指弟子。孔子世家言：「孔子以詩書禮樂教，弟子蓋三千焉，身通六藝者七十有二人。」身通六藝，則能興、能立、能成者也。其能興、能立、能成，是由夫子教之，故大戴禮言其事云「説之以義而視諸體」也。此則可使知之者也。自七十二人之外，凡未能通六藝者，夫子亦以詩書禮樂教之，則此所謂「可使由之，不可使知之」之民也。謂之「民」者，荀子王制篇：「雖王公士大夫之子孫，不能屬於禮義，則歸之庶人。」「庶人」卽「民」也是也。鄭此注云：「民，冥也，其見人道遠。由，從也，言王者設教，務使人從之。若皆知其本末，則愚者或輕而不行。」鄭君雖泛説人道，其義亦未爲誤。蓋詩禮樂，皆不外言人道也。春秋繁露深察名號篇：「民者，瞑也。」民之號，取之瞑也。「冥」、「瞑」皆無知之貌。注先釋「民」爲「冥」，後言「愚者」，正以民卽愚者，非泛言萬民也。本末猶終始輕重，若皆使民知之，則愚者以己爲知道而輕視之，將恐不能致思，妄有解說，或更爲訾議，致侮聖言也。孟子盡心篇：「孟子曰：『行之而不著焉，習矣而不察焉，終身由之而不知其道者，衆也。』」衆謂庸凡之衆，卽此所謂民也。禮緇衣云：「夫民閉於人而有鄙心。」注：「言民不通於人道而心鄙詐，難卒告諭。」卽此章之義。說者以民爲羣下之通稱，可使由不可使知，乃先王教民之定法，其說似是而非。韓詩外傳：「詩曰『俾民不迷』，昔之君子，道其百姓不使迷，是以威厲而刑厝不用也。故形其仁義，謹其教道，使民目晰焉而見之，使民耳晰焉而聞之，使民心晰焉而知之，則道不迷而民志不惑矣。詩曰『示我顯德行』，故道義不易，民不由也；禮樂不明，民不見也。詩曰『周道如砥，其直如矢』，言其易也；『君子所履，小人所視』，言其明也。」據外傳之文，則先王教民，非概不使知者。故家立之塾，黨立之庠，其秀異者，則別爲教之，教之而可使知之也。若其愚者，但使由之，俾就於範圍之中，而不可使知其義，故曰「君子議道自己，而置法以民」。○注「由用」至「能知」。○正義曰：「由用」，見詩「君子陽陽」傳，亦常訓也。易繫辭傳：「仁者見之謂之仁，知者見之謂之知，百姓日用而不知，故君子之道鮮矣。」惠氏棟周易述：「見仁見知，賢和之過，日用不知，愚不肖之不及。」是言民不可知道也。然雖不知而能日用，則聖人鼓萬物之權，故易傳又曰：「顯諸仁，藏諸用。」

10 子曰：「好勇疾貧，亂也。【注】包曰：「好勇之人，而患疾己貧賤者，必將爲亂。」人而不仁，疾之已甚，亂也。」【注】包曰：「疾惡太甚，亦使其爲亂。」　正義曰：「好勇」者，是血氣之强，又不知安於義命，則放辟邪侈，無不爲已，故爲亂也。不仁之人，未有勢位以懲禁之，而疾之已甚，或爲所侮賊，亦致亂也。大戴禮曾子立事篇：「君子惡人之爲不善，而弗疾也。」卽此意。○注：「疾惡太甚，亦使其爲亂。」○正義曰：鄭注云：「不仁之人，當以風化之。若疾之甚，是益使爲亂。」與包略同。言此人作亂，由疾之甚者使之然也。

11 子曰：「如有周公之才之美，使驕且吝，其餘不足觀也已。」【注】孔曰：「周公者，周公旦。」

正義曰：說文：「吝，恨惜也。」玉篇：「悋，鄙也。俗作悋。」此釋文亦云：「吝，本亦作悋。」從俗作也。驕是自矜其才，吝是靳己所有，不以告人。孟子謂「訑訑之聲音顏色，拒人於千里之外」，是卽驕也。「中也棄不中，才也棄不才，則賢不肖之相去，其閒不能以寸」，是卽吝也。韓詩外傳：「周公踐天子之位七年，布衣之士，所贄而師者十人，所友見者十二人，窮巷白屋，所先見者四十九人。時進善百人，教士千人，官朝者萬人。當此之時，誠使周公驕而且吝，則天下賢士至者寡矣。成王封伯禽於魯，周公誡之曰：『往矣！子無以魯國驕士。吾文王之子，武王之弟，成王之叔父也，又相天子，吾於天下亦不輕矣。然一沐三握髮，一飯三吐哺，猶恐失天下之士。吾聞德行寬裕，守之以恭者榮；土地廣大，守之以儉者安；祿位尊盛，守之以卑者貴；人衆兵强，守之以畏者勝；聰明睿智，守之以愚者善；博聞强記，守之以淺者智。夫此六者，皆謙德也。』」是言周公之德，以驕吝爲戒也。惠氏棟九經古義：「周書寤敬篇：『不驕不悋，時乃無敵。』此周公生平之學，所以裕制作之原也。夫子因反其語，以誠後世之爲人臣者。」云「其餘」者，言雖有餘才，亦不足觀，況驕吝者，必無周公才也？皇本「使」上有「設」字,「已」下有「矣」字。

12 子曰:「三年學,不至於穀,不易得也。」【注】孔曰:「穀,善也。言人三年學,不至於善,不可得。言必無也,所以勸人學。」

正義曰:釋文引「鄭注云:『穀,祿也。』易,鄭音以鼓反。」案:「穀」訓「祿」,本爾雅釋言。趙岐孟子滕文公上注:「穀,所以爲祿也。」隸釋漢孔彪碑:「龍德而學,不至於穀。浮游塵埃之外,皭焉氾而不俗。郡將嘉其所履,前後聘召,蓋不得已乃翻爾束帶。」亦解「穀」爲「祿」,與鄭義合。朱子集注從鄭氏,又謂「至」宜當作「志」。案:荀子正論:「其至意至闇也。」又云:「是王者之至也。」楊倞注並云:「至當爲志。」疑古「志」、「至」二文通也。胡氏紹勳拾義云:「周禮鄉大夫職:『三年則大比,考其德行道藝,而興賢者、能者。』又『使民興賢,出使長之;使民興能,入使治之。』州長職:『三年大比,則大考州里。』遂大夫職:『三歲大比,則帥其吏而興甿。』據此知古者賓興,出使長,入使治,皆用爲鄉遂之吏,可以得祿,此三年定期也。若有不願小成者,則由司徒升國學。王制:『命鄉論秀士,升之司徒,曰選士;司徒論選士之秀者,而升之學,曰俊士;升於司徒者,不征於鄉,升於學者,不征於司徒,曰造士;大樂正論造士之秀者,以告於王,而升諸司馬,曰進士。司馬辨論官材,論進士之賢者,以告於王,而定其論。論定,然後官之;任官,然後爵之;位定,然後祿之。』此爲王朝之官,而當鄉遂大比,志不及此。蓋庶人仕進有二道:可爲選士者,司徒試用之;可爲進士者,司馬能定之。司徒升之國學,其選舉與國子同,小成七年,大成九年。如學記『比年入學,中年考校。一年視離經辨志,三年視敬業樂羣,五年視博習親師,七年視論學取友,謂之小成;九年知類通達,彊立而不反,謂之大成』。若侯國取士,亦三年一行。射義：「諸侯歲獻貢士於天子。」注云：「三歲而貢士。」據此知侯國亦三年一取士也。後人躁於仕進，志在干祿，鮮有不安小成者，故曰「不易得」。」案：胡說亦足補鄭義。皇本「也」下有「已」字。○注：「穀，善也。」○正義曰：爾雅釋詁文。

13 子曰：「篤信好學，守死善道。危邦不入，亂邦不居。天下有道則見，無道則隱。【注】包曰：「言行當常然。危邦不入，始欲往；亂邦不居，今欲去。亂謂臣弒君，子弒父。危者，將亂之兆。」邦有道，貧且賤焉，恥也；邦無道，富且貴焉，恥也。」

正義曰：「篤信」者，爾雅釋詁：「篤，固也。」子張篇「信道不篤」，即謂不固也。篤信以好其學，斯不惑於他端，故夫子亦自言「信而好古」也，好學所以求道。皇疏云：「守死善道者，寧爲善而死，不爲惡而生。」案：孟子盡心云：「殀壽不貳，修身以俟之，所以立命也。」又云：「盡其道而死者，正命也。」修身即是盡道，亦即此所謂「善道」。君子日有孳孳，斃而後已，凡以求道之無歉於身，無愧於心而已。「不入」、「不居」云云，皆言善道之事。蓋危邦或入，亂邦或居，與夫隱見之不得其宜，皆非所以守死，非所以善道，而其實亦由學之未至。〔一〕故學者，所以安身正命者也。孟子盡心云：「天下有道，以道殉身；天下無道，以身殉道；未聞以道殉乎人者也。」趙岐注：「天下有道，得行王政，道從身施功實也；天下無道，道不得行，以身從道，守道而隱，不聞以正道從俗人也。」即此「有道則見，無道則隱」之義。前言「天下」，後言「邦」，互辭。邦有道，是必賢者多在上位，若己貧賤，嫌於己之道未善，故君子恥之。邦無道，是必在位無賢者，或賢者不得施其用，若己富貴，嫌於以道殉人，故君子恥之。恥之者，恥其失隱見之正，而

〔一〕「未」原誤作「禾」，今據諸子集成本改。

不能善道也。中論爵祿篇：「古之制爵祿也，爵以居有德，祿以養有功。功大者祿厚，德遠者爵尊；功小者其祿薄，德近者其爵卑。是故觀其爵，則別其人之德也；見其祿，則知其人之功也。古之君子貴爵祿者此也。孔子曰：『邦有道，貧且賤焉，恥也。』文、武之教衰，黜陟之道廢，諸侯僭恣，大夫世位，爵人不以德，祿人不以功，竊國而貴者有之，竊地而富者有之，姦邪得願，仁賢失志，於是則以富貴相詬病矣。故孔子曰：『邦無道，富且貴焉，恥也。』」○注「言行」至「之兆」。○正義曰：「言行當常然」者，謂不以世有道、無道異也。「危邦不入，始欲往」者，入謂入居其地，皇疏以爲入仕，殆非也。危邦不入，則亂邦益不可入，故下篇子路述夫子言云「親於其身爲不善者，君子不入也」是也。「亂邦不居，今欲去」者，謂居止其地，若曾子居武城之類。禮雜記云：「內亂不與焉，外患弗辟也。」注：「謂卿大夫也。」春秋公羊傳亦云：「君子辟內難，而不辟外難。」然則亂邦雖已仕，猶當去之，況未仕乎？大戴禮盛德云：「是故官屬不理，分職不明，法政不一，百事失紀，曰亂也；地宜不殖，財物不蓄，萬民飢寒，教訓失道，風俗淫僻，百姓流亡，人民散敗，曰危也。」此注以「亂爲臣弑君、子弑父」者，舉大亂言之。呂氏春秋明理篇：「故至亂之化，君臣相賊，長少相殺，父子相忍，弟兄相誣，知交相倒，夫妻相冒，日以相危，失人之紀，心若禽獸，長邪苟利，不知義理。」皆言亂邦之事也。

14 子曰：「不在其位，不謀其政。」【注】孔曰：「欲各專一於其職。」　正義曰：「謀」謂爲之論議也。下篇曾子曰：「君子思不出其位。」孟子離婁云：「位卑而言高，罪也。」禮中庸云：「君子素其位而行，不願乎其外。」又云：「在上位，不陵下；在下位，不援上。」並與此文義相發。皇本「政」下有「也」字。

15 子曰：「師摯之始，關雎之亂，洋洋乎盈耳哉！」【注】鄭曰：「師摯，魯太師之名。始猶首也。周道衰微，鄭、衛之音作，正樂廢而失節，魯太師摯識關雎之聲，而首理其亂，洋洋盈耳，聽而美之。」　正義曰：師摯，疑即子語魯太師之名。先從叔丹徒君駢枝曰：「始者，樂之始；亂者，樂之終。樂記曰：『始奏以文，復亂以武。』又曰：『再始以著往，復亂以飭歸。』皆以始亂對舉，其義可見。凡樂之大節，有歌有笙，有閒有合，是爲一成。始於升歌，終於合樂。是故升歌謂之始，合樂謂之亂。周禮太師職：『大祭祀，帥瞽登歌。』儀禮燕及大射皆太師升歌，摯爲太師，是以云『師摯之始』也。合樂，周南關雎、葛覃、卷耳，召南鵲巢、采蘩、采蘋，凡六篇。而謂之關雎之亂者，舉上以該下，猶之言文王之三，鹿鳴之三云爾。升歌言人，合樂言詩，互相備也。洋洋盈耳，總歎之也。自始至終，咸得其條理，而後聲之美盛可見。言始亂，則笙、閒在其中矣。孔子反魯正樂，其效如此。」謹案：凌氏廷堪禮經釋例、程氏廷祚論語說並略同。終爲亂者，爾雅釋詁：「亂，治也。」說文：「亂，治也。從乙，乙治之也。從𤔔。」又「𤔔，治也。么子相亂，𠬪治之也。讀若亂，同曰理也。」凡樂之終，咸就條理，故曰「亂」。○注「師摯」至「美之」。○正義曰：下篇「大師摯適齊」，鄭以爲平王時人，意此師摯即其人也。夫子時，樂部有其遺聲，故因本而稱之。爾雅釋詁：「首，始也。」故「始」有「首」訓。鄭、衛，二國名。其後俗皆淫佚，音不由正，故夫子言「鄭聲淫」。禮樂記言桑閒濮上之音爲亡國之音。桑閒濮上，皆衛土。他國亦習其音，故正樂皆廢而失節也。據注義，則「師摯之始關雎之亂」八字爲一句。言正聲既失，師摯獨能識之，而首理其亂，此「亂」即說文「𢿢」字，云：「煩也。從攴從𤔔，𤔔亦聲。」然則鄭以此文作「𢿢」，今作「亂」爲叚借矣。云「首理」，則他詩亦依次理之可知。今知鄭義不然者，關雎諸詩，列於鄉樂，夫子言「觀於鄉而知王道之易易」，明其時鄉樂尚未失正，不得有鄭、衛亂之，故知鄭義有未合也。「洋洋盈耳，聽而美之」者，言聽而知其美也。漢書延篤傳注：「洋洋，美也。」

16 子曰：「狂而不直，侗而不愿，【注】孔曰：「狂者進取，宜直。侗，未成器之人，宜謹愿。」悾悾而不信，【注】包曰：「悾悾，愨也，宜可信。」吾不知之矣。」【注】孔曰：「言皆與常度反，我不知之。」正義曰：鄭注云：「愿，善也。」廣雅釋詁同。凡人愨謹，則爲善也。此章示人當守忠信，雖生質未美，亦當存誠以進於善，不得作僞以自欺也。○注：「侗，未成器之人，宜謹愿。」○正義曰：書顧命「在後之侗」，某氏傳：「在文王後之侗稚。」焦氏循補疏以爲「僮」字之叚借。莊子山木篇「侗乎其無識」，釋文：「侗，無知貌。」庚桑楚篇「能侗然乎」，釋文：「三蒼云：『殼直貌。』」「殼」即「愨」省。廣雅釋言：「愿，愨也。」「愨」、「謹」義近。「未成器」者，言其人蒙稚，未能成器用也。○注：「悾悾，愨也，宜可信。」○正義曰：鄭注云：「悾悾，誠愨也。」與包義同。後漢書劉瑜傳：「臣悾悾推情。」李賢注：「悾悾，誠愨之貌。」廣雅釋訓：「悾悾，誠也。」呂氏春秋下賢篇：「空空乎其不爲巧故也。」高誘注：「空空，愨也。巧故僞詐。」「空空」與「悾悾」同。○注：「言皆與常度反，我不知之。」○正義曰：狂者當直，侗者當愿，悾悾者當信，此常度也。今皆與常度反，故不能知之。荀子不苟篇：「君子，愚則端愨而法；小人，愚則毒賊而亂。」又云：「端愨生通，詐僞生塞，誠信生神，夸誕生惑。」此夫子於失常度之人，不能知之也。詩云：「爲鬼爲蜮，則不可得。」

17 子曰：「學如不及，猶恐失之。」【注】學自外入，至熟乃可長久；如不及，猶恐失之。正義曰：「如不及」者，方學而如不及學也。「猶恐失」者，既學有得於己，恐復失之也。如不及，故日知所亡。恐失，故月無忘所能。○注「學自」至「失之」。○正義曰：皇疏云：「繆協稱中正曰：『學自外來，非夫內足，恆不懈惰，乃得其用。』如不及者，已及也；猶恐失者，未失也。言能恐失之，則不失；如不及，則能及也。」

18 子曰：「巍巍乎，舜、禹之有天下也，而不與焉！」【注】美舜、禹也。言已不與求天下而得之。巍巍，高大之稱。

正義曰：毛氏奇齡稽求篇云：「漢王莽傳：『太后詔曰：選忠賢，立四輔，羣下勸職。孔子曰：「舜、禹之有天下也，而不與焉。」』王充論衡云：『舜承安繼治，任賢使能，恭己無爲而天下治。故孔子曰：「巍巍乎！舜、禹之有天下也，而不與焉！」』晉劉寔崇讓論云：『舜、禹有天下不與，謂賢人讓于朝，小人不爭于野，以賢才化無事，至道興矣。已仰其成，何與之有？』此直指任賢使能，爲無爲而治之本。」案：毛說是也。孟子滕文公篇：「堯以不得舜爲己憂，舜以不得禹、皋陶爲己憂。」又云：「爲天下得人者謂之仁，是故以天下與人易，爲天下得人難。孔子曰：『大哉！堯之爲君，惟天爲大，惟堯則之。蕩蕩乎！民無能名焉，君哉舜也！巍巍乎！有天下而不與焉。』堯、舜之治天下，豈無所用其心哉？亦不用於耕耳。」孟子引此兩節，皆以證堯、舜得人。故又言堯、舜「豈無所用其心」？明用心於得人也。然則以「不與」爲任賢使能，乃此文正詁。必言「有天下」者，舜、禹以受禪有天下，復任人治之，而已無所與，故舜復禪禹，禹復禪益也。趙岐注孟子云：「德盛而巍巍乎有天下之位，雖貴盛不能與益。舜巍巍之德，言德之大，大於天子位也。」趙以「與」爲加多之義，殊爲迂曲。○注「美舜」至「之稱」。○正義曰：魏篡漢得國，託於舜、禹之受禪，故平叔等解此文，以「不與」爲「不與求」也。魏志明帝紀注引獻帝傳云：「仲尼盛稱堯、舜巍巍蕩蕩之功者，以爲禪代乃大聖之懿事也。」又文帝紀注引魏氏春秋云：「帝升壇禮畢，顧謂羣臣曰：『舜、禹之事，吾知之矣。』」當時援舜、禹以文其奸逆，大約皆以爲不求得之矣。「巍巍」爲「高大」者，方言：「巍，高也。」說文同。

19 子曰：「大哉！堯之爲君也。巍巍乎！唯天爲大，唯堯則之。【注】孔曰：「則，法也。美堯能法天而行化。」蕩蕩乎！民無能名焉。【注】包曰：「蕩蕩，廣遠之稱。言其布德廣遠，民無能識其名焉。」巍巍乎！其有成功也。【注】功成化隆，高大巍巍。煥乎！其有文章。」【注】煥，明也。其立文垂制又著明。正義曰：人受天地之中以生，賦氣成形，故言人之性必本乎天。本乎天卽當法天，故自天子至於庶人，凡同在覆載之內者，崇效天，卑法地，未有能違天而能成德布治者也。人皆承天而君，爲天之元子，故名曰天子。白虎通爵篇：「王者，父天母地，爲天之子也。」是也。易繫辭傳言：「包羲氏王天下，仰則觀象於天，俯則觀法於地。」又言：「黃帝、堯、舜垂衣裳而天下治，蓋取諸乾、坤。」然則古聖所以成德布治，皆不外則天而行之。顧自堯、舜以前，書缺有間。又舜是堯舉，德無以易，故夫子此言止稱堯也。當堯之時，洪水汎濫，災患未息，故舉舜敷治之。舜又使益、使禹諸人，乃成盛治，故孟子引此章，爲得人之證。蓋任賢致治，亦則天之事。春秋繁露立元神云：「天積衆精以自剛，聖人積衆賢以自強。天所以剛者，非一精之力；聖人所以强者，非一賢之德也。」是其義也。堯則天，其德難名，所可名者，惟成功、文章，故皆言「有」以箸之。

○注：「則，法也。美堯能法天而行化。」○正義曰：「則法」，爾雅釋詁文。說文：「則，等畫物也。」等者，齊等。畫者，界也。

皆所以爲法也。書堯典云：「乃命羲、和，欽若昊天，曆象日月星辰，敬授民時。」欽，敬也。若，順也。曆，數也。象，法也。言順天以法之也。下文「分命」、「申命」，皆言敬授之事，故能「定時成歲，允釐百工，庶績咸熙」。其後年耆禪舜曰：「天之曆數在爾躬。」在者，察也，言當察身以事天也。皆堯法天之驗也。○注「蕩蕩」至「名焉」。○正義曰：「巍巍」言高，「蕩蕩」言廣遠，明其德上下四方無所不被也。「民無能識其名」者，名者，德之名。民無能識其德，故無能識其名也。皇疏云：「夫名所名者，生於善有所章，而惠有所存，善惡相須，而名分形焉。若夫大愛無私，惠將安在？至美無偏，名將何生？故則天成化，道同自然，不私其子而君其臣，凶者自罰，善者自功，功成而不立其譽，罰加而不任其刑，百姓日用而不知所以然，夫又何可名也？」○注：「功成化隆，高大巍巍。」○正義曰：孟子滕文公疏引此注作「孔曰」。說文：「功，以勞定國也。」此功爲治業功成，而民化乃隆也。○注：「煥，明也。其立文垂制又著明。」○正義曰：「煥」與「奐」同。詩卷阿「伴奐爾游矣」，毛傳：「伴奐，廣大有文章也。」廣大釋「伴」，文章釋「奐」，故煥得爲明。「其立文垂制又著明」者，上世人質，歷聖治之，漸知禮義，至堯、舜而後，文治以盛。又載籍尚存，故尚書獨載堯以來，自授時外，若親睦、平章、作大章之樂。又大戴禮五帝德言堯事云：「黄黼黻衣，丹車白馬，伯夷主禮，龍、夔教舞。」皆是立文垂制之略，可考見也。

20 舜有臣五人而天下治。【注】孔曰：「禹、稷、契、皋陶、伯益。」武王曰：「予有亂十人。」【注】馬曰：「亂，治也。治官者十人，謂周公旦、召公奭、太公望、畢公、榮公、大顛、閎夭、散宜生、南宮适，其一人謂文母。」正義曰：李氏光地榕村語録：「『舜有臣』二句，亦是夫子語，如微子篇逸民節亦然。」案：武王語，乃伐殷誓衆之辭。予者，予周也。左昭二十四年傳：「萇弘引太誓曰：『紂有億兆夷人，亦有離德。余有亂十人，同心同德。』」成二年傳：「太誓所謂『商兆民離，周十人同』者，衆也。」又襄二十八年傳：「叔孫穆子曰：『武王有亂十人。』」亦本太誓。故東晉太誓采此文入之。諸文與論語古本無「臣」字，故論語釋文云：「予有亂十人，本或作『亂臣十人』，非。」皇本雖有「臣」字，然疏云：「亂，理也。我有共理天下者，共十人也。」則本無「臣」字。唐石經於尚書、論語及左傳凡四見，皆無「臣」字。後人於尚書、論語及左昭二十四年，皆旁添「人」字，其襄二十八年仍無「臣」字，可證也。據石經，是東晉古文亦無「臣」字。惠氏棟九經古義謂論語「臣」字，乃後人據晉太誓以益之，誤。○注：「禹、稷、契、皋陶、伯益。」○正義曰：稷卽后稷，名棄，當時以官稱之曰稷也。舜典言舜命禹宅百揆，棄爲稷，契爲司徒，皋陶作士，益爲虞，此五人才最盛也。○注「亂治」至「文母」。○正義曰：鄭注云：「亂，治也。武王言我有治政事者十人，十人謂文母、周公、召公、太公、畢公、榮公、太顛、閎夭、散宜生、南宮适也。」與馬注同，當是古論家舊義。云「治官者」，禮樂記「樂之官也」，注：「官，猶事也。」又「天地官矣」注同。治事，卽鄭注所言「治政事」也。書君奭云：「惟文王尚克修和我有夏，亦惟有若虢叔，有若閎夭，有若散宜生，有若泰顛，有若南宮适。」晉語重之以周、召、畢、榮諸人，惟虢叔不在十亂之數。陶潛羣輔録十亂有毛公，無榮公，不知其說何本。「其一人謂文母」者，據下文言「婦人」知之也。文母卽大姒，文王妃也。周之王業，始於內治，故二南之詩，多言后妃德化。毛詩卷耳序云：「后妃輔佐君子，求賢審官，知臣下之勤勞，內有進賢之志，而無險詖私謁之心，朝夕思念，至於憂勤也。」兔罝序云：「關雎之化行，則莫不好德，賢人衆多也。」皆言文母佐周之治效也。後人疑文母不當在十亂，而以武王妃邑姜當之。北史齊后妃傳論：「神武肇興齊業，武明追蹤周亂。」武明卽神武妻婁氏，似以十亂有邑姜。隋、唐人已爲此說，亦不知何所受也。孔子曰：「才難，不其然乎？唐、虞之際，於斯爲盛。有婦人焉，九人而已。」【注】孔曰：「唐者，堯號。虞者，舜號。際者，堯、舜交會之閒。斯，此也，言堯、舜交會之閒，比於周，周最盛，多賢才，然尚有一婦人，其餘九人而已。人才難得，豈不然乎？」正義曰：「才難」者，古語。廣雅釋詁：「才，道也。」古之所謂才，皆言人有德能治事者也。易傳以人與天、地爲三才，左傳以八元、八愷爲才子，卽禹、皋陶、伯益諸人。又以渾敦、窮奇、檮杌、饕餮爲不才子。人之賢否，以才不才別之。又周公自稱「多才」，夫子亦言「周公之才之美」，然則才是聖賢之極能。故孟子言「爲不善，非才之罪」，明才無不善也。才是極難，當堯、舜時，比戶可封，不乏有德之士，而此稱才者五人。及周之盛，亦但九人，是其爲才難可驗也。後之論者，離德而言才，固非。卽以有德爲有才，亦非也。「唐、虞之際」者，際猶下也，後也。淮南子脩務訓：「湯旱，以身禱于桑林之際。」太平御覽皇王部七、禮儀部八引作「桑林之下」。又潛夫論遏利篇：「信立於千載之上，而名傳乎百世之際。」是際有下、後之義。夫子此言唐、虞之下，至周乃爲盛也。王氏引之經義述聞訓「於」爲「與」，引孟子「麒麟之於走獸」云云爲證，謂「唐、虞之際於斯爲盛」八字爲一句，此說亦通。「婦人」者，說文：「婦，服也。從女持帚灑埽也。」婦人，據馬、鄭義卽文母。螺江日記續編載餘姚邵在陬說，衞氏古文「婦人」作「殷人」，韓退之指爲膠鬲。翟氏灝考異辨之云：「晉書衞恒傳但言其祖敬侯寫邯鄲淳所傳之古文尚書，淳不能別，並不言有論語古文，而韓、李筆解亦絕無殷人、膠鬲之說。近任氏啟運四書約旨謂漢石經作殷人，以今所傳石經，惟前四篇與後四篇略有其文，泰伯篇久已無存，任氏何從見之？」此均知其妄也。○注：「唐者，堯號。虞者，舜號。」○正義曰：白虎通號篇：「或曰唐、虞者，號也。唐，蕩蕩也。蕩蕩者，道德至大之貌也。虞者，樂也。言天下有道，人皆樂也。」此注以唐爲堯號，虞爲舜號，義當如此。論衡正說篇：「唐、虞、夏、殷、周者，土地之名。堯以唐侯嗣位，舜從虞地得達，皆本所興昌之地，重本不忘始，故以爲號，若人之有姓矣。」又云：「說尚書者，唐、虞、夏、殷、周者，功德之名，盛隆之意也。」其立義美也，然而違其正實，失其初意。唐、虞、夏、殷、周，猶秦之爲秦，漢之爲漢。秦起於秦，漢興於漢中，故曰猶秦、漢。」案：論衡是也。鄭詩譜云：「唐者，帝堯舊都之地。」今日太原晉陽是。又堯典「嬪于虞」，皇甫謐云：「堯妻舜，封之於虞。」即今山西蒲州府虞鄉縣是。唐、虞皆地名。

三分天下有其二，以服事殷。周之德，其可謂至德也已矣。」【注】包曰：「殷紂淫亂，文王爲西伯而有聖德，天下歸周者三分有二，而猶以服事殷，故謂之至德。」

正義曰：周得羣才，故能三分有二，其時實有得天下之勢，而猶以服事殷，與泰伯之以天下讓無以異，故夫子均歎爲至德也。表記云：「子曰：『下之事上也，雖有庇民之大德，不敢有君民之心，仁之厚也。』」又下言舜、禹、文王、周公之事云：「有君民之大德，有事君之小心。」故此極美文王有至德也。然不曰文王之德而曰周者，明服事之誠，武王與文王同，故統言周也。釋文：「參，七南反。本又作三。」皇疏本亦作「參」。後漢書伏湛傳述此語，文選典引注引此文並作「參」，則舊本皆爲「參」字。又「周之德」，皇本無「之」字。○注「殷紂」至「至德」。○正義曰：紂淫亂事，詳史記殷本紀。文王爲西伯者，書西伯戡黎鄭注「文王爲雍州之伯，南兼梁、荆，在西，故曰西伯」是也。包必先言「文王爲西伯」，繼言「三分有二」者，明三分有二在爲西伯後也。左襄四年傳：「文王帥殷之畔國以事紂。」周書程典解：「維三月既生魄，文王合六州之衆，奉勤於商。」六州者，鄭詩譜謂雍、梁、荆、豫、徐、揚。孔疏申之，以爲其餘冀、青、兗屬紂，此依九州約略分之，九州而有六州，是天下三分有其二也。毛詩四牡傳：「文王率諸侯撫叛國，而朝聘乎紂。」姚氏配中周易學云：「三分有二以服事殷，即欲殷有以撫之。此文王之憂患所以獨深也。」案：文之服事，非畏殷也，亦非曰吾姑柔之，俟其惡盈而取之也。惟是冀紂之悔悟，俾無墜厥命已爾。終文之世，暨乎武王，而紂淫亂日益甚，是終自絕於天，不至滅亡不止也。是故文之終服事也，至德也。武之不終服事也，紂爲之也，亦無損於至德也。

21 子曰：「禹，吾無閒然矣。【注】孔曰：「孔子推禹功德之盛美，言己不能復閒厠其閒。」菲飲食，而致孝乎鬼神；【注】馬曰：「菲，薄也。致孝鬼神，祭祀豐潔。」惡衣服，而致美乎黻冕；【注】孔曰：「損其常服，以盛祭服。」

正義曰：後漢殤帝紀引此文，李賢注：「閒，非也。」孟子離婁篇：「政不足閒也。」亦訓非。王氏引之經傳釋詞：「然，猶焉也。檀弓曰：『穆公召縣子而問然。』鄭注『然之言焉也』。論語『禹吾無閒然矣』，『若由也不得其死然』，然字並與焉同義。」鄭注云：「黻，祭服之衣。冕，其冠也。」宋氏翔鳳發微云：「說文：『市，韠也。上古衣蔽前而已，市以象之。天子朱市，諸侯赤市，大夫葱衡。從巾，象連帶之形。韍，篆文市，從韋從犮。』說文又曰：『黻，黑與青相次文。從黹，犮聲。』按：蔽膝之市，當以「市」爲本字，蓋古文如此。篆文改爲韍，經典又假黻爲之，又假爲芾，又假爲紱，故明堂位『有虞氏服韍』，鄭注云：『韍或作黻。』論語稱『黻冕』，此假『黻』爲『韍』，當訓爲蔽膝。易乾鑿度注云：『古者田漁而食，因衣其皮，先知蔽前，後知蔽後。後王易之以布帛，而猶存其蔽前者，重古道，不忘本也。』是蔽前爲衣之最先者，故祭禮重之。詩『赤芾在股』，箋云：『芾，大古蔽膝之象也。冕服謂之芾，其他服謂之韠，以韋爲之。其制：上廣一尺，下廣二尺，長三尺，其頸五寸，肩革帶博二寸。』據箋意，知芾專繫冕服言之，故亦言黻冕。宣十六年左傳『以黻冕命士會』，當是希冕而赤韍葱衡。明堂位：『有虞氏服韍，夏后氏山，殷火，周龍章。』注云：『韍，祭服之韠也。舜始作之，以尊祭服，禹、湯至周，增以畫文，後王彌飾也。』按：『彌飾』即致美之意。舜作韍以尊祭服，故祭服宜稱黻冕。白虎通紼冕篇曰：『紼者，蔽也，行以蔽前者爾。有事，因以別尊卑，彰有德也。天子朱紼，諸侯赤紼。』又云：『天子大夫赤紱葱衡，〔一〕士韎韐。赤者，盛色也。是以聖人法之，用爲紼服，爲百王不易。紼以韋爲之者，反古不忘本也。上廣一尺，下廣二尺，法天一地二也。長三尺，法天地人也。』士冠禮：『陳服于房中，爵弁韎韐，皮弁素韠，玄端爵韠。』言冠弁者，必言韠，是知韍與冕俱重也。至十二章之黻，罕與冕並舉。左傳『袞、冕、韍、珽』，亦以『冕』與『韍』連言。下又云『火、龍、黼、黻』，則言裳之一章。至鄭注論語云：『黻，祭服之衣，冕，其冠也。』正以黻爲衣蔽前之制，又唯祭服名黻，故以爲祭服之衣也。」按：宋說是也。列子楊朱篇：「禹卑宮室，美紱冕。」「紱」與「韍」當是一字。易困九二「朱紱方來」，鄭注：「天子制用朱韍。」是「紱」即「韍」無疑也。周官「弁師掌王之五冕」，五冕者：袞冕，驚冕，毳冕，希冕，玄冕也。「諸侯及孤卿大夫之冕，各以其等爲之，而掌其禁令」，則大夫以上，冠通得稱冕。故說文云：「冕，大夫以上冠也。从月，免聲。」月象其上覆，「免」與「俛」同。管子小稱篇言禾云：「及其成也，由由乎茲免。」謂禾至成熟下垂，滋益俛也。此「免」爲「俛」之義。范寧穀梁傳解云：「冕謂以木爲幹，衣之以布，上玄下纁，垂旒者也。」白虎通紼冕篇：「前俛而後仰，故謂之冕也。」大、小夏侯說前垂四寸，後垂三寸，則前低於後一寸也。周官弁師疏以爲前低一寸餘，蓋約略言之，未細核耳。叔孫通漢禮器制度云：「冕制皆長尺六寸，廣八寸，天子以下皆同。」應劭漢官儀云「廣七寸，長八寸」。董巴輿服志云：「廣七寸，長尺二寸。」言人人殊，不知竟孰是也。王制：「有虞氏皇而祭，夏后氏收而祭，殷人冔而祭，周人冕而祭。」注云：「皇，冕屬也。」鄭君以皇爲冕，則冔、收亦是冕。毛詩文王傳：「冔，殷冕

〔一〕「大夫」二字原脫，據白虎通補。

也。夏后氏曰收，周曰冕。」世本云「胡曹作冕」，注：「胡曹，黄帝臣。」則自古「冠」通名「冕」，至夏又別稱「收」。此文云「黻冕」者，從舊名之爾。説文：「冠，絭也。所以絭髮，〔一〕弁冕之總名也。」是冠爲首服之大名，冕亦是冠，故注云「冕，其冠也。」其字承上句「祭服」言之，明黻是祭服之衣，冕是祭服之冠也。周官司服云：「王之吉服，祀昊天上帝則服大裘而冕。祀五帝亦如之。享先王則袞冕，享先公、饗、射則鷩冕，祀四望山川則毳冕，祭社稷五祀則希冕，祭羣小祀則玄冕。」是冕皆祭服。禹時雖未備有衆制，要冕爲祭服所用矣。弁師云：「掌王之五冕，皆玄冕、朱裏、延紐、五采，繅十有二就，皆五采玉十有二，玉笄、朱紘。」此周人之制，當亦依仿古禮爲之。禹之致美，指此類也。○注：「菲，薄也。致孝鬼神，祭祀豐潔。」○正義曰：「菲」訓「薄」，相承云然。史記夏本紀述此文，即作「薄」字。「豐潔」者，言粢盛犧牲皆豐潔也。卑宮室，

而盡力乎溝洫。禹，吾無閒然矣。」【注】包曰：「方里爲井，井閒有溝，溝廣深四尺；十里爲成，成閒有洫，洫廣深八尺。」

正義曰：爾雅釋宮云：「宮謂之室，室謂之宮。」郭注：「皆所以通古今之異語，明同實而兩名。」考工記匠人注云：「明堂者，明政教之堂。周堂高九尺，殷三尺，則夏一尺矣。相參之數，禹卑宮室，謂此一尺之堂與？」此鄭舉明堂以説禹卑宮室之制，其他廟寢亦皆卑可知矣。李氏光地論語劄記：「『致孝鬼神』，與『菲飲食』相對；『致美黻冕』，與『惡衣服』相對；『盡力溝洫』，亦是與『卑宮室』相對。當洪水未平，下巢上窟，民不得平土而居之。禹決九川，距四海，乃復濬畎澮，距川，然後四隩既宅，民得安居，是則卑宮室而盡力乎溝洫者。居無求安，而莫萬姓之居是急也。」案：史記夏本紀：「卑宮室，致費于溝淢。」此當出古論。詩「築城伊淢」，毛傳：「淢，城溝也。」釋文引韓詩作「洫」。「洫」正字，「淢」叚借字。

〔一〕「以」字原脱，據説文冖部補。

夏紀「溝淢」，亦用叚字。說文：「淢，疾流也。」別一義。○注「方里」至「八尺」。○正義曰：孟子滕文公上：「方里而井，井九百畝。」是方里爲井也。冬官：「匠人爲溝洫，耜廣五寸，二耜爲耦。一耦之伐，廣尺、深尺謂之甽。田首倍之，廣二尺、深二尺謂之遂。九夫爲井，井閒廣四尺、深四尺謂之溝。方十里爲成，成閒廣八尺、深八尺謂之洫。方百里爲同，同閒廣二尋、深二仞謂之澮。專達於川，各載其名。」是甽、遂、溝、洫、澮皆所以行水。論語舉「溝洫」以晐其餘耳。包言溝洫廣深之制，卽本匠人。鄭注匠人云：「此畿内采地之制。井者，方一里，九夫所治之田也。三夫爲屋，一井之中，三屋九夫，三三相具，以出賦稅，共治溝也。方十里爲成，成中容一甸，甸方八里，出賦稅，緣邊一里治洫。」是言溝洫之制，不知包氏說同否也。又地官遂人云：「夫閒有遂，遂上有徑；十夫有溝，溝上有畛；百夫有洫，洫上有涂；千夫有澮，澮上有道；萬夫有川，川上有路。以達于畿。」與匠人文異。鄭氏以爲鄉、遂、公邑之制，與匠人爲采地制不同也。後人說此文，於經注未能博通，故益多轇轕。近歙儒程氏瑶田箸溝洫小記以遂人、匠人制同文異，不取鄭氏。今略著其遂人匠人溝洫異同考於此：「遂人職云云，鄭氏注以南畝圖之，則遂縱溝横，洫縱澮横，九澮而川周其外焉。案：畝，長畝也。一夫之田，析之百甽，以爲百畝。南畝者，自北視之，其畝横陳於南也。南畝，故甽横；甽流於遂，故遂縱。遂在兩夫之閒，故謂之『夫閒』。夫閒，東西之閒也。其南北之閒，則溝横連十夫，故曰『十夫有溝』，不可謂二十夫之閒，故變閒言夫也。溝經十夫，流入於洫，洫之長如溝，縱承十溝，十溝之水皆入焉，故曰『百夫有洫』也。洫之水入澮，澮長十倍於洫，而横承十洫之分布千夫中者，故曰『千夫有澮』也。澮十之横貫萬夫之中，十澮之水，並入於川，故曰『萬夫有川』，澮横，川自縱也。鄭氏謂九澮而川周其外，恐不然矣。川上有路，以達於畿，安得有縱路，復有横路耶？其横者，則二萬夫閒之道也。澮但言九，亦考之不察矣。匠人『廣尺、深尺謂之甽』云云，案：甽在一夫百畝中，物其土宜而爲之。南畝甽橫，順其畝之首尾以行水入於遂，故遂在田首。井田，夫三爲屋，三夫田首同枕一遂，遂在屋閒，非夫閒也。謂之屋者，三夫相連綿如屋然，但疆之以別夫而已。不若遂人夫爲一遂，以受甽水，此所以別夫閒而言『田首』也。而鄭氏猶以『遂者夫閒小溝』釋之，遂非不在夫閒，而記變其文者，蓋自有義，不宜襲用遂人之文矣。遂流井外，溝橫承之，井中無溝，溝當兩井之閒，故以『井閒』命之。其長連十井，不嫌『井閒』之稱，瀰十井之縱者，其縱亦遂之在屋閒而受甽水者也。溝十之含百井爲一成，十溝之水咸入於洫，洫縱當兩成之閒，故曰『成閒有洫』也。洫之長連十成，亦不嫌『成閒』之稱，瀰十成之橫者，其橫亦溝之在井閒而受遂水者也。洫十之含萬井爲一同，十洫之水咸入於澮，澮當兩同之閒，故曰『同閒有澮』也。澮達於川，川在山閒，命之曰『兩山之閒』，以例澮在同閒，洫在成閒，溝在井閒，其事相同，厥名斯稱矣。又案：匠人、遂人兩篇文義，皆互相足者也。『夫閒有遂』，見遂在兩夫之閒，兼辭也。『十夫有溝，百夫有洫，千夫有澮，萬夫有川』，但就小水入大水言之，偏辭也。若以偏辭言遂，則曰『一夫有遂』矣。以兼辭言溝、洫、澮、川，則必曰『二十夫之閒，二百夫之閒，二千夫之閒，二萬夫之閒』矣。『田首謂之遂』，偏辭也。『井閒謂之溝，成閒謂之洫，同閒謂之澮』，兼辭也。若以兼辭言遂，則曰『屋閒謂之遂』矣。以偏辭言溝、洫、澮，則遂在田首，溝在井首，洫在成首，澮在同首，當云『井閒謂之溝，成首謂之洫，同首謂之澮』矣。惟澮所專達之川，則必曰『兩山之閒』，難舉偏辭，故溯洄相從，澮、洫、溝亦皆以『閒』言，此古人造言之法，出於自然，治古文者可求而得之也。」

論語正義卷十

子罕第九　集解

凡三十一章　正義曰：釋文於下更云：「皇三十章。」謂合「不忮不求」與上「衣敝縕袍」爲一章也。說本孔氏廣森經學卮言。

1 子罕言利與命與仁。【注】罕者，希也。利者，義之和也。命者，天之命也。仁者，行之盛也。寡能及之，故希言也。

注「罕者」至「言也」。○正義曰：爾雅釋詁云：「希，罕也。」毛詩太叔于田傳云：「罕，希也。」轉相訓。左襄九年傳[一]：「穆姜曰：『利，義之和也。利物足以和義。』」易文言傳同。此相傳古訓，故此注本之。「利物」者，物猶事也。若左文七年傳郤缺釋夏書三事有「利用」也。穆姜言「作而害身，不可謂利」。而易彖以「元亨利貞」爲四德，其見之彖辭、象辭，如云「利見大人」，「利建侯」，「利用侵伐」，「利用行師征邑國」，「利用爲依遷國」，「利用賓于王」，「孚乃利用禴」，「利用享祀」，「利用祭祀」，「利用刑人」，「利用獄」，「利涉大川」，「利有攸往」，「利西南」，「利執言」，「利用爲大作」，「利出否」，「无

[一]「九」原誤作「元」，據左傳改。

不利」，皆言「利」也。如云「不利爲寇」、「不利涉大川」、「不利有攸往」、「不利東北」、「不利賓」、「不利即戎」、「无攸利」，皆言「不利」也。利與不利，古人皆質言之。人未有知其不利而爲之，則亦豈有知其利而避之弗爲哉？利所以爲義之和者，和猶言調適也。義以方外，若但言義不言利，則方外而不能和，故利爲義之和。周語曰：「言義必及利。」韋昭曰：「能利人物，然後爲義。」此即「利物足以和義」之誼，此即「利」字最初之誼。君子明於義利，當趨而趨，當避而避。其趨者，利也，即義也；其避者，不利也，即不義也。然而急君父之難，赴蹈水火而不顧其身，雖有似於不利而亦趨之，則以合乎義，即爲利也。視不義之富貴如浮雲，禄之以天下弗顧也，繫馬千駟弗視也，雖有似於利而亦避之，則以不合乎義，即爲不利也。若小人則反是。故其所謂利，或君子所視爲不利；而其所視爲不利，或君子所視爲義，所視爲利也。君子知利不外義，故喻於義；小人知利不知義，故喻於利。時至春秋，君子道微，故夫子罕言利，則以其理精微，人或誤習其說，而惟知有利，不復知有義矣。至戰國，而孟子且辭而闢之，豈特如夫子之罕言哉？此解經說文字所當知世變也。利、命、仁三者，皆子所罕言，而言「仁」稍多，言「命」次之，言「利」最少。故以「利」承「罕」言之文，而於「命」、於「仁」則以兩「與」字次第之。皇疏云：「命，天命，窮通夭壽之目也。」是命爲禄命。書召誥云：「今天命吉凶，命歷年。」下篇子夏曰：「死生有命，富貴在天。」「有命」、「在天」，互文見義。史記外戚世家：「孔子罕稱命者，難言之也。非通幽明之變，烏足識乎性命哉？」正以命爲禄命也。阮氏元論語論仁篇：「孔子言仁者詳矣，曷爲曰『罕言』也？所謂罕言者，孔子每謙不敢自居於仁，亦不輕以仁許人也。」今案：夫子晚始得易，易多言「利」，而贊易又多言「命」，中人以下，不可語上，故弟子於易獨無問答之辭。今論語夫子言「仁」甚多，則又羣弟子記載之力，凡言「仁」皆詳書之，故未覺其罕言爾。

2 達巷黨人曰：「大哉孔子！博學而無所成名。」【注】鄭曰：「達巷者，黨名也。五百家爲黨。此黨之人美孔子博學道藝，不成一名而已。」子聞之，謂門弟子曰：「吾何執？執御乎？執射乎？吾執御矣。」【注】鄭曰：「聞人美之，承之以謙。『吾執御』，欲名六藝之卑也。」

正義曰：史記孔子世家作「達巷黨人童子」，此安國故以黨人爲童子也。漢書董仲舒傳對策曰：「臣聞良玉不琢，資質潤美，不待刻琢，此亡異於達巷黨人不學而自知者也。」注：「孟康曰：『人，項橐也。』」又皇甫謐高士傳：「達巷黨人，姓項，名橐。」並本古論。國策秦策、淮南子修務訓、論衡實知篇皆言項橐七歲爲孔子師，然則仲舒所云「不學而自知」者，正以童子未學而即知爲學之要也。夫子本無常師，聞此童子之言而商所執，故後人遂儕之於師列耳。焦氏循補疏：「孔子以民無能名，贊堯之則天，故門人援達巷黨人之言，以明孔子與堯同。『大哉孔子』，即大哉堯之爲君；『博學無所成名』，即蕩蕩乎民無能名也。」案：博學無所成名，惟聖人能然。若常人雖亦博學，而總有所專主，故執一藝以成名，乃中人爲學之正法。大戴禮曾子立事云：「君子博學而孱守之。」又云：「博學而無方，好多而無定者，君子弗與也。」又云：「君子博學而算焉。」算，選也，即此所云「執」也。禮內則言年十三學射御，〔一〕二十博學，三十博學無方，是射御久爲夫子所學。此時聞黨人譽己，恐門弟子惑於美譽，專騖爲博學而終無所成能，故就己所學射御二者求之，祇當執御，以示爲學當施博而守約也。○注「達巷」至「而已」。○正義曰：一統志：「達巷在滋陽縣西北五里，相傳即達巷黨人所居。」滋陽，今屬兗州府，此出方志附會，未敢信也。禮記曾子問：「子曰：『昔者吾從老聃助葬於巷黨。』」其地當在王畿。翟氏灝考異疑即此巷黨，亦未必然。「不成一名」者，言非一技之可名也。皇疏云：

〔一〕「三」原誤作「五」，據禮記內則改。

「孔子廣學，道藝周徧，不可一一而稱，故云『無所成名』也。」○注「聞人」至「卑也」。○正義曰：夫子謙言但當執一藝以成名，不敢當黨人之譽己也。御爲六藝之卑，故曲禮、少儀皆言「問大夫之子，長曰能御矣，幼曰未能御也」。子長以能御許之，又不及他藝，是御於六藝爲卑。

3 子曰：「麻冕，禮也；今也純，儉，吾從衆。【注】孔曰：「冕，緇布冠也。古者績麻三十升布以爲之。純，絲也。絲易成，故從儉。」

正義曰：「麻」者，枲麻，績其皮以爲布。而冕用之，故曰「麻冕」。白虎通紼冕篇：「麻冕者何？周宗廟之冠也。禮曰『周冕而祭』，又曰『殷冔夏收而祭』，此三代宗廟之冠也。」冕所以用麻爲之者，女工之始，示不忘本也。左桓二年疏：「論語『麻冕』，蓋以木爲幹，而用布衣之，上玄下朱，取天地之色。」又云：「冕以木爲幹，以玄布衣其上，謂之綖。」此冕用麻之制也。鄭此注云：「績麻三十升以爲冕。」「純」當爲「緇」，黑繒也。三十升者，鄭注喪服云：「八十縷爲升。」「升」字當爲「登」，登，成也。今之禮皆以登爲升，俗誤已行久矣。然則此云「三十升」，亦是依俗爲文。一升八十縷，三十升是二千四百縷，鄭依漢制，推古布幅廣二尺二寸，以二尺二寸布廣之度，容二千四百縷，是細密難成，故不如用緇帛之儉也。蔡邕獨斷謂「用三十六升布」，則太密，非所容矣。釋文：「純，順倫反，絲也。鄭作側基反。」〔一〕側其之音爲「緇」，其實鄭依古字作「紂」，「紂」篆與「純」相似，故致誤。禮玉藻「純組綬」，注：「純當爲緇，古文緇字，或作系旁才。」周官媒氏「純帛」，注：「純實緇字也，古緇以才爲聲。」此鄭破「純」爲「緇」之例。玉藻孔疏云：「鄭讀純爲緇，其例有異，若經文

〔一〕「基」原誤作「其」，據釋文改。

絲帛分明，而色不見者。以黑色解之，卽讀爲緇。如論語云『今也純』，稱古用麻，今用純，則絲可知也。以色不見，故讀純爲緇。若色見而絲不見，則不破純字，以義爲絲。昏禮『女次純衣』，注云：『純衣，絲衣。』如此之類是也。」賈公彥周官媒氏、儀禮士冠禮疏言鄭破讀之例，與孔同。而云據布爲色者，則爲緇字；據帛爲色者，則爲紂字。與孔疏異，似非鄭君之旨。案：說文：「緇，帛黑色也。」緇本謂黑帛，其後布之黑色者，亦得名之。「緇」、「紂」爲古今字，鄭此注訓黑繒，而破讀止云「純當爲緇」，是緇可爲帛色，而賈以緇但爲布色，非矣。緣鄭之意，實以「純」字與「紂」相似，故讀從之。但「紂」爲古文，人不經見，故先讀從今字而爲「緇」也。且言「緇」則爲「紂」已明。祭統「純服」、昏禮及士冠禮「純衣」注以「絲衣」解之，雖不破字，亦是讀「紂」，以與他處注文可互見也。宋氏翔鳳發微謂「鄭讀緇卽緇布冠」；然鄭以「緇」爲黑繒，並無「緇布冠」之文。且以「緇布冠」代「麻冕」，而冕直廢棄不用，豈可通乎？不知宋君何以如此說？○注「孔曰」至「從儉」。○正義曰：後漢陳元傳注引此注作「何晏」。士冠禮記曰：「始冠，緇布之冠也。太古冠布，齊則緇之。」注：「重古始冠，冠其齊冠。」詩都人士云：「臺笠緇撮。」毛傳：「緇撮，緇布冠。」鄭箋：「都人之士以臺皮爲笠，緇布爲冠，古明王之時儉且節也。」則「緇布冠」是冠之儉者，今易之以純，純是黑繒，斷無儉於緇布冠之理。且「冕」與「緇布冠」，禮經所載，判然各別，而混而一之，可知作僞者之陋矣。純爲絲者，說文：「純，絲也。從系，屯聲。論語曰：『今也純，儉。』」此許解論語用本字，不煩破讀作「緇」，似爲僞孔所本。

拜下，禮也；今拜乎上，泰也。雖違衆，吾從下。」【注】王曰：「臣之於君行禮者，下拜然後升成禮。時臣驕泰，故於上拜。今從下，禮之恭也。」正義曰：「拜下」者，謂於堂下拜也。凌氏廷堪禮經釋例：「凡臣與君行禮，皆堂下再拜稽首，異國之君亦如之。」廷堪案：臣與君行禮，如燕禮、大射主人獻公，主人自酢於公，獻畢，二人媵爵于公，皆于阼階下，北面再拜稽首，立。司正安賓，司正升酌散，亦降階再拜稽首，此士大夫於諸侯也。覲禮郊勞行享，侯氏皆降階再拜稽首，此諸侯於天子也。士相見禮始見于君，士大夫則奠摯，再拜稽首。燕禮、大射命賓，賓再拜稽首，許諾。聘禮命使者，使者再拜稽首，辭。使者反命，賓介皆再拜稽首。覲禮賜侯氏舍，侯氏再拜稽首，亦皆拜于庭者，是臣與君行禮，皆堂下再拜稽首也。士相見禮若他邦之人，則使擯者還其摯，賓再拜稽首，受。聘禮賓覿，先請以臣禮見，入門右，北面奠幣，再拜稽首。介覿及士介覿，亦皆入門右，奠幣，再拜稽首。介送幣于中庭，再拜稽首。禮畢，主國之君勞賓介，賓介皆再拜稽首。歸饔餼，士介則北面再拜稽首。拜饔餼，皆再拜稽首。聘禮記若私獻，賓再拜稽首。公食大夫禮大夫納賓，賓入門左，公再拜，賓辟，再拜稽首。侑賓後，賓入門左，沒霤，北面再拜稽首。明日，賓拜賜拜食與侑幣，皆再拜稽首。此皆與異國之君行禮也。聘禮主君使卿郊勞，賓北面再拜稽首。使卿致館，賓再拜稽首。公食大夫禮使大夫戒賓，賓再拜稽首。此皆與異國之使者行禮，而尊其君命，故亦再拜稽首也。」又云：「凡君待以客禮，下拜則辭之，然後升成拜。廷堪案：臣與君行禮，皆拜于堂下，不辭，不升成拜，此全乎爲臣者也。若君以客禮待之，如燕禮、大射公舉媵爵爲賓舉旅行酬，賓降西階下再拜稽首。公命小臣辭，賓升成拜。注：『升成拜，復再拜稽首也。先時君辭之，於禮若未成然。』又賓媵觚于公，公爲士舉旅行酬，賓降洗，升，酌膳，降拜。小臣辭，賓升成拜，受酬者亦然。覲禮執圭行覿，『侯氏坐取圭，升，致命，王受之玉，侯氏降階，東、北面再拜稽首。擯者延之曰升，升成拜』。覲畢請罪，『王勞之，再拜稽首。擯者延之曰升，升成拜。王賜侯氏車服，侯氏降兩階之間，北面再拜稽首，升成拜』。注：『太史辭之降也。』此皆先拜於堂下，君使人辭之，復拜于堂上者也。又如燕禮、大射：『公舉媵爵爲賓舉旅行酬，公立卒觶，賓下拜，小臣辭，賓升，再拜稽首。』注：『不言成拜者，爲拜故下，實未拜也，下不輒拜，禮殺也。』又『賓升，酌膳觶，下拜，小臣辭，賓升，再拜稽首。』注：『下拜，下亦未拜。凡下未拜有二：或禮殺，或君親辭。君親辭，則聞命卽升，升乃拜，是以不言成拜。』燕禮：『賓媵觚于公，酌散，下拜，公降一等，小臣辭，賓升，再拜稽首。』大射：『數獲後，飲不勝者，若飲公，則侍射者降拜，公降一等，小臣正辭，賓升，再拜稽首。』此皆降而未拜，君辭之，卽升堂再拜稽首，故不云升成拜也。士相見禮若君賜之爵，則下席再拜稽首，受爵，但降席，不云降階者，指無算爵而言。燕禮、大射：『無算爵命所賜，所賜者興受爵，降席下奠爵，再拜稽首。』疏云：『旅酬以前受公爵，皆降拜，升成拜。至此不復降拜者，禮殺故也。』燕禮、大射賓媵觚于公，大射飲公，凡卒爵，皆于階上再拜稽首者，蓋前酌散之時，已降階拜，因君辭而升堂甫拜，故卒爵不復再降，亦殺其禮也。唯燕禮、大射將終之時，『公有命徹冪，則卿大夫皆降，西階下北面東上，再拜稽首。公命小臣辭，公答再拜，大夫皆辟』，此則君雖辭之，亦不復升拜。注謂『小臣辭，不升成拜，明將醉正臣禮』也。〔一〕凡此瑣節雖不同，皆君以客禮待之，故拜于堂上也。又案：以客禮待異國之臣亦然。公食大夫禮：『賓升，公當楣再拜，賓降西階東，北面答拜。擯者辭，賓栗階升，不拜，命之成拜階上，北面再拜稽首。』此先降階拜，異國之君，使人辭之，然後升成拜也。聘禮主君禮賓，『受幣降拜，公辭，升，再拜稽首』。私覿，賓授幣，『降階東，拜送，君降一等辭，栗階升，公西鄉，賓階上再拜稽首』。公食大夫禮賓祭正饌，賓祭加饌，公以束帛侑賓，賓皆降拜。公辭，賓升再拜稽首。此降階未拜，異國之君親辭之，卽升拜也。聘禮禮賓，公壹拜送，凡賓不降階上答再拜稽首。又賓不降壹拜受醴。公食大夫禮賓卒食，『揖讓如初，升，賓再拜稽首』。此皆拜于堂上，禮殺故也。又歸饔

〔一〕「將」原誤作「雖」，據儀禮大射注改。

儀,『大夫東面致命,賓降,階西再拜稽首。大夫辭,升成拜』。上介如賓禮。聘賓問卿,『賓東面致命,大夫降,階西再拜稽首。賓辭,升成拜』。此使者奉其君命,以客禮待異國之臣,故降拜,升成拜,亦如見其君也。至于公食大夫禮卒食後,『賓降,階東面再拜稽首,公降,再拜』。注:『答之也。不辭之,使升堂,明禮有終。』則賓降拜,公亦降拜,唯稽首與再拜不同,蓋待異國之臣,其禮有加焉爾。」案:凌說甚覈。當夫子時,君弱臣彊,凡應於堂下拜者,不復循臣禮之正,而皆拜乎堂上,故孔子非之。鄭此注云:「禮,臣之於君,酬酢受爵,當拜於堂下,時臣驕泰,故拜於堂上。」注所云「禮,指燕禮,舉一以例其餘耳。臣酌酒獻君曰酢,君酌酒答臣曰酬。燕禮所云公舉媵爵,爲賓舉旅行酬,又賓媵觚于公,公爲士舉旅行酬,即其禮也。酬酢授爵,當拜於堂下,及君辭,復升成拜。當時則於授爵之際,已拜於堂上,無復下拜,及君辭,復升,成拜之禮,故爲驕泰也。周官大祝:「九拜:一曰稽首。」賈疏:「稽首,臣拜君法。」「稽」與「䭫」同。說文手部:「擽,頭至地也。」頭至地即䭫首,拜中之一。許意據周官先言「稽首」,故舉一以該之。今隸變作「拜」。○注:「臣之於君行禮者,下拜然後升成禮。」○正義曰:「升」字從皇本補,邢疏申注亦有「升」字。「下拜」者,臣禮之正,其下拜,而君待以客禮,辭,復升成拜。或下未拜,君辭,乃升拜,皆禮之殺,非謂凡行禮,下拜者必升成拜也。注說未晰。

4 子絕四:毋意,【注】以道爲度,故不任意。毋必,【注】用之則行,舍之則藏,故無專必。毋固,【注】無可無不可,故無固行。毋我。【注】述古而不自作,處羣萃而不自異,唯道是從,故不有其身。正義曰:說文:「絕,斷絲也。」釋名釋言語:「絕,截也,如割截也。」言子有絕去四事,與人異也。公羊昭十二年疏:「子絕四者,備於鄭注。」今此注已佚。「毋」者，禁止之辭，毋卽絕也。說文云：「意，志也。從心音，察言而知意也。」段氏玉裁注：「意之訓爲測度。如論語『毋意』，『不億不信』，『億則屢中』，其字俗作億。」王氏引之經義述聞：「少儀『毋測未至』，注曰：『測，意度也。』毋意卽毋測未至也。」案：段、王說同。公羊傳：「伯于陽者何？公子陽生也。子曰：『我乃知之矣。』在側者曰：『子苟知之，何以不革？』曰：『如爾所不知何？』」何休注：「此夫子欲爲後人法，不欲令人妄億錯。」下引此文云云，卽是以意爲億度也。釋文：「意如字，或於力反，非。」於力之音，亦是讀億，陸不當以爲非也。莊氏存與說：「智毋意，先覺也；義毋必，義之與比也；禮毋固，時中也；仁毋我，與人爲善也。善則稱親，讓善於天也。」又云：「以億逆爲意而去之，是也；以擬議爲意而去之，非也。以適莫爲必而去之，是也；以果斷爲必而去之，非也。以窮固爲固而去之，是也；以貞固爲固而去之，非也。以足己爲我而去之，是也；以修己爲我而去之，非也。」

5 **子畏於匡，**【注】包曰：「匡人誤圍夫子，以爲陽虎，陽虎曾暴於匡。夫子弟子顏剋，時又與虎俱行，後剋爲夫子御，至於匡，匡人相與共識剋。又夫子容貌與虎相似，故匡人以兵圍之。」**曰：「文王既沒，文不在茲乎？**【注】孔曰：「茲，此也。言文王雖已死，其文見在此，此自謂其身。」**天之將喪斯文也，後死者不得與於斯文也；**【注】孔曰：「文王既沒，故孔子自謂後死。言天將喪此文者，本不當使我知之，今使我知之，未欲喪也。」**天之未喪斯文也，匡人其如予何？」**【注】馬曰：「其如予何者，猶言奈何我也。天之未喪此文，則我當傳之，匡人欲奈我何？言其不能違天以害己也。」正義曰：說文云：「畏，惡也。」廣雅釋詁：「畏，懼也，恐也。」夫子見圍於匡，有畏懼之意，猶孟子言有戒心也。人若因畏而死，亦稱畏。禮檀弓「死而不弔者三：畏，厭，溺」是也。史記孔子世家：「或譖孔子於衞靈公，孔子去衞，將適陳，過匡云云。五日，顏淵後，子曰云云。匡人拘孔子益急，弟子懼。孔子曰：『文王既没』，云云。」是孔子此語，爲解慰弟子之辭。江氏永先聖圖譜載此事於魯定十三年時，孔子年五十六也。「兹」者，有所指之辭。下兩言「斯文」，斯、兹同義。文、武之道，皆存方策，夫子周遊，以所得典籍自隨，故此指而言之。文在兹，卽道在兹，故孟子以孔子爲聞而知之也。天將喪斯文，文當湮没，〔一〕必不令夫子得之。「後死者」，夫子自謂後文王死也。後死者既與於斯文，是天未欲喪斯文可知。天未欲喪斯文，匡人必不能違天害己，致使斯文遺毁失也。○注「匡人」至「圍之」。○正義曰：匡邑見左氏傳，凡有數處。左僖十五年：「諸侯盟于牡丘，遂次于匡。」杜注：「匡在陳留長垣縣西南。」此匡爲衞邑也。文元年：「衞孔達侵鄭，取緜、訾及匡。」杜注：「匡在潁川新汲縣東北。」此匡爲鄭邑，衞取之也。又十一年：「叔孫彭生會晉郤缺于承筐。」杜注：「宋地，在陳留襄邑縣西。」此匡爲宋邑也。「子畏於匡」之匡，舊説不一。莊子秋水篇：「孔子遊於匡，宋人圍之。」釋文引司馬彪曰：「宋當作衞。匡，衞邑也。」案：莊子以匡爲宋邑，宋人卽匡人，不必改宋作衞。説苑雜言篇言：「孔子之宋匡，簡子將殺陽虎，孔子似之，因圍孔子。」亦以匡爲宋邑。史記世家言：「匡人圍孔子，孔子使從者爲甯武子臣於衞，然後得去。」則以匡爲衞邑。寰宇記謂長垣西十里有匡邑城，又襄邑西三十里有古匡城，皆爲子畏於匡地，蓋兩説並存。閻氏若璩釋地、顧氏棟高春秋大事表專主長垣，然以陽虎暴匡之事，求之衞、宋，皆無可考。毛氏奇齡四書賸言：「案：春秋傳公侵鄭取匡在定公六年，是時季氏雖在軍，不得專制。凡過衞不假道，反穿城而蹦其地，其令皆出自陽虎。是

〔一〕「文」原誤作「久」，據文義改。

虎實帥師，當侵鄭時，匡本鄭鄙邑，必欲爲晉伐取以釋憾，而匡城適缺，虎與僕顏尅就其穿垣而入之。世家：『顏尅曰：「昔吾入此，由彼缺也。」』琴操：『孔子到匡郭外，顏尅擧策指匡穿垣曰：「往與陽貨正從此入。」』此卽圍師入城之事。」案：毛說甚近理。此匡在文元年已爲衞所取，而不能得其田，故文八年「晉侯使解揚歸匡、戚之田于衞」，其後復屬鄭。至定六年，乃爲魯所取，然恐魯終不能有，則仍屬鄭耳。杜謂匡在新汲東北，而一統志云匡城在扶溝縣西，扶溝與新汲壤正相接，實一地矣。莊子言：「宋人圍孔子數匝，而絃歌不輟。幾何，將甲者進曰：『以爲陽虎也，故圍之。今非也，請辭退。』」韓詩外傳：「簡子將殺陽虎，孔子似之，帶甲以圍孔子舍，子路愠怒，奮戟將下，孔子止之曰：『由，何仁義之寡裕也！夫詩書之不習，禮樂之不講，是丘之罪也。吾非陽虎，而以我爲陽虎，則非丘之罪也，命也。子歌，我和若。』子路歌，孔子和之，三終而圍解。」此是當日實事，蓋感之以絃歌，不待自辨，而匡人已知其非陽虎矣。世家謂夫子使從者臣於寧武子，然後得去，此傳聞之誤。寧氏當獻公世已滅，而武子仕文、成之世，豈得與孔子時相值？世家此文，毫不足據。索隱又謂夫子再阨匡人，或設辭以解圍，或彈琴而釋難，分一事爲二，尤屬臆說。顏尅，世家作「顏刻」，弟子列傳無尅、刻名，但有顏高字子驕。惠氏棟九經古義疑「高」卽「尅」。王氏引之春秋名字解詁：「高乃亭之譌，亭、刻同聲，古字通用。」其說並是。

6 太宰問於子貢曰：「夫子聖者與？何其多能也？」【注】孔曰：「太宰，大夫官名。或吳或宋，未可分也。疑孔子多能於小藝。」子貢曰：「固天縱之將聖，又多能也。」【注】孔曰：「言天固縱大聖之德，又使多能也。」子聞之曰：「太宰知我乎？吾少也賤，故多能鄙事。君子多乎哉？不多也。」【注】包曰：「我少小貧賤，常自執事，故多能爲鄙人之事。君子固不當多也。」正義曰：鄭注云：「太宰是吳太宰嚭。」僞孔兼存吳、宋。方氏觀旭偶記：「鄭以爲吳太宰，蓋以夫子雖兩居宋，但一則年十九娶于亓官氏之女，時子貢猶未生，一則年五十六去衞後，過曹適宋，於時有桓魋拔樹之難，宜無冢卿向子貢私論夫子之聖。惟吳太宰則左氏傳哀七年『公會吳于鄫』時與子貢語，十二年『公會吳于橐皋』，時與子貢語，其秋『公會衞侯、宋皇瑗于鄖』時又與子貢語，故定爲吳太宰。史記孔子世家吳客聞夫子『防風氏骨節專車』，及『僬僥氏三尺』之語，於是曰：『善哉聖人！』是前此固有以夫子之多能爲聖者，亦吳人也。」案：說苑善說篇：「子貢見太宰嚭，太宰嚭問曰：『孔子何如？』對曰：『臣不足以知之。』太宰嚭曰：『子不知，何以事之？』對曰：『唯不知，故事之。夫子其猶大山林也，百姓足其材焉。』太宰曰：『子增夫子乎？』對曰：『夫子不可增也。夫賜其猶一累壤，以增大山，不益其高，且爲不知。』」此子貢與太宰嚭論述聖德之證，而太宰之爲吳太宰嚭益信。「縱」者，朱子集注云：「肆也，言不爲限量也。」李氏光地論語劄記：「說聖固是天縱，多能亦是天縱，子貢此言，可謂智足知聖，故夫子舍子貢之言，而但言『太宰知我』，明知我多能也。多能是鄙事，君子且不貴，況聖人乎？蓋避聖之名而示人以學聖之方也。」風俗通窮通篇引「固天縱之，莫盛於聖」，似以「縱之」爲句。皇本「太宰知我」下有「者」字。○注「太宰」至「小藝」。

○正義曰：鄭周官目録云：「冢，大也。宰者，官也。」又太宰注：「變冢言大，進退異名也。」先考典簿君秋槎雜記說：「天子六卿，冢宰亦曰太宰。宋備六卿，同於天子，魯則羽父求太宰，鄭有太宰石㚟，楚有太宰子商，蓋散位從卿，列國之僭制也。」謹案：散位從卿，卽是大夫，故此注以太宰爲大夫官名也。列子仲尼篇：「商太宰見孔子曰：『丘聖者與？』孔子曰：『聖則丘何敢？然則丘博學多識者也。』」宋是商後，故亦稱商。此注兼存吳、宋，或卽暗據列子之文。今不從者，商太宰是與夫子語，非問子貢，不若吳太宰親問子貢爲得實也。「疑孔子多能於小藝」者，正以禮樂是藝之大，不得爲鄙事，惟書數射御皆是小藝，太宰所指稱也。淮南子主術訓：「孔子之通，智過於萇弘，勇服於孟賁，足躡郊菟，力招城關，能亦多矣。」此時傳夫子多能之事。太宰以多能爲聖，但有美辭，無疑辭也。注亦微誤。○注：「言天固縱大聖之德，又使多能也。」○正義曰：注以「固天縱之將聖」爲句，亦通。大聖，卽將聖也。錢氏大昕潛研堂文集：「詩『有娀方將』〔一〕、『我受命溥將』之將，並訓爲大。然則將聖者，大聖也。」案：荀子堯問篇：「然則孫卿懷將聖之心。」亦謂大聖也。論衡實知篇子貢曰：「故天縱之將聖。」將者，且也，不言已聖，言且聖者，以爲孔子聖未就也。孔子從知天命至耳順，學就知明成聖之驗也。未五十、六十之時，未能知天命至耳順也，則謂之且矣。當子貢答太宰時，殆三十、四十之時也。案：「故」與「固」通，「將聖」，當從此注訓大聖。子貢初與太宰嚭語，在哀七年，夫子年六十五。至哀十二年，則已七十，而云在三十、四十之時，誤矣。○注「我少」至「多也」。○正義曰：居官則有府史或胥徒，用給繇役，不自執事也。夫子少小貧賤，始習爲之，故多能爲鄙人之事。周官遂人：「五鄰爲鄙。」荀子非相注：「鄙人，郊野之人也。」鄙卽是賤。下篇「鄙夫」訓同。「君子」者，則有德堪在位者也。

7 牢曰：「子云：『吾不試，故藝。』」【注】鄭曰：「牢，弟子子牢也。試，用也。言孔子自云我不見用，故多技藝。」

正義曰：此引弟子述孔子語，與前章「少賤」、「多能」語同，故類記之。○注：「牢，弟子子牢也。試，用也。」○正

〔一〕「有娀」原誤作「有娥」，據詩長發改。

義曰：莊子則陽篇「長梧封人問子牢」，子牢名僅見此。左昭二十年傳：「琴張聞宗魯死，將往弔之。仲尼曰：『齊豹之盜，而孟縶之賊，女何弔焉？』」杜注：「琴張，孔子弟子，字子開，名牢。」孔疏：「家語云：『孔子弟子琴張與宗魯友。』七十子篇云：『琴牢，衞人，字子開，一字張。』則以字配姓爲琴張，卽牢曰『子云』是也。賈逵、鄭衆皆以爲子張卽顓孫師。服虔云：『案：七十子傳云「子張少孔子四十餘歲」，孔子是時四十，知未有子張，鄭、賈之說不知所出。』」案：趙岐注孟子盡心亦以琴張爲子張，並沿舊說之誤。漢書古今人表有「琴牢」，王氏念孫讀書雜志以「琴牢」爲「琴張」之誤。云「人表所載，皆經傳所有。左傳及孟子皆作琴張，莊子作子琴張，無作琴牢者。琴牢字張，始見家語，乃王肅僞撰。後人據家語以改漢書。」其說良然。白水碑琴張、琴牢並列，此及左傳杜注皆爲家語所惑，不足憑也。自家語琴牢之名出，唐贈琴牢南陵伯，宋贈頓丘侯，改贈陽平侯，則皆由家語之說誤之矣。竊謂琴張非子張，服氏之辨最確。而子牢非琴張，則鄭此注最當。莊子則陽釋文引司馬彪云：「卽琴牢，孔子弟子。」與杜預同誤。史記仲尼弟子列傳無牢名，當是偶闕。云「試用」者，爾雅釋詁文，說文同。

8 子曰：「吾有知乎哉？無知也。【注】知者，知意之知也。知者言未必盡，今我誠盡。有鄙夫問於我，空空如也。我叩其兩端而竭焉。」【注】孔曰：「有鄙夫來問於我，其意空空然。我則發事之終始兩端以語之，竭盡所知，不爲有愛。」 正義曰：夫子應問不窮，當時之人，遂謂夫子無所不知，故此謙言「無知」也。釋文：「空空，鄭或作悾悾。」此與前篇「悾悾而不信」同。鄭彼注云：「悾悾，誠愨也。」大戴禮主言篇：「商慤，女憧，婦空空。」呂氏春秋下賢篇：「空空乎其不爲巧故也。」「空空」並卽「悾悾」。此鄙夫來問夫子，其意甚誠愨，故曰「空空如」。皇疏以爲虛空，非也。「叩」者，反問之也。因鄙夫力不能問，故反問而詳告之也。說文云：「訆，扣也。」段氏玉裁注引此文，似以「訆」卽「叩」字。鄭注云：「兩端，末也。」凡事物之始，皆起微末，故末有始義。說文：「耑，物初生之題也。」是也。焦氏循補疏：「此兩端，卽中庸『舜執其兩端，用其中於民』之兩端也。鄙夫來問，必有所疑，惟有兩端，斯有疑也。故先叩發其兩端，謂先還問其所疑，而後卽其所疑之兩端，而窮盡其意，使知所向焉。蓋凡事皆有兩端，如楊朱爲我，無君也，乃曾子居武城，寇至則去。墨子兼愛，無父也，乃禹手足胼胝，至於偏枯。一旌善也，行之則詐僞之風起，不行又無以使民知勸。一伸枉也，行之則刁訴之俗甚，不行又無以使民知懲。一理財也，行之則頭會箕斂之流出，不行則度支或不足。一議兵也，行之則生事無功之說進，不行則國威將不振。凡若是，皆兩端也。而皆有所宜，得所宜則爲中，孔子叩之，叩此也；竭之，竭此也。舜執之，執此也；用之，用此也。處則以此爲學，用則以此爲治，通變神化之妙，皆自此兩端而宜之也。」皇本「鄙夫」下有「來」字。據僞孔注，亦似有「來」字。○注「知者」至「誠盡」。○正義曰：皇疏云：「知謂有私意於其間之知也。聖人體道爲度，無有用意之知，故先問弟子云『吾有知乎哉』也，又云『無知也』，明己不有知意之知也，卽是無意也。」

9 子曰：「鳳鳥不至，河不出圖，吾已矣夫！」【注】孔曰：「聖人受命，則鳳鳥至，河出圖。今天無此瑞，吾已矣夫者，傷不得見也。河圖，八卦是也。」正義曰：說文云：「鳳，神鳥也。」毛詩卷阿傳：「雄曰鳳，雌曰凰。」此對文，若散文通稱鳳。大戴記曾子天圓篇：「羽蟲之精者曰鳳。」是也。鄭注尚書顧命曰：「河圖，圖出於河，帝王聖者之所受。」不言圖爲何物，及所出之形。左傳序疏引鄭說：「河圖洛書，龜龍銜負而出。」此依中候握河紀爲言。宋氏翔鳳以疏上文引論語，則此鄭說當爲論語注也。漢書董仲舒傳對策曰：「故爲人君者，正心以正朝廷，正朝廷以正百官，正百官以正萬民，正萬民以正四方。四方正，遠近莫敢不壹於正，而亡有邪氣奸其間者，是以陰陽調而風雨時，羣生和而萬物殖，五穀熟而屮木茂，天地之閒被潤澤而大豐美，四海之内聞盛德而皆徠臣，諸福之物，可致之祥，莫不畢至，而王道終矣。孔子曰：『鳳鳥不至，河不出圖，吾已矣夫！』自悲可致此物，而身卑賤不得致也。」是董以夫子此歎，爲己不得受命之故。易坤鑿度：「仲尼偶筮其命，得旅，泣曰：『天也命也！鳳鳥不至，河無圖至，嗚呼！天命之也。』歎訖而後息志。」〔一〕與仲舒說同。又漢書儒林傳：「周道既衰，壞於幽、厲，禮樂征伐自諸侯出，陵夷二百餘年而孔子興，以聖德遭季世，知言之不用而道不行，迺歎曰：『鳳鳥不至』云云。」此以「吾已矣夫」爲己不逢明君，與董氏異，當由古、魯不同。故論衡問孔篇解此文，即備二義，其實後一義勝也。孔子世家載此文於「西狩獲麟」後。○注「聖人」至「是也」。○正義曰：「受命」謂受天之命，躬致王也。鳳鳥至，爲聖王之瑞。故尚書言「簫韶九成，鳳凰來儀」，左傳言「少皞氏鳳鳥適至」，周語言「周之興，鸑鷟鳴于岐山」，賈逵解詁以爲鸑鳳別名，則知上古之時鳳常至也。淮南子繆稱訓：「昔二皇鳳凰至於庭，三代至乎門，周室至乎澤。德彌麤，所至彌遠；德彌精，所至彌近。」是鳳鳥至爲聖瑞也。易稽覽圖：「孔子曰：『天之將降嘉瑞，應河水青三日。青四日，青變爲赤，赤變爲黑，黑變爲黃，各各三日，河中水安，井天乃清明，圖乃見。』」又云：「夜不可見，水中赤，煌煌如火，英圖書虵皆然也。」又坤靈圖：「聖人受命，瑞應先見于河。」是河出圖爲聖瑞也。書顧命有河圖，與大玉、夷玉、天球並

〔一〕「訖」原誤作「息」，據易坤鑿度改。

列東序，當是玉石之類自然成文。此元命炎之說，最近事理者也。云「河圖八卦」者，書顧命某氏傳：「河圖八卦，伏羲王天下，龍馬出河，遂則其文以畫八卦，謂之河圖。」孔疏：「漢書五行志劉歆以爲伏羲氏繼天而王，受河圖，則而畫之，八卦是也。易繫辭云：『伏羲氏仰則觀象于天，俯則觀法于地，觀鳥獸之文與地之宜，近取諸身，遠取諸物，于是始作八卦。』都不言法河圖。此言河圖者，蓋易理寬宏，無所不法，直如繫辭之言，取法已自多矣。亦何妨更法河圖也？且繫辭又云：『河出圖，洛出書，聖人則之。』若八卦不則河圖，餘復何所取也。」王氏鳴盛尚書後案：「蓋八卦是伏羲所受河圖，而河圖不止是八卦，書傳所載古帝王，如黃帝、堯、舜、禹、湯，皆受河圖，亦不獨一伏羲。」由書疏、後案說推之，河圖文不皆具八卦，此特假伏羲事言之耳。姚信易注：「連山氏得河圖，夏人因之曰連山；歸藏氏得河圖，商人因之曰歸藏；伏羲氏得河圖，周人因之曰周易。」此略本山海經，足知三易多法河圖矣。

10、子見齊衰者、冕衣裳者與瞽者，見之，雖少，必作；過之，必趨。【注】包曰：「冕者，冠也，大夫之服。瞽，盲也。作，起也。趨，疾行也。此夫子哀有喪，尊在位，恤不成人。」正義曰：「見」謂目所接遇，非以禮往來也。前言「見」，後復言「見之」者，稱「見之」與「過之」，文相儷也。說文：「齌，緶也。從衣，齊聲。」廣雅釋詁：「齌，緶也。」「齌」、「齋」同，古字本作「齊」。釋名釋喪制云〔一〕：「齊，齊也。」言緝其衣裳之邊際而整齊之也是也。喪服記：「衰長六寸，博四寸。」說文：「縗，喪服衣，〔二〕長六寸，博四寸，直心。從糸，衰聲。」是「衰」即「縗」省。論語釋文：「衰，七雷反。」其

〔一〕下「釋」字原脫，據釋名補。 〔二〕「喪」字原脫，據說文補。

字或從糸作「縗」，與說文合。賈公彥喪服記疏：「衰綴於衣，衣統名爲衰。」通典引雷次宗說：「衰者，當心六寸布也，在衣則衣爲衰，在裳則裳爲衰。男子離其衣裳，故衰獨在衣上；婦人同爲一服，故上下共稱也。」喪服記：「凡衰外削幅，裳內削幅。」言「凡」者，明五服皆有衰也。外削服者，言縫之邊幅向外也。內削幅者，言縫之邊幅向內也。據禮，齊衰有三年、杖期、不杖期、三月之異，所謂「四齊」也。江氏永鄉黨圖考：「案五服一斬四齊，第言『見齊衰』者，舉齊以兼斬也。」由江說推之，則此文「齊衰」亦當兼斬言。喪服傳：「斬者何？不緝也；齊者何？緝也。」斬衰服重，齊衰服輕，論語是舉輕以該重矣。釋文：「冕音免。鄭本作弁，云『魯讀弁爲絻，今從古』。」陳氏鱣古訓：「說文：『覍，冕也。從皃，象形。弁或覍字。冕，大夫以上服也。從冃，免聲。絻，或從糸。』蓋古論作覍，魯論作冕，字本相似也。」案：周官司服：「卿大夫之服，自玄冕而下如孤之服。士之服，自皮弁而下如大夫之服。」此上下通制，故侯國同之。冕、弁各異，說文以「冕」訓「覍」者，散文或通稱也。鄭依古論作「弁」者，「冕」、「弁」義雖兩通，但言「弁」可以該「冕」，言「冕」不可以該「弁」，猶之「齊衰」，言「齊」可該斬，若言斬則不得該齊也。白虎通紼冕篇：「弁之爲言攀也，所以攀持其髮也。」鄭注士冠禮云：「弁名出於槃。槃，大也，言所以自光大也。」任氏大椿弁服釋例：「士冠禮疏：『冕者，俛也。低前一寸二分，故得冕稱。其爵弁則前後平，故不得冕名。』」案：爵弁既以弁名，則其狀當似弁，不特弁下無旒，及前後延平，異於冕也。考釋名：「弁如兩手相合抃時也。以爵韋爲之，謂之爵弁；以鹿皮爲之，謂之皮弁；以韎韋爲之，謂之韋弁也。」然則此三弁，皆作合手狀矣。其延下當上銳下圜。案：雜記：「大夫冕而祭於公，士弁而祭於公。」又禮運：「冕弁兵革藏於私家，非禮也。」是冕弁皆藏公所，大夫士行禮時，於公所取服之。故孟子以夫子去魯，不稅冕而行爲微罪，明助祭後，當稅冕仍藏公所也。曾子問：「尸弁冕而出，卿大夫士皆下之，尸必式。」「出」謂出廟門，非謂出大門在道上也。若然，夫子得見冕衣裳者，意卽在公時所見。其過之，謂行出其前也。閻氏若璩釋地三續、汪氏中經義知新記並謂「夫子見冕衣裳，是見其人當服此者，不必真見其服」，非也。錢氏大昕潛研堂文集亦疑冕是祭服，非夫子燕居所見，遂據魯論作「絻」，以「冕」卽「絻」之譌，「絻」與「免」同。士喪禮：「衆主人免于房。」喪服記：「朋友皆在他邦，袒免。」先儒以爲免象冠，一寸，用麻布爲之。齊衰，服之重者；絻，服之輕者。舉其至重與至輕者，而五服統之。古論作「弁」，疑卽司服所云「弔事之弁絰服」，鄭彼注云：「弁絰者，如爵弁而素，加環絰也。」此以「冕」爲「絻」譌。絻與齊衰，同爲喪服，亦是彊別爲義，不必與經旨相應也。裳者，在下之服。毛詩七月傳：「上曰衣，下曰裳。」說文：「常，下裠也。裳、常或從衣。」於禮玄冕爵弁服皆紂衣纁裳，皮弁服素衣素裳，韋弁服則衣韎韋，裳或朱或素也。「少」，謂年少也。史記孔子世家：「見齊衰、瞽者，雖童子必變。」以童子爲少者，此安國故也。禮，四十始仕，此童子得服冕或弁者，春秋時，世卿持位，不嫌有年少已貴仕也。皇本「少」下有「者」字，宋石經「趨」作「趍」。○注「冕者」至「行也」。○正義曰：說文云：「冕，大夫以上冠也。」司服云：「公之服，自衮冕而下如王之服；侯伯之服，自鷩冕而下如公之服；子男之服，自毳冕而下如侯伯之服；孤之服，自希冕而下如子男之服；卿大夫之服，自玄冕而下如孤之服。」是大夫有玄冕。玄者，衣無文，裳刺黻而已。瞽爲盲者。說文：「瞽，目但有眹也。眹，目精也。」鄭司農周官注云：「無目眹謂之瞽。」與許異者，蓋「瞽」有二：一是有眹而無眸，一是並眹無之。許、鄭各據一義也。釋名釋疾病云：〔一〕今謂之眼珠。又「盲，目無牟子也」。牟子，今謂之瞳人。許意「瞽」、「盲」二字同義，皆是有眼珠而無牟子。

〔一〕下「釋」字應脫，據釋名補。

「瞽，鼓也，瞑瞑然目平合如鼓皮也。」與司農合。「作、起」，見說文。鄉黨「必變色而作」，先進「舍瑟而作」，訓並同。說文：「趨，走也。」釋名釋姿容云：「〔一〕兩脚進曰行，徐行曰步，疾行曰趨。」爾雅釋宮：「門外謂之趨。」門外行，可疾走也。曲禮鄭注云：「行而張足曰趨。」

11 顏淵喟然歎曰：【注】喟，歎聲。「仰之彌高，鑽之彌堅。【注】言不可窮盡。瞻之在前，忽焉在後。【注】言恍惚不可爲形象。夫子循循然善誘人，【注】循循，次序貌。誘，進也。言夫子正以此道進勸人，有所序。博我以文，約我以禮，欲罷不能。既竭吾才，如有所立卓爾。雖欲從之，末由也已。」【注】孔曰：「言夫子既以文章開博我，又以禮節節約我，使我欲罷而不能，已竭我才矣。其有所立，則又卓然不可及，言己雖蒙夫子之善誘，猶不能及夫子之所立。」

正義曰：「仰」者，說文：「仰，舉也。」廣雅釋詁：「卬，嚮也。」「卬」與「仰」同，謂舉向上也。「彌」，說文作「镾」，云「久長也」。儀禮士冠禮注：「彌，益也。」「鑽」者，說文云：「鑽，所以穿也。」漢嚴發碑：「鑴堅仰高。」「鑽」作「鑴」，當由齊、古文異。「堅」者，爾雅釋詁：「堅，固也。」論衡恢國篇解此二句云：「此言顏子學於孔子，積累歲月，見道彌深也。」「瞻」者，爾雅釋詁：「瞻，視也。」「忽」者，左傳：「其亡也忽焉。」杜注：「忽，速貌。」「瞻之在前」，謂夫子道若可見也；「忽焉在後」，謂終不可見也。邢本、集注本「忽焉」作「忽然」，誤。「循循」或作「恂恂」，後漢書趙壹傳：「失恂恂善誘之德。」注引論語「夫子恂恂然善誘人」。又李膺傳注、三國志步隲傳、孟子明堂章章指引文並同。又蔡邕姜伯淮碑、

〔一〕下「釋」字原脫，據釋名補。

後漢郭泰傳論、宋書禮志載晉袁瓌疏、南史王琳傳、魏書高允傳、賈思伯傳、隋書煬帝紀用此文，亦作「恂恂」，其趙壹傳注先引論語，復云「恂恂，恭順貌」，與鄭注鄉黨「恂恂，恭愼貌」同。故翟氏灝考異、馮氏登府異文考證、臧氏庸鄭注輯本並以「恭順」之訓亦本鄭氏，則謂鄭本作「恂恂」矣。博文、約禮，卽善誘之法。先博文，後約禮，所謂循循也，顏子之所仰、所鑽者也。「罷」者，孫綽云：「猶罷息也。」「才」者，能也。「卓爾」者，說文：「卓，高也。卓，古文卓。」漢韓勑修孔廟禮器碑「逴彌之思」，錢氏大昕養新録謂卽論語「卓爾」，此亦齊、古異文。鄭注云：「卓爾，絶望之辭。」絶望者，言絶於瞻望也。此探下文「欲從」、「末由」爲義。法言學行篇：「顏不孔，雖得天下，不足以爲樂，然亦有苦乎？曰：顏苦孔之卓之至也。或人瞿然曰：茲苦也，祇其所以爲樂也與！」是「卓爾」，乃言夫子之道極精微者，不敢必知，不可灼見，故以「如有」形之。韓詩外傳孔子與子夏論書云：「丘嘗悉心盡志，已入其中，前有高岸，後有深谷，泠泠然如此，既立而已矣。不能見其裏，蓋謂精微者也。」外傳所云「既立」，與此文所言「立」同。孟子盡心篇：「公孫丑曰：『道則高矣，美矣，似不可及也，何不使彼爲可幾及而日孳孳也？』孟子曰：『大匠不爲拙工改廢繩墨，羿不爲拙射變其彀率。君子引而不發，躍如也。中道而立，能者從之。』」「中道而立」，亦謂道之高者、美者，與此文言「立」義亦同也。「能者從之」，明不能者難以從之，卽此所言「欲從」、「末由」也。春秋繁露二端云：「小大、微著之分也，夫覽求微細於無端之處，誠知小之將爲大也，微之將爲著也。吉凶未形，聖人所獨立也，雖欲從之，末由也與，此之謂也。」按董所言，亦以「欲從」者，欲從夫子之所立也。聖不可及，故聖但獨立。姚氏配中一經廬文鈔：「道也者，萬物之奧，所以變化而凝成萬物，使各終其性命者也。是以仁者見之謂之仁，知者見之謂之知，百姓日用而不知。其爲道也屢遷，變動不居，周流六虛，上下无常，剛柔相易，不可爲曲要，唯變所適，此則道之權也。知變化之道者，知神之所爲，其唯聖人乎？知進退、存亡而不失其正者，其唯聖人乎？故孔子曰『可與立，未可與權』；『神而明之，存乎其人』；『苟非其人，道不虛行』。唯聖人則巽以行權。巽，入也，精義入神以致用。巽，伏也，寂然不動，感而遂通天下之故。所謂『龍蛇之蟄以存身』，至精者也，至變者也，至神者也，聖人之所以極深而研幾也。」案：姚氏之論，聖道精矣。夫子「七十從心所欲，不踰矩」，從心所欲，卽變動不居之謂。孟子言「大」、「化」、「聖」、「神」，皆是其詣意。顏子此言，所以窺聖道者，在此時矣。道不外學，學不外禮，夫子十五志學，三十而立，志學卽博文也，立卽立於禮也，亦卽約禮也。如有所立卓爾，謂禮之所立，無非道也。顏子於博、約之教，服習既久，故舉其所已知者以自明，求其所未知者以自勉。莊子田子方篇：「顏淵曰：『夫子步亦步，夫子趨亦趨，夫子馳亦馳，夫子既奔逸絕塵，而回瞠若乎後矣！』」「奔逸絕塵」，則夫子之「所立卓爾」也。「回瞠若後」，則「欲從」、「末由」也。惟欲從末由，故仰、鑽既竭，而彌高、彌堅也。在前可瞻，而忽焉在後也，此顏子之未達一閒也。然雖欲從末由，而終是欲罷不能，故夫子又言回「吾見其進，未見其止矣」。「末由」，史記世家作「蔑繇」，「蔑」、「末」聲轉，「繇」、「由」今古文異。○注：「喟，歎聲。」○正義曰：說文：「喟，大息也。」或作「嘳」。「歎，吟也。」顏子贊美聖道，自以竭力學之，終不可幾及，故有此歎。○注：「言不可窮盡。」○正義曰：皇疏引孫綽曰：「夫有限之高，雖嵩、岱可陵；有形之堅，雖金、石可鑽。若乃彌高、彌堅，鑽、仰所不逮，故知絕域之高堅，未可以力至也。」○注：「言恍惚不可爲形象。」○正義曰：說文：「怳，狂皃。」引申爲無定之辭。「恍」卽「怳」俗。老子道經：「道之爲物，惟怳惟忽。」「惚」亦「忽」俗。○注「循循」至「所序」。○正義曰：說文：「循，順行也。」順行則有次序，注就本字爲訓，亦得通也。「誘」，說文：「𧦝，相訹呼也。從厶羑。誘，或從言秀。」詩野有死麕傳〔一〕：「誘，道也。」〔二〕「道」與「導」同。

學記云：「故君子之善喻也，道而弗牽。」又云：「道而弗牽則和。」繁露基義云：「凡有興者，稍稍上之，以遜順往，使人心說而安之，無使人心恐。」即進勸人法也。

12 子疾病，【注】包曰：「疾甚曰病。」子路使門人爲臣。【注】鄭曰：「孔子嘗爲大夫，故子路欲使弟子行其臣之禮。」病閒，曰：「久矣哉，由之行詐也！【注】孔曰：「少差曰閒。言子路久有是心，非今日也。」無臣而爲有臣。吾誰欺？欺天乎？且予與其死於臣之手也，無寧死於二三子之手乎！【注】馬曰：「無寧，寧也。二三子，門人也。就使我有臣而死其手，我寧死於弟子之手乎！」且予縱不得大葬，【注】君臣禮葬。予死於道路乎？」【注】馬曰：「就使我不得以君臣禮葬，有二三子在，我寧當憂棄於道路乎？」

正義曰：爾雅釋詁：「詐，僞也。」說文：「詐，欺也。」無臣而爲有臣，「爲」即是僞，謂無臣而僞有臣也。考士喪禮，雖有夏祝、商祝、御者、徹者、擯者、奠者之屬，皆暫時司其事者，謂之有司，本不爲臣，今用大夫禮，是僞有臣也。僞所以爲欺，故曰「吾誰欺？欺天乎」？皇疏云：「天下人皆知我無臣，則人不可欺，今日立之，此政是遠欲欺天，故云欺天乎？」鄭注云：「大夫退死，葬以士禮；致仕，以大夫禮葬。」案：年老歸政曰致仕，其爵未失，故從大夫禮葬。若大夫退，是君疏斥己，或己避位弗仕，既去大夫之位，則不得以大夫禮葬，故宜以士禮葬也。王制云：「大夫廢其事，終身不仕，死以士禮葬之。」是也。夫子去魯是退，當以士禮葬。今子路用大夫之禮，故夫子責之。宋氏翔鳳鄭注輯本云：「按此爲孔子未反魯事，故有『死於道路』之語。」蓋孔子自知必

〔一〕「野有死麕」原誤作「摽梅」，據毛詩改。 〔二〕「誘」下原衍「進」字，據詩傳刪。

反魯也。」今案：此當是魯以幣召孔子，孔子將反魯，適於道路中得疾也。「大葬」，謂魯復用己，以大夫禮葬也。夫子言己雖未必復見用，以禮大葬，亦當得歸魯，不致死於道路。所以然者，以天未喪斯文，必將命以制作以教萬世，故決不死於道路，亦兼明子路豫凶事爲過計也。○注：「疾甚曰病。」○正義曰：說文：「病，疾加也。」加、甚義同。鄭此注云：「病謂疾益困也。」○注：「孔子嘗爲大夫，故子路欲使弟子行其臣之禮。」○正義曰：夫子仕魯爲司寇，是大夫也。及去魯，以微罪行，宜降用士禮。今子路尊榮夫子，欲用大夫喪葬之禮，故使門人爲臣助治之。○注：「少差曰閒。」○正義曰：方言：「差、知，愈也。南楚病愈者謂之差，或謂之閒。」郭注：「閒，言有閒隙。」文王世子：「文王有疾，旬有二日乃間。」注：「間，猶瘳也。」○注：「就使我有臣而死其手，我寧死弟子之手乎！」○正義曰：有臣死於臣手，禮也。夫子願死於弟子手者，以弟子情益親也。故皇疏云：「在三事同，若以親察而言，則臣不及弟子也。」又云：「臣禮就養有方，有方則隔；弟子無方，無方則親也。」○注「就使」至「路乎」。○正義曰：大葬，謂用大夫禮葬也。大夫稱「君」者，對臣言之。有二三子在，不憂棄於道路，明二三子亦能葬其師，不必迫以君臣之義也。

13 子貢曰：「有美玉於斯，韞匵而藏諸？求善賈而沽諸？」【注】馬曰：「韞，藏也。匵，匱也，謂藏諸匱中。沽，賣也。得善賈，寧肯賣之耶？」子曰：「沽之哉！沽之哉！我待賈者也。」【注】包曰：「沽之哉，不衒賣之辭。我居而行賈。」　正義曰：君子於玉比德。時夫子抱道不仕，故子貢借美玉以觀夫子藏用之意。「善賈」，喻賢君也。雖有賢君，亦待聘乃仕，不能枉道以事人也。釋文：「匵，本又作櫝。」通用字。物茂卿論語徵云：「善賈者，賈人之善者也。賈音古。」先典籌君秋槎雜記：「儀禮聘禮：『賈人西面坐，啟櫝取圭。』注：『賈人，在官知物價者。』古人重玉，凡用玉必經賈人，況鬻之乎？昭十六年左傳：『宣子有環，其一在鄭商。韓子買諸賈人，既成賈矣。』此沽玉必經賈人之證。」謹案：論語釋文：「善賈，音嫁，一音古。」是舊讀賈有古音，卽賈人也。說文：「賈，市也。」段氏玉裁注：「賈者，凡買賣之稱也。引伸之，凡賣者之所得，買者之所出，皆曰賈。俗又別其字作『價』，別其音入禡韻，古無是也。」竊謂下句「待賈」，亦謂待賈人。白虎通商賈篇：「商之爲言商也。商其遠近，度其有無，通四方之物，故謂之商也。賈之爲言固也。固其有用之物，以待民來，以求其利者也。行曰商，止曰賈。易曰：『先王以至日閉關，商旅不行。』論語曰：『沽之哉！我待價者也。』」白虎通引論語，以證「止賈」亦當作「待賈」，今作「待價」，明爲後人所改矣。「沽」，漢石經俱作「賈」，見東觀餘論。段氏以買賣皆可云「賈」，「沽」是假借字。玉篇引「求善賈而夃諸」，說文云：「秦以市買多得爲夃。」則作夃亦通。此當出齊、古異文。羣經音辨四：「論語『沽之哉』，鄭康成亦音故。」此就鄭義爲音。○注「韞藏」至「匱中」。○正義曰：鄭注云：「韞，裹也。匵，匱也。」卽本馬注。「裹」、「藏」同義。「韞」既訓「藏」，經下文又言「藏」者，古人自有複語，若詩「采采芣苢，薄言采之」，上下句皆言「采」矣。說文：「匵，匱也。匱，匣也。」今俗別作「櫃」。○注「沽之」至「待賈」。○正義曰：太平御覽珍寶部三引鄭此注云：「寧有自衒賣之道乎？我居而待價者。」與包此注同。「沽之哉」，乃反言以決絕之辭，明沽是衒賣也。皇疏引王弼曰：「重言『沽之哉』，賣之不疑也。」此與包、鄭義異，似亦通也。說文：「衒，行且賣也。從行從言。衒、衙或從玄。」〔一〕顏師古漢書東方朔傳注：「衒，行賣也。」包、鄭均云「居而行賈」，〔二〕亦似音古。御覽引鄭作「待價」，字之誤。

〔一〕「衒」下「衙」字原脫，據說文補。

〔二〕「行」原誤作「待」，據上包注改。

14 子欲居九夷。或曰：「陋，如之何？」子曰：「君子居之，何陋之有？」【注】馬曰：「九夷，東方之夷，有九種。君子所居則化。」

正義曰：子欲居九夷，與乘桴浮海，皆謂朝鮮。夫子不見用於中夏，乃欲行道於外域，則以其國有仁賢之化故也。說見前「浮海」疏。後漢書東夷列傳：「昔箕子違衰殷之運，避地朝鮮。始其國俗未有聞也，及施八條之約，使人知禁，遂乃邑無淫盜，門不夜扃，回頑薄之俗，就寬略之法，行數百千年，故東夷通以柔謹爲風，異乎三方者也。苟政之所暢，則道義存焉。仲尼懷憤，以爲九夷可居，或疑其陋。子曰：『君子居之，何陋之有？』亦徒有以焉爾。」此本前漢地理志，而意更顯。九夷者，夷有九種，朝鮮特九夷之一。淮南齊俗訓謂「泗上十二諸侯，率九夷以朝」。越王勾踐，惟九夷在東，故泗上諸侯得以率之。戰國秦策：「楚包九夷。」魏策：「楚破南陽九夷，內沛，許、鄢陵危。」史記李斯傳：「惠王用張儀之計，南取漢中，包九夷，制鄢、郢。」索隱曰：「九夷即屬楚之夷也。」呂氏祖謙大事記據索隱說，以爲孔子在陳、蔡，相去不遠，所以有欲居九夷之言。案：呂氏誤也。南方曰蠻，其稱夷、稱九夷者，皆假借稱之。況楚地之夷，其風俗獷悍，至今猶然，則正或人所譏，夫子不應欲居之矣。「陋」者，言其地僻陋，人不知禮儀也。何異孫十一經問對：「箕子受封於朝鮮，能推道訓俗，教民禮義田蠶，至今民飲食以籩豆爲貴，衣冠禮樂，與中州同，以箕子之化也。『君子居之』，指箕子言，非孔子自稱爲君子。」○注「九夷」至「則化」。○正義曰：皇疏云：「東有九夷：一玄菟，二樂浪，三高麗，四滿飾，五鳧更，六索家，七東屠，八倭人，九天鄙，皆在海中之夷。玄菟、樂浪、高麗，皆朝鮮地。」後漢東夷傳：「夷有九種：曰畎夷，干夷，方夷，黃夷，白夷，赤夷，玄夷，風夷，陽夷，故孔子欲居之也。」此謂夷之九種，凡在海中及居中國，皆得名之，與皇疏所指略異。蓋皇疏以地言，漢傳以類言也。爾雅釋地：「九夷、八狄、七戎、六蠻謂之四海。」白虎通禮樂篇：「東所以九何？蓋來過者九，九之爲言究也。德徧究，故應德而來亦九也。非故爲之，道自然也。」孟子盡心篇：「君子所過者化，所存者神。」故君子居之，則能變其舊俗，習以禮儀，若泰伯君吳，遂治周禮也。

15 子曰：「吾自衛反魯，然後樂正，雅、頌各得其所。」【注】鄭曰：「反魯，哀公十一年冬，是時道衰樂廢，孔子來還乃正之。故雅、頌各得其所。」

正義曰：皇本「反」下有「於」字。「雅」者，正也。所以正天下也。周室西都，爲政治之所自出，故以其音爲正而稱雅焉。至平王東遷，政教微弱，不能復雅，故降而稱風。風、雅皆以音言。「頌」者，容也，以舞容言之也。蓋風、雅但絃歌笙閒，惟三頌始有舞容，故稱頌。此阮氏元釋頌義。孔子正樂，兼有風、雅、頌，此不及風者，舉雅、頌則風可知。○注「鄭曰」至「其所」。○正義曰：皇本此注作「包曰」。反魯，在哀十一年冬，見左氏傳，時孔子年六十九。後漢書范升傳奏曰：「詩、書之作，其來已久。孔子尚周流遊觀，至於知命，自衛反魯，迺正雅、頌。」以正樂爲在知命時，誤也。鄉飲酒禮注云：「後世衰微，幽、厲尤甚。禮樂之書，稍稍廢棄。孔子曰：『吾自衛反於魯』云云，謂當時在者而復重雜亂者也，惡能存其亡者乎？」周官太師先鄭注亦云：「時禮樂自諸侯出，頗有謬亂不正，孔子正之。」則二鄭皆以雅、頌得所爲整理其篇第也。毛氏奇齡四書改錯不從鄭說，謂正樂非正詩。又云：「正樂，正樂章也，正雅、頌之入樂部者也。部者，所也。如鹿鳴一雅詩，奏於鄉飲酒禮，則鄉飲酒禮其所也。又用之鄉射禮、燕禮，則鄉射、燕禮亦其所也。然此三所，不止鹿鳴，又有四牡、皇皇者華兩詩，則以一雅分數所，與聯數雅合一所，總謂之『各得其所』。乃從而正之，則先正諸雅之在諸所者，並正此雅之錯入他所，與他雅之錯入此所者，皆謂之正雅。惟頌亦然。清廟祀文王，則祀文其所也。然而祭統謂『大嘗、禘，歌清廟』，則嘗、禘又其所。又且文王世子謂天子養老，登歌清廟，而仲尼燕居且謂清廟者，兩君相見之樂歌，則養老與君相見禮無非其所。此必夫子當時專定一書，合統諸節目，正其出入，如漢後樂録名色，而今不傳矣。玆但就雅、頌二詩之首，約略大概如此。若其他雜見，如肆夏爲時邁一詩，饗禮，天子所以享元侯，而祭禮謂大祭迎尸。采蘋、采蘩，燕禮用之，而射義謂大夫以采蘋爲射節，士以采蘩爲射節。祭禮祀文以雍徹，而仲尼燕居謂大饗賓出亦以雍徹。大武舞勺又舞象，勺即酌詩，象即維清詩，而內則入學，亦復十三舞勺，成童舞象。是樂各有所眞，有不如是而必不可者，所謂正也。」毛氏之論，視鄭爲覈。包氏慎言敏甫文鈔以雅、頌爲音，與毛又異，而義亦通。今都録其說云：「論語『雅、頌』以音言，非以詩言也。樂正而律與度協，聲與律諧，鄭、衛不得而亂之，故曰得所。詩有六義：曰風，曰賦，曰比，曰興，曰雅，曰頌。而其被之於樂，則雅中有頌，頌中有雅，風中亦有雅、頌。詩之風、雅、頌以體別，樂之風、雅、頌以律同，本之性情，稽之度數，協之音律，其中正和平者，則俱曰雅、頌焉云爾。揚雄法言曰：『或問：五聲十二律也，或雅或鄭，何也？曰：中正爲雅，多哇爲鄭。請問本。曰：黄鍾以生之，中正以平之，確乎鄭、衛不能入也。』由是言之，樂有樂之雅、頌，詩有詩之雅、頌，二者固不可比而同也。七月，邠風也，而籥章吹以養老息物則曰雅，吹以迎送寒暑則曰頌。一詩而可雅可頌，邠風然，知十五國亦皆然也。大戴禮投壺云：『凡雅二十六篇。鹿鳴、貍首、鵲巢、采蘩、采蘋、白駒、伐檀、騶虞，八篇可歌。』鵲巢、采蘩、采蘋、伐檀、騶虞，此五篇，皆風也，而名之爲雅者，其音雅也。投壺又云：『八篇廢，不可歌；七篇商、齊，可歌。』商，頌也；齊，風也，而皆曰雅。由是言之，雅、頌者，通名也。漢杜夔傳『雅樂四曲』，有『鹿鳴、伐檀、騶虞、文王』，墨子謂『騶虞爲文王之樂』，與武、勺並稱，則風詩之在樂，可名雅，而又可名頌矣。淮南泰族訓曰：『雅、頌之聲，皆發於辭，本於情，故君臣以睦，父子以親。故韶、夏之樂也，聲平金石，潤乎草木。』然則韶、夏亦云雅、頌，豈第二雅三頌之謂哉？又曰：『言不合乎先王者，不可以爲道；音不調乎雅、頌者，不可以爲樂。』然則雅、頌自有雅、頌之律，性情正，音律調，雖風亦曰雅、頌。性情不正，音律不調，卽雅、頌亦不得爲雅、頌。後世非無雅、頌之詩，而不能與雅、頌並稱者，情乖而律不調也。太史公樂書曰：『凡作樂者，所以節樂。君子以謙退爲禮，減損爲樂，其如此也。以爲州異國殊，情習不同，故博采風俗，協比聲律，以補短移化，助流政教。天子躬於明堂臨觀，而萬民咸滌蕩邪穢，斟酌飽滿，以飾厥性。故云雅、頌之音理而民正。』夫州異國殊，風也。天子博采而協比以音律，則俱曰雅、頌。樂之雅、頌，其果以詩分乎？不以詩分乎？樂書又言：『天子諸侯聽鐘磬未嘗離於庭，卿大夫聽琴瑟之音未嘗離於前，所以養仁義、防淫佚也。夫淫佚生於無禮，故聖人使耳聞雅、頌之音，目視威儀之禮。』由是言之，樂之雅、頌，猶禮之威儀。威儀以養身，雅、頌以養心。聲應相保，細大不踰。使人聽之而志意得廣、心氣和平者，皆雅、頌也。以詩之雅、頌爲樂之雅、頌，則經傳多格而不通矣。樂記曰：『故人不能無樂，樂不能無形，形而不爲道，不能無亂，故制雅、頌之聲以道之。』周南、召南，莫非先王所制，則莫非雅、頌也。非先王所制，而本之性情，稽之度數，協之聲律，不悖於先王者，聖人有取焉。史記孔子世家言『詩三百五篇，〔一〕孔子皆弦歌之，以求合乎韶、武、雅、頌之音』。三百篇之於雅、頌，不必盡合也。其合乎雅、頌者，卽謂之雅、頌。故伐檀也，齊也，亦曰雅。大戴所言，杜夔所傳，豈其謬哉？漢書禮樂志云：『周衰，王官失業，雅、頌相錯，孔子論而定之。故曰：「吾自衛反魯，然後樂正，雅、頌各得其所。」』班氏所謂『雅、頌相錯』者，謂聲律之錯，非謂篇章錯亂也。

〔一〕「孔子世家」原誤作「儒林傳」，據史記改。

所謂『孔子論而定之』者，謂定其聲律，非謂整齊其篇次也。子曰：『師摯之始，關雎之亂，洋洋乎盈耳哉！』關雎篇次，非有所錯，然洋洋之盛，必待孔子正樂之後。蓋自新聲既起，音律以乖，先王雅、頌皆因之以亂。詩則是也，聲則非也，故曰惡鄭聲之亂雅樂也。淮南曰：『先王之制法也，因民之所欲，而爲之節文者也。因其好色，而制婚姻之禮，故男女有別。因其好音，而正雅、頌之聲，故風不流。關雎、葛覃、卷耳，正所謂節而不使流者也。然使以鄭聲弦之歌之，則樂者淫，哀者傷矣。』明乎此，而雅、頌之不繫乎詩可知，得所之非整理其篇章亦可知。」

16 子曰：「出則事公卿，入則事父兄，喪事不敢不勉，不爲酒困，何有於我哉？」【注】馬曰：「困，亂也。」

正義曰：鄉飲酒禮注：「大國有孤，四命謂之公。」胡氏匡衷儀禮釋官：「天子有三孤，副三公。大國無公，惟有孤，故孤亦號爲公。」白虎通爵篇：「卿之爲言章也，章善明理也。」禮王制：「大國三卿，皆命于天子；次國三卿，二卿命于天子，一卿命于其君；小國二卿，命于其君。」夫子此言「事公卿」，則已仕魯時也。邢疏云：「言出仕朝廷，則盡其忠順以事公卿也。入居私門，則盡其孝悌以事父兄也。若有喪事，則不敢不勉力以從禮也，未嘗爲酒亂其性也。」案：「何有」，言不難有也。說見前默識章疏。○注：「困，亂也。」○正義曰：「困」訓亂者，引申之義。鄉飲酒義：「降，說屨升堂，脩爵無數，飲酒之節，朝不廢朝，莫不廢夕。賓出，主人拜送，節文終遂焉。知其能安燕而不亂也。」下篇說夫子事云：「唯酒無量，不及亂。」

17 子在川上曰：「逝者如斯夫！不舍晝夜。」【注】包曰：「逝，往也。言凡往也者，如川之流。」注「包曰」至「之流」。○正義曰：皇本作「鄭注」，高麗本及文選秋興賦注引此注作「包」，與邢本同。凡者，非一之辭。明君子進德修業，孳孳不已，與水相似也。法言學行篇：「或問進。曰水。或曰：爲其不舍晝夜與？曰有是哉，滿而後漸者，其水乎？」法言所謂進，與夫子言逝義同。逝者，往也，言往進也。春秋繁露山川頌篇：「水則源泉混混沄沄，晝夜不竭，既似力者；盈科後行，既似持平者；循微赴下，不遺小閒，既似察者；循溪谷不迷，或奏萬里而必至，既似知者；障防山而能清淨，既似知命者；不清而入，潔清而出，既似善化者；赴千仞之壑，入而不疑，既似勇者；物皆困於火，而水獨勝之，既似武者；咸得之生，失之而死，既似有德者。孔子在川上曰：『逝者如斯夫！不舍晝夜。』此之謂也。」董引論語，以證「似力」一節，非以論全德也。至法言所謂「滿而後漸」，則又一意。孟子離婁篇：「徐子曰：『仲尼亟稱于水，曰：「水哉！水哉！」何取於水也？』孟子曰：『源泉混混，不舍晝夜，盈科而後進，放乎四海。有本者如是，是之取爾。』」此卽「滿而後漸」之義，亦前意之引申。故趙岐孟子章指云：「言有本不竭，無本則涸，虛聲過實，君子恥諸。是以仲尼在川上曰『逝者如斯』，明夫子此語，既贊其不息，且知其有本也。」「如川之流」，詩常武文。〔一〕地官序官注：「川，流水。」

18 子曰：「吾未見好德如好色者也。」【注】疾時人薄於德而厚於色，故發此言。正義曰：史記孔子世家言「孔子居衞，靈公與夫人同車，宦者雍渠參乘，出，使孔子爲次乘，招搖市過之。孔子曰：『吾未見好德如好色者也。』於

〔一〕「常武」原誤「天保」，據毛詩改。

是醜之，去衞過曹。是歲，魯定公卒」。則此語在定十四年。史記集解引李充曰：「使好德如好色，則棄邪而反正矣。」○注：「疾時人薄於德而厚於色。」○正義曰：坊記注解此文云：「疾時人厚於色之甚，而薄於德也。」即此注文所本。毛詩序：「女曰雞鳴，刺不好德也。陳古義以刺今，不說德而好色也。」鄭注：「德謂賢士大夫有德者。」

19 子曰：「譬如爲山，未成一簣，止，吾止也。【注】包曰：「簣，土籠也。此勸人進於道德。爲山者其功雖已多，未成一簣而中道止者，我不以其前功多而善之。見其志不遂，故不與也。」譬如平地，雖覆一簣，進，吾往也。」【注】馬曰：「平地者，將進加功，雖始覆一簣，我不以其功少而薄之。據其欲進而與之。」正義曰：「爲山」，謂積土爲山也。「簣」，漢書禮樂志、後漢班固傳注、達摩多羅禪經上注引此文並作「匱」。唐化度寺碑「資覆匱以成山」，亦用此文，蓋叚借也。荀子宥坐篇：「孔子曰：『如垤而進，吾與之；如丘而止，吾已矣。』」即此章異文。孟子盡心篇：「有爲者辟若掘井，掘井九軔而不及泉，猶爲棄井也。」大戴禮勸學云：「積土成山，風雨興焉；積水成淵，蛟龍生焉；積善成德，而神明自得，聖心備焉。〔一〕故不積跬步，無以至千里；不積小流，無以成江河。騏驥一躍，〔二〕不能十步；〔三〕駑馬十駕，〔四〕功在不舍。鍥而舍之，朽木不折；鍥而不舍，金石可鏤。」二文並與此章義相發。○注「簣土」至「與也」。○正義曰：鄭此注云：「簣，盛土器。」與包注互備。廣雅釋器：「簣、簩、筊、簝、籯、篣、笭，籠也。」皆異名同物。顏師古王莽傳

〔一〕「備」原誤作「循」，據大戴禮並參荀子改。〔二〕「躍」，大戴禮作「躒」。〔三〕「十步」，大戴禮作「千里」。〔四〕「十駕」，大戴禮作「無極」。按以上所引實爲荀子勸學篇文，故與大戴禮勸學篇文有小異。

注：「匱，織竹爲器，所以盛土。」又禮樂志注：「織草爲器。」「草」疑「竹」之誤。「勸人進於道德」者，明人進於道德，當如爲山積土不已，期於成也。「見其志不遂故不與」者，明已設教，當觀其志能遂與否，若見志不遂，則其功終不能就。如斯之人，不能復與之也。禮中庸云：「故天之生物，必因其材而篤焉。故栽者培之，傾者覆之。此之謂。」

20 子曰：「語之而不惰者，其回也與！」【注】顏淵解，故與之而不惰；餘人不解，故有惰語之時。　正義曰：說文：「憜，不敬也。從心，嫷省聲。惰，憜或省𠂤。」不敬，則有懈倦之意。廣雅釋詁：「惰，嬾也。」○注「顏淵」至「之時」。○正義曰：顏子於夫子言無所不說，說者，解也。夫子與顏子言終日，是語之不惰也。學記云：「古之教者，時觀而勿語，必力不能問，然後語之。語之而不知，雖舍之可也。」舍之，即惰矣。

21 子謂顏淵曰：「惜乎！吾見其進也，未見其止也。」【注】包曰：「孔子謂顏淵進益未止，痛惜之甚。」

注「包曰」至「之甚」。○正義曰：皇本作「馬注」。說文：「惜，痛也。」楚辭惜誓序：「惜者，哀也。」皇疏云：「顏淵死後，孔子有此歎也。」

22 子曰：「苗而不秀者有矣夫！秀而不實者有矣夫！」【注】孔曰：「言萬物有生而不育成者，喻人亦然。」　正義曰：說文：「苗，草生於田者。」艸謂穀也。倉頡篇：「苗，禾之未秀者也。」何休公羊莊七年注[一]：「苗者，禾

[一]「七」字原誤作「二十八」，據公羊傳注改。

也。生曰苗，秀曰禾。」秀即采也。說文：「采，禾成秀也。」凡禾黍先作華，華瓣收，即爲稃而成實，實即稃中之仁也。苗而不秀，秀而不實，謂年穀不順成也。翟氏灝考異：「牟融理惑論云：『顏淵有「不幸短命」之記，「苗而不秀」之喻。』禰衡顏子碑云：『亞聖德，蹈高蹤，秀不實，振芳風。』李軌法言注云：『仲尼悼顏淵苗而不秀，子雲傷童烏育而不苗。』文心雕龍云：『苗而不秀，千古斯慟。』皆以此爲惜顏子。而世說新語謂『王戎之子萬有大成之風，苗而不秀』。梁書徐勉因子悱卒，爲答客喻云：〔一〕『秀而不實，尼父爲之歎息。』」是六朝以前，人皆以此節謂爲顏子而發，自必古論語家相傳舊義。案：漢沛相范君墓碣：「茂而不實，顏氏暴顛。」茂、秀義同。唐玄宗顏子贊：「秀而不實，得無慟焉。」漢、唐人說皆如此。皇疏云：「又爲歎顏淵爲譬也。」邢疏云：「此章亦以顏淵早卒，孔子痛惜之，爲之作譬。」說並得之。○注：「言萬物有生而不育成者，喻人亦然。」○正義曰：法言問神篇：「育而不苗者，吾家之童烏乎？」後漢書章帝八王傳贊：「振振子孫，或秀或苗。」皆以此章喻人早夭也。人早夭，故成德亦有未至。

23 子曰：「後生可畏，焉知來者之不如今也？四十、五十而無聞焉，斯亦不足畏也已。」

【注】後生謂年少。　正義曰：「後生可畏」，謂生質獨美也。「不如今」，謂不如今日之可畏也。人少時有聰慧，爲人所畏。至年壯老，學力復充，故人常畏服之。曰「焉知」者，論衡實知篇解此文，以爲後生難處是也。大戴禮曾子立事篇：「三十、四十之閒而無埶，即無埶矣。五十而不以善聞，則無聞矣。」與此文義同。「無聞」，謂無善聞於人也。無聞由於無

〔一〕「答」字原脫，據梁書徐勉傳補。

藝，藝謂所學之業也。」禮學記云：「時過然後學，則勤苦而難成。學貴不失時，故君子愛日也。」胡氏紹勳拾義：「人至五十爲老年，是以養老自五十始。曲禮云『五十曰艾』，王制云『五十始衰』，縱能加功，進境有限，況王制又云『六十不親學』。五十無聞，更無望於六十矣。據內則『二十博學不教，三十博學無方』。學至有聞，早則定於四十以前，遲則定於五十以前，斷不定於五十以後。因直決之曰『斯亦不足畏也已』。」皇本「可畏」下有「也」字，「已」下有「矣」字。

24 子曰：「法語之言，能無從乎？改之爲貴。【注】孔曰：「人有過以正道告之，口無不順從之，能必自改之，乃爲貴。」巽與之言，能無說乎？繹之爲貴。【注】馬曰：「巽，恭也，謂恭孫謹敬之言。聞之無不說者，能尋繹行之，乃爲貴。」說而不繹，從而不改，吾末如之何也已矣。」

正義曰：釋文：「語，於據反。」謂告語之也。方言：「悛、懌，改也。自山而東或曰懌。」郭注引「懌之爲貴」。廣雅釋詁：「懌，改更也。」繹、懌古多通用。詩板、泮水、那釋文並云「繹本作懌」，頍弁釋文「懌本作繹」可證也。郭注方言引此文，是訓懌爲改，與馬注異，亦得通也。「法語之言」，「巽與之言」，言者祇此二術。故說而不繹，從而不改，雖聖人亦無如之何矣。淮南子原道訓：「故聽善言便計，雖愚者知說之。稱至德高行，雖不肖者知慕之。說之者衆，而用之者鮮；慕之者多，而行之者寡。所以然者何也？不能反諸性也。」

○注「人有」至「爲貴」。○正義曰：「法」者，「灋」之借字。說文：「灋，刑也。平之如水，从水、廌，所以觸不直者去之，從去。」引申爲典則銓度之稱，故此注「法」爲正道也。用正道告之，人畏義而服，故口不能不順從。○注「巽恭」至「爲貴」。

○正義曰：易巽象傳：「順以巽也。」虞注：「巽，外迹相卑下也。」是「巽」有恭義。人有過，我以恭遜謹敬與之言，人感我柔順，不能不說也。說文：「𢒼，繹理也。繹，抽絲也。」方言：「繹，理也。」絲曰繹之，是「尋繹」謂抽引其理也。既尋繹之，則能行之可知，注義自爲引伸也。鄭注云：「繹，陳也。」此本爾雅釋詁，其義未詳。

25 子曰：「主忠信，無友不如己者，過則勿憚改。」【注】慎所主友，有過務改，皆所以爲益。　正義曰：皇疏云：「此事再出也。」范寧云：『聖人應於物作教，一事時或再言，弟子重師之訓，故又書而存焉。』」

26 子曰：「三軍可奪帥也，匹夫不可奪志也。」【注】孔曰：「三軍雖衆，人心不一，則其將帥可奪而取之。匹夫雖微，苟守其志，不可得而奪也。」　正義曰：「帥」者，「衛」之借字。說文：「衛，將衛也。」「匹夫」者，爾雅釋詁：「匹，合也。」書堯典疏：「士大夫已上，則有妾媵，庶人無妾媵，惟夫妻相匹。其名既定，雖單亦通謂之匹夫、匹婦。」鄭注云：「匹夫之守志，重於三軍之死將者也。死將，謂奪取軍將而致之死也。三軍之帥，以人爲衛，故遇彊敵可覆而取之。匹夫守志，志有一定，不可得而奪也。」禮緇衣云：「子曰：『言有物而行有格也。是以生則不可奪志，死則不可奪名。』」又儒行云：「儒有今人與居，古人與稽，今世行之，後世以爲楷。適弗逢世，上弗援，下弗推，讒諂之民，有比黨而危之者，身可危也，而志不可奪也。」○注「三軍」至「取之」。○正義曰：孫子始計篇：「道者，令民與上同意，可與之死，可與之生，而不畏危也。」又九地篇：「故善用兵者，攜手若使一人，不得已也。」是言行軍貴一心也。若衆心不一，則士卒懈散，莫有鬭志，故其將可奪而取之。吳子論將云：「士輕其將而有歸志，塞易開險，可邀而取。」

27子曰：「衣敝緼袍，與衣狐貉者立，而不恥者，其由也與？」【注】孔曰：「緼，枲著。」正義曰：釋文云：「弊，本今作敝。」皇本及説文衣部亦作「弊」。釋文引鄭注：「緼，枲也。」藝文類聚三十五、御覽四百八十二引鄭注「枲」並作「絮」。盧氏文弨釋文考證以作「絮」爲正。蓋鄭與孔異，故釋文引之。若亦訓「枲」，則與孔無甚異矣。禮玉藻：「纊爲繭，緼爲袍。」注云：「衣有著之異名也。纊謂今之新綿也，緼謂今之纊及舊絮也。」李氏惇羣經識小：「古無木綿，著皆以絮爲之。絮，絲餘也。玉藻注所云『今』者，指漢末而言。古以新綿爲纊，舊絮爲緼。漢則以精者爲綿，而粗者爲纊，古今語異也。」案：韓詩外傳：「士褐衣緼著，未嘗完也。」又云：「曾子褐衣緼絮，未嘗完也。」漢書東方朔傳：「衣緼無文。」師古注：「緼，亂絮也。」皆以「緼」爲「絮」。説文：「絮，敝緜也。」「袍」者，説文：「袍，襺也。」爾雅釋言：「襺，袍也。」互相訓。釋名釋衣服云：「袍，丈夫著下至跗者也。袍，包也；包，內衣也。」任氏大椿深衣釋例：「喪大記：『袍必有表，謂之一稱。』注：『袍，褻衣。』蓋袍爲深衣之制，特燕居便服耳，故云『褻衣』。周官玉府注云：『燕衣服者，巾絮寢衣袍襗之屬。』論語『紅紫不以爲褻服』，鄭注云：『褻服，袍襗。』此『袍』爲褻衣之明證也。」案：「袍」是春秋二時之服，若袷褶之類。於時人已服裘，子路猶衣敝袍也。「狐貉」，二獸名。汗簡引古論語「貉」作「貈」。説文：「貈，似狐，善睡。」引論語「狐貈之厚以居」。段氏玉裁注謂：「凡『狐貉』連文者，皆當作貈。今字作貉，皆假借。」「貉」，説文以爲北方豸種。先鄭職方注：「北方曰貉。」是貉乃夷狄之名，別一義也。詩七月：「一之日于貉，取彼狐狸，爲公子裘。」「貉」、「狐」、「狸」，皆公子之裘，詩文參互。鄭箋以「于貉」爲邠民自取，非也。春秋繁露服制篇：「百工商賈，不敢服狐貉。」則「狐」、「貉」並貴者所服。江氏永鄉黨圖考謂「狐貉之裘爲褻裘」。則此文「狐貉」與「緼袍」並爲燕居之服矣。○注：「緼，枲著。」○正義曰：「枲」者，麻之異名。注與鄭異，亦通。說文：「緼，紼也。紼，亂系也。」又「襺」下云：「以絮曰襺，以緼曰袍。」別絮言「緼」，則「緼」是「枲」可知。漢書蒯通傳：「束緼請火於亡肉家。」師古注：「緼，亂麻也。」「著」，猶言藏也。士喪禮：「著組繫。」注：「著，充之以絮也。」

28「不忮不求，何用不臧？」【注】馬曰：「忮，害也。臧，善也。言不忮害，不貪求，何用爲不善？疾貪惡忮害之詩。」子路終身誦之。子曰：「是道也，何足以臧？」【注】馬曰：「臧，善也。尚復有美於是者，何足以爲善？」

正義曰：「終身」者，言常誦之將終身也。「誦」者，周官大司樂注：「以聲節之曰誦。」孔氏廣森經學卮言：「子路終身常誦『不忮不求』二言，猶南容一日三復『白圭之玷』。子以其取於詩者小，故語之曰『不忮不求』，是或一道也，然止于是而已，則亦何足以臧哉？尋省舊注，絶不與上『衣敝緼袍』相蒙，作疏者始以引詩爲美，子路又以『終身誦之』爲聞譽自足。既重誣賢者，且夫子先既取詩詞『何用不臧』，而後頓抑之謂『何足以臧』，是自異其枘鑿，不可通也。」又云：「注疏本三十章，釋文則云三十一章，竊疑陸所見古本多一章者，正分『不忮不求』以下矣。」案：仲尼弟子列傳載「衣敝緼袍」一節，無「不忮不求」二句，亦一證。○注：「忮害」至「之詩」。○正義曰：「忮害」、「臧善」，並毛傳文。說文：「忮，很也。」漢書寧成傳：「汲黯爲忮。」師古曰：「忮，意堅也。」義並相近。「何用爲不善」，明「不忮不求」即爲善也。韓詩外傳：「夫利爲害本，而福爲禍先。唯不求利者爲無害，不求福者爲無禍。」又云：「故非道而行之，雖勢不至；非其有而求之，雖強不得。故智者不爲非其事，廉者不求非其有，是以害遠而名彰也。」又云：「安命養性者，不待積委而富；名號傳乎世者，不待勢位而顯；悳義暢乎中，而無外求也。」三節皆引詩「不忮不求，何用不臧」。揆韓之意，似以不害由於不求也。害謂己有禍患，不謂傷害人也。此義與馬不同，並得通也。鄭詩箋云：「言君子之行，不忮害，不求備於一人。」解「不忮」與馬同，「不求」與韓、馬異，或本齊、魯說。「疾貪惡忮害之詩」者，貪惡謂貪求之惡。詩者，邶風雄雉篇文。〔一〕〇注「臧善」至「爲善」。〇正義曰：臧，善也。見上注，此當衍。「尚復有美於是者」，言學道無止境也。譬若富者無驕，貧者無諂，尚未若富好禮、貧樂道也。克伐怨欲不行，可以爲難，尚未可以爲仁也。是皆未足爲善也。

29 子曰：「歲寒，然後知松柏之後彫也。」【注】大寒之歲，衆木皆死，然後知松柏小彫傷。平歲則衆木亦有不死者，故須歲寒而後別之。喻凡人處治世，亦能自修整，與君子同。在濁世，然後知君子之正不苟容。正義曰：「歲寒」者，孫炎爾雅注云：「四時一終曰歲，取歲星行一次也。」說文「寒」作「寒」，云：「凍也。從人在宀下，以茻薦覆之，下有仌。」釋名釋天：「寒，扞也，扞格閉塞不通也。」翟氏灝考異云：「莊子讓王篇『天寒既至，霜雪既降，吾是以知松柏之茂也。陳、蔡之隘，于丘其幸乎！』乃子厄陳、蔡時，謂子路之言。」案：此又見風俗通窮通篇。說文云：「凋，半傷也。彫，琢文也。」義別，今多通用。〇注「大寒」至「苟容」。〇正義曰：玉篇：「寒，冬時。」是寒乃歷歲氣候。注必言「大寒」者，極言之耳。荀子大略篇：「君子隘窮而不失，勞倦而不苟，臨患難而不忘細席之言。歲不寒無以知松柏，事不難無以知君子。」史記伯夷列傳：「歲寒，然後知松柏之後凋；舉世汙濁，清士乃見。」淮南子俶真訓：「夫大寒至，霜雪降，然後知松柏之茂也。據難履危，利害陳於前，然後知聖人之不失道也。」潛夫論交際篇：「昔魏其之客，流於武安；長平之吏，移於冠軍；

〔一〕「邶風」原誤作「衛風」，據毛詩改。

廉頗、翟公，載盈載虛。夫以四君之賢，藉舊貴之夙恩，客猶若此，則又況乎生貧賤者哉？惟有古烈之風，忠義之士，爲不然爾。恩有所結，終身無解；心有所矜，賤而益篤。故歲寒然後知松柏之後凋也。」諸說或以「歲寒」喻事難，喻亂世，喻勢衰，義均得通。注就亂世言。

30 子曰：「知者不惑，【注】包曰：「不惑亂。」仁者不憂，【注】孔曰：「無憂患。」勇者不懼。」 正義曰：申鑒雜言下：「君子樂天知命，故不憂；審物明辨，故不惑；定心致公，故不懼。若乃所憂懼則有之，憂已不能成天性也。懼已惑之，憂不能免天命無惑焉。」

31 子曰：「可與共學，未可與適道；可與適道，未可與立；可與立，未可與權。」【注】適，之也。雖學或得異端，未必能之道；雖能之道，未必能有所立；雖能有所立，未必能權量其輕重之極。「唐棣之華，偏其反而。豈不爾思？室是遠而。」子曰：「未之思也，夫何遠之有？」【注】逸詩也。唐棣，移也，華反而後合。賦此詩者，以言權道反而後至於大順。思其人而不自見者，其室遠也。以言思權而不得見者，其道遠也。夫思者當思其反，反是不思，所以爲遠。能思其反，何遠之有？言權可知，唯不知思耳。思之有次序，斯可見矣。 正義曰：「與」者，以也。淮南子氾論訓：「孔子曰：『可以共學矣，而未可以適道也；可與適道，未可以立也；可以立，未可與權。』」與、以錯出，與卽以也。「學」者，業之所同，講習切磋，彼此資益，故曰「共學」。至適道立權，各由人所自得，故不曰共也。

高誘淮南子注曰：「道，仁義之善道。立，謂立德、立功、立言。」戴氏震孟子字義疏證：「蓋同一所學之事，試問何爲而學？其志有去道甚遠者矣，求利祿聲名者是也。道責於身，不使差謬，而觀其守道，能不見奪者寡矣，故未可與立。守道卓然，知常而不知變，由精義未深，所以增益其心志之明，使全乎聖智者，未之盡也，故未可與權。」「唐棣之華」云云者，此引詩，言以華之反而後合，喻權之反經而合道也。春秋繁露竹林篇、文選廣絶交論注引此文作「棠棣」，「唐」、「棠」通用字。爾雅釋草云：「木謂之榮，草謂之華。」此唐棣是木，亦言「華」者，散文可通稱，故說文云「蕚，榮也」是也。「偏其反而」者，皇疏云：「言偏者，明唯其道偏與常反也。」朱子集注引晉書「偏」作「翩」，似晉書無此文。角弓詩：「翩其反矣。」桑柔詩：「旗旎有偏。」釋文：「偏，本亦作翩。」韋昭周語注：「翩翩，動搖不休止之意。」然則「偏」讀「翩」，義亦通矣。「而」者，語助之辭。皇疏云：「『豈不爾思，室是遠而』者，言凡思其人而不得見者，其居室遼遠故也。人豈不思權，玄邈如其室奧遠故也。」劉氏逢祿述何篇：「夫子以思爲未思者，不欲諉咎於室，誠之至也。」馮氏登府異文考證：「縣詩正義及三國志魏武帝紀注、說苑權謀、北周書宇文護傳論並作『可與適道，未可與權』。筆解作『可與共學，未可與立；可與適道，未可與權』，謂今文錯簡。唐文粹馮用之權論引與筆解同。此當由後人隨意引入，非今文有錯簡也。」釋文：「未，音味。或作末者，非。夫，音符。一讀以夫字屬上句。」高麗本讀正同。武氏億經讀考異謂「如一讀有咏歎淫泆之趣」。又謂「古人釋詩之詞多以『夫』字屬句末」，歷引左傳僖二十四年、宣十二年、成八年、襄二十四年、中庸、法言爲證。其說良然。皇本「有」下多「哉」字。○注「適之」至「之極」。○正義曰：「之」者，往也。法言問道篇：「或問道。曰：道也者，通也，無不通也。或曰：可以適他與？曰：適堯、舜、文王者爲正道，非堯、舜、文王者爲他道。君子正而不他。塗雖曲，而通諸夏則由諸；川雖曲，而通諸海則由諸。」宋咸注：「他，異端也。」與此注相發。玉篇：「權，稱錘也。」孟子梁惠王篇：「權然後知輕重。」焦氏循説權曰：「權之於稱也，隨物之輕重以轉移之，得其平而止。物增損而稱則長平，轉移之力也。不轉移，則隨物爲低昂而不得其平，故變而不失常，權而後經正。」皇疏引王弼曰：「權者，道之變。變無常體，神而明之，存乎其人，不可豫設，尤至難者也。」○注「唐棣」至「見矣」。○正義曰：「唐棣，栘」者，爾雅釋木文。又常棣、棣二木，皆見詩。陳氏奐毛詩疏謂「爾雅當作『唐棣、棣，常棣、栘』」。以棣之名專屬唐棣，而以常棣爲棣之類。若然，則此注所云「唐棣栘」，「栘」字亦「棣」之誤矣。陳疏又云：「説文：『栘，棠棣也。棣，白棣也。』『棠』當作『常』。爾雅邢疏引陸璣義疏云〔一〕：『許慎曰：「白棣，樹也。」如李而小，如櫻桃正白。今官園種之，又有赤棣樹，亦似白棣，葉如刺榆葉而微圜，子正赤，如郁李而小，五月始熟，自關西、天水、隴西多有之。』案：元恪謂白棣以實白而得名，赤棣如郁李，其實正赤。郁李一名奥李，一名雀李，一名車下李，爲棣之屬。乃論語邢疏引義疏云：『唐棣，奥李也。一名雀李，亦曰車下李，所在山皆有，其華或白或赤，六月中熟，大如李子，可食。』此與齊民要術引豳風七月篇義疏『鬱樹高五六尺，實大如李，赤色，食之甜』正同。則論語疏引『唐棣』，必是『常棣』之誤。小雅之『常棣』，七月之『鬱』，皆卽赤棣歟？而非此『唐棣』也。」案：陳説是也。郭注爾雅以「唐棣似白楊」，郝氏懿行義疏引牟願相説：「卽今小桃白，其樹高七八尺，其華初開反背，終乃合并，但其樹皮色紫赤，不似白楊耳。」牟氏此説，得之目驗，與許慎所稱「白棣」，當無異矣。皇疏云：「夫樹木之花，皆先合而後開。唐棣之花，則先開而後合，是華反而後合也。」高誘淮南子注云：「權因事制宜，權量輕重，無常形勢，能合醜反善，合于時適。」義是由反而至大順，亦用權

〔一〕「陸璣」原作「陸機」，據毛詩草木鳥獸蟲魚疏改。

之道，所謂無常形勢也。公羊桓十一年傳：「權者何？反乎經，然後有善者也。」後漢周章傳、北周宇文護傳引論語解之，並爲反經，用公羊義也。焦氏循說「權」曰：「說者疑於經不可反。夫經者，法也。法久不變則弊生，故反其法以通之；不變則不善，故反而後有善。不變則道不順，故反而後至於大順。故反寒爲暑，反暑爲寒。日月運行，一寒一暑，乃爲順行；恒寒恒燠，則爲咎徵。禮減而不進則消，樂盈而不反則放，禮有報而樂有反，此反經所以爲權。」春秋繁露竹林篇：「春秋之常辭也，不予夷狄而予中國爲禮。至邲之戰，偏然反之，何也？曰：春秋無通辭，從變而移。故盟不如不盟，然而有所謂善盟；戰不如不戰，然而有所謂善戰。不義之中有義，義之中有不義，辭不能及，皆在於指，非精心達思者，其孰能知之？詩云：『棠棣之華，偏其反而，豈不爾思，室是遠而。』子曰：『未之思也，夫何遠之有？』由是觀之，見其指者不任其辭，然後可與適道矣。」劉勰新論明權篇：「古之權者，審其輕重，必當於理而後行焉。易稱『巽以行權』，語稱『可以適道，未可與權』。權者反於經而合於道，反於善而後有善。若唐棣之華，反而更合。孝子事親，和顏卑體，盡孝盡敬，及其溺也，則攬髮而拯之，非敢侮慢，以救死也，故溺而捽之。父祝則名君，勢不得已，權之所設也。」二說皆足發明此章經注之義。毛氏奇齡稽求篇：「毛詩『不思其反，反是不思』，陽固嫉邪詩『反是不思，維塵及矣』，皆『未之思也』之注。若相反之思，則王符潛夫論有云：『夫長短大小，清濁疾徐，必相應也。然攻玉以石，洗金以鹽，濯錦以魚，浣布以灰，夫物固有以賤理貴，以醜化好者矣。智者棄短而取長，則才可致；賢者激濁以見清，則士可用。孔子曰：「未之思也，夫何遠之有？」』此正以貴賤、好醜、長短、清濁相反而實相成，見思反之意。」又云：「嘗讀王祥傳，知祥以漢、魏遺老身爲三公，而卒預晉禪，心嘗愧恨。雖不奉朝請，不立殿陛，而終不自安。故於臨歿時，屬後人使不澣濯，不含斂，不沐棺椁，不起墳塋，家人不送喪，祥、禫不饗祀。雖不用古法，而反經行權，期合于道，故既以孝弟信讓通屬之。而終之曰：『未之思也，夫何遠之有？』此正取唐棣是篇以反作正之一證也。」案：如毛說，「未之思」是思反，亦即是思權，與此注說亦正合。云「次序」者，謂先反後順也。

劉寶楠撰
高流水點校

論語正義

下

文史哲出版社印行

論語正義卷十一

鄉黨第十　集解

正義曰：皇疏言古論以鄉黨爲第二篇，此僞本，不足據。

凡一章　正義曰：此篇雖一章，而其閒事義，各以類從，皇、邢疏別爲科段，當有所受，今略本之，分爲二十五節。

1 孔子於鄉黨，恂恂如也，似不能言者。【注】王曰：「恂恂，温恭之貌。」　正義曰：江氏永鄉黨圖考：「諸侯五十里内爲三鄉，亦如天子之制。鄉者，舉其大名。黨者，舉其中所屬之一也。孔子雖居國都，亦曰鄉黨，對朝廷言之也。」王氏瑬鄉黨正義說：「孔子生於陬邑，遷於闕黨而設教焉。故新序云：『孔子在州里，篤行孝道。居於闕黨，闕黨之子弟畋漁分有，親者得多，孝以化之也。』可知此文鄉黨兼彼二地矣。」鄭注云：「恂恂，恭慎貌。」案：說文：「恂，信心也。」信者，實也。人有信心，則能恭慎。史記世家載此文，索隱曰：「恂恂，有本作『逡逡』，音七旬反。」漢祝睦後碑：「鄉黨逡逡，朝廷便便。」與索隱合。史記李廣傳贊：「李將軍悛悛如鄙人，口不能正辭。」索隱曰：「漢書作『恂恂』，音詢。」「悛」與「逡」同，亦與「恂」同，並聲近字。劉脩碑：「其於鄉黨，遜遜如也。」亦音義相近，當由齊、古、魯三家文異。集注云：「似不能言者，謙卑巽順，不以賢知先人也。鄉黨，父兄宗族之所在，故孔子居之，其容貌辭氣如此。」其在宗廟朝廷，便便言，唯謹爾。【注】鄭曰：「便便，辯也，雖辯而敬謹。」 正義曰：集注云：「在宗廟朝廷，謂助祭於公與見君時也。」白虎通宗廟云：「宗者，尊也；廟者，貌也，象先祖之尊貌也。所以有室何？所以象生之居也。」爾雅釋宮：「室有東、西箱曰廟。」東、西箱者，東堂、西堂也。白虎通朝聘云：「朝者，見也。」周官大宗伯注：「朝猶早也，欲其來之早。」此說朝卽朝夕以朝。時見君謂之朝，因而見君之地亦稱朝。舊說諸侯三朝，在庫門外者曰外朝，在雉門內者曰治朝，在路門內者曰燕朝，又曰射朝。若以治朝、燕朝對外朝，亦稱內朝。玉藻諸侯「朝服以日視朝於內朝」，則治朝也。文王世子公族「朝于內朝」，則燕射之朝也。若以治朝對燕朝，則治朝亦稱外朝。文王世子「其在外朝」，據注卽治朝也。江氏永圖考：「治朝、外朝皆是平地，無堂階，故謂之朝廷。廷者，平地也。鄭注文王世子云『外朝，路寢門之外庭』是也。觀司士路門左、路門右之位可見。聘禮：『使者夕幣于朝，時管人布幕于寢門外。』亦可見路門外是平地無堂。曾子問『諸侯旅見天子，雨霑服失容，則廢』，明在廷中也。」又曰：「外朝治朝，皆平地無堂，惟路寢朝有堂有階。」案：三朝朝位皆平地。鄭注太僕云：「燕朝朝於路寢之庭。」注文王世子云：「內朝，路寢庭。」路寢卽燕寢，別「寢」而言「庭」，明朝位在庭也。左傳：「韓獻子從公立于寢庭。」卽是從公於內朝，是燕朝朝位亦平地，不獨治朝、外朝矣。金氏鶚禮說：「凡言庭者，皆廟寢堂下也。若治朝外朝皆無堂，則亦無庭，而名之曰廷，所謂朝廷也。『庭』與『廷』字有別。說文云：『庭，宮中也。廷，朝中也。』庭有堂，故其文從广；廷無堂，而但爲平地，故其文從廴。」案：金說是也。玉篇「庭，堂階前也」，是庭雖平地，必有堂階而後名之。自來解者，「庭」、「廷」二文多混。禮說又云：「考工記：『市朝一夫。』夫，百步也。堂下至路門百步，內朝之庭也；路門至應門百步，治朝之廷也；應門至臯門百步，外朝之廷也。此爲天子之制，其諸侯則無文以明之。」王氏瑬正義引「楊隨安說：『諸侯之堂七雉，三分其廣，以其二爲之內庭，三堂之深，當爲七十步。』」此義或得之。外朝人君不常至，治朝禮略，君臣不能多言。凡議政事，皆於燕朝，或於路寢。夫子便便言，當在燕朝。然則此文「朝廷」，是舉治朝以賅燕朝矣。「便便」，史記世家作「辯辯」，書「平章百姓」，伏傳作「辯章」，史記作「便章」。「平秩南訛」，鄭作「辯秩」，伏傳作「便秩」。詩「平平左右」，毛傳：「平平，辯治也。」韓詩作「便便」，是「平」、「便」、「辯」音近義同。○注：「便便，辯也。」○正義曰：爾雅釋訓：「諸諸、便便，辨也。」「辨」、「辯」同，謂辯論之也。夫子於宗廟每事問，又簿正祭器，於朝廷則對問政，述儒行，是言辯也。

朝，與下大夫言，侃侃如也；與上大夫言，誾誾如也。【注】孔曰：「侃侃，和樂之貌。誾誾，中正之貌。」

正義曰：據下文，君在爲視朝，則此言「朝」是君未視朝時也。玉藻云：「朝辨色始入，君日出而視之。」則臣入朝在君先。秦氏蕙田五禮通考：「古者視朝之禮甚簡，既朝而退，君適路寢聽政，臣適諸曹治事。諸臣治事之所，卽匠人所謂『外九室』是也。其室在治朝之左右，如今午門朝房矣。康成箋詩以治事之所爲私朝，蓋以卿大夫議朝政於此，故亦得名朝。曲禮『在朝言朝』，論語『朝與下大夫言，與上大夫言』，皆指治事之朝。」案：秦說亦通。王制云：「大國三卿，皆命於天子，下大夫五人；次國三卿，二卿命於天子，一卿命於其君，下大夫五人；小國二卿，皆命於其君，下大夫五人。」孔疏：「崔氏云：『三卿者，依周制而言，謂立司徒兼冢宰之事，立司馬兼宗伯之事，立司空兼司寇之事。故左傳云：「季孫爲司徒，叔孫爲司馬，孟孫爲司空。」』『下大夫五人』者，崔氏云：『謂司徒之下，置小卿二人，一是小宰，一是小司徒；司空之下，亦置二小卿，一是小司寇，一是小司空也；司馬之下，惟置一小卿，小司馬也。』」案：崔說本何休公羊傳注。王氏瑬正義：「王制『上大夫卿』，『下大夫五人』，是諸侯之上大夫卽卿，而無中大夫也。三卿對大夫爲上，於三卿中又自分上、中、下，王制有上卿、中卿、下卿是也。五大夫對三卿爲下，於五大夫中又自分上、下，王制所謂『當其上大夫』、『當其下大夫』是也。」案：大射儀：「卿席賓東，東上，小卿賓西，東上，大夫繼而東上。」胡氏培翬正義：「五大夫，爲卿之副貳，故謂之小卿。」又云：「諸侯大夫，不止五人，惟三卿下五大夫謂之小卿，其餘大夫不稱小卿，故云『大夫繼而東上』。」由胡說推之，是五大夫下仍有大夫，當是分職治事者。如周官大小卿下之有羣司矣，此與小卿並下大夫也。夫子仕魯爲小司空、小司寇，是下大夫，而孔子世家及趙岐孟子注皆謂孔子爲大司寇。案：司寇爲司空兼官，孟孫居之；其小司寇，則臧孫世爲此官。定公時，臧氏不見經傳，意其時臧氏式微，司寇職虛，故孔子得爲之。傳者虛張聖功，以爲孔子實爲大司寇矣。上大夫職尊，孔子所事下大夫，則與孔子同列者也。不及上士以下者，統於下大夫也。世家此文先「上大夫」，後「下大夫」，聘禮注引同。馮氏登府異文考證以爲此古論，胡氏薰鄉黨義考據魯論，謂「貴者未至，而賤者先盈，故先與下大夫相見，進而與上大夫相見」，則是魯論據與言爲先後，古論則據爵之秩次書之。○注：「侃侃，和樂之貌；誾誾，中正之貌。」○正義曰：爾雅釋詁：「衎，樂也。」說文：「衎，喜貌。」「侃」、「衎」古通，故注訓「侃」爲和樂，謂「侃」爲「衎」之叚借也。後漢袁安傳：「誾誾衎衎，得禮之容。」又唐扶頌：「衎衎誾誾。」並本此文。說文「侃」訓剛直，於此義不相應。若漢書張敞傳「衎衎履忠進言」，後漢樊準傳「每燕食則論難衎衎」，並通「衎」爲「侃」。但文雖互通，義則各有當也。說文：「誾，和說而諍也。」或省作「言」。玉藻：「二爵而言言斯。」注：「言言，和敬貌。」與許義近。諍者，辨論其是非也。言不妄諧俗，故注以中正解之。方氏東樹說：「此注本以『中正』詁『侃侃』，『和樂』詁『誾誾』，傳寫倒誤。」案「侃」通作「衎」，故訓和樂。「誾」有諍義，故訓中正。蓋事上不難於和樂，而中正爲難；接寮屬不難於中正，而和樂爲難。方說非是。君在，踧踖如也，與與如也。【注】馬曰：「君在，視朝也。踧踖，恭敬之貌。與與，威儀中適之貌。」注「君在」至「之貌」。○正義曰：玉藻云：「天子皮弁以日視朝，諸侯朝服以日視朝於內朝。朝，辨色始入，君日出而視之。」此時君正在朝，故馬以君在爲視朝。皇疏：「君視之，則一一揖卿大夫，而都一揖士。當此之時，則臣皆起恭敬之貌，故孔子踧踖如也。雖須踧踖，又不得急速。與與猶徐徐也，所以恭而安也。」案：羣臣當君揖時，皆須還辟，故有此容。說文：「踧，行平易也。踖，長脛行也。一曰踧踖。」廣雅釋訓：「踧踖，敬畏也。」詩節南山：「蹙蹙靡所騁。」鄭箋：「蹙蹙，縮小之貌。」孟子：「曾西蹵然。」注：「蹵，猶蹵踖也。」「蹙」、「蹵」、「跦」並與「踧」同。楚茨：「執爨踖踖。」毛傳：「言爨竈有容也。」亦謂恭敬之容。鄭此注云「踧踖，敬恭貌」，即本馬注。說文：「趣，安行也。懙，趨步懙懙也。」漢書敘傳下：「長倩懙懙。」注引蘇林曰：「懙懙，〔一〕行步安舒也。」義皆可證。「威儀」猶容儀，「中適」猶言得宜也。

2 君召使擯，【注】鄭曰：「君召使擯者，有賓客使迎之。」　正義曰：說文：「召，評也。」王逸招魂序：「以手曰招，以言曰召。」江氏永羣經補義：「史記謂『孔子爲魯司寇，攝行相事』，非相國事也。當時魯政，專自季桓子，孔子安得攝之？所謂『攝行相事』者，攝相禮之事，若夾谷之會，孔子相是也。君召使擯，亦是有賓客來，重孔子知禮，特使爲擯而兼相。大夫當爲承擯，何待於召？所以特召者，承擯兼攝上擯事也。『揖所與立』，擯事也；『趨進』及『賓退復命』，攝相事也。」案：釋文：「擯，本又作儐，亦作賓，皆同。」孔子世家正作「儐」。說文：「儐，導也。從人，賓聲。擯，儐或從手。」是

〔一〕「懙」字原不重，據漢書敘傳注補。

「擯」、「儐」二字，或省作「賓」。史記廉藺列傳「設九賓於廷」，漢書叔孫通傳「大行設九賓」，即九擯也。周官司儀云：「凡諸公相爲賓，主國五積，三問，皆三辭，拜受，皆旅擯。主君郊勞，交擯，三辭。及將幣，交擯，三辭，車逆，拜辱。諸公之臣相爲國客，及大夫郊勞，旅擯，三辭。及將幣，旅擯，三辭。」據此，是兩君相見用交擯，故惟主君郊勞及將幣行之。將幣，亦兩君相見也。若五積三問，是主國遣卿大夫爲之，臣與賓君行禮用旅擯。其聘禮則君待使臣，亦君與臣行禮用旅擯也。交擯者，敵體之禮；旅擯者，君臣相行之禮。旅擯猶覲禮言「傳擯」也，在主曰擯，在賓曰介。鄭注司儀謂「賓介亦稱擯」者，依經立文叚借之義也。聘禮云：「卿爲上擯，大夫爲承擯，士爲紹擯。」注云：「紹，繼也，其位相承繼而出也。主君，公也，則擯者五人；侯伯也，則擯者四人；子男也，則擯者三人。」此依周官大行人言之。若然，是天子諸侯禮，賓、擯數同也。凌氏廷堪禮經釋例引敖繼公說：「諸侯禮，賓擯當用三人。猶以諸侯同天子之制爲疑，而先鄭注司儀謂主擯九人，後鄭謂七人，則反踰於天子之數，其不然也明矣。至兩君相見交擯之數，先鄭注無明文，後鄭謂亦用九人，其賓、介則交擯、旅擯同用九人。」案：大行人言「介九人」，乃上公朝覲天子之禮，非謂羣侯兩君相見及遣使行聘賓介用九人也。聘義云：「聘禮上公七介，侯伯五介，子男三介，所以明貴賤也。」然則聘賓至多不過七介，故禮器云「七介以相見也」。既上公賓介七人，則意主擯如爲上公之國，亦用七人。侯伯之國五人，子男之國三人，擯介皆得相當。而康成謂「交擯各陳九介」，亦非也。先鄭以交擯、旅擯皆傳辭。後鄭以交擯傳辭，旅擯不傳辭，故其注司儀云：「旅讀爲『鴻臚』之臚，陳之也。」謂陳擯位也。其注聘禮云：「賓出次直闑西，北面，上擯在闑東閾外，西面。其相去也，公之使者七十步，侯伯之使者五十步，子男之使者三十步。此旅擯耳，不傳命。上介在賓西北，東面，承擯在上擯東南，西面，各自次序而下。末介末擯，旁相去三丈六尺。上擯出請事，進，南面揖賓，俱前。賓至末介，上擯至末擯，亦相去三丈六尺止，揖而請事，還入告于公。」此鄭以旅擯之禮，上擯面賓請事，不須承擯紹擯傳辭，說與先鄭異也。先從叔丹徒君駢枝曰：「叔孫通傳：『大行設九賓，臚句傳。』『賓』與『擯』，『臚』與『旅』，古今字也。蘇林曰：『上傳語告下爲臚，下告上爲句。』莊周曰：『大儒臚傳。』然則臚擯猶傳擯也。聘義曰：『介紹而傳命，君子於其所尊，弗敢質，敬之至也。』又曰：『三讓而後傳命，安在其不傳辭哉？』康成讀『旅』爲『鴻臚』之『臚』是矣，而訓爲臚陳，故有『但陳擯位，不傳辭』之說，蓋不然也。」謹案：駢枝說卽先鄭義。吳氏廷華儀禮章句：「謂不傳辭，何必旅擯？愚竊謂旅擯行於國中，上擯往來傳君命，於禮尚不失。若五積三問，及郊勞，君不在行，而上擯輒自詣賓請事，雖以君命辭之許之，然一無往還之節，直情徑行，似非禮所宜。且論語此文有復命事，明是聘賓用旅擯而左右揖，既左右揖，知有傳辭無疑矣。」司儀無『諸侯將幣，交擯，三辭』下云：『車逆拜辱，賓車進，答拜。』注謂『既三辭，主君乘車出大門而迎賓』，是將幣時，主君尚在門內。曲禮疏謂『諸侯至主國大門外，主人及擯出門相接，行交擯三辭之禮。』是將幣之時，主君已在門外。若然，是主君先乘車出大門外，降車行將幣，交擯三辭，禮竟，復升車向前迎賓也。」其說與鄭小異，以孔疏爲長。孔疏又謂聘禮賓至門外，主君立大門內，不出限行旅擯禮。江氏永圖聘禮君立大門內，從孔說也。聘禮云：「公迎賓於大門內。」聘義云：「君親拜迎於大門之內。」則知旅擯之禮，主君不出門限也。旅擯是君與臣行禮，君不出限，則兩君相見，行交擯禮，君必出限可知。又案：聘禮「賓至于朝」，謂外朝也，在大門外。鄭注聘禮說「旅擯相去三丈六尺」，門容二徹參个，旁加各一步。此據考工記以爲應門也。應門，天子之中門，諸侯則曰雉門，其說亦誤。故江氏擯介傳命圖仍依鄭君朝士注「外朝在大門外」也。此篇紀夫子行事，而考之春秋，夫子仕魯時，無諸侯大夫來聘事。」江氏永圖考謂「聘問之禮，大聘爲聘，使卿；小聘爲問，使大夫。大夫以小聘往來，不書於春秋」。又羣經補義謂「晏子嘗聘魯，而春秋不書，晏子未爲卿也。孔子爲司寇，亦是大夫，故出聘亦不書」。其說並是。君朝用交擯，臣聘用旅擯，論語此文，專指旅擯。

色勃如也，【注】孔曰：「必變色。」足躩如也。【注】包曰：「足躩，盤辟貌。」

正義曰：北堂書鈔禮儀部七引鄭此注云：「勃，矜莊貌也。」案：呂覽重言注：「矜，嚴也。」嚴者，敬也。玉藻「色容莊」，注謂「勃如戰色」。說文兩引「勃如」句，一作「孛」，一作「艴」。汗簡云：「艴見古論語，竊謂『孛』，亦古論異文。作『勃』者，其齊、魯論與！」說文：「孛，𣎵也。」人色𣎵者，盛也，謂夫子盛氣貌也。廣雅釋訓：「勃勃，盛也。」「勃」、「孛」義同。許意與鄭似異實同，蓋許言其形，鄭言其義也。○注：「足躩，盤辟貌。」○正義曰：說文：「躩，足躩如也。」本此文。包云「盤辟」者，說文：「般，辟也。象舟之旋，從舟從殳。殳令舟旋者也。」爾雅釋言：「般，還也。」漢書何武傳：「槃辟雅拜。」「槃」與「般」、「盤」並同。大射儀「賓辟」注：「辟，逡遁不敢當盛。」卽此注意。書鈔禮儀部七引鄭此注云：「躩如，逡巡貌。」逡巡，亦盤辟之義。

揖所與立，左右手，衣前後，襜如也。【注】鄭曰：「揖左人，左其手；揖右人，右其手。一俛一仰，衣前後，襜如也。」

正義曰：皇本「左右」下有「其」字。○注「揖左」至「如也」。○正義曰：夫子時爲承擯，左立者是紹擯，右立者是上擯，每一傳辭則宜揖也。司儀云：「凡行人之儀，不朝不夕，不正其主面，亦不背客。」注：「謂擯相傳辭時也，不正東鄉，不正西鄉，常視賓主之前，卻得兩鄉之而已。」據此，則擯介雖東西平列，而面之所鄉，不能咸正，則自上擯望承擯，稍在後爲東南也。推之紹擯，亦在承擯東南，而承介在上介西北，末介又在承介西北，故聘禮疏謂「上擯位次宜稍在承擯西，得以轉身望承擯在東南也」。江氏永圖考：「擯者，雁行立於東方，西面北上。」是以南北爲左右，東西爲前後。其傳主命達於賓，當左其手，則左臂縮而右臂伸，右者隨之而左。其傳賓命達主，當右其手，右肱短而左肱長，則左者亦緣之而右矣。至傳辭之法，在朝禮則上擯奉主君之命，問賓所以來之意，恐其以他事至，不欲自承以人來詣己也。上擯揖而傳與承擯，承擯復揖而傳與末擯，末擯與末介，東西相直，則向末介揖而傳問之也。末介揖而傳與承介，承介揖而傳與上介，上介乃傳以告於賓，賓稱己所以來之意，以告於上介，復遞傳以至於上擯，上擯以告於君，君辭不敢當，而命上擯復傳於承擯，遞傳至賓，賓對主君又辭，賓終請不獲辭，是爲三辭，主君乃進車迎賓也。其聘禮，則上擯述君命請事，遞傳至賓，賓辭遞傳至上擯，上擯述君命辭之，至不獲已，始命紹擯入復於君，而君出迎賓也。當擯者揖時，必俛其首，及揖畢，而仍仰立，故曰「一俛一仰」。揖分左右，故衣之前後，亦與爲轉移也。江氏永圖考：「衣之前面西，衣之後背東，手之右者既左，則面西者可移之左，而背之負繩乃向棖闑之閒矣。手之左者既右，則背東者可移之右，而裳有後裾，乃向車衡之閒矣。」「襜襜」，動搖之貌。故皇疏引江熙曰：「揖兩手，衣裳襜如動也。」楚辭九歎「裳襜襜而含風兮」，洪慶善補注：「襜襜，衣動貌。」趨進，翼如也。【注】孔曰：「言端好。」　正義曰：江氏永羣經補義：「趨進，謂廟中相禮時，非迎賓入門時，入門不謂之進。進者，行步而前。左傳所謂『公孫傁趨進』、『王孫賈趨進』是也。聘禮云：『納賓，賓入門左，三揖，至于階，三讓，公升二等，賓升西楹西，東面，擯者退中庭，賓致命，公左還，北鄉，擯者進，公當楣再拜。』所謂『趨進』在此時，謂從中庭進至阼階，而釋辭于賓，以相公拜也。所釋之辭云『子以君命在寡君，寡君拜君命之辱』是也。是時急遽，行步必趨，禮不言趨，省文也。」又鄉黨圖考云：「擯者從中庭進至阼階西，有數十步，不宜紓緩，故必當趨。趨則急遽，或至垂手掉臂，難其容，故特記容。趨進必有辭，辭無常者，不能記；辭有常者，不必記也。」今案：江氏據聘禮爲說是也。凌氏曙典故覈：「公食大夫禮食聘賓也，始賓升，擯者在中庭，釋辭相拜，公退于箱，擯者退，負東塾而立，及公將侑幣，擯者進相幣，是趨進也。」案：此亦見聘禮，所謂「禮賓」也。竊又意士介覿授幣時，擯者自廟門外進至中庭，亦是趨進，當並數之，義爲備矣。典故覈又云：「凡趨有二法：一曰徐趨。君之徐趨接武，大夫徐趨繼武，士徐趨中武，其行皆足不離地，舉前曳踵，謂之圈豚行。一曰疾趨。其步不繼武、中武，但身須小折，而頭直手足正。玉藻曰：『疾趨則欲發，而手足無移。』又曰：『端行頤霤如矢，弁行剡剡起屨。』此『趨進』是疾趨也。」「翼如」，說文引作「趩如」，此出古論語。○注：「言端好。」○正義曰：爾雅釋詁：「翼，敬也。」釋訓：「翼翼，恭也。」恭敬則端正可知。賈子容經：「趨以微磬之容，飄然翼然，肩狀若流，足如射箭。」

賓退，必復命曰：「賓不顧矣。」【注】鄭曰：「復命，復白君：『賓已去矣。』」

正義曰：司儀言聘事云：「出及中門之外，問君，客再拜對，君拜，客辟而對。君問大夫，客對。君勞客，客再拜稽首，君答拜，客趨辟。」聘禮云：「擯者出請事，賓告事畢，擯者入告公，公出送賓，及大門內。公問君，賓對，公再拜。公問大夫，賓對，公勞賓，賓再拜。送，賓不顧。」注云：「公既拜，客趨辟，君命上擯送賓出，反告，賓不顧，於此，君可以反路寢矣。」下引此文云云。案：司儀言君送賓「在中門之外」，聘禮言「在大門內」，是二禮文同。鄭注謂「君命上擯送賓出者，謂出大門外也」。司儀言諸侯相朝云：「及出，車送，三請三進，再拜；賓三還三辭，告辟。」注云：「三進，請賓就車也。主君每一請，車一進，欲遠送之也。三還三辭，主君一請者，賓亦一還一辭。」考彼文言「辟」是賓退，告辟則上擯之事。主君迎賓於大門外，則送賓亦於大門外，故但有告辟，無命上擯送賓及上擯復命事也。說文：「顧，還視也。」詩匪風箋：「迴首曰顧。」賓退所以不顧者，不敢當盛，且以示有終也。公食大夫禮言「禮賓畢，公送于大門內，再拜，賓不顧」。又聘禮言聘賓問卿面卿及介面卿畢，「賓出，大夫送于外門外，再拜，賓不顧」。鄭注公食大夫云：「初來揖讓，而退不顧，退禮略也，示難進易退之義。」又有司徹：「尸出，侑從，主人送于廟門之外，拜，尸不顧。」則凡賓客退皆不顧。凌氏廷堪禮經釋例：「凡拜送之禮，送者拜，去者不答拜。」歷引鄉飲酒、鄉射、特牲饋食、士冠、士昏、士相見、有司徹及此朝聘禮爲言，知賓退皆不答拜，不答拜，則亦不顧矣。江氏永圖考：「鄉黨記復命，若非君有命，何以謂之復命乎？經但言『賓不顧』，無命上擯送賓，及擯者復命之文者，文不具耳。」又云：「聘禮云『賓請有事于大夫，公禮辭，許』，注謂『上擯送賓出，賓東面而請之，擯者反命因告之』。是復命時有二事：一告賓不顧，一告賓請明日有事于大夫也。當時有無未可知，惟孔子是攝上擯，則召是特召，君命爲尤重矣。」案：孔子本爲承擯，及入廟相禮，出大門送賓，皆是攝上擯。惟公送賓出時，承擯紹擯皆在，如初賓來時之禮，而孔子已攝上擯，則承擯當已別遣人爲之。

3 入公門，鞠躬如也，如不容。【注】孔曰：「斂身」。 正義曰：此及下節言孔子爲聘賓事也。「公門」者，諸侯之外門、中門，即庫門、雉門也。戴氏震三朝三門考云：「天子之室，有皋門，有應門，有路門；諸侯之室，有庫門，有雉門，有路門。皋門，天子外門；庫門，諸侯外門；應門，天子中門；雉門，諸侯中門。異其名，殊其制，辨等威也。案：聘禮云：『賓皮弁聘，至于朝。』朝在庫門外。又云：『公皮弁迎賓于大門內，大夫納賓，賓入門左。』則賓由外朝至庫門內，復入雉門也。二者皆爲公門。公者，君也。曲禮『大夫士出入公門』，彼據己國，此稱所聘之國，辭亦同也。」王氏引之經義述聞以「入門」爲廟門，云：「公衍字也。聘禮記：『執圭入門，鞠躬如也。』正與此同。」案：聘記雖雜說孔子行事，其文不必與論語悉同。彼於「執圭」下言「入門」，自指廟門。論語「公門」，則以朝門賅廟門也。且以詩言「公庭萬舞」觀之，廟庭稱公，卽此公門爲廟門，奚不可者？而王氏以「公」爲衍字，非也。書鈔禮儀部七引鄭此注云：「鞠躬，自歛斂之貌也。」案：聘記注引此下文「執圭，鞠躬如也。」釋文「躬」作「窮」。廣雅釋訓：「匔匑，謹敬也。」王氏念孫疏證引此文說之云：「蹴踖鞠躬，皆雙聲以形容之。故皆言如。史記韓長孺傳贊：『斯鞠躬君子也。』太史公自序：『務在鞠躬，君子長者。』漢書馮奉世傳贊：『鞠躬履方。』顏師古注云：『鞠躬，謹敬貌。』皆當讀爲鞠窮。盧氏文弨鍾山札記、段氏玉裁說文注說略同。段又引「魯世家『匔匔如畏然』，徐廣云：『見三蒼，謹敬貌也，音穹窮。』〔一〕」則「鞠躬」者，「匔匑」之叚借。孫氏志祖讀書脞錄：「蓋鞠躬與蹴踖一例，若作曲身解，則當云『躬鞠如也』，方與『色勃如也』，『足躩如也』句法合矣。」案：「鞠躬」義爲謹敬。鄭君以爲「歛斂之貌」者，後漢書張衡傳注「歛，斂也」，二字訓同，亦謹敬之義。老子云：「歛歛爲天下渾其心。」釋文引顧注：「歛歛，危懼貌。」義可證。「如不容」者，言謹畏之形，若無所容厠足也。○注：「斂身。」○正義曰：注以「鞠」爲「斂」，「躬」爲「身」。說文云：「𦑝，曲脊也。」「鞠」、「𦑝」音同。王氏念孫廣雅疏證謂「孔義與『匔匑』同，其說恐未必然」。

立不中門，行不履閾。【注】孔曰：「閾，門限。」

正義曰：「立」卽位也。下文「復其位」，承此言之。聘禮言「賓及廟門，公揖入，立于中庭，賓立接西塾。」注云：「接，近也。」西塾，在廟門之外，所謂「門側之堂謂之塾」也。賓與主人同至廟門，而君先入以省內事，故賓在門外闑西，近西塾之地，立少俟，此立不知何面？胡氏培翬正義引蔡說賓是東面。案：雜記：「弔者卽位于門西，東面，其介在其東南，西上，西於門。」注：「賓立門外，不當門。」以此例之，知聘賓亦東面。曲禮云：「爲人子者，立不中門。」可知中門爲尊者之迹，人臣人子，皆當辟之。鄭此注云：「立行不當根闑之中央。」經言立法，

〔一〕「匔匑」，魯世家作「匔匔」。「穹窮」，集解作「窮窮」。

鄭君兼「行」言之者，行謂入門也。玉藻云：「賓入不中門。」蓋擯者自廟門出請賓，賓由所立處稍進身向東，復轉身向北，由闑西入門，是爲入不中門。玉藻云：「公事自闑西。」注謂「聘享」是也。其聘賓私覿，則與臣入君門同。玉藻云：「私事自闑東。」私事卽私覿是也。曲禮云：「大夫士出入君門，由闑右。」孔疏謂「右在東」。此爲臣入君門法。彼入門由闑東，亦不得中門，以此文例之可知矣。「根」者，爾雅釋宮：「根謂之楔。」鄭注玉藻云：「根，楔也。」毛詩箋云：「根，門梱上木近邊者。」皇疏云：「門左右兩榥，各豎一木，名之爲根。根以禦車過，恐觸門也。」「闑」者，釋宮云：「橛謂之闑。」又云：「樴在地者謂之臬。」郭注：「卽門橛也。」案：「闑」、「臬」字同，以木爲之，置於門中，以爲界別。皇疏云：「門中央有闑，闑以硋門，兩扇之交處也。」曲禮疏亦云：「中央有闑。」是皇、孔謂門止有一闑，而儀禮賈疏謂有二闑，誤矣。玉藻云：「君入門，介拂闑，大夫中根與闑之閒，士介拂根。」注云：「此謂兩君相見也。君入必中門，上介夾闑，大夫介士介雁行於後，示不相沿也。」此說入公門之法，君臣同行一門，亦所謂「公事自闑西」者也。君入中門，臣辟君，故用雁行法。上介拂闑，而鄭云「夾闑」者，謂上介行闑西，與上擯行闑東相夾也。以彼文例之，此孔子爲聘賓入廟門，當亦自闑西，與上介之拂闑相似矣。「履」者，踐也。曲禮云：「大夫士出入君門，不踐閾。」「踐閾」卽「履閾」。彼疏云：「所以爾者，一則自高，二則不淨，並爲不敬。」是也。焦氏循惑於賈疏「二闑」之說，遂謂兩闑中閒有閾，兩闑外無閾，以通車行，至掩門，則徹去兩闑與閾，而別設門限。又謂云履云踐，是度越之，非蹴其上。其說雜見所箸禮記補疏、羣經宮室圖、雕菰樓文集中。案：「閾」卽門限，不得分爲二門，是一闑，故由門出入，嫌於中門。若有兩闑，則君行兩闑之中，臣行根、闑之中，判然異路，何至人臣貿然直行，而與君同中門，且至履其閾耶？「履」、「踐」並謂蹴其上，解爲度越，亦無據。此皆焦氏之誤，所當辨正者也。竊謂凡門皆有閾，然門啟時，或去其閾，以通車行，惟廟門不行車，故閾常設而不去。其閾或寬以庳，故行者多至踐履其上，夫子則以不履爲敬也。○注：「閾，門限。」○正義曰：釋宮云：「柣謂之閾。」郭注：「閾，門限。」邵氏晉涵正義：「柣，說文作『榍』，云：『限也。』閾，門榍也。』繫傳云：『榍所以爲限閡。』閾亦名梱。士冠禮注：『閾，閫也。』曲禮注：『閫，門限也。』」案：說文「限」下云：「一曰門榍也。」然則柣也，閾也，榍也，梱也，門限也，五名實一物。但說文訓「闑」亦爲「閫」，闑者，門中所植之木，與門限別，故鄭注曲禮以「闑」爲門橛，不用許說。過位，色勃如也，足躩如也，【注】包曰：「過君之空位。」其言似不足者。　正義曰：從叔丹徒君駢枝曰：「過位者，過主君之位，廟門之內，中庭之位也。主君先入門右，即中庭之位俟賓，賓後入門左，及中庭，乃與主君並行，故以過位爲節。而色勃如，足躩如，事彌至，容彌蹙也。」鄭此注云：「過位，謂入門右北面君揖之位。」王氏正義引胡縉曰：「聘禮『賓入門左，介皆入門左，北面西上，三揖，至於階』。注：『君與賓也，入門將曲揖，既曲，北面揖。』此即論語注所云『北面君揖之位』也。中庭，據鄭注昏禮及賈疏所釋，則中庭，南北之中也。三分庭一，在北設碑，是聘禮所云『公揖入立於中庭』者，其位在碑南，當庭之中。行聘之時，公入門而右，賓入門而左，則鄭注『過位』所云『入門右』者，據君言之。賓入門左，北面西上，既曲，則賓主俱北面揖，當碑又揖。揖時賓在左，君位在中庭之右，由是三讓升階，則過君所立之位，故云『入門右北面君揖之位』也。聘禮君行一，臣行二，賓主三揖時，君位在右而居前，賓在左而稍退居後，故揖之後，必過君揖之位也。」今案：胡說即本駢枝而義加詳，但引申鄭注則未然。蓋統鄭注全觀之，知以爲臣朝君也。其曰「入門右」者，謂入雉門之右，所謂「大夫士出入君門由闑右」者也。由是北面行至治朝之廷，君視朝，揖羣臣畢，退適路寢，臣適私朝治事。若有政事當議者，君命臣隨至路寢之庭，或升路寢之堂議之。其由治朝入路門，過君治朝揖羣臣之位，故曰「君揖之位」。此則鄭義在朝非在廟，在己國朝君，非在他國行聘也。必知鄭說不然者，鄉黨言禮，雖不盡爲周禮所有，然若此節及下「執圭」節，皆見聘記，尚不足爲據耶？鄭注聘記引論語此文，而注論語不據聘記者，鄭注論語在前，所謂「人閒行已久」，不復追改矣。「過位」所以有言者，駢枝云「有揖讓之禮，卽有應對之辭」是也。○注：「過君之空位。」○正義曰：君退適路寢，則治朝之位虛，故曰「空位」。此鄭注所本。**攝齊升堂，鞠躬如也，屏氣似不息者。**【注】孔曰：「皆重慎也。衣下曰齊。攝齊者，摳衣也。」正義曰：駢枝云：「攝，斂也，整也。舉足登階，齊易發揚，故以收斂整飭爲難。士冠禮『攝酒』注云：『攝猶整也。』襄十四年傳：『書於伐秦，攝也。』注云：『能自攝整。』既醉：『朋友攸攝。』正義云：『攝者收斂之言。』又引『戰國策：『攝衽抱几。』弟子職：『攝衣共盥。』管晏列傳：『晏子懼然，攝衣冠。』皆『攝』訓『整』之證」。謹案：賓執圭升堂，此時衣之下齊整齊，故曰「攝齊」，猶上節言「衣前後襜如」者，皆是自然合禮，不假手爲更動也。「齊」與「齋」同。漢書朱雲傳、唐貞觀中孔子廟堂碑俱引作「齋」，用正字也。「升堂」者，升，登也。諸侯堂高七尺，見禮器。聘禮言「賓至于階，三讓，公升二等，賓升西楹西，東面」，是賓升階，後君一等。曲禮云：「主人與客讓登，主人先登，客從之，拾級聚足，連步以上。上於東階，則先右足，上於西階，則先左足。」注云：「拾當爲涉。級，等也。涉等聚足，謂前足躡一等，後足從之併。連步以上，重蹉跌也。連步，謂足相隨不相過也。」曲禮此文，是賓主升階法，此聘賓禮亦當同。若急趨君命，則有越等，謂之栗階。燕禮記云：「凡公所辭皆栗階。」又云：「栗階不過二等。」注云：「左右各一發而升堂。」則與聚足連步之禮異矣。「屏氣」者，說文：「屏，蔽也。」廣雅釋詁：「屏，藏也。摒，除也。」義皆相近。說文：「息，喘也。從心從自，自亦聲。」案：「自」卽鼻也。夫子屏攝其氣，若呼吸俱泯者，蓋氣容宜肅也。士相見禮疏引論語鄉黨云：「孔子與君圖事於庭，圖事於堂。」說者以爲約鄭注之文，愚輒憶他書引此文，亦以爲鄭注也。「圖事於庭」，庭即路寢之庭，疑鄭此文釋「其言似不足」之義。「圖事於堂」，則此「升堂」是也。書鈔禮儀部七引鄭注云：「屏氣自靜，以俟君言也。」俟君言，謂所圖事之言，此則鄭義以爲常朝也。陳氏壽祺左海經辨謂「鄭云圖事，即是謀聘」，似是臆測。○注「衣下」至「衣也」。○正義曰：曲禮：「兩手摳衣，去齊尺。」注云：「齊，裳下緝也。」「裳下」即此注「衣下」，衣、裳得通稱也。說文：「攝，引持也。摳，繑也。一曰摳衣。」段注疑「繑」爲「撟」字之譌。撟者，舉也。即席摳衣，下去地尺，若此「摳衣」，當相似矣。駢枝斥此注云：「拾級聚足，連步以上，自不致有傾跌失容之患，不必摳衣也。摳謂之褰，褰謂之揭，揭謂之撅。子事父母，不涉不撅，侍坐於君子，暑毋褰裳，避不敬也，獨奈何升堂見君，而反以摳衣爲敬乎？此可知其不然也。」出，降一等，逞顏色，怡怡如也。【注】孔曰：「先屏氣，下階舒氣，故怡怡如也。」沒階，趨進，翼如也。【注】孔曰：「沒，盡也。下盡階。」復其位，踧踖如也。【注】孔曰：「來時所過位。」正義曰：「出」者，聘禮云：「賓降介逆出，賓出。」謂賓出廟門，仍接於西塾也。駢枝云：「聘享每訖，即出廟門以俟命，『出』字爲下文之目。」「等」者，階之級也。曲禮「拾級」，注「級，等也」是也。士冠禮「降三等」注云：「下至地。」疏引賈、馬說：「天子堂九尺，階九等；諸侯堂七尺，階七等；大夫堂五尺，階五等；士堂三尺，階三等。」胡氏培翬正義引程瑶田云：「階三等者，連堂廉而言。若除堂廉言，則九尺之堂，其階止八等，七尺者六等，五尺者四等，三尺者二等也。所謂『盡等不升堂』者，當是盡其廉下之等，而不踐廉以升堂也。」張惠言云：「降三等而下至地，則凡階，上等即堂廉也。公食大夫禮食賓，『受醬湆等，皆自阼階降堂受』。注云：『降堂，謂止階上。』則堂廉上也。士昏禮廟見，『婦降堂取笲菜』，注：『降堂，階上也。』婦人無降階之事，則在堂廉上又可知。蓋堂之界，以庪爲限，庪以前卽爲階，自堂而出至階廉，卽爲降堂。階一等，乃爲降階。在階之上等，接簷下，爲盡階不升堂。」今案：程氏、張氏義同。胡君以其說爲然。胡又云：「賓降一等，在二等之上。」則此文「出降一等」之義也。「怡怡」者，爾雅釋詁：「怡怡，樂也。」說文：「怡，和也。」「樂」、「和」義同。「没階」者，謂降西階盡等，下至地也。說文：「階，陛也。」詩瞻卬箋：「階，所由上下也。」洪氏頤煊禮經宫室答問：「鄉射禮：『賓降，立于西階西，當西序。』又云：『賓降立于階西，當序。』西階在西序之東，東階當在東序之西。聘禮：『賓升西楹西，東面，公當楣再拜，賓三退，負序。』西楹西已當階，又三退，然後負序，則階必當楹、序之中。階上北直房户，其兩階相去亦東西四筵之地。」釋文云：「没階趨，一本作『没階趍進』，誤。」臧氏琳經義雜記：「史記世家作『没階趨進』，聘禮注引論語同。曲禮、士相見禮疏引並有『進』字。『趨進』者，趨前之謂也。舊有此字，非誤。」「復其位」者，駢枝云：「復聘賓之位，廟門之外，接西塾之位也。」謹案：此節自「入公門」至「私覿」，皆說聘問之事。而分言者，一記所歷門位堂階之容，一記執圭之容也。聘禮記：「賓入門皇，升堂讓，將授志趨。下階，發氣怡焉，再三舉足，又趨，及門正焉。」注云：「皇，自莊盛也。讓，謂舉手平衡也。志猶念也。念趨，謂審行步也。孔子之執圭，鞠躬如也」云云。「再三舉足，自安定乃復趨也。孔子之升堂，鞠躬如也」云云。又注「及門正焉」句云：「容色復故，此皆心變見於威儀。」是此節爲聘禮，明明載之記中，而鄭君卽以論語文釋之，惜其先注論語時，未能據之也。古義湮晦，至駢枝而始明。同時凌氏廷堪禮經釋例、王氏引之經義述聞並稱其精審，厥後胡縉亦略本之，此可無疑者矣。鄭君及包、孔注，皆以此節爲趨朝。然上節言「朝」及「君在」，已說趨朝之事，不應中隔以爲擯，而復言趨朝也。陳氏壽祺左海經辨據鄭注「圖事於庭、於堂」之言，謂「是孔子於己國與君謀聘」，則與平時議政事何異？且孔子在本國圖事，與聘記言「賓入門升堂」亦不合，則知陳說非也。宋氏翔鳳發微以爲擯禮，不知擯者本不升堂，且上節已言「趨進」，此不必復記矣。說既多岐，而其中門位、堂階，又人自爲義，今皆刊落，不欲繁溷學者耳目焉。○注「先屏」至「如也」。○正義曰：上文言「屏息」，息卽氣也。顏色是氣之見於外者。故注明之。聘記云：「下階，發氣怡焉。」注：「發氣，舍息也。」「舍」與「舒」音同，「舒」與「逞」義同。方言：「逞，解也，快也。」說文：「逞，通也。」義俱相近。「下階」者，釋言云「降下也」。

4 **執圭，鞠躬如也，如不勝。**【注】包曰：「爲君使聘問鄰國，執持君之圭。鞠躬者，謹愼之至。」正義曰：說文：「圭，瑞玉也，上圜下方。」古文「圭」作「珪」。又云「剡上爲圭」。白虎通文質篇：「珪以爲信者何？珪者，兌上，象物始生，見於上也。萬物之始，莫不自潔，珪之爲言潔也。上兌，陽也；下方，陰也。」「上兌」卽剡上，亦卽上圜。凡諸圭形，當略相同。周官大宗伯：「王執鎭圭。」又云：「公執桓圭，侯執信圭，伯執躬圭，子執穀璧，男執蒲璧。」注云：「桓圭，蓋亦以桓爲瑑飾，長九寸。信當爲身，身圭、躬圭，蓋皆象以人形爲瑑飾，圭皆長七寸。穀、蒲二玉，蓋或以穀爲飾，或以蒲爲瑑飾，璧皆徑五寸。」案：此卽瑞圭也。考工玉人謂之「命圭」。諸侯朝天子，及諸侯相朝，並執之。若使人聘於天子，及諸侯交相聘，則用瑑圭。典瑞云：「瑑圭璋璧琮，以頫聘。」注「鄭司農云：『瑑有圻鄂瑑起。』」又考工記「瑑圭璋八寸，璧琮八寸，以頫聘。」注云：「瑑，文飾也。」疏云：「此謂上公之臣，執以頫聘，享用璧琮於天子及后也。若兩諸侯自相聘，亦執之。侯伯之臣，宜六寸。子男之臣，宜四寸。凡諸侯之臣頫聘，不得執君之桓圭、信圭之等，直瑑爲文飾也。」案：說文：「瑑，圭璧上起兆瑑也。從玉，篆省聲。」上起兆瑑，卽先鄭「瑑起」之義。「兆」、「垗」一字。「圻」如「封圻」之圻，所以界別内外也。李賢後漢明帝紀注：「圻岸，圻堮也。」「堮」、「鄂」字同，當謂刻圭凸起以爲飾也。康成謂六瑞亦是瑑飾，但不爲桓、躬等之文，此康成存疑，故屢加蓋詞以箸之。惠氏士奇禮説：「瑑者，頫問之圭璧，六瑞則不瑑也，故曰『大圭不瑑，美其質也』。康成依漢禮而言，遂謂六瑞皆瑑。如其説，則與頫聘之圭何以異乎？説者又謂頫聘之圭璧，有圻鄂瑑起，無桓、信、躬、穀、蒲之文也，不知桓、信、躬、穀、蒲，乃玉之形體與其彩，非瑑飾之文。故曰『和氏之璧，不飾以五彩；隨侯之珠，不飾以銀黃。其質至美，物不足以飾之』。六瑞無瑑飾者以此，山海經：『圭璧十五，五彩惠之。』惠猶飾也。祀山川，造賓客，皆曰素功。素功者，設色之工。畫繢之事，是爲瑑秦之八體，大篆小篆，亦以此取名焉。説者謂素功無飾，其不然乎？」案：惠説是也。聘禮言「賓及廟門，公揖入，立于中庭，賓立接西塾。擯者出請命，賈人東面坐啟櫝取圭，垂繅不起，而授上介。上介不襲，執圭，屈繅，授賓，賓襲，執圭。擯者入告，出辭玉，納賓。賓入門左，三揖，至于階，三讓，公升二等。賓升西楹西，東面。賓致命，公側襲，受玉於中堂與東楹之閒，賓降，公側受宰玉」。此行聘時，賓執圭以致君命也。曲禮云：「執天子之器則上衡，國君則平衡。」衡者，衡於心也。此執圭亦當平衡，故鄭解聘記「升堂讓」云：「謂舉手平衡也。」是也。聘記云：「上介執圭，如重，授賓。賓入門皇，升堂讓，將授志趨，授如争承，下如送，君還而後退。」又云：「執圭入門，鞠躬焉，如恐失之。皇且行，入門主敬，升堂主慎。」注以爲記執圭異説，此與論語文悉合。作記者采孔子事入之。鄭云「異説」者，謂記者非一人也。書鈔禮儀部七引鄭此注云：「如不勝者，敬之至也。」案：曲禮云：「凡執主器，執輕如不克。」注云：「重慎也。」「重慎」即敬義。○注：「爲君使聘問鄰國，執持君之圭。」○正義曰：「聘」亦訓問，見詩采薇傳及鄭君禮注。曲禮云「諸侯使大夫問於諸侯曰聘」是也。大行人云：「諸侯之邦交，歲相問也，殷相聘也，世相朝也。」注云：「小聘曰問。殷，中也。久無事，又於殷朝者及而相聘也。父死子立曰世。凡君卽位，大國朝焉，小國聘焉。」案：聘問不異圭，故注兼擧之。書鈔禮儀部七引鄭此注云：「執圭謂以君命聘於鄰國。」與包義同。云「執持君之圭」者，凡瑑圭璋璧琮，皆是君物，故使者受圭於朝，及聘畢返國，致玉於君，並見聘禮。解者誤會此注「君圭」之文，或以命圭當之，非也。**上如揖，下如授。勃如戰色，足蹜蹜如有循。**【注】鄭曰：「上如揖，授玉宜敬；下如授，不敢忘禮。戰色，敬也。足蹜蹜如有循，擧前曳踵行。」正義曰：「蹜蹜」，玉藻作「縮縮」，說文無「蹜」字，「縮」下云：「一曰蹴也。」「蹴」與「蹙」一字。詩：「蹙蹙靡所騁。」鄭箋：「縮小之貌。」縮小亦不敢自肆意。○注「上如」至「踵行」。○正義曰：「授玉」謂賓升堂東面授玉也。授玉爲上者，後漢書河閒孝王開傳：「上案其罪。」注：「上，奏上也。」又禮記郊特牲「尚用氣」，注：「尚謂先薦之。」史記絳侯周勃世家「太子勝之尚之」，集解引韋昭曰：「尚，奉也。」「尚」與「上」同。臣授玉於君，亦是奉上之。聘禮記「授如爭承」，彼文之「授」，卽此文所云「上」也。「爭承」者，言趨而授玉，其禮宜速，與此言「如揖」各具一義。江氏永圖考曰：「古之揖，如今人與人相拱手，有高、平、下之別。孔子執圭上如揖，與天揖推手小擧者相似，此不過平衡也。」云「不敢忘禮」者，是解「下」謂下堂雖已授玉，不敢忘禮，猶如授時也。聘記云「下如送」，送當謂送物與人，與此言「授」同也。鄭注輯本「不敢忘禮」句下，更云：「魯讀下爲趨，今從古。」案：「下」字古音如户，與「趨」音近，故魯論作「趨」。鄭以趨而授玉不須言「如」，故從古作「下」。錢氏坫後録謂「如、而古通」。「上如揖」，卽賓入門後，三揖至于階之事。「趨而授玉」，卽聘記所謂「志趨」，從魯論爲說，與下兩「如」字別自爲義，非也。書鈔禮儀七引此注云：「勃如戰色，恐辱君命也。」是注佚文，當在「敬也」句下。「敬」與「儆」同，慎懼之義。「恐辱君命」者，懼有失隊，遺君羞辱也。「擧前曳踵行」者，說文：「循，順行也。」

兩足不能分步，則趾踵相接，順遞而行，故舉前足，則曳後踵隨之。曲禮云：「執主器，操圭璧，則尚左手，行不舉足，車輪曳踵。」注云：「行不舉足，重慎也。車輪，謂行不絕地也。」疏云：「踵，脚後也。若執器行時，則不得舉足，但起前拽後，使踵如車輪曳地而行，故云車輪曳踵。」又玉藻：「執龜玉，舉前曳踵，縮縮如也。」注云：「著徐趨之事。」又「圈豚行，不舉足，齊如流」，注云：「圈，轉也。豚之言若有所循。不舉足曳踵，則衣之齊如水之流矣。孔子執圭則然，此徐趨也。」案：舉前足，曳後踵，則後足不舉，故云「行不舉足」。其踵趾相接，旋轉如圈，故爲圈豚，」言其圈而循行也。聘記云：「將授志趨。」注云：「志猶念也。謂審行步也。孔子之執圭」云云。鄭以「志趨」即「徐趨」，故引「執圭」全節，而以「足蹜蹜如有循」爲「志趨」之證，與玉藻注所云「徐趨」義合。玉藻言「徐趨」之法，「君與尸行接武」，〔一〕謂蹈半跡得三尺也；「大夫繼武」，謂跡相及也；「士中武」，謂跡閒容跡也。是皆圈豚行也。夫子大夫，當用繼武，故舉前曳踵行，即是跡相及也。推鄭君玉藻及聘記注義，是足蹜蹜如有循在授玉之時，蓋授玉當徐趨也。所以用徐趨者，以君行一，臣行二，故聘記言「授如争承」，即此義也。賈氏聘記疏解「足縮縮」爲廟門內執玉行步之容。江氏永圖考、王氏瑬正義並從其說，非鄭君之旨。士相見禮：「凡執幣者不趨，執玉者則惟舒武，舉前曳踵。」注云：「不趨者，主慎也。惟舒者，重玉器，尤慎也。」此則執玉常度，與授玉時用徐趨不同。蓋舉前曳踵，一爲舒武，一爲徐趨，名同而法異也。

享禮，有容色。【注】鄭曰：「享，獻也。聘禮：既聘而享，用圭璧，有庭實。」

正義曰：聘記云：「及享，發氣焉盈容。」注云：「發氣，舍氣也。孔子之於享禮有容色。」案：「舍」與「舒」同，謂顏色舒解。江氏永圖考：「聘執圭，享執璧，嚴與和微異。享禮有容色，正對『勃如戰色』，謂身

〔一〕「與」原誤作「及」，據禮記玉藻改。

容、手容、足容如初，惟發氣盈容，不若初之變色耳。」夫圭獻其德，璧獻其情；圭以申信，璧以交歡。聘使之將入也，主君有辭玉之禮。辭者，不敢當禮之盛也。至於享，則擯者請事而不辭。聘禮之入門也，使者有襲衣之儀。襲者，以其玉所藉也。至於享，則賓主皆裼而不襲。書曰：「享多儀，儀不及物。」言乎盡物者，貴盡志也，於是有容色云爾。案：聘君後以璋聘夫人，享君後以琮享夫人，其禮與聘享君略同。○注「享獻」至「庭實」。○正義曰：「享，獻」，釋詁文。說文作「亯」，云：「獻也，從高省，曰象進孰物形。」周官玉府注：「古者致物於人，尊之則曰獻。」何休公羊隱五年注：「獻者，下奉上之辭。」聘禮言：「聘畢賓出，公裼，降立，擯者出請，賓裼，奉束帛加璧享。擯者入告，出許。」是聘禮既聘而享也。覲禮「四享」，是諸侯見天子之禮。鄭注以「四享」爲「三享」，而使人於諸侯但用一享，禮之殺也。聘記諸侯相朝，公、侯、伯皆以璧帛享君，琮錦享夫人。子、男則降用琥以繡，璜以黼，皆不用圭。此注「用圭璧」，兼「圭」言之者，鄭以上公及二王後，享天子用圭，見小行人注。是圭亦享禮所用，鄭君廣言之也。「庭實」者，實於庭也。聘記云：「凡庭實，隨入，左先。」注云：「隨入，不並行也。」又覲禮言：「庭實，奉束帛，匹馬卓上，九馬隨之，中庭西上，奠幣，再拜稽首。」是諸侯享天子亦有庭實也。書鈔禮儀部七引鄭此注云：「皮馬相間也。」此句當在「有庭實」下。聘禮云：「庭實，皮則攝之，毛在內，內攝之，入設也。」注云：「皮，虎豹之皮。攝之者，右手並執前足，左手並執後足。毛在內，不欲文之豫見也。內攝之者，兩手相鄉也。入設，亦參分庭一，在南。言『則』者，或以馬也。」[一]又云：「凡庭實，皮馬相間可也。」注云：「間猶代也。土物有宜，君子不

[一]「也」原誤作「記」，據聘禮注改。

以所無爲禮。畜獸同類，可以相代。」疏云：「當國有馬而無虎豹皮，則用馬。或以虎豹皮，並有馬，則以皮爲主，而用皮也。」此相閒之義也。聘禮言設庭實云：「賓入門左，揖讓如初，升致命，張皮，公再拜受幣。士受皮者，自後右客，賓出當之，坐攝之，公側受宰幣皮，如入右首而東。」「張」者，釋外足見文也。「自後右客」者，從東方來，由客後西，居其左受皮也。「坐攝之」者，象受於賓也。「如入右首而東」者，如入左在前皮右首者，變於生也。皆鄭注說也。私覿，愉愉如也。【注】鄭曰：「覿，見也。既享，乃以私禮見。愉愉，顏色和。」正義曰：郊特牲云：「朝覲，大夫之私覿，非禮也。大夫執圭而使，所以申信也。不敢私覿，所以致敬也。而庭實私覿，何爲乎諸侯之庭？爲人臣者無外交，不敢貳君也。」案：此周時儒者議禮之言，先言「朝覲」，後言「大夫執圭而使」，謂聘禮則以朝聘之私覿皆爲非禮。鄭注云：「其君親來，其臣不敢私見於主國君也。以君命聘，則有私見。」是鄭據周禮，以臣聘得行私覿，未爲失禮也。○注「覿見」至「色和」。○正義曰：「覿、見」，釋詁文。荀子大略云：「私覿，私見也。」說文無「覿」字，而「愉」下引論語作「私覿」。其訓「見」者，作「儥」意，許以「儥」即「覿」矣。據聘禮言聘享畢「賓奉束錦以請覿，擯者入告，出辭，請醴賓，賓禮辭聽命」。及醴賓畢，復請覿，是既享後仍有醴賓一節。論語無文，略之也。私覿，爲以私禮見者。聘享皆邦交之事，臣爲君行禮，同於爲賓。此則臣於君行禮，非公家之事，故稱私也。玉藻云「公事自闑西」，「公事」謂聘享；「私事自闑東」，「私事」謂私覿是也。書鈔禮儀部七引鄭此注云：「用束帛乘馬者也。」此佚文當在「乃以私禮見」下。聘禮云：「賓覿，奉束錦，總乘馬，二人贊，入門右，北面奠幣，再拜稽首。擯者辭，賓出，擯者坐取幣出，有司二人牽馬以從，出門，西面于東塾南。擯者請受，賓禮辭聽命，牽馬右之，入設。賓奉幣入門左，介皆入門左，西上。公揖讓如初。升，公北面再拜，賓三退，反還負序，振幣，當東楹，北面。士受馬者自前還牽者後，適其右，受。牽馬者自前西，〔一〕乃出，賓降，階東拜送，君辭，拜也，君降一等辭。擯者曰：『寡君從子。』雖將拜，起也。栗階升，公西鄉，賓階上再拜稽首。公少退，賓降，出，公側受宰幣，馬出。」此賓請覿之禮，有束帛乘馬也。束帛即束錦。鄭注士冠禮云：「束帛，十端也。十端一束，故言束也。」乘馬者，四馬。聘禮言「二人贊」，即扣馬者也。賓覿後，大夫介、士介亦有私覿，禮略同。夏官校人云：「凡國之使者，共其幣馬。」注云：「使者所用私覿。」彼謂天子使人於諸侯，得行私覿。私覿之馬，校人供之，則諸侯聘賓私覿所用之幣，宜亦君爲供之。聘禮云：「有司展羣幣以告。」注云：「羣幣，私覿及大夫者。有司，載幣者，自展自告。」告者，告之於君，明羣幣亦君供之矣。「愉愉顔色和」者，爾雅釋詁：「愉，樂也。」聘記：「私覿，愉愉焉。」彼注云：「容貌和敬。」與此注互證。說文：「愉，薄也。」引此文。許意以「愉」爲「媮薄」字，其引論語乃別義，說文此例甚多。段注疑爲薄樂，非是。

〔一〕「者」字原脱，據儀禮聘禮補。

論語正義卷十二

5 君子不以紺緅飾，【注】孔曰：「一入曰緅，飾者不以爲領袖緣也。紺者齊服，盛色以爲飾衣，似衣齊服。緅者，三年練，以緅飾衣，爲其似衣喪服，故皆不以爲飾衣。」紅紫不以爲褻服。【注】王曰：「褻服，私居服，非公會之服，皆不正。褻尚不衣，正服無所施。」正義曰：君子謂孔子，變言之者，見凡君子宜然也。鄭注云：「紺緅，紫玄之類也，紅纁之類也。玄纁所以爲祭服，等其類也。紺緅木染，不可爲衣飾；紅紫草染，不可爲褻服而已。飾謂純緣也。」褻衣，袍襗也。案：說文：「紺，深青而揚赤色也。」釋名釋采帛：「紺，含也，青而含赤色也。」許、劉義同。廣雅釋器：「紺，青也。」不兼赤言，略也。漢書王莽傳：「時莽紺袀服。」蔡邕獨斷：「袀，紺繒也。」袀者，玄也。紺者，青赤之色。但深青近黑，故訓紺者又爲黑。考工記鍾氏疏引淮南說山訓：「以涅染紺，則黑於涅。」涅，卽今皁礬之類。墨子節用篇：「黚，黑也。」說文：「黚，淺黄黑也。從黑，甘聲，讀若染繒帛束緅黚。」「黚」與「紺」同。淺黄卽近赤之色，黑卽近深青之色也。段氏玉裁說文注謂「紺卽今之天青，又名紅青，以考工鍾氏疏『纁入黑汁爲紺』之義爲非」。其說良是。但深青近黑，故此注以紺爲玄類也。說文無「緅」字，「纔」下云：「帛爵頭色也。從糸，毚聲。一曰微黑色如紺。纔，淺也。讀若讒。」許以纔微黑，比於紺者，紺色深青，與黑相近故也。鍾氏言染羽法：「以朱湛丹秫，三月而熾之，淳而漬之。三入爲纁，五入爲緅。」注：「染纁者三入而成，又再染以黑則爲緅。緅，今禮俗文作爵，言如爵頭色也。」又注士冠禮云：「爵弁者，其色赤而微黑，如爵頭然，或謂之緅。」鄭以「爵」爲俗文，則以「緅」爲正字。許以「纔」爲正字，意「爵」卽「纔」之或體矣。士冠禮注云「赤而微黑」，而巾車注又云：「雀，黑多赤少之色。」辭不同者，五入之黑，比玄緇爲淺，故爲微黑，而於赤爲多，是爲黑多赤少矣。廣雅云：「緅，青也。」字林云：「緅，帛青色，深青之色近黑也。」說文又云：「紫，帛青赤色也。」段注謂「青當作黑」，甚是。然許意或以青亦近黑矣。紺、緅、紫，皆近黑色，故鄭此注以爲玄類。毛詩七月傳：「玄，黑而有赤也。」說文云：「黑而有赤色者爲玄。」鍾氏言「五入爲緅，七入爲緇」，不言六入，注云：「凡玄色者，在緅緇之閒，其六入者與？」是鄭義與毛、許合。金氏鶚禮說：「玄色是黑而兼青，非赤黑之色。」引六證以明之。其尤可據者，則周髀經云：「天青黑，地黃赤。玄以象天，則必黑而兼青。」其說固是。然非毛、許、鄭氏義也。說文又云：「紅，帛赤白色也。」段注謂「如今之粉紅桃紅」。案：爾雅釋器：「一染謂之縓，再染謂之赬，三染謂之纁。」縓、赬、纁皆赤色，故說者謂縓卽紅，而此注亦以紅爲纁類。說文云：「纁，淺絳也。絳，大赤也。」是也。玉藻注：「冕服玄上纁下。」詩七月：「我朱孔陽，爲公子裳。」傳云：「朱，深纁也。」祭服玄衣纁裳。周官方相氏：「玄衣朱裳。」皆謂衣用玄，裳用纁也。鄭以玄纁是祭服之色，而紺緅紫爲玄類，紅爲纁類，亦是相等，故云「等其類也」。既與祭服色類，則亦不得用之矣。「紺緅用木染，紅紫用草染」者，案：大司徒：「土會之法：山林，其植物宜皁物。」先鄭以爲柞栗之屬，今世閒以柞實爲皁斗。說文：「栩，其實皁，一曰樣。」陸機詩疏：「徐州人謂櫟爲杼，或謂之爲栩，其子爲皁，或言皁斗。其殼爲汁，可以染皁。」案：皁卽黑色。掌染草注所云「象斗」，卽皁斗也。此木染之可考者，紺緅所用當取此。又爾雅釋草：「葝，鼠尾。」「欔，烏階。」郭注並云：「可以染皁。」但爲草類，當非紺緅所用也。又釋草：「蒤，虎杖。」郭注：「可以染赤。」「茹藘，茅蒐」，郭注：「今之蒨也，可以染絳。」絳、赤皆紅類也。又「藐，茈草」，郭注：「可以染紫，一名茈莀。」掌染草注作「紫莂」，此紅紫爲草染也。陳氏壽祺左海經辨引此注解之云：「染人『掌染絲帛。凡染，春暴練，夏纁玄，秋染夏』。注云：『考工記鍾氏則染纁術也。』是鄭意以染絲帛如染羽法，用朱湛丹秫，不用草木。蓋草木染者，可施之他物，祭服等則當以丹秫染也。」今案：陳說非是。蓋木染草染，乃言紺緅四者所受之色，其色與祭服相似而不可用，非謂其爲草木染而不可用也。士冠禮「爵弁服」有「靺韐」，「爵弁」是祭服，鄭君以「爵」爲「緅」俗文，而「靺」爲祭服之韠，茅蒐所染，則鄭以祭服得有草木染矣。墨子節用篇：「冬服紺緅之衣，輕且暖。」則後世俗變，且以紺緅爲衣，不獨用爲飾也。江氏永圖考曰：「飾必用正色。深衣篇云：『具父母、大父母，衣純以繢，具父母衣純以青。』孔子少孤，母存，宜純以青。母沒，則惟純以素。紺緅不飾，猶之紅紫不服耳。」案：曲禮云：「爲人子者，父母存，冠衣不純素。孤子當室，冠衣不純采。」亦說深衣之制。江意夫子不以爲飾，當指深衣，其義足裨鄭氏所未言。但以紺緅爲閒色，則爵弁用爲冠服，冠重於衣，衣用正色，冠必不用閒色。又爵韠亦用爵爲飾，則紺緅絶非閒色而可知。鄭義以爲類祭服者，信而有徵矣。圖考又曰：「按孔子言『惡紫之奪朱』，當時尚紫亦有漸。玄冠紫緌，自魯桓公始。戰國策曰：『齊紫，敗素也，而賈十倍。』蓋齊桓公有敗素，染以爲紫，下令貴紫，人争買之，賈十倍，其貴紫有由來矣。哀十七年：『衛渾良夫紫衣狐裘，太子數其三罪殺之。』紫衣居一。杜注：『紫衣，僭君服。』可見當時君服紫。」王氏壍正義：「服紅者雖鮮聞，亦必有爲褻服者。」此皆謂當時褻服用紅紫也。皇疏以紅紫爲閒色，引潁子嚴說：紅是赤白，爲南方閒；紫是黑赤，爲北方閒。解者據之，因謂「閒色不可用」。案：玉藻云：「衣正色，裳閒色。」荀子正論言天子「衣被則服五采，雜閒色」，則謂「閒色不可用」者，誤也。「飾謂純緣」者，爾雅釋器：「純謂之緣。」郭注：「衣緣飾也。」說文：「緣，衣純也。」玉藻云：「緣廣寸半。」深衣云：「純袂、緣、純邊，廣各寸半。」注：「純，謂緣之也。緣袂，謂其口也。緣，緆也。緣邊，衣裳之側。廣各寸半，則表裏共三寸矣。」釋文引鄭注既夕禮云：「飾衣領袂口曰純，裳邊側曰綼，下曰緆也。」是言衣裳飾也。又冠、屨、帶、韠、矢服、席亦有飾，論語此文，當兼有之。鄭君止說衣裳，舉其重者以例之耳。「褻衣爲袍襗」者，說文：「褻，私服。」字林：「褻，衷衣也，又云重衣也。」喪大記注：「袍，褻衣。」詩無衣云「與子同袍」、「與子同澤」，袍在外，澤在內，皆爲褻也。毛傳：「澤，潤澤也。」鄭箋：「澤，褻衣，近污垢。」釋名釋衣服：「汗衣近身，受汗垢之衣也。詩謂之澤，受汗澤也。或曰鄙袒，或曰羞袒，作之用六尺布，裁足覆胸背。」方言：「汗襦，江、淮、南楚之閒謂之繒。」注云：「卽衫也。」說文：「襦，短衣也。袴，脛衣也。褰，袴也。」皆褻服之類。○注「一入」至「飾衣」。○正義曰：鍾氏言「五入爲緅」，無「一入爲緅」之文。錢氏大昕潛研堂文集：「孔氏經文當是『縓』字，爾雅云『一染謂之縓』，卽孔所云『一入』也。檀弓云：『練，練衣黃裏縓緣。』注云：『小祥練冠、練中衣，以黃爲內，縓爲飾。』卽孔所云『三年練以飾衣』者也。然則孔本經注皆當作縓，不作緅矣。」錢氏坫後錄：「論語此有兩本，古文作『紺縓』，今文作『紺緅』，孔本古文，鄭本今文也。今集解乃後人妄改。」今案：二錢說是也。但孔本非真古文，此說稍誤。喪服記：「公子爲其母練冠麻，麻衣縓緣。」與檀弓同。士喪禮「公子爲其妻縓冠」，又記有「縓綼」，則「縓」爲喪飾。說文云：「縓，赤黃也。」廣雅云：「縓謂之紅。」紅赤色相近也。「三年練」者，謂三年之喪有練祭也。練卽小祥之祭。喪服四制云：「父母之喪，十三月而練」是也。孔謂「縓」卽是紅，不可爲飾，又不可爲褻服。縓舉其名，紅舉其色，說與鄭異，則孔所傳本異也。至以紺爲齊服，禮無明文。玉藻云「齊則爵韠」，「爵」卽「緅」，或孔以緅紺色近，得比同之也。○注「褻服」至「所施」。○正義曰：「褻」訓「私居」者，引申之義。私居之服，卽是深衣，故曰「非公會之服」，與下文稱「褻裘」同。此義亦通。

正服謂朝祭諸服，在外者也。當暑，袗絺綌，必表而出之。【注】孔曰：「暑則單服。絺綌，葛也。必表而出之，加上衣。」正義曰：「當暑」者，謂當暑時也。釋名釋天：「暑，煮也。熱如煮物也。」「袗」，釋文及唐石經、五經文字皆作「紾」，皇本作「縝」，邢本作「袗」。段氏玉裁說文注以「袗」爲正，「紾」爲叚借，「縝」爲俗。御覽八百十九引鄭此注云：「縝，單也。暑月單衣葛，爲其形褻也。」案：「縝、單」者，玉藻：「振絺綌不入公門。」注云：「振讀爲袗。袗，單也。」單謂衣無裏，對袷褶之有裏者言之也。「單衣葛」者，以葛爲絺綌，用爲單衣也。毛詩葛覃傳：「葛所以爲絺綌。精曰絺，麤曰綌。」說文：「葛，絺綌草也。絺，細葛也。綌，麤葛也。」段注謂「緝績之一如麻枲。其粗者，則如今之黃草葛也。」「形褻」者，絺綌近親身之衣，形或露見，故言褻也。喪大記注引此文說之云：「亦爲其褻也。」是也。御覽引鄭注又云：「必表而出之，若今單衣也。」案：單衣，卽裼衣。裼衣在絺綌外，故稱表其衣，亦是單衣無裏。鄭據目見，故以「今」明之。喪服大記：「袍必有表，不襌。」注云：「袍，褻衣，必有以表之，乃成稱也。」「襌」與「單」同。古人之服，先著親身之衣，次則春秋加袷褶，夏加絺綌，冬加裘，又次各加裼衣，又次上加禮服。此文「必表而出」，與下文緇衣、素衣、黃衣，皆論裼衣。裼者，所以充美，燕居不裼，故可單衣葛也。玉藻「振絺綌」與「表裘」連文，注云：「二者形且褻，皆當表之乃出。」是鄭以出爲出門。皇疏云：「在家無別加衣，若出行接賓，皆加上衣。當暑絺綌可單，出則不可單，必加上衣，故云『必表而出』也。」卽鄭義也。云「出之者」，「之」是語辭，皇本無「之」字。〇注：「必表而出之，加上衣。」〇正義曰：說文：「表，上衣也。」上衣謂衣之在外加於上者，卽裼衣也。又謂之中衣，其外又加禮服。禮服對中衣言，亦稱上衣。緇衣，羔裘；正義曰：鄭注云：「緇衣羔裘，諸侯視朝之服，亦卿大夫士祭於君之服。諸侯之朝服，其服緇布衣而素裳，緇帶素韠。諸侯之朝服羔裘者，必緇衣爲裼。卿大夫朝服亦羔裘，唯豹袪，與君異耳。」案：士冠禮：「玄冠朝服。」注云：「諸侯與其臣，朝服以日視朝。」又司服：「凡甸，冠弁服。」注云：「冠弁，委貌，諸侯以爲視朝之服。」然則玄冠朝服，卽冠弁服。司裘疏以爲冕服者，弁、冕得通稱也。玄冠是黑色，其上衣及中衣皆用緇布爲之。緇亦黑色，所謂「衣與冠同色」也。說文：「緇，帛黑色也。」釋名釋采帛：「緇，滓也。泥之黑者曰滓，此色然也。」是也。詩羔羊傳：「小曰羔，大曰羊。」說文：「羔，羊子也。」經傳凡言「羔裘」，皆謂黑裘，若今稱紫羔矣。緇衣羔裘爲朝服，又爲卿大夫士祭於君之服者，玉藻注：「冕服，絲衣也。中衣用素。」素卽帛。任氏大椿弁服釋例謂「用緇帛」，是卿大夫助祭於君，用緇衣爲裼也。司裘疏引鄭此注解之云：「卿大夫助祭用冕服，士用爵弁。君祭服冕服羔裘，卿大夫弁冕用羔裘，至於朝服，亦用羔裘，卽是君臣祭服同服羔裘也。」是也。玉藻疏解此注謂「助君祭用朝服」，誤矣。鄭又云「諸侯之朝服，其服緇布衣而素裳，緇帶素韠」者，此緇布衣謂上服也。詩「緇衣之宜兮」，卽謂朝服上衣。雜記云：「朝服十五升，去其半而緦。」故知上衣是布也。士冠禮：「主人玄冠朝服，緇帶素韠。」卽此注所本，惟不言裳色。而鄭云「素裳」者，士冠禮又云：「素韠，韠從裳色。」此朝服既用素韠，知裳亦是用素。詩素冠篇所云「素衣」者，謂素裳也。「緇帶」者，鄭注士冠禮云「黑繒帶也」。「韠」者，蔽膝，以韋爲之。鄭注士冠禮云：「素韠，白韋韠也。」特牲饋食記言「朝服緇韠」，注云：「緇韠者，下大夫之臣。」孔氏詩緇衣疏謂「士助祭，則韠用緇」，亦由朝服之緇韠推之，是謂士韠不與裳同色也。鄭此注不言士韠有異者，略也。秦氏蕙田五禮通考不用鄭說，謂特牲饋食之「緇韠」，疑當爲素，涉上「緇帶」而誤，其說亦通。「朝服羔裘用裼」者，玉藻云：「裘之裼也，見美也。」鄭注云：「袒而有衣曰裼，必覆之者，裘褻也。」「卿大夫朝服亦羔裘，唯豹袪，與君異」者，禮，朝服，君臣同服。但君用純物，臣下之，故用豹袪。玉藻云：「羔裘豹飾，緇衣以裼之。」注云：「飾猶褎也。」詩鄭風云：「羔裘豹飾。」傳云：「豹飾，緣以豹皮也。」又唐風云：「羔裘豹袪。」傳云：「袪，袂末也。」箋云：「在位卿大夫之服也。」其下章云：「羔裘豹褎。」傳云：「褎猶袪也。」陳氏奐疏云：「袂口之緣，是爲袂末。深衣袂末，續緣廣寸半。長衣、中衣袂末揜餘一尺，裘制如長中，袂末亦宜揜餘一尺。此餘一尺，乃用豹皮與？」案：卿大夫朝服羔裘用豹袪，則祭服羔裘亦豹袪可知。

素衣，麑裘；

正義曰：鄭注云：「素用繒。素衣麑裘，諸侯視朔之服。其臣則青豻褎絞衣以裼之。」案：「繒」者，說文云：「繒，帛也。」詩素冠疏：「凡經傳之言素衣，皆謂白絹也。」此素衣，是皮弁服之裼衣。司服注云：「皮弁之服，十五升白布衣。」上服用布而裼用帛，與狐青裘用玄綃衣爲裼、狐白裘用錦衣爲裼同。若然，玉藻云：「以帛裏布，非禮也。」彼謂袷褶，不得用帛爲布衣之裏，不謂裼衣。檀弓云：「練，練衣黃裏。」注云：「練中衣，以黃爲內。」疏云：「黃裏者，黃爲中衣裏也。」又云：「故小祥而爲之黃袷裏也。」此稱「裏」，爲袷褶之衣也。鄭注玉藻誤以裏爲中衣，而「以帛裏布」與「玄綃」、「錦衣」諸文不可通矣。爾雅釋獸：「鹿，牡麚，牝麀，其子麛。」說文：「麛，鹿子也。」論語字當作「麛」，叚「麑」字爲之。說文云：「麑，狻麑獸也。」別一義。鄭君玉藻、聘禮注引論語俱作「麛」。此注出詩羔裘疏引作「麑」，或後人據今本改之也。玉藻云：「皮弁以聽朔於太廟。」皮弁以白鹿皮爲之，衣與冠同色，故用白布衣爲上服，而裼衣用白絹，亦與上服相稱矣。麛裘之色，當亦近白，君服麛裘用純物，臣下之，用青豻爲褎。玉藻：「君子麛裘青豻褎，絞衣以裼之。」注云：「君子，大夫士也。豻，胡犬也。絞，蒼黃之色也。」又聘禮注引玉藻、論語文說之云：「皮弁時，或素衣，其裘同，可知也。」素衣專說君視朔之服，其裘同，則謂君臣凡視朔聘享，同服麑裘也。江氏永圖考謂「夫子無麑裘，記者廣言諸侯禮」，則與鄭義不合。玉藻疏引皇氏云：「素衣爲正，記者亂言絞耳。」任氏大椿弁服釋例謂「絞衣經不多見，記者不應亂言絞，疑絞衣或爲春秋時制，不能如古，故夫子仍用素衣爲裼」。其說視皇爲勝。若然，則論語「素衣麑裘」，實爲夫子之服，其用素衣，正以矯時人絞衣之失耳。皮弁服，兼有視朔聘享，鄭君止言「視朔」，是舉一端。皇疏云：「謂國有凶荒，君素服，則羣臣從之，故孔子魯臣，亦服之也。喪服，則大鹿爲裘也。檀弓云『鹿裘，横長袪』是也。此凶荒之服既輕，故裘用鹿子，鹿子文勝於大鹿也。或云大蜡祭百物之神，皮弁素服也。故郊特牲云：『皮弁素服而祭，以送終也。』注云：『素服，衣裳皆素也。』」案：皇疏二說亦通。但郊特牲「素服」，是皮弁上衣，不指裼衣，當補云「素服爲上衣，其裼衣亦得用素」，斯爲得之。

黄衣，狐裘。【注】孔曰：「服皆中外之色相稱也。」

正義曰：鄭注云：「狐裘，取温裕而已。」温，煖也。裕，厚也。詩都人士箋亦云：「都人之有士行者，冬則衣狐裘黄黄然，取温裕而已。」案：鄭此注不言爲何服，文有佚也。玉藻：「狐裘，黄衣以裼之。」注云：「黄衣，大蜡時臘先祖之服也。孔子曰：『黄衣狐裘。』」又郊特牲言歲十二月，天子大蜡既畢，「黄衣黄冠而祭，息田夫也。野夫黄冠，黄冠，草服也」。注云：「祭謂既蜡腊先祖五祀也，於是勞農以休息之。論語云：『黄衣狐裘。』黄冠草服，言祭以息民，象其時物之色，季秋而草木黄落。」是也。腊祭黄衣，其上更無上服。據鄭禮注二文，則固謂黄衣狐裘爲息民之祭矣。都人士詩「狐裘黄黄」，謂長民者之服。此文狐裘配上衣，裼衣則亦狐黄矣。皇疏云：「『孔子爲臣助蜡祭，亦隨君著黄衣也。』禮運云『昔者仲尼預於蜡賓』是也。」邢疏云：「息民用黄衣狐裘，大蜡則皮弁素服。二者不同，以其事相次，故連言之耳。」二疏並暗據鄭氏，邢謂「皮弁素服連言」者，即指素衣麑裘爲蜡祭服也。但玉藻言「黄衣以裼之」，有裼衣必有上衣，而郊特牲注「臘祭黄衣」，其上更無上服，未必然也。金氏鶚禮說：「緇衣羔裘，素衣麑裘，其用皆最廣，又多係大禮。而黄衣狐裘止有息民之祭一用，而其禮又甚輕，何得與緇衣素衣等服並列乎？竊謂黃衣狐裘，韋弁服也，玄端服亦用之。周官司服云：『凡兵事韋弁服。』鄭注云：『以韎韋爲弁。』又以爲衣裳韎爲赤黃色。玉藻云：『一命緼韍。』鄭注：『緼，赤黃之閒色，所謂韎也。』兵事象火，故其服上下皆赤。上服赤黃，其內之裘，宜用狐黃，裼之宜黃衣。詩羔羊疏云：『兵事韎韋衣，則用黃衣狐裘，象衣色故也。』襄四年傳云：『臧之狐裘，敗我于狐駘。』是也。然則韋弁以黃衣狐裘，有確證矣。聘禮：『君使卿韋弁歸饔餼。』鄭注：『韋弁，兵服也。而服之者，皮韋同類，取相近耳。其服蓋韋布以爲衣而素裳。』是聘禮亦用黃衣狐裘也。」今案：以黃衣狐裘爲韋弁服，凌氏廷堪禮經釋例先有此說，但止言兵服，未言聘事，則夫子卻未主兵，鄉黨無爲記之。然則金氏之據聘禮，實較凌說爲確。但鄭氏主蜡祭之服，宜亦兼存。蓋此言夫子雜服，不必以輕重相衡，又且「與於蜡賓」明見禮運，則謂爲息民之服，非無據也。雜記云「子貢觀於蜡」，夫子告以「一張一弛，文武之道」。先王重視此禮，黃衣黃冠，祭於先祖五祀，亦不得疑爲鄙賤矣。○注：「服皆中外之色相稱也。」○正義曰：外是上服，中卽裼衣也。中外色相稱者，示表裏當如一也。論語止言中衣，以言中，則外可知。

褻裘長，短右袂。【注】孔曰：「私家裘長主溫，短右袂，便作事。」

正義曰：說文「絬」下引論語「絬衣長，短右袂」，此當出古論。段氏玉裁注謂「玉篇：『絬，堅也。』廣韻注：『堅絬。』皆本說文古本。」因補「衣堅也」三字於「絬」篆下，又謂「論語自訓私服作『絬』者，同音叚借。」江氏永圖考：「褻裘，卽狐貉裘。玉藻云：『犬羊之裘不裼。』注謂『庶人無文飾』。然則犬羊是庶人之裘，非君子所服也，唯宜狐貉而已。禮服之狐裘，欲其文與褻服之狐裘異。褻裘長，則禮服之裘宜短，以其行禮時，有升降上下，長則不便於行禮也。褻裘之外，當服深衣。深衣所以襲裘者，犬羊之裘不裼，褻裘亦不裼也。」「袂」者，說文云：「袂，褎也。褎，袂也。」凡衣之制，袂皆二尺二寸，而屬幅與身正方，又加緣寸半，爲二尺三寸半。深衣曰：「袂之長短，反詘之及肘。」玉藻曰：「長中繼揜尺。」謂長衣、中衣又繼深衣之袂揜一尺，此袂之定制也。胡氏紹薰拾義：「說文口部：『右，助也。从又口。』又部亦有『右』字，解義略同。古有『右』字，無『佑』字，『右』字之右，古止作『又』。猶左手之左，古止作ナ也。言又可兼ナ。說文：『又，手也。象形。』單言手不言右手者，明又爲兩手之統詞，不分ナ、又，卽以又部他字證之。如：『秉，禾束也。從又持禾。〔一〕叔，拾也。從又，尗聲。汝南名收芋爲叔。取，捕取也。從又耳。』不分ナ、又矣。竊意『右袂』之『右』，當讀爲『又』，『右』本從又聲。『右袂』之『右』，卽『又』之同音借字。『袂』獨短者，或較禮服之袂稍短，或因褻裘之長而適形其短。孔注泥於右字立說，遂使後人疑夫子衣不中度。」夏氏炘景紫堂文集極取胡說，又申其義云：「右袂，卽世俗所謂手褎也。褻裘卽深衣之裘，短右袂，對長中繼揜尺，與禮服之褎而言。玉藻注云：『長衣、中衣繼袂揜一尺，若今褎矣。深衣則緣而已。』然後知古人之褎，繼袂之末揜餘一尺，另用裘與布爲之，若今袍之有褎頭也。惟深衣有緣無褎，若今人之齊褎袍，故褻裘亦無褎，其制較有褎之裘爲短，故曰『短右袂』。今案深衣本有定制，春秋時或不如禮，故夫子正之。」孔注以短右袂爲便作事。夫人之作事，兩手皆欲其便，豈有單用右手之理？或又謂卷右袂使短。案：弟子職：「凡拚之道，攘袂及肘。」卽謂卷袂使短。然無事時，必仍舒之，人作事皆是如此，論語不應記之。緣情測義，胡、夏爲長。

必有寢衣，長一身有半。【注】孔曰：「今之被也。」　正義曰：「寢衣」，鄭注云：「今小臥被是也。」案：說文：「被，寢衣也。長一身有半。衾，大被也。」此處寢衣之制，解者多端，惟許、鄭義得之。古人衣不連裳，夫子製此寢衣，較平時所服之衣稍長，寢時著之以臥。周官玉府：「掌王之燕衣服。」注：「燕衣服者，巾絮寢衣袍襗之屬。」鄭解燕衣服爲近

〔一〕「又」原誤作「手」，據說文改。

身之衣，巾絮袍襗，晝所服，寢衣，夜所服，故此注以寢衣爲小卧被也。「小卧被」者，對衾爲大被言之。凡衣可曰被，如左傳「被組練三千」，「楚靈王翠被」，孟子「被袗衣」，皆是。鄭以衣被通稱，恐人不曉，故言「卧被」以明之。王氏引之經義述聞解「寢衣」亦誤，而解「長一身有半」最確。其說云：「人自頂以下，踵以上，總謂之身。考工記廬人：『凡兵無過三其身。』鄭注曰：『人長八尺，與尋齊，進退之度三尋。』是也。頸以下，股以上，亦謂之身。艮六四『艮其身』，在『艮趾』、『艮腓』之上，『艮輔』之下，則舉中而言矣。故象傳曰：『艮其身，止諸躬也。』躬亦舉中而言。渙六三『渙其躬』，荀注『體中曰躬』是也。以今尺度之，中人頸以下，股以上，約有一尺八寸，一身之長也。再加九寸，爲一身之半，則二尺七寸矣。以古六寸爲尺計之，得四尺又五寸，一身又半之長也。」案：如王說，寢衣當至膝。急就篇注：「短衣曰襦。」自膝以上，然則寢衣略如襦與？○注：「今被也。」○正義曰：孔亦本鄭。然不言小被，則與衾混。廣雅釋器：「寢衣，衾被也。」與孔注同。**狐貉之厚以居。**【注】鄭曰：「在家以接賓客。」

正義曰：說文引此文作「狐貈」，「貈」正字，「貉」叚借字。鳳氏韶經說：「論語『居，吾語女』，孝經『坐，吾語女』，孟子『坐，吾明語子』，居坐互出，則居字有坐義。」閻氏據此及小戎詩「文茵」，謂「狐貉之厚以居爲坐褥」，良是。案：鳳說是也。古人加席於地，而坐其上，大夫再重。至冬時氣寒，故夫子於所居處，用狐貉之厚者爲之藉也。○注：「在家以接賓客。」○正義曰：鄭以「居」爲燕居，「狐貉」爲燕居之裘，即上所稱「褻裘」也。繁露服制篇：「百工商賈，不敢服狐貉。」豳詩七月篇：「一之日于貉，取彼狐狸，爲公子裘。」知狐貉是貴服。夫子燕居，亦不服此裘，故鄭以「接賓客」解之，明未接賓客時亦但服犬羊之裘矣。皇疏云：「既接賓客，則其上亦應有衣也。」**去喪，無所不佩。**【注】孔曰：「去，除也。非喪，則備佩所宜佩也。」

正義曰：說文云：「佩，大帶佩也。從人凡巾，佩必有巾，故從巾。」段氏玉裁注：「大帶佩者，謂佩必系於大帶也。從人者，人所利用。從凡者，無所不佩。從巾者，其一端也。」案：釋名釋衣服：「佩，陪也。言其非一物，有陪貳也。」此以音求義，亦是也。玉藻云：「凡帶必有佩玉，唯喪否。」注云：「喪主於哀，去飾也。凡謂天子以至士。」又云：「君子無故，玉不去身，君子於玉比德焉。」注云：「故謂喪與災眚。」則凶荒亦去飾，舉其至重，則止言「喪」矣。間傳曰：「期而小祥，又期而大祥，中月而禫，無所不佩。」「禫」者，除喪之祭，在二十七月，於此月喪竟，得用佩也。○注「去除」至「佩也」。○正義曰：「去、除」，此常訓。言喪既除，則皆佩也。凡設佩，玉佩在左，事佩在右。玉藻言世子之禮云：「君在不佩玉，左結佩，右設佩。」結者，結其綬不使鳴，故謂之「不佩玉」也。設者，設事佩也。至玉藻又言「佩玉，右徵角，左宮羽」者，「左」、「右」謂佩玉行列。王氏瑬鄉黨正義謂「爲身之左右」，非也。云「所宜佩」者，言爵有尊卑，當視禮所宜用之也。玉藻云：「佩玉有衡牙，天子佩白玉而玄組綬，公侯佩山玄玉而朱組綬，大夫佩水蒼玉而純組綬，世子佩瑜玉而綦組綬，士佩瓀玟而縕組綬。孔子佩象環五寸而綦組綬。」注云：「衡牙居中央，以前後觸也。玉有山玄、水蒼者，視之文色所似也。綬者，所以貫佩玉，相承受者也。純當爲緇。綦，文雜色也。縕，赤黃也。孔子佩象環五寸，謙不比德，亦不事也。環取可循而無窮。」任氏大椿弁服釋例：「考大戴禮保傅篇云：『上有雙衡，下有雙璜、衡牙，玭珠以納其間，琚瑀以雜之。』蓋佩上有衡，衡之中一組，中貫一玉曰瑀，下貫一玉曰衡牙，旁二組各中貫一玉曰琚，下貫一玉曰璜，其間皆以組貫玭珠。」此其制也。夫子爲士，佩瓀玟，仕魯爲大夫，宜佩水蒼玉，而復有象環者，初學記二十六引三禮圖曰：「孔子去魯，佩象環五寸。」孔氏玉藻疏亦有此說。蓋孔子謙不比德，又玉佩非道途所宜，故別製象環以爲之飾。環者，還也。不忘魯之意也。至與列國君臣相見行禮，則大夫去國，宜從士禮，當佩瓀玟。反魯後，從大夫之後，自仍佩水蒼玉，不復用象環矣。象環以比玉佩，其事佩則不妨設之，鄭君以爲亦不事者，未必然也。鄭注問傳云：「無所不佩，紛帨之屬。」鄭以玉佩，人所易知，故舉事佩言之。內則云：「子事父母，左右佩用，左佩紛帨、刀礪、小觿、金燧，右佩玦捍、管遰、大觿、木燧。」注云：「必佩者，備尊者使令也。紛帨，拭物之佩巾也。刀礪，小刀及礪礱也。小觿，解小結也。觿貌如錐，以象骨爲之。金燧，可以取火於日。捍謂拾也，言可以捍弦也。管，筆彄也。遰，刀鞞也。木燧，鑽火也。」此皆事佩，爲子事父母之飾，意人子當室後，事佩或不復用，夫子則以事佩便於事用，故與玉佩並垂爲飾，即僞孔此注所云：「備者，得兼有之也。」

非帷裳，必殺之。【注】王曰：「衣必有殺縫，惟帷裳無殺也。」

正義曰：鄭注云：「帷裳謂朝祭之服，其制正幅如帷也。非帷裳者，謂深衣也。殺之者，削其幅，使縫齊倍要者也。」案：說文：「帷，在旁曰帷。」釋名釋牀帳云：「帷，圍也，所以自障帷也。」說文、釋名各具一義。鄭語：「王使婦人不幃而譟之。」韋昭注：「裳正幅曰幃。」「幃」與「帷」同。鄭注喪服云：「祭服朝服，襞積無數。凡裳，前三幅，後四幅。」襞積若今人百褶，於要間收攝其布，使狹以著身也。朝祭之裳，襞積無數，以人要中寬狹不一，各就所宜爲之，不著其節也。「深衣」者，鄭氏禮記目録云：「深衣，連衣裳而純之以采者。」孔疏云：「以餘服則上衣下裳不相連，此深衣衣裳相連，被體深邃，故謂之深衣。」案：朝祭服外，祇有深衣爲諸侯大夫士之所服，庶人更用爲吉服。鄭以非指深衣言者，亦以深衣不帷裳，而朝祭服外更無餘服也。深衣云：「古者深衣，蓋有制度，以應規矩，繩權衡。短毋見膚，長毋被土，續衽鉤邊，要縫半下，袼之高下，可以運肘，袂之長短，反詘之及肘。制十有二幅，以應十有二月。袂圜以應規，曲袷如矩以應方，[一]負繩及踝以應直，下齊如權衡以應平。故先王貴

[一]「方」下原衍「員」字，據禮深衣删。

之。故可以爲文，可以爲武，可以擯相，可以治軍旅。完且弗費，善衣之次也。」注云：「續猶屬也。衽，在裳旁者也。屬連之，不殊裳前後也。鉤邊，若今曲裾也。三分要中，減一以益下，下宜寬也。裳六幅，幅分之，以爲上下之殺。袷，交領也。古者方領，如今小兒衣領。繩，謂裻與後幅相當之縫也。齊，緝也。深衣者，用十五升布鍛濯灰治，純之以采。善衣，朝祭之服也。自士以上，深衣爲之次，庶人吉服，深衣而已。」又玉藻云：「夕深衣，深衣三袪，縫齊倍要，衽當旁，袂可以回肘，袷二寸，袪尺二寸，緣廣寸半。」注云：「三袪者，謂要中之數也。袪尺二寸，圍之二尺四寸，三之七尺二寸。縫，紩也。紩下齊倍要，中齊丈四尺四寸。衽，謂裳幅所交裂也。凡衽者，或殺而下，或殺而上，是以小要取名焉。衽屬衣則垂而放之，屬裳則縫之以合前後，上下相變。」案：深衣上下同制，故禮經言之獨詳。鄭君謂裳幅分之爲上下之殺，則是邪裁，又以十二幅專屬裳。近人江氏永深衣考誤、陳氏澧東塾類稿皆不謂然。江云：「深衣者，聖賢之法服。衣用正幅，故裳之中幅亦以正裁，惟衽在裳旁，始用斜裁。」陳云：「深衣制十有二幅，此通衣裳數之也。衣中二幅，袂二幅，凡四幅。裳中正幅二，兩旁斜裁之幅各一，爲四幅，合前後凡八幅。通衣裳數之，則爲十有二幅也。裳左前後縫合，而右有鉤邊一幅，以其在內不見，故不數之也。衣前之右，別有外襟一幅，然自後觀之則不見，自前觀之則又掩去內幅，故亦不數之也。」二君之說，視鄭爲長。又夏氏炘學禮管釋引董彥輝深衣考誤謂「深衣對襟」，其書愚未之見。夏君極稱之，謂「古服皆作對襟，無揜襟者。爾雅：『衣眥謂之襟。』說文：『眥，目匡也。』襟取眥名者，言兩襟對開，亦如目匡之對開也」。又謂「深衣以單布爲之。有綿者曰繭，曰袍，裘曰褻衣，皆與深衣同制。雜記『繭衣裳』注云：『若今大襹也。』釋名：『襹，屬也。衣裳上下相聯屬也。一曰襜褕。』說文：『直裾謂之襜褕。』『直裾』卽直襟，直襟卽對襟」。其說甚悉。若然，則鉤邊當謂左右裳幅，前後縫合，而非別有一幅在右爲鉤邊。鹽鐵論散不足篇言：「庶人之服，直領無褘。」「直領」即是直襟。故釋名釋衣服云：「直領，邪直而交下，亦如丈夫服袍方也。」明丈夫服袍是直領邪直而交下，即是對襟矣。此亦視鄭説爲合。江氏永圖考曰：「深衣，裳無襞積，必有兩旁斜裁倒縫之衽，方能上狹下廣。意當時或有不用斜裁，而作襞積於裳者，故特記『非帷裳，必殺之』。明夫子深衣必用古制也。」○注：「衣必有殺縫。」○正義曰：説文：「縫，以鍼紩衣也。」詩羔羊傳：「縫，言縫殺之，大小得其宜。」則殺縫謂縫之所殺也。

羔裘玄冠，不以弔。【注】孔曰：「喪主素，吉主玄，吉凶異服。」

正義曰：白虎通紼冕篇：「所以有冠者，帣也，所以帣持其髮也。」説文：「冠，絭也，所以絭髮，〔一〕弁冕之總名也。冠有法制，故從寸。」〔二〕鄭注此云：「玄冠，委貌，諸侯視朝之服。」案：冠稱玄者，謂冠梁與武皆用黑繒爲之也。後漢輿服志注引石渠論：「玄冠朝服，戴聖曰：『玄冠，委貌也。』」此鄭所據。士冠禮記：「委貌，周道也。」鄭注：「或謂委貌爲玄冠。委猶安也，所以安正容貌。」任氏大椿弁服釋例：「玄冠，一曰委貌，廣二寸，以繒爲之，璂飾與韋弁、皮弁同。衡縫内畢緣邊，居冠屬武，非燕居則冠與武別，冠武異材，冠纓異材。天子朱組纓，諸侯丹組纓，大夫士綦組纓。纓之有飾者曰緌。有安髻之笄，無固冠之笄，有纚有總有髦。此其制也。」凡朝服，君臣同服，其羔裘則君用純，臣用豹袖，是此羔裘玄冠爲朝服也。鄭以玄冠是通上下，故舉「諸侯視朝」以包卿大夫士言之。又以羔裘是朝服，已見上注，故此不言也。「弔」者，説文作「𢎘」，云「問終也」。史記集解引賈逵曰：「問凶曰弔。」檀弓云：「曾子襲裘而弔，子游裼裘而弔。主人既小斂，袒括髮，子游趨而出，襲裘帶絰而入。」注云：「於主人變乃變也。所弔者朋友。」疏云：「凡弔喪之禮，主人未變之前，弔者吉服而弔。吉服謂羔裘

〔一〕〔二〕「以」字、「故」字原脱，據説文補。

玄冠，緇衣素裳，又袒去上服，以露裼衣，則此『裼裘而弔』是也。主人既變之後，雖著朝服，而加武以經，又掩其上服，若是朋友，又加帶，則此『襲裘帶經而入』是也。又喪大記：『弔者襲裘，加武帶經。』注：『始死，弔者朝服裼裘，如吉時也。小斂則改襲裘而加武與帶經矣。武，君冠之卷也。加武者，明不改冠，亦不免也。』」此鄭說始死及小斂時之弔服也。周官司服云：「凡弔事，弁經服。」注云：「弁經者，如爵弁而素，加環經。論語曰：『羔裘玄冠，不以弔。』」禮記雜記：「凡弁經，其衰侈袂。」注云：「弁經服者，弔服也。」孔疏引舊說，以此爲大斂後之弔服。至成服以後，則用衰麻，司服所謂「錫衰、緦衰、疑衰」是也。是弔服有四變也。金氏榜禮箋云：「弔服錫衰、緦衰、疑衰，皆有經帶，弔者加經與衰，咸視主人爲節。未小斂，吉服而往，天子爵弁服，諸侯卿大夫皮弁服，士玄冠朝服。既小斂，天子爵弁加經，諸侯卿大夫皮弁加經，謂之弁經。士則易玄冠爲素委貌，加經焉。雜記：『小斂環經，公大夫士一也。』謂此主人既成服，則弔者亦服衰而往，天子爲三公六卿錫衰，爲諸侯緦衰，爲大夫士疑衰。諸侯卿大夫弔服錫衰，士弔服疑衰，其尊卑之差也。」案：舊說弔服凡有四變，金說則小斂、大斂同服，凡有三變，求之經傳，金說爲允。弁經服，依禮是小斂後大夫之弔服，而鄭注司服引論語說之，不知羔裘玄冠乃始死之弔服，不得在小斂之後。禮記檀弓云：「夫子曰：『始死，羔裘玄冠者，易之而已。』羔裘玄冠，夫子不以弔。」孔疏謂「養疾者朝服，羔裘玄冠即是朝服。始死，則易去朝服，著深衣，故云易之」。考問喪云：「親始死，扱上衽。」注：「上衽，深衣之裳。」又既夕注謂「始死，易深衣」。皆孔疏所本。既是主人深衣，則弔者亦可服深衣，故羔裘玄冠，夫子不以弔，正指始死時之弔服而言。家語子夏問篇：「季桓子死，魯大夫朝服而弔，子游問於孔子曰：『禮乎？』夫子不答。他日又問，夫子曰：『始死，羔裘玄冠者，易之而已，汝何疑焉？』」家語此文，與檀弓正可互證。蓋當時大夫亦用朝服爲弔服，不用皮弁，與士同也。主人於親始死，易朝服爲深衣，弔者方用深衣。如主人仍用朝服，當時弔者亦用朝服，所謂「視主人爲節」也。夫子不答子游之問，正以舊禮本是如此，不能遽責弔者以無禮也。始死弔服用深衣，此特夫子之制，亦以朝服爲弔服，於心未安故也。深衣之裘，當用狐貉爲之，其首服或緇布冠與？自來解者誤依鄭司服注，以羔裘玄冠不以弔爲小斂後弔服，則小斂之前，羔裘玄冠以往者，將不謂之弔乎？且小斂後，亦豈有用朝服以弔者？此實於理未達矣。○注：「喪主」至「異服」。○正義曰：檀弓云：「奠以素器，以生者有哀素之心焉。」注：「哀素，言哀痛無飾。凡物無飾曰素。」是喪主素也。禮祭服皆玄衣，是吉主玄也。白虎通崩薨篇：〔一〕「玄冠不以弔者，不以吉服臨人凶，示助哀也。」是吉凶當異服也。皇本「異服」下，有「故不相弔也」五字。

吉月，必朝服而朝。【注】孔曰：「吉月，月朔也。朝服，皮弁服。」正義曰：「朝服」者，冠弁服也。集注以爲孔子在魯致仕時之禮，其義甚允。先從叔丹徒君駢枝曰：「鄉黨，記禮之書也。吉月必朝服而朝，禮也。孔子述之，而七十子之徒記之也。玉藻曰：『諸侯皮弁以聽朔於太廟，朝服以日視朝於內朝。』聽朔亦謂之視朔，視朝亦謂之聽朝。雖有在朝、在廟之異，其爲君臣相見聽治國政則同。既視朔，則疑於不復視朝也，故曰『吉月，必朝服而朝』，明不以一廢一也。朝正者，一年之禮也。視朔者，一月之禮也。視朝者，一日之禮也。不以月廢日，不以大禮廢小禮也。玉藻記孔子之言曰：『朝服而朝，卒朔然後服之。』是其義也。曰『卒朔然後朝』，不已晏乎？曰：周以夜半爲朔，其時早矣，卒朔而朝無妨也。其曰『朝服而朝』，何也？曰：告朔則朝於廟，春秋書『閏月不告月，猶朝於廟』是也。但言朝，則未知朝於廟與，朝於內朝與，故以其服別之也。朝服，對皮弁而言之也。」謹案：丹徒君此說，亦備一

〔一〕「崩薨」原誤作「喪服」，據白虎通改。

義。王氏引之經義述聞從之。然王謂「吉月爲告月之譌」，引緇衣篇「尹吉」鄭注「吉當爲告」爲證。又謂「古無稱朔日爲吉月者，天官大宰『正月之吉』，地官黨正『孟月吉日』，族師『月吉』，皆日之善者，日之善者，不必爲朔日也」。其說似是而非。蓋告朔乃天子之禮，天子告朔於諸侯，歲僅一次。諸侯受而藏之祖廟，每月朔，朝廟而視之，然後頒而行之。惟視朔爲每月常行，人所易忽，故人臣或於視朔時，自以已見君，遂不復朝也。今改「吉月」爲「告月」，於情事未能合矣。月朔稱吉月，取令善之義，必謂月朔不可稱吉，亦失之拘。「月吉」倒文稱「吉月」，猶詩言「朔月辛卯」爲月朔也。夏氏炘學禮管釋：「周禮大宰、大司徒、鄉大夫、州長、大司馬、大司寇、布憲皆言『正月之吉』，鄭君以周正朔日解之。族師『月吉』，鄭君以每月朔日解之。詩小明『二月初吉』，毛公亦以朔日解之。此相傳之古訓也。『吉』訓『善』，不訓『始』，然亦有『始』義。爾雅：『元，始也。』『元』又訓『善』，故天子之善士名元士，則吉訓善，亦可訓始。故凡始月始日，皆以吉名之，所謂『吉人爲善，惟日不足』。故履端於始，尤其爲善之初，先王勖人之意蓋如此。」案：夏氏從集注，以此節爲孔子禮，義自優。但謂「劉以『吉月』爲『告月』，輕改經字」，則非。改「吉月」爲「告月」，乃王氏說，非駢枝有此言。○注：「朝服，皮弁服。」○正義曰：鄭注云：「朝服，皮弁服也。」此僞孔所本。曾子問：「諸侯相見，必告于禰，朝服而出視朝。」疏引熊氏說，亦以爲皮弁服。蓋因鄭此注而誤也。玉藻言諸侯「皮弁以聽朔」，疑鄭以論語此文指朝廟言之。蓋視朔之禮，君臣同用皮弁以朝於廟也。然皮弁不得言「朝服」。秦氏蕙田五禮通考：「皮弁自皮弁服，朝服自朝服，未有以皮弁爲朝服者，何也？蓋皮弁，天子視朝之服。玄端，卿大夫視私朝之服。二者似皆可稱朝服，而不然者，以在朝君臣同服，而皮弁綦飾有五采、三采之不同，玄端服則有玄裳、黃裳、雜裳之別。獨冠弁爲諸侯君臣之朝服，上下同之。其不同者，惟諸侯白舄，大夫士白屨，諸侯之羔裘純色，大夫羔裘豹袖，二端無大分別，故謂之朝服也。玉藻稱『朝服而朝，卒朔，然後服之』。夫告朔之服，皮弁服也。必卒朔而視朝，然後脫皮弁而服朝服，則朝服非皮弁服甚明。」孔氏廣森經學卮言：「觀儀禮記皮弁與朝服截然異名，不相叚借，況皮弁爲天子之朝服？稱名之際，尤所宜謹。」然則朝服當指冠弁服，用玄冠緇衣素裳矣。**齊，必有明衣，布。**

【注】孔曰：「以布爲沐浴衣。」　正義曰：御覽五百卅引鄭注云：「明衣，親身衣，所以自潔清也。以布爲之。」案：「親身衣」，即汗襗襦袴之屬，因其潔清，故稱明衣。「衣」者，上下服之通稱。士喪禮：「明衣裳用布。」注云：「所以親身，爲圭潔也。」既夕記：「明衣裳用幕布，袂屬幅，長下膝，有前後裳，不辟，長及轂，縓綼、緆，緇純。」此襲尸之服，與生人明衣必異制。但以同是潔清，故均稱明衣耳。士昏禮「姆加景」，注云：「景之制蓋如明衣，加之以爲行道禦塵，令衣鮮明也。」鄭意以景衣加於外以禦塵，猶明衣爲親身以遠污垢，其制之意同，故舉爲況也。○注：「以布爲沐浴衣。」○正義曰：玉藻云：「將適公所，宿齊戒，居外寢，沐浴。」是凡齊宜沐浴也。玉藻又云：「君衣布晞身。」是浴竟有布衣之也。士喪禮：「浴用巾，挋用浴衣，設明衣裳。」彼文言「明衣裳」，爲浴後襲尸之服，鄭君以爲去浴衣而衣之是也。僞孔以生人沐浴有明衣，亦是暗據彼文，但喪禮之「明衣裳」不爲浴衣，此注直以明衣爲沐浴衣，誤矣。說文云：「沐，濯髮也。浴，洒身也。」論衡譏日篇：「沐者，去首垢也；浴者，去身垢也。」

論語正義卷十三

6 齊必變食，【注】孔曰：「改常饌。」　注：「改常饌。」○正義曰：周官膳夫：「王日一舉，王齊日三舉。」注：「鄭司農云：『齊必變食。』」賈疏：「齊謂散齊、致齊，齊必變食，故加牲體至三太牢。」案：古人日三食，王日一舉，謂朝時用一太牢，並日中、夕皆食之。至齊時，則日中及夕皆特殺，與平時常饌異，所謂「變食」者也。凌氏曙典故覈云：「變食者，謂盛饌也。君子敬其事則盛其禮，故不餕餘也。國語曰：『大夫舉以特牲，士食魚炙。』然則夫子之變食，或特牲而不餕餘焉。」案：莊子人間世：「顏回曰：『回之家貧，惟不飲酒、不茹葷者數月矣。若此，則可以爲齊乎？』曰：『是祭祀之齊，非心齊也。』」據周語言耕籍前五日，王入齊宮，飲醴。醴味醇淡，與酒不同，故莊子言「不飲酒」也。「不茹葷者」，禮玉藻注：「葷者，薑及辛菜也。」荀子哀公篇：「夫端衣玄裳，絻而乘路者，志不在於食葷。」端衣玄裳卽是齊服。楊倞注：「葷，葱薤之屬也。」不飲酒，不茹葷，是異常饌。解者誤以葷爲肉食，而凡齊皆禁用之，與禮意悖矣。士喪禮記言人子「養疾皆齊」，而曲禮言「父母有疾，食肉不至變味，飲酒不至變貌」。齊時或可飲酒，則謂齊禁肉食，於古無徵矣。高誘注呂覽孟春紀引「齊必變食」二句，云：「自禋潔也。」「禋潔」亦不餕餘之意。居必遷坐。【注】孔曰：「易常處。」　注：「易常處。」○正義曰：說文：「㘸，止也。」「坐」，古文「㘸」。釋名釋姿容：「坐，挫也。骨節挫屈也。」江氏永圖考曰：「古人之坐，兩膝著地而坐於足，與跪相似。但跪者直身，又謂之跽。跽危而坐安，此跪坐之別也。」案：「居」與「尻」同，「居」卽是「坐」。言「遷坐」

者，謂所居之處耳。胡氏培翬燕寢考：「既夕記『士處適寢』，又云：『有疾，疾者齊。』注云：『適寢者不齊，不居其室。』禮記檀弓曰：『君子非致齊也，非疾也，不晝夜居於內。』注：『內，正寢之中。』玉藻云：『將適公所，宿齊戒，居外寢。』外寢，正寢也。穀梁傳云：『公薨於路寢。』路寢，正寢也。寢疾居正寢，正也。大戴禮明堂篇云〔一〕『此天子之路寢也，不齊不居其室。』古者自天子以至於士，常居皆在燕寢，惟齊及疾乃居於正寢，鄉黨所云『齊，居必遷坐』以此。孔注云：『易常處。』蓋常處在燕寢，至齊必遷居正寢。」今案：皇疏引范寧云：「齊以敬潔爲主，以期神明之享，故改常之食，遷居齊室也。」齊室卽適寢。既居在適寢，則宿亦在適寢。論語無文，從可知也。

食不厭精，膾不厭細。

正義曰：張栻解：「厭當作平聲。」言不待精細者而後屬厭也。」案：周語「不可厭也」，韋注：「厭，足也。」晉語「民志無厭」，韋注：「厭，極也。」夫子疏食飲水，樂在其中，又以士恥惡食爲不足與議，故於食膾皆不厭精細也。精者，善米也。中山經〔二〕「糈用五種之精。」郭注以爲「五穀之美」。九章算術：「糲米率三十，粺米二十七，糳米二十四，侍御二十一。」是侍御爲米之極精矣。「膾」者，說文云：「膾，細切肉也。」釋名釋飲食：「膾，會也。細切肉，散分其赤白，異切之，乃會和之也。」少儀云：「牛與羊魚之腥，聶而切之爲膾。」注云：「聶之言牒也。先藿葉切之，後報切之，則成膾。」又內則云：「肉腥細者爲膾，大者爲軒。」注云：「言大切、細切異名也。膾者必先軒之，所謂聶而切之也。」李氏惇羣經識小謂「其制與今之肉絲相似」。釋文：「膾，本又作鱠。」

食饐而餲，【注】孔曰：「饐餲，臭味變。」**魚餒而肉敗，不食。**【注】魚敗曰餒。

正義曰：朱氏彬經傳考證解此文云：「而與若同，猶與也。」釋文：「餒，本又作鮾。」史記世家作「餧」。「敗」者，說文云：「毀也。」爾雅釋器：「肉謂之敗。」郭注以

〔一〕「明堂」原誤作「盛德」，據大戴禮記改。

〔二〕「中山」原誤作「東山」，據山海經中山經中次十一經改。

爲「臭腐」。○注：「饐餲，臭味變。」○正義曰：爾雅釋器：「饐謂之餲。」郭注：「飯饖臭。」說文：「饐，飯傷溼也。餲，飯餲也。」字林：「饐，飯傷熱溼也。餲，食敗也。」「饐」與「餲」爲淺深之異。廣雅釋詁：「胺，敗也。」釋器：「餲，臭也。」「胺」、「餲」一聲之轉。段氏玉裁說文注：「皇侃云：『饐謂飲食經久而腐臭也，餲謂經久而味惡也。』是則孔注本作『饐，臭。餲，味變也』。今本誤倒。」○注：「魚敗曰餒。」○正義曰：皇本此注作「孔曰」。爾雅云：「魚謂之餒。」郭注：「肉爛。」說文「餒」下「一曰魚敗曰餒」。論語釋文引字書作「餧」。廣雅釋詁：「餧，敗也。」釋器：「餧，臭也。」義訓並同。

色惡，不食。臭惡，不食。

正義曰：「色惡」、「臭惡」，謂凡生熟物色味有變也。月令：「春，其臭羶；夏，其臭焦；中央，土其臭香；秋，其臭腥；冬，其臭朽。」皆謂味也。皇本作「臰惡」，此後出俗字。周官內饔職：「辨腥、臊、羶、香之不可食者：牛夜鳴，則庮。羊冷毛而毳，羶。犬赤股而躁，臊。鳥皫色而沙鳴，貍。豕盲眡而交睫，腥。馬黑脊而般臂，螻。」注云：「腥、臊、羶、香，可食者，是別其不可食者，則所謂者皆臭味也。冷毛，毛長總結也。皫，失色不澤美也。沙，澌也。交睫腥，腥當爲星，聲之誤。肉有如米者似星。般臂，臂毛有文。鄭司農云：『庮，朽木臭也。螻，螻蛄臭也。』」賈疏引此文「色惡」、「臭惡」說之。

失飪，不食。【注】孔曰：「失飪，失生熟之節。」**不時，不食。**【注】鄭曰：「不時，非朝、夕、日中時。」

注：「失飪，失生熟之節。」○正義曰：方言：「飪，熟也。徐、揚之間曰飪。」說文：「飪，大熟也。」廣雅釋詁作「餁」，同。鄭注文王世子云：「飪，生熟之節。」此孔所本。爾雅：「摶者謂之糷。米者謂之糪。」郭注：「糷，飯相著。糪，飯中有腥。」「腥」與「胜」同，即生字。說文：「胜，不熟也。」江氏永曰：「失飪，有過熟，有不熟。不熟者，尤害人也。爾雅惟言飯之失飪，肉物亦有之。肉之過熟者，亦謂糜爛；半腥半熟者，謂之爓。祭禮：腥法上古，爓法中古，熟之爲腍進，後世之食。若生人之食，不可不熟

也。」案：過熟無傷於人，夫子不食，專指未熟言。○注：「不時，非朝、夕、日中時。」○正義曰：方氏觀旭偶記：「左傳卜楚丘云：『食日爲二。』是一日之中，食有常時也。閻沒、女寬云：『或賜二人酒，不夕食。』謂不及待夕之時而食也。禮內則云：『孺子食無時。』則成人以上，食必有時也。詩蝃蝀傳云：『從旦至食時爲終朝。』孟子云：『朝不食，夕不食。』淮南子云：『臨於曾泉，是謂蚤食；次於桑野，是謂晏食。』並是食時之證。」又云：「鄭以朝、夕、日中爲三時，亦大略言之。其實貴賤猶有分別，天子食則四時，諸侯三時，大夫以下，惟朝夕二時。四時者，白虎通云：『王者平旦食，晝食，晡食，暮食。』三時者，玉藻云：『諸侯朝服以食，特牲三俎，祭肺，夕深衣，祭牢肉。』注：『天子言日中，諸侯言夕；天子言餕，諸侯言祭牢肉，互相挾。』則特牲三俎在朝時，日中又餕之。二食者，內則云：『由命士以上，昧爽而朝，慈以旨甘。日入而夕，慈以旨甘。』又云：『父母在，朝夕恒食，子婦佐餕。』是也。」今案：周官膳夫「王齊日三舉」。齊是盛禮，不過三舉，則天子三食可知。既夕記：「燕養、饋羞、湯沐之饌，如他日。」注云：「饋，朝夕食也。」疏云：「鄭注鄉黨云：『不時，非朝、夕、日中時。』一日之中三時食。今注云『朝夕』，不言『日中』者，或鄭略之，亦有日中也。或以死後略去日中，直有朝夕食也。」此賈據鄭注「朝、夕、日中時」爲上下通禮，非有四食、三食、再食之異。論語太師摯等爲殷人，或者殷禮天子四時食也，經傳多略。「日中」者，舉日中則朝夕可知，惟既夕之「饋」，當無日中，賈疏後說是也。疏云「一日之中三時食」，此句未知爲鄭注，抑賈釋鄭義。今臧、宋輯本列入注中，稍失闕疑之意。公羊僖三十三年傳：「十有二月，霣霜不殺草，李梅實，何以書？記異也。何異爾？不時也。」王制：「五穀不時，果食未熟，不粥於市。」又漢書召信臣傳：「太官園種冬生葱韭菜茹，覆以屋廡，晝夜爇蘊火，待温氣乃生。信臣以爲此皆不時之物，有傷於人，不宜以奉供養。」後漢書鄧皇后紀：「詔曰：『凡供薦新味，多非其節，或鬱養彊熟，或穿掘萌芽，味無所至，而夭折生長，豈所以順時育物乎？傳曰：「非其時不食。」自今當奉祠陵廟及給御者，皆須時乃上。』」二說並爲不時，解者多據以釋此文，亦通。割不正，不食。不得其醬，不食。【注】馬曰：「魚膾非芥醬不食。」

正義曰：爾雅釋言：「割，裂也。」周官內饔注：「割，肆解也。」少牢饋食禮：「牢心舌載於肵俎，心皆安下切上，午割勿沒。其載於肵俎，末在上，舌皆切本末，亦午割勿沒。」注云：「牢，羊豕也。安，平也。平割其下，於載便也。凡割本末，食必正也。」彼文是言祭禮割法。賈疏引此文說之，則意孔子燕食，其割法略得同矣。邢疏云：「割不正，謂折解牲體脊、脅、臂、臑之屬，禮有正數，若解割不得其正，則不食也。」毛氏奇齡、凌氏廷堪並主其說。毛云：「此與周禮掌割亨之事必先辨體名，少牢禮辨羊豕必分前體後體，自肩、臂、臑、膊，及三脊三脅，凡十一體，所謂諸子『正六牲之體』者，不特大祭祀有之。」凌云：「如鄉飲酒賓俎脊、脅、肩、肺，主人俎脊、脅、臂、肺，肩尊臂卑，是正數也。若賓俎用臂，主人俎用肩，則尊卑倒置，卽爲割不正。」此說亦通。但凌謂「牲體爲割，截膾爲切，少牢所云是『切』非『割』」，譏賈疏引鄉黨文爲誤，則少牢文上言「切」，下言「午割」，割、切通言，賈未誤也。江氏永圖考曰：「凡割切皆當有法，肉體亦有不能盡割以正者，聖人惟食其正者耳。」又羣經補義曰：「食肉惟取其方正者，則不正之割，自不來前矣。配食之醬如醯醢，皆不設，此家人進食者之小過，夫子偶一不食，微示其意，後自知設醬得宜矣。凡此皆未嘗形於言，怒於色，庶幾不失聖人氣象。」○注：「魚膾非芥醬不食。」○正義曰：說文云：「醬，醢也，酒以和醬也。醢，肉醬也。」周官膳夫注：「醬謂醯醢也。」汪氏烜四書詮義：「醬者，醯醢鹽梅之總名。古人設食，皆以醯與殽相閒，如內則『牛炙醢，牛胾醢，牛膾，羊炙，羊胾醢，豕炙醢，豕胾，芥醬，魚膾，雉兔，鶉鷃』一節。又如『腶脩蚳醢，脯羹兔醢，麋膚魚醢，魚膾芥醬，麋腥醢醬，桃諸，梅諸，卵鹽。』又周禮『韭菹醯醢，昌本麋臡，菁菹鹿臡，茆菹麋臡，葵菹蠃醢，脾析䗪醢，蜃蚳醢，豚拍魚醢，芹菹兔醢，深蒲醓醢，箈菹鴈醢，筍菹魚醢』之類。此皆必以氣味相宜，或性相制，故相配而設，皆所謂『得其醬』也。殽與醢並設食，則以其物濡醢而食之。蓋此節乃侍御陳設者之失，非烹調之失。說者多以內則『濡雞醢醬，濡魚卵醬』條實此，失之矣。濡雞濡魚有失，則失飪之事，非陳設之不備也。」案：汪說甚備。此注但言「魚膾芥醬」，亦是舉一以概其餘。肉雖多，不使勝食氣。唯酒無量，不及亂。

正義曰：氣，猶性也。周官瘍醫：「以五氣養之。」「五氣」，卽五穀之氣。人食肉多，則食氣爲肉所勝，而或以傷人。說文：「旣，小食也。論語云：『不使勝食旣。』」段氏玉裁說魯論作「氣」，古論作「旣」，用假借。或援許氏「小食」之訓解論語，非也。呂氏春秋孝行覽：「節飲食，肉雖多，不使勝食氣。」正用魯論此文。鄭注中庸云：「旣讀爲餼。」注聘禮云：「古文旣爲餼。」是「旣」、「氣」通用。「量」，猶度也。凌氏廷堪說：「『肉雖多，不使勝食氣』，爲食禮言之也。『惟酒無量，不及亂』，爲燕禮言之也。」胡氏培翬研六室文鈔亟稱凌說，爲之明其義云：「以公食禮考之，初設正饌，次設加饌。正饌有牛俎、羊俎、豕俎、魚俎、腊俎、腸胃俎、膚俎，醓醢、麋臡、鹿臡三者盛於豆，此下大夫六豆也。加饌有牛膷、牛炙、牛胾、牛鮨、羊臐、羊炙、羊胾、豕膮、豕炙、豕胾、魚膾，肉可不謂多與！然而黍稷六簋，宰夫設之，稻粱二簋，公親設之，賓初食稻粱，三飯卽止，卒食黍稷，不以醬湆，是所謂以穀爲主，不使肉勝食氣也。又以燕禮考之，尊於堂上東楹之西者兩方壺，尊於堂下門西者，兩圜壺。初時獻賓，賓酢主人，主人自酢，主人酬賓，二大夫媵爵于公，公取媵爵酬賓，禮亦盛矣。而獻卿獻大夫後，復作樂以樂賓，立司正以安賓，脫屨升席，晏坐盡歡，至於爵行無算，真所謂『無量』矣。然而君曰『無不醉』，有命徹幕，則必降階下拜，明雖醉，正臣禮也。賓醉而出，鐘人爲之奏陔，則以所執脯賜鐘人，明雖醉，不忘禮也。此非所謂『以醉爲節，而不及亂」乎？然則此節或夫子嘗言其禮如此，或出聘鄰國，鄰國食之燕之，夫子一守禮經，記者因爲記之，俱未可知。」案：凌氏此說甚核。然凌主禮食，不兼常食，於義稍隘。蓋常食如賓朋燕飲，亦得備物盡歡也。沽酒市脯，不食。

正義曰：「沽」與「酤」同。說文云：「酤，一宿酒也，一曰買酒也。」說文具二義。「一宿之酒」，即是醴酒，不應夫子不食。然則「沽酒」，當謂買酒也。廣雅釋詁：「酤，賣也。」「酤」爲買賣通稱，說文、廣雅各舉其一耳。周官萍氏：「幾酒謹酒。」注云：「幾酒，苛察沽買過多非時者。」是周時有酤酒。漢書食貨志：「王莽居攝，羲和魯匡言：『百禮之會，非酒不行。故詩曰「無酒酤我」，而論語曰「酤酒不食」，二者非相反也。夫詩據承平之世，酒酤在官，和旨便人，可以相御也。論語孔子當周衰亂，酒酤在民，薄惡不誠，是以疑而弗食。』」此引論語作「酤」，御覽資產部引亦作「酤」，「酤」本字。「沽」，水名，叚借字。梁氏玉繩瞥記：「酒正注作『酒有功沽之巧』，疏云：『功沽謂善惡。』夏官司兵注『功沽上下』義同。因思論語『沽酒』，當是酒之惡者。」梁此說亦通。但酒當云「飲」，而云「不食」，古人趁文不分別也。說文：「市，買賣所之也。脯，乾肉也。」釋名釋飲食：「脯，搏也。乾燥相搏著也。」周官：「腊人掌乾肉，凡田獸之脯腊膴胖之事。」注云：「薄析曰脯。」內則：「牛脩肉脯，田豕脯，麋脯，麕脯。」注云：「脯所謂析乾牛羊肉也。」市脯不食，亦恐其不精潔，且恐日久，味少變也。不撤薑食，【注】孔曰：「撤，去也。齊禁葷物，薑辛而不葷，故不去。」不多食。【注】孔曰：「不過飽。」

正義曰：「撤」，宋九經本作「徹」。薑辛辣，多食，生內熱之疾，故不多食。陶宏景注本草、祝穆事文類聚皆如此解。閻氏若璩釋地：「不多食，承上薑說，與『惟酒無量，不及亂』一例。」○注：「齊禁葷物，薑辛而不葷，故不去。」○正義曰：集解從孔說，以「食不厭精」至「不多食」，皆齊禮。故孔解此爲「齊禁葷物」，但不去薑耳。朱子集注以明衣、變食、遷坐爲齊禮，「食不厭精」以下，爲禮食常食之節，於義更合。說文：「薑，御濕之菜也。」本草經：「乾薑主逐風、濕痺、腸澼、下痢，生者尤良，久服去臭氣，通神明。」是其功用有益於人，故每食餕不撤去之。玉藻注謂葷有薑，此言「薑不葷」者，散文「辛」亦爲「葷」，對文「葷」、「辛」異也。姚氏鼐經說：「古者有庋食之閣，大夫于閣三，士于坫一。大夫七十而有閣，則未知孔子之已有閣與其坫也與？凡食畢，鼎食則徹，于造脯醢葷菜則不徹，庋以備時食，所以優尊者也。禮：『夜侍坐于君子，君子問夜，膳葷，請退可也。』故不徹葷者，禮也。薑亦葷也。孔子以爲葱韭之類氣皆濁，不若薑之清，則所庋薑而已。」

7 祭於公，不宿肉。【注】周曰：「助祭於君，所得牲體，歸則以班賜，不留神惠。」祭肉不出三日。出三日，不食之矣。【注】鄭曰：「自其家祭肉過三日不食，是褻鬼神之餘。」注「助祭」至「神惠」。○正義曰：雜記：「大夫冕而祭於公，士弁而祭於公。」注：「助君祭也。」是大夫士有助祭之禮。禮運：「仲尼與於蜡賓。」史記世家：「魯今且郊，如致膰於大夫，則吾猶可以止。」本篇云「入太廟」，皆夫子助祭之徵。周官大宗伯於兄弟有脤膰，異姓有賀慶。此互文，明兼有之也。穀梁定十四年傳：「脤者何也？俎實也，祭肉也。生曰脤，熟曰膰。」說文：「鐇，宗廟火孰肉。春秋傳曰：『天子有事鐇焉。』」今或作「燔」、作「膰」。又說文：「胙，祭福肉也。」左僖九年傳：「王使宰孔賜齊侯胙。」脤、膰、胙，皆祭肉名。天子諸侯祭畢，助祭之臣皆班賜之，以均神惠。卽此注所云「牲體」也。少儀言致膳之法云：「其禮大牢，則以牛左肩、臂臑折九箇；少牢，則以羊左肩七箇；犆豕，則以豕左肩五箇。」注：「折，斷分之也。皆用左者，右以祭也。羊豕不言臂臑，因牛序之可知。」由少儀此文推之，凡天子諸侯所班之胙，是依牢禮爲之，其牲體當亦準此矣。曲禮云：「凡祭於公者，必自徹其俎。」疏云：「此謂士助君祭也。若大夫以上，則君使人歸之。」然則助祭之臣，亦得各歛俎肉，禮所云「賓俎」

者也。與君賜之胙，同名爲脤膰，故江氏永以膰肉不至爲賓俎。而左昭十六年傳亦云：「爲嗣大夫，喪祭有職，受脤歸脤。」受脤，謂受君賜；歸脤，則君使人歸之賓俎也。祭公不宿之肉，當兼君賜及己所獻之俎。注言「所得牲體」，當專指賜胙，不及歸俎，或是舉一以例之耳。凡殺牲皆於祭日旦明行事，至天子諸侯祭之明日又祭，謂之繹祭，祭畢，乃頒所賜肉，及歸賓客之俎。則胙肉之來，或已三日，故不可再宿。○注「自其」至「之餘」。○正義曰：少儀：「爲人祭曰致福，爲己祭而致膳於君子曰膳，祔練曰告。凡膳，告於君子，主人展之，以授使者於阼階之南，南面，再拜稽首送。反命，主人又再拜稽首。」注：「此皆致祭祀之餘於君子也。攝主言致福，申其辭也。自祭言膳，謙也。祔練言告，不敢以爲福膳也。展，省具也。」此致祭肉之禮，所以云「不出三日」者，卿大夫祭後又祭曰賓尸，本日無暇致胙，又禮賜君子與小人不同日，自諸父兄弟逮及賤者，須有先後，故必二日而徧，合前祭日爲三日也。過三日，則肉不堪食，必爲人所棄，是褻鬼神之餘爲不敬矣。「出三日不食」之文，正申明「不出三日」之故。

8 **食不語，寢不言。** 正義曰：詩公劉傳：「直言曰言，論難曰語。」禮雜記注：「言，言己事，爲人說爲語。」是「言」、「語」義別，此文互見之也。書鈔禮儀部七引鄭此注云：「爲其不敬，明當食寢，非言語時也。」王氏瑬正義引任啟運曰：「當食時，心在於食，自不他及，日常如此，故記之。若禮食相會，豈無應對辭讓之文？祭與養老，更有合語、乞言之禮。但行禮時則語，食時自不語也。」

9 **雖疏食菜羹，瓜祭，必齊如也。**【注】孔曰：「齊，嚴敬貌。三物雖薄，祭之必敬。」 正義曰：皇本「疏」作「蔬」，誤。「菜羹」者，以菜爲羹也。說文云：「鬻，五味盉羹也。小篆作羹。」釋名釋飲食：「羹，汪也，汁汪郎也。」爾雅釋器：「肉謂之羹。」言羹肉之有汁者也。凡肉汁和以鹽菜爲鉶羹，不和鹽菜爲大羹。其常食之羹，如雞犬兔及菜羹，皆和米屑作之。呂覽愼人云：「孔子窮於陳、蔡之閒，藜羹不糝。」「糝」即米屑也。內則別有「芼羹堇荁葵薇」之類，彼是禮食。此文菜羹與疏食相儷，則但謂藜藿之類耳。「瓜」，魯論作「必」。鄭注云：「魯讀『瓜』爲『必』，今從古。」李氏惇羣經識小：「必字从八弋，篆文作𠔁，與瓜相近而誤。」李氏此説，用魯論義，得之。臧氏庸拜經日記：「公羊襄二十九年傳：『飲食必祝。』注：『祝，因祭祝也。論語曰：「雖疏食菜羹瓜祭」是也。』何劭公止通今學，不當引古論。此蓋用魯論之文，以證傳中『必祝』，後人誤據今本改之。」案：臧校是也。鄭所以從古者，「瓜」字義亦可通。玉藻云：「瓜祭上環，食中，棄所操。」注云：「上環，頭忖也。」錢氏坫後録：「上環是疐閒，下環是脱華處。食瓜者必祭用上環，而食其中忖。忖即刌字，刌之言切也。此瓜祭之説，鄭之所以必從古與？」案：從古論，則「祭」字當爲一句。瓜有二種：一果實，一蓏實。此是果食，即曲禮所云「削瓜也」。皇本作「苽」，此形近之誤。食所以有祭者，禮運曰：「昔者先王未有火化，食草木之實，鳥獸之肉，飲其血，茹其毛。後聖有作，然後修火之利，范金合土，以炮以燔，以烹以炙，以爲醴酪，以養生送死，以事鬼神上帝，皆從其朔。」此以祭之，所以報功，不忘本也。春官大祝：「辨九祭：一曰命祭，二曰衍祭，三曰炮祭，四曰周祭，五曰振祭，六曰擩祭，七曰絶祭，八曰繚祭，九曰共祭。」此通言祭食之禮，義具彼注。凡祭皆出少許，置之籩豆之閒，或上豆或醬湆之閒。凌氏廷堪禮經釋例言之詳矣。公食大夫禮：「魚腊醬湆不祭。」注云：「不祭者，非食物之盛者。」疏云：「以其有三牲之體，魚腊醬湆非盛者，故不祭也。」玉藻云：「唯水漿不祭，若祭爲已偞卑。」注云：「水漿，非盛饌也。祭之爲大有所畏迫，臣於君則祭之。」疏云：「言食於敵體之人。若祭水漿，爲大厭降也，卑微有所畏迫也。臣於君則祭之者，公食大夫禮祭『觶漿』是也。」

據此，是盛物方祭，非盛物，或可不祭。夫子家居，所食雖極之疏食菜羹，亦必祭之。又必致其肅敬之容，所謂不敢以非薄廢禮者也。○注：「齊，嚴敬貌。三物雖薄，祭之必敬。」○正義曰：齊者，整肅，故訓嚴敬。今人讀側皆反，非也。孔云「三物」，亦從鄭作「瓜」。

10 **席不正，不坐。**

正義曰：說文云：「席，藉也。」謂以席藉之於地也。凡先設迫地者爲筵，後加者爲席。故春官序官注云：「鋪陳曰筵，藉之曰席，然其言之筵席通矣。」謂散文筵席得通稱也。禮器云：「諸侯三重，大夫再重。」據司几筵，天子亦三重，則天子諸侯制同。天子諸侯同是三重，則士與大夫亦同是再重可知。凡席之名，司几筵有莞、繅、次、蒲、熊，又有葦、柏。莞者，蒲類。繅者，削蒲蒻展之，編以五采。次者，桃枝席有次列成文。柏者，鄭司農謂「迫地之席」，康成謂「椁字磨滅，藏中神坐之席」，不言席身所用。又禮器有越席，郊特牲有蒲越、稾鞂，玉藻有蒯席，尚書有篾席、底席、豐席、筍席，玉府有衽席。越即蒲越。稾鞂者，用禾穰爲之。蒯者，草名。篾者，析竹之次青爲之。底席，即蒲席。豐者，刮湅竹席。筍者，析竹青皮。衽者，臥席，其字從衣，疑以布爲之，加於席上。凡皆諸席異稱也。「不正」者，謂設席有所移動偏斜也。下文云「君賜食，必正席，先嘗之」。曲禮云：「主人跪正席，客跪撫席而辭。」可知凡坐時，皆有正席之禮。夫子於席之不正者，必正之而後坐也。

11 **鄉人飲酒，杖者出，斯出矣。**【注】孔曰：「杖者，老人也。鄉人飲酒之禮主於老者，老者禮畢出，孔子從而後出。」

正義曰：稱「鄉人」者，言同一鄉之人，與下「鄉人儺」同。周官酒正有「爲公酒者」，疏云：「鄉射飲酒數事，爲國行禮，不可斂民，故得公酒。」又族師疏云：「州長、黨正有飲酒禮，皆得官物爲之。」然則此文「飲酒」，亦是公酒。○注

「杖者」至「後出」。○正義曰：說文云：「杖，持也。」曲禮注云：「杖可以策身。」呂氏春秋異用云：「孔子以六尺之杖，諭貴賤之等，辨疏親之義。」所云「六尺」，亦大略言之。王制云：「五十杖於家，六十杖於鄉，七十杖於國，八十杖於朝。」此行鄉飲，年六十以上有杖，卽注所云「老人也」。禮鄉飲酒義疏云：「此篇前後凡有四事：一則三年賓賢能，二則鄉大夫飲國中賢者，三則州長習射飲酒也，四則黨正蜡祭飲酒。總而言之，皆謂之鄉飲酒。鄉則三年一飲，州則一年再飲，黨則一年一飲也。」段氏玉裁經韵樓集說：「鄉飲酒禮，古謂之饗。說文：『饗，鄉人飲酒也。從鄉食，會意。』其禮主於養老。『賓與賢能』之文，見於鄉飲酒義者，乃用尚齒之禮。以禮賢能，鄉大夫之職所謂『以禮禮賓之』者也。」方氏觀旭偶記：「此經云『杖者出，斯出矣』，是主於敬老。黨正職云：『國索鬼神而祭祀，則以禮屬民，而飲酒於序，以正齒位。』鄉飲酒義第五節云：『六十者坐，五十者立侍，以聽政役，所以明尊長也。六十者三豆，七十者四豆，八十者五豆，九十者六豆，所以明養老也。』注以黨正『正齒位』之禮解之，與此經有『杖者』同是敬老之事，故知此『鄉人飲酒』爲黨正蜡祭飲酒也。若鄉大夫飲國中賢者，與州長習射飲酒，無關養老，其賓賢能之鄉飲酒，則以鄉學之士將升者賢者爲賓，其次爲介，其次爲衆賓，皆是年少者爲之，不得有杖者也。禮言『六十杖於鄉』，夫子與鄉人飲酒而出後杖者，則時爲立侍之衆賓可知。黨正『飲酒』亦稱『鄉』者，黨，鄉之細，與州長『以禮會民而射於州序』之飲，同得爲鄉飲酒。康成云：『謂之鄉者，州、黨，鄉之屬也。』又有別解云：『或則鄉之所居州、黨，鄉大夫親爲主人焉。』是也。蜡祭飲酒，初雖正齒位，及其禮末，皆以醉爲節。雜記云：『子貢觀於蜡，曰：「一國之人皆若狂。」』是既醉而出之時，不復有先後之次，此夫子杖者出，斯出矣，所以爲異於人。」案：方說卽此注意。鄉飲酒禮云：「明日息。」司正記云：「徵惟所欲，以告于先生君子可也。」注云：「先生不以筋力爲禮，於是可以來。君子，國中有盛德者。」是賓賢能之禮，不主養老，故惟蜡飲近之。又族師有「春秋祭酺」，詩鳧鷖箋有「祭社宗燕飲」，皆民間自爲飲酒之事，其禮亦非養老，解者多援以釋論語，蓋未是。

鄉人儺，朝服而立於阼階。

【注】孔曰：「儺，驅逐疫鬼，恐驚先祖，故朝服而立於廟之阼階。」

正義曰：周官占夢云：「季冬，遂令始難歐疫。」注：「難謂執兵以有難卻也。故事難或爲儺。杜子春『儺』讀爲難問之難，其字當作難。月令：『季春之月，命國難，九門磔攘，以畢春氣。仲秋之月，天子乃難，以達秋氣。季冬之月，命有司大難，旁磔，出土牛，以送寒氣。』」段氏玉裁周禮漢讀考：「案儺，杜子春讀爲難問之難，而鄭從之，故占夢、方相氏注皆云『難卻』。於月令『季春』、『季秋』、『季冬』注云：『此難，難陰氣也。此難，難陽氣也。』難皆當讀乃旦反。」案：淮南時則訓高誘注：「儺猶除也。儺讀躁難之難。」譙周論語注：「儺，卻之也。」並同杜、鄭之義。舜典「而難任人」，難亦謂屏卻之。鄭此注云：「儺，魯讀爲獻，今從古。十二月，命方相氏索室中，逐疫鬼。」段氏玉裁周禮漢讀考謂「鄭從古論作難，後人改之，加偏旁耳。方相氏疏引論語正作『難』。劉昌宗依杜難音乃旦反，是也。戚袞音乃多反，乃詩竹竿『儺』字之音。陸氏無識，於方相氏、月令、郊特牲、鄉黨皆音乃多反。淺人反以儺爲歐疫正字，改易淆譌，音形俱失。」案：乃旦、乃多，一音之轉，若以古正音，則當是乃多。故隰桑以阿、難、何爲韻，而魯讀儺亦爲獻也。阮氏元校勘記：「郊特牲：『汁獻涚於醆酒。』注：『獻讀當爲莎，齊人語。聲之誤也。』此讀『儺』爲『獻』，亦聲近之誤。」案：「儺」、「獻」既由聲近，「獻」字或用叚借，未必爲誤字矣。郊特牲：「鄉人禓，孔子朝服立于阼。」注云：「禓，彊鬼也，謂時儺，索室驅疫，〔一〕逐彊鬼也。禓或爲獻，或爲儺。」段氏說文注疑「易聲與獻、儺音理遠隔，記當本是禓字，從示，易聲。則與

〔一〕「室」字原脫，據禮郊特牲注補。

獻難差近」。其説似是而非。任氏大椿弁服釋例説曰：「裼自爲彊鬼之名，儺自爲攘祭之名。郊特牲言『鄉人裼』，言於儺時驅逐疫鬼，又兼驅逐裼，故卽以裼名祭也。説文：『裼，道上祭也。』急就篇『謁裼塞禱鬼神寵』，顏師古注：『裼，道上之祭也。』蓋驅逐彊鬼而祭之於道上也。」案：任説是也。但彊鬼卽疫鬼，不必分爲二。言鬼名則曰裼，言驅除此鬼則曰儺，其後叚鬼名以爲祭名，則亦曰裼。太平御覽五百二十九引世本云：「微作裼五祀。」注：「微者，殷之八世孫也；裼者，强死鬼也，謂時儺，索室驅疫，逐强死鬼也。」此驅疫鬼稱裼之證。禮記別本作「獻」，與魯讀同。作「儺」，與古論同。徐仙民音「裼」爲「儺」，大誤。「裼」從昜聲，自讀如傷也。月令「季春」注云：「陰寒至此不止，害將及人。所以及人者，陰氣右行。此月之中，日行歷昴。昴有大陵積尸之氣，氣佚則厲鬼隨而出行。」「仲秋」注云：「陽暑至此不衰，害亦將及人。所以及人者，陽氣左行。此月宿值昴、畢，昴、畢亦得大陵積尸之氣，氣佚則厲鬼亦隨而出行。」「季冬」注云：「陰氣右行。此月之中，日歷虛、危，虛、危有墳墓四司之氣，爲厲鬼，將隨彊陰出害人也。」孔疏於「季冬」云：「言大者，以季春唯國家之難，仲秋唯天子之難，此則下及庶人，故云大難。」據此，則三儺惟季冬之儺通於上下，而皇侃論語疏反主季春，非也。周官：「方相氏，狂夫四人。掌蒙熊皮，黄金四目，玄衣朱裳，執戈揚盾，帥百隸而時難，以索室歐疫。」注云：「方相猶言放想，可畏怖之貌。蒙，冒也。冒熊皮者，以驚歐疫癘之鬼，如今魌頭也。時難，四時作方相氏以難卻凶惡也。月令季春：[一]『命國難。』索，廋也。」此以方相氏兼有三難，而季冬爲大難，稱「四時」者趁辭，非季夏亦有儺也。論語儺在季冬，故鄭以十二月解之，又引方相文爲證矣。「阼階」者，説文云：「阼，主階也。」儀禮鄉射禮注：「阼階，東階。」士冠禮注：「阼猶酢也。東階，

[一]「春」原誤作「冬」，據禮月令改。

所以答酬賓客也。」釋文：「於阼，本或作於阼階。」臧氏琳經義雜記：「郊特牲文與論語同，亦無階字。」○注：「恐驚先祖，故朝服而立於廟之阼階。」○正義曰：郊特牲：「鄉人禓，孔子朝服立于阼，存室神也。」注云：「存室神，神依人也。」疏云：「於時驅逐彊鬼，恐己廟室之神，時有驚恐，故著朝服立于廟之阼階，存安廟室之神，使神依己而安也。大夫朝服以祭，故用祭服以依神。」孔疏之說，卽僞孔此注義。

12 問人於他邦，再拜而送之。【注】拜送使者，敬也。 正義曰：說文：「問，訊也。」己或有事問人，或聞彼有事，使人問之。凡問人，有物以表意，故問亦訓遺。曲禮「凡以弓、劍、苞苴、簞、笥問人」是也。此「問人於他邦」，亦當有物，「人」指朋友言。皇疏以「問」爲聘問，「人」爲鄰國之君，非也。「再拜」，卽禮之「空首」。鄭注大祝以空首爲「拜，頭至手」。段氏玉裁釋「拜」，以空首爲「跪而拱手，首俯至手」，故對稽首之頭著地，而以不著地者爲空首。王氏壍正義以空首爲「首俯而不至手，首與尻平，故荀卿言『平衡曰拜』。但以手據地，故曰拜手。其首空懸，故曰空首」。三說不同，以王爲允。王又云：「經中不見有『空首』之文，以或言『拜』，或言『拜手』，皆空首也。」據王說，則此文「再拜」當爲空首之再拜矣。大祝：「七曰奇拜，八曰襃拜。」鄭大夫云：「奇拜，謂一拜也。襃讀爲報，報拜，再拜是也。」凡拜有奇有耦，耦者尤爲敬也。曲禮：「君使反，則拜送於門外。己使歸，則下堂而受命。」己使卑於君，受命既在堂下，則拜送亦必在堂下，異於君使反送之禮矣。少儀：「凡膳，告于君子，主人展之，以授使者於阼階之南，南面再拜稽首，送。」是拜送不出門，以彼例此，知亦不出門矣。江氏永圖考曰：「其時使者不答拜，鄭注儀禮云『凡爲人使，不當其禮』是也。」

13 康子饋藥，【注】包曰：「饋孔子藥。」拜而受之。曰：「丘未達，不敢嘗。」【注】孔曰：「未知其故，故不敢嘗，禮也。」　正義曰：周官疾醫：「以五藥養其病。」注：「養猶治也。病由氣勝負而生，攻其贏，養其不足者。五藥，草、木、蟲、石、穀也。」此「饋藥」，當爲丸散之類。「拜而受之」，謂空首奇拜也。玉藻云：「酒肉之賜，弗再拜。」弗再拜，則祇用一拜。「饋藥」亦酒肉之類，用一拜，與前再拜異也。　釋文引「一本無『而』、『之』二字。」說文云：「嘗，口味之也。」引申爲飲食之義。若詩「酌言嘗之」，與此文「不敢嘗」，皆謂飲之也。　鄭此注云：「饋，遺也。拜受，敬也。曰『丘未達』，言不服之義，藥從中制外，故當慎也。」案：「饋，遺也」者，鄭注檀弓、坊記並同。說文：「饋，餉也。」周官玉府注：「古者致物於人，尊之則曰獻，通行曰饋。」「拜受，敬也」者，禮：「大夫賜，皆拜受於家。」故此拜受爲敬也。據鄭云「拜受」，亦似經文無「而」、「之」二字。「丘未達」云云者，達猶曉也。言不曉此藥治何疾，恐飲之反有害也。服者，言病宜以此藥服之。曲禮「醫不三世，不服其藥」是也。　集注引楊氏曰：「未達，不敢嘗，謹疾也。必告之，直也。」○注：「饋孔子藥。」○正義曰：皇本作「遺孔子藥也」。釋文：「遺，唯季反。本今無此字。」案：無「遺」字，則「孔子」上當有「饋」字，卽邢疏所據本。○注：「未知其故。」○正義曰：「故」，猶言性也。

14 廄焚。子退朝，曰：「傷人乎？」不問馬。【注】鄭曰：「重人賤畜。退朝，自君之朝來歸。」　正義曰：說文：「廄，馬舍也。𠩺，古文從九。」汗簡引古論作「旮」，卽「𠩺」省。釋名釋宮室：「廄，勼也。勼，聚也。牛馬之所聚也。」廣雅釋言：「焚，燒也。」左氏傳：「人火曰火，天火曰災。」二者皆稱焚。邢疏云：「『不問馬』一句，記者之言也。」釋文：「『傷人乎』絕句，一讀至『不』字絕句。」此誤讀「不」爲「否」也。　揚雄太僕箴：「廄焚問人，仲尼深醜。」以問人爲醜，則不徒問人，此卽釋文一讀之義。○注：「退朝，自君之朝來歸。」○正義曰：少儀云：「朝廷曰退。」言臣自朝廷歸爲退也。夫子仕魯爲大夫，得有馬乘，故鄭以退朝爲自朝來歸，明此廄爲夫子家廄矣。雜記云：「廄焚，孔子拜鄉人爲火來者。拜之，士壹，大夫再，亦相弔之道也。」注云：「拜，謝之。」是廄焚爲夫子家廄之證。家語子貢篇：「孔子爲大司寇，國廄焚。」鹽鐵論刑德篇：「魯廄焚，孔子罷朝，問人不問馬，賤畜而重人也。」又揚雄太僕箴引此文，亦似指公廄，均與雜記異。但是公廄，則新延廄書於春秋，此「廄焚」亦當書之。今既未書，知宜爲家廄矣。

15 君賜食，必正席，先嘗之。【注】孔曰：「敬君惠也。既嘗之，乃以班賜。」君賜腥，必熟而薦之。【注】孔曰：「薦其先祖。」君賜生，必畜之。

正義曰：「食」是熟食，雖爲君賜，然來自外閒，恐有不潔，或兼有餕餘，故不敢以薦。「腥」者，釋文云：「腥音星。說文、字林並作『胜』，云『不熟也』。」案：說文：「腥，星見食豕令肉生小息肉也。」此別一義，而與「胜」同从生，故多叚「腥」爲「胜」字。鄭此注云：「魯讀生爲牲，今從古。」考說文「牲，牛完全也」，引申爲凡獸畜之稱。周官庖人注：「始養之曰畜，將用之曰牲。」鄭以言「牲」爲行禮時所稱。此「賜生」，泛說平時，不必言「牲」，故從古論作「生」也。「畜」者，詩我行其野傳云「養也」。集注云：「畜之者，仁君之惠，無故不敢殺也。」凌氏廷堪禮經釋例：「君賜食，即聘禮所謂『飪』也。君賜腥，即聘禮所謂『腥』也。君賜生，即聘禮所謂『餼』也。凡牲，殺曰饔，生曰餼。聘禮：『歸賓饔餼，飪一牢，鼎九，設於西階前。陪鼎當内廉，東面，北上。上當碑，南陳。牛、羊、豕、魚、腊、腸胃同鼎，膚、鮮魚、鮮腊，設扃鼏，膷、臐、膮，蓋陪牛羊豕。』牲之已亨者謂之飪。『腥二牢，鼎二七，無鮮魚、鮮腊，設于阼階前，西面，南陳，如飪鼎，二列。』牲之未亨者謂之腥。『飪』與『腥』，皆饔也。是牲之殺者曰饔也。又歸聘賓『餼二牢，陳于門西，北面，東上。牛以西羊豕，豕西牛羊豕』。注：『餼，生也。』是牲之生者曰餼也。」王氏鎏正義：「按凌氏以『君賜』當聘禮，似精而未核。聘禮記：「賜饔，惟羹飪，筮一尸，如饋食之禮，假器於大夫。」注：「腥餼不祭。」則明與此篇「腥」異矣。蓋彼爲大禮，三者一時俱致，則獨薦飪耳。意者此爲尋常小賜之禮，在歸饔餼後，所謂「燕與時賜無數」也。然以君賜屬聘禮，第爲鄰國君之所賜，其義未晐。若本國之君，有所賜予，其儀亦當準此。證之以孔子賜鯉事及穆公饋子思鼎肉事，則聘禮外君賜亦佸其中也。」案：王氏是也。天官膳夫：「凡肉脩之頒賜，皆掌之。」內饔：「凡王之好賜肉脩，則饔人共之。」注云：「好賜，王所善而賜之。」玉藻：「酒肉之賜，弗再拜。」並謂平時所賜。論語此文，當得兼之。○注：「敬君惠也。既嘗之，乃以班賜。」○正義曰：「君惠」統三句言，惠卽賜也。初學記人事部引何曰：「賜，惠也。」所見本異。已承君賜，當先受之。若未嘗，不敢頒賜於人，恐褻君惠之意。○注：「薦，薦其先祖。」○正義曰：爾雅釋詁：「薦，進也。」此常訓。凡祭，進熟食曰薦。此因君賜而薦，如嘗新，先薦寢廟，不爲祭禮也。

侍食於君，君祭，先飯。【注】鄭曰：「於君祭，則先飯矣，若爲君嘗食然。」

正義曰：「先飯」，先嘗食之，謂黍稷也。不言「偏嘗羞飲而俟」者，以言「飯」，則餘可知。○注：「於君祭，則先飯矣，若爲君嘗食然。」○正義曰：士相見禮：「君賜之食，則君祭先飯，偏嘗膳，飲而俟。君命之食，然後食。若有將食者，則俟君之食，然後食。」又玉藻云：「若賜之食而君客之，則命之祭然後祭。先飯，辯嘗羞飲而俟。若有嘗羞者，則俟君之食然後食，飯飲而俟。」是二禮文同，特士相見無「君客之」及「命祭」之文，玉藻無「君祭」及「君命食然後食」之文，詳略互見，正可參考。蓋命食，禮之所同；命祭不命祭，禮之所異。命祭，則君祭後臣亦祭，禮儗於君，是以客禮待之。不命祭，則臣不得祭，臣統於君，是不以客禮待之。故但有命食，而無命祭，二者皆爲侍食，於膳夫之有無無與也。惟有膳夫則不命祭者，於君祭之後，取己前之食；命祭者，於己祭之後，皆飯飲而俟。俟者，俟膳夫嘗食畢，君已就食，命臣食而後食也。無膳夫，則於君祭之後，或於己承君命祭之後，取君前之食，先飯，徧嘗膳飲而俟，此則代膳夫之職，若爲君嘗食然也。論語「君祭，先飯」，正以無膳夫在旁，君祭之時，夫子先取君前之食嘗之，故曰「先飯」。且徧嘗飲而俟，即注所云「若爲君嘗食者」是也。邢疏云：「若敵客，則得先自祭；降等之客，則後祭。若臣侍君而賜之食，則不祭；若賜食而以客禮待之，則得祭。雖得祭，又先須君命之祭然後敢祭也。此言『君祭，先飯』，則是非客禮也。故不祭而先飯，若爲君嘗食也。」案：命祭不命祭，論語無文，不得遽指爲非客禮，疏說稍泥。鄭注士相見云：「君祭，先飯，於其祭食，臣先飯，示爲君嘗食也。此謂君與之禮食。膳謂進庶羞。既嘗庶羞，則飲，俟君之徧嘗也。將食，猶進食，謂膳宰也。膳宰嘗食，則臣不嘗食。周禮『膳夫授祭品嘗食，王乃食』。」此注未誤。又於玉藻「賜食」至「先飯」云云下注云：「雖見賓客，猶不敢備禮也。侍食則正不祭。君將食，臣先嘗之，忠孝也。」又注「若有嘗羞者」云云。下注云：「不祭，侍食不敢備禮也。不嘗羞，膳宰存也。飯飲，利將食也。」據注，以有膳宰，臣不得祭，爲用臣禮而不祭，遂得專侍食之名。於是斷爲兩節，有客禮、臣禮之分。客禮則無膳夫，君祭後，臣即應祭，猶不敢備禮，故須君命之祭然後敢祭。及臣祭畢，乃爲君嘗食以俟也。臣禮則有膳夫，君祭之後，不命臣祭，臣取己前之食，飯飲而俟，名爲侍食。此則鄭注之誤不祭專爲侍食，又以客禮爲無膳夫也。不知侍食乃通名，客禮臣禮分於命祭不命祭，不分於有膳宰無膳宰也。蓋君禮食及平時常食，皆膳宰嘗食，然或膳宰有故，或設饌未畢，或監視加饌，未得侍列，旁近之臣皆得嘗食，故此侍食得爲君嘗食之也。嘗食雖膳夫之職，然凡臣皆可代嘗，則鄭注所謂「忠孝」，不嫌於越職矣。若必以有膳宰無膳宰定禮之隆殺，則有膳宰爲君嘗食，已但膳飲而俟，正似客禮。無膳宰則已爲君嘗食，同於膳夫，正似臣禮。今乃故反其說，亦理之所未達矣。若然，膳宰職云：「凡王祭祀賓客食，則徹王之胙俎。」不言「嘗食」者，以上文常食，已言「授祭，品嘗食」，故此不須言也。王氏引之經義述聞：「士相見所記者，侍食之常禮；玉藻所記者，則見客於君者也。常禮則臣不祭，故士相見但言『君祭』也。客禮則臣亦得祭，故玉藻言『命之祭然後祭』也。二者不同，鄭注、賈疏彊合之，非也。論語邢疏以爲『非客禮』，足以正鄭、賈之失。」又云：「侍食之常禮，與見客於君之禮所異者，祭不祭耳，其餘則同。」王氏此說亦通。至以邢疏「非客禮」之言爲是，則未然。凡客禮，雖先飯，後亦可命祭。玉藻云：「侍食於先生，異爵者，後祭先飯。」疏云：「此饌不爲己，故後祭，而先飯者，示爲尊者嘗食也。」然則先飯後，不妨更取已前之食祭之。論語但言「先飯」，其後命祭不命祭，俱不可知，而邢疏遽斷爲非客禮，王氏且是之，誤矣。若然，淮南說山訓：「先祭而後饗則可，先饗而後祭則不可。」高誘注：「饗猶食也。爲不敬，故曰『不可』也。」〔一〕彼文言饗是已前之食，故已食不可更祭。若先爲君或長者嘗食，後更取已前之食祭之，亦無不可。

16 疾，君視之，東首，加朝服，拖紳。【注】包曰：「夫子疾，處南牖之下，東首。加其朝服，拖紳。紳，大帶。不敢不衣朝服見君。」 正義曰：喪大記：「君於大夫疾，三問之；士疾，一問之。」荀子大略篇：「君於大夫三問其疾，三臨其喪；於士一問一臨。」而雜記云：「卿大夫疾，君問之無算；士一問之。」此通說君親視疾及遣使來問之事。蓋三問之後，若病未愈，君亦得使人或親自問之，故曰「無算」。賈疏以三問爲君自行，無算爲遣使，未然也。既夕記：「士處適寢，寢東首於北墉下。」注：「將有疾，乃寢於適室。」疏：「士喪云：『士死於適室。』此記云『適寢』者，寢、室一也。若不疾，則在燕寢。」東首者，鄉生氣之所。墉下者，墉謂之牆。必在北墉下，亦取十一月一陽生於北，生氣之始也。」毛氏奇齡稽

〔一〕「也」原誤作「者」，據淮南子高注改。

求篇：「玉藻：『君子之居恒當户，寢恒東首。』是平時卧寢無不東首者，惟大禮易衽，如昏禮『御衽于奥，則北趾而南首』是也。老者更卧，如曲禮少事長上，『請衽何趾』，内則子婦事舅姑，亦『請衽何趾』是也。若君來視疾，則論語與儀禮及喪大記皆云『寢東首』，是不問遷卧與否，必令東首者，以室制尊西，君苟入室，則必在奥與屋漏之間，負西而向東，故當東首以示面君之意，並非受生氣也。疾在平時當受生氣，曾面君而受生氣乎？」案：毛説是也。但禮言寢恒東首，明亦有不東首者，故「請衽」之文見於曲禮、内則，非必爲老者之更卧也。病者惟意所適，亦無定鄉，惟君來視疾，必正東首之禮，且可面君，故論語特箸其文。若既夕記、喪大記所云「寢東首」，則兼取謹終之義，蓋寢卧本以東首爲正也。「加」者，加於衾上也。既夕記云：「徹褻衣，加新衣。」注云：「故衣垢汙，爲來人穢惡之。」疏云：「徹褻衣，謂故玄端。加新衣者，謂更加新朝服。喪大記亦云：『徹褻衣，加新衣。』鄭注云：『徹褻衣，則所加者新朝服矣。』必知褻衣是玄端，新衣是朝服者，據司服士之齊戒服玄端，則疾者與養疾者皆齊，明服玄端矣。」案：以疏語推之，人平時服深衣，疾時齊服玄端，人來視疾亦然。君來視疾，易以朝服；君去，仍服玄端。及臨死徹去玄端服，加以朝服，則二禮所云「新衣」也。「拖」，釋文作「拕」，云「本或作拖」。皇、邢本皆作「拖」。阮氏元校勘記：「石經拖作拕。」案：「拖」、「拕」一字，本字作「拕」，故漢書龔勝傳作「拕紳」。説文：「拕，曳也。」易訟上九鄭注：「三拕，三加之也。」皇疏云：「孔子既病，不能復著衣，故加朝服，覆之體上，而牽引大帶於心下，如健時著衣之爲。」案：拖紳，謂引紳於心下垂之。玉藻云：「凡侍於君，紳垂。」此其義也。玉藻云：「紳長，制士三尺，有司二尺有五寸。子游曰：『參分帶下，紳居二焉。』」孔疏謂「人長八尺，大帶之下四尺五寸，分爲三分，紳居二分，是爲三尺」。若然，則以士禮推之，此拖紳之下至足，餘一尺五寸。其大夫紳制，當比士爲長，今無文以明之。説文又云：

「袘，裾也。」引此文作「袘紳」，段注謂「許所見本作袘，段借爲拕字」是也。錢氏坫後録據士昏禮「纁裳緇袘」，袘爲裳緣，謂「與袘同，袘卽是裾」。此則穿鑿，非其理矣。○注「夫子」至「見君」。○正義曰：云「處南牖之下，東首」者，漢書龔勝傳：「莽遣使者奉璽書印綬立門外，勝稱病篤，爲牀室戶中西南牖下，東首，加朝服拕紳。」又前篇「伯牛有疾，夫子自牖執其手」，故解此爲南牖下也。皇疏引欒肇曰：「南牖下，欲令南面視之。」是也。然既夕記、喪大記皆言「寢東首於北墉下」，室中以奧爲尊，君視臣疾，儘可主奧，不必以南面爲尊。若因君視疾之故而遷牖下，則君視大夫及遣使問疾無數，豈將屢爲遷動耶？必不然矣。然則伯牛、龔勝何以居牖下也？蓋伯牛有惡疾，恐人來視己，不便入室，故遷於牖下。龔勝不欲仕莽，辭以不敢當尊之意，故亦居於牖下，皆禮之變，不可以解此文也。室中止一牖，但言「牖下」，其義已明。注言「南牖」者，以喪大記「北墉下」，相傳誤爲「北牖」，故解此爲「南牖」也。云「紳，大帶也」者，說文訓同。玉藻注云：「紳，帶之垂者也。言其屈而重也。」禮有二帶：一大帶，以絲爲之；一革帶，以皮爲之。王氏瑬正義：「紳爲帶之垂者，又卽爲大帶之名。大帶之垂者謂之紳，革帶之垂者謂之厲，革帶又謂之鞶。上服用二帶，深衣用革帶而已。朝服拖紳，則不必有革帶也。」

17 君命召，不俟駕行矣。【注】鄭曰：「急趨君命，出行而車駕隨之。」正義曰：玉藻云：「凡君召以三節，二節以走，一節以趨，在官不俟屨，在外不俟車。」孟子公孫丑篇：「禮曰：『君命召，不俟駕。』」趙岐注：「俟，待也。」又萬章篇：「萬章曰：『孔子，君命召，不俟駕而行，然則孔子非與？』曰：『孔子當仕有官職，而以其官召之也。』」荀子大略篇：「諸侯召其臣，臣不俟駕，顛倒衣裳而走，禮也。」○注：「出行而車駕隨之。」○正義曰：說文：「駕，馬在軛中也。」軛加於馬頸，馬在輗中，則爲駕車。可知大夫不可徒行，而此承君命召，急迫先行，其家人必亦速駕，隨出及之。

18 入太廟，每事問。

正義曰：此弟子類記行事，與前篇別出。皇本有「鄭注云：『爲君助祭也。太廟，周公廟也。』」

19 朋友死，無所歸，曰：「於我殯。」【注】重朋友之恩。無所歸，言無親昵。

正義曰：說文云：「殯，死在棺，將遷葬柩，賓遇之。」士喪禮注：「棺在肂中斂尸焉。」所謂殯也。檀弓：「賓客至，無所館。夫子曰：『生於我乎館，死於我乎殯。』」彼謂館而殯之。此則「無所歸」者，雖非館亦殯之。檀弓、論語文互相足。鄭志：「問：朋友死，無所歸，於我殯，若此者，當迎彼還己館，皆當停柩于何所？答曰：朋友無所歸，故呼而殯之，不謂己殯迎之也。館而殯之者，殯之而已，不於西階也。」云「呼而殯之」者，此釋經「曰」字，其殯資皆出自夫子，就其所在殯之，不迎於家也。若館而殯之，不於西階，則但殯之於館也。

20 朋友之饋，雖車馬，非祭肉，不拜。【注】孔曰：「不拜者，有通財之義。」

正義曰：曲禮云：「獻車馬者執策綏。」又云：「效馬效羊者右牽之。」坊記云：「父母在，饋獻不及車馬。」是朋友饋禮有車馬也。夫車馬，饋之重者，車馬不拜，則他饋自非祭肉皆不拜可知。

21 寢不尸，【注】包曰：「偃臥四體，布展手足似死人。」居不容。【注】孔曰：「爲室家之敬難久。」

正義曰：釋文云：「居不客，本或作容，羊凶反。」唐石經亦作「客」。臧氏琳經義雜記：「邢疏云『不爲容儀』。夫君子物各有儀，豈以私居廢乎？」是當從陸氏作「客」。案：「容」、「客」二字，形近易譌。祭義「容以遠疏」，或「容」爲「客」字。莊子天地篇「此謂德人之容」，釋文：「依注當作客。」皆其證。○注：「偃卧四體，布展手足似死人。」○正義曰：書鈔禮儀部七引鄭此注云：「惡其死也。」義與包同。説文云：「尸，陳也，象卧之形。屍，終主也。從尸死。」義同。段氏玉裁注云：「方死無所主，以是爲主，故曰終主。」即此注所謂「死人」也。「偃卧」者，説文：「偃，僵也。」左傳：「偃且射子鉏。」凡仰仆皆曰偃。四體謂二手二足也。皇疏言人卧法云：「眠當欹而小屈。」謂足小屈也。夫子曲肱而枕，則側卧可知。今養生家亦如此説。○注：「孔曰：『爲室家之敬難久。』」○正義曰：書鈔禮儀部七引作鄭注。臧氏琳曰：「謂因一家之人，難久以客禮敬己也。」

22 **見齊衰者，雖狎必變。**【注】孔曰：「狎者，素親狎。」**見冕者與瞽者，雖褻必以貌。**【注】周曰：「褻謂數相見，必當以貌禮之。」　正義曰：皇本「見」上有「子」字。子罕篇釋文云：「冕，鄭本作弁，云『魯讀弁爲絻，今從古』。鄉黨篇亦然。」「鄉黨篇亦然」五字，疑亦鄭注，今輯本全載鄭注如前，則此五字爲陸氏語。○注：「狎者，素親狎。」○正義曰：爾雅釋詁：「狎，習也。」説文：「狎，犬可習也。」夫子於素所親習之人，亦變容待之者，哀敬之異於常時也。○注：「褻謂數相見，必當以貌禮之。」○正義曰：「褻」與「狎」同，故解爲「數相見」。或謂「褻爲私居」，非也。「冕」與「絻」同，亦是喪服，説見前子罕篇。洪範：「貌曰恭。」恭者，禮也。故注以「禮」釋之，與「必變」亦互文。

23 **凶服者式之。式負版者。**【注】孔曰：「凶服者，送死之衣物。負版者，持邦國之圖籍。」　正義曰：阮氏元車制圖解：「輿前衡木謂之式。」自注：考工記曰：「三分其隧，一在前，二在後，以揉其式。」又曰：「以其廣之半，爲之式崇。」是式長與輿廣等，崇于軫三尺三寸，其兩旁居輢板上，則須揉治而詘之。一在前，即式深；二在後，則輢深也。江氏永圖考：「式是揉木，作三曲之形，在前可憑式者，固是式。左右曲向後，接兩輢，左人可憑左手，右人可憑右手者，亦是式。」案：「式」又作「軾」。說文：「軾，車前也。」釋名釋車：「軾，式也。所伏以式所敬者也。」古人車皆立乘，若有所禮以爲敬，則微俯其身，以手伏軾，曲禮所謂「撫式」是也。「負版」者，說文云：「版，判也。」判木爲片，名之爲版。段氏玉裁改「判」爲「片」，非也。「版」又名方，中庸云：「文武之政，布在方策。」鄭注：「方，版也。」聘禮記：「百名以上書于策，不及百名書于方。」策以竹爲之，方以木爲之。稱方者，當謂其形正方也。鄭此注云：「版謂邦國圖籍也。負之者，賤隸人也。」圖籍者，惠氏士奇禮說：「古者邦國土地、人民、户口、車服、禮器，皆有圖，丹書之以爲信，謂之丹圖。如民約，則書於户口圖；地約，則書於土地圖；器約，則書於禮器圖。此司約所謂『小約劑書於丹圖』者與？」「籍」卽「典籍」之籍，孟子言諸侯去其籍，晉有籍氏，籍兼方策二者而言，圖籍非止一物，申鄭義者未能備矣。隸謂隸於官府有職業者也。周官謂之胥徒，鄭以夫子式圖籍，非式所負之人，若其人，不過賤隸人耳。王氏塗正義引「葉少蘊云：『喪服有負版。』翟公巽謂『式負版者，非版籍之版，乃喪服之版』。」則不知喪服負版卽一衰之制，上文見齊衰必變已言之，此不應重述。或又讀爲曲禮「雖負販者，必有尊也」之「販」，則通衢市賈，將有不勝爲禮者矣。翟氏及或說並誤。○注「凶服」至「圖籍」。○正義曰：說文：「凶，惡也。」釋名釋言語：「凶，空也，就空亡也。」穀梁傳：「乘馬曰賵，衣衾曰襚，貝玉曰含，錢財曰賻。」皆送死者衣物也。哀敬死者，故送死者衣物亦式之也。負訓持者，負本義置之於背，而圖籍非可負之物，故解爲手持，亦引申之義。**有盛饌，必變色而作。**【注】孔曰：「作，起也。敬，主人之親饋。」

注：「作，起也。敬，主人之親饋。」○正義曰：曲禮云：「食至起。」注云：「爲饌變。」此侍長者食禮，若食於同等者，雖盛饌或不起。夫子必變色而起，所以敬主人也。注言「主人親饋」者，曲禮疏云：「饋謂進饌也。」有盛饌，當兼親饋，若不親饋，雖盛饌亦不起矣。曲禮云：「侍食於長者，主人親

饋，則拜而食；主人不親饋，則不拜而食。」坊記云：「故食禮，主人親饋則客祭，主人不親饋則客不祭。故君子苟無禮，雖美不食焉。」據此，則親饋乃爲禮盛，不祇在食品之多備矣。玉藻云：「孔子食於季氏，不辭，不食肉而飧。」注云：「以其待己及饌非禮也。」雜記：「孔子曰：『吾食於少施氏而飽，少施氏食我以禮。吾祭，作而辭曰：「疏食，不足祭也。」吾飧，作而辭曰：「疏食，不敢以傷吾子。」』」此卽少施氏親饋爲禮盛。**迅雷風烈必變。**【注】鄭曰：「敬天之怒。風疾雷爲烈。」

注：「敬天之怒。風疾雷爲烈。」○正義曰：「敬天之怒」，詩板篇文。爾雅釋詁：「迅，疾也。」此常訓。釋天云：「疾雷爲霆。」注云：「雷之急激者謂霹靂。」說文云：「雷，陰陽薄動，雷雨生物者也。」烈，火猛也。方言：「烈，暴也。」「迅」、「烈」二文本通稱，故注互言之，曰「風疾雷爲烈」也。玉藻云：「若有疾風迅雷甚雨，則必變，雖夜必興，衣服冠而坐。」

24 **升車，必正立，執綏。**【注】周曰：「必正立執綏，所以爲安也。」

注：「必正立執綏，所以爲安也。」○正義曰：升者，登也。凡升車，皆自車後。曲禮云：「僕展軨效駕，奮衣由右上。」言僕由右上，則凡乘車者，當由左可知。「正立」者，正身而立，不必皆四正也。曲禮又云：「君出就車，僕并轡授綏。」疏云：「綏有二：一是正綏，儗君之升；一是副綏，儗僕右之升。」說文：「綏，車中把也。」「把」與「靶」同。綏繫於車中，人將升車，援之以上。所以執綏者，防有攀陟傾跌，故注云「所以爲安也」。崔駰車左銘：「正位受綏，車中內顧。」「正位」卽正立。言「受綏」者，謂自僕手受綏而執之也。升車在左，故於車左銘之。賈子容經：「立乘以經立之容，左持綏而左臂詘。」是其儀也。陳祥道禮書：「其既登也，正立執綏。」引左傳「范鞅逆魏舒，請驂乘而持帶」爲證。案：此言「升車」，下文別言「車中」，則正立執綏非在既升後矣。陳說似是而非。**車中，不內顧，不疾言，不親指。**【注】包曰：「車中不內顧者，前視不過衡軛，傍視不過輢

轂。」正義曰：鄭注云：「魯讀『車中內顧』，今從古。」案：鄭從古作「不內顧」，與下二句一例。漢成帝紀贊引此文，亦用古論。白虎通車旂篇：「車中不內顧者何？仰即觀天，俯即察地，前聞和鸞之聲，旁見四方之運，此車教之道。」亦古論說。皇疏：「內猶後也。顧，迴顧也。升在車上，不迴頭內顧也。所以然者，後人從己，不能常正，若轉顧見之，則掩人私不備，非大德之所爲，故不爲也。故衛瓘曰：『不掩人之不備也。』」又云：「疾，高急也。在車上言易高，故不疾言，爲驚於人也。故繆協云：『車行則言傷疾也。』車上既高，亦不得手有所親指點，爲惑下人也。」案：「親」字義不可解。曲禮云：「車上不妄指。」「親」疑即「妄」字之誤。鄭彼注云：「爲惑衆。」蓋人在車上，若無事，虛以手指麾於四方，是惑衆也。○注「車中」至「輢轂」。○正義曰：皇本作「輿中」，云：「車牀名輿。」釋文本亦作「輿中」。江氏永圖考曰：「按車輿之制，前與左右皆有板，而缺其後以升下，則與今之後襠車略同。」按包氏是魯論，當作「內顧」，無「不」字。盧氏文弨鍾山札記：「文選張平子東京賦云：『夫君人者，黈纊塞耳，車中內顧。』李善引魯論語及崔駰車左銘『車中內顧』以爲注，正以魯論語作『內顧』，與此合也。乃刻本於賦及注俱增『不』字，此但知今所讀之本，而不知魯論語之本無『不』字也。崔駰銘有三章。其車右銘云：『箴闕旅賁，內顧自勑。』車後銘云：『望衡顧轂，允慎兹容。』段若膺云：『覩此二章，益可證車左銘之爲「內顧」矣。』」又案：漢書成帝紀贊：「升車正立，不內顧。」顏師古注云：「今論語云『車中內顧』。內顧者，說者以爲前視不過衡軛，旁視不過輢轂，與此不同。」然則師古所見之論語，亦無「不」字。說者云云，乃包咸注，是包亦依魯論爲說也。包氏慎言溫故錄：「風俗通過譽云：『升車，必正立，執綏，內顧。不掩不備，不見人短。』亦魯論說，今本亦多『不』字。」案：車後銘「望衡顧轂」，即此注之義。東京賦以「黈纊塞耳，車中內顧」，相比爲辭，正是收視反聽之義。集解用包注，而後人妄增「不」字，經注兩不相合，可謂謬矣。又漢書成帝紀贊注引魯論「内顧」，今本亦妄增「不」字。皇疏中注云：「衡軛，轅端也。若前視，不得遠，故曲禮云『立視五嶲』。五嶲，九丈九尺地也。式視馬尾，馬尾近在車牀欄間也。並是不過衡軛之類也。旁謂兩邊也。輢豎在車箱兩邊，三分居前之一，承較者也。轂在箱外，當人兩邊，故云『旁視不過輢轂』也。」邢疏：「曲禮云：『立視五嶲，式視馬尾，顧不過轂。』注云：『立，平視也。嶲，猶規也，謂輪轉之度。』案：車輪一周爲一規，乘車之輪，高六尺六寸，徑一圍三，三六十八，得一丈九尺八寸。五規爲九十九尺，六尺爲步，總爲十六步半，則在車上得視前十六步半也。而此注云『前視不過衡軛』者，禮言中人之制，此言聖人之行，前視不過衡軛耳。」案：邢疏本於曲禮孔疏。陸佃埤雅云：「乘車之輪，六尺有六寸。」五六三十，積尺爲三丈，積寸爲三尺。則五嶲之袤，三丈三尺。荀子：「立視前六尺而大之，六六三十六，三丈六尺。」即此是也。按：荀子說見大略篇。楊倞注以爲「臣於君前視法」，殆未然。五嶲之度三丈三尺，則此注所謂「前視不過衡軛」也。埤雅又云：「國馬之衡，高八尺有七寸；田馬之衡，高七尺有七寸；駑馬之衡，高六尺有七寸。」以中言之，衡高七尺七寸，人長八尺，則高與人目略平，故曰「前有錯衡，所以養目也」。所謂衡視也，國君綏視，言「俯不下于帶」；大夫衡視，則言「仰不上于面」。互相備也。

25 色斯舉矣，【注】馬曰：「見顔色不善，則去之。」翔而後集。【注】周曰：「迴翔審觀而後下止。」

正義曰：此二句先經起義，乃記者之辭。泛說羣鳥，不專指雌雉言。王氏瀣正義引真德秀說：「色斯舉矣，去之速也。翔而後集，就之遲也。古人所謂『三揖而進，一辭而退』，雖相見聚會之間，猶謹諸此。」案：真說即君子難進易退之義。○注：「見顔色不善，則去之。」○正義曰：「色」謂人色。色有不善，則鳥見之而飛去也。人去危就安，亦如此。王氏引之經傳釋詞：

「色斯者，狀鳥舉之疾也。色斯，猶色然，驚飛貌也。呂氏春秋審應篇：『蓋聞君子猶鳥也，駭則舉。』哀六年公羊傳曰：『諸大夫見之，皆色然而駭。』何注曰：『色然，驚駭貌。』義與此相近也。漢人多以『色斯』二字連讀，論衡定賢篇：『大賢之涉世也，翔而有集，色斯而舉。』議郎元賓碑：『翻翯色斯。』竹邑侯相張壽碑：『君常懷色舉，遂用高逝。』堂邑令費鳳碑：『色斯輕翔，翻然高絜。』費鳳別碑：『功成事就，色斯高舉。』」案：王說亦通。○注：「迴翔審觀而後下止。」○正義曰：說文：「翔，回飛也。」釋名釋言語：「翔，佯也，言彷徉也。」曲禮鄭注：「行而張拱曰翔。」注以迴翔即是審觀，故增成其義。說文又云：「雧，羣鳥在木上也。」集，雧或省，引申爲凡鳥所止處之稱，故注訓「下止」。曰：「山梁雌雉，時哉時哉！」子路共之，三嗅而作。【注】言山梁雌雉得其時，而人不得其時，故歎之。子路以其時物，故共具之，非本意，不苟食，故三嗅而作起也。

正義曰：釋文：「山梁，音良。鄭云：『孔子山行，見雉食粱粟也。』」是鄭以「梁」爲「粱」。淮南齊俗訓：「芻豢黍梁。」素問生氣通天論：「膏梁之變。」又通評虛實論：「高梁之疾。」王砅注並云：「梁，粱也。」是「梁」亦通「粱」。集解不釋「山梁」之義，與鄭同異不可知。今解者多爲橋梁，其說亦通。說文云：「梁，水橋也。橋，水梁也。」山梁則山澗中橋，以通人行也。「雌雉」者，說文云：「雌，鳥母也。」對雄爲鳥父言之。雉者，野鳥。爾雅、說文具載其名。釋文云：「時哉，一本作『時哉時哉』。」皇、邢疏述經俱兩言「時哉」。阮氏元校勘記：「後漢書班固傳注、太平御覽九百十七並引此文，『時哉』二字不重。」則今本重者，乃釋文所載一本也。釋文又云：「共，本又作供。」皇本作「供」。藝文類聚鳥部上、太平御覽羽族部並引作「拱」。案：作「拱」是也。呂氏春秋審己篇：「故子路揜雉而復釋之。」高誘注：「所得者小，不欲夭物，故復釋之。」「揜」即是「拱」。爾雅釋詁：「拱，執也。」意者雉正倦飛，子路揜而執之，此亦隨意之樂趣，而旋即釋之，於是雌雉駭然驚顧，遂振迅而起也。集注云：「劉聘君曰：『嗅，當作狊，古闃反，張兩翅也。見爾雅。』」考爾雅釋獸云：「獸曰釁，人曰撟，魚曰須，鳥曰狊。」並動走之名。「狊」字從目從犬，說文訓「犬視」，亦驚顧之意。其字與「臭」相似，故相沿譌爲「臭」。唐石經「臭」字左旁加口作「嗅」，則後人所改。五經文字此字尚作「臭」也。然玉篇已引作「齅」，「齅」卽「嗅」正字。集注引石經又作「戞」。錢氏大昕養新録以爲「孟蜀刻字經三寫，不能無誤」，其信然矣。劉氏逢禄述何篇：「孟子曰：『可以仕則仕，可以止則止，可以久則久，可以速則速，聖之時者也。』鄉黨篇孔子言行皆準乎禮，而歸之時中，禮以時爲大也。」○注「子路」至「起也」。○正義曰：皇疏云：「子路不達孔子『時哉』之嘆，而謂嘆雌雉是時月之味，故馳逐驅拍，遂得雌雉，煮熟而進，以供養孔子。嗅謂鼻歆翕其氣也。」焦氏循補疏：「荀子禮論云：『利爵之不醮也，成事之俎不嘗也，三臭之不食也，一也。』何注本此。」案：說文：「齅，以鼻就臭也。从鼻从臭，臭亦聲。」說文無「嗅」字，「嗅」卽「齅」別體。

論語正義卷十四

先進第十一　集解

凡二十三章　正義曰：皇、邢本皆二十四章，釋文從鄭氏，以德行章合上「從我於陳蔡」爲一章。然集解本各自爲章，故不引鄭說，則此所云「二十三章」三字，當爲陸所改也。又釋文於回也章云「或別爲章，今所不用」，亦是依集解，故不用或說。朱子集注則德行章、回也章、論篤章皆別章，凡二十六章。

1 子曰：「先進於禮樂，野人也；後進於禮樂，君子也。【注】包曰：「先進、後進，謂仕先後輩。禮樂因世損益，後進與禮樂俱得時之中，斯君子矣。先進有古風，斯野人也。」如用之，則吾從先進。」【注】將移風易俗歸之純素，先進猶近古風，故從之。

正義曰：鄭注云：「先進後進，謂學也。野人，粗略也。」鄭此注文不備，莫由知其義。愚謂此篇皆說弟子言行，先進後進，即指弟子。大戴禮衞將軍文子篇：「吾聞夫子之施教也，先以詩。」〔一〕盧辯注引此

〔一〕「詩」下原衍「世」字，據大戴禮記解詁刪。

文，則「先進後進」，皆謂弟子受夫子所施之教，進學於此也。禮王制云：「樂正崇四術，立四教，順先王詩書禮樂以造士，春秋教以禮樂，冬夏教以詩書。王大子，王子，羣后之大子，卿、大夫、元士之適子，國之俊選，皆造焉。凡入學以齒，大樂正論造士之秀者，以告于王，而升諸司馬，曰進士。司馬辨論官材，論進士之賢者，以告於王，而定其論。論定然後官之，任官然後爵之，位定然後祿之。」尚書大傳：「古之帝王者，必立大學小學，使王大子，王子，羣后之子，以至公、卿、大夫、元士之適子，十有三年使入小學，見小節焉，踐小義焉。年二十入大學，見大節焉，踐大義焉。小師取小學之賢者，登之大學；大師取大學之賢者，登之天子，天子以爲左右。」是古用人之法，皆令先習禮樂而後出仕，子產所云「學而後入政」者也。其國之俊選，不嫌有卑賤，故王大子等入學皆以齒，所謂「天子元子視士」者也。夫子以先進於禮樂爲野人，野人者，凡民未有爵祿之稱也。春秋時，選舉之法廢，卿大夫皆世爵祿，皆未嘗學問。及服官之後，其賢者則思爲禮樂之事，故其時後進於禮樂爲君子。君子者，卿大夫之稱也。觀子路問成人，夫子荅以臧武仲、孟公綽、卞莊子、冉求諸人，又云：「文之以禮樂，可爲成人。」此四人先已出仕，若文以禮樂，則亦後進於禮樂之君子也。夫子弟子，多是未學，故亟亟以禮樂教之。所云「興於詩，立於禮，成於樂」，即是從先進。而冉求則以「禮樂顧俟君子」，子路且以「有民人社稷，何必讀書乃爲學」？讀書者，讀禮樂之書也。當時子路、冉有皆已仕，未遑禮樂，而夫子以禮樂爲重，故欲從先進，變當時世爵祿之法，從古選舉正制也。用之謂用其人也。後進於禮樂，雖亦賢者，然朝廷用人，當依正制，且慮有不肖濫入仕途也。此章之義，沈薶千載，自盧辯戴記注發之，而後人莫之能省。至邢疏但知先進後進指弟子，而以進爲仕進，以從先進爲歸淳素，猶依注說爲之。宋氏翔鳳發微謂「先進，爲士民有德者；登進，爲卿大夫自野升朝之人；後進，謂諸侯卿大夫皆世爵祿，生而富貴，以爲民上，是謂君子」。說皆得之。但以進爲仕進，先進爲殷法，先進、後進俱不兼弟子，尚未爲是。故略本諸義，別爲釋之。○注「先進」至「人也」。○正義曰：以「先進、後進爲仕先後輩」者，王制言「大樂正論造士之秀者，以告于王，曰進士」，孟子言「治則進」，是進有仕義。管子宙合云：「是故聖人傳之簡筴，傳以告後進。」又云：「故傳之簡筴，傳以告後世人。」是先進、後進謂人之先後仕者也。言「輩」者，非一之辭。「禮樂因世損益」者，禮樂隨風俗爲盛衰。故質勝當救之以文，文勝當救之以質。是於文質二者之中，或損或益也。「後進與禮樂俱得時之中」者，「與」卽「於」字之誤。言夫子稱後進爲君子，是其禮樂俱能因世損益，得時之中也。邢疏申此注，謂「先進當襄、昭之世，後進當定、哀之世」，皆謂夫子同時人。案：夫子論文質甚貴時中，故曰：「質勝文則野，文勝質則史。文質彬彬，然後君子。」又言「周監於二代，郁郁乎文哉，吾從周」。此文亦是得中之文，其有爲尚質之論，皆是救時之法。如奢儉易戚，俱爲失禮，夫子則寧從儉從戚，亦以二者俱不得中，故寧從質勝，不從文勝也。若顯然舉一中道，稱爲君子，而不欲從之，則與平時所稱爲「彬彬」，所稱爲「從周」者不合。下篇棘子成欲棄文從質，子貢卽深斥之，若如此注所云，則夫子正與棘子成同見，而奚其可哉？

2 子曰：「從我於陳、蔡者，皆不及門也。」【注】鄭曰：「言弟子之從我而厄於陳、蔡者，皆不及仕進之門，而失其所。」

正義曰：陳、蔡之厄，史記孔子世家敍於吳伐陳，楚救陳，軍於城父後，在魯哀六年。朱子據論語，以爲自衞如陳，在魯哀二年。江氏永鄉黨圖考以爲在魯哀四年。其言曰：「孟子云『君子之厄於陳、蔡之閒』，言『閒』者，兩地相接之處。陳卽今陳州府。蔡始封在今汝寧之上蔡縣，其後平侯徙汝寧之新蔡縣，皆與陳相近。新蔡在陳南，夫子哀二年至陳，若非適蔡，則不得至陳、蔡之間。哀二年十二月，蔡昭侯畏楚，遷於吳之州來，州來之蔡城在今鳳陽府壽州北三十里，與陳相距，中間隔絕，亦不得言陳、蔡之間也。然則絕糧陳、蔡之間，當在哀四年，自陳適蔡時，指故地上蔡言之耳。蔡既遷，則故蔡地皆屬於楚。是時楚昭王賢，葉公又賢，夫子欲用楚，故如蔡如葉。按四年傳云：『楚左司馬販、申公壽餘、葉公諸梁致蔡於負函。』〔一〕十六年傳云：『葉公在蔡。』蓋故蔡邑，葉公兼治之。夫子自陳如蔡，就葉公耳，與蔡國無涉也。」今案：江說甚覈，然史記亦自可從。先從叔丹徒君經傳小記：「爾雅、淮南有州黎丘注：『今在壽春縣。』案鹽鐵論『孔子能方不能圓，故饑於黎丘』。哀公二年『蔡遷於州來』。四年，孔子自陳適蔡。三歲，吳伐陳，楚救陳，軍於城父，使人聘孔子，於是絕糧陳、蔡之間。鹽鐵論所謂『黎丘』，蓋即州黎之丘也。此直從史記在六年。而陳、蔡之間，據新遷之蔡言，蓋其地距陳雖遠，然中間無他國相隔，則亦爲陳、蔡之間矣。」當時從遊弟子，據世家有顏淵、子貢、子路，弟子列傳有子張，呂氏春秋愼人篇有宰予，此外皆無考。鄭氏以下章「德行」云云，合此爲一章。然冉有於魯哀三年爲季康子所召，不應於此年復有一冉有從夫子也。尤氏侗艮齋雜說引陳善辨曰：「陳、蔡從者，豈止十人，患難之時，何必分列四科乎？」斯知鄭說未敢從也。」「皆不及門也」，皇本「門」下有「者」字。○注「言弟」至「其所」。○正義曰：孔門弟子無仕陳、蔡者，故注以爲「不及仕進之門」。孟子云：「君子之厄於陳、蔡之間，無上下之交也。」無上下之交，即此注云「不及門」也。孔子世家言「匡人拘孔子，孔子使從者爲寧武子臣於衞，然後得去」。雖寧武子非孔子同時人，然必有從者臣衞之事，誤以屬之寧武子耳。及陳、蔡之厄，孔子亦使子貢如楚，楚昭王興師迎孔子，然後免。又檀弓言「夫子將之荆，先之以子夏，申之以冉有」，可知夫子

〔一〕「蔡」原誤作「葉」，據左傳改。

周遊，亦賴羣弟子仕進，得以維護之。今未有弟子仕陳、蔡，故致此困厄也。焦氏循補疏申此注云：「堯典『闢四門』，鄭氏注云：『卿士之職，使爲己出政教於天下。言四門者，亦因卿士之私朝在國門，魯有東門襄仲，宋有桐門右師。』是後之取法於前也。鄭以門爲卿士之門，則及門者，謂仕於卿大夫之私朝也。周禮大司馬：『辨名號之用，帥以門名。』注云：『帥，軍將。以門名者，所被徽識，如其在門所樹者也。軍將皆命卿。古者軍將蓋爲營治於國門，魯有東門襄仲，宋有桐門右師，皆上卿爲軍將者也。』春官小宗伯：『掌三族之別，以辨親疏，其正室皆謂之門子，掌其政令。』注云：『正室，適子也，將代父當門者也。』襄九年：『鄭六卿及其大夫門子，皆從鄭伯。』注云：『門子，卿之適子。』卿之子稱門子，是卿以門名。卿當門，以門名，適子代父當門，則稱門子。其仕于卿大夫之門，謂之及門矣。」

3 德行：顏淵，閔子騫，冉伯牛，仲弓。言語：宰我，子貢。政事：冉有，季路。文學：子游，子夏。

正義曰：釋文云：「鄭云『以合前章』。」盧氏文弨考證曰：「鄭云當作鄭氏。」案：鄭氏非辨見前疏。皇疏云：「此章初無『子曰』者，是記者所書並從孔子印可而録在論中也。」史記仲尼弟子列傳：「孔子曰：『受業身通者，七十有七人。』皆異能之士也。德行：顏淵，閔子騫，冉伯牛，仲弓。政事：冉有，季路。言語：宰我，子貢。文學：子游，子夏。」是此四科爲夫子平時所論列，不必在從陳、蔡時。弟子傳先「政事」於「言語」，當出古論。周官師氏注云：「德行，內外之稱。在心爲德，施之爲行。」顏子好學，於聖道未達一間；閔子騫孝格其親，不仕大夫，不食汚君之禄；仲弓可使南面，荀子以與孔子並稱。冉伯牛事無考，觀其有疾，夫子深歎惜之。此四子，爲德行之選也。孟子公孫丑篇：「宰我、子貢善爲説辭，冉伯牛、閔子善言德行，孔子兼之。曰：『我於辭命，則不能也。』」是言語以辭命爲重。毛詩定之方中傳：「故建邦能命龜，田能施命，作器能銘，使能造命，升高能賦，師旅能誓，山川能説，喪紀能誄，祭祀能語。」此九者，皆是辭命，亦皆是言語。皇疏引范寧曰：「言語，謂賓主相對之辭也。」范以當時最重邦交，故言語當指此事，亦是舉彼一端，以例其餘。弟子列傳「宰予利口辨辭，子貢利口巧辭」，是宰我、子貢爲言語之選也。夫子言「求也藝，由也果，可使從政」，是冉有、季路爲政事之選也。沈氏德潛吳公祠堂記曰：「子游之文學，以習禮自見。今讀檀弓上、下二篇，當時公卿大夫士庶，凡議禮弗決者，必得子游之言以爲重輕。故自論『小斂户內，大斂東階』，以曁『陶』、『詠』、『猶』、『無』諸節，其間共一十有四，而其不足於人者，惟縣子『汰哉叔氏』一言，則其畢生之合禮可知矣。」朱氏彝尊文水縣卜子祠堂記曰：「徐防之言，詩書禮樂，定自孔子；發明章句，始於子夏。蓋自六經删述之後，詩、易俱傳自子夏，夫子又稱其可與言詩，儀禮則有喪服傳一篇。又嘗與魏文侯言樂，鄭康成謂『論語爲仲弓、子夏所撰』。特春秋之作，不贊一辭，夫子則曰春秋屬商。其後公羊、穀梁二子，皆子夏之門人。蓋文章可得而聞者，子夏無不傳之。文章傳，性與天道亦傳，是則子夏之功大矣。」由沈、朱二文觀之，是子游、子夏爲文學之選也。皇疏引王弼曰：「此四科者，各舉其才長也。」又曰：「弟子才不徒十，蓋舉其美者，以表業分名，其餘各以所長從四科之品也。」案：王説是也。徐幹中論智行篇：「人之行，莫大於孝，莫顯於清。曾參之孝，有虞不能易。原憲之清，伯夷不能閒。然不得與游、夏列在四行之科，以其才不如也。」此則故爲苛論，不免以辭害義矣。

4 子曰：「回也非助我者也，於吾言無所不説。」【注】孔曰：「助，益也。言回聞言卽解，無可起發增益於己。」注「助益」至「於己」。○正義曰：爾雅釋詁：「助，勴也。勴，佐助也。」說文：「助，左也。」「左」卽「佐」。此訓益者，引申之義。教學本是相長，故夫子言子夏爲起予，正以質疑問難，義益可明也。「說」如「說釋」之「說」。曾子立事云：「問而不決，承問觀色而復之，雖不說，亦不彊争也。」「不說」猶言不解。學記云「相說而解」，此注云「聞言卽解」，亦以「解」訓「說」也。徐幹中論智行篇：「仲尼亦奇顏淵之有盛才也，故曰『回也，非助我者也，於吾言無所不說。』顏淵達於聖人之情，故無窮難之辭。是以能獨獲亹亹之譽，爲七十子之冠。」

5 子曰：「孝哉閔子騫！人不間於其父母、昆弟之言。」【注】陳曰：「言子騫上事父母，下順兄弟，動靜盡善，故人不得有非間之言。」

正義曰：閔子稱字者，夫子述時人所稱也。「昆」者，毛詩葛藟傳：「昆，兄也。」爾雅釋親：「晜，兄也。」說文：「周人謂兄曰晜。從弟。」「晜」是本字，「昆」是隸省，「昆」則音近假借也。亢倉子順道篇：「閔子騫問孝於仲尼，退而事之於家，三年，人無間於父母、昆弟之言。」○注「言子」至「之言」。○正義曰：焦氏循補疏：「漢書杜鄴傳舉方正，對曰：『昔曾子問從令之義，孔子曰：「是何言與？」善閔子騫守禮不苟，從親所行，無非禮者，故無可間也。』後漢范升傳升奏記王邑曰：『升聞子以人不間於其父母爲孝，臣以下不非其君上爲忠。』又云：『知而從令，則過大矣。』二者皆引爲從令之證。蓋以從令而致親於不義，則人必有非間其父母昆弟之言。惟不苟於從令，務使親所行均合於義，人乃無非間其親之言，是乃得爲孝。然則閔子之孝，在人無間於其父母昆弟之言。人所以無間於其父母昆弟之言者，以其不苟從令也。陳注『動靜盡善』，或卽指此。」藝文類聚孝部引說苑云：『閔子騫兄弟二人，母死，其父更娶，復有二子。子騫爲其父御車，失轡，父持其手，衣甚單。父則歸呼其後母兒，持其手，衣甚厚溫，卽謂其婦曰：「吾所以娶汝，乃爲吾子，今汝欺我，去無留。」子騫曰：「母在一子單，母去四子寒。」其父默然。故曰：「孝哉閔子騫！」一言其母還，再言三子溫。』依此事，閔子不從父令，則後母不遣，是其上事父母，兩弟溫煖無慍心。而恐母遣而兩弟寒，是下順兄弟，於是父感之，其後母與兩弟亦感之可知。則此一不從父令而諫，一家孝友克全，尤非尋常不苟從令可比。孔子稱其孝，兼言兄弟，正指此事，是所謂『動靜盡善』也。閔子之孝，不啻大舜之乂不格姦。若恭世子不肯傷公之心，不言志而死，非可言孝也。不字作無字解，自明人無非閒之言，不是無非閒閔子之言，乃無非閒其父母昆弟之言也。」今案：論衡知實篇：「孔子曰：『孝哉閔子騫！人不閒於其父母昆弟之言。』虞舜大聖，隱藏骨肉之過，〔一〕宜愈子騫。瞽叟與象，使舜治廩浚井，意欲殺舜。舜當見殺己之情，早諫豫止，既無如何，宜避不行，何故使父與弟得成殺己之惡，使人閒非父弟，萬世不滅？」是漢世說此文，皆謂人不非其父母昆弟爲孝。陳君此注，義正然也。韓詩外傳載此事云：「母悔改之後，至均平，遂成慈母。」可爲焦說取證。

6 **南容三復白圭，**【注】孔曰：「詩云：『白圭之玷，尚可磨也；斯言之玷，不可爲也。』南容讀詩至此，三反覆之，是其心愼言也。」**孔子以其兄之子妻之。**　正義曰：古人言數之多，自三始，故此稱「三復」也。仲尼弟子列傳「三復白圭之玷」，多「之玷」二字，當出古論。大戴禮衞將軍文子篇：「獨居思仁，公言言義，其聞詩也，一日三復白圭之玷，是

〔一〕「過」原誤作「道」，據論衡改。

南宮縚之行也。夫子信其仁，以爲異姓。」盧辯注：「謂以兄之子妻之也。」言「一日三復」者，猶子路終身誦之也。張栻論語解：「謹言如此，則謹行可知。」○注「詩云」至「言也」。○正義曰：稱「詩云」者，大雅抑篇文。毛傳云：「玷，缺也。」說文：「㓠，缺也。從刀，占聲。詩曰『白圭之㓠。』」義與毛同。今詩叚「玷」爲「㓠」，「玷」訓玉有瑕，不訓缺也。「不可爲」者，「爲」，治也。南容一日三復此四語，而注云「讀詩至此，三反覆之」者，是據初讀時言，其後遂日誦以爲戒也。

7 季康子問：「弟子孰爲好學？」孔子對曰：「有顏回者好學，不幸短命死矣，今也則亡。」

正義曰：釋文云：「康子問弟子，一本作季康子，鄭本同。」案：皇、邢本皆有「季」字。又皇本「今也則亡」下，有「未聞好學者」五字。皇疏：「此與哀公問同。而答異者，舊有二通：一云緣哀公有遷怒貳過之事，故孔子因答以箴之也。康子無此事，故不煩言也。又一云哀公是君之尊，故須具答。而康子是臣爲卑，故略以相酬也。」案：疏後說是。大戴禮虞戴德云：「子曰：『丘於君唯無言，言必盡，於他人則否。』」是其證。

8 顏淵死，顏路請子之車以爲之椁。【注】孔曰：「路，顏淵父也。家貧，欲請孔子之車，賣以作椁。」子曰：「才不才，亦各言其子也。鯉也死，有棺而無椁。吾不徒行以爲之椁，以吾從大夫之後，不可徒行也。」【注】孔曰：「鯉，孔子之子伯魚也。孔子時爲大夫，言『從大夫之後，不可以徒行』，謙辭也。」

正義曰：顏子卒年，據公羊傳及史記孔子世家，當在子路之死及獲麟之前，故江氏永聖蹟表載於哀十三年，時夫子年七十一也。說詳雍也篇疏。「以爲之椁」，高麗本、足利本無此四字。阮氏元校勘記曰：「釋文至下文『無椁』始作音，是陸氏所據本亦無此四字也。」說文云：「椁，有木亭也。從木，𩫏聲。」今論語皇本作「槨」，與「椁」一字。白虎通崩薨篇：「所以有棺槨何？所以掩藏形惡也。槨之爲言廓，所以開廓辟土，無令迫棺也。」據喪大記，士有雜木椁。但顏子家貧，不能備椁，故顏路爲之請耳。「才」謂顏子，「不才」謂伯魚。史記世家云：「伯魚年五十，先孔子死。」家語本姓解云：「孔子年十九，娶宋之亓官氏，生伯魚。」則伯魚之生，夫子年正二十二、三，爲昭十一、十二年，其死當在哀公十一年，夫子年六十九。江氏永聖蹟表差後一年。五經異義：「臣子先死，君父猶名之。孔子曰：『鯉也死。』是已死稱名。左氏說既沒，稱字而不名。桓二年，『宋督弒其君與夷，及其大夫孔父。』先君死，故稱其字。穀梁同左氏說。謹案：論語稱『鯉也死』，時實未死，假言死。」從左氏、穀梁說。「玄之聞也，論語云『鯉也死，有棺而無椁』。死是實未葬前也。設言死，凡人於恩猶不然，況賢聖乎？」案：鄭駁是也。許君必謂鯉死爲設言者，意以史記言「顏淵少孔子三十歲，至二十九歲，髮盡白，蚤死」。又列子、淮南子皆以顏子夭死。而伯魚之死，年已五十。則鯉死應在顏子之後。不知史記言「顏子少孔子三十歲」，前人謂「三十」爲「四十」之譌，而列子、淮南皆傳聞之誤，本不爲據。鯉死既在顏子前，則論語非爲設言可知。「棺」者，白虎通崩薨篇：「棺之爲言完，所以藏尸令完全也。」說文：「棺，關也，所以掩尸。」「有棺無椁」，亦因貧之故，所謂「有其禮無其財，君子弗行」者也。「徒」，說文：「𧺆，步行也。」今經傳皆作「徒」。易賁初九「舍車而徒」，詩黍苗「我徒我輦」，皆謂步行也。「吾不徒行以爲之椁」，言未嘗賣車以爲椁也。孔子初仕魯爲大夫，及去位，從士禮，其後魯人以幣召孔子歸，自必復其爵而不居位，若大夫致仕者然，故但從大夫之後。孔子世家所以言「魯終不能用孔子」也。魯語：「吳子使來好聘，發幣於大夫，及仲尼。」亦以孔子時從大夫後矣。既從大夫之後，與聞國政，故畜有馬乘，不得徒行。王制云「君子耆老不徒行」是也。案：顏路請子之車以爲椁，不嫌於自請者，公羊隱元年傳「喪事有賵，賵者，蓋以乘馬束帛。車馬曰賵。」是賵喪之禮，本有車馬，故夫子於舊館人之喪，說驂以贈。今此顏子死，夫子必亦有賵，而顏路復請子之車以爲椁，哀痛迫切，不追計及於禮之當否，且知夫子於顏淵誼厚，不妨以情告也。趙岐孟子公孫丑章句：「禮，喪事不外求，不可稱貸而爲悅也。」周官宰夫注：「凡喪，始死，弔而含襚，葬而賵贈，其間加恩厚，則有賻焉。春秋譏武氏子來求賻。」賈疏云：「隱公三年公羊文云『喪事無求，求賻非禮』。何休云：『禮本爲有財者制，有則送之，無則致哀而已，不當求，求則皇皇傷孝子心。』『蓋通於下』，何休云：『爾者嫌天子財多，不當求下，財少可求，故明皆不當求。』顏路請子之車，孔子不與，亦是不合求，故抑之也。」由賈此言，顏路請車，禮有未合，夫子以其哀迫，不欲深責，而但婉言告之。至以鯉死爲比，則亦視顏子猶子矣。皇本「吾不」下有「可」字，「不可」上有「吾以」二字，「徒行」下無「也」字。○注「路顏」至「作椁」。○正義曰：鄭注云：「欲得賣之，以爲顏淵作椁也。顏路，顏回之父。」此僞孔所襲。弟子列傳：「顏無繇字路。路者，顏回父，父子嘗各異時事孔子。」索隱曰：「家語『顏由字路。孔子始教於闕里而受學焉。少孔子六歲』。」○注「鯉孔」至「辭也」。○正義曰：鄭注云：「鯉，孔子之子伯魚也。」此僞孔所襲。家語本姓解云：「魚之生也，魯昭公以鯉魚賜，孔子榮君之貺，故因以名鯉而字伯魚。」案：顏子卒時，夫子久不居位，而注云「時爲大夫，謙言從大夫之後」，顯然謬誤，其爲僞託無疑。

9 顏淵死，子曰：「噫！【注】包曰：「噫，痛傷之聲。」天喪予！天喪予！」【注】「天喪予」者，若喪己也；

再言之者，痛惜之甚。　正義曰：漢書董仲舒傳贊：「劉歆以爲伊、呂乃聖人之耦，王者不得則不興。故顏淵死，孔子曰：『噫！天喪余。』唯此一人爲能當之，自宰我、子贛、子游、子夏不與焉。」顏師古注：「言失其輔佐也。」蓋天生聖人，必有賢才爲之輔佐。今天生德於夫子，復生顏子爲聖人之耦，並不見用於世，而顏子不幸短命死矣，此亦天亡夫子之徵，故曰「天喪予」。○注：「噫，痛傷之聲。」○正義曰：何休公羊傳注：「噫，咄嗟貌。」詩噫嘻傳：「噫，歎也。」

10 顏淵死，子哭之慟。【注】馬曰：「慟，哀過也。」從者曰：「子慟矣！」曰：「有慟乎？【注】孔曰：「不自知己之悲哀過。」非夫人之爲慟而誰爲？」　正義曰：皇疏云：「孔子往顏家哭之也。從者，謂諸弟子。隨孔子往顏淵家，有見孔子哀甚，故云子慟矣。」案：皇本「曰有慟乎」，「曰」上有「子」字。又「誰爲」下有「慟」字。○注：「慟，哀過也。」○正義曰：說文無「慟」字，漢碑多作「恫」，「恫」當卽「慟」省。鄭注云：「慟，變動容貌。」亦以「慟」字從動得義，此卽是哀過，鄭與馬不異也。

11 顏淵死，門人欲厚葬之。子曰：「不可。」【注】禮，貧富各有宜。顏淵家貧，而門人欲厚葬之，故不聽。門人厚葬之。子曰：「回也視予猶父也，予不得視猶子也，非我也，夫二三子也。」【注】馬曰：「言回自有父，父意欲聽門人厚葬，我不得割止，非其厚葬，故云耳。」　正義曰：「厚葬」者，謂凡葬事求豐備也。晉語欒共子云：「成聞之：民生於三，事之如一。父生之，師教之，君食之。」顏子事夫子猶父，故曰「子在，回何敢死」？則同於父母在，不許友以死之義也。史記弟子傳夫子言「自吾得回，門人日親」，及夫子沒，門人心喪三年，若喪父而無服，則皆同顏子事夫子猶父矣。然夫子喪顏子，若喪子而無服，是亦視回猶子，惟不能止門人之厚葬，終心自歉，故深責二三子也。唐石經初刻「猶子」下「也」字作「曰」。○注「言回」至「云耳」。○正義曰：鄭注：「顏路欲聽門人厚葬之。」同馬義。吳氏嘉賓說：「喪具稱家之有無，然而禮有賻喪者，賻之亦惟其稱焉耳。使顏子死無附身以斂，無附棺以爲葬，師與友說驂竭財以助之可也，是非得已也。有棺而無槨，有葬而爲之厚葬，則非也，以其得已也。君子所以受於人者，義如此，必不得已而後受，苟可以已而已，故曰『周之亦可受也，免死而已矣』。夫子之視顏子，視之猶其生也。彼門人者，以其生之所不受者而與之，是死之也。故曰『君子之愛人也以德，小人之愛人也以姑息』。」

12 季路問事鬼神。子曰：「未能事人，焉能事鬼？」「敢問死？」曰：「未知生，焉知死？」【注】陳曰：「鬼神及死事難明，語之無益，故不答。」　正義曰：「事人」，若子事父、臣事君是也。「焉能事鬼」，言「鬼」則神可知，或以「事鬼」下脫「神」字，非也。趙氏佑溫故錄：「禮有五經，莫重於祭。古之所爲事鬼神者，嘗無不至，則子路之問，不爲不切。夫先王之事鬼神，莫非由事人而推之，故生則盡養，死則盡享。惟聖人爲能饗帝，惟孝子爲能享親。云『事鬼也，莫非教天下之事人也』，『吾未見孝友不敦於父兄，而愛敬能達乎宗廟者也』，則盡乎事鬼神之義矣。進而問死，欲知處死之道也。人有所當死，有所不當死，死非季路所難，莫難乎其知之明，處之當，然而死非可預期之事，故爲反其所自生。君子之窮理盡性，以至於命，歸於得正而斃，其不敢以父母之身行殆，不敢以匹夫之諒爲名者，皆惟其知生。敬吾生，故重吾死也。否則生無以立命，死適爲大愚而已，則盡乎知死之義矣。子嘗言之矣：『務民之義』，即所以事人；『敬鬼神而遠之』，卽所以事鬼也。夫孝者，善繼人之志，善述人之事。『事死如事生，事亡如事存』，孝之至也，所謂『能事人』、『能事鬼』也。『人之生也直，罔之生也幸而免』，所以教知生；『志士仁人，無求生以害仁，有殺身以成仁』，所以教知死也。孟子曰：『知命者不立乎巖牆之下。盡其道而死者，正命也；桎梏死者，非正命也。』所謂知生、知死也。」皇、邢本、唐、宋石經「敢問」上有「曰」字。○注「陳曰」至「不答」。○正義曰：世說簡傲篇注引馬融注曰：「死事難明，語之無益，故不答。」與此陳注同，當是彼文誤引。

13 閔子侍側，誾誾如也；子路，行行如也；冉有、子貢，侃侃如也。子樂。【注】鄭曰：「樂各盡其性。行行，剛彊之貌。」「若由也，不得其死然。」【注】孔曰：「不得以壽終。」

正義曰：閔子少子路六歲，而先閔子者，閻氏若璩釋地三續謂以德序是也。皇本「閔子」下有「騫」字。「冉有」，唐石經作「冉子」。說文「侃」下引「子路侃侃如也」，疑作「子貢」，或許氏誤記。宋氏翔鳳過庭錄：「說文解字：『侃，剛直也。從㐰。㐰，古文信。從川，取其不舍晝夜。論語曰：「子路侃侃如也。」』此引作『侃侃』是正字。鄉黨篇之『侃侃』，及此下文『冉有、子貢侃侃如也』，並當爲『衎衎』，假借作『侃侃』，故並訓爲和樂也。鄭注論語『行行，剛強之貌』，與許君解『侃』爲剛直義同。『行行』疑涉下文『衎衎』而誤。蓋古文論語『冉有、子貢，侃侃如也』，本作『衎衎』。」案：宋說亦通。「若由也不得其死然」，皇本「若」上有「曰」字。孫奕示兒編：「『子樂』必當作『子曰』，聲之誤也。始以聲相近，而轉曰爲悦。又以義相近，而轉悦爲樂。知由也不得其死，則何樂之有？」阮氏元校勘記：「文選幽通賦及座右銘兩注並引『子路行行如也。子曰：「若由也，不得其死然。」』與孫說合。」案：淮南子精神訓注亦引作「孔子曰」，有無「曰」字皆可通。惟「樂」字，鄭注已釋之，斷非「曰」字之誤。夫子是樂四賢才德足用，不必專言子路。「若」者，逆料之辭，不能遽決也。○注：「樂各盡其性。行行，剛彊之貌。」○正義曰：凡人賦性，剛柔不齊，惟各盡其性，斯有所成立，可同歸於善也。朱子集注云：「樂得英才而教育之。」又一義，亦通。「行行」訓剛彊，此會意。釋名釋姿容：「兩脚進曰行行，抗足而前也。」漢孫根碑：「行行義勇。」○注：「不得以壽終。」○正義曰：皇疏云：「後果死衞難也。」袁氏曰：『道直時邪，自然速禍也。』」

14 魯人爲長府，閔子騫曰：「仍舊貫，如之何？何必改作？」【注】鄭曰：「長府，藏名也，藏財貨曰府。仍，因也。貫，事也。因舊事則可也，何乃復更改作？」子曰：「夫人不言，言必有中。」【注】王曰：「言必有中者，善其不欲勞民改作。」

正義曰：閻氏若璩釋地：「左傳昭二十五年：『公居於長府。』杜注：『長府，官府名。』『九月戊戌，伐季氏，遂入其門。』長府，今不知所在，意其與季氏家實近，公居焉，出不意而攻之。論語鄭注：『藏財貨曰府。』又意公微弱，將攻權臣，必先據藏貨財之府，庶可結士心。」翟氏灝考異：「長府，蓋魯君別館，稍有蓄積，可備騷警之所。季氏惡公恃此伐己，故於已事後率魯人卑其閈閎，俾後之君失所憑恃，其心尚可問乎？閔子能爲微辭諷之，則與聖人彊公弱私之心深有契矣。」淩氏鳴喈解義：「疇昔昭公嘗居是伐季氏矣。定、哀之間，三家因欲改爲之，將以弱所恃也。稱『魯人』，衆也，是時三家皆欲之。」包氏愼言溫故錄：「案長府，宮館之屬，非藏名也。漢書元帝紀：『詔曰：「惟德薄，不足以充入舊貫之居。其令諸宮館希幸御者勿繕治。」』注：『應劭曰：「舊貫者，常居也。」』此足爲證昭公欲伐季氏，而先居長府，必其地爲君常所臨幸，故人不以爲疑。魯人爲長府，蓋欲擴其舊居以壯觀瞻。魯君失民數世矣，隱民皆取食於季氏，復爲長府以重勞之，是爲淵驅魚也。閔子故婉言以諷之。後漢書郎顗傳顗上書曰：『夏禹卑室，盡力致美。又魯人爲長府，閔子騫曰：「仍舊貫，何必改作？」臣以爲諸所繕修，事可減省。』郎顗引經亦以長府爲宮館，義與元帝詔共合符契，不可易也。」案：諸說略有異同，惟閻氏得之，而義亦未盡。蓋府自是藏名。周官玉府職云：「掌王之金玉玩好兵器。凡王之獻金玉、兵器、文織良貨賄之物，受而藏之。」內府職云：「掌受九貢、九賦、九功之貨賄、良兵、良器，〔一〕以待邦之大用。凡四方之幣獻之金玉齒革兵器，凡良貨賄入焉。」〔二〕又外府：「掌邦布及王后世子祭服。」是兵器藏內府，不藏外府。然則玉府掌兵器，亦當在內。魯之長府，自是在內，而爲兵器貨賄所藏。魯君左右多爲季氏耳目，公欲伐季氏而不敢發，故居於長府，欲藉其用，以伐季氏，且以使之不疑耳。昭公伐季氏，在廿五年，孔子時正居魯，則知魯人爲長府，正是昭公居之，因其毀壞，而欲有所改作，以爲不虞之備。但季氏得民已久，非可以力相制，故子家羈力阻其謀。宋樂祁知魯君必不能逞，而閔子亦言「仍舊貫」，言但仍舊事，略加繕治，何必改作？以諷使公無妄動也。論語書之曰「魯人」，明爲公諱，且非公意也。當時伐季之謀，路人皆知，閔子所言，正指其事。然其辭微而婉，故夫子稱其「言必有中」也。若如翟說，魯人指季平子，淩說魯人指三家，在定、哀時爲長府者，欲改爲之，以奪魯君之所恃。夫昭公居長府，以伐季氏，其事已無成。定、哀即欲伐季氏，亦斷無仍居長府，蹈此覆轍，而煩三家之重慮之也。且既患公復居長府，何不毀壞之，而反從而修治也耶？

〔一〕〔二〕「賄」原誤作「財」，據周禮改。

如包說，長府是別宮，非藏名，則昭公居長府以伐季氏，將何所取意耶？諸說於情事多未能合。若閻氏以長府去季氏家近，亦非是。長府自在公宮內也。○注「長府」至「改作」。○正義曰：說文：「府，文書臧也。」廣雅釋宮：「府，舍也。」府，聚也。凡財賄兵器文書皆藏之府。許祇言「文書」者，舉一以例之也。鄭云「藏財貨」者，凡居財貨曰府。故周官玉府、內府、外府，又大府、泉府，皆稱府也。「仍因」、「貫事」，並爾雅釋詁文。王氏念孫說「貫訓行」，亦通，見前「一貫」章疏。鄭注又云：「魯讀仍爲仁，今從古。」惠氏棟九經古義：「楊雄將作大匠箴云『或作長府，而閔子不仁』，用魯論也。」臧氏庸鄭注輯本釋云：「魯讀仁字爲句，言仁在舊貫，改作是不仁也。義雖通而稍迂。古作仍字，義益明，故鄭從之。仍仁音相近也。」

15 子曰：「由之瑟奚爲於丘之門？」【注】馬曰：「子路鼓瑟，不合雅頌。」門人不敬子路。子曰：「由也升堂矣，未入於室也。」【注】馬曰：「升我堂矣，未入於室耳。門人不解，謂孔子言爲賤子路，故復解之。」正義曰：白虎通禮樂篇：「瑟者，嗇也，閑也，所以懲忿窒欲，正人之德也。」郭璞注爾雅云：「長八尺一寸，廣一尺八寸，二十七弦。」邵氏晉涵正義引禮圖雅瑟廣長與郭注同，惟二十三弦，與郭異。頌瑟長七尺二寸，廣一尺八寸，二十五弦，而風俗通又言「今瑟長五尺五寸」，皆是依仿古制，不能畫一。皇本作「由之鼓瑟」，似因注誤衍。「升堂入室」，喻學道有淺深。聘禮疏云「後楣以南曰堂，堂凡四架，前楣與棟之間爲南北堂之中」，則後楣北爲室與房矣。凡入室必由堂，至入室則已覩止，故夫子言善人之道，亦以入室爲喻也。說苑修文篇：「子路鼓瑟，有北鄙之聲。孔子聞之曰：『信矣！由之不才也。』冉有侍，孔子曰：『求！爾奚不謂由：「夫先王之制音也，奏中聲爲中節。流入於南，不歸於北。南者生育之鄉，北者殺伐之域。故君子執中以爲本，務生以爲基。故其音溫和而居中，以象生育之氣。憂哀悲痛之感，不加乎心；暴厲淫荒之動，不在乎體。夫然者，乃治存之風，安樂之爲也。彼小人則不然，執末以論本，務剛以爲基，故其音湫厲而微末，以象殺伐之氣，和節中正之感，不加乎心，溫儼莊恭之動，不存乎體。夫殺者，乃亂亡之風，奔北之爲也。昔舜造南風之聲，其興也勃焉，至今王公述而不釋。紂爲北鄙之聲，其廢也忽焉，至今王公以爲笑。彼舜以匹夫，積正合仁，履中行善，而卒以興。紂以天子，好慢淫荒，剛厲暴賊，而卒以滅。」今由也匹夫之徒，布衣之醜也。既無意乎先王之制，而又有亡國之聲，豈能保七尺之身哉？』冉有以告子路，子路曰：『由之罪也，小人不能耳，陷而入於斯，宜矣，夫子之言也。』遂自悔，不食七日而骨立焉。孔子曰：『由知改過矣。』」〔一〕此相傳子路鼓瑟，夫子責之之事。○注：「子路鼓瑟，不合雅頌。」○正義曰：雅頌以音言。史記孔子世家：「詩三百五篇，孔子皆弦歌之，以求合韶武、雅頌之音。」又樂書云：「樂之雅頌，猶詩之威儀。威儀以養身，雅頌以養心。聲應相保，細大不踰，使人聽之，而志意得廣，心氣和平者，皆雅頌也。」

16 子貢問：「師與商也孰賢？」子曰：「師也過，商也不及。」【注】孔曰：「言俱不得中。」曰：「然則師愈與？」子曰：「過猶不及。」【注】愈，猶勝也。

正義曰：皇本「問」下有「曰」字，「賢」下有「乎」字，「過猶不及」下有「也」字。○注：「言俱不得中。」○正義曰：仲尼燕居云：「子曰：『師！爾過而商也不及。』子貢越席而對曰：『敢問

〔一〕「知」原誤作「之」，據說苑改。

將何以爲此中者也？』子曰：『禮乎禮，夫禮所以制中也。』」鄭注：「過與不及，言敏鈍不同，俱違禮也。」案：敏鈍以氣質言。觀子張與子夏除喪而見孔子，子張彈琴成聲，曰「不敢不及」，子夏彈琴不成聲，曰「不敢過也」，可見。中庸云：「道之不明也，我知之矣，知者過之，愚者不及也。道之不行也，我知之矣，賢者過之，不肖者不及也。」其下卽引顏子之「擇中庸」，舜之「執其兩端，用其中於民」，明過與不及皆有所失，故惟以禮制之中也。

17 **季氏富於周公，而求也爲之聚斂，而附益之。**【注】孔曰：「周公，天子之宰，卿士。冉求爲季氏宰，爲之急賦稅。」**子曰：「非吾徒也，小子鳴鼓而攻之，可也。」**【注】鄭曰：「小子，門人也。鳴鼓，聲其罪以責之。」

正義曰：「季氏富於周公」者，周公封魯，取民之制，不過什一。自後宣公稅畝，已爲什而取二。季氏四分公室，已取其二，量校所入，踰於周公賦稅之數，故曰「季氏富於周公」。公羊定八年：「或曰：弑千乘之主，而不克舍此可乎？」何休注：「時季氏邑宰至于千乘。」此可知季氏之富也。「聚斂」者，說文：「聚，會也。」「斂，收也。」爾雅釋詁：「斂，聚也。」二字訓義並同。胡氏紹勳拾義解「聚」字爲「驟」，謂「急於斂取」，亦備一解。大學引孟獻子曰：「與其有聚斂之臣，寧有盜臣。」其下言「長國家而務財用，必自小人」，小人卽指聚斂之臣言。「附益」者，說文：「坿，益也。」「附」與「坿」同。漢書武帝紀：〔一〕「武有衡山、淮南之謀，設附益之法，亦謂徵斂之厚。鄭注此云：「求，冉有名也。季氏富矣，而求聚民財以增之。」增卽附益之義。孟子離婁篇孟子曰：「求也爲季氏宰，無能改於其德，而賦粟倍他日。孔子曰：『求，非我徒也，小子鳴鼓

〔一〕「武帝紀」原誤作「哀帝紀」，據漢書改。

而攻之可也。』」趙岐注：「季氏，魯卿季康子。」案：左哀十一年傳：「季氏欲以田賦，使冉有訪諸仲尼。仲尼曰：『丘不識也。』三發，卒曰：『子爲國老，待子而行，若之何子之不言也？』仲尼不對，而私於冉有曰：『君子之行也，度於禮，施取其厚，事擧其中，斂從其薄。如是，則以丘亦足矣。若不度於禮，而貪冒無厭，則雖以田賦，將又不足。且子季孫若欲行而法，則周公之典在。若欲苟而行，又何訪焉？』弗聽。十二年春王正月，用田賦。」魯語載此事：「仲尼私於冉有曰：『汝不聞乎？先王制土，藉田以力而砥其遠邇，賦里以入而量其有無，任力以夫而議其老幼。於是乎有鰥寡孤疾，有軍旅之出則徵之，無則已。其歲，收田一井，出稯禾、秉芻、缶米，不是過也。先王以爲足。若子季孫欲其法也，則有周公之藉矣。苟欲犯法，則苟而賦，又何訪焉？』」何休公羊注解「用田賦」云：「田謂一井之田。賦者，斂取其財物也。言用田賦者，若今漢家斂民錢以田爲率矣。」何解「賦」爲財物，而孟子以爲「賦粟倍他日」，粟即財物也。倍他日者，倍乎稅畝之制也。倍之爲言大略之辭。賈逵、杜預解左傳，以賦爲軍制，誤矣。用田賦，自是季氏之謀，特冉子不能救止其事，故夫子深責之。見凡爲人臣，當以道事君，不可則止，亦冀季孫聞善言能改悟也。「鳴鼓」，謂擊鼓使鳴也。皇本「而附益之」，「之」作「也」，「鳴鼓」下無「而」字。○注：「周公，天子之宰，卿士。」○正義曰：周公封魯，元子嗣之，其次子世守采地，官於王朝爲卿士，春秋時所稱周公、召公是也。此注知不然者，春秋內、外傳皆擧周公典藉，是夫子欲以周公所制賦法正季氏之失，故此文即言「富於周公」以譏之也。若泛指天子之宰，便爲迴遠，且與內、外傳所言周公不合。○注：「鳴鼓，聲其罪以責之。」○正義曰：左莊二十九年傳：「凡師有鐘鼓曰伐。」晉語：「伐備鐘鼓，聲其罪也。」昭十七年傳：「日有食之，天子伐鼓于社，諸侯伐鼓于朝。」杜注謂「天子責羣陰，諸侯自責」，是凡責讓多用鼓也。說文：「攻，擊也。」此訓責者，引申之義。宋氏翔鳳發微云：「春秋繁露曰：『大旱者，陽滅陰也。陽滅陰者，尊厭卑也，固其義也。雖大甚，拜請之而已，無敢有加也。大水者，陰滅陽也。陰滅陽者，卑勝尊也。日食亦然，皆下犯上，以賤傷貴，逆節也。故鳴鼓而攻之，朱絲而脅之，爲其不義也。此亦春秋之不畏強禦也。』按董生之言，知魯有季氏，世卿專政，祿去公室，掊斂克剝，而有用田賦之事。是亦卑勝尊、賤傷貴，不義之至者，與季氏不能聽，冉有不能救，厥罪惟均，故鳴鼓而攻。若深疾冉有，實正季氏之惡。」

18 **柴也愚，**【注】弟子高柴，字子羔。愚，「愚直」之愚。**參也魯，**【注】孔曰：「魯，鈍也。曾子性遲鈍。」**師也辟，**【注】馬曰：「子張才過人，失在邪僻文過。」**由也喭。**【注】鄭曰：「子路之行，失於畔喭。」

正義曰：此節亦夫子所論，而不署「子曰」，與前四科同。「師也辟」，朱子集注：「辟，便辟也。謂習於容止，少誠實也。」案：便辟猶盤辟。武氏億羣經義證：「案墨子『再拜便僻』，是便僻與再拜連文，卽漢書何武傳『見所舉者，槃辟雅拜』。服虔曰：『行禮容拜也。』儒林傳注：『蘇林曰：「張氏不知經，但能盤辟爲禮容。」』盤亦便之轉。」案：荀子非十二子云：「禹行而舜趨，子張氏之賤儒也。」大戴禮五帝德云：「孔子曰：『吾欲以容貌取人，於師也改之。』」皆可證。竊謂愚、魯近狷，辟、喭近狂，〔一〕故夫子願與之進於禮樂也。其後四子德成學立，故子貢答衞將軍文子，咸稱其美行矣。皇本「辟」作「僻」，此依馬注誤改。「喭」，書無逸疏引作「諺」。阮氏元校勘記：「說文有諺無喭，喭乃諺之俗字。」○注「弟子」至「之愚」。○正義曰：弟子列傳：「高柴字子羔，少孔子三十歲。子羔長不盈五尺，受業孔子，孔子以爲愚。」集解引鄭玄曰「衞人」。子羔亦稱季羔，見左傳。檀弓作

〔一〕「辟」原誤作「師」，據經文及文義改。

「子皐」。「皐」與「羔」同。家語作「子高，齊人，少孔子四十歲」。高既爲氏，不當又爲字。「三十」、「四十」，積畫相亂。「衞」、「齊」二説亦異，當以鄭氏爲是。「愚直」，謂如古之愚者直也。○注：「魯，鈍也。」○正義曰：説文云：「魯，鈍詞也。論語曰：『參也魯。』」段氏玉裁注：「左傳『魯人以爲敏』，謂鈍人也。釋名曰：『魯，魯鈍也。國多山水，民性樸鈍。』按『椎魯』、『鹵莽』皆卽此。」○注：「子張才過人，失在邪僻文過。」○正義曰：注以「僻」釋「辟」，非是。經文作「僻」，但邪僻文過，乃小人怙惡之行，不可以儗子張。○注：「子路之行，失於畔喭。」○正義曰：釋文云「畔喭」，皇本釋文所見本並作「㕽喭」。書無逸云：「乃逸乃諺。」僞孔傳：「叛諺不恭。」「叛諺」與「畔喭」同。焦氏循論語補疏：「大雅皇矣『無然畔援』，箋云：『畔援，跋扈也。』韓詩云：『武强也。』漢書敍傳注作『無然畔换』。文選魏都賦云：『雲撤叛换。』劉淵林注：『叛换，猶恣睢也。』换、援、諺，聲近相通。」子曰：「回也其庶乎，屢空。賜不受命，而貨殖焉，億則屢中。」【注】言回庶幾聖道，雖數空匱而樂在其中。賜不受教命，唯財貨是殖，億度是非，蓋美回所以勵賜也。一曰屢猶每也，空猶虛中也。以聖人之善道教數子之庶幾，猶不至於知道者，各內有此害。其於庶幾每能虛中者，唯回懷道深遠。不虛心不能知道，子貢雖無數子之病，然亦不知道者，雖不窮理而幸中，雖非天命而偶富，亦所以不虛心也。正義曰：蘇氏秉國四書求是云：「其庶乎，未明指其所庶若何，以下文『不受命』對觀之，蓋卽指受命而言。」案：蘇説是也。命謂祿命也。古者四民，各習其業，未有兼爲之者，凡其所業，以爲命所受如此也。子貢學於夫子，而又貨殖，非不受命而何？俞氏樾平議：「古者商賈皆官主之。故呂氏春秋上農篇曰：『凡民自七尺以上，屬諸三官，農攻粟，工攻器，賈攻貨。』以周禮考之，質劑掌於官，度量純制掌於官，貨賄之璽節掌於官。下至春秋之世，晉則絳之富商韋藩木楗以過於朝，鄭則商人之一環，必以告君大夫，蓋猶皆受命於官也。若夫不受命於官，而自以其財市賤鬻貴，逐什一之利，是謂『不受命而貨殖』。管子乘馬篇曰：『賈知賈之貴賤，日至於市，而不爲官賈。』此其濫觴與？蓋不屬於官，卽不得列於太宰之九職，故不曰『商賈』，而曰『貨殖』。子貢以聖門高弟，亦復爲之，陶朱、白圭之徒，由此起也。太史公以貨殖立傳，而首列子貢，有開必先，在子貢固不得而辭也。」案：俞說亦近理。若然，則「其庶乎」，仍謂庶幾聖道也。廣雅釋詁：「殖，積也。」周語「財蕃殖」，韋昭解「殖，長也」。子貢貨殖，謂居貨財以生殖也。億，度也。皇本「億」作「憶」。漢書貨殖傳、漢陳度碑引並作「意」，字異義同。貨殖傳云：「子贛既學於仲尼，退而仕衞，發貯鬻財曹、魯之閒，七十子之徒，最爲饒。而顏淵簞食瓢飲，在于陋巷。子贛結駟連騎，束帛之幣，聘享諸侯，所至國君無不分庭與之抗禮。然孔子賢顏淵而譏子贛曰：『回也，其庶乎，屢空。賜不受命，而貨殖焉，意則屢中。』」班傳全引此文，而以「賜不受命」二句爲孔子所譏，是「意則屢中」卽承上「貨殖」言。論衡知實篇：「『賜不受命，而貨殖焉，億則屢中』，罪子貢善居積，意貴賤之期，數得其時，故貨殖多，富比陶朱。」又云：「子貢善意，以得貨利。」蓋論衡以「意貴賤之期」解「億」字，「數得其時」，「數」解「屢」字，「得其時」解「中」字，此漢人解誼之最顯然可據者。皇疏引「殷仲堪曰：『不受矯君命。』江熙曰：『賜不受濁世之榮。』」以「不受命」爲辭祿，與貨殖傳子貢仕衞不合，非也。○注「言回」至「心也」。○正義曰：爾雅釋言：「庶幾，尚也。」又云：「庶，幸也。」易繫辭傳：「顏氏之子，其殆庶幾乎？」謂庶幾於道也。詩節南山「不宜空我師」，毛傳：「空，窮也。」引申之，凡貧窮無財者，亦謂之空。史記伯夷列傳：「然回也屢空，糟糠不厭。」鹽鐵論地廣云：「夫賤不周知，貧不妨行。顏淵屢空，不爲不賢；孔子不容，不爲不聖。」後漢賈逵傳：「帝謂馬防曰：『賈逵母病，此子無人事於外，屢空，將從孤竹之子於首陽矣。』」是漢人解「屢空」皆爲空匱，注前說是也。「財貨」者，說文：「貨，財也。」「億度是非」者，謂於事理之是非能先億度之也。皇疏云：「故左傳『邾隱公朝魯，執玉高，其容仰；魯定公受玉卑，其容俯。子貢曰：「以禮觀之，二君皆有死亡。君爲主，其先亡乎？」是歲，定公卒。仲尼曰：「賜不幸言而中，是使賜多言者也。」』此憶中之類也。」案：漢書眭弘等傳贊：「漢興，推陰陽之災異者，假經設誼，依託象類，或不免乎『億則屢中』。」此明謂億度事理，注說亦非無本。

19 子張問善人之道。子曰：「不踐迹，亦不入於室。」【注】孔曰：「踐，循也。言善人不但循追舊迹而已，亦少能創業，亦不入於聖人之奧室。」正義曰：孔氏廣森經學卮言：「問善人之道，則非問何如而可以爲善人，乃問善人當何道以自處也。故子告以善人所行之道，當效前言往行，以成其德，譬諸入室，必踐陳涂堂戶之跡，而後循循然至也。」案：孔說是也。「踐迹」者，謂學禮樂之事也。善人質美未學，故必進於禮樂，乃可入室。漢書刑法志：「孔子曰：『如有王者，必世而後仁。善人爲國百年，可以勝殘去殺矣。』言聖王承衰撥亂而起，被民以德教，變而化之，必世然後仁道成焉。至於善人，不入於室，然猶百年勝殘去殺矣。」據志此言，以善人指諸侯言。上篇言「聖人、善人吾不得見之」，彼言「善人」，義亦同也。王者以德教化民，制禮作樂，功致太平。若善人爲邦百年，仍不能興禮樂之事，故僅可勝殘去殺，若仁道猶未能成，所謂「不入於室」也。漢志所云，於義亦通。釋文：「迹，本亦作跡。」說文：「迹，步處也。蹟，或從足責。𨒪，籀文迹，从朿。」並不作「跡」，是「跡」乃「迹」俗。子曰：「論篤是與？君子者乎？色莊者乎？」【注】「論篤」者，謂口無擇言。「君子」者，謂身無鄙行。「色莊」者，不惡而嚴，以遠小人。言此三者，皆可以爲善人。正義曰：邢疏云：「此亦善人之道也。故同爲一章，當是異時之語，故別言『子曰』也。」案：夫子言「善人不得見之」，及此言及「善人」，舉所見論篤、君子、色莊三者以當之。蓋此三者，皆可謂之善人。然容有似是而非者與乎其間，故但爲疑辭。或言「與」，或言「乎」者，文法之變。○注「論篤」至「善人」。○正義曰：「口無擇言」、「身無鄙行」，約孝經文。「擇」與「殬」同，敗也。彼作「擇行」，謂無敗行。

20 子路問：「聞斯行諸？」【注】包曰：「賑窮救乏之事。」子曰：「有父兄在，如之何其聞斯行之？」【注】孔曰：「當白父兄，不得自專。」冉有問：「聞斯行諸？」子曰：「聞斯行之。」公西華曰：「由也問『聞斯行諸』，子曰『有父兄在』；求也問『聞斯行諸』，子曰『聞斯行之』。赤也惑，敢問。」【注】孔曰：「惑其問同而答異。」子曰：「求也退，故進之；由也兼人，故退之。」【注】鄭曰：「言冉有性謙退，子路務在勝尚人，各因其人之失而正之。」

正義曰：觀公西華之問，冉有亦當有父兄在，而夫子答之與答子路異，此赤所以惑也。夫聞義卽當力行，君子善則歸親，苟有所爲而合於義，稱父母或兄之命焉可也。若必待稟命，而或爲父兄所阻，不得行，是亦奚得爲義？但子路有聞卽行，其中有宜稟命父兄而迫不能待，不特失承順之道，並其所行或因急遽而未合於義，此夫子所以抑之也。至冉有固自言説子之道，而以「力不足」自諉者，不患其不稟命，但慮其逡巡退縮，而爲之不勇耳，夫子所以進之。二子之問，非在一時，而公西華之窺聖人，有以得其異同，亦可謂善學者矣。「如之何其聞斯行之」，皇本「行之」下有「也」字。○注：「賑窮救乏之事。」○正義曰：義事多端，注必指賑窮救乏者，舉所重言之。錢氏大昕潛研堂文集：「曲禮

『父母在，不許友以死，不有私財』。檀弓：『未仕者不敢稅人，如稅人，則以父兄之命。』注云：『不專家財也。』白虎通云：『朋友之道，親存不得行者二：不得許友以其身，不得專通財之恩。友饑，則白之於父兄，父兄許之，乃稱父兄與之，不聽卽止。故論語曰：「有父兄在，如之何其聞斯行之也？」』包咸之說，蓋出於此。吳志全琮以父命『齎米數千斛，到吳市易』，琮悉以賑贍大夫，『空船而還』。裴松之引論語『有父兄在』之文，謂『琮輒散父財，誠非子道』，亦用包說。○注「言冉」至「正之」。○正義曰：「謙退」者，「謙」與「慊」同，不足也。冉有、子路，各有所失，夫子教之，亦因其所失正之，不能同也。學記云：「學者有四失，教者必知之：人之學也，或失則多，或失則寡，或失則易，或失則止。此四者，心之莫同也。知其心，然後能救其失也。教也者，長善而救其失者也。」

21 子畏於匡，顏淵後。【注】孔曰：「言與孔子相失，故在後也。」子曰：「吾以女爲死矣。」曰：「子在，回何敢死？」【注】包曰：「言夫子在，己無所敢死也。」正義曰：曲禮云：「父母在，不許友以死。」顏子事夫子猶父，故云「子在，回何敢死」？呂氏春秋勸學篇：「曾子曰：『君子行於道路，其有父者可知也，其有師者可知也。』曾點使曾參，過期而不至。人皆見曾點曰：『無乃畏耶？』曾點曰：『彼雖畏，我存，夫安敢畏？』孔子畏於匡，顏淵後。孔子曰：『吾以汝爲死矣。』顏淵曰：『子在，回何敢死？』顏回之於孔子也，猶曾參之於父也。」此周、秦人解誼之最古者。蓋顏子隨夫子行，忽遇匡人之難，相失在後，夫子必心焉望之，望之而不至，則疑其爲匡人所殺。雖在顏子必不輕身赴鬬，如子路之慍怒奮戟，然亂離之時，或不幸而死於非命，此亦人事所恒有。及後顏子來見，夫子喜出望外，故直道心之所疑，初不料顏子之未死也。至顏子之對夫子曰:「子在,回何敢死」,夫夫子遇難而曰「子在」,何也?蓋以夫子狀類陽虎,匡人疑爲陽虎而誤圍之,非真欲殺夫子。此直俟其細詢踪跡,審其動靜,自足知之。書傳言「夫子弦歌不輟,曲三終,而匡人解甲,忠信篤敬,蠻貊可行」。此豈陽虎之所能爲者?蓋不待夫子自辨,而聖德光箸,匡人已知決非陽虎矣。夫子之不輕於一死,顏子蓋真知之,故曰「子在」。而因子在不敢就死,自必潛身遠害,或從他道迂行,此其所以相失在後也。惟知子在,故顏子獨後;惟顏子獨後,而夫子又疑爲死。聖賢往迹及其心事,可按文而得之。他說以「死」爲「先」字之誤,或以「子在」爲「在圍中」,「死」爲「赴鬭」,皆不合。

22 季子然問:「仲由、冉求可謂大臣與?」【注】孔曰:「子然,季氏子弟。自多得臣此二子,故問之。」子曰:「吾以子爲異之問,曾由與求之問。【注】孔曰:「謂子問異事耳。則此二人之問,安足大乎?」所謂大臣者,以道事君,不可則止。今由與求也,可謂具臣矣。」【注】孔曰:「言備臣數而已。」曰:「然則從之者與?」子曰:「弒父與君,亦不從也。」【注】孔曰:「問爲臣皆當從所欲。言二子雖從其主,亦不與爲大逆。」

正義曰:釋文云:「𢘑,古文臣字,本今作臣。」此古文出六朝時所製。「大臣」者,謂公卿大夫爲諸侯佐者也。「異」者,謂異人也。若顏淵、仲弓之類。「曾由與求之問」,「曾」猶乃也。見王氏引之經傳釋詞。「以道事君,不可則止」者,謂事君當以正道,若君所行有過失,卽以道諫正之。「止」謂去位不仕也。曲禮云:「爲人臣之禮,不顯諫,三諫而不聽,則逃之。」白虎通諫諍篇:「諸侯之臣,諍不從得去何?以屈尊伸卑,孤惡君也。」並言大臣事君之法。劉敞春秋意林:「具臣者,其位下,其責薄，小從可也，大從罪也。大臣者，其任重，其責厚，小從罪也，大從惡也。」包氏愼言溫故錄：「韓詩外傳云：『大夫有諍臣三人，雖無道不失其家。季氏爲無道，僭天子，舞八佾，旅泰山，以雍徹，然而不亡者，以有冉求、季路爲宰臣也。故曰：有諤諤諍臣者，其國昌。』」依此則二子事季，亦能匡正以道，故季子然以大臣許之，而夫子斥之者，以其不能以去就爭也。公羊莊二十四年「曹羈」下傳云：「三諫不從，遂去之，君子以爲得君臣之義也。」注云：「孔子曰：『所謂大臣者，以道事君，不可則止。』此之謂也。不從得去者，仕爲行道，道不行，義不可素餐，所以申賢者之志，孤惡君也。」夫二子非黨惡之臣，然不能直伸己志，折奸人僭竊之萌，故曰「具臣」。張栻論語解：「或曰：『弒父與君亦不從』，何必由、求而能之？曾不知順從之臣，其始也，惟利害之是狥而已，履霜堅冰之不戒，馴至蹉跌，以至於從人弒君者多矣。如荀彧、劉穆之之徒，其始從曹操、劉裕之時，亦豈遂欲弒父與君哉？惟其漸浸順長而勢卒至此耳。」案：夫子此言，明二子尚能守正，亦所以警季氏，使無自陷大逆也。○注：「子然，季氏子弟。」○正義曰：宋氏翔鳳發微云：「文選注四十七引論語摘輔象曰：『子然公順多略。』知季子然亦弟子之一。」戴氏望論語注：「疑子然卽季襄。」○注「謂子」至「大乎」。○正義曰：注以「異」爲異事，「曾」爲則，並不合。○注：「言備臣數而已。」○正義曰：說文云：「具，共置也。」廣雅釋詁：「具，備也。」大夫家臣，當有員數，此二子仕季，亦但備數任職事，不能如大臣能匡正人主也。漢書翟方進傳：「爲具臣以全身。」

23 子路使子羔爲費宰。子曰：「賊夫人之子。」【注】包曰：「子羔學未熟習，而使爲政，所以爲賊害。」

子路曰：「有民人焉，有社稷焉，何必讀書，然後爲學？」【注】孔曰：「言治民事神，於是而習之，亦學也。」

子曰：「是故惡夫佞者。」【注】孔曰：「疾其以口給應，遂己非而不知窮。」　正義曰：史記弟子傳作「使子羔爲費郈宰」。論衡藝增篇亦作「郈宰」。戴氏望說：「史記『費』字，後人所增。張守節正義引括地志，釋『郈』在鄆城宿縣，未言費所在，知所見本無『費』字。漢地理志東平國無鹽縣有郈鄉，今山東東平州東境也。子路以墮郈後，不可無良宰，故欲任子羔治之。」案：戴說頗近理，然論語集解亦不釋郈，則包、周、馬、鄭諸家所據本皆作費，豈當時已文誤，莫之能正耶？所當闕疑，各就文解之也。「有民人」者，民謂庶人在官，人謂羣有司，皆所以佐宰治事也。「有社稷」者，祭法云：「大夫以下，成羣立社，曰置社。」鄭注：「大夫不得特立社，與民族居，百家以上則共立一社，今時里社是也。」「稷」者，穀神。白虎通社稷篇：「人非土不立，非穀不食。土地廣博，不可徧敬也。五穀衆多，不可一一而祭也。故封土立社，示有土也。稷，五穀之長，故立稷而祭之也。稷者得陰陽中和之氣，而用尤多，故爲長也。歲再祭之何？春求秋報之義也。」夏氏炘學禮管釋：「社稷，皆祀土神也。土爰稼穡，社與稷不能分而爲二，言稷必兼言社，言社不必言稷，而稷在其中。鄭氏所謂稷者，社之細是也。社稷共祀於一壇，歷考諸經傳，只有社壇，並無稷壇。自王莽官社之外復增官稷，光武州治之社無稷，而後世遂社稷分壇，失古義矣。」案：天子諸侯，行禮於社甚多。白虎通祇舉求報言者，以社稷皆土神，求報是其正祭，不煩廣說他事也。大夫祭社稷，亦是春求秋報，凡舉民事時皆同矣。「讀書」者，說文云：「讀，誦書也。」「書」者，詩、書、禮、樂之統名。於時世卿持祿，不由學進，故子路言仕宦亦不以讀書爲重也。韓詩外傳：「哀公問於子夏曰：『必學然後可以安國保民乎？』子夏曰：『不學而能安國保民者，未之有也。』」即夫子此言之旨。左氏傳：「子皮欲使尹何爲邑。子產曰：『未知可否？』子皮曰：『愿，吾愛之，不吾叛也。使夫往而學焉，夫亦愈知治矣。』子產曰：『不可。人之愛人，求利之也。今吾子愛人則以政，猶未能操刀而使割也，其傷實多。子之愛人，傷之而已，其誰敢求愛於子？」僑聞學而後入政，未聞以政學者也。若果行此，必有所害。』」與夫子此語意同。○注「所以爲賊害」。○正義曰：說文云：「賊，敗也。」「敗」、「害」義近。

○注「疾其」至「知窮」。○正義曰：上篇言佞事云：「禦人以口給。」給謂應之速，如供給者也。「遂」，猶成也。「窮」謂理窮也。

24 子路、曾皙、冉有、公西華【注】孔曰：「皙，曾參父，名點。」侍坐。子曰：「以吾一日長乎爾，毋吾以也。【注】孔曰：「言我問女，女無以我長，故難對。」居則曰：『不吾知也！』【注】孔曰：「女常居，云人不知己。」如或知爾，則何以哉？」【注】孔曰：「如有用女者，則何以爲治？」子路率爾而對曰：【注】率爾，先三人對。「千乘之國，攝乎大國之間，加之以師旅，因之以饑饉。【注】包曰：「攝，迫也。迫於大國之間。」由也爲之，比及三年，可使有勇，且知方也。」【注】方，義方。夫子哂之。【注】馬曰：「哂，笑。」

正義曰：「侍坐」者，謂四子侍於夫子坐側也。上篇或言「侍」，或言「侍側」，此獨言「侍坐」，明四子亦坐也。子路少夫子九歲，冉有少夫子二十九歲，公西華少夫子四十二歲，惟曾皙年無考，其坐次在子路下，是視子路年稍後。夫子長於四子，不欲多引年，故謙言「一日」也。「毋吾以」者，「毋」與「無」同，皇本作「無」。「以」，用也。言此身既差長，已衰老，無人用我也。釋文云：「吾以，鄭本作已。」鄭謂「毋以我長之故，已而不言」。已，止也。義似紆曲。夫子自言身老，若四子則年力未衰，宜爲世用，故就其平居所發論誘之盡言，以觀其才志何如耳。「率爾」，皇本作「卒爾」，注同。莊子人間世注：「率然附之。」

釋文：「卒，本又作卒。」是「卒」、「卒」二字通用。「加之以師旅」者，謂己國有征討及他國來侵伐者也。「加」者，益也。說文云：「二千五百人爲師，從帀從𠂤。𠂤，四帀衆意也。」「軍之五百人爲旅，從㫃從从。」周官小司徒：「五人爲伍，五伍爲兩，四兩爲卒，五卒爲旅，五旅爲師，五師爲軍。以起軍旅，以作田役，以比追胥，以令貢賦。」鄭注：「伍、兩、卒、旅、師、軍，皆衆之名。兩，二十五人；卒，百人；旅，五百人；師，二千五百人；軍，萬二千五百人。此皆先王所因農事而定軍令者也。」「因之以饑饉」者，老子儉武篇云：「師之所處，荆棘生焉；大軍之後，必有凶年。」所謂因也。爾雅釋天云：「穀不熟爲饑，蔬不熟爲饉。」郭注：「凡草菜可食者，通名爲蔬。」邵氏晉涵正義：「穀梁襄二十四年傳云：〔一〕『一穀不升謂之嗛，二穀不升謂之饑，三穀不升謂之饉，四穀不升謂之康，五穀不升謂之大饑，又謂之大侵。』此以穀入多寡分立差等，兼取荒饉爲名，其實五者皆爲饑也。墨子七患篇：『一穀不收謂之饉，二穀不收謂之饑。』墨子以五穀不收爲饑，合於雅訓矣。」案：穀不熟、蔬不熟皆可名饉。爾雅及穀梁、墨子各具一義。釋文：「饑，鄭本作飢。」說文：「飢，餓也。」義稍別，今經傳通用。「由也爲之」者，爲，治也。「比及三年」者，比，近也。見廣雅釋詁。周官小司徒云：「乃頒比法於六鄉之大夫，〔二〕使各登其鄉之衆寡、六畜、車輦，辨其物，以歲時入其數，以施政教，行徵令。及三年，則大比。大比則受邦國之比要，乃會萬民之卒伍而用之。」是三年乃大比之期。又書言「三載考績」，三考凡九年，乃行黜陟。子路言甫及三年，初奏績之時已有成功。蓋子路長於治軍旅，故夫子亦言「千乘之國，可使治賦」也。○注：「皙，曾參父，名點。」○正義曰：弟子列傳：「曾蒧，字皙。」曾參父。說文：「黬，雖皙而黑也。從黑，箴聲。古人名黬字皙。」段注：「弟子列傳『曾蒧字皙』，奚容箴字子皙，又狄黑

〔一〕「二」字原脫，據穀梁傳補。　〔二〕「鄉」原誤作「卿」，據周禮改。

字皙。』蒧、箴皆黬之省。論語『曾皙名點』，則同音叚借字也。」○注：「言我問女，女無以我長，故難對。」○正義曰：注意「吾以」二字爲倒詞，於文未順，又難對之義，非經所有，並非是。○注：「率爾，先三人對。」○正義曰：「率」者，輕速之意。孟子梁惠王篇「卒然問曰」，卒、率義同。曲禮：「侍於君子，不顧望而對，非禮也。」注云：「禮尚謙也。不顧望，若子路率爾而對。」案：四子以子路爲年長，自當先對。但亦當顧望，不得急遽先三人也。又其言自負太甚，故夫子以爲不讓。○注：「攝，迫也。」○正義曰：迫謂迫近也。焦氏循補疏：「荀子禮論云『其立哭泣哀戚也，不至於隘攝。』楊倞注：『隘，窮也。攝猶戚也。』此『戚』即『蹙』字，窮蹙與迫同。楚辭哀時命『衣攝葉以儲與兮』，王逸章句云：『攝葉，不舒貌。』迫蹙，故不舒。」○注：「方，義方。」○正義曰：廣雅釋詁：「方，義也。」鄭注此云：「方，禮法也。」禮法即是義。漢書禮樂志引此句解之云：「教以禮誼之謂也。」與鄭注及此注同。司馬法云：「古之教民，必立貴賤之倫，經使不相陵，德義不相踰，材技不相掩，勇力不相犯，故力同而意和也。」是其義也。○注：「哂，笑。」○正義曰：曲禮「笑不至矧」，鄭注：「齒本曰矧，大笑則見。」釋文：「矧，本又作哂。」是「哂」與「矧」同。宋氏翔鳳過庭録：「説文：『弞，笑不壞顏曰弞。從欠，引省聲。』説文無『哂』字，作『弞』爲正，『矧』是叚藉。凡笑以至矧爲度，過此則壞顏，且失容，故曰『笑不壞顏』，非微笑之謂。曾皙亦以夫子有異常笑，故問之爾。」

「求！爾何如？」對曰：「方六七十，如五六十，【注】求性謙退，言欲得方六七十，如五六十里小國，治之而已。求也爲之，比及三年，可使足民。如其禮樂，以俟君子。」【注】孔曰：「求自云能足民而已，謂衣食足也。若禮樂之化，當以待君子，謙也。」

正義曰：「爾何如」者，謂其志何如也。「方六七十里」者，謂國之四竟，以正方計之，有此數也。「如五六十里」者，王氏引之經傳釋詞云：「如猶與也，及也。『方六七十，如五六十』，『宗廟之事，如會同」，如字並與『與』同義。書堯典曰：『脩五禮、五玉、三帛、二生、一死贄，如五器。』儀禮鄉飲酒禮：『公如大夫入。』史記虞卿傳：『趙王問樓緩曰：「予秦地如毋予，孰吉？」』新序善謀篇『如』作『與』，是其證。『如』、『與』聲相近，故『如』訓爲『與』，『與』亦可訓爲『如』。」「足民」者，謂使民財用足也。亦待三年者，漢書食貨志云：「三年耕，則餘一年之畜。衣食足而知榮辱，廉讓興而争訟息，故三載考績。」然則足民亦須以三年計之也。皇本「民」下有「也」字。○注「求性」至「而已」。○正義曰：冉求能治大國，而祇言小國，是其性謙退也。王制、孟子皆言「公侯方百里，伯七十里，子男五十里」。周官大司徒云：「公五百里，侯四百里，伯三百里，子二百里，男百里。」與王制、孟子不同。蓋周官言封域，王制、孟子專就出稅之田言耳。春秋時，列國兼併，小國見侵削，不能如制，故有此六十里之國。「赤！爾何如？」對曰：「非曰能之，願學焉。宗廟之事，如會同，端章甫，願爲小相焉。」【注】鄭曰：「我非自言能，願學爲之。宗廟之事，謂祭祀也。諸侯時見曰會，殷頫曰同。端，玄端也。衣玄端，冠章甫，諸侯日視朝之服。小相，謂相君之禮。」正義曰：「宗廟之事」，鄭注指祭祀。胡氏紹勳拾義云：「宗廟之事，祭祀在其中，獨此經不得指祭祀，宜主朝聘而言。下言『如會同』者，會同不在廟而在壇，舉『宗廟』不言『朝聘』，舉『會同』不言『壇坫』，皆互文見義。如『不見宗廟之美，百官之富』，言『宗廟』可該禮器，言『百官』可該朝廷也。」案：胡說是也。大夫士助祭，無用端服者，則宗廟爲朝聘可知。「如會同」者，如，猶與也。金氏鶚禮說：「案會同之禮，非必諸侯會同於天子也。左襄四年傳云：『文王，兩君相見之樂也。』杜注以『諸侯會同』解『兩君相見』。孔疏云：『朝而設享，是亦二君聚會，故以會同言之。』爾雅釋詁云：『會，合也。』又云：『會，對也。』說文云：『同，合會也。合，合口也。』是『會同』二字本義，原止二人相合。曲禮云：『諸侯相見于郤地曰會。』春秋所書『公會某君于某』，皆兩君相見也。相見于郤地，可謂之會，則相見於宗廟之中，亦可謂之會矣。此會同之小者也。至於十餘君聚會，不于廟而于壇，則會同之大者也。左定四年經云：『公會劉子、晉侯、宋公、蔡侯、衞侯、陳子、鄭伯、許男、曹伯、莒子、邾子、頓子、胡子、滕子、薛伯、杞伯、小邾子、齊國夏于召陵。五月，公及諸侯盟于皐鼬。』傳云：『衞子行敬子言於靈公曰：「會同難，嘖有煩言，莫之治也。其使祝佗從。」』此十餘君聚會稱會同之證。十餘國聚會，所謂『嘖有煩言』者，必貴有言語之才以爲相，若兩君相見，則長於禮樂者可爲相也。公西華志於禮樂，則其所謂『會同』者，必指兩君相見言之。」又云：「兩君相見，自在宗廟之中。爲諸侯之事，故曰『宗廟會同，非諸侯而何』？自注宗廟之事不一，而會同其一事也，故曰『宗廟之事，如會同』。如字乃指點詞，非更端詞。」案：金說是也。左僖八年傳云：「不赴於同。」春秋繁露竹林篇：「會同之事，大者主小。」又云：「齊頃公卽位九年，未嘗肯一與會同之事。」王道篇：「諸侯會同，賢爲主，賢賢也。」據此諸文，明列國會盟稱會同也。惟「如」字作指點詞，與王氏訓「與」者義異。愚以下文言「宗廟會同」，明宗廟有專指之事。則「如」訓爲「與」，王義自優，而宗廟之事，必如胡氏以爲朝聘，乃合經旨。「端章甫」者，鄭君注爲「諸侯視朝之服」，然此是相者所服，於諸侯無涉。說文云：「褍，衣正幅。從衣，耑聲。」段氏玉裁注：「凡衣及裳，不邪殺之幅曰褍。」左傳：「端委。」杜注：「禮衣端正無殺，故曰端。」今案：「褍」是正幅之名，故說文巾部「㡏」下曰「正耑裂」。今經傳皆作「端」，自是同音叚借。凡朝祭之服，皆用正幅，通得端名，故樂記言「魏文侯端冕而聽古樂」，是祭服名端也。左傳言「太伯端委以治周禮」，是朝服名端也。胡氏紹勳拾義：「古時布廣二尺二寸。端用正幅，衣形正方，自衮鷩至玄端服不同，而其爲端則同，何論朝服也？周禮司服：『士之服，自皮弁而下如大夫之服。其齊服，有玄端素端。』康成注云：『端者，取其正也。士之衣袂，皆二尺二寸而屬幅，是廣袤等也。其袪尺二寸，大夫已上侈之。侈之者，蓋半而益一。半而益一，則其袂三尺三寸，袪尺八寸。』賈氏疏云：『其袪尺二寸，據玉藻「深衣之袪尺二寸」而言也。』陳氏禮書云謂之端，則衣袂與袪屬袤等矣，無大夫士之辨也。果士之袪殺於袂尺，非端也。大夫之袂，侈以半而益一，亦非端也。」夏氏炘學禮管釋又謂「男子五冕服、五衰服皆端，惟弔服弁絰侈袂，婦人服侈袂」，亦以鄭氏爲誤。案大夫以上侈袂，鄭君此說，必非無據。侈袂謂侈於士之袂一尺一寸也。蓋士之袂，以布一幅爲之。大夫以上之袂，加半幅布，故曰「半而益一」。然袂雖侈，仍用正幅，何妨得有端名？陳、夏二君之疑，殊所未曉。釋名釋衣服云：「玄端，其袖下正直端方，與要接也。」此亦舉玄端以例其餘耳。朝服是緇衣素裳，玄端則玄衣，而裳無定色。緇、玄色近，緇是七入之黑，玄是六入之黑，故禮或稱朝服爲玄端，而冠亦同用玄色，謂之玄冠。其不同者，惟裳與韠諸飾。士冠禮：「玄端，玄裳、黃裳、雜裳可也，緇帶爵韠。」注云：「玄端，卽朝服之衣，易其裳耳。上士玄裳，中士黃裳，下士雜裳，前玄後黃。」胡氏培翬正義：「玄裳、黃裳、雜裳三等裳，以配玄端，乃士服。特牲饋食記云：『玄端，玄裳、黃裳、雜裳可也，皆爵韠。』與此同。」又云：「若大夫以上則有異，大夫玄端用素裳，天子、諸侯用朱裳也。」金氏榜禮箋解士冠禮云：「玄端三裳，主論列其服，非差次所服之人。『可也』云者，謂唯其所服服之，不定之辭也。上經『爵弁服纁裳，皮弁服素積』，皆上下通服，則玄端、玄裳、黃裳、雜裳明不專爲士設。經記說玄端服，唯見此三裳，然則服玄端者，無異裳，蓋可知也。玉藻：『韠，君朱，大夫素，士爵韋。』乃言玄端之韠色不同，猶冕弁服之有韞韍、赤韍，與裳無涉。」其說雖與鄭異，而於經旨實合。蓋韠固從裳色，然亦取其相近。如朱色淺黑，則近於玄，淺赤則近於黃，素色淺白，亦近於黃。凡色之相近，皆可配以爲用，不必裳、韠同用一色也。荀子哀公篇：「端衣、玄裳，絻而乘路者，志不在於食葷。」云「絻而乘路」，則爲天子冕服，蓋冕服亦通名端。當用纁裳，而云「玄裳」，纁、玄色近，玄卽纁也。天子冕服有玄裳，則玄裳非但爲上士所服矣。朝聘會同擯相之服，經無明文，舊説謂「君臣同服」。聘禮賓主既同用皮弁，則擯介亦當用皮弁，而朝與會同皆爲皮弁可知。此於經無徵，直以意爲之説。案：士冠禮：「主人玄端爵韠，擯者玄端，賓如主人服，贊者玄端從之。」賈疏云：「擯者不言『如主人服』，別言『玄端』，則與主人不同可知。」然則主人玄端爲士之正服，擯者玄端爲朝服。合之論語此文，有朝聘會同，則凡士之爲擯者，自助祭外，皆用朝服，而非皮弁可知。然朝服當云「委貌」，今云「章甫」者，以章甫與委貌同爲玄冠也。郊特牲、士冠記並云：「委貌，周道也；章甫，殷道也；毋追，夏后氏之道也。」鄭注士冠記云：「委猶安也，言所以安正容貌。章，明也。殷質，言以表明大夫也。甫或爲父。毋，發聲也。追，猶堆也。夏后氏質，以其形明之。三冠皆所服以行道也，其制之異同未之聞。」白虎通紼冕云：「所以謂之委貌何？周統十一月爲正，萬物始萌小，故爲冠飾最小，故曰委貌。委貌者，言委曲有貌也。殷統十二月爲正，其飾微大，故曰章甫。章甫者，尚未與極其本相當也。夏統十三月爲正，其飾最大，故曰毋追。毋追者，言其追大也。」案：此則三代冠制稍有大小之差，班言其形，鄭君兼釋其義，互相備耳。周用六代禮樂，當時本有章甫，爲大夫士之冠，故夫子冠章甫之冠。魯人誦孔子，亦云「袞衣章甫」，及此子華，又言「端章甫」，皆當時禮冠用章甫之證。若當時未有此制，而夫子與子華乃舍周之委貌，而服殷冠，是畔民也。乃解者疑其與禮不合，又以子華爲謙。夫子華能爲大相，而謙言「小相」可也。未有舉其禮服，而亦謙不敢用，且未聞以前代之制，而用爲謙言，此亦理之未可達矣。「小相」者，言諸侯有宗廟會同之事，己爲小相，佐助君也。上篇夫子曰：「赤也，束帶立於朝，可使與賓客言也。」與賓客言，是大相之事，則赤言「小相」爲謙可知。大戴禮衞將軍文子篇：「子貢曰：『志通而好禮，擯相兩君之事，篤雅其有禮節也，是公西赤之行也。孔子曰：「禮儀三百，可勉能也；〔一〕威儀三千，則難也。」公西赤問曰：「何謂也？」孔子曰：「貌以擯禮，禮以擯辭，是之謂也。」孔子之語人也曰：「當賓客之事則通矣。」謂門人曰：「二三子欲學賓客之禮者，於赤也。」』」觀此，則子華爲相，是自道其實。然舊時解此節，以宗廟爲天子之宗廟，會同爲諸侯見天子之禮，端章甫爲諸侯之服。夫赤自思爲諸侯，其妄已甚，而會同之禮，諸侯當服裨冕，不聞用玄端章甫，宜閻氏若璩四書釋地又續、凌氏廷堪禮經釋例皆斥其謬也。○注「宗廟」至「之禮」。○正義曰：注以宗廟之事爲諸侯廟祭，而解「會同」爲諸侯時見殷見，則皆見天子之禮。周官大宰：「大朝覲會同。」注：「大會同，或於春朝，或於秋覲，舉春秋則冬夏可知。」疏云：「大會雖無常期，當春來即是春朝，當秋來即是秋覲，當夏來即是夏宗，當冬來即是冬遇。若大同則有常期：春，東方六服盡來；夏，西方六服盡來。秋冬，司農云：『舉春秋，即冬夏可知』者，經直云『大朝覲』，不言『宗』、『遇』，有宗遇可知。』在國行朝禮訖，乃皆爲壇於國外而命事焉。」又大宗伯：「時見曰會，殷見曰同。」注：「時見者，言無常期。諸侯有不順服者，王將有征討之事，則既朝覲，王爲壇於國外，合諸侯而命事焉。春秋傳曰：『有事而會，不協而盟。』是也。殷猶衆也。十二歲，王如不巡守，則六服盡朝，朝禮既畢，王亦爲壇，合諸侯以命政焉。所命之政，如王巡守，殷見四方，四時分來，終歲則徧。」疏云：「若不當朝之歲，則不須行朝覲於國中，直壇朝而已。其當朝之歲者，則於國中春夏行朝宗於王朝，受享於廟，秋冬則一受之於廟也。大行人云：『十二歲，王乃巡守殷國。』若王無故則巡守，若王有故，六服衆皆同來。」是其禮也。凌氏曙典故覈云：「案鄭注云云，蓋宗廟一事也，會同二事也，端章甫謂視朝，三事也。三者皆須相禮，或舉地，

〔一〕「能」字原脫，據大戴禮記解詁補。

或舉事，或舉服。古人文法互見如此。」案：此鄭誤注，今不用也。小相，在主國曰擯，賓國曰介，擯介統謂之相。邢疏曰：「聘禮云：『卿爲上擯，大夫爲承擯，士爲紹擯。』玉藻云：『君入門，介拂闑，大夫中棖與闑之間，士介拂棖。』則卿爲上介，大夫爲次介，士爲末介也。此云『願爲小相』者，謙不敢爲上擯、上介之卿，願爲承擯、紹擯、次介、末介之大夫士耳。」案：依鄭注，兼有朝祭之相。雜記云：「大夫冕而祭於公，士弁而祭於公。」此廟中之相也。諸侯視朝之相無明文。周官大宰「贊聽治」是大相，小司寇「擯外朝」，司士「擯治朝」，太僕「正服位」，皆小相。則諸侯視朝亦有相可知。「點！爾何如？」鼓瑟希，【注】孔曰：「思所以對，故音希。」鏗爾，舍瑟而作，對曰：「異乎三子者之撰。」【注】孔曰：「置瑟起對。撰，具也，爲政之具。鏗者，投瑟之聲。」子曰：「何傷乎？亦各言其志也。」【注】孔曰：「各言己志，於義無傷。」曰：「莫春者，春服既成，冠者五六人，童子六七人，浴乎沂，風乎舞雩，詠而歸。」【注】包曰：「莫春者，季春三月也。春服既成，衣單袷之時。我欲得冠者五六人，童子六七人，浴乎沂水之上，風涼於舞雩之下，歌詠先王之道，而歸夫子之門。」夫子喟然歎曰：「吾與點也。」【注】周曰：「善點獨知時。」正義曰：朱子集注云：「四子侍坐，以齒爲序，則點當次對。以方鼓瑟，故夫子先問求、赤，而後及點也。」「鼓瑟希」者，說文云：「鼓，郭也。从中又，又象其手擊之也。」周官：「小師掌教鼓、鼗、柷、敔、塤、簫、管、弦、歌。」注：「出音曰鼓。」此字虛實兩義，毛晃、岳珂並分「鼓舞」字從鼓，「鐘鼓」字從鼔，非也。方氏觀旭偶記：「爾雅釋樂云：『徒鼓瑟謂之步。』注謂『獨作之』。曾點但鼓瑟，未有口歌。」又云：「少儀云：『侍坐，弗使不執琴瑟。』則點之侍坐鼓瑟，必由夫子使之。」其說並是。「鏗爾」，玉篇引作「摼爾」，廣雅釋言：「鏗，擊也。」「摼」與「鏗」同。說文小徐本「摼」下云：「讀若論語『鏗爾，舍琴而作』。」大徐本作「舍瑟」。段氏玉裁注依小徐本改正。又「䪜」下引此文，段氏亦改「舍琴」。其[illegible]云：「論語釋文云：『鏗，苦耕反。投琴聲。』是則陸氏本作『舍琴而作』，下文云『本今作瑟』者，後人所增語。廣韻曰：『𢷾，琴聲。口茲切。』玉篇曰：『𢷾，口耕切，琴聲。』引論語『𢷾爾舍琴而作。』」案：由段所引，是古本皆作「琴」字。此文孔注云「投瑟之聲」，「投瑟」必「投琴」之誤。釋文所云「投琴」，即本孔注也。作，起也。曲禮云：「侍坐於君子，君子問更端，則起而對。」鄭注：「離席對，敬異事也。君子必令復坐。」此舉問異事，當如前之敬。蓋君子有問於己，皆當起對，對畢就坐。若對未畢，君子詔已坐，亦得坐。若夫子問六言六蔽，子路起而對，夫子復令之坐是也。若然，此三子承夫子之問，並應作而後對。前不言者，從可知也。「撰」，鄭本作「僎」，云「僎讀曰『詮』，詮之言善也。」案：廣韻曰：「詮，善言也。」本鄭義。陳氏鱣古訓曰：「鄉飲酒禮『遵者降席』，注：『今文遵爲僎，或爲全。』是全、僎本通，故讀僎爲詮，非改字也。」案：鄭以點爲謙言，故夫子云「何傷」以解之。若僞孔訓爲「爲政之具」，是正點自負，有異三子，視子路之率爾更有甚矣。以此知鄭義精審，多若此也。釋文云：「亦各言其志，一本作『亦各言其志也。』」今皇、邢本皆有「也」字。「莫春者」，舉時所值言之。釋文本亦作「暮春」。說文無「暮」字，「茻」下云：「日且冥也，從日在茻中。」引申爲遲晚之訓，故此春盡言莫春也。皇本「冠者」上有「得」字。儀禮鄭目録云：「童子任職居士位，年二十而冠。」故曲禮云：『二十曰弱冠。』」白虎通紼冕云：「所以有冠者何？冠者，帣也，所以帣持其髮也。人懷五常，莫不貴德示成，禮有脩飾文章，故制冠以飾首，别成人也。禮所以十九見正而冠者何？漸二十之人耳。男子陽也，成於陰，故二十而冠。」「童子」者，人年十五以上爲成童，此則未冠者也。「浴乎沂，風乎舞雩，詠而歸」者，鄭注云：「沂水出沂山，沂水在魯城南。雩壇在其上。饋，饋酒食也。魯讀『饋』爲『歸』，今從古。」案：水經泗水注：「沂水出魯城東南尼丘山西北〔一〕，平地發泉，流經魯縣故城南。沂水北對稷門，亦曰雩門。門南隔水有雩壇，壇高三丈，曾點所欲風舞處也。」尼丘山即鄭注所云「沂山」。此水在魯城東南，歷城南西，右注泗水，鄭注止云「魯城南」者，就雩壇所在言之。顧氏棟高春秋大事表曰：「沂水在今曲阜縣南二里，西入滋陽縣境，合于泗水，論語所謂『浴乎沂』即此。齊亦有沂水，今沂州府沂水縣西北一百七十里，雕崖山接蒙陰縣界，南流至江南宿遷縣北，匯爲駱馬湖，又南入運河。書『淮、沂其乂』是也。又出武陽之冠石山者，亦謂之沂水，在今兗州府費縣，俗呼小沂水。哀二年『取沂西田』是也。」案：齊之沂水在東，故齊乘以魯沂爲西沂水也。雩壇者，雩時爲壇設祭於此，有樂舞，故曰舞雩。爾雅釋訓：「舞號，雩也。」周官女巫疏引春秋考異郵云：「雩者，吁嗟求雨之聲。」說文：「雩，夏祭樂于赤帝，以祈甘雨也。從雨，于聲。䨁，或從羽，雩，羽舞也。」周官司巫云：「若國大旱，則帥巫而舞雩。」又女巫云：「旱暵則舞雩。」舞師云：「教皇舞，帥而舞旱暵之事。」注云：「旱暵之事，謂雩也。鄭司農云：『皇舞，蒙羽舞。』玄謂皇析五采羽爲之，亦如帗。」是雩祭有樂舞也。雩壇在沂水上，鄭自舉目見言之。水經言「壇高三丈」，其遺蹟也。「饋爲饋酒食」者，周官大宗伯：「以饋食享先王。」鄭注：「言饋食者，著有黍稷。」然則雩祭或亦用黍稷與！鄭君此處注，雖殘佚不完，然以「饋」訓酒食觀之，當以雩祭有酒食事矣。「饋」、「歸」字通用，魯論作「歸」，依本字釋之，少儀「燕遊曰歸」是也。史記弟子列傳「詠而歸」，徐廣曰：「一作『饋』。」史公采古文論語，當本作「饋」，徐廣所見一本是也。論衡雩明雩篇解此文云：「魯設雩祭於沂水之上。『暮』者，晚也。『春』謂四月也。『春服既成』，謂四月之服成也。『冠者』、『童子』，雩祭樂人也。『浴乎沂』，涉沂水也，象龍之從水中出也。『風乎舞雩』，風，歌也。『詠而饋』，詠歌饋祭也，歌詠而祭也。說論

〔一〕原重「山」字，據水經注刪。

之家，以爲浴者，浴沂水中也。風，乾身也。周之四月，正歲二月也，尚寒，安得浴而風乾身？由此言之，涉水不浴，雩祭審矣。春秋左氏傳曰：『啟蟄而雩。』又曰：『龍見而雩。』啟蟄、龍見，皆二月也。春二月雩，秋八月亦雩。春祈穀雨，秋祈穀實。當今靈星，秋之雩也。春雩廢，秋雩在，故靈星之祀，歲雩祭也。孔子曰：『吾與點也。』善點之言，欲以雩祭調和陰陽，故與之也。」案：論衡說與鄭君同異不可知。宋氏翔鳳發微：「按王仲任說論語此條最當。其云『說論之家』，當指魯論，當時今文魯論最盛也。其以雩在正歲二月，則非。蒼龍昏見東方，在正歲四月，始舉雩祭，故左傳『龍見而雩』，杜注以爲『建巳』。若啟蟄，則夏正郊天而非雩。論語『暮春』，春盡爲暮，已將四月，故云『春服既成』，言時已暖也。然建巳之月，亦不可浴水中而風乾身。浴沂，言祓濯於沂水，而後行雩祭。蓋三子者之撰，禮節民心也。點之志，由鼓瑟以至風舞詠饋，樂和民聲也。樂由中出，禮自外作，故孔子獨與點相契。唯樂不可以僞爲，故曾皙託志於此。孔子問：『如或知爾，則何以哉？』何以，言何以爲治？若以魯論所說，則點有遺世之意，不特異三子，並與孔子問意反矣。」又云：「公羊桓五年經：『秋大雩。』注：『使童男女各八人，舞而呼雩，故謂之雩。』疏云：『論語「冠者五六人，童子六七人」，與此異者，彼言「暮春者，春服既成」，明魯人正雩，故其數少，復不言男女。今此書見於經，非正雩也。凡脩雩者，皆爲旱甚而作，故其數多，又兼男女矣。是以司巫職云「若大旱，則帥巫而舞雩」是也。春秋說云「冠者七八人，童子八九人」者，蓋是天子雩也。』又周官司巫疏云：『若四月正雩，非直有男巫女巫，按論語曾皙云：「春服既成，童子六七人，冠者五六人。」兼有此等。』又禮記月令：『仲夏大雩帝，用盛樂。』注：『雩，吁嗟求雨之祭也。雩帝，爲壇南郊之地，雩五精之帝，配以先帝也。自鞀鞞至柷敔皆作曰盛樂，凡他雩用歌舞而已。天子雩上帝，諸侯以下雩上公。』疏云：『正雩則非惟歌舞，兼有餘樂，故論語云「舞雩，詠而歸」是也。』以上三事，皆明論語『舞雩』爲雩祭。」今案：宋説雩在正歲四月，非二月，甚是。又以浴爲祓濯，亦較論衡「涉水」之訓爲確。月令：「仲夏之月，令有司爲民祈祀山川百源，大雩帝，用盛樂，乃命百縣雩祀百辟卿士有益於民者，以祈穀實。」此以雩正祀在五月，不在四月。鄭注以爲禮文有失，又云：「凡周之秋三月之中而旱，亦修雩禮以求雨。」則謂秋時因旱得用雩禮，若不旱，則不雩，與春秋書秋雩之義合。而論衡謂周人一歲再祀，春以二月，秋以八月，是謂秋有雩爲正祀，則以漢禮誤解周制也。又鄭注月令謂「周冬及春夏雖旱，禮有禱無雩」。此説四月正雩之外，若冬春夏有旱，但用禱不雩，惟秋旱得用雩禮。而董氏春秋繁露求雨篇備列春、夏、季夏、秋、冬雩祭之法，或董氏言旱甚則然。鄭君言春、夏、冬用禱者，指小旱言之，若旱甚，亦是用雩禮也。沈氏濤孔注辨僞解「龍見而雩」云：「案古以角、亢爲龍，以星度考之，龍星昏見，蓋在三月。春秋左氏傳：『凡土功，龍見而畢務。』注：『謂今九月，周十一月，龍星角、亢，晨見東方。』周語單子曰：『夫辰角見而雨畢。』注曰：『辰角，大辰蒼龍之角。角，星名也。見者，朝見東方建戌之初，寒露節也。』『天根見而水涸』。注曰：『天根，亢、氐之間也。謂寒露雨畢之後五日，天根朝見。』『本見而草本節解』。注曰：『本，氐也。謂寒露之後十日，陽氣盡。』『駟見而隕霜』。注曰：『駟，天馬房星也。謂建戌之中，霜始降。』『火見而清風戒寒』。注曰：『謂霜降之後。』是蒼龍諸星皆在九月朝見，每差五日，其在三月昏見亦然。故左氏傳梓愼曰：『火見，〔一〕於夏爲三月，於商爲四月，於周爲五月。』三月火見，豈容龍見反在四月？夏小正：『四月，初昏，南門正。』大衍議謂『立夏在井四度，昏角中，南門右星入角，距西五度，左星入角，距東六度』。是四月角星昏中，非初見也。詩周頌噫嘻序：『春夏祈穀於上帝也。』箋曰：『月令孟春

〔一〕「見」，左昭十七年傳作「出」。

「祈穀於上帝」，夏則「龍見而雩」是與？』正義曰：『言「是與」者，爲若不審之辭。』是鄭亦以四月雩祭，經無明文，疑不能定。考漢舊儀，夏則龍星見而始雩。蓋漢以四月爲正雩，故服、鄭因之。據左傳『龍見』，此經『暮春』，則周之雩月，夏正三月也。」今案：沈說甚覈。然左傳郊、雩、嘗、烝，備列四時之祭，則雩之正祭自在四月。沈君以龍見在三月固是，然三月初見，至四月祭之，未爲不可。經云「龍見」，非云「始見」。月令且云「仲夏大雩」，而謂周無夏雩，豈其然乎？詩序「春夏祈穀」，鄭以夏無祈穀，故舉雩祀當之，亦是暗據月令「仲夏大雩」之文，而又未能定，故云「與」以疑之，非疑夏無雩祭也。至沈君以「浴乎沂」爲浴土龍，點言志爲欲逐季氏，卽昭二十五年秋七月上辛、季辛兩雩，此皆附會，於義遠隔，今並削之，不欲滋後世之疑也。予友柳氏興恩解此文，亦從論衡，云「『春服既成』，謂雩時所服」也。國語楚語：「在男曰覡，在女曰巫。是使制神之處位次主，而爲之牲器時服。」韋昭解：「時服，四時服色所宜。」又春秋繁露求雨篇言春雩之制，「祝服蒼衣，小童八人，服青衣而舞之」是也。今案：由繁露文觀之，此「冠者」疑卽祝類，「童子」卽雩舞童子也。「五六人」者，或五人，或六人也。「六七人」者，或六人，或七人也。太平御覽禮儀部：「漢舊儀曰：『禮后稷於東南，常以八月祭，舞者七十二人，冠者五六三十人，童子六七四十二人，爲民祈農報功。』」然則冠者、童子，皆是舞人。而五六、六七，則合七十二人之數。又晉張協洛禊賦「童冠八九」，八九亦合七十二人。疑漢、晉時雩禊之制，本用七十二人，而遂以論語所云「五六」、「六七」以巧合之也。又漢唐扶頌四遠，童冠摳衣受業，五六、六七，化導若神，此以童冠爲曾點弟子，是魯論之說。而隸釋載員興宗答洪丞相書指七十二子，失之遠矣。宋氏翔鳳發微云：「詠是歌詩，所歌蓋絲衣篇也。毛詩篇義曰：『絲衣，繹賓尸。高子曰：「靈星之尸也。」』論衡以靈星爲龍星，龍與靈聲之轉。漢書郊祀志：『高祖詔御史，令天下立靈星祠。』張晏曰：『龍星左角曰天田，則農祥也。晨見而祭之。』論衡祭意篇曰：『靈星之祭，祭水旱也，於禮舊名曰雩。〔一〕雩之禮，爲民祈穀實也。春求雨，秋求實，一歲再祀，蓋重穀也。春以二月，秋以八月。』張晏以爲農祥晨見而祭，王充以爲二月祭，並非稷正。要之，靈星之祭，卽左傳『龍見而雩』。雩祭有壇。蔡邕獨斷：『壇謂築土起堂。』何休公羊莊三年傳注：『土基三尺，土階三等，曰壇。』故絲衣篇曰：『自堂徂基。』又云：『自羊徂牛，鼐鼎及鼒，兕觥其觩，旨酒思柔。』皆饋酒食之事。則高子之説，當是詩古文家舊説也。」今案：靈星一歲再祀，乃是漢制，宋君亦誤以爲周禮。竊以古論解此節爲雩祀，自是勤恤愛民之意。其時或值天旱，未行雩禮，故點卽時言志，以諷當時之不勤民者。家語弟子解：「曾點疾時禮教不行，欲修之，孔子善焉，論語所謂『浴乎沂，風乎舞雩之下』。」以浴沂、風舞雩爲禮教，正與論衡所云「調和陰陽」之旨合。乃漢人解此文，又誤會古論之義，以禊當舞雩。月令：「季春，天子始乘舟。」蔡邕章句：「乘舟，禊於名川也。」論語「暮春者，浴乎沂」，今三月上巳，祓禊於水濱，蓋出於此。張協洛禊賦：「顧新服之既成，將祓除於水濱。」又云：「攜朋接黨，童冠八九。」亦同蔡氏章句之説。沈氏濤十經齋文集云：「考祓禊之禮，於古無徵。晉書束晳傳言『周公卜成洛邑，因流水以泛酒。秦昭王三月上巳，置酒河曲。』出吴均續齊諧記，不足爲據。宋書禮志、續漢志注補引韓詩曰：『鄭國之俗，三月上巳，之溱、洧兩水之上，招魂續魄，秉蘭草，祓除不祥。』則亦以爲溱、洧之淫俗，非鄗、洛之盛典。周禮女巫『掌歲時祓除釁浴』，注：『歲時祓除，如今三月上巳如水上之類。』蓋鄭舉漢法以況周制。西京雜記載：『戚夫人正月上辰，出池邊盥濯，食蓬餌，以祓禊邪，三月上巳，張藥於流水。』續漢禮儀志：『是月上巳，官民皆絜於東流水上，曰洗濯祓除，去宿垢，爲大絜。』是

〔一〕「名」字原誤作「文」，據論衡改。

西漢始於宮闈，東京則沿爲民俗。古祓禳皆除惡之祭。女巫之『祓除』，卽女祝之『禬禳』。禮月令：『九門磔禳，以畢春氣。』注謂『昴有積尸大陵之氣，佚則厲隨而出行，磔牲以禳於四方之神，所以畢止其災』。周禮男巫：『春招弭，以除疾病。』注：『招，招福也。弭讀爲敉，敉，安也，安凶禍也。招弭皆有祀衍之禮。』杜篤祓禊賦謂『巫咸之徒，秉火祈福』，猶存古制。魏、晉以後，但以絲竹觴詠爲樂，而蔡邕、張協之徒，且以論語『舞雩』當之，匪特義異古訓，抑更事乖前典。」案：沈說是也。月令「磔禳」，卽春儺之禮。後世「祓禊」，卽其遺俗，與舞雩爲請雨祈穀實者各別。此則蔡、張誤會古論之旨，妄以「祓禊」當「舞雩」也。○注：「思所以對，故音希。」○正義曰：說文云：「稀，疏也。」稀從希聲，希有鮮少之義。蓋點聞夫子問己，而思所以對，故鼓琴略緩，而其音稀疏也。○注「置瑟」至「之聲」。○正義曰：注以「置」訓「舍」，「起」訓「作」，故云「置瑟起對」也。說文：「僎，具也。」「僎」與「撰」同。周官大司馬「撰車徒」，謂具車徒也。具者，備也。「鏗爾，投瑟之聲」者，投亦置也。「投瑟」，當作「投琴」。○注「包曰」至「之門」。○正義曰：筆解引此注作「孔曰」。「莫春爲季春三月」者，莫，晚也。季，少也。凡四時首月爲孟，次月爲仲，末月爲季。此三月是春末月，故言「季春三月」也。周正建子，以十一月爲歲首，而仍用夏令，則莫春謂建辰月矣。「單袷」者，夏小正云：「二月，往耰黍，襌。」「襌」與「單」同。玉藻云：「襌爲絅。」凡衣有裏曰袷，無裏曰襌。說文云：「袷，衣無絮。」史記匈奴傳：「服繡袷綺衣。」注引字林，與說文同。今人稱裌衣，亦袷之轉聲。凡單袷皆是春服，故注舉以言之。「風涼於舞雩之下」者，言魯人時正舞雩，點往其下，得風涼適體也。後漢書仲長統傳：〔一〕「仲長統欲卜居清曠，以樂其志，論之曰：『諷於舞雩之下，詠歸高堂之上。』」與此包注意同爲魯論說也。惟「風」

〔一〕「仲長統傳」原誤作「王符傳」，據後漢書改。

字作「諷」，或係叚借。李賢注以古論之義解之，非也。○注：「善點獨知時。」○正義曰：皇疏引李充云：「善其能樂道之時，逍遥游泳之至也。」三子者出，曾皙後。曾皙曰：「夫三子者之言何如？」子曰：「亦各言其志也已矣。」曰：「夫子何哂由也？」曰：「爲國以禮，其言不讓，是故哂之。」【注】包曰：「爲國以禮，禮貴讓，子路言不讓，故笑之。」「唯求則非邦也與？」「安見方六七十如五六十而非邦也者？」「唯赤則非邦也與？」「宗廟會同，非諸侯而何？【注】孔曰：「明皆諸侯之事，與子路同。徒笑子路不讓。」赤也爲之小，孰能爲之大？」【注】孔曰：「赤謙言『小相』耳，誰能爲大相？」　正義曰：「夫子何哂由也」，皇本「夫子」作「吾子」。「曰爲國以禮」，「曰」上有「子」字。「唯求」、「唯赤」二語，皇、邢疏皆謂「夫子語」，是也。夫子以求、赤所言，皆爲邦之事，而求祇言能仕方六七十如五六十之小地，赤祇言能爲小相，則所言皆讓，與子路異，故夫子反言以明之。言方六七十如五六十，安見非邦？宗廟會同，皆諸侯之事，安見不能爲大相？而二子之言皆讓，故無可譏議也。「安見」，釋文作「焉見」，云：「焉，於虔反，本今無此字。」盧氏文弨攷證曰：「古焉、安二字通用。」禮記三年問「焉」字，荀子禮論篇皆作「安」。校者不知，因云「今本無」。釋文又云：「宗廟會同，本或作『宗廟之事如會同』，非。諸侯而何，一本作『非諸侯如之何』。」皇本、唐石經初刻，均與釋文一本同。又皇本「小」、「大」下各有「相」字。

論語正義卷十五

顏淵第十二　集解

凡二十四章　正義曰：釋文云：「子路無宿諾，或分此爲別章。」

1 顏淵問仁。子曰：「克己復禮爲仁。【注】馬曰：「克己，約身。」孔曰：「復，反也。身能反禮，則爲仁矣。」一日克己復禮，天下歸仁焉。【注】孔曰：「一日猶見歸，況終身乎？」爲仁由己，而由人乎哉？」【注】孔曰：「行善在己，不在人也。」正義曰：「克」，皇本作「剋」。克己復禮，所以爲仁。「爲」猶事也，謂用力於仁也。下句「爲仁由己」義同。左昭十二年傳言楚右尹子革，諷靈王以祈招之詩，「王揖而入，饋不食，寢不寐，不能自克，以及于難。仲尼曰：『古也有志：「克己復禮，仁也。」信善哉！楚靈王若能如是，豈其辱于乾谿？』」是「克己復禮爲仁」乃古成語，而夫子引之。「一日克己復禮，天下歸仁」者，言己誠爲仁，人必知之，故能歸仁，己得成名也。言「天下」者，大之也。毛氏奇齡稽求篇：「禮記哀公問：『百姓歸之名，謂之君子之子。』則歸亦祇是名謂之義。先教諭云：『漢長安令楊興說史高「將軍誠召置幕府，學士歸仁」。後漢和帝皇太后詔稱「大尉鄧彪海內歸仁，爲羣賢首」。言甚夸大，而不嫌於僭悖者，祇稱名也。』今案：漢書王莽傳贊：「宗族稱孝，師友歸仁。」後漢書郎顗傳：「昔顏子十八，天下歸仁。」並以「歸仁」爲稱仁。禮記禮器云：

「故君子有禮，則外諧而內無怨。故物無不懷仁，鬼神饗德。」鄭注以「懷仁」即「歸仁」。「懷」、「歸」並訓稱也。〇注「克己」至「仁矣」。〇正義曰：爾雅釋詁：「克，勝也。」又「勝，克也」。轉相訓。此訓「約」者，引申之義。顏子言夫子「博我以文，約我以禮」，「約」如「約束」之約，「約身」猶言修身也。後漢書安帝紀：「夙夜克己，憂心京京。」鄧皇后紀：「接撫同列，常克己以下之。」祭遵傳：「克己奉公。」何敞傳：「宜當克己，以酬四海之心。」凡言「克己」，皆如約身之訓。法言謂「勝己之私之謂克」，此又一義。劉炫援以解左傳「克己復禮」之文，意指楚靈王多嗜慾、誇功伐而言。乃邢疏卽援以解論語。朱子集注又直訓「己」爲「私」，並失之矣。「復、反」者，反猶歸也。吾將有所視、聽、言、動，而先反乎禮，謂之復禮。非謂己先有私，己先無禮，至此乃復也。顏淵曰：「請問其目。」【注】包曰：「知其必有條目，故請問之。」子曰：「非禮勿視，非禮勿聽，非禮勿言，非禮勿動。」【注】鄭曰：「此四者，克己復禮之目。」顏淵曰：「回雖不敏，請事斯語矣。」【注】王曰：「敬事此語，必行之。」正義曰：「勿」者，禁止之辭。視、聽、言、動，皆在己不在人，故爲仁由己，不由人也。「動」猶行也，謂所行事也。禮中庸云：「齊明盛服，非禮不動，所以修身也。」蓋視、聽、言、動，古人皆有禮以制之，若曲禮、少儀、內則諸篇及賈子容經所載，皆是其禮。惟能克己復禮，凡非禮之事，所接於吾者，自能有以制吾之目而勿視，制吾之耳而勿聽，制吾之口而勿言，制吾之心而勿行。所謂克己復禮者如此。春秋繁露天道施篇：「夫禮，體情而防亂者也。民之情，不能制其欲，使之度禮。目視正色，耳聽正聲，口食正味，身行正道，非奪之情，所以安其情也。」周語單子論晉侯事曰：「步、言、視、聽，必皆無謫，則可以知德矣。視遠，日絕其義；足高，日棄其德；言爽，日反其信；聽淫，日離其名。夫目以處義，足以踐德，口以庇信，耳以聽名，故不可不慎也。」然則視、聽、言、動，古人皆致慎之，所以勉成德行，而不使不仁者加乎其身也。樂記云：「是故君子反情以和其志，比類以成其行。姦聲亂色，不留聰明；淫樂慝禮，不接心術；惰慢邪辟之氣，不設於身體。使耳、目、鼻、口、心知、百體，皆由順正，以行其義。」即此文所嚴非禮諸事也。○注：「知其必有條目，故請問之。」○正義曰：「目」者，如人目有所識別也。凡行事撮舉總要謂之目。注言「條目」者，非止一目，當有細數，若木枝條也。古人爲學，皆有數記，所以備循習，戒遺忘。故此注言「條目」，知必有之也。鄭注云：「欲知其要。顏回意以禮有三百三千，卒難周備，故請問其目。」是目爲事之要。周官簭人：「四曰巫目。」注云：「目，謂事衆，筮其要所當也。」亦訓「目」爲「要」。

2 仲弓問仁。子曰：「出門如見大賓，使民如承大祭。【注】孔曰：「爲仁之道，莫尚乎敬。」己所不欲，勿施於人。在邦無怨，在家無怨。」【注】包曰：「在邦爲諸侯，在家爲卿大夫。」仲弓曰：「雍雖不敏，請事斯語矣。」

正義曰：史記弟子傳作「仲弓問政」。馮氏登府異文考證以爲古論，然前後章皆是問仁，不應此爲問政，史記誤也。「出門」，謂出大門，與人相接晤時也。「如見大賓」，見謂往迎賓也。賓位尊於己，故稱大也。凡迎賓之禮，賓降等者於門內，賓敵者或尊者皆於門外。此言「出門」，又言「大賓」，故知是尊於己也。「承」者，說文云：「承，奉也，受也。」「如見大賓」、〔一〕「如承大祭」，言仁者能敬畏人，故能愛人也。左僖三十三年傳：「晉臼季曰：『臣聞之，出門如賓，承事如祭，仁之則也。』」亦古有此語，而臼季及夫子引之。傳言「承事」，此言「使民」，文略不同。「施」猶加也。韓詩外

〔一〕「見」原誤作「承」，據經文改。

傳：「己惡饑寒焉，則知天下之欲衣食也；己惡勞苦焉，則知天下之欲安佚也；己惡衰乏焉，則知天下之欲富足也。知此三者，聖王所以不降席而匡天下。故君子之道，忠恕而已矣。」由外傳此言觀之，「己所不欲，勿施於人」，則己所欲，必又當施諸人。故孟子言仁者「得民之心有道，所欲與之聚之，所惡勿施爾也」是也。翟氏灝考異：「管子小問篇引語曰：『非其所欲，勿施於人，仁也。』是『勿施』二句亦古語。在邦謂仕於諸侯之邦，在家謂仕於卿大夫家也。觀下篇子張問士，夫子告以在邦在家可證。包注以在邦指諸侯，在家指卿大夫，失之矣。在邦、在家無怨者，言仁者愛人，故人亦愛之，無可復怨也。」

3司馬牛問仁。子曰：「仁者，其言也訒。」【注】孔曰：「訒，難也。牛，宋人，弟子司馬犂。」曰：「其言也訒，斯謂之仁矣乎？」子曰：「爲之難，言之得無訒乎？」【注】孔曰：「行仁難，言仁亦不得不難。」

正義曰：釋文：「訒或作仞。」案：「仞」是叚借字，汗簡引古論作「吻」。鄭注云：「訒，不忍言也。」此注文不備，莫曉其義。包氏慎言溫故錄：「公羊宣八年〔一〕：『冬十月己丑，葬我小君頃熊，雨不克葬。庚寅，日中而克葬。』傳：『而者何？難也。乃者何？難也；曷爲或言而、或言乃？乃難乎而也。』注：『孔子曰：「其爲之也難，言之得無訒乎？」皆所以起孝子之情也。』案：依何氏意，似訒者謂其辭之委曲煩重，心有所不忍，而不能徑遂其情，故言之亦多重難。鄭注云：『訒，不忍言也。』說與何氏同。牛之兄桓魋，有寵於宋景公，而爲害於公，牛憂之，情見乎辭，兄弟怡怡，不以義傷恩也。而魋之不共，上則禍國，

〔一〕「八」原誤作「七」，據公羊傳改。

下致絕族，爲之弟者，必須涕泣而道。徐遵明公羊疏申解論語云：『言難言之事，必須而訒言之。』蓋訒而言，正所以致其不忍之情，故夫子以爲仁。」案：包說或得鄭義。若然，則「爲之」猶言處之也。「斯謂之仁矣乎」，皇本「斯」下有「可」字，「矣乎」上有「已」字。○注：「訒，難也。牛，宋人，弟子司馬犂。」○正義曰：說文：「訒，頓也」。「頓」與「鈍」同。此訓難者，引伸之義。荀子正名篇：「外是者謂之認。」楊倞注：「認，難也。」「認」與「訒」同。犂爲宋桓魋弟，故曰宋人。史記仲尼弟子傳：「司馬耕，字子牛。」是牛名耕，不名犂，此注不知何本。○注：「行仁難，言仁亦不得不難。」○正義曰：此以「言」爲言仁，則上文「其言也訒」，謂仁者不輕言仁也。皇疏引江熙曰：「禮記云：『仁之爲器重，其爲道遠，舉者莫能勝也，行者莫能致也。勉於仁者，不亦難乎？』夫易言仁者，不行之者也。行仁然後知勉仁爲難，故不敢輕言也。」案：此注亦通。

4 司馬牛問君子。子曰：「君子不憂不懼。」【注】孔曰：「牛兄桓魋將爲亂，牛自宋來學，常憂懼，故孔子解之。」曰：「不憂不懼，斯謂之君子已乎？」子曰：「內省不疚，夫何憂何懼？」【注】包曰：「疚，病也。自省無罪惡，無可憂懼。」

正義曰：皇本作「斯可謂君子已乎」。○注「牛兄」至「解之」。○正義曰：「不憂不懼」，卽仁者不憂、勇者不懼之義。注謂牛憂懼，夫子以不憂不懼解之。夫桓魋謀亂，有覆宗絕世之禍，牛爲之弟，豈得漠然無動於心？孟子謂「越人關弓射我，我談笑而道之；其兄關弓而射我，則己垂涕泣而道之。」如此乃爲親親，乃爲仁。今牛因兄爲亂，常致憂懼，乃人倫之變，人情之所萬不能已者，而夫子解以「不憂不懼」，是教牛以待越人者待兄也。悖義傷教，遠失此經之旨。云「自宋來學」者，據桓魋未作亂，司馬牛來學於夫子時也。○注：「疚、病也。」○正義曰：「疚、病」，爾雅釋詁文。禮中庸云：「故君子內省不疚，無惡於志，君子之所不可及者，其惟人之所不見乎？」鄭注：「疚，病也。君子自省，身無愆病。」

5 司馬牛憂曰：「人皆有兄弟，我獨無。」【注】鄭曰：「牛兄桓魋行惡，亡無日，我爲無兄弟。」子夏曰：「商聞之矣：死生有命，富貴在天。君子敬而無失，與人恭而有禮，四海之內皆兄弟也，君子何患乎無兄弟也？」【注】包曰：「君子疏惡而友賢，九州之人，皆可以禮親。」

正義曰：「商聞之」，謂聞諸夫子也。錢氏大昕潛研堂集：「此文自『死生有命』至『四海之內皆兄弟也』，皆子夏述所聞之言。蓋牛以無兄弟爲憂，故引『四海皆兄弟』之文爲證，乃以『何患無兄弟』足成之。若但云『死生有命，富貴在天』，則與無兄弟之憂何與焉？」案：錢說是也。論衡命祿〔一〕、辨祟篇引此文，皆作孔子語可證。戴氏望注云：「牛以魋故，喪其世祿，出奔他國，故稱天言命，以寬牛之憂。明有命當順受，其正在天，非人所能爲。」李氏惇羣經識小：「案向魋既奔衛，牛致邑與珪而適齊。及魋復奔齊，牛復致邑而適吳，吳人惡之而反，趙簡子召之，陳成子亦召之，因過魯而卒於魯郭門之外。此憂想當其時，故死生富貴，子夏以解其意，未幾而卒，則或以憂而死矣。」「有命」謂祿命也。「有命」、「在天」，互文見義。「敬而無失」，謂修己以敬，無所放失也。「四海之內皆兄弟」，言四海之內皆與吾親，如兄弟也。大戴禮曾子制言上：「曾子門弟子或將之晉，曰：『吾無知焉。』曾子曰：『何必然！往矣。有知焉謂之友，無知焉謂之主。且夫君子執仁立志，先行後言，千里之外，皆爲兄弟。苟是之不爲，則雖汝親，庸孰能親汝乎？』」說苑雜言篇：「夫子曰：『敏其行，修其禮，千里之外，親如兄弟。若行不敏，禮不合，對門不

〔一〕「命祿」二字原誤倒，據論衡乙正。

通矣。』」並與此文義相發。皇本「皆」下有「爲」字。阮氏元校勘記：「鹽鐵論和親章及文選蘇子卿古詩注並引此文，有『爲』字。」○注：「牛兄桓魋行惡亡無日，我爲無兄弟。」○正義曰：邢疏云：「案哀十四年左傳云：『宋桓魋之寵，害於公，公將討之。未及，魋先謀公，公知之，召皇司馬子仲及左師向巢，以命其徒攻桓氏。向魋遂入於曹以叛。民叛之。而奔衞，遂奔齊。』是其行惡死亡之事也。」案：魋弟尚有子頎、子車並黨惡，魋兄向巢伐魋不克，欲質大夫以入，不能，亦入于曹，後遂來奔，故曰「我爲無兄弟」，明不專指魋一人言。○注「君子」至「禮親」。○正義曰：注以與人雖當恭而有禮，然人不皆賢，又牛正以兄弟不賢爲憂，故以「疏惡」、「友賢」言之。「九州」者，周仍夏制，有九州，見職方氏。注以經言「四海」，嫌有四夷荒遠，故但舉中國，以「九州」言之。

6 子張問明。子曰：「浸潤之譖，膚受之愬，不行焉，可謂明也已矣。【注】鄭曰：「譖人之言，如水之浸潤，漸以成之。」馬曰：「膚受之愬，皮膚外語，非其內實。」浸潤之譖，膚受之愬，不行焉，可謂遠也已矣。」【注】馬曰：「無此二者，非但爲明，其德行高遠，人莫能及。」

正義曰：「明」者，言任用賢人，能不疑也。荀子解蔽篇：「傳曰：『知賢之謂明。』」春秋繁露五行五事篇：「視曰明。明者知賢不肖者，分明黑白也。」漢書五行志：「故堯、舜舉羣賢而命之朝，遠四佞而放諸壄。孔子曰：『浸潤之譖，膚受之訴，不行焉，可謂明矣。』」觀班志所言，是明謂知人。周書謚法解：「譖訴不行曰明。」然則夫子答子張亦是舉明謚告之矣。說文：「譖，愬也。從言，朁聲。𧦝，告也。從言，㡿聲。⿰言朔、𧦝或從言朔。愬、𧦝或從朔心。」五行志引論語「愬」作「訴」，當爲「𧦝」或體。「遠」者，言明之所及者遠，凡民情事，無不周知也。

漢書劉向傳：「讒邪之所以並進者，由上多疑心，既已用賢人而行善政，如或譖之，則賢人退而善政還。夫執狐疑之心者，來讒賊之口；持不斷之意者，開羣枉之門。讒邪進則衆賢退，羣枉盛則正士消。」由向此言觀之，凡人君信譖愬之言，皆由君心多疑所致，多疑即是不明也。荀子致士篇：「衡聽、顯幽、重明、退姦、進良之術，朋黨比周之譽，君子不聽；殘賊加累之譖，君子不用；隱忌雍蔽之人，君子不近；貨財禽犢之請，君子不許。凡流言、流說、流事、流謀、流譽、流愬，不官而衡至者，君子慎之。」是衡聽、顯幽，乃絶譖愬之萌。漢書梅福傳：「博覽兼聽，謀及疏賤，令深者不隱，遠者不塞，所謂『辟四門、明四目』也。」如此，則讒賊奚由而至，即有一二宵小，妄施譖愬，而人君知人之明終不可欺掩之也。○注「譖人」至「內實」。○正義曰：說文「寖」本水名，此作「浸」，即「寖」之省。廣雅釋詁：「寖，漬也。寖，積也。潤，益也，漬也。」漢書高五王傳：「事浸淫聞於上。」顏師古注：「浸淫，猶言漸染也。」此言「譖」者，徐徐用言來說己，如水漸漬，久之生潤濕，令人常不覺也。「皮膚外語，非其內實」者，說文：「臚，皮也。膚，籀文臚。」釋名釋形體：「膚，布也，布在表也。」愬者本無情實，而徒爲皮膚外語，故曰「膚受」。以其在外所受，非內實如此。文選東京賦：「末學膚受。」注：「膚受，謂皮傅之，不經于心匈。」即馬義也。陳氏鱣古訓曰：「後漢戴憑傳注：『論語孔子曰：「膚受之訴。」注云：「謂受人之訴辭，皮膚之，不深知其情核也。」』按此與馬說小異，似是鄭注。」今案皇疏亦謂「馬此注與鄭不類」，而未引鄭注之文。今戴憑傳注以「受」爲聽者所受，後漢張法滕馮度楊傳論：「膚受之言互及。」李賢注：「謂得皮膚之言而受之，不知其情核者也。」正戴憑傳注所引論語注之義。此與馬注膚受爲喻言不同，故皇氏、陳氏皆各辨之。然聽者既已受之，奚有不行之明？終是馬義勝也。

7 子貢問政。子曰：「足食，足兵，民信之矣。」子貢曰：「必不得已而去，於斯三者何先？」曰：「去兵。」子貢曰：「必不得已而去，於斯二者何先？」曰：「去食。自古皆有死，民無信不立。」【注】孔曰：「死者，古今常道，人皆有之。治邦不可失信。」　正義曰：「足食」者，禮王制云：「冢宰制國用，必於歲之杪。五穀皆入，然後制國用。用地小大，視年之豐耗。以三十年之通制國用，量入以爲出。」又云：「國無九年之蓄曰不足，無六年之蓄曰急，無三年之蓄曰國非其國也。」荀子富國篇云：「足國之道，節用裕民，而善臧其餘。」是足食由於能制國用，有餘蓄，則藏穀以備凶荒。周官倉人云「掌粟入之藏，有餘則藏之，以待凶而頒之」是也。「足兵」者，說文云：「兵，械也。从廾持斤，并力之貌。」周官司右「五兵」注引司馬法曰：「弓矢圍，殳矛守，戈戟助。」兵本戰器，因而執兵之人亦曰兵。左隱四年：「諸侯之師，敗鄭徒兵。」又襄元年：「敗其徒兵於洧上。」皆謂士卒也。此文「足兵」、「去兵」，兼有兵器與人。顧氏炎武日知錄謂「以執兵之人爲兵，始於秦、漢」，非也。春秋穀梁傳：「天子有六軍，諸侯上國三軍，次國二軍，下國一軍。」金氏鶚禮說：「天子六軍，出于六鄉；大國三軍，出于三鄉。蓋家出一人爲兵也。又三遂亦有三軍，三鄉爲正卒，三遂爲副卒，鄉遂出兵而不出車，都鄙出車而不出兵。孔仲達成元年『丘甲』疏云：『古者天子用兵，先用六鄉；六鄉不足，取六遂；六遂不足，取都鄙及諸侯。若諸侯出兵，先盡三鄉三遂；鄉遂不足，然後徧徵境內。』賈公彥小司徒疏亦云：『大國三軍，次國二軍，小國一軍，皆出于鄉遂。猶不止，徧境出之。』」今案：兵制咸有定額，所以患不足者，容民貧寡，不及出軍之數。又平時武事多未講，車甲朽頓，備防不設，此雖空有兵籍，實則不足。觀公孫輒言「魯有名而無情」，而「晉車千乘」，「衞車甫及其半」，皆由兵不足之故。故「騋牝三千」，詩人以美衞文，「公車千乘，公徒三萬」，閟宮又美魯僖，可見當時兵多不能足也。「民信之」者，「民」字當略讀。「信」謂上予民以信也。大戴禮主言云：「其禮可守，其信可復，其跡可履。其於信也，如四時春秋冬夏；其博有萬民也，如飢而食，如渴而飲。下土之人信之夫！〔一〕暑熱凍寒，遠若邇，非道邇也，及其明德也。是以兵革不動而威，用利不施而親，此之謂明王之守也。折衝乎千里之外，此之謂也。」又晉語箕鄭對晉文公曰：「信於君心，信於名〔二〕，信於令，信於事。信於君心，則美惡不踰；信於名，則上下不干；信於令，則時無廢功；信於事，則民從事有業。」咸以信爲政要，故夫子言「道千乘之國」，亦云「敬事而信」也。「民信之」與「足食」、「足兵」爲三政，故子貢言於斯三者。鄭注云：「政有此三者，則國彊也。」言「國彊」者，明夫子此言爲國貧弱言之。若本彊國，但須民信之，不煩言「足食、足兵」矣。不得已而去者，言三者本不宜去，若不得已，如國凶札禍裁之類，政不及備者乃去也。「去兵」謂去力役之征。周書糴匡解：「年饑則兵備不制。」又云：「男守疆，戎禁不出。」是凶歲去兵。其時雖輕徭薄賦，然食政猶未去，所謂「凶年則寡取之」者也。去兵而有食與信，與民固守，自足立國也。「去食」者，謂去兵之後，勢猶難已，凡賦稅皆蠲除，周官均人所謂「凶札，則無力政，無財賦，不收地守地職」。又發倉廩以振貧窮，周書大匡解：「農廩分鄉，鄉命受糧，成年不償，信誠匡助，以輔殖財。」是凶荒去食也。若信則終不可去，故曰「自古皆有死，民無信不立」，明去兵、去食，極其禍難，不過人君國滅身死，然自古人皆有死，死而君德無所可譏，民心終未能忘，雖死之日，猶生之年，況民戴其上，如手足之衛身，子弟之衛父兄，雖值危難，其猶可以濟。是故信者，上所以治民之準也。苟無信，雖足兵、足食，猶不能守，況更值不得已，而兵食皆將去之乎？晉語云：「晉饑，公問於箕鄭曰：『救饑何以？』對曰：『信。』」又云：「於是乎

〔一〕「信之」下原衍「若」字，據大戴禮記解詁刪。　〔二〕「名」原誤作「民」，據國語改。

民知君心，貧而不懼，藏出如入，何匱之有？」可知信能立國，雖箕鄭亦知此義矣。鄭此注云：「言人所特急者，食也。自古皆有死，必不得已，食又可去也。」「民無信不立」，言民所最急者，信也。皇疏引李充曰：「朝聞道，夕死，孔子之所貴。捨生取義，孟軻之所尚。自古有不亡之道，而無有不死之人，故有殺身非喪己，苟存非不亡己也。」皇本「民信」上有「令」字。釋文：「『於斯三者』一讀，『而去於斯』爲絕句。」又「去兵」下「子貢曰」，皇本無「子貢」二字，「無信」作「不信」。

8 棘子成曰：「君子質而已矣，何以文爲？」【注】鄭曰：「舊說云：棘子成，衞大夫。」子貢曰：「惜乎！夫子之說君子也，駟不及舌。【注】鄭曰：「惜乎，夫子之說君子也，過言一出，駟馬追之不及。」文猶質也，質猶文也。虎豹之鞟，猶犬羊之鞟。」【注】孔曰：「皮去毛曰鞟。虎豹與犬羊別，正以毛文異耳。今使文質同者，何以別虎豹與犬羊耶？」正義曰：「棘子成」，皇本「成」作「城」。「何以文爲」，「以」，用也。「爲」，語助辭。說見王氏引之經傳釋詞。下篇「雖多亦奚以爲」，「何以伐爲」，「無以爲也」，訓義並同。夫子言「文質彬彬，然後君子」，棘子成或聞其語，妄以君子但當尚質，不必用文，故子貢惜其說君子爲易言，雖追悔之，無及於舌也。「文猶質，質猶文」者，禮無本不立，無文不行，是文、質皆所宜用，其輕重等也。「虎豹」、「犬羊」，皆獸名。鄭注云：「鞟，革也。革者，皮也。」詩載馳正義引說文：「鞟，革也。」今本說文作「鞹」，云「皮去毛也」，與詩疏所引異。然「鞟」爲「革」，凡去毛不去毛，皆得稱之，不必專主去毛一訓。周易象下傳：「大人虎變，其文炳也；君子豹變，其文蔚也。」此文「虎豹之鞟」喻文，「犬羊之鞟」喻質。虎豹、犬羊，其皮各有所用，如文質二者不宜偏有廢置也。皇本作「鞹」，說文亦引作「鞹」。又「犬羊之鞟」下，皇本有「也」字。

○注「舊説云：棘子成，衛大夫。」○正義曰：稱「舊説」者，箸所自也。漢書古今人表、三國志秦宓傳作「革子成」，「棘」、「革」通用。如詩「匪棘其欲」，禮器作「匪革其猶」。列子湯問篇「殷湯問於夏革」，莊子逍遙游「湯之問棘也」，皆可證。莊子釋文引「李云：『湯時賢人。』又云：『是棘子。』」鹽鐵論相刺篇：「紂之時，内有微、箕二子，外有膠鬲、棘子。」〔一〕疑棘子本殷人，衛居殷都，棘子成卽棘子後也。知爲大夫者，以子夏云「夫子」，當時稱大夫皆爲夫子也。○注「惜乎」至「不及」。○正義曰：説文云：「駟，一乘也。」詩清人箋「駟，四馬也。」言出於舌，過誤一成，雖駕馬追之，亦無及也。緇衣注云：「駟馬不能及，不可得悔也。」○注「皮去」至「羊耶」。○正義曰：注以「文猶質」、「質猶文」卽説棘子，故解爲「文質同」。謂棘子成同文於質，無所分別，故喻以虎豹、犬羊，咸去毛則皮亦無所別也。然棘子棄文用質，非有文質同之見，注此義失之。

9 哀公問於有若曰：「年饑，用不足，如之何？」有若對曰：「盍徹乎？」【注】鄭曰：「盍，何不也。周法：什一而税謂之徹。徹，通也。爲天下之通法。」曰：「二，吾猶不足，如之何其徹也？」【注】孔曰：「二謂什二而税。」對曰：「百姓足，君孰與不足？百姓不足，君孰與足？」【注】孔曰：「孰，誰也。」　正義曰：釋文云：「饑，鄭本作飢。」舊有一説云：哀公十二年、十三年，皆有螽，連年用兵於邾，又有齊警，此所以年饑而用不足也。愚謂此問當在十二年用田賦之前，故云「二吾猶不足」，明據宣公税畝爲用二也。但哀公十二年以前，春秋未書年饑，疑當是穀收歛薄，未至成災，抑因用不足，故爲此言。若在哀十二年後，則與「二，吾猶不足」之文不合，殆未然也。俞氏正燮癸巳

〔一〕「外」下「有」字原脱，據鹽鐵論補。

類稿：「哀公言『年饑，用不足』，用者，布縷之征，力役之征。民有食而後能輸賦役，有若請留民食以裕國用。蓋徹者，米粟之征。言徹，則年饑之民庶足食，君孰與不足用也。宣公十五年：『初稅畝。』左傳云：『非禮也。穀出不過藉，以豐財也。』亦言民足食則賦役之用供，故爲豐財之禮。荒政務在使民得食，君卿從無年饑不足食之事，惟必欲取二，則民散賦缺，不足用耳。大司徒『荒政十二』：『二曰薄征。』故有若於饑年言徹足用，此籌國老謀至計，蓋用非米粟也，徹非賦役也。」「百姓」者，說文云：「姓，人所生也。」民不一姓，故稱百焉。「百姓足，君孰與不足」者，言貨財皆出於民，百姓足用，君亦足用也。「百姓不足，君孰與足」者，言百姓不足用，君亦不足也。「與」，如「取與」之與。漢書谷永傳「與」作「予」，通用字。荀子富國篇：「下貧則上貧，下富則上富。故田野縣鄙者，財之本也；垣窌倉廩者，財之末也；百姓時和，事業得叙者，貨之源也；等賦府庫者，貨之流也。故明主必謹養其和，節其流，開其源，而時斟酌焉。潢然使天下必有餘，而上不憂不足。如是，則上下俱富，交無所藏之，是知國計之極也。故禹十年水，湯七年旱，而天下無菜色者，十年之後，年穀復孰，而陳積有餘，是無它故焉，知本末源流之謂也。」淮南子主術訓：「夫民之爲生也，一人蹠耒而耕，不過十畝。中田之獲，卒歲之收，不過畝四石。妻子老弱，仰而食之。時有涔旱災害之患，無以給上之徵賦、車馬、兵革之費，由此觀之，則人之生憫矣。夫天地之大計：三年耕而餘一年之食，率九年而有三年之畜，十八年而有六年之積，二十七年而有九年之儲，雖涔旱災害之殃，民莫困窮流亡也。故國無九年之畜謂之不足，無六年之積謂之憫急，無三年之畜謂之窮乏。故有仁君明王，其取下有節，自養有度，則得承受於天地，而不離饑寒之患矣。若貪主暴君撓於其下，侵漁其民，以適無窮之欲，則百姓無以被天和而履地德矣。」二文並足發明此文之旨。說苑政理篇：「魯哀公問政於孔子。對曰：『政有使民富。』哀公曰：

『何謂也？』孔子曰：『薄賦斂，則民富矣。』公曰：『若是，則寡人貧。』孔子曰：『詩云：「凱悌君子，民之父母。」未見其子富而父母貧者也。』」與此章問答正同。○注「周法」至「通法」。○正義曰：邢疏云：「公羊傳曰：『古者什一而藉。什一者，天下之中正也。多乎什一，大桀小桀。寡乎什一，大貉小貉。什一者，天下之中正也。什一行而頌聲作矣。』穀梁傳亦云：『古者什一而藉。』孟子云：『夏后氏五十而貢，殷人七十而助，周人百畝而徹，其實皆什一也。』趙岐注云：『民耕五十畝者，貢上五畝；耕七十畝者，以七畝助公家；耕百畝者，徹取十畝以爲賦。雖異名而多少同，〔一〕故云皆什一也。』書傳云『十一』者多矣，故杜預云：『古者公田之法，十取其一。』謂十畝內取一。舊法既已十畝取一矣，春秋魯宣公十五年『初稅畝』，又履其餘畝，更復十收其一，乃是十取其二，故此哀公曰『二，吾猶不足』，謂十內稅二，猶尚不足。則從宣公之後，遂以十二爲常，故曰初。言初稅十二，自宣公始也。諸書皆言十一而稅，而周禮載師云『凡任地，近郊十一，遠郊二十而三，甸稍縣都皆無過十二，漆林之征二十而五』者，彼謂王畿之內所共多，故賦稅重，諸書所言『什一』，皆謂畿外之國。故此鄭玄云：『什一而稅謂之徹。』徹，通也。爲天下之通法，言天下皆什一耳，不言畿內亦什一也。」詩甫田孔疏云：「周制有貢有助。助者，九夫而稅一夫之田；貢者，什一而貢一夫之穀。通之二十夫而稅二夫，是爲什中稅一也。故冬官匠人注廣引經傳而論之云：『周制畿內，用夏之貢法，稅夫，無公田。邦國用殷之助法，制公田，不稅夫。貢者，自治其所受田，貢其稅穀。助者，借民之力，以治公田，又使收斂焉。諸侯謂之徹者，通其率以什一爲正。孟子云：「野九夫而稅一，國中什一。」是邦國亦異外內之法耳。』是鄭解通率爲什一之事也。孟子又云：『方里而井，井九百畝，其中爲公田。八家皆私百畝，同養公田。

〔一〕「而」原誤作「義」，據孟子趙岐注改。

公事畢，然後敢治私事，所以別野人也。』是說助法井別一夫以入公也。云『別野人』者，別野人之法，使與國中不同也。助法既言百畝爲公田，則使自賦者，明是自治其田，貢其稅穀也。助則九而助一，貢則什一而貢一，通率爲什一也。如鄭之言，邦國亦異外內，則諸侯郊內貢、郊外助矣。而鄭正言畿內用貢法，〔一〕邦國用助法，以爲諸侯皆助者，以諸侯郊內之地少，郊外助者多，故以邦國爲助，對畿內之貢爲異外內也。史傳說助貢之法，惟孟子爲明。鄭據其言，以什一而徹爲通外內之率，理則然矣。而食貨志云：『井方一里，是九夫。八家共之，各受私田百畝，公田十畝，〔二〕是爲八百八十畝，餘二十畝爲廬舍。』其言取孟子爲說，而失其本旨。班固既有此言，由是羣儒遂謬。何休之注公羊，范寧之解穀梁，趙岐之注孟子，宋均之說樂緯，咸以爲然，皆義異於鄭，理不可通。何則？言『井九百畝，其中爲公田』，則中央百畝，共爲公田，不得家取十畝也。又言『八家皆私百畝』，則百畝皆屬公矣，何得復以二十畝爲廬舍也？言『同養公田』，是八家共理公事，何得家分十畝自治之也？若家取十畝各自治之，安得謂之『同養』也？若二十畝爲廬舍，則家二畝半亦入私矣。則家別私有百二畝半，何得爲八家皆私百畝也？此皆諸儒之謬。鄭於匠人注云『野九夫而稅一』，此箋云『井稅一夫，其田百畝』，是鄭意無家別公田十畝及二畝半爲廬舍之事。俗以鄭說同於諸儒，是又失鄭旨矣。」案：詩疏引申鄭義甚詳辨，然鄭氏以徹法爲諸侯郊內貢，郊外助，因訓徹爲通，近儒亦不從之，而多以趙岐孟子注爲然。劉熙注孟子云：「家耕百畝，徹取十畝以爲賦也。」與趙岐義同。案：說文則「徹」本訓通，「勶」下云「發也」。趙、劉以「徹」爲取，或卽「勶」之叚字。然孟子云「徹者，徹也」，就本字爲訓，似不煩叚藉，則鄭義爲長。司稼職云：〔三〕「巡野觀稼，以年之上下出斂法。」姚氏文田求是齋稿

〔一〕「貢」原誤作「夏」，據毛詩孔疏改。〔二〕「公田」下原衍「八」字，據漢書食貨志上刪。〔三〕「司稼」原誤作「稼人」，據周禮改。

謂「斂法卽徹法」。蓋徹無常額，惟通豐凶及君民計之，合百畝，而以十畝之入爲稅，此「徹」訓通之義。鄭君但言「通率什一」者，欲明徹制與貢、助相通。其取於民，無不通計可知。至郊內貢、郊外助，不獨文見孟子，卽以載師「任地」證之，王畿內外，既斂法各異，則謂諸侯郊內、郊外，斂法不同，亦奚疑也？後漢書陸康傳「夫什一而稅，周謂之徹。徹者，通也。言其法度可通萬世而行也。」此與鄭君訓同義異，且未言徹制何若，其義終難明也。○注「孔曰：『二謂什二而稅。』」○正義曰：匠人疏引此注作「鄭曰」，或鄭亦有注，而僞孔襲之。據鄭上注云：「周制什一而稅。」則此「二」爲什而取二矣。此卽指宣公稅畝之事，至哀公違有子之諫，復用田賦，比什二爲益重。宜乎至孟子時，亟亟以薄賦斂爲仁政也。

10 子張問崇德辨惑。【注】孔曰：「辨，別也。」子曰：「主忠信，徙義，崇德也。【注】包曰：「徙義，見義則徙意而從之。」愛之欲其生，惡之欲其死。既欲其生，又欲其死，是惑也。【注】包曰：「愛惡當有常，一欲生之，一欲死之，是心惑也。」『誠不以富，亦祇以異。』」【注】鄭曰：「此詩小雅也。祇，適也。言此行誠不可以致富，適足以爲異耳。取此詩之異義以非之。」正義曰：吳氏嘉賓說：「克己復禮，崇德辨惑，皆古之言也。古訓多協韻，以便蒙誦。」案：「崇德」者，爾雅釋詁：「崇，高也。」謂於人之有德，尊崇之也。「主忠信」者，鄭於學而篇注云：「主，親也。」言於忠信之人親近之也。「愛之欲其生，惡之欲其死」者，言其人非有可愛可惡之實，己但任情愛惡之也。先從叔丹徒君駢枝曰：「愛之欲其生，惡之欲其死，猶之進人若將加諸膝，退人若將隊諸淵，皆形容譬況之辭。既欲其生，又欲其死，覆舉上文而迫窄其詞，以起惑字，非兩意也。」又云：「人情之偏，愛惡爲甚。內無知人之明，外有毀譽之蔽，鮮有能至當而不易者。」謹案：樂記云：「著則賢不肖別矣，著猶明也。」孔疏云：「所好得其善，所惡得其惡，則賢不肖自然分別矣。」今此忽愛忽惡，是好惡未著，故賢不肖亦不能辨，非惑而何？釋文云：「惑，本亦作或。」案說文：「惑，亂也。」「惑」、「或」爲古今字。皇本「崇德也」無「也」字，「愛之欲其生」三句下各有「也」字。「誠」，毛詩作「成」。○注：「辨，別也。」○正義曰：「辨、別」亦常訓。說文：「辨，判也。」判、別義同。○注「愛惡」至「惑也」。○正義曰：「愛惡當有常」者，言愛惡不失其理，則能有常，不至變異也。「一欲生之，一欲死之」，謂一念欲生之，一念欲死之。此總釋經文「愛之欲其生」四句之意。漢書王尊傳公乘興等訟王尊曰：「尊以京師廢亂，羣盜並興，選賢徵用，起家爲卿，賊亂既除，豪猾伏辜，卽以佞巧廢黜。一尊之身，三期之間，乍賢乍佞，豈不甚哉！孔子曰：『愛之欲其生，惡之欲其死，是惑也。』」覩此文所引，其義益明。○注「此詩」至「非之」。○正義曰：詩關雎疏引此注首句云：「此詩小雅『我行其野』之句也。」文較備。「祇、適」，毛傳文。鄭箋云：「女不以禮爲室家成事，不足以得富也。女亦適以此自異於人道，言可惡也。」「不足以得富」，卽此注「不可以致富」，惟「成」、「誠」二字各就文爲訓，其實毛詩作「成」，亦「誠」之叚借。自異人道卽是惑，故取其義，以非此之惑也。

11 **齊景公問政於孔子。孔子對曰：「君君，臣臣，父父，子子。」**【注】孔曰：「當此之時，陳恒制齊，君不君，臣不臣，父不父，子不子，故以對。」**公曰：「善哉！信如君不君，臣不臣，父不父，子不子，雖有粟，吾得而食諸？」**【注】孔曰：「言將危也，陳氏果滅齊。」

正義曰：景公名杵臼，莊公異母弟，見史記齊太公世家。周書謚法解：「布義行剛曰景。」君君、臣臣、父父、子子，言君當思所以爲君，臣當思所以爲臣，父當思所以爲父，子當思所以爲子，乃深察名號之大者。白虎通三綱六紀篇：「君臣者，何謂也？君，羣也，下之所歸心。臣者，纏堅也，屬志自堅固。父子者，何謂也？父者，矩也，以法度教子。子者，孳孳無已也。故孝經曰：『父有爭子，則身不陷於不義。』」此君、臣、父、子稱名之實也。呂氏春秋處方篇：「凡爲治必先定分，君、臣、父、子、夫、婦，六者當位，則下不踰節，而上不苟爲矣；少不悍辟，而長不簡慢矣。」又云：「同異之分，貴賤之別，長幼之義，此先王之所愼，而治亂之紀也。」左昭二十六年傳：「齊侯與晏子坐於路寢。公歎曰：『美哉室！其誰有此乎？』對曰：『其陳氏乎！陳氏雖無大德，而有施於民。後世若少惰，陳氏而不亡，則國其國也已。』公曰：『善哉！是可若何？』對曰：『唯禮可以已之。在禮，家施不及國。』」又曰：「君令臣共，父慈子孝，兄愛弟敬，夫和妻柔，姑慈婦聽，禮也。君令而不違，臣共而不貳，父慈而敬，子孝而箴，兄愛而友，弟敬而順，夫和而義，妻柔而正，姑慈而從，婦聽而婉，禮之善物也。」晏子所言，正與夫子答齊侯意同。阮氏元校勘記云：「皇本、高麗本『吾』下有『豈』字。釋文出『吾焉得而食諸』，云：『本亦作「焉得而食諸」，「焉」，於虔反。本今作「吾得而食諸」。』案：史記仲尼世家及漢書武五子傳並作『豈』，與皇本合。太平御覽二十二引『吾惡得而食諸』。『豈』、『焉』、『惡』二字義皆相近？疑今本『吾』下有脫字。」○注：「當此之時，陳恒制齊。」○正義曰：黃氏式三後案引狄惺菴曰：「孔子至齊，在景公三十一年，當魯昭公二十五年。踰年，卽反魯。是時陳氏爲武子開，字子彊，見昭二十六年左傳。無宇之子，乞之兄也。乞卒，子代之，乃爲陳恒。」案：狄說本孔子世家。觀此，益知僞孔之謬。○注：「言將危也，陳氏果滅齊。」○正義曰：顏師古漢書武五子傳言：「父子、君臣之道不立，則國必危亡。倉廩雖多，吾不得食也。」卽此注「將危」之意。陳氏至太公和遷齊康公海上，自立爲齊侯，是陳氏滅齊也。景公時，其兆已見，故注云然。

12 子曰：「片言可以折獄者，其由也與？」【注】孔曰：「片，猶偏也。聽訟必須兩辭以定是非，偏信一言以折獄者，惟子路可。」

正義曰：釋文引鄭注云：「片，半也。魯讀折爲制，今從古。」御覽六百三十九引鄭注云：「片讀爲半，半言爲單辭。折，斷也。惟子路能取信，所言必直，故可令斷獄也。」案：說文：「片，判木也。从半木。」「片」、「半」一音之轉，故鄭注卽讀「片」爲「半」。故釋文所載「片、半」之訓，卽是檃括鄭義，非鄭別有注也。「片」既讀「半」，義亦從之。漢書李陵傳：「令軍士人持一半冰。」注引如淳曰「半讀曰片」，此其證也。「半言爲單辭」者，書呂刑云：「明清于單辭。民之亂，罔不中，聽獄之兩辭。」是獄辭有單、有兩。兩者，兩造具備也。單則一人具辭。後漢光武紀：「永平三年詔曰：『明察單辭。』」朱浮傳：「有人單辭告浮事者。」「單辭」皆謂片言也。「折斷」者，說文：「𣂺，斷也。从斤斷艸。譚長說：折，篆文𣂺从手。」「魯讀折爲制，今從古」者，呂刑「制以刑」，墨子尚同中篇引作「折則刑」，是「折」、「制」字通。說文：「制，裁也。从刀未。𠟭，古文制如此。」此與「折斷」音訓相近。廣雅釋詁：「制，折也。」大戴禮保傳篇「不中于制獄」，卽折獄也。鄭以作「折」、作「制」義同，而古論出自壁中，無煩改讀，故定從古也。「惟子路能取信」者，言子路忠信，能取信於人也。「所言必直，故可令斷獄」者，言人既信子路，自不敢欺，故雖片言，必是直理，卽可令依此斷獄也。說文：「獄，确也。从㹜从言。二犬所以守也。」鄭駁異義云：「獄者，埆也。囚證於角核之處。周禮謂之圜土。」此云「斷獄」謂決斷獄中所訟事也。毛氏奇齡四書改錯：「古折民獄訟，必用兩辭，故周官司寇『以兩劑禁民獄』。先取兩券而合之，使兩造獄詞各書其半，卽今告牒與訴牒也。及聽獄後，復具一書契而兩分之，使各錄其辭，答之辭于其中，卽今兩造兩口供也。是折獄之法，前券後契，必得兩具，券不兩具，卽謂之單詞。單詞不治，如司寇禁凡不賫券，卽自坐不直，不俟上于朝而遽斥之是也。契不兩具，則謂之不能舉契，亦不治，如春秋晉聽王訟，『王叔氏不能舉其契，王叔奔晉』是也。是半券半契，總無折理，惟子路明決，單辭可斷，在他人豈能之？」案：毛說與鄭義略同。然鄭言「子路能取信，故所言必直」，本非誣控，故無須對質如此，乃可令斷獄。明子路以忠信感人，不止如毛氏所云「明決」已也。原鄭之意，亦以片言折獄，不可爲法，故若所言必直，方可令斷獄，否則仍須兩辭矣。僞孔注亦與鄭同。孔穎達書呂刑疏引此文說之云：「子路行直聞於天下，不敢自道其長，妄稱彼短。得其單辭，卽可斷獄者，惟子路爾，凡人少能然也。」此與論語皇疏所載孫綽說同。焦氏循補疏卽依爲說，義涉迂曲，所不敢從。

子路無宿諾。【注】宿，猶豫也。子路篤信，恐臨時多故，故不豫諾。正義曰：說文：「宿，止也。」引申之有久義。漢書韓安國傳：「孝文寤於兵之不可宿。」注：「宿，久留也。」「諾」者，應也。子路有聞卽行，故無留諾。其於折獄亦然。蓋折獄一定，卽予開釋，不使訟者受羈累之苦。此子路忠信之事，故記者類記於此。大戴禮子張問入官篇：「行事勿留。」注：「凡行政事，勿稽留之。」卽此義。釋文云：「子路無宿諾，或分此爲別章。」文選江淹雜體詩注引上有「子曰」字，與釋文所載或本合。然夫子口中不應稱「子路」，或本非。○注「宿猶」至「豫諾」。○正義曰：管子地圖篇：「宿定所征伐之國。」注：「宿猶先也。」公羊桓元年傳注：「宿者，先誡之辭。」並與豫義相近。毛氏奇齡四書改錯：「集解作『不豫諾』，謂不先許也，正所謂『然諾不苟』者，急則輕諾矣。據左傳小邾射要子路盟，而子路辭之，是不許諾也。及季康子使冉有謂曰：『千乘之國，不信其盟，而信子之言，子何辱焉？』對曰：『魯有事於小邾，不敢問故，死城下可也。彼不臣，而濟其言，是義之也，由弗能。』是終不許諾也。此正不豫諾之證。」案：此注亦通，但與折獄事無涉，故不用以釋經。

13 子曰：「聽訟，吾猶人也。【注】包曰：「與人等。」必也使無訟乎！」【注】王曰：「化之在前。」　正義曰：「聽訟」者，言聽其所訟之辭，以判曲直也。周官小司寇云：「以五聲聽獄訟，求民情。一曰辭聽，二曰色聽，三曰氣聽，四曰耳聽，五曰目聽。」此皆聽訟之法。「吾猶人」者，言己與人同，但能聽訟，不能使無訟也。禮記大學云：「子曰：『聽訟，吾猶人也，必也使無訟乎！』無情者不得盡其辭，大畏民志。」鄭注：「情猶實也。無實者多虛誕之辭，聖人之聽訟與人同耳。必使民無實者不敢盡其辭，大畏其心志，使誠其意不敢訟。」大戴禮禮察篇：「凡人之知，能見已然，不能見將然。禮者，禁將然之前；而法者，禁於已然之後。是故法之用易見，而禮之所爲生難知也。若夫慶賞以勸善，刑罰以懲惡，先王執此之正，堅如金石；行此之信，順如四時；處此之功，無私如天地。爾豈顧不用哉？然如曰禮云禮云，貴絕惡於未萌，而起敬於微眇，使人日徙善遠罪，而不自知也。孔子曰：『聽訟，吾猶人也。必也使無訟乎！』此之謂也。」潛夫論德化篇：「是故上聖故不務治民事，而務治民心，故曰：『聽訟，吾猶人也，必也使無訟乎！』導之以德，齊之以禮，務厚其情而明則務義，民親愛則無相害傷之意，動思義則無姦邪之心。夫若此者，非律之所使也，非威刑之所彊也，此乃教化之所致。」二文並言無訟由於德教，此最是難能，正如勝殘去殺，必俟百年。王者必世而後仁，皆須以歲年，非可一朝能者，故祇言「必也」以期之。顏師古漢書賈誼傳注：「言使吾聽訟，與衆人等，然能先以德義化之，使其無訟。」又酷吏傳注：「言使我獄訟，猶凡人耳。然而立政施德，則能使其絕於爭訟。」並以「無訟」爲夫子自許，失聖意矣。○注：「與人等。」○正義曰：言聽訟吾與人同，無異能異法也。史記孔子世家云：「孔子在位聽訟，文辭有可與人共者，弗獨有也。」是「與人等」可知。

14 子張問政。子曰：「居之無倦，行之以忠。」【注】王曰：「言爲政之道，居之於身，無得解倦，行之於民，必以忠信。」

正義曰：北堂書鈔三十六引鄭此注云：「身居正位，不可解卷。」是鄭以「居」爲居位，「卷」即倦之省。釋文云：「倦亦作券。」鄭君攷工記注：「券，今倦字也。」疑書鈔所引鄭注本是「解券」，轉寫作「解卷」也。詩假樂云：「不解于位，民之攸塈。」管子形勢解：「解惰簡慢，以之事主則不忠，以之起事則不成。」○注：「行之於民，必以忠信。」○正義曰：大戴禮子張問入官云：「故不先以身，雖行必鄰也；不以道御之，雖服必強矣。故非忠信，則無可以取親於百姓矣；外內不相應，則無可取信者矣。」

15 子曰：「博學於文，約之以禮，亦可以弗畔矣夫！」【注】鄭曰：「弗畔，不違道。」

正義曰：釋文云：「博學於文，一本作『君子博學於文』。」案：皇本有「君子」，皆因前篇致誤。

16 子曰：「君子成人之美，不成人之惡。小人反是。」

正義曰：穀梁隱元年傳：「春秋成人之美，不成人之惡。」大戴禮曾子立事篇：「君子己善，亦樂人之善也；己能，亦樂人之能也。君子不說人之過，成人之美，存往者，在來者，朝有過夕改則與之，夕有過朝改則與之。」孔氏廣森補注：「彼有過者，方畏人非議，我從而爲之辭說，則彼將無意於改，是成人之惡矣。故君子不爲也。」

17 季康子問政於孔子。孔子對曰：「政者，正也。子帥以正，孰敢不正？」【注】鄭曰：「康子，魯上卿，諸臣之帥也。」　正義曰：「子帥以正」，趙岐孟子章指、史記平津侯主父列傳贊引此文，並作「子率而正」。皇本亦作「而正」。說文：「達，先道也。」經傳省作「率」，叚借作「帥」。帥，佩巾也。別一義。大戴禮哀公問篇：「公曰：『敢問何謂爲政？』孔子對曰：『政者，正也。君爲正，則百姓從政矣。君之所爲，百姓之所從也；君所不爲，百姓何從？』」又主言篇：「上者，民之表也。表正，則何物不正？故君先立於仁，則大夫忠而士信，民敦，工樸，商愨，女憧，婦空空。」並與此章義相發。○注：「康子，魯上卿，諸臣之帥也。」○正義曰：魯有三卿，季孫爲司徒，是上卿，故爲諸臣之帥。言此者，明帥諸臣同歸於正，百姓孰敢不正也。史記平津侯主父列傳贊：「夫三公者，百寮之率，萬民之表也。未有樹直表而得曲影者也。」即此注義。

18 季康子患盜，問於孔子。孔子對曰：「苟子之不欲，雖賞之不竊。」【注】孔曰：「欲，多情慾。言民化於上，不從其令，從其所好。」　正義曰：說文云：「盜，私利物也。」左文十八年傳：「竊賄爲盜。」當康子時，魯國多盜，故康子患之。「雖賞之不竊」者，說文：「賞，賜有功也。」盜自中出曰竊。上言「盜」，此言「竊」者，互相訓。說苑貴德篇：「周天子使家父毛伯求金於諸侯，春秋譏之。故天子好利，則諸侯貪。諸侯貪，則大夫鄙。大夫鄙，則庶人盜。上之變下，猶風之靡草也。」然則民之竊盜，正由上之多欲，故夫子以「不欲」勗康子也。荀子君子篇：「聖王在上，分義行乎下，則士大夫無流淫之行，百吏庶人無怠慢之事，衆庶百姓無姦怪之俗，無盜賊之罪，莫敢犯大上之禁。天下曉然皆知夫盜竊之人不可以爲富也，〔一〕皆知夫賊害之人不可以爲壽也，皆知夫犯上之禁不可以爲安也。由其道，則人得其所好焉；不出其道，則必遇其所惡焉。是故刑罰綦省而威行如流。」與此章義相發。張栻論語解引張横渠曰：「假設以子不欲之物，賞子使竊，子必不竊。故爲政者，先乎足民，使民無所不足，則不見可欲，而盜心息矣。蓋盜生於欲之不足，使之足乎此，則不欲乎彼，此古人弭盜之原也。」案：此說即孟子「民有菽粟如水火，焉有不仁」之意，於義亦通。皇本「不欲」上無「之」字。○注「欲多」至「所好」。○正義曰：欲生於情，故說文云：「情，人之陰氣有欲者也。」「慾」字說文不載。此云「情慾」者，從俗作之。邢疏云：「大學曰：『堯、舜率天下以仁，而民從之；桀、紂率天下以暴，而民從之。其所令反其所好，而民不從。』注云：『言民化君行也。君若好貨，而禁民淫於財利，不能正也。』」案：緇衣篇亦云：「下之事上也，不從其所令，從其所行。上好是物，下必有甚者矣。」

19 季康子問政於孔子曰：「如殺無道，以就有道，何如？」【注】孔曰：「就，成也。欲多殺以止姦。」孔子對曰：「子爲政，焉用殺？子欲善而民善矣。君子之德風，小人之德草。草上之風，必偃。」【注】孔曰：「亦欲令康子先自正。偃，仆也。加草以風，無不仆者，猶民之化於上。」

正義曰：說文：「殺，戮也。」釋名喪制云：「罪人曰殺。殺，竄也。埋竄之，使不復見也。」「子爲政，焉用殺」者，言子爲政，當以德化民，不當先用殺也。說苑政理篇引此經說之云：「王者尚其德而布其刑，霸者刑德並湊，彊國先刑而後德。」鹽鐵論疾貪篇：「百姓不治，有司之

〔一〕「皆」字原脫，據荀子補。

罪也。春秋刺譏不及庶人，責其率也。」又云：「政教闇而不著，百姓顛蹶而不扶，猶赤子臨井焉，聽其入也。若此，則何以爲民父母？故君子急於教，緩於刑。」又申韓篇：「所貴良吏者，貴其絕惡於未萌，使之不爲非，非貴其拘之囹圄而刑殺之也。」皆言爲民上不貴用殺也。「子欲善而民善」者，言子苟欲善，雖無道之民，亦化而爲善，復申言不必用殺之效也。賈誼新書大政下云：「王者有易政而無易國，有易吏而無易民。故因是國也而爲安，因是民也而爲治。」又云：「故君能爲善，則吏必能爲善矣。吏能爲善，則民必能爲善矣。」是其義也。「君子之德風，小人之德草」者，邢疏：「此爲康子設譬也。在上君子，爲政之德若風；在下小人，從化之德如草。」韓詩外傳：「傳曰：魯有父子訟者，康子欲殺之。孔子曰：『未可殺也。夫民爲不善，則是上失其道。上陳之教而先服之，則百姓從風矣。』」疑父子訟即此康子所指「無道」之事。然荀子宥坐則在夫子爲司寇時，傳聞異辭，要亦爲此文合證也。皇本「德風」、「德草」下並有「也」字。釋文云：「尚，本或作上。」案：孟子滕文公篇亦作「尚」。○注「偃仆」至「於上」。○正義曰：趙注孟子云：「偃，伏也。」「仆」、「伏」義同。趙云：「尚，加也。」以風加草，莫不偃伏也。此注云「加草以風」，亦訓「上」爲加也。說苑君道篇：「夫上之化下，猶風靡草，東風則草靡而西，西風則草靡而東。」

20 子張問：「士何如斯可謂之達矣？」子曰：「何哉，爾所謂達者？」子張對曰：「在邦必聞，在家必聞。」【注】鄭曰：「言士之所在，皆能有名譽。」子曰：「是聞也，非達也。夫達也者，質直而好義，察言而觀色，慮以下人。【注】馬曰：「常有謙退之志，察言語，見顏色，知其所欲，其知慮常欲以下人。」在邦必達，在家必達。【注】馬曰：「謙尊而光，卑而不可踰。」夫聞也者，色取仁而行違，居之不疑。【注】馬曰：「此言佞人假仁者之色，行之則違，安居其僞而不自疑。」在邦必聞，在家必聞。」【注】馬曰：「佞人黨多。」

正義曰：「達」者，通也。通於處人、處己之道，故行之無所違阻，所謂「忠信篤敬，蠻貊可行」，即達義也。「在邦」、「在家」，謂士之仕於邦家者也。「質直而好義」者，謂達者之爲人樸質正直，而行事知好義也。「察言而觀色，慮以下人」者，言心存敬畏，不敢忤慢人也。如此，則攸往咸宜，雖不求名譽，名必歸之。大戴禮曾子制言上：「弟子問於曾子曰：『夫士何如則可以爲達矣？』曾子曰：『不能則學，疑則問，欲行則比賢，雖有險道，循行達矣。今之弟子，病下人，不知事賢，恥不知而又不問，欲作則其知不足，是以惑闇，惑闇終其世而已矣，[一]是謂窮民也。』」曾子之論達，與夫子略同，皆謂謹身篤行，不求聲聞者也。若夫聞者，多是虛僞，故以仁之美德而色取之，不顧其行違也，身居於仁，而若無所疑也。如此以得名譽，是之謂聞。荀子宥坐篇：「孔子爲魯攝相，朝七日而誅少正卯。門人進問曰：『夫少正卯，魯之聞人也，夫子爲政而始誅之，得無失乎？』孔子曰：『人有惡者五，而盜竊不與焉。一曰心達而險，二曰行辟而堅，三曰言僞而辯，四曰記醜而博，五曰順非而澤。此五者，有一於人，則不得免於君子之誅，而少正卯兼有之。故居處足以聚徒成羣，言談足以飾邪營衆，強足以反是獨立，此小人之桀雄也，不可不誅也。』」觀此，則聞乃聖人所深惡。漢書王莽傳贊：「王莽始起外戚，折節力行，以要名譽，宗族稱孝，師友歸仁。及其居位輔政，成、哀之際，勤勞國家，直道而行，動見稱述。豈所謂『在家必聞，在國必聞』，『色取仁而行違』者耶？」以莽之姦邪，亦是好爲聞人，故讒說殄行，不免震驚朕師也。子張堂堂，難與爲仁，夫子恐其

[一]「惑闇」二字原不重，據大戴禮記解詁補。

於仁亦是色取，故於聞者亟斥之，且恐其以聞即爲達也。皇本「夫達」、「夫聞」下無「也」字。○注「常有」至「下人」。○正義曰：「謙退」者，言達者常有謙退之志，故能察言觀色，更下人也。「知其所欲」者，言於人既察觀而知之，當順情以施也。「志慮」者，志之所慮也。察言觀色，不敢有加於人，是常欲以下人，所謂「君子無衆寡、無小大、無敢慢」者也。俞氏樾平議云：「按廣雅釋訓曰：『無慮，都凡也。』漢書食貨志曰：『天下大氐無慮皆鑄金錢矣。』『無慮』與『大氐』同，古人自有複語耳。亦或止言『慮』。賈誼傳：『慮無不帝制而天子自爲者。』慮即無慮，亦猶大氐也。慮以下人之慮，乃無慮之慮，言察言觀色，大氐以下人也。馬以『志慮』說之，非是。太玄玄瑩篇：『故君子內正而外馴，每以下人。』其句法即本之此。」案：俞說甚是，然馬注亦未誤，此當並存。○注：「謙尊而光，卑而不可踰。」○正義曰：此易謙卦彖辭。尊者，卑約也。曲禮云：「故君子恭敬，撙節退讓以明禮。」荀子仲尼篇：「恭敬而僔。」楊倞注：「僔與撙同，卑退也。」尊、撙、僔音義並同。○注：「佞人黨多。」○正義曰：此解邦家必聞之故，言所稱譽之者，皆是佞黨，若君子則衆好必察，不致爲所惑也。顏師古王莽傳注：「朋黨比周，故能在家在國皆有名譽。」即本馬義。

21 **樊遲從遊於舞雩之下，**【注】包曰：「舞雩之處，有壇墠樹木，故下可遊焉。」**曰：「敢問崇德，脩慝，辨惑。」**【注】孔曰：「慝，惡也。脩，治也。治惡爲善。」**子曰：「善哉問！先事後得，非崇德與？**【注】孔曰：「先勞於事，然後得報。」**攻其惡，無攻人之惡，非脩慝與？一朝之忿，忘其身，以及其親，非惑與？」**

正義曰：言「舞雩之下」者，明時魯雩祭，樊遲從夫子往遊其下也。「崇德、脩慝、辨惑」者，此當是雩禱之辭。以德、慝、惑爲韻，如湯禱、桑林，以六事自責也。「攻其惡，無攻人之惡」者，攻猶責也。春秋繁露仁義法篇解此文謂「君子以仁造人，義造我」，所謂「躬自厚而薄責於外」也。「忿」者，廣雅釋詁云「怒」也。「以及其親」者，春秋桓二年：「宋督弒其君與夷及其大夫孔父。」公羊傳云：「及者何？累也。」論衡明雩篇：「樊遲從遊，感雩而問，刺魯不能崇德而徒雩也。」戴氏望論語注云：「春秋昭廿五年：『秋七月上辛，大雩。季辛，又雩。』傳曰：『又雩者，非雩也。聚衆以逐季氏也。』樊遲從遊，有感昭公孫齊之事，因以發問。事，勤也。先勤求賢者，任之以政，乃能得民。昭公不用子家羈，失民失政，以致出奔，是不能崇德也。子家駒曰：『諸侯僭於天子，大夫僭於諸侯。』公曰：『吾何僭乎哉？』是攻人之惡，不知攻其惡也。『昭公不從其言，終弒之而敗焉，走之齊。』是不忍一朝之忿，忘身以及宗廟，惑之甚也。時哀公亦欲去三家，故微其辭以危其事。」案：戴氏此說，本之宋氏翔鳳發微，與論衡刺魯之義極合。皇本「無攻人之惡」，「無」作「毋」。○注：「舞雩之處，有壇墠樹木。」○正義曰：禮祭法注云：「封土曰壇，除地曰墠。」又「雩宗」注云：「水旱壇。」月令「雩帝」注云：「爲壇於南郊之旁。」水經泗水注言：「魯雩壇高三丈，在魯縣故城南，雩門之外。」此注兼言「墠」者，壇外平地，時亦除治之，卽爲墠也。知有樹木者，周官大司徒言「設社稷之壝，樹之田主，各以其野之所宜木」。社稷是壇，有所宜之木，此雩壇亦當有樹木可知。○注：「慝，惡也。脩，治也。」○正義曰：左僖十五年傳：「於是展氏有隱慝焉。」杜注：「隱惡，非法所得。」周官環人「察軍慝」注：「慝，陰姦也。」「脩」與「修」同。廣雅釋詁：「修，治也。」此常訓。○注：「先勞於事，然後得報。」○正義曰：注說非。解「後」字爲自然之辭，尤不合。

22 樊遲問仁。子曰：「愛人。」問知。子曰：「知人。」樊遲未達。子曰：「舉直錯諸枉，能使枉者直。」【注】包曰：「舉正直之人用之，廢置邪枉之人，則皆化爲直。」樊遲退，見子夏曰：「鄉也吾見於夫子而問知，子曰：『舉直錯諸枉，能使枉者直。』何謂也？」子夏曰：「富哉言乎！【注】孔曰：「富，盛也。」舜有天下，選於衆，舉皋陶，不仁者遠矣。湯有天下，選於衆，舉伊尹，不仁者遠矣。」

【注】孔曰：「言舜、湯有天下，選擇於衆，舉皋陶、伊尹，則不仁者遠矣，仁者至矣。」　正義曰：大戴禮王言篇：「孔子曰：『仁者莫大於愛人，知者莫大於知賢。』」荀子子道篇：〔一〕「子貢對夫子問曰：『知者知人，仁者愛人。』」是愛人、知人爲仁知之大用。「樊遲未達」者，宋氏翔鳳發微云：「書曰：『知人則哲，能官人。』自世卿專國，其君雖知人而不能官人。遲之未達，職此之由。」案：遲未達，當更有問辭，今無文者，略也。「舉直錯諸枉，能使枉者直」者，言舉爾所知之直者，錯諸枉者之上，卽是知人也。「錯」，釋文引「或本作措」。樊遲又未達夫子所言之理，不敢復問，故退見子夏告之也。「鄉」，皇本作「嚮」。釋文：「鄉，又作曏，同。」說文云：「曏，不久也。」不久者，言日近也。阮氏元校勘記：「曏正字，嚮俗字，鄉叚借字。」「富哉言乎」，皇本「言」上有「是」字。鄭注云：「皋陶爲士師，號曰庭堅。」案：書舜典：「命皋陶曰：『汝作士。』」孟子盡心上亦云：〔二〕「皋陶爲士。」不名士師也，疑「師」字誤衍。周官有「士師」，屬大司寇，以下大夫爲之。左文五年傳「皋陶庭堅」，又十八年傳高陽氏才子八人，有庭堅。杜注：「庭堅卽皋陶字。」是皋陶號庭堅也。「伊尹」，湯臣。說文「伊」字注：「殷聖人阿衡，尹治天下者。從人從尹。」疑「伊」是氏，「尹」是名。說文所云「尹治」者，就文說之。若白虎通說「顓頊、帝嚳、堯、

〔一〕「子道」原誤作「君道」，據荀子改。

〔二〕「盡心」原誤作「萬章」，據孟子改。

舜，皆有聖德之義」是也。鄭注尚書謂「伊尹名摯」，與孫子用間篇合。摯爲名，則尹爲字，可信也。宋氏翔鳳發微云：「子貢知孔子之意，必堯、舜、禹、湯之爲君，而後能盡用人之道，以垂百世之法。故言選舉之事曰」云云。公羊隱元年何休說：「當春秋時，廢選舉之務，置不肖於位，輒退絕之，以生過失，至於君臣忿爭出奔，國家之所以昏亂，社稷之所以危亡，故皆錄之。」隱三年何休說：「禮，公卿大夫士，皆選賢而用之。卿大夫任重職大，不當世，爲其秉政久，恩德廣大，小人居之，必奪君子威權。故尹氏世，立王子朝；齊崔氏世，弒其君光。君子疾其末，則正其本，見譏於卒者，亦不可造次無故驅逐，必因其過卒絕之。明君案見勞授賞，則衆譽不能進無功；案見惡行誅，則衆讒不能退無罪。」此春秋譏世卿之義。蓋卿大夫世，則舉直錯枉之法不行，有國者宜以不知人爲患，故子夏述舜舉皋陶，湯舉伊尹，皆不以世而以賢，以明大法。漢書王吉言：「堯、舜不用三公九卿之世，而舉皋陶、伊尹，不仁者遠。今俗吏得任子弟，率多驕驁，不通古今，至於積功治人，無益於民，此伐檀所爲作也。宜明選求賢，除任子之令。」即論語之義。「富哉言乎」，富者，備也。必如舜舉皋陶，湯舉伊尹，而後用人之法備。○注「舉正」至「爲直」。○正義曰：左襄七年傳：「正直爲正，正曲爲直。」小明詩傳：「能正人之曲曰直。」曲者，枉也。枉爲直者所正，其必皆化爲直可知。○注：「言舜」至「至矣」。○正義曰：「選、擇」，常訓。「不仁者遠」，言不仁之人，自知枉曲，皆遠去也。左宣十六年傳：「晉侯請于王，以黻冕命士會將中軍，且爲大傅。於是晉國之盜逃奔于秦。羊舌職曰：『吾聞之：禹稱善人，不善人遠。此之謂也夫！』」杜注：「稱，舉也。」漢書劉向傳：「向上封事曰：『故賢人在上位，則引其類而聚之於朝；在下位，則思與其類俱進。故湯用伊尹，不仁者遠，而衆賢至，類相致也。』」即此注「不仁者遠，仁者至」之義。其不仁既知遠去，必亦化而爲善，故能使枉者直也。

23 子貢問友。子曰：「忠告而善道之，不可則止，毋自辱焉。」【注】包曰：「忠告以是非，告之以善道，導之不見從則止。必言之，或見辱。」　正義曰：責善，朋友之道也。然不可則宜止，不復言，所以全交，亦所以養其羞惡之心，使之自悟也。皇本「而」下有「以」字，「道」作「導」，「不可」作「否」。

24 曾子曰：「君子以文會友，【注】孔曰：「友以文德合。」以友輔仁。」【注】孔曰：「友相切磋之道，所以輔成己之仁。」　正義曰：「文」謂詩、書、禮、樂也。「以文會友」，謂共處一學者也。爾雅釋詁：「輔，俌也。」引伸之，有佐訓。禮學記云：「大學之教也，時教必有正業，退息必有居學。故君子之於學也，藏焉修焉，息焉遊焉。夫然，故安其學而親其師，樂其友而信其道，是以雖離師輔，而不反也。」說苑說叢篇：「賢師良友在其側，詩、書、禮、樂陳于前，棄而爲不善者鮮矣。」○注：「友以文德合。」○正義曰：「文德」者，言所學文皆在德也。爾雅釋詁：「會，合也。」亦常訓。

論語正義卷十六

子路第十三　集解

凡三十章

1 子路問政。子曰：「先之勞之。」【注】孔曰：「先導之以德，使民信之，然後勞之。易曰：『說以使民，民忘其勞。』」請益。曰：「無倦。」【注】孔曰：「子路嫌其少，故請益。曰『無倦』者，行此上事，無倦則可。」　正義曰：禮月令云：「以道教民，必躬親之。」大戴禮子張問入官篇：「故躬行者，政之始也。」又云：「君子欲政之速行也者，莫若以身先之也；欲民之速服也者，莫若以道御之也。」皆言政貴身先行之，所謂「其身正，不令而行」是也。釋文：「勞，孔如字，鄭力報反。」陳氏鱣古訓曰：「鄭讀若郊勞之勞者，卽孟子『放勳曰「勞之來之」』意也。」案：「勞之」者，勸勉民使率教，不用刑趣勢迫也。「無倦」，釋文作「毋倦」。胡炳文四書通曰：「子張堂堂，子路行行，皆易銳於始而怠於終，故答其問政，皆以『無倦』告之。」○注「先導」至「其勞」。○正義曰：下篇子夏曰「君子信而後勞其民」，子張問政，夫子告以「擇可勞而勞之」，卽此注所云「勞之」也。魯語敬姜曰：「昔聖王之處民也，擇瘠土而處之，勞其民而用之，故長王天下。夫民勞則思，思則善心生；逸則淫，淫則忘善，忘善則惡心生。沃土之民不材，逸也；〔一〕瘠土之民莫不嚮義，勞也。」又曰：「君子勞

〔一〕「逸」原誤作「淫」，據國語改。

心，小人勞力，先王之訓也。自上以下，誰敢淫心舍力？」並言政尚勞民之誼。孔注此文，雖與鄭異，亦得通也。「導之以德」，爲政篇文。引易者，兑象傳文。○注：「子路嫌其少，故請益。」○正義曰：曲禮：「請益則起。」注：「益謂受說不了，欲師更明說之。」「不了」謂說有未盡，故此注以爲嫌少也。

2 仲弓爲季氏宰，問政。子曰：「先有司，【注】王曰：「言爲政當先任有司，而後責其事。」赦小過，舉賢才。」曰：「焉知賢才而舉之？」曰：「舉爾所知。爾所不知，人其舍諸？」【注】孔曰：「女所不知者，人將自舉其所知，則賢才無遺。」

正義曰：「宰」者，大夫家臣及大夫邑長之通稱。皇疏獨謂「仲弓將往費爲季氏邑宰」，則以夫子所言得專刑賞，任人當爲邑宰事也。「有司」者，宰之羣屬。言先有司信任之，使得舉其職也。呂氏春秋審分覽：「凡爲善難，任善易。奚以知之？人與驥俱走，則人不勝驥矣；居於車上而任驥，則驥不勝人矣。人主好治人官之事，則是與驥俱走也，必多所不及矣。」又云：「人主之車，所以乘物也。察乘物之理，則四極可有，不知乘物而自怙恃，奪其智能，多其教詔，而好自以，若此，則百官恫擾，少長相越，萬邪並起，權威分移，不可以卒，不可以教，此亡國之風也。」觀此，是凡爲政者，宜先任有司治之，不獨邑宰然矣。「赦小過」者，爾雅釋詁：「赦，舍也。」說文：「赦，置也。」有司或有小過，所犯罪至輕，當宥赦之，以勸功褒化也。言小過赦，明大過亦不赦可知。「賢才」謂才之賢者。有賢才，可自辟舉，爲己輔佐。若有盛德之士，更升進之，不敢私蔽之也。宋氏翔鳳發微云：「自世卿世大夫，而舉賢之政不行，故仲弓獨質其疑，以求其信。皋陶曰：『在知人。』禹曰：『惟帝其難之。』此『焉知賢才』之慮也。如舜舉皋陶，湯舉伊尹，皆『舉爾所知』

也。不仁者遠，則仁者咸進。易曰：『拔茅茹以其彙，征。』此『爾所不知，人其舍諸』之説也。是先有司者，必以舉賢才爲本；舉賢才者，必以知其人爲要。」〇注：「言爲政當先任有司，而後責其事。」〇正義曰：此謂先任以官，而後予之以事，非經恉。

3 子路曰：「衞君待子而爲政，子將奚先？」【注】包曰：「問往將何所先行。」子曰：「必也正名乎！」【注】馬曰：「正百事之名。」正義曰：「衞君」者，出公輒也。「待」者，下篇「齊景公待孔子」，史記孔子世家作「止孔子」，魯語「其誰云待之」，説苑正諫作「止之」，是「待」、「止」同義。時孔子在衞，爲公養之仕，知衞君將留用孔子，故子路舉以問也。史記孔子世家：「是時，衞公輒父不得立，在外，諸侯數以爲讓。而孔子弟子多仕于衞，衞君欲得孔子爲政。子路曰：『衞君待子而爲政』」云云。是正名指蒯聵之事，此必古論家説，受之安國者也。正名者何？正世子之名也。春秋：「哀二年夏，晉趙鞅帥師納衞世子蒯聵于戚。」孔疏：「世子者，父在之名。蒯聵父既死矣，而稱世子者，晉人納之，世子告之，是正世子以示宜爲君也。春秋以其本是世子，未得衞國，無可襃貶，故因而書世子耳。」據此，是世子之稱，春秋不以爲非而存之。則此「正名」，即世子之名可知。全氏祖望鮚埼亭集正名論曰：「孔子以世子稱蒯聵，則其嘗爲靈公所立無疑矣。觀左傳纍稱爲『太子』，固有明文矣。不特此也，其出亡之後，靈公雖怒，而未嘗廢之也。靈公欲立公子郢而郢辭，則靈公有廢之意而不果，又有明文矣。惟蒯聵未嘗爲靈公所廢，特以得罪而出亡，則聞喪而奔赴，衞人所不可拒也。蒯聵之歸有名，而衞人之拒無名也，況諸侯之子得罪於父而仍歸者，亦不一矣。晉之亂也，夷吾奔屈，重耳奔蒲，及奚齊、卓子之死，夷吾兄弟相繼而歸，不聞以得罪而晉人拒之也。然則於蒯聵何尤焉？故孔子之正名也，但正其世子之名而已。既爲世子，則衛人所不可拒也。」全氏此論，實先得我心所欲言。愚謂春秋之義，世子繼體以爲君，爲輒計者，內迫於南子，不能迎立蒯聵，則惟如叔齊及公子郢之所爲，遜避弗居斯已耳。乃輒儼然自立，當時必援無適子立適孫之義，以王父命爲辭，是輒不以世子予蒯聵。觀於公子郢之言「有亡人之子輒在」，忠貞如子郢，在輒未立時，已不敢以世子稱蒯聵，則輒既立後，假以王父之命，其誰敢有稱蒯聵爲世子者？所以蒯聵入戚，衛命石曼姑同齊國夏帥師圍戚，明是待蒯聵以寇仇，其不以世子稱蒯聵審矣。太史公自序云：「南子惡蒯聵，子父易名。」謂不以蒯聵爲世子，而輒繼立也。名之顛倒，未有甚於此者。夫子亟欲正之，而輒之不當立，不當與蒯聵爭國，顧名思義，自可得之言外矣。穀梁哀二年經注：「鄭君曰『蒯聵欲殺母，靈公廢之』，是也。若君薨，有反國之道，當稱『子某』，如齊子糾也。今稱『世子』，如君存，是春秋不與蒯聵得反立明矣。江熙曰：『鄭世子忽反正，有明文，子糾但於公子爲貴，非世子也。』」又傳曰：「納者，內弗受也。帥師而後納者，有伐也。何用弗受也？以輒不受也，以輒不受父之命，受之王父也。信父而辭王父，則是不尊王父也。其弗受，以尊王父也。」注：「寧不達此義。江熙曰：『齊景公廢世子，世子還國書「篡」，若靈公廢蒯聵立輒，則蒯聵不得稱曩日世子也。稱蒯聵爲「世子」，則靈公不命輒審矣。此矛盾之喻也。然則從王父之言，傳似失矣。經云「納衛世子」，「鄭世子忽復歸于鄭」，稱「世子」，明正也。明正，則拒之者非也。』」案：范寧經傳兩注，皆引江熙說是也。鄭忽許其反正，而於莊公卒後，亦稱「世子」，則謂「君薨稱世子，無反國之道」，非矣。竊謂以王父命辭父命，乃衛輒所據之義，其意以父得罪王父，雖其子，得申王父之命以辭父也。不知王父之命，固行之於父，而辭父之命，豈爲子者所忍言？哀三年經：「齊國夏、衛石曼姑帥師圍戚。」此明是衞爲兵主，而先「國夏」者，當是夫子特筆。蓋蒯聵得罪於父，暨父死而又爭國，不可以莫之討也，故託於齊國夏以爲伯討，以正蒯聵之罪，而又存蒯聵世子之名於春秋，以正輒之罪，所以兩治之也。春秋繁露玉英篇：「謂一元者，大始也。知元年志者，大人之所重，小人之所輕。是故治國之端在正名。名之正，興五世，五傳之外，美惡乃形，可謂得其眞矣，非子路之所能見。非其位而即之，雖受之先君，春秋危之，宋繆公是也。非其位不受，不受之先君，[一]而自即之，春秋危之，吳王僚是也。」案：仲舒以正名當先正始，而引宋繆公、吳王僚說之。夫宋繆受之先君而非其位，爲春秋所危。則衞輒雖如公羊說，亦是受之靈公，而非其位。非其位則危，故夫人正名之旨，必非子路所能見。董生此論，未爲誤也。惲氏敬先賢仲子廟立石文曰：「衞出公未嘗拒父也，衞靈公生于魯昭公二年，其卒年四十七。而蒯聵爲其子，出公爲其子之子。蒯聵先有姊衞姬，度出公之即位也，內外十歲耳。二年，蒯聵入戚，三年春圍戚，衞之臣石曼姑等爲之，非出公也。」夏氏炘衞出公輒論亦云：「靈公薨時，輒至長亦年十餘歲耳。以十餘歲之童子即位，則拒蒯聵者，非輒也。蒯聵有殺母之罪，斯時南子在堂，其不使之入明矣，輒不得自專也。及輒漸長，而君位之定已久，勢不可爲矣。考蒯聵於靈公四十二年入居於戚，及至出公十四年，始與渾良夫謀入，凡在戚者十五年，此十五年中，絕無動靜，則輒之以國養可知。孔子於輒之六年，自楚至衞，輒年可十七八歲，有欲用孔子之意，故子路曰：『衞君待子而爲政。』孔子以父居於外，子居於內，名之不正，莫甚於此，故有正名之論。而子路意輒定位已久，且以國養父，未爲不可，故以子言爲迂。其後孔子去衞，而果有孔悝之難。甚矣！聖人之大居正，爲萬世人倫之至也。孟子曰：『孔子於衞孝公，公養之仕。』先儒謂

[一]「不受」二字原不重，據春秋繁露補。

孝公卽出公輒。孔子在衛凡六七年，輒能盡其公養，則此六七年中，必有不忍其父之心，孔子以爲尚可與爲善，而欲進之以正名，惜乎優柔不斷，終不能用孔子耳。設也輒果稱兵拒父，而孔子猶至衛，且處之六七年，何以爲孔子？」案：惲氏、夏氏此言，亦屬持平，故附箸之。○注：「問往將何所先行。」○正義曰：往，謂往居位也。○注：「正百事之名。」○正義曰：禮祭法云：「黃帝正名百物。」「百物」卽百事。左氏傳曰：「唯器與名，不可以假人。」此指稱謂與爵位之名。穀梁僖十九年傳：「梁亡，鄭棄其師，我無加損焉，正名而已。」言因事之實，無所加損，但正其名而書之爾。韓詩外傳：「孔子侍坐於季孫，季孫之宰通曰：『君使人假馬，其與之乎？』孔子曰：『吾聞君取於臣謂之取，不曰假。』季孫悟，告宰通曰：『今以往，君有取謂之取，無曰假。』孔子正假馬之言，而君臣之義定矣。論語曰：『必也正名乎！』」春秋繁露深察名號篇：「孔子曰：『名不正，則言不順。』〔一〕春秋辨物之理，以正其名。名物如其真，不失秋毫之末。故名『霣石』，則後其『五』，言退鷁，則先其『六』，聖人之謹於正名如此。」毛氏奇齡稽求篇：「漢藝文志謂『名家者流，蓋出於禮官。古者名位不同，禮亦異數。孔子曰：「必也正名乎！」』凡辨名所在，不可苟爲釽析，且從來有名家書，如鄧析、尹文子、公孫龍、毛公諸篇，俱以堅白同異、辨名義爲辭，此則名家之説之所由著也。若漢後儒者，猶尚名，曰名物，曰名義，曰名象，而浸尋失真。至晉時魯勝注墨辨一書，深論名理，謂『名者，所以列同異，明是非，道義之門，政化之準繩也。孔子曰「必也正名」云云。墨子著辨經以立名本，而荀卿、莊周輩皆非之，然終不能易其論也』。其序尚存晉史，約四五百言，極言隱顯、虛實、同異、真似之辨，毫釐纖悉，皆有分剖，〔二〕其文甚著。則是稱名之名，祇是一節，而百凡事爲，莫非是名。」鄭此注云：「正名謂正書字也。古者曰

〔一〕「孔子曰」以下十字，乃實性篇文，錯簡在此。

〔二〕「剖」原誤作「部」，據論語稽求篇改。

名，今世曰字。禮記曰：『百名已上，則書之於策。』孔子見時教不行，故欲正其文字之誤。」陳氏鱣古訓曰：「周禮外史『掌達書名於四方』，注：『古曰名，今曰字，使四方知書之文字，得能讀之。』賈疏：『古者文字少，直曰名；後代文字多，則曰字。字者，滋也。滋益而生，故更稱曰字。正其名字，使四方知而讀之也。』大行人『九歲屬瞽史，諭書名』，注：『書名，書之字也。古曰名。聘禮曰「百名以上」。』此注引禮記者，聘禮記文。彼云『百名以上書於策，不及百名書於方』，注：『名，書文也。今謂之字。』賈疏引此注，以證是文字通謂之名。」臧氏庸鄭注輯本釋云：「孔子書字，必從保氏所掌古文爲正，病時不行，故衞君待子爲政，而子以是爲先也。君子於其所不知，蓋闕如也，即史闕文之意。說文解字敍引此二句，是許君同以爲文字。」又云：「正名，乃爲政之本，與刪詩書、定禮樂，同一垂教萬世，不可以空言視之也。隋經籍志小學類『正名一卷』，敍云：『孔子曰：「必也正名乎！」名謂書字』云云。釋文敍同。是隋以前俱鄭學。」梁氏玉繩庭立紀聞引魏書世祖造新字詔，江式文字表，北齊書儒林傳李鉉字辨，俱引孔子語。今案：風俗通正失篇：「樂正后夔有『一足』之論，『晉師己亥渡河』有『三豕』之文，非夫大聖至明，孰能原析之乎？論語：『名不正，則言不順。』易稱『失之毫釐，差以千里』。故糾其謬曰：正失也。」亦與鄭同。蓋正文字是正名之一端，鄭君此義，亦馬注「百事」所得包也。然馬注古論而但渾言「百事」，不用世家，依衞事言之，則與安國旨趣稍異，抑別有注，爲集解所刪佚耶？若鄭氏固篤信公、穀「以王父命辭父命」之說，宜其解「正名」不及衞父子爭國事也。子路曰：「有是哉，子之迂也！奚其正？」【注】包曰：「迂猶遠也。言孔子之言遠於事。」子曰：「野哉由也！【注】孔曰：「野猶不達。」君子於其所不知，蓋闕如也。【注】包曰：「君子於其所不知，當闕而勿據，今由不知正名之義，而謂之迂遠。」名不正，則言不順；言不順，則事不成；事不成，則禮樂不興，禮樂不興，則刑罰不中，刑罰不中，則民無所措手足。【注】孔曰：「禮以安上，樂以移風二者不行，則有淫刑濫罰。」故君子名之必可言也，言之必可行也。【注】王曰：「所名之事，必可得而明言；所言之事，必可得而遵行。」君子於其言，無所苟而已矣。」

正義曰：釋文云：「迂，鄭本作于，云：『于，狂也。』」案：文王世子「況于其身以善其君乎」？鄭注：「于讀爲迂。」又檀弓「于則于」，孔疏：「于音近迂。迂是廣大之義。」莊子應帝王：「其卧徐徐，其覺于于。」司馬彪注：「于于，無所知貌。」是「于」、「迂」義近，字亦通用。鄭以「正名」爲正文字，而訓「于」爲狂，狂者，疎闊之意，或鄭亦讀此「于」爲迂也。校釋文者，或以「狂」爲「枉」之誤，或以「狂」爲「往」之誤，均須改字，殆未然矣。「蓋闕如」者，段氏玉裁説文敍注云：「論語言如，或單字，孛如、躩如是；或重字，申申如、夭夭如是；或疊韻雙聲字，踧踖如、鞠躬如、蓋闕如是。蓋舊音如割。漢書儒林傳曰：『疑者丘蓋不言。』蘇林曰：『不言者，不言所不知之意也。』〔一〕如淳曰：『齊俗以不言所不知爲丘蓋。』〔二〕『丘蓋』，荀卿書作『區蓋』。丘、區、闕三字雙聲。」宋氏翔鳳過庭録「荀子大略篇：『言之信者，在乎區蓋之間。疑則不言，未問則不立。』漢書儒林傳：『疑者丘蓋不言。』『丘』古音同區，『丘蓋』即區蓋。『區』、『闕』聲之轉。論語之『蓋闕』，即荀子之『區蓋』，爲未見闕疑之意。故曰『蓋闕如也』，與『踧踖如也』同辭。讀論語以『闕如』連文者，非也。」「刑罰不中」者，周官職金「掌受士之金罰、貨罰」，注：「罰，罰贖也。」説文：「刑，罰辠也。罰，辠之小者。」「罰」是小辠，則「刑」爲辠大可知。釋文云：「中，丁仲反。」孫氏志祖讀書脞録：「中當如字讀。刑罰之所重者中。呂刑一篇言中者十。周禮鄉士『獄訟成，士師受中』。鄭司農云：『中者，刑罰之中也。』」今案：後漢書梁統傳：

〔一〕漢書儒林傳注作「丘蓋不言，不知之意也」。

〔二〕漢書儒林傳注作「齊俗以不知爲丘」。

「上言曰：『經曰：「爰制百姓于刑之衷。」孔子曰：「刑罰不衷，則民無所厝手足。」衷之爲言，不輕不重之謂也。』」「衷」與「中」古字通。「無所錯手足」者，「錯」，皇本作「措」，釋文：「錯，本又作措。」說文：「措，置也。」「措」本字，「錯」假借字。皇疏云：「刑罰既濫，故下民畏懼。刑罰之濫，所以跼天蹐地，不敢自安，是無所自措立手足也。」案：「事不成」，「禮樂不興」，「刑罰不中」，皆推言「名不正，則言不順」之失。「言」者，所以出令布治也。呂氏春秋審分覽：「夫名多不當其實，而事多不當其用者，故人主不可以不審名分也。今有人於此，求牛則名馬，求馬則名牛，所求必不得矣。而因用威怒，有司必誹怨矣，牛馬必擾亂矣。百官，衆有司也；萬物，羣牛馬也。不正其名，不分其職，而數用刑罰，亂莫大焉。故名不正，則人主憂勞勤苦，而官職煩亂悖逆矣，國之亡也，名之傷也，從此生矣。」呂覽此言名不正，則刑罰失亂，與此文意同。黄氏式三後案云：「王道不外彝倫，而家人莫重於父子。孟子曰：『人人親其親，長其長，而天下平。』又曰：『瞽瞍底豫，而天下之爲父子者定。』王者本孝出治，父子之倫爲重也。治國者，不正一家父子之名，而欲正一國之父子，無諸己而求諸人，則一己多忌諱之私，而事亦阻窒而不成矣。禮樂刑罰，事之大也。禮莫大於父子之序，樂莫大於父子之和，刑罰莫大於不孝。三者失，而事之不成甚矣。故治世之要務，在彝倫攸敍。」○注：「迂猶遠也。」○正義曰：說文：「迂，避也。」此云「猶遠」者，引申之義。呂覽先己篇：「寡人以爲迂言也。」高誘注：「迂，遠也。」○注「孔曰」至「濫罰」。○正義曰：皇本作「包注」。孝經云：「安上治民，莫善於禮；移風易俗，莫善於樂。」樂記：「樂也者，聖人之所樂也。而可以善民心，其感人深，其移風易俗，故先王著其教焉。」

4 樊遲請學稼。子曰：「吾不如老農。」請學爲圃。曰：「吾不如老圃。」【注】馬曰：「樹五穀曰稼，樹菜蔬曰圃。」樊遲出。子曰：「小人哉，樊須也！上好禮，則民莫敢不敬；上好義，則民莫敢不服；上好信，則民莫敢不用情。【注】孔曰：「情，情實也。言民化於上，各以實應。」夫如是，則四方之民，襁負其子而至矣，焉用稼？」【注】包曰：「禮義與信，足以成德，何用學稼以教民乎？負者以器曰襁。」

正義曰：説文云：「農，耕人也。」今字作「農」，隸變。漢書食貨志：「闢土植穀曰農。」當春秋時，世卿持祿，廢選舉之務，賢者多不在位，無所得祿，故樊遲請夫子學稼、學圃，蓋諷子以隱也。書無逸云：「知稼穡艱難，則知小人之依。」又云：「舊爲小人，爰暨小人。」是小人卽老農、老圃之稱。孟子滕文公篇「有大人之事，有小人之事」，與此同也。古者四民各有恒業，非可見異而遷。若士之爲學，則由成己以及成物，「己欲立而立人，己欲達而達人」。但當志於大人之事，而行義達道，以禮、義、信自治其身，而民亦嚮化而至，安用此學稼、圃之事，徒潔身而廢義哉！孝經曰：「君子言思可道，行思可樂，德義可尊，作事可法，容止可觀，進退可度，以臨其民。是以其民畏而愛之，則而象之。故能成其德教，而行其政令。」是上好禮，則民咸知敬也。荀子王霸篇：「之所與爲之者之人，則舉義士也；之所以爲布陳於國家刑法者，則舉義法也；主之所極然帥羣臣而首鄉之者，則舉義志也。如是，則下仰上以義矣，是綦定也。」是上好義，則民服也。晉語箕鄭曰：「信於君心，則美惡不踰；信於名，則上下不干；信於令，則時無廢功；信於事，則民從事有業。」禮運曰：「故天不愛其道，地不愛其寶，人不愛其情。則是無故，先王能修禮以達義，體信以達順故。此順之實也。」愛者隱也，人不隱其情，由於上能修禮體信。是上好信，則民莫敢不用情也。皇本「請學爲圃」下有「子」字。「襁負」，釋文云：「繈，居丈反，又作襁，同。」張參五經文字曰：「作繈非。」段氏玉裁說文注云：「五經文字非也，古繈、緥字從糸，不從衣。說文『襁』字，乃淺人妄增。」○注：「樹五穀曰稼，樹菜蔬曰圃。」○正義曰：「樹」與「尌」同，謂種植也。「五穀」，禾、黍、稷、稻、麥也。詩伐檀傳：「種之曰稼。」周官司稼注：「種穀曰稼。」是凡樹穀曰稼也。說文：「圃，所以種菜曰圃。」周官大宰「九職」，「二曰園圃，毓草木」。注：「樹果蓏曰圃。」蓏兼有菜蔬。禮記射義注云：「樹菜蔬曰圃。」與此訓同。○注：「情，情實也。」○正義曰：情者，好惡之誠，無所欺隱，故曰情實。下篇「如得其情」，亦謂所犯罪之實也。○注「禮義」至「曰襁」。○正義曰：注以學稼、學圃爲因教民，是逆探下文爲此語，殆未然也。「負者以器曰襁」，弟子傳集解引作「負子之器曰襁」，皇疏引注亦作「負子」。又引李充曰「負子以器」，則「負者」乃「負子」之譌。說文：「繈，觕類也。」段注：「呂覽明理篇『道多繈緥』，高注：『繈，褸格上繩也。』[一]又直諫篇注：『繈，褸格繩。』褸即縷，格即絡，織縷爲絡，以負之於背，其繩謂之繈。高說最分明。博物志云『織縷爲之，廣八寸，長二尺』，乃謂其絡，未及其繩也。」案：顏師古漢書宣紀注：「襁，即今之小兒綳也。」李奇曰：「以繒布爲之。」李賢後漢書清河孝王慶傳注：「以繒帛爲之。」皇疏云：「以竹爲之，或云以布爲之。今蠻夷猶以布帊裹兒負之背也。」皆各據所見言之。小兒綳兼有絡繩，蓋統名繈，後起之義也。史記魯周公世家：「成王少在強葆之中。」索隱曰：「強葆即襁褓，假借用之。」

5 子曰：「誦詩三百，授之以政，不達；使於四方，不能專對；雖多，亦奚以爲？」【注】專，猶獨也。

正義曰：「誦詩」者，周官大司樂「以樂語教國子興、道、諷、誦、言、語」，注：「倍文曰諷，以聲節之曰誦。」謂但以

[一]「格」字原脫，據說文段注及呂覽高注補。

樂聲節之，不用樂也。墨子公孟篇：「誦詩三百，弦詩三百，歌詩三百，舞詩三百。」是學詩有誦、弦、歌、舞之法。此但及誦詩者，主於口讀，尋繹其義恉也。毛詩序云：「先王以是經夫婦，成孝敬，厚人倫，美教化，移風俗。」是詩之理可通政事，故宜達也。「使於四方能專對」者，謂得詩溫柔敦厚之教，則能應對賓客也。閻氏若璩釋地又續：「專，擅也。卽公羊傳『聘禮，大夫受命，不受辭，出竟有可以安社稷、利國家者，則專之可也。』」案：漢書王莽傳「選儒生能顓對者」，注曰：「顓與專同。專對，謂應對無方，能專其事。」聘記云：「辭無常，孫而說。」注云：「孫，順也。大夫使受命，不受辭，辭必順且說。」疏云：「謂受君命，聘于鄰國，不受賓主對答之辭。必不受辭者，以其口及，則言辭無定準，故不受之也。」此卽專對之義。「孫而說」，亦所習於詩教然也。韓詩外傳：「齊景公使人於楚，楚王與之上九重之臺，顧使者曰：『齊有臺若此乎？』使者曰：『吾君有治位之坐，土階三等，茅茨不翦，樸椽不斲者，猶以謂爲之者勞，居之者泰，吾君惡有臺？』若此者，使者可謂不辱君命，其能專對矣。」此事正可舉證。鄭注云：「誦習此道，不能爲用，雖多，亦奚以爲也？」案：「多」謂詩三百也。黃氏式三後案以「多」指未删之詩，誤。○注：「專，猶獨也。」○正義曰：左襄十九年傳服注：「專，獨也。」此常訓。胡炳文四書通：「古者遣使，有正有介。正使不能達，則介使助之。如正使自能致辭，不假衆介之助，是謂能專對。」卽此「專」訓「獨」之義。〔一〕閻氏若璩釋地又續非之云：「果爾？先王遣聘，只使者一人足矣。胡爲而從以上介及衆介耶？蓋應對之事，使者固多，而上介、次介、末介，亦非噤無語者，聘禮一篇可見。」

〔一〕「專」原誤作「助」，據經注及文義改。

6子曰：「其身正，不令而行；其身不正，雖令不從。」【注】令，教令也。　正義曰：漢書公孫弘傳：「上古堯、舜之時，不貴爵賞而民觀善，不重刑罰而民不犯，躬率以正而遇民信也。末世貴爵厚賞而民不勸，深刑重罰而姦不止，其上不正，遇民不信也。」淮南子主術訓：「是故有諸己不非諸人，無諸己不求諸人，所立於下者不廢於上，所禁於民者不行於身。所謂亡國，非無君也，無法也。變法者，非無法也，有法者而不用，與無法等。是故人主之立法，先自爲檢式儀表，故令行於天下。孔子曰云云。故禁勝於身，則令行於民矣。」繆稱訓：「無諸己，求諸人，古今未之聞也。同言而民信，信在言前也。同令而民化，誠在令外也。聖人在上，民遷而化，情以先之也。動於上，不應於下者，情與令殊也。」新序雜事四：「唱而不和，動而不隨，中必有不全者矣。夫不降席而匡天下者，求之己也。孔子曰云云。先王之所以拱揖指揮，而四海賓者，誠德之治，已形於外。故詩曰『王猶允塞，徐方既來』，此之謂也。」諸文並足發明此章之旨。○注：「令，教令也。」○正義曰：說文云：「令，發號也。」鹽鐵論詔聖篇：「令者，教也，所以導民人。」

7子曰：「魯、衛之政，兄弟也。」【注】包曰：「魯，周公之封；衛，康叔之封。周公、康叔，既爲兄弟，康叔睦於周公，其國之政，亦如兄弟。」　正義曰：皇本無「也」字。○注「魯周」至「兄弟」。○正義曰：史記世家：「周公旦者，周武王弟也。衛康叔名封，周武王同母少弟也。」左定六年傳：【一】「公叔文子曰：『大姒之子，惟周公、康叔爲相睦也。』」是周公、康叔爲兄弟最睦也。方氏觀旭偶記：「包注不就衰亂言。案：左氏定四年傳：『皆啟以商政。』注：『皆，魯、衛也。』

【一】「六」原誤作「五」，據左傳改。

又夫子嘗言『魯一變至於道』，而五至衞國，則有『三年有成』之語。又論子賤而以魯爲多君子，與季札稱『衞多君子』，辭轍。齊大陸子方曰：『何以見魯、衞之士？』並見二國之政俗，末世猶賢於他國。更證之漢書馮奉世傳人歌立與野王曰：『大馮君，小馮君，兄弟繼踵相因循，聰明賢知惠吏民，政如魯、衞德化均。周公、康叔猶二君。』『政如魯、衞』二句，正用魯論語。漢世之解如此。」今案：方說深得經注之意。朱子集注就衰世言，則語涉詼諧，非其理矣。

8 子謂衞公子荆，「善居室。【注】王曰：「荆與蘧瑗、史鰌並爲君子。」始有，曰：『苟合矣。』少有，曰：『苟完矣。』富有，曰：『苟美矣。』」正義曰：云「衞公子荆」者，金氏文淳蛾術篇謂「魯亦有公子荆，哀公庶子。見左哀二十五年傳。故論語特加衞以別白之」是也。「善居室」者，皇疏云：「居其家能治，不爲奢侈，故曰善也。」「有」者，有財也。列子說符篇：「羨施氏之有。」張湛注：「有，猶富也。」公子荆仕衞得祿，終致富有。「苟」者，誠也，信也。「合」者，言已合禮，不以儉爲嫌也。「完」者，器用完備也。「美」者，盡飾也。公子荆處衞富庶之時，知國奢當示之以儉，又深習驕盈之戒，故言「苟合」、「苟完」、「敬美」。言其意已足，無所復歉也。○注：「荆與蘧瑗、史鰌並爲君子。」○正義曰：左氏傳：「吳公子札適衞，說蘧瑗、史狗、史鰌、公子荆、公叔發、公子朝，曰：『衞多君子，未有患也。』」此注所本。

9 子適衞，冉有僕。【注】孔曰：「孔子之衞，冉有御。」子曰：「庶矣哉！」【注】孔曰：「庶，衆也。言衞人衆多。」冉有曰：「既庶矣，又何加焉？」曰：「富之。」曰：「既富矣，又何加焉？」曰：「教之。」正義曰：「冉有」，皇本作「冉子」。阮氏元校勘記：「春秋繁露仁義法篇、論衡問孔篇、風俗通義十反卷，並作冉子。」說苑建本篇：「子貢問爲政。孔子曰：『富之。既富，乃教之也。』」與此問答略同，或傳聞之異。孫氏奇逢四書近指：「漢荀悅云：人不畏死，不可懼以罪；人不樂生，不可勸以善。故在上者，先豐民財，以定其志，是謂養生。禮教榮辱，以加君子，化其情也；桎梏鞭朴，以加小人，化其形也。若教化之廢，推中人而墜於小人之域，教化之行，引中人而納於君子之塗，是謂章化。』」按悅此語，與孔子富教之說相發明。今案：管子治國云：「凡治國之道，必先富民。民富則易治也，民貧則難治也。奚以知其然也？民富則安鄉重家；安鄉重家，則敬上畏罪；敬上畏罪，則易治也。民貧則危鄉輕家；危鄉輕家，則敢陵上犯禁；陵上犯禁，則難治也。」亦言爲政宜先富民也。孟子梁惠王篇：「是故明君制民之產，必使仰足以事父母，俯足以畜妻子，樂歲終身飽，凶年免於死亡，然後趨而之善，故民之從之也輕。」明富民當制民之產，民得恒產，乃易教也。荀子大略篇：「不富無以養民情，不教無以理民性。故家五畝宅，百畝田，務其業而勿奪其時，所以富之也。立大學，設庠序，修六禮，明十教，所以道之也。詩曰：『飲之食之，教之誨之。』王事具矣。」○注：「孔子之衛，冉有御。」○正義曰：說文云：「僕，給事者。」御車亦以給事，故通稱僕。周官有「大僕」、「戎僕」。○注：「庶，衆也。」○正義曰：「庶、衆」，爾雅釋詁文。說文：「庶，屋下衆也。」

10子曰：「苟有用我者，期月而已可也，三年有成。」【注】孔曰：「言誠有用我於政事者，期月而可以行其政教，必三年乃有成功。」正義曰：史記孔子世家云：「靈公老，怠於政，不用孔子。孔子喟然歎曰：『苟有用我者，朞月而已，三年有成。』」是此語爲在居衞時，故次於適衞章之後。當春秋時，魯、衞之政，尚爲兄弟，故夫子去魯後，獨久居衞，願治之也。說文：「稘，復其時也。從禾，其聲。期，會也。從月，其聲。」訓義略同。會者，合也。復其時，仍合於此月也。積月成年，故周年謂之期年，又謂之期月，言十二月至此一合也。漢書食貨志：「民三年耕，則餘一年之畜。衣食足而知榮辱，廉讓生而爭訟息。故三載考績。孔子曰：『苟有用我者，期月而已可也，三年有成。』成此功也。」然則三年有成，兼有富教之術。故上章載夫子與冉有語，備文見之。凡善人王者，不外此術也。

11 子曰：「『善人爲邦百年，亦可以勝殘去殺矣。』【注】王曰：「勝殘，勝殘暴之人，使不爲惡也。去殺，不用刑殺也。」誠哉是言也。」【注】孔曰：「古有此言，孔子信之。」　正義曰：鄭注云：「善人居中，不踐迹，不入室也。此人爲政，不能早有成功，百年乃能無殘暴之人。」案：「居中」者，對下「王者」言之。上不及王者，下不同時君，故言中也。上篇言「善人之道，不踐迹，亦不入於室」，此注本之。而以入室喻王者，漢書刑法志：「孔子曰：『如有王者，必世而後仁。善人爲國百年，可以勝殘去殺矣。』言聖王承衰撥亂而起，被民以德教，變而化之，必世然後仁道成焉。至於善人不入於室，然猶百年勝殘去殺矣。此爲國者之程式也。」並謂善人既未入室，不能早有成功，故必期之百年也。○注「勝殘」至「殺也」。○正義曰：說文：「殘，賊也。」孟子梁惠王篇：「賊義者謂之殘。」言善人爲邦百年，殘暴之人不能盡絕，但其政治足以勝之，使不爲惡，故亦不至用刑殺也。殺是重刑。言「去殺」，明諸輕刑未能免矣。

12 子曰：「如有王者，必世而後仁。」【注】孔曰：「三十年曰世。如有受命王者，必三十年仁政乃成。」

正義曰：臧、宋輯本鄭注云：「周自太王、王季、文王、武王，賢聖相承四世。」又云：「周道至美，武王伐紂，至成王乃致太平，由承殷紂敝化之後故也。」案：御覽四百十九引鄭此注又云：「聖人受命而王，必父子相承，而後天下之民能仁也。」鄭以周之王業，肇基大王，歷三世至武王，受命而有天下。武王承大亂之後，勝殷未久而崩，至成王六年，乃制禮作樂，功致太平。由成王上溯大王，多有歷年，則以周承殷紂之後，俗敝已久，難可卒化，與尋常受命而王，其事勢有不同也。云「必父子相承」者，以三十年未必適當一君，故兼父子計之。荀子大略篇：「文王誅四，武王誅二，周公卒業，至成、康則案無誅已。」亦謂成王時，民已能仁，故無誅也。包氏愼言溫故錄：「漢書食貨志云：『三年耕則餘一年之畜，衣食足而知榮辱，廉讓興而爭訟息，故三載考績。三考黜陟，餘三年食，進業曰登。再登曰平，餘六年食。三登曰太平，二十七歲，餘九年食。然後以德化流洽，禮樂成焉。故曰「如有王者，必世而後仁」，繇此道也。』案：依志言『必世後仁』，蓋謂養而後教。食者，民之本。飢寒並至，雖堯、舜在上，不能使民無寇盜；貧富兼并，雖皋陶制法，不能使彊不淩弱。故王者初起，必先制田里，教樹畜，使民家給人足，然後以禮義化導之。言『必世』者，量民力之所能，不迫切之也。刑法志亦引此經解之云：『言王者乘衰撥亂而起，被民以德教，變而化之，必世然後仁道成焉。』義亦略同。」案：包說乃探原之論，可補鄭義。○注「三十」至「乃成」。○正義曰：漢書平當傳引此文解之云：「三十年之閒，道德和洽，制禮興樂，災害不生，禍亂不作。」是世爲三十年也。「受命」者，受天命也。「仁政乃成」者，言民化於仁，是上之仁政有成功也。

13 子曰：「苟正其身矣，於從政乎何有？不能正其身，如正人何？」　正義曰：「政」者，正也。言爲政當先正其身也。皇疏云：「其身不正，雖令不從，故云『如正人何』也。」

14 冉子退朝。【注】周曰：「謂罷朝於魯君。」子曰：「何晏也？」對曰：「有政。」子曰：「其事也。如有政，雖不吾以，吾其與聞之。」【注】馬曰：「政者，有所改更匡正。事者，凡行常事。如有政，非常之事。我爲大夫，雖不見任用，必當與聞之。」　正義曰：冉子卽冉有。稱「子」者，箸其爲師也。「晏」者，說文云：「晏，天清也。」此文訓日暮，當是引申之義。解者謂「晏」爲「旰」之叚借，亦通。毛氏奇齡稽求篇：「凡朝無晏退之禮，晏則必問。國語：『范文子暮退於朝。武子曰：「何暮也？」』與子問正同。」方氏觀旭偶記：「禮玉藻云：『揖私朝，煇如也，登車則有光矣。』注：『揖其臣乃行。』玉藻又云：『朝，辨色始入。』案：先視私朝，然後朝君，猶當辨色之時，則家臣之退，自然宜蚤，此子所以問冉有退朝之晏。」○注：「周曰：『謂罷朝於魯君。』」○正義曰：釋文云：「周生烈曰：『君之朝。』」是此「周」爲周生也。鄭注云：「朝於季氏之私朝。」與周生異。方氏觀旭偶記：「案左氏哀十一年傳：『季孫使冉子從於朝，俟於黨氏之溝。』可見家臣從大夫之公朝，僅得俟於朝中之地，無朝魯君之事。其朝於大夫之私朝者，左氏襄三十年傳：『鄭伯有嗜酒，朝至，未已。朝者曰：「公焉在！」』魯語：『公父文伯之母如季氏，康子在其朝，與之言，弗應，康子辭於朝而入。』注云：『辭其家臣。』是其證也。從鄭說是。」陳氏鱣古訓謂「其事，其字卽指季氏」。自餘若閻氏若璩、毛氏奇齡、宋氏翔鳳，皆以鄭注爲然。魯語云：「自卿以下，合官職於外朝，合家事於內朝。」韋注：「外朝，君之公朝也。內朝，家朝也。」此冉子退朝，卽是大夫內朝，在正寢門外。○注「政者」至「聞之」。○正義曰：馬以政大事小，而政亦是事，故云「非常之事」。政既非常之事，故或有改更匡正，當集衆卿大夫並議之。夫子反魯，雖不見用，然猶從大夫之後，故云「我爲大夫，當與聞之」。左哀十一年傳：「季氏欲以田賦，使冉有訪諸仲尼曰：『子爲國老，待子而行。』」是其證也。鄭注云：「君之教令爲政，臣之教令爲事也。」故云『其事也』。」與馬注異。左昭二十五年傳：「爲政、事、庸、力、行、務，以從四時。」杜注：「在君爲政，在臣爲事。」是政、事各別。魯語所云「官職」，謂政也；所云「家事」，謂事也。但政、事對文異，散文亦通。故仲弓爲季氏宰問政，而詩亦言「王事」，是政、事不分別也。揆鄭之意，當以政、事有公、私之別，故夫子辨之，亦正名定分之意。若以政大事小，則無與於名分，非其義矣。魏書高閭傳解此文云：「政者，君上之所施行合於法度，經國治民之屬皆謂之政。臣下奉教承旨，作而行之謂之事。」此與鄭義又異。然承奉君教，仍是君事，於義非也。

15 定公問：「一言而可以興邦，有諸？」孔子對曰：「言不可以若是，其幾也。【注】王曰：「以其大要一言，不能正興國。幾，近也。有近一言可以興國。」人之言曰：『爲君難，爲臣不易。』如知爲君之難也，不幾乎一言而興邦乎？」【注】孔曰：「事不可以一言而成。如知此，則可近也。」正義曰：皇本「如知爲君」下無「之」字。韓詩外傳：「傳曰：言爲王之不易也。大命之至，其太宗、太史、太祝，斯素服執策，北面而弔乎天子曰：『大命既至矣，如之何憂之長也？』授天子策一矣。曰：『敬享以祭，永主天命，畏之無疆，厥躬無敢寧。』授天子策二矣。曰：『敬之，夙夜伊祝，厥躬無怠，萬民望之。』授天子策三矣。曰：『天子南面受於帝位，以治爲憂，未以位爲樂也。』

詩曰：『天難諶斯，不易惟王。』」○注「以其」至「興國」。○正義曰：一言祇是大要，不能正興國，此釋「言不可以若是」之文也。「幾、近」，爾雅釋詁文。易「月幾望」，詩「維其幾矣」，「幾」並訓近。此謂有一言近於興國也。王氏若虛論語辨惑：「『其幾也』三字，自爲一句。一言得失，何遽至於興喪？然有近之者。」孟氏夢恂四書辨疑：「經文兩『其幾也』，皆三字爲句，舊注文亦是作兩句說。」曰：「一言而喪邦，有諸？」孔子對曰：「言不可以若是，其幾也。人之言曰：『予無樂乎爲君，唯其言而莫予違也。』【注】孔曰：「言無樂於爲君，所樂者，唯樂其言而不見違。」如其善而莫之違也，不亦善乎？如不善而莫之違也，不幾乎一言而喪邦乎？」【注】孔曰：「人君所言善，無違之者，則善也。所言不善，而無敢違之者，則近一言而喪國。」 正義曰：「違」者，背也。言臣下不從君言，有所違背也。周語云：「故天子聽政，使公卿至於列士獻詩，瞽獻典，史獻書，師箴，瞍賦，矇誦，百工諫，庶人傳語，近臣盡規，親戚補察，瞽史教誨，耆艾脩之，而後王斟酌焉，是以事行而不悖。」是爲君冀有人諫諍，不嫌有予違也。吳語云：「申胥曰：『今王播棄黎老，而近孩童焉比謀。曰：「余令而不違。」夫不違，乃違也；夫不違，亡之階也。』」韓非子外儲說：「晉平公與羣臣飲，飲酣，乃喟然歎曰：『莫樂爲人君，惟其言而莫之違。』師曠侍坐於前，援琴撞之。曰：『啞！是非君人者之言也。』」皆以言莫予違爲非也。黃氏式三後案：「言莫予違，則讒諂所蔽，禍患所伏，而人莫之告，自古喪國之禍，多由於此。陸敬輿所謂『天下大慮，在於下情不通』，所謂『忽於戒備，逸於居安，憚忠鯁之怫心，甘諛詐之從欲，不聞其失，以致大失』也。」

16 葉公問政。子曰：「近者説，遠者來。」正義曰：釋文：「𦯞，舒涉反。本今作葉。」盧氏考證以「𦯞」爲唐人避諱所改，本今作「葉」，則宋人校語是也。韓非子難篇：「葉公子高問政於仲尼，仲尼曰：『政在悦近而來遠。』」又曰：「葉都大而國小，民有背心，故曰『政在悦近而來遠』。」言使近民歡説，則遠人來至也。墨子耕柱篇：「葉公子高問政於仲尼曰：『善爲政者若之何？』仲尼對曰：『善爲政者，遠者近之，而舊者新之。』」語異義同。管子版法解：「凡衆者，愛之則親，利之則至。」又云：「愛施俱行，則説君臣，説朋友，説兄弟，説父子。愛施所設，四固不能守。」又云：「愛施之德，雖行而無私。內行不修，則不能朝遠方之君。是故正君臣、上下之義，飾父子、兄弟、夫婦之義，飾男女之別，別疏數之差，使君德臣忠，父慈子孝，兄愛弟敬，禮義章明。如此，則近者親之，遠者歸之。」

17 子夏爲莒父宰，問政。【注】鄭曰：「舊説云莒父，魯下邑。」子曰：「無欲速，無見小利。欲速，則不達；見小利，則大事不成。」【注】孔曰：「事不可以速成。而欲其速，則不達矣。小利妨大，則大事不成。」正義曰：爾雅釋詁：「遠，急也。」此常訓。大戴禮子張問入官篇：「故君子莅民，不道以遠。」又云：「道以數年之業，則民疾，疾則辟矣。」注云：「使成數年之業，則民困矣。」荀子致士篇：「臨事接民而以義變應，寬裕而多容，恭敬以先之，政之始也；然後中和察斷以輔之，政之隆也；然後進退誅賞之，政之終也。故一年與之始，三年與之終。」並言爲政不可欲速也。「利」謂便國益民也。爲政者見有大利，必宜興行，但不可見於小耳。大戴禮四代篇：「好見小利妨於政。」呂覽勸勳篇：「利不可兩，忠不可兼。不去小利，則大利不得；不去小忠，則大忠不至。故小利，大利之殘也；小忠，大忠之賊也。」並與此文義相發。釋文：「毋欲，音無。本今作無。」皇本上字作「毋」，下字作「無」。○注：「舊說云莒父，魯下邑。」○正義曰：稱「舊說」者，箸所自也。春秋定公十四年：「城莒父及霄。」杜注：「莒父，魯邑。公叛晉，助范氏，故懼而城二邑。」閻氏若璩釋地：「是時荀寅、士吉射據朝歌，晉人圍之，魯與齊、衞謀救之。朝歌在魯正西，將八百里。則莒父屬魯之西鄙。」此亦據杜注約略言之。其實杜氏備晉之說，本屬臆測，難爲據也。顧氏棟高春秋大事表：「莒係以『父』，魯人語音，如梁父、亢父、單父是也。今爲沂州府莒州地。」山東通志云：「莒始封在萊州府高密縣東南，乃莒子之都，而子夏所宰之莒父也。春秋時，莒子遷於城陽。漢始封劉章爲城陽王，置莒縣，卽今青州府之莒州。莒父之邑，蓋以莒子始封得名耳。」案：通志與大事表異，通志較可據。

18 **葉公語孔子曰：「吾黨有直躬者，**【注】孔曰：「直躬，直身而行。」**其父攘羊，而子證之。」**【注】周曰：「有因而盜曰攘。」**孔子曰：「吾黨之直者異於是：父爲子隱，子爲父隱。直在其中矣。」**

正義曰：說文云：「證，告也。」韓非子五蠹篇：「楚之有直躬，其父竊羊而謁之吏。令尹曰：『殺之。』以爲直于君而屈于父，執而罪之。」呂氏春秋當務篇：「楚有直躬者，其父竊羊而謁之上，上執而將誅之。直躬者請代之，將誅矣，告吏曰：『父竊羊而謁之，不亦信乎？父誅而代之，不亦孝乎？信且孝而誅之，國將有不誅者乎？』荆王聞之，乃不誅也。孔子聞之曰：『異哉！直躬之爲信也，一父而載取名焉。』故直躬之信，不若無信。」高誘注：「謁，告也。」宋氏翔鳳過庭錄：「兩書所記，一誅一不誅，異者。蓋其始，楚王不誅，而躬以直聞於楚，葉公聞孔子語，故當其爲令尹而誅之。」案：宋說是也。鄭此注云：「攘，盜也。我鄉黨有直人名弓，父盜羊則證其罪。」據注，是鄭本作直弓，必出古、魯、齊異文。隸續陳寔殘碑：「寔字仲躬。」史傳雜書、蔡中郎集並作仲弓，是「躬」、「弓」古多通用。鄭以弓爲人名。高誘淮南氾論訓注亦云：「直躬，楚葉縣人也。」躬蓋名其人，必素以直稱者，故稱直躬。直舉其行，躬舉其名。直躬猶狂接輿、盜跖之比。僞孔以爲直身而行，非也。「隱」者，說文云「蔽也」。檀弓云：「事親有隱而無犯。」鄭注：「隱謂不稱揚其過失也。」蓋子之事親，當時微諫，諭父母於道，不致有過誤。若不幸而親陷不義，亦當爲諱匿。公羊文十五年：「齊人來歸子叔姬，閔之也。父母之于子，雖有罪，猶若其不欲服罪然。」何休注引此文，說之云「所以崇父子之親」是也。鹽鐵論周秦篇：「父母之於子，雖有罪，猶匿之。豈不欲服罪？『子爲父隱，父爲子隱』，未聞父子之相坐也。」漢宣詔曰：「自今子首匿父母，妻匿夫，孫匿大父母，皆勿坐。其父母匿子，夫匿妻，大父母匿孫，殊死皆上請。」足知漢法凡子匿父母等，雖殊死皆勿坐；父母匿子等，殊死以下，皆不上請。蓋皆許其匿可知。皇疏云「今王法則許期親以上，得相爲隱，不問其罪」是也。白虎通諫諍篇：「君不爲臣隱，父獨爲子隱何？以爲父子一體，榮恥相及。」明父子天屬，得相隱，與君臣異也。程氏瑤田論學小記：「人有恒言，輒曰『一公無私』。此非過公之言，不及公之言也。此一視同仁，愛無差等之教也。其端生於意、必、固、我，而其弊必極於父攘子證，其心則陷於欲博大公之名，天下之人，皆枉己以行其私矣。而此一人也，獨能一公而無私，果且無私乎？聖人之所難。若人之所易，果且易人之所難乎？果且得謂之公乎？公也者，親親而仁民，仁民而愛物，有自然之施爲，自然之等級，自然之界限，行乎不得不行，止乎不得不止，時而子私其父，時而弟私其兄。自人視之，若無不行其私者，事事生分別也，人人生分別也。無他，愛之必不能無差等，而仁之不能一視也。此之謂公也，非『一公無私』之謂也。儀禮喪服傳之言『昆弟』也，曰

『昆弟之道無分，然而有分者，則辟子之私也。子不私其父，則不成其子』。孔子之言直躬也，曰『父爲子隱，子爲父隱，直在其中』，皆言以私行其公。是天理人情之至，自然之施爲，等級界限無意必固我於其中者也。如其不私，則所謂公者，必不出於其心之誠然。不誠，則私焉而已矣。」○注：「有因而盜曰攘。」○正義曰：高誘淮南注云：「凡六畜自來而取之，曰攘也。」即此注「有因而盜」之義。爾雅釋詁：「儴、仍，因也。」郭注皆謂「因、緣」。案：「儴」與「攘」同。樊孫引此文釋之云：「因來而盜曰攘。」

19 樊遲問仁。子曰：「居處恭，執事敬，與人忠。雖之夷狄，不可棄也。」【注】包曰：「雖之夷狄，無禮義之處，猶不可棄去而不行。」 正義曰：「居處」謂所居之處。「執」猶行也。此章所言，亦「克己復禮爲仁」之意。「恭」、「敬」，說文俱訓「肅」。爾雅釋詁：「恭，敬也。」二字訓同，此對文稍異。漢書五行志：「內曰恭，外曰敬。」

20 子貢問曰：「何如斯可謂之士矣？」子曰：「行己有恥，【注】孔曰：「有恥者，有所不爲。」使於四方，不辱君命，可謂士矣。」曰：「敢問其次。」曰：「宗族稱孝焉，鄉黨稱弟焉。」曰：「敢問其次。」曰：「言必信，行必果，硜硜然小人哉！抑亦可以爲次矣。」【注】鄭曰：「行必果，所欲行必果敢爲之。硜硜者，小人之貌也。抑亦其次，言可以爲次。」 正義曰：「士」謂已仕者也。聘使之事，士爲擯相，故言「使於四方」。又子貢問今之從政，從政者，士之從仕於大夫而爲政也。「行己有恥」者，皇疏云：「言自行己身，恒有可恥之事，故不爲也。」

曾子制言上：「夫行也者，行禮之謂也。」又曰：「故君子不貴興道之士，而貴有恥之士也。夫有恥之士，富而不以道，則恥之；貧而不以道，則恥之。」皆言士所恥事也。「不辱君命」者，君命已出，使當守禮達辭，不使君命見淩辱也。毛詩序云皇皇者華，言臣出使，能揚君之美，延其譽于四方。則爲不辱命也。聘義云：「使者聘而誤，主君弗親饗食也，所以愧厲之也。」「誤」者，謂失禮儀應對之節。當春秋時，最重邦交，故能不辱命，乃爲士之上矣。「宗族」者，白虎通宗族篇：「宗者何謂也？宗者，尊也。爲先祖主者，宗人之所尊也。大宗能率小宗，小宗能率羣弟，通其有無，所以紀理族人者也。族者何也？族者，湊也，聚也，謂恩愛相流湊也。上湊高祖，下至玄孫，一家有吉，百家聚之，合而爲親，生相親愛，死相哀痛，有會聚之道，故謂之族。」「稱」與「偁」同。説文：「偁，揚也。」廣雅釋訓：「偁，譽也。」今經典通用「稱」字，稱，銓也。別一義。趙氏佑温故録：「此以鄉舉里選之法言。周禮自比、閭、族、黨、六鄉、六遂皆立學。鄉師、鄉大夫『各受教法於司徒，以教其所治，考其德行道藝』，黨正『各掌其黨，以屬民，正齒位』，族師『掌書其孝友睦婣有學者』，以次而升于大學。士之造就，必由此爲正。案春秋之時，卿大夫皆世官，選舉之法已廢，此文所言猶是舊法，故子貢復問『今之從政』，明前所舉皆是昔時有然也。稱孝稱弟，卽孟子所謂『一鄉之善士』，此雖德行之美，然孝弟爲人所宜盡，不必待學而能。故夫質性之善者，亦能行之，而非爲士職分之所盡也，故以爲次。荀子子道篇以『入孝出弟』爲『人之小行』，『志以禮安，言以類從』爲儒道之極，與此章義相發。志以禮安，則知所恥；言以類從，則能出使不辱君命矣。『言必信，行必果』，謂不度於義，而但守小忠小信之節也。孟子離婁篇：『孟子曰：「大人者，言不必信，行不必果，唯義所在。」』明大人言行皆視乎義。義所在，則言必信，行必果；義所不在，則言不必信，行不必果。反是者爲小人。趙岐孟子注云：『大人仗義，義有不得必信其言，子爲父隱也。有不能得果行其所欲行者，〔一〕若親在不得以其身許友也。』」「硜硜」，孟子公孫丑下：「悻悻然見於其面。」趙注引此文作「悻悻」。孫奭音義：「悻悻，字或作悜悜。」案：「悜」、「硜」同，論語作「悻」，當出齊、古異文。○注「行必至「爲次」。○正義曰：「果」與「倮」同。蒼頡篇：「倮，憨也。」「憨」即「敢」字。皇本作「必敢爲之」，「必」下脱「果」字。「硜硜」，堅確之意。小人賦性愚固，故有此貌。下篇「鄙哉硜硜乎」，義異訓同。史記樂書「石聲硜」，樂記作「石聲磬」。說文：「磬，古文從巠。」是「硜」即「磬」字。釋名釋樂器：「磬，罄也。其聲罄罄然堅緻也。」莊子至樂篇：「誙誙乎如將不得已。」釋文引李云：「趣死貌。本又作脛脛。」漢書楊敞傳：「脛脛者未必全也。」師古曰：「脛脛，直貌也。」爾雅釋詁：「掔，固也。」郝氏懿行義疏：「掔轉爲硻。玉篇：『硻，口耕切，别作硜。』」是誙、脛、掔、硻並與硜同也。「抑亦其次」，注是檃括經文。孔氏廣森經學卮言「疑鄭所據本如此」，非也。曰：「今之從政者何如？」子曰：「噫！斗筲之人，何足算也？」【注】鄭曰：「噫，心不平之聲。筲，竹器，容斗二升。算，數也。」正義曰：「斗筲之人」，言今之從政，但事聚斂也。釋文云：「算，本或作筭。」案：說文：「筭，長六寸許，計曆數者。从竹从弄。算，數也。从竹从具。讀若筭。」二字義略同。漢書公孫賀傳贊：「斗筲之徒，何足選也？」鹽鐵論雜論作「何足算哉」，〔二〕「選」、「算」一聲之轉。此當出齊、古異文。詩柏舟「不可選也」，朱穆絶交論作「不可算也」。周官大司馬：「撰車徒。」鄭注：「撰讀曰算。算車徒，謂數擇也。」是「選」、「算」音近通用。○注「噫心」至「數也」。○正義曰：「噫」是歎聲。心有所不足，故不能平也。「斗」、「筲」，皆器名。說文：「斗，十升也。象形，有柄。」鄭以「斗」是量名，人所共知，故不具釋。或鄭亦有注，集解删佚之耳。「筲」字從竹，故云「竹器」。儀禮既夕

〔一〕「者」下原衍「義」字，據孟子趙注删。　〔二〕「算」原誤作「選」，據鹽鐵論改。

云：「筲三：黍、稷、麥。」下文又有「菅筲」，以菅草爲之。亦得名筲者，草竹同類也。鄭彼注云：「筲，畚種類也。其容蓋與簋同一觳。」賈疏云：「豆實三而成觳。」昭三年：「晏子云：『四升曰豆。』」則觳受斗二升，此「筲」與「𣪠」同，盛黍稷約同之。案：説文「䈰」下云：「飯筥也。受五升，从竹，稍聲。秦謂筥曰䈰。」「䈰」下云：「一曰飯器，容五升。」「筥，䈰也。从竹，呂聲。」方言：「簇，南楚謂之筲，趙、魏之郊謂之笶簇。」郭曰：「簇，盛餅筥也。今建平人呼筲音鞭鞘。」「簇」卽「筥」字，「筲」卽「䈰」字。説文「筥、䈰」，據段説「䈰」當作「䈰」。士昏禮鄭注云：「笲形蓋如今之筥、𦿔蘆。」「𦿔蘆」卽「笶簇」也。説文：「凵盧，飯器。以柳爲之，象形。笶，凵或从竹，去聲。」又廣雅釋器：「嵠峡，筲簇也。」太平御覽引纂文云：「嵠峡，大筥也。」據此，則筥、簇、𦿔蘆、嵠峡，皆卽筲之異名，用以盛飯，故與「斗」連稱。而「䈰」本爲飯帚，又爲箸桶，皆是別義，與論語無涉，惟許、鄭言「筲」容數各異。宋氏翔鳳過庭録以爲「論語先言『斗』，後言『筲』，筲量宜更小於斗，則作五升爲是。既夕用筲，禮亦殺，不必定容斗二升」。今案後漢書禮儀志更云「筲八，盛容二升」，或後世大小異制。若顏師古漢書公孫賀等傳贊注，及文選王命論注引漢書音義，並以筲受一斗，則謂筲、斗同量，非矣。「算、數」，爾雅釋詁文。説文云：「數，計也。」

21 子曰：「不得中行而與之，必也狂狷乎！【注】包曰：「中行，行能得其中者。言不得中行，則欲得狂狷者。」狂者進取，狷者有所不爲也。」【注】包曰：「狂者，進取於善道；狷者，守節無爲。欲得此二人者，以時多進退，取其恆一。」

正義曰：凌氏鳴喈論語解義云：「中行者，依中庸而行者。在易復四、益三、四稱『中行』，謂乎中以行，可與之自治治人也。孚化萬邦，中庸鮮能，故不得隱怪，鄉原又不可與，故必也狂狷乎。」案：說文無「狷」字，「獧」下云：「疾跳也，一曰急也。」段氏玉裁注云：「獧、狷古今字。今論語作『狷』，孟子作『獧』。大徐別增『狷』篆，非。」又心部：「懁，恐也。从心，睘聲，讀若絹。」段注：「論語『狷』，孟子作『獧』，其實當作『懁』。」今案：「懁」與「急」同。獧者性褊急，則有所謹畏不爲也。孟子盡心下：「萬章問曰：『孔子在陳，何思魯之狂士？』孟子曰：『孔子「不得中道而與之，必也狂獧乎！狂者進取，獧者有所不爲也」。孔子豈不欲中道哉？不可必得，故思其次也。』『敢問何如斯可謂狂矣？』曰：『如琴張、曾晳、牧皮者，孔子之所謂狂矣。』『何以謂之狂也？』曰：『其志嘐嘐然，曰「古之人，古之人」。夷考其行，而不掩焉者也。狂者又不可得，欲得不屑、不潔之士而與之，是獧也，是又其次也。』」趙岐注：「中道，中正之大道也。狂者能進取，獧者能不爲不善，時無中道之人，以狂獧次善者，故思之也。嘐嘐，志大言大者也。重言『古之人』，欲慕之也。考察其行，不能插覆其言，是其狂也。屑，絜也。既不能得狂者，欲得有介之人，能恥賤污行不絜者，則可與言矣。是獧人次於狂者也。」後漢書獨行傳序：「孔子曰：『與其不得中庸，必也狂狷乎。』此蓋失於周全之道，而取諸偏至之端者也。然則有所不爲，亦將有所必爲者矣。既云進取，亦將有所不取者矣。」○注「狂者」至「恒一」。○正義曰：左氏傳：「曹子臧曰：『前志有之曰：「聖達節，次守節，下失節。」』」狷者慎守一節，雖不能進取，亦自不爲不善，故云「無爲」。「時多進退」，謂無恒之人，或進或退也。狂狷雖未得中道，然其性情恒一，使人知其所失，易反之於中道，故願與之也。禮中庸云：「道之不行也，我知之矣：知者過之，愚者不及也。」狂近知，狷近愚。彼言「道不行」，即謂中庸之道。知愚雖未得中，然皆可與之，此夫子所以思有恒也。詩載馳正義引鄭此注云：「狂者仰法古制，不顧時俗。」「仰法古制」，則孟子所稱狂者之言「古之人、古之人」也。「不顧時俗」，言不顧時俗之所宜而合之也。若鄉原，則閹然媚世，所謂「非之無舉，刺之無刺，同乎流俗，合乎污世」，與狂狷者異矣。

22 子曰：「南人有言曰：『人而無恒，不可以作巫醫。』【注】孔曰：「南人，南國之人也。」鄭曰：「言巫醫不能治無恒之人。」善夫！」【注】包曰：「善南人之言也。」　正義曰：說文：「巫，祝也。女能事無形，以舞降神者也。」公羊隱四年傳注：「巫者，事鬼神禱解，以治病請福者也。男曰覡，女曰巫。」案：巫、覡對文異，散文通。周官：「司巫，中士二人。男巫無數，女巫無數，其師，中士四人。」是男女皆稱巫也。說文：「醫，治病工也。」周官：「醫師，上士二人，下士二人。食醫，中士二人。疾醫，中士八人。瘍醫，下士八人。」是巫醫皆以士爲之，世有傳授，故精其術，非無恒之人所能爲也。楚語：「古者民神不雜。民之精爽不攜貳者，而又能齊肅衷正，其智能上下比義，其聖能光遠宣朗，其明能光照之，其聰能聽徹之，如是，則明神降之，在男曰覡，在女曰巫。是使制神之處位次主，而爲之牲器時服。」楊泉物理論：「夫醫者，非仁愛不可託，非聰明達理不可任，非廉潔淳良不可信。古之用醫，必選名姓之後。」又云：「其德能仁恕博愛，其智能宣暢曲解，知天地神祇之次，明性命吉凶之數，處虛實之分，定順逆之理，原疾量藥，貫微達幽。」觀此，則巫醫皆抱道懷德，學徹天人。故必以有恒之人爲之解者，或以巫醫爲賤役，非也。禮記緇衣云：「子曰：『南人有言曰：「人而無恒，不可以爲卜筮。」古之遺言與？龜筮猶不能知也，而況於人乎？詩云：「我龜既厭，不我告猶。」兌命曰：「爵無及惡德，名立而正，事純而祭祀，是爲不敬。事煩則亂，事神則難。」易曰：「不恒其德，或承之羞。恒其德貞，婦人吉，夫子凶。」』」鄭注云：「猶，道也。言褻而用之，龜厭之，不告以吉凶之道也。惡德，無恒之德。純猶皆也。言君祭祀，賜諸臣爵，毋與惡德之人也。民將立以爲正，言儆儆之疾，〔一〕事皆如是，而以祭祀，是不敬鬼神也。惡德之人，使事煩，事煩則亂。使事鬼神，又難以得福也。純或爲煩。」案：緇衣與論語，文異意同，當由記者各據所聞述之。龜曰卜，蓍曰筮，二者皆有守職，宜以有恒之人爲之。無恒之人，不常厥性，故雖以龜筮之先知，猶不能知其爲人，而況於凡人乎？夫龜筮既厭其人，不告以卦兆吉凶，而其所以不可爲卜人、筮人也。下文引詩言，正以無恒之人，雖欲褻用之而不可得，是不可爲卜筮明矣。又下文引説命言惡德之人不可事神，故云「事神則難」。此正不可爲卜筮之證。以其文略與論語同，故具釋之，可互明也。金樓子立言篇引論語作「不可卜筮」，此誤以緇衣文合論語。支允堅異林又疑「巫」即「筮」字，古通用，尤妄説。○注「南人」至「之人」。○正義曰：南人，爲南國之人，猶詩言「東人」、「西人」之比。禮記疏以爲「殷掌卜之人」，未知所本。「巫醫不能治無恒之人」，言巫醫之事，皆能治疾，獨不能治無恒之人，故無恒者不可以作巫醫。言不能以巫醫自治，必不能爲人治疾也。緇衣注云：「不可爲卜筮，言卦兆不能見其情，定其吉凶也。」「不能見其情，定其吉凶」，正言龜筮不能知無恒之人也。與此注可互證。

「不恒其德，或承之羞。」【注】孔曰：「此易恒卦之辭。言德無常，則羞辱承之。」子曰：「不占而已矣。」【注】鄭曰：「易所以占吉凶，無恒之人，易所不占。」

正義曰：皇疏云：「羞辱必承，而云或者，或，常也，言羞辱常承之也。」詩：『無不爾或承。』鄭曰：『或，常也。』老子：『湛兮似或存。』河上公注：『或，常也。』」案：易象傳云：「不恒其德，无所容也。」言無恒之人，无所容身，將承羞辱也。後漢書馬援傳注：「恒卦巽下震上。鄭玄注云：『巽爲進退，不恒其德之

〔一〕「疾」下原衍「是」字，據禮記鄭注删。

象。又互體爲兌，兌爲毀折，後或有羞辱也。』」張氏惠言周易虞氏義：「恒九三：『不恒其德，或承之羞，貞吝。』卦變成益三，上失位，三宜立不易方，則上亦不變而既濟定，所謂『聖人久於其道，而天下化成』也。乾爲德，坤爲恥，三不守乾，則二四與爲坤，故或承之羞。至承羞而後貞，雖正猶吝。」此鄭、虞易義以互體解之也，惟張氏以「或」指二四，與皇疏訓常不同，似皇疏說勝。○注「易所」至「不占」。○正義曰：說文云：「占，視兆問也。」周官占人注：「占蓍龜之卦兆吉凶。」無恒之人，有凶無吉，故云「或承之羞，貞吝」。吝者，羞也。惟無恒，雖貞而終吝，故易亦不占之也。六五云：「恒其德貞，婦人吉，夫子凶。」此則有恒之人吉凶皆占之。象傳云：「婦人貞吉，從一而終也。夫子制義，從婦凶也。」婦人貞壹之行，以恒爲吉。義者，宜也，「言不必信，行不必果，惟義所在」。夫子制義，而從婦人之貞壹，雖恒德亦爲凶也，此別是一義，所謂「易無達占」也。鄭注緇衣以「夫子凶」爲無恒之人，誤。

23 子曰：「君子和而不同，小人同而不和。」【注】君子心和，然其所見各異，故曰「不同」。小人所嗜好者則同，然各爭利，故曰「不和」。 正義曰：和因義起，同由利生。義者宜也，各適其宜，未有方體，故不同。然不同因乎義，而非執己之見，無傷於和。利者，人之所同欲也。民務於是，則有爭心，故同而不和。此君子、小人之異也。鄭語史伯曰：「今王去和而取同。夫和實生物，同則不繼。以他平他謂之和，故能豐長而物生之；若以同裨同，盡乃棄矣。故先王以土與金、木、水、火雜，以成百物。是以和五味以調口，剛四支以衛體，和六律以聰耳，正七體以役心，平八索以成人，建九紀以立純德，合十數以訓百體。出千品，具萬方，計億事，材兆物，收經入，行姟極。故王者居九畡之田，收經入以食兆民。周訓而能用之，和樂如一。夫如是，和之至也。於是乎先王聘后於異姓，求財於有方，擇臣取諫工而講以多物，務和同也。聲一無聽，物一無文，味一無果，物一不講。王將棄是類也，而與剸同。天奪之明，欲無弊，得乎？」左昭二十年傳齊侯論子猶云：「『惟據與我和夫？』晏子對曰：『據亦同也，焉得爲和？』公曰：『和與同異乎？』對曰：『異。和如羹焉，水、火、醯、醢、鹽、梅，以烹魚肉，燀之以薪，宰夫和之，齊之以味，濟其不及，以洩其過。君子食之，以平其心。君臣亦然。君所謂可而有否焉，臣獻其否以成其可；君所謂否而有可焉，臣獻其可以去其否。是以政平而不干，〔一〕民無争心。先王之濟五味、和五聲也，以平其心，成其政也。聲亦如味，一氣、二體、三類、四物、五聲、六律、七音、八風、九歌，以相成也。清濁、小大、短長、疾徐、哀樂、剛柔、遲速、高下、出入、周疏，以相濟也。君子聽之，以平其心，心平德和。今據不然，君所謂可，據亦曰可；君所謂否，據亦曰否。若以水濟水，誰能食之？若琴瑟之專壹，誰能聽之？同之不可也如是。』」

24 子貢問曰：「鄉人皆好之，何如？」子曰：「未可也。」「鄉人皆惡之，何如？」子曰：「未可也。不如鄉人之善者好之，其不善者惡之。」【注】孔曰：「善人善己，惡人惡己，是善善明，惡惡著。」正義曰：公羊莊十七年傳注引此文，徐彦疏：「『一鄉之人，皆好此人，此人何如？』子曰：『未可卽以爲善。何者？此人或者行與衆同，或朋黨矣。』子貢又曰：『若一鄉之人，皆惡此人，此人何如？』子曰：『未可卽以爲惡也。何者？此人或者行與衆異，或孤特矣。不若鄉人之善行者善之，惡行者惡之。』與善人同，復與惡人異，道理勝於前，故知是『實善』云云之説，備

〔一〕「平」原誤作「成」，據左傳改。

於鄭注。」案：疏依鄭爲說，則「朋黨」、「孤特」亦皆鄭注之義，宋氏輯本止取「與善人同」以下四句，非也。○注「善人」至「惡著」。○正義曰：善人善己，惡人惡己，是此人真善，而我之善善明也。反是而善人惡己，惡人善己，是此人真惡，而我之惡惡著也。

25 子曰：「君子易事而難說也。【注】孔曰：「不責備於一人，故易事。」說之不以道，不說也；及其使人也，器之。【注】孔曰：「度才而官之。」小人難事而易說也。說之雖不以道，說也；及其使人也，求備焉。」

正義曰：「君子」、「小人」，皆謂居位者。釋文云：「說，音悅。」謂投以所好也。「說之不以道」四句，卽申釋易事難說之故。蓋不可說以非道，所以難說；使人器之，所以易事也。禮記曲禮云：「禮不妄說人。」鄭注：「爲近佞媚也。君子說之不以其道，則不說也。」不以其道卽是佞媚，卽是妄說。孔疏以「言說」解之，非矣。荀子大略篇：「知者明於事，達於數，不可以不誠事也。故曰：『君子難說，說之不以道，不說也。』」○注：「不責備於一人，故易事。」○正義曰：微子篇云：「周公謂魯公曰：『無求備於一人。』」求，卽責也。說苑雜言篇：「曾子曰：『夫子見人之一善，而忘其百非，是夫子之易事也。』」○注：「度才而官之。」○正義曰：大戴記子張問入官篇：「短長，人得其量，故治而不亂。」

26 子曰：「君子泰而不驕，小人驕而不泰。」【注】君子自縱泰，似驕而不驕；小人拘忌，而實自驕矜。

注「君子」至「驕矜」。○正義曰：焦氏循補疏：「案泰者，通也。君子所知所能，放而達之於世，故云『縱泰似驕』，然實非驕也。小人所知所能，匿而不露，似乎不驕，不知其拘忌正其驕矜也。君子不自矜，而通之於世；小人自以爲是，而不據通之於人。此驕泰之分也。」今案：「泰」訓「通」，見易序卦傳。漢書劉向傳：「泰者，通而治也。」堯曰篇云：〔一〕「君子無衆寡，無小大，無敢慢，斯不亦泰而不驕乎？」衆寡、小大，則君子達之於世也，皆無敢慢，則無驕可知。

27 子曰：「剛、毅、木、訥近仁。」【注】王曰：「剛，無欲；毅，果敢；木，質樸；訥，遲鈍。有斯四者，近於仁。」

注「剛無」至「於仁」。○正義曰：上篇言申棖欲不得爲剛，是剛爲無欲也。果敢謂作事見義必爲，故曾子言士當弘毅也。中庸言「力行近乎仁」，「力行」即謂剛毅也。漢書周勃傳：「勃爲人木強敦厚。」張周傳贊：「周昌，木強人也。」酷吏傳：「尹齊木強少文。」顏師古以爲「強直如木石」，是謂「木」爲樸質無文也。「訥」即「訥於言」之訥，故曰「仁者其言也訒。」注云「遲鈍」，謂其言遲鈍，不致妄説也。後漢書吳漢傳論引此文，李賢注云「訥，忍於言也」，是也。李又云：「四者皆仁之質，若加文，則成仁矣，故曰近仁。」案：「加文」者，謂文以禮樂也。

28 子路問曰：「何如斯可謂之士矣？」子曰：「切切偲偲，怡怡如也，可謂士矣。」【注】馬曰：「切切偲偲，相切責之貌；怡怡，和順之貌。」朋友切切偲偲，兄弟怡怡。」

正義曰：朋友以義合，兄弟以恩合，處之各有所宜，此盡倫之事，非凡民不學者所能，故如此乃可稱士也。「斯可謂之士矣」，皇本無「之」字。釋文：「偲音絲，本

〔一〕「堯曰」原誤作「子張」，據論語改。

又作愢。」集韻云：「偲，或作愢。」則「偲」、「愢」一字。「切切偲偲，怡怡如也，可謂士矣」，夫子語止此，當時皆習見語，故夫子總言之。記者恐人不明，故釋之曰：「朋友切切偲偲，兄弟怡怡。」所謂「七十子之大義」也。皇本「兄弟怡怡」句末，有「如也」二字。高麗本同。阮氏元校勘記：「文選求通親親表注、初學記十七、藝文類聚二十一、太平御覽四百十六引此文，並有『如也』二字。」大戴禮曾子立事篇：「宮中雍雍，外焉肅肅，兄弟憘憘，朋友切切，遠者以貌，近者以情，友以立其所能，而遠其所不能。苟無失其所守，亦可與終身矣。」「憘」與「怡」音義略同。案：孟子言父子「不責善」，「責善，朋友之道也。父子責善，賊恩之大者」。合夫子此語觀之，是兄弟亦不可責善，當時諷諭之于道，乃得宜也。○注「切切」至「之貌」。

○正義曰：說文云：「切，刌也。」引申之，凡以物相摩按謂之切，故切有責訓。後漢書陳忠傳注：「切，責也。」竇憲傳注：「切切，猶勤勤也。」勤勤，亦責勉之義。爾雅釋訓：「丁丁嚶嚶，相切直也。」郭注以爲「喻朋友切磋相正」。廣雅釋訓：「切切，敬也。」「敬」與「儆」同，謂儆戒也。鄭注云：「切切，勸競貌。」「勸競」即切責之意，鄭與馬同也。又云：「怡怡，謙順貌。」「謙順」即和順。說文云：「怡，和也。」台，樂也。爾雅釋詁：「怡，樂也。」和、樂義同。毛詩常棣傳：「兄弟尚恩，熙熙然；朋友以義，切切節節然。」孔疏云：「兄弟之多則尚恩，其聚集則熙熙然。朋友之交則以義，其聚集切切節節然。切切節節者，皆切磋勉勵之貌。論語云：『朋友切切偲偲，兄弟怡怡。』此『熙熙』當彼『怡怡』，『節節』當彼『偲偲』也。定本『熙熙』作『怡怡』，『節節』作『偲偲』。依論語則俗本誤。」此疏所載傳言甚明晰，但「熙」、「怡」義同，「節」、「偲」聲轉，俗本亦不誤也。解者因疑「節節熙熙」是古論語，「切切怡怡」是魯論語，說亦近之。「節」者，限制也。荀子彊國篇：「內節於人。」注云：「節即謂限禁也。」朋友相勉，不使爲非，其告語節節然有所限制也。詩卷阿疏引白虎通說「鳳雄鳴曰節節」，亦狀其聲之相似。

29 子曰：「善人教民七年，亦可以卽戎矣。」【注】包曰：「卽，就也；戎，兵也。言以攻戰。」 正義曰：朱子集注云：「教民者，教之以孝弟、忠信之行，務農講武之法。」吳氏嘉賓說：「七年，謂其久也。凡以數爲約者，皆取諸奇，若一，若三，若五，若七，若九。九者，數之究也。古人三載考績，三考而後黜陟，皆中間一年而考，五年則再考，七年則三考。故三年爲初，七年爲終。記曰：『中年考校。』」○注「卽，就也。戎，兵也。言以攻戰。」○正義曰：「卽」、「就」，此常訓。說文：「𢦦，兵也。从戈从甲。」今作「戎」，隸省。御覽二百九十六引鄭此注云：「可就兵攻戰也。」與包義同。

30 子曰：「以不教民戰，是謂棄之。」【注】馬曰：「言用不習之民，使之攻戰，必破敗，是謂棄之。」 正義曰：「棄」謂絶去之也。穀梁僖二十三年傳：「宋公茲父卒，茲父之不葬，何也？失民也。其失民何也？以其不教民戰，則是棄其師也。爲人君而棄其師，其民孰以爲君哉？」據彼文，則此言「棄之」，亦謂棄其師也。孟子告子下：「魯欲使愼子爲將軍。孟子曰：『不教民而用之，謂之殃民。』」與此同意。○注「言用」至「棄之」。○正義曰：「習」謂肄習之也。范寧穀梁集解：「何休曰：『所謂教民戰者，習之也。』」公羊桓六年傳：「秋八月壬午，大閱。大閱者何？簡車徒也。何以書？蓋以罕書也。」何休注：「孔子曰：『以不教民戰，是謂棄之。』故比年簡徒謂之蒐，三年簡車謂之大閱，五年大簡車徒謂之大蒐。存不忘亡，安不忘危。」徐彥疏云：「何氏之意，與鄭別。」宋氏翔鳳輯本鄭論語注謂「何以教民爲習戰，而疏謂『何與鄭別』，則鄭謂教民以禮義，不謂教民習戰也。愚謂鄭注今已亡，無由知其說，然古人教戰，未始不教以禮義。觀子犯對晉文語，雖霸國急用其民，亦必示之義、信與禮，而後用之。故白虎通三教篇云：『教者，效也。上爲之，下效之。故孝經曰：「先王見教之可以化民。」論語曰：「不教民戰，是謂棄之。」』則言『教』，而二者已賅之矣。周官大司馬：『中春教振旅，司馬以旗致民，平列陳，如戰之陳。』鄭注：『兵者，守國之備。孔子曰：「以不教民戰，是謂棄之。」兵者凶事，不可空設，因蒐狩而習之。凡師出曰治兵，入曰振旅，皆習戰也。四時各教民以其一焉。』觀此，則鄭與何同。公羊疏所云「何與鄭別」，或鄭別有一說，非如宋君所測也。

論語正義卷十七

憲問第十四　集解

凡四十四章

1 憲問恥。子曰：「邦有道，穀；【注】孔曰：「穀，祿也。邦有道，當食祿。」邦無道，穀，恥也。」【注】孔曰：「君無道而在其朝，食其祿，是恥辱。」　正義曰：憲不稱氏，疑此篇卽憲所記。吳氏嘉賓說：「憲之狷介，雖邦有道，且不願祿，觀其辭子之與粟可見也。故曰：『邦有道，穀。』廣之也。」○注：「邦有道，當食祿。」○正義曰：泰伯篇：「子曰：『天下有道則見。』」又曰：「邦有道，貧且賤焉，恥也。」」「克、伐、怨、欲不行焉，可以爲仁矣？」【注】馬曰：「克，好勝人；伐，自伐其功；怨，忌，小怨；欲，貪欲也。」子曰：「可以爲難矣，仁則吾不知也。」【注】包曰：「四者行之難，未足以爲仁。」

正義曰：史記弟子列傳「克伐」上有「子思曰」三字。「可以爲仁矣」，「矣」與「乎」同義。管子法法云：「行有難而非善者。」又云：「行必思善，不苟爲難。」荀子不苟篇：「君子行不貴苟難，唯其當之爲貴。」○注「克好」至「小怨」。○正義曰：說文：「克，肩也。」謂以肩任事也，引申之有勝義。爾雅釋詁：「剋，勝也。」「剋」與「克」同。說文：「忌，憎惡也。」詩瞻卬傳：「忌，怨也。」展轉相訓，故「怨」亦爲「忌」。但「怨」有恚怒之意，「忌」則祇心有所諱惡，故爲小怨也。注文「怨」、「忌」當讀斷。○注「包曰」至「爲仁」。○正義曰：史記集解引此注作「鄭曰」。阮氏元論仁篇：「此但能無損於人，不能有益於人，未能立人，達人，所以孔子不許爲仁。」案：四者不行，已近忠恕，但可以求仁，不可遽謂仁也。

2 子曰：「士而懷居，不足以爲士矣。」【注】士當志道，不求安，而懷其居，非士也。　注「士當」至「士也」。○正義曰：士志仁義，大人之事備，不得但懷居，惟耽樂之是從也。左僖二十三年傳〔一〕：「懷與安，實敗名。」吳氏英經句説：「士初生時，設弧於門左，爲將有事於四方也。膂力方剛，經營四方，士之志也。若繫戀所居，乃偷安而無意人世者，故孔子警之。」

3 子曰：「邦有道，危言危行；【注】包曰：「危，厲也。邦有道，可以厲言行也。」邦無道，危行言孫。」【注】孫，順也。厲行不隨俗，順言以遠害。　正義曰：行貴有恒，不以有道無道異也。戴氏望注曰：「正行以善經，言孫以行權。」○注：「危，厲也。邦有道，可以厲言行也。」○正義曰：詩民勞傳：「厲，危也。」展轉相訓，故「危」亦爲「厲」。廣雅釋詁：「厲，高也，上也。」邦有道，得行其志，申其説，故可厲言行也。　鄭注云：「危猶高也。據時高言高行者皆見危，故以爲論也。」案：説文：「危，在高而懼也。」莊子盜跖篇：「去其危冠。」李注：「危，高也。」凡高多致險，故又有險難之義。　鄭所

〔一〕「二」原誤作「三」，據左傳改。

云「高言高行皆見危」者，此「危」謂危難也。高言高行，皆見危難，注兼二義，爲引申矣。「諭」猶言也。鄭與包意亦當同。錢氏坫後録云：「孫星衍曰：『廣雅「危，正也」。釋此爲長。』」○注：「順言以遠害。」○正義曰：「順言」者，無所違犯也。荀子臣道篇：「迫脅於亂時，窮居於暴國，而無所避之，則崇其美，揚其善，違其惡，隱其敗，言其所長，不稱其所短，以爲成俗。」繁露楚莊王篇：「義不訕上，智不危身，故遠者以義諱，近者以智畏。畏與義兼，則世逾近而言逾謹矣。此定、哀之所以微其辭，以故用則天下平，不用則安其身，春秋之道也。」二文與此注義相發。漢、明之末，學者知崇氣節，而持之過激，釀爲黨禍，毋亦昧於遠害之旨哉。

4 子曰：「有德者必有言，有言者不必有德。【注】德不可以億中，故必有言。仁者必有勇，勇者不必有仁。」

正義曰：德不以言見，仁不以勇見，而此云「必有」者，就人才性所發見推之也。荀子非相篇：「法先王，順禮義，黨學者，然而不好言，不樂言，則必非誠士也。故君子之於言也，志好之，心安之，樂言之。故君子必辨。」又曰：「故仁言大矣，起於上所以道於下，正令是也。起於下所以忠於上，謀救是也。故君子之行仁也無厭。」又性惡篇：「仁之所在，無貧窮；仁之所亡，無富貴。天下知之，則欲與天下同苦樂之；〔一〕天下不知之，則傀然獨立天地之間而不畏，是上勇也。」二文並足發明「德必有言，仁必有勇」之旨。若夫有言者或但口給以禦人，勇者或但逞血氣之彊，故知有言者不必有德，勇者不必有仁也。○注：「德不可以億中，故必有言。」○正義曰：邢疏云：「德不可以無言億中，故必有言也。」案：

〔一〕「樂」字原脱，據荀子補。

注義甚晦，邢疏解之，亦不憭。

5 南宮适問於孔子曰：「羿善射，奡盪舟，俱不得其死然。【注】孔曰：「适，南宮敬叔，魯大夫。羿，有窮國之君，篡夏后相之位，其臣寒浞殺之。因其室而生奡，奡多力，能陸地行舟，爲夏后少康所殺。此二子者，皆不得以壽終。」禹、稷躬稼而有天下。」夫子不答。【注】馬曰：「禹盡力於溝洫，稷播百穀，故曰『躬稼』。禹及其身，稷及後世，皆王。适意欲以禹、稷比孔子，孔子謙，故不答也。」南宮适出，子曰：「君子哉若人！尚德哉若人！」【注】孔曰：「賤不義而貴有德，故曰君子。」

正義曰：南宮者，氏也。閻氏若璩釋地續：「古者命士以上，父子皆異宮，故儀禮言『有東宮，有西宮，有南宮，有北宮。』世之氏某宮者，應各以所居之宮。應劭『或氏於宮』，正謂此。」釋文：「适，本又作括。」說文羽部：「羿，羽之羿風，亦古諸侯也。一曰射師。從羽，幵聲。」弓部：「𢏚，帝嚳䠶官，夏少康滅之。從弓，幵聲。論語曰：『𢏚善䠶。』」案：「𢏚」、「羿」二字，今作「羿」，隸體省變。許所據論語，當出安國古文。其以「𢏚」爲帝嚳時射官之名，則意羿之後世襲其職。凡在堯時，在夏少康時，所稱之羿，皆是舉其官矣。「奡」，舊音工到反。王逸楚辭天問注引「奡」作「澆」，此聲近通用字。「盪」，說文夰部引作「湯」。漢書天文志注引晉灼曰：「湯猶盪滌也。」古「盪滌」字祗作「湯」，「盪」字說文所無也。顧氏炎武日知録：「竹書紀年『帝相二十七年，澆伐斟鄩，大戰於濰，覆其舟滅之。』楚辭天問：『覆舟斟鄩，何道取之？』正謂此也。」又云：「古人以左右衝殺爲盪陣，其鋭卒謂之跳盪，別帥謂之盪主。晉書載紀：『隴上健兒歌曰：「丈八蛇矛左右盪，十盪十決無當前。」』盪舟蓋兼此義，與蔡姬之乘舟蕩公者不同。」淩氏鳴喈解義：「适疾時君好力戰，不修民事而問，夫子爲尊者諱，故不答。夫子善其不斥言時事，得古人援古諷今之義，知有天下以德服，不以力服也。」○注：「适南」至「壽終」。○正義曰：注以适爲南宮敬叔，誤。辨見公冶長疏。左襄四年傳：「魏絳曰：『昔有夏之方衰也，后羿自鉏遷于窮石，因夏民以代夏政。恃其射也，不修民事，而淫於原獸，棄武羅、伯因、熊髡、尨圉，而用寒浞。寒浞，伯明氏之讒子弟也。伯明后寒棄之，夷羿收之，信而使之，以爲己相。浞行媚于內，而施賂于外，愚弄其民，而虞羿于田。樹之詐慝，以取其國家，外內咸服。羿猶不悛，將歸自田，家衆殺而亨之，以食其子，其子不忍食諸，死于窮門。靡奔有鬲氏。浞因羿室，生澆及豷。恃其讒慝詐僞，而不德于民，使澆用師，滅斟灌及斟鄩氏。處澆于過，處豷于戈。靡自有鬲氏收二國之燼，以滅浞而立少康。少康滅澆于過，后杼滅豷于戈，有窮由是遂亡。』」又哀元年傳：「伍員曰：『昔有過澆殺斟灌，以伐斟鄩，滅夏后相，后緡方娠，逃出自竇，歸于有仍，生少康焉，爲仍牧正，惎澆能戒之。澆使椒求之，逃奔有虞，爲之庖正，以除其害。虞思於是妻之以二姚，而邑諸綸，有田一成，有衆一旅，能布其德，而兆其謀，以收夏衆，撫其官職。使女艾諜澆，〔一〕使季杼誘豷。遂滅過、戈，循禹之績，祀夏配天，不失舊物。』」此其事也。注以奡爲澆，甚是。而云「陸地行舟」，似假書益稷所云「罔水行舟」語附合之，此則誤解書及論語之義矣。吳仁傑兩漢刊誤補遺：「陶、唐、夏后氏各有一羿。孟氏書：『逢蒙學射於羿，思天下惟羿爲愈己，乃殺羿。』此堯時羿也。寒浞虞羿于田，殺而亨之，此有窮后羿也。二人俱嘗爲射官，又皆不得其死，故世或以爲一人，正自不然。而奡亦非所謂澆者，奡在禹、稷之前，與堯時羿並世。書稱『毋若丹朱傲，惟嫚遊是好，傲虐是作，罔水行舟，朋淫于家』。按此文上云『丹朱傲』，下又云『傲虐』，傲雖凶德，一言

〔一〕「諜」原誤作「謀」，據左傳改。

足以盡之，何至申言之乎？陸德明于『丹朱傲』云：『字又作奡。』乃知丹朱、奡爲兩人名。『朋淫』云者，指此兩人言之。南宮适言『奡盪舟』，則『罔水行舟』之事。奡在禹前，故禹舉之以戒舜。南宮适舉之，亦先羿、奡而後禹、稷也。」案：如吳說，是以論語之羿，即堯時羿也。王應麟困學紀聞：「說文：『奡，嫚也。』引虞書『若丹朱奡』，論語『奡湯舟』。按書有『罔水行舟』之語，則『奡盪舟』者，恐即謂丹朱。」二說並與僞孔異。孫氏志祖讀書脞録、李氏惇羣經識小、趙氏翼陔餘叢考，並從吳說。梁氏玉繩漢書古今人表考不從吳氏、王氏之說，謂「澆」、「奡」、「傲」三字古多通借，則以論語之羿、奡，即人表所載第九列之羿、浞、奡也。周氏柄中典故辨正亦云：「逢蒙殺羿之羿，乃是有窮之君。春秋傳所謂『家衆殺之』者，堯時之羿。淮南子稱其有功於天下，死爲宗布，人皆祀之，無不得其死之說。傲之爲奡，古字通用。說文：『奡，嫚也。』引書『若丹朱奡』，並不是人名。至南宮适之問意，本在禹、稷，故語分賓主，非以時代先後爲序也。斗南既以丹朱、奡爲兩人，指爲羿、奡之奡，王伯厚又疑論語『奡盪舟』，即指丹朱，總以『罔水行舟』之語而傅會之，不知『盪舟』與『罔水行舟』本是兩事。鄭康成曰：『丹朱見洪水時，人乘舟，今水已治，猶居舟中，使人頟頟推行之。』此丹朱罔水行舟之事，即孟子『從流忘反』之義也。竹書『帝相二十七年，澆伐斟鄩，大戰於濰，覆其舟滅之。』此奡盪舟之事，即古人以左右衝殺爲盪陣之義也。孔氏於尚書、論語俱以『陸地行舟』解之，遂啓後誤。夫丹朱非不得其死者，而謂奡即丹朱，豈可通乎？」今案：梁、周二說皆是，而周說尤辨。孔氏廣森經學卮言：「丹朱與敖是二人，敖即象也。帝繫曰：『瞽叟産重華及産象敖。』象爲人傲很，因以爲號，若共工稱康回，鮌稱檮杌之比。漆書古文作『奡』。論語『奡盪舟』，即所謂『罔水行舟』者也。」自注：「管子曰：『若敖之在堯。』劉景昇與袁譚書曰：『昆弟相嫌，未若重華之于象敖。』」今案：象固稱敖，然堯典言「象傲克諧」，則象後亦感化爲善，故封之有庫，富貴終身，何爲有不得其死之事？則知孔説亦誤也。説文「奡，嫚」，是本訓。其引書「丹朱奡」，正爲「奡，嫚」之證。故下云「讀若傲」，明「奡」、「傲」一也。又下引論語「奡湯舟」，此兼存異義，謂古論叚奡爲澆，與「奡、嫚」之義無涉，故箸其文於「讀若傲」之下。則論語與書義異，許氏固不誤也。○注「禹盡」至「答也」。○正義曰：「盡力溝洫」，泰伯篇文。書皋陶謨云：「禹曰：『予濬畎澮，距川，暨稷播，奏庶艱食鮮食，烝民乃粒。』」禹貢亦言「辨土作貢」，是禹治水兼及農事，故曰「躬稼」也。舜典：「帝曰『棄，黎民阻飢，汝后稷播時百穀。』」鄭注：「時讀曰蒔。」此注云：「播殖，即播蒔也。稷者，五穀之長，故以名官，稱后稷焉。」案：适之言，乃降祥降殃之理，其稱禹、稷，正以諷時君當盡心民事也。注謂「以禹、稷比孔子」，誤。○注：「賤不義而貴有德，故曰君子。」○正義曰：「不義者不得其死，有德者皆有天下，此天道福善禍淫。适兩舉之，是賤不義而貴有德也。若夫不義者不得禍，或反得福，有德者不得福，或反得禍，變數也。君子不以變數疑常數，故荀子榮辱篇云：「仁義德行，常安之術也，然而未必不危也；汙僈突盜，常危之術也，然而未必不安也。故君子道其常，而小人道其怪。」

6 **子曰：「君子而不仁者有矣夫，未有小人而仁者也。」**【注】孔曰：「雖曰君子，猶未能備。」正義曰：仁道難成，故以令尹子文之忠、陳文子之清，猶不得爲仁，即克伐怨欲不行，亦言「不知其仁」，故雖君子有不仁也。易繫辭傳：「小人以小善爲无益而弗爲也，以小惡爲无傷而弗去也，故惡積而不可掩，罪大而不可解。」是小人必無有仁也。

7 子曰：「愛之，能勿勞乎？忠焉，能勿誨乎？」【注】孔曰：「言人有所愛，必欲勞來之；有所忠，必欲教誨之。」　正義曰：此爲勞者、誨者表也。不欲愛，卽勿勞；不能忠，卽勿誨。故夫言者既竭懷以達誠，聞者亦宜原心以容直也。○注「言人」至「誨之」。○正義曰：說文云：「勑，勞勑也。」今通用行來字。王氏引之經義述聞解此文云：「呂氏春秋高注：『勞，勉也。』『勉』與『誨』義相近，故勞、誨並稱。鹽鐵論授時篇：『縣官之於百姓，若慈父之於子也，忠焉能勿誨乎？愛之而勿勞乎？』『而』與『能』古字通。白虎通義：『臣所以有諫君之義何？盡忠納誠也。論語曰：「愛之能勿勞乎？忠焉能勿誨乎？」』自注小雅隰桑篇：『心乎愛矣，遐不謂矣。』箋曰：『謂勤也。孔子曰：「愛之能勿勞乎？忠焉能勿誨乎？」』襄二十七年左傳：『子產賦隰桑。趙孟曰：「武請受其卒章。」』杜注曰：『趙武欲子產之見規誨。』」案：王說足以發明此注之義。然「勞來」與「規誨」意似重，竊疑「勞」當訓「憂」。淮南精神訓：「竭力而勞萬民。」氾論訓：「以勞天下之民。」高誘注並云：「勞，憂也。」又里仁篇「勞而不怨」，卽「憂而不怨」，憂者，勤思之也，正此處確詁。

8 子曰：「爲命，裨諶草創之，【注】孔曰：「裨諶，鄭大夫氏名也。謀於野則獲，謀於國則否。鄭國將有諸侯之事，則使乘車以適野，而謀作盟會之辭。」世叔討論之，行人子羽修飾之，東里子產潤色之。」【注】馬曰：「世叔，鄭大夫游吉也。討，治也。裨諶既造謀，世叔復治而論之，詳而審之。行人，掌使之官。子羽，公孫揮。子產居東里，因以爲號。更此四賢而成，故鮮有敗事。」　正義曰：「裨」，鄭本作「卑」。見羣經音辨丩部。鄭司農周官大祝注、後漢書皇后紀下注引風俗通，並作「卑諶」。漢書古今人表作「卑湛」。凡作「卑」，與鄭本合。「湛」、「諶」通用字。江氏聲論語竢質：「裨諶、裨竈，當卽一人。『諶』當從火作『煁』。毛詩傳：『煁，烓竈也。』則名竈字煁矣。左傳於襄三十一年再見裨諶，以後但有裨竈，與子產相終始，而裨諶更不見。考其論議，正是一人也。」「草創」者，釋文云：「創依說文，此是『創痍』字。『創制』之字當作刱。」案：說文：「刱，造法刱業也。從井，刅聲，讀若創。」是「創」、「刱」音同，故論語叚「創」爲「刱」也。「草」者，言始制之，若草蕪雜也。史記屈原列傳：「屬草藁未定。」「修飾」者，朱子集注云：「謂增損之。」蓋以「增」訓「飾」，以「損」訓「修」也。「潤色」者，廣雅釋詁：「潤，飾也。」謂增美其辭，使有文采可觀也。鄭之爲命，皆子產主之。其裨諶、世叔、子羽，皆子產所使。稱東里者，美之，故詳之。書呂刑云：「表厥宅里。」○注「謀於」至「之辭」。○正義曰：左襄三十一年傳：「子產之從政也，擇能而使之：馮簡子能斷大事；子大叔美秀而文；公孫揮能知四國之爲，而辨於其大夫之族姓、班位、貴賤、能否，而又善爲辭令；裨諶能謀，謀於野則獲，謀於邑則否。鄭國將有諸侯之事，子產乃問四國之爲於子羽，且使多爲辭令，與裨諶謀以適野，使謀可否，而告馮簡子使斷之，事成，乃授子大叔使行之，以應對賓客，是以鮮有敗事。北宮文子所謂有禮也。」並此注所本。惟傳言子羽、裨諶同是草創，子大叔則受而應對，與論語敍述稍異耳。「謀於野」、「謀於邑」，謂謀於野之人、邑之人也。子大叔卽世叔，「世」、「大」通用，如世子亦稱大子之比。「謀作盟會之辭」，此釋爲命文也。周官大祝：「二曰命。」注：「鄭司農云：『命，論語所謂爲命。』」公羊莊十九年傳：「聘禮，大夫受命不受辭。」「命」者，凡聘問會盟所受於主國之命，其語皆有一定。故聘記云「辭無常」，明命有常也。左傳言子產使子羽多爲辭令，則於禮命之外，更多爲辭以爲之備，卽論語所言「爲命」者，得兼有之也。○注「世叔」至「爲號」。○正義曰：游吉，游販之子。見左襄二十二年傳。「討，治」，本說文。鄭注云：「討論整理。」「理」，亦治也。謂整比其辭而治之也。邢疏云：

「周禮秋官有大行人、小行人，皆大夫也，掌諸侯朝覲宗廟會同之禮儀，及時聘會同之事。則諸侯之行人亦然。故云「掌使之官」，謂掌其爲使之官也。公孫揮，「揮」與「翬」同，故字子羽，若魯大宰翬字羽父也。「東里」，里名。列子仲尼篇：「鄭之圃澤多賢，東里多才。」多才即謂子產之屬。「因以爲號」者，謂人以是號之也。

9 或問子產。子曰：「惠人也。」【注】孔曰：「惠，愛也。子產古之遺愛。」問子西。曰：「彼哉！彼哉！」【注】馬曰：「子西，鄭大夫。彼哉彼哉，言無足稱。或曰楚令尹子西。」問管仲。曰：「人也。【注】猶詩言所謂「伊人」。奪伯氏駢邑三百，飯疏食，沒齒無怨言。」【注】孔曰：「伯氏，齊大夫。駢邑，地名。齒，年也。伯氏食邑三百家，管仲奪之，使至疏食，而沒齒無怨言，以其當理也。」

正義曰：荀子大略篇：「子謂子產惠人也，不如管仲。管仲之爲人，力功不力義，力知不力仁，野人也，不可以爲天子大夫。」與此文褒貶不同，蓋傳聞之異。詩匪風疏引鄭注論語云「人偶，同位人偶之辭」，莫知所屬，近輯本皆列入「人也」之下。宋氏翔鳳過庭録云：「以非常之人，偶然得之，謂之人偶。言同是在位，而管仲爲非常人，故曰『同位人偶之辭』。鄭注聘禮曰：『每門輒揖者，以相人偶爲敬』。又注中庸曰：『人也，讀如「相人偶」之人。』言相尊敬，故曰『相人偶也。』此蓋漢時常言。賈誼新書匈奴篇曰：『胡貴人更進，得佐酒前上，時人偶之。』亦謂尊異也。」阮氏元論仁篇：「人偶，猶言爾我親愛之辭。孟子曰：『仁也者，人也。』謂仁之意即人之也。論語『問管仲。曰：「人也。」』鄭氏注曰：『人偶同位之辭。』此乃直以『人也』爲『仁也』。」案：鄭注大射儀、公食大夫禮及箋詩匪風，皆有「人偶」之語。宋、阮二家釋之各異，以阮說爲近。禮表記云：「仁者，人也。」注：「人也，謂施以仁恩也。」釋名釋形體：「人，仁也。仁，生物也。」是人有仁訓。鄭以管仲與同位皆相親愛，而伯氏以罪見奪，非管仲有私忿，故不失爲仁。朱氏彬經傳考證：「孔子於子産稱其惠，於管仲稱其仁。觀伯氏之没齒無怨，則仲之仁可知。故子路、子貢疑其非仁，而孔子特信之。」案：朱説與阮同，並鄭義也。釋文：「蔬，本今作疏。」皇本同。○注：「惠，愛也。子産，古之遺愛。」○正義曰：左昭二十年傳：「及子産卒，仲尼聞之，出涕曰：『古之遺愛也。』」○注「子西」至「子西」。○正義曰：鄭子西卽公子駟之子公孫夏，楚子西卽公子申，二人俱字子西，故注兼存其義。實則鄭子西無行事可稱，楚子西有遜國之美德，昭王復國，改紀其政，亦有大功，故或人問之也。「彼」者，爾汝之稱。子西雖功足録，然以囊瓦之貪庸，不能啓悟昭王使早黜退之；知孔子大聖，又沮昭王封之。其後召白公至，喪身禍國，斯其智仁皆無可紀，故注以爲無足稱也。鹽鐵論雜論云：「車丞相卽周、魯之列，當軸處中，括囊不言，容身而去，彼哉彼哉！」亦是以「彼哉」爲無足稱也。宋氏翔鳳過庭録：「公羊傳：『陽虎曰：「夫孺子得國而已，如丈夫何？」睋而曰：「彼哉彼哉！」趣駕。既駕，公斂處父帥師而至。』何休注曰：『望見公斂處父，師，而曰「彼哉」，再言之者，〔一〕切遽意。』彼哉，言彼地不可久處，禍將及也。楚令尹子西之治國，足以招亂，故孔子思速去之，與公羊言『趣駕』語意同。蓋魯、齊兩論也。廣韻五寘：『佊，哀也。』論語云「子西佊哉」，言子西不若子産治政之有遺愛，管仲治齊之無怨言，終於掩面而死，固可哀也。』廣韻所載，蓋古文論語之遺。」案：宋君前説，依公羊解之，可備一義，後説則謬甚。埤蒼曰：「佊，邪也。」廣雅釋詁曰：「佊，衺也。」「邪」、「衺」一字，「衺」與「哀」形最相近，故廣韻傳寫之本遂誤作「哀」。而宋君卽就而通之者也。王氏念孫廣雅疏證謂「論語作佊，於義爲長」。然「佊、衺」之訓，以論子西，不免太過，廣韻

〔一〕「者」原誤作「曰」，據公羊傳注改。

所引，未可據也。○注：「猶詩言所謂伊人。」○正義曰：皇本作「鄭注」，誤。所謂「伊人」，詩蒹葭、白駒皆有其文。鄭箋：「伊當作緊，緊猶是也。」詩云「伊人」，皆説賢人。注以管仲爲夫子所賢，故以詩言譬之。○注「伯氏」至「理也」。○正義曰：鄭注云：「伯氏，齊大夫。駢邑三百家，齊下大夫之制。」此僞孔所本。皇疏云：「伯氏名偃。」未詳所出。荀子仲尼篇言「齊桓公立管仲爲仲父，與之書社三百，而富人莫之敢距也」。「書社三百」，即駢邑三百，「富人」即伯氏，古以禄多爲富也。易訟九二云：「其邑人三百户。」鄭注：「小國之下大夫，采地方一成，其定税三百家，故三百户也。」鄭以大國下大夫與小國下大夫同制，故此注以「三百家」爲齊下大夫也。雜記注云：「諸侯之大夫，邑有三百户之制。」是不分大國小國。彼疏引熊氏云：「下大夫三百家」，一成之地也。一成所以三百家者，一成九百夫，宫室、涂巷、山澤三分去一，餘有六百夫地，又不易再易，通於一家，而受二夫之地，是定税三百家也。」孔氏廣森經學卮言：「左傳襄二十七年『唯卿備百邑』，百邑者，四百井也。井十爲通，通十爲成。四百井者，四成也。成出革車一乘，四成者，四乘之地也。蓋侯國上卿采地如是。」今案：大夫一成，卿四成，近於「卿禄四大夫」之文。諸家皆從鄭説，若然，則「書社三百」，謂書駢邑社中之人三百家也。孔云「駢邑地名」者，説文：「郱，地名。」段氏玉裁注：「前志齊郡臨朐，應劭云：『有伯氏駢邑。』後志齊郡臨朐，有古郱邑。按春秋莊元年：『齊師遷紀郱、鄑、郚。』杜云：『郱在東莞臨朐縣東南。』齊取其地。然則伯氏駢邑即此地。駢即郱字。今山東青州府臨朐縣東南有郱城是也。」「齒、年」，廣雅釋詁同。焦氏循補疏：「天官大宰『八柄』：『六曰奪，以馭其貧。』注云：『奪謂臣有大罪，没入家財者。』蓋伯氏時有罪，管仲没其家財，故注云『當理』。廣雅：『理，治也。』治獄之官名理，當理謂治獄得當也。此管氏所以爲法家之冠矣。」經學卮言亦云：「此奪，義如八枋之奪。蓋伯氏有罪，管仲削其邑，非奪以自益之謂也。」今案：論語言「奪伯氏」，以自奪爲文，蓋管仲執政，桓公奪邑以與管仲，無異於仲之自奪也。特其奪當理，故能使伯氏不怨。管子正篇：「制斷五刑，各當其名，罪人不怨，善人不驚，曰刑。」

10 子曰：「貧而無怨，難；富而無驕，易。」

正義曰：習鑿齒漢晉春秋：「昔管仲奪伯氏駢邑三百，沒齒而無怨言，聖人以爲難。」焦氏循補疏謂「習氏所引，連下『貧而無怨』爲一章」。若然，則無怨、無驕謂使之無怨無驕也。孟子謂「制民之産，仰足事父母，俯足畜妻子，然後驅而之善，故民之從之也輕」。驅而之善，則無驕也。輕者，易也。言此者，明在位者當知小人之依，先其難者，後其易者，富之而後教之也。

11 子曰：「孟公綽爲趙、魏老則優，不可以爲滕、薛大夫。」【注】孔曰：「公綽，魯大夫。趙、魏皆晉卿。家臣稱老。公綽性寡欲，趙、魏貪賢，家老無職，故優。滕、薛小國，大夫職煩，故不可爲。」

正義曰：釋文：「綽，本又作繛。」汗簡引古論同。說文：「繛，緩也。綽，繛或省。」「優」者，饒也。亦見說文。皇本「夫」下有「也」字。漢書薛宣傳：「頻陽縣北當上郡、西河，爲數郡湊，多盜賊。其令平陵薛恭本縣孝者，功次稍遷，未嘗治民，職不辦。而粟邑小，辟在山中，民謹樸易治。令鉅鹿尹賞久郡用事吏，宣即以令奏賞與恭換縣。二人視事數月，而兩縣皆治。宣因移書勞勉之曰：『昔孟公綽優於趙、魏，而不宜滕、薛，故或以德顯，或以功舉。』」是言爲趙、魏老當以德，爲滕、薛大夫當以才，故能有功也。集注引楊氏曰：「知之弗豫，枉其才而用之，則爲棄人矣。此君子所以患不知人也。」○注「公綽」至「可爲」。○正義曰：史記仲尼弟子列傳：「孔子之所嚴事於魯孟公綽。」是孟公綽爲魯人。云「大夫」者，以意言之。趙之先與秦同姓嬴，至造父始封於趙，今直隸趙州地，其後人晉，仕爲卿。魏，國名。括地志：「魏故國在芮城縣北五里，今解州芮城縣河北故城是也。」晉滅魏，以其地賜大夫畢魏，因以爲氏，子孫亦仕晉執政，故曰「趙魏皆晉卿」也。士昏禮：「授老鴈。」注云：「老，羣吏之尊者。」賈疏云：「大夫家臣稱老，是以喪服公士大夫以貴臣爲室老。〔一〕春秋傳云『執臧氏老』，禮記云『大夫室老』，皆是。」是家臣稱老也。下章言「公綽之不欲」，是性寡欲也。「貪賢」者，言務多賢也。皇疏云：「趙、魏賢人多，職不煩雜，故家臣無事，所以優也。」滕，薛，二國名。滕，周文王子錯叔繡之後。薛，任姓，奚仲之後。彙纂云：「今兗州府滕縣西南十五里，有古滕城，卽滕國也。」又云：「薛城在滕縣南四十里。」

12 子路問成人。子曰：「若臧武仲之知，【注】馬曰：「魯大夫臧孫紇。」公綽之不欲，【注】馬曰：「孟公綽。」卞莊子之勇，【注】周曰：「卞邑大夫。」冉求之藝，文之以禮樂，亦可以爲成人矣。」【注】孔曰：「加之以禮樂文成。」

正義曰：說苑辨物篇：「顏淵問於仲尼曰：『成人之行何若？』子曰：『成人之行，達乎情性之理，通乎物類之辨，知幽明之故，睹遊氣之源，若此而可謂成人。既知天道，行躬以仁義，飭躬以禮樂。夫仁義禮樂，成人之行也。窮神知化，德之盛也。』」是成人爲成德之人，最所難能。此告子路，但舉魯四人，是降等論之，故言「亦可」也。禮禮器云：「禮也者，猶體也。體不備，君子謂之不成人。設之不當，猶不備也。」左氏傳：「子大叔曰：『人之能自曲直以赴禮者，謂之

〔一〕「士」原誤作「食」，據儀禮賈疏並參喪服改。

成人。』」是備禮樂乃可爲成人。於時四子已出仕，未嘗學問，若能文以禮樂，是亦後進於禮樂者也。○注：「魯大夫臧孫紇。」○正義曰：「武仲，文仲之子，紇其名。」○注：「卞邑大夫。」○正義曰：左僖十七年：「會于卞。」杜注：「魯國卞縣。」王氏鎏地理考：「卞在今兖州府泗水縣東五十里。」是卞爲魯邑也。荀子大略篇：「齊人欲伐魯，忌卞莊子，不敢過卞。」是莊子仕卞爲大夫也。周氏柄中典故辨正云：「路史國名紀、氏族大全並以卞爲莊子之姓，蓋曹叔振鐸之後，支庶食采於卞，因以爲氏。然卞非曹國之地。鄭樵通志嘗辨之，則知卞姓之說誤也。」韓詩外傳：「卞莊子善事母，母無恙時，三戰而三北，交游非之，國君辱之。及母死三年，魯興師伐齊，莊子請從。遂赴敵，獲一甲首而獻之曰：『此塞一北。』又入獲一甲首而獻之曰：『此塞再北。』又入獲一甲首而獻之曰：『此塞三北。』將軍止之。莊子曰：『三北以養母也，是子道也。今士節小具而塞責焉。吾聞之：節士不以辱生。』遂反敵殺數十人而死。」新序義勇略同。史記陳軫傳言卞莊子有刺虎事，國策秦策作「管莊子」，「管」、「卞」古字通用，皆言莊子勇事也。孔氏廣森經學卮言：「卞莊子始末，不見於左傳，疑即孟莊子也。襄公十六年：『齊侯圍成，孟孺子速徼之。齊侯曰：「是好勇，去之以爲之名。」速遂塞海陘而還。』是孟莊子有勇名。或嘗食采於卞，因以爲號，若合左師、苦成叔之比。卞本魯邑，檀弓：『弁人有其母死，而孺子泣者。』卽此卞也。左傳：『齊歸孟穆伯之喪，卞人以告。』則卞爲孟氏之私邑，非無稽言。」自注：「楚語『魯有弁、費』，謂孟孫、季孫也。冕弁之『弁』，篆體作弁，隸變作亣，因變成卞。故漢書杜欽傳『小弁』作『小卞』，東方朔傳以卞莊子爲弁嚴，其實弁、卞一字。」周氏柄中典故辨正引江永說略同。案：孟莊子以孝稱，而外傳言「莊子善事母」，亦一證也。惟外傳言莊子赴敵而死，又荀子言「齊侯不敢過卞」，與左傳「齊侯圍成」「去之」之文不同，並傳聞之異。鄭注此云「秦大夫」，不用周說。原鄭之意，當以陳軫對秦惠王言

「管莊子」，則卞莊子爲秦人。王氏瑬四書地理考：「陳軫說君，不必定引本國之人，從魯爲長。」○注：「加之以禮樂文成。」○正義曰：言加以禮樂，乃得成文，故曰「文之以禮樂」。曰：「今之成人者何必然？見利思義，【注】馬曰：「義然後取，不苟得。」見危授命，久要不忘平生之言，亦可以爲成人矣。」【注】孔曰：「久要，舊約也。平生，猶少時。」正義曰：皇、邢疏以「曰」爲夫子語，文選曹植責躬詩注、沈約別范安成詩注引此文「曰」上有「子」字，蓋夫子移時復語也。集注引胡說，獨以爲子路言，於義似較長。「授命」，猶言致命。曲禮云：「臨財毋苟得，臨難毋苟免。」案：此皆謂忠信之人也，雖未文以禮樂，亦可次於成人。○注：「久要，舊約也。平生，猶少時。」○正義曰：廣雅釋言：「要，約也。」周官小宰：「八曰聽，出入以要會。」鄭司農注：「要會，謂計最之簿書。月計曰要，歲計曰會。」宰夫：「掌官法以治要。」注：「古者凡有約，則書其文於簿書，故謂要爲約也。」「平生」猶言平時，注言「少時」者，以久要或由少及老也。皇疏云：「言成人平生期約雖久，至今不得忘少時之言。」

13 子問公叔文子於公明賈曰：「信乎，夫子不言，不笑，不取乎？」【注】孔曰：「公叔文子，衞大夫公孫拔，文謚。」公明賈對曰：「以告者過也。夫子時然後言，人不厭其言；樂然後笑，人不厭其笑；義然後取，人不厭其取。」子曰：「其然？豈其然乎？」【注】馬曰：「美其得道，嫌不能悉然。」正義曰：公明賈，疑亦衞人，公明氏，賈名也。「時」謂時當言也。「其然」者，左襄二十三年傳：「申豐對季武子曰：『其然。』」杜注：「其然猶必爾。」義與此同。皇疏云：「其然者，然如此也。言今汝所說者，當如此也。」云「豈其然乎」者，謂人所傳不言、不笑、不取，豈容如此乎？」皇本「其言」、「其笑」、「其取」下俱有「也」字。○注「公叔」至「文謚」。○正義曰：檀弓注：「公叔文子，衛獻公之孫，名拔，或作發。」孔疏：「按世本：『衛獻公生成子當，當生文子拔。』拔是獻公孫也。或作發者，以左傳作發，故云。」案：據檀弓公叔文子謚貞惠文子，而止稱文者，鄭彼注云：「不言貞惠者，文足以兼之。」○注：「美其得道，嫌不能悉然。」○正義曰：皇疏以此注爲第二說，是疏不從此注。

14 子曰：「臧武仲以防求爲後於魯，雖曰不要君，吾不信也。」【注】孔曰：「防，武仲故邑。爲後，立後也。魯襄公二十三年，武仲爲孟氏所譖，出奔邾，自邾如防，使爲以大蔡納請，曰：『紇非能害也，知不足也，非敢私請，苟守先祀，無廢二勳，敢不辟邑！』乃立臧爲，紇致防而奔齊。此所謂要君。」正義曰：汪氏烜詮義：「以者，不當以也。於魯者，絕武仲於魯也。」案：要，約也，言約君如己所求也。表記：「子曰：『事君三違而不出竟，則利祿也。人雖曰不要君，吾弗信也。』」與此言「要君」義同。孝經五刑章：「要君者無上。」○注「防武」至「要君」。○正義曰：顧氏棟高春秋大事表：「隱九年：『公會齊侯于防。』杜注：『在瑯琊華縣東南。』按魯有兩防，此所謂東防也，在今費縣東北六十里，世爲臧氏食邑，臧紇以防求後即此。隱十年『取防』，此所謂西防也。杜注：『高平昌邑縣西南有西防城。』宋防既爲魯有，欲別於臧氏之防，故謂之西防。在今兗州府金鄉縣西北。又昭五年：『莒牟夷以防來奔。』杜注：『莒邑城陽平昌縣西南有防亭。』今青州府安邱縣西南六十里，有故平昌防亭。」按：如顧說，是魯有三防。定五年傳：「季孫還，未至，卒于房。」顧氏炎武左傳杜解補正謂此即近費之防，史、漢「防」、「房」二字多通用也。「立後」者，謂立爲己後。禮云「爲人後者爲之子」是也。左氏傳載此事云：「孟孫惡臧孫，季孫愛之。孟孫卒。臧孫入哭，甚哀，多涕。孟氏閉門，告于季孫曰：『臧氏將爲亂，不使我葬。』季孫不信。臧孫聞之，戒。冬十月，孟氏將辟，藉除于臧氏。臧孫使正夫助之，除於東門，甲從己而視之。孟氏又告季孫。季孫怒，命攻臧氏。乙亥，臧紇斬鹿門之關以出，奔邾。」是武仲爲孟孫所譖也。「自邾如防」以下，皆傳文。臧爲，武仲之異母兄宣叔娶于鑄所生者也。「大蔡」，龜名。「二勳」謂文仲、宣叔。

15 子曰：「晉文公譎而不正，【注】鄭曰：「譎者，詐也。謂召天子而使諸侯朝之。仲尼曰：『以臣召君，不可以訓。』故書曰：『天王狩于河陽。』」是譎而不正也。」齊桓公正而不譎。」【注】馬曰：「伐楚以公義，責包茅之貢不入，問昭王南征不還，是正而不譎也。」

正義曰：晉者，國名，周成王弟叔虞所封也。文公，名重耳。齊桓公，名小白。王氏引之經義述聞：「說文：『譎，權詐也。』訓詐則爲惡德，訓權則亦可爲美德。毛詩序曰：『主文而譎諫，言之者無罪，聞之者足以戒。』鄭注曰：『譎諫，詠歌依違，不直諫。』鹽鐵論力畊篇：『昔管仲以權譎伯，而范氏以强大亡。』安平相孫根碑：『仲伯撥亂，蔡足譎權。』春秋繁露玉英篇：『諸侯在不可以然之域者，謂之大德，大德無踰閑者，謂正經。諸侯在可以然之域者，謂之小德，小德出入可也。權，譎也，尚歸之以奉鉅經耳。』是也。論語『晉文公譎而不正，齊桓公正而不譎』，譎，權也。正，經也。言晉文能行權而不能守經，齊桓能守經而不能行權，各有所長，亦各有所短也。鹽鐵論論儒篇：『今硜硜然守一道，引尾生之意，卽晉文之譎諸侯以尊周室，不足道，而管仲蒙恥辱以存亡，不足稱也。』遵道篇：『晉文公譎而不正，齊桓公正而不譎，所由不同，俱歸於霸。』漢書鄒陽傳：『魯哀姜薨于夷。孔子曰「齊桓公法而不譎」，以爲過也。』顏注曰：

『法而不譎者，言守法而行，不能用權以免其親也。』『法』與『正』同義。法而不譎，古人以爲齊桓之過，則守正爲齊桓之所長，權譎爲齊桓之所短，較然甚明。然則晉文公譎而不正，亦是嘉其譎，而惜其不正可知矣。淮南繆稱篇：『至德，小節備，大節舉。齊桓舉而不密，晉文密而不舉。』高注云：『齊桓有大節，小節疏也。晉文有小節，大節廢也。』語義與此相似，皆謂各得其一偏也。不然，則經但云『晉文公譎』、『齊桓公正』，其義已明，何須又言『不正』、『不譎』乎？」宋氏翔鳳發微云：「鄒陽傳作『齊桓公法而不譎。』『法』，古文作『金』，是班書所引『法而不譎』爲魯論語。今作『正』者，蓋古論語本作『金』。後人罕見『金』字，就法有正義，遂改『金』爲『正。』按兩『正』字皆當作『金』，同法。法者，聖人之經法也。譎者，聖人之權衡也。善用譎則爲權，不善用譎則爲詐。故許君以權詐兩義解譎，此譎字當以權爲義。」案：王、宋說同。惟宋以「正」當作「金」，作「正」爲後人所改，此近臆測。應劭風俗通：「春秋說齊桓、晉文、秦繆、宋襄、楚莊是五霸也。齊桓九合一匡，率成王室，責彊楚之罪，復菁茅之貢。晉文爲踐土之會，修朝聘之禮，納襄冠帶，翼戴天子。孔子稱『民到於今受其賜』。又曰：『齊桓正而不譎，晉文譎而不正。』至於三國，既無歎譽一言。而繆公、襄公、莊王皆無興微繼絕，尊親王室之功。」是以譎正爲歎譽，漢人久見及此。先晉文後齊桓者，明行事終歸正也。楊愼丹鉛録曰：「文公之功多於桓公，罪亦多於文公，事速於桓公，義則害於桓公，名盛於桓公，實則衰於文公也。春秋不以功蓋罪，不以事掩義，不以名誣實。桓公得江、黄而不用以伐楚，文公則謂非致秦不足與楚争，楚抑而秦興矣。此桓公之所不肯爲者也。桓公會則不邇三川，盟則不加王人，文會畿內則伉矣，盟于虎則悖矣。此桓公之所不敢爲者也。桓公寧不得鄭，不納子華，懼其獎臣抑君，不可以訓，文公爲元咺執衞侯，則三綱五常於是廢矣。此又桓公之所不忍爲者也。觀此，則吾夫子正譎之論，孟子獨表桓公五禁，而不及晉文，余謂文非桓匹，豈一人之私言乎？」楊氏此論，尤能持平。蓋譎雖爲權，然君子行事，以正爲先，必以正不行，乃始用權。故如城濮之戰，不厭其用譎；若衡雍召王及執衞侯之類，此亦安用譎爲耶？大約文公求霸過亟，殊爲可疑。左氏內外傳謂文公生十七年而亡，又十九年反國，實止三十六歲，又八年而薨。而史記晉世家言文公奔狄時，年已四十三，又十九歲反國，年六十二。何休公羊注亦云：「時晉文公年老，恐霸功不成」云云。則暮年行事，或不能不欲速而行權耳。○注「譎者」至「正也」。○正義曰：鄭以「譎爲」爲詐，蓋不予之也。春秋僖二十八年：「夏五月，盟于踐土。」後書「公朝于王所。冬，會于溫。天王狩于河陽」。左傳云：「晉師還，至于衡雍，作王宮于踐土。會于溫，討不服也。是會也，晉侯召王，[一]以諸侯見，且使王狩。」是晉文用譎詐之事也。仲尼云云，見左傳。范寧於穀梁「會踐土」注云「所謂譎而不正」，亦同鄭說。○注「伐楚」至「譎也」。○正義曰：桓行事類此者多，馬據一端言之。左僖四年傳：「楚貢苞茅而不入，王祭不供，無以縮酒，寡人是徵。昭王南征而不復，寡人是問。」此齊責楚之辭，以王事爲言，故近正也。穀梁僖四年傳：「侵蔡而蔡潰，以桓公爲知所侵也。不土其地，不分其民，明正也。」楊疏：「論語稱『齊桓公正而不譎』，指謂伐楚。此侵蔡亦言正者，伐楚是責正事大，故馬、鄭指之。其實侵蔡不土其地，不分其民，亦是正事，故傳言正也。」據此疏，則鄭亦有注，與馬同。

16 子路曰：「桓公殺公子糾，召忽死之，管仲不死。」曰：「未仁乎？」【注】孔曰：「齊襄公立，無常。

[一]「召」原誤作「朝」，據僖二十八年左傳改。

鮑叔牙曰：『君使民慢，亂將作矣。』奉公子小白出奔莒。襄公從弟公孫無知殺襄公，管夷吾、召忽奉公子糾出奔魯。齊人殺無知，魯伐齊，納子糾。小白自莒先入，是爲桓公，乃殺子糾，召忽死之。」子曰：「桓公九合諸侯，不以兵車，管仲之力也。如其仁，如其仁。」【注】孔曰：「誰如管仲之仁。」　正義曰：管子大匡篇：〔一〕「齊僖公生公子諸兒、公子糾、公子小白。僖公卒，以諸兒長得爲君，是爲襄公。」史記齊世家：「襄公弟次糾，其母魯女也。次弟小白，其母衞女也。」左昭十三年傳：「齊桓，衞姬之子，有寵于僖。」則公子糾與桓公爲異母昆弟也。周、秦、漢人言糾兄桓弟，自管子、史記外，若莊子、荀子、韓非子、越絕書、說苑皆是如此。即公羊以桓公爲簒，穀梁以桓公爲不讓，亦以糾是桓兄，序當立也。惟漢薄昭上淮南王長書言「齊桓殺其弟以反國」，則以漢文是兄，淮南王是弟，不敢斥言殺兄，故改兄作弟。顏師古注引韋昭曰：「子糾，兄也。言弟者，諱也。」是也。「曰未仁乎」，此起子路問詞，故加「曰」字。皇疏以爲時議，非也。「九合」者，合，會也，謂合諸侯也。左氏傳言晉悼公「八年之中，九合諸侯」。又祁午謂趙文子「再合諸侯，三合大夫」，〔二〕皆計實數，與此文同。管子小匡云：「兵車之會六，乘車之會三。」史記齊世家、封禪書並云：「兵車之會三，乘車之會六。」與管子互異，均以大概言之。穀梁莊二十七年傳：「衣裳之會十有一，未嘗有歃血之盟也，信厚也。兵車之會四，未嘗有大戰也，愛民也。」論語言「九合不以兵車」，則爲衣裳之會。解者莫知所指，鄭氏此處亦無注，惟釋穀梁廢疾畧存其義，而又爲後人增亂，莫可究詰。今案：鄭云：「自柯之明年，葵丘以前，去貫與陽穀，固已九合矣。」考柯會在莊十三年冬，鄭不數柯而以明年爲始，則以十四年鄄會始也。十五年又會鄄，十六年盟幽，二十七年又盟幽，僖元年會檉，五年會首止，七年盟

〔一〕「大」原誤作「小」，據管子改。　〔二〕「三」原誤作「五」，據昭元年左傳改。

寧母，九年會葵丘。是葵丘以前，止有七合，並葵丘數之，亦止有八耳。其二年會貫，三年會陽穀，鄭不據之者，穀梁疏引劉炫以爲貫與陽穀非管仲之功。劉意以穀梁傳言「貫之盟」有江、黄，管仲謂爲近楚遠齊，齊不能救則無以宗諸侯。桓公不聽，遂與之盟，其後楚伐江滅黄，桓公不能救，故君子閔之。又陽穀之會，亦有江、黄。二會非管仲意，故鄭數九合，去貫與陽穀。此劉申釋鄭氏，以意知之也。愚案：鄭注論語「一匡天下」，以陽穀指一匡。一匡是管仲功，可有陽穀，豈九合不可有陽穀耶？九合去陽穀，則鄭以一匡爲陽穀，先自矛盾。竊謂江、黄遠來就盟，正是管仲之力。其後齊不能救，雖爲桓失，不得因此而謂貫與陽穀非爲衣裳之會也。反覆思之，疑穀梁疏所引釋廢疾「去貫與陽穀」五字，當是誤衍，疏家不能辨正，而一匡指陽穀，亦並載其義，而不知正與九合去陽穀之言相背，此疏家之失，非鄭指也。若然，鄭數兩鄄、兩幽、檉、貫、陽穀、首戴、寧母，正符九合之數。鄄會在柯後一年，寧母在葵丘前二年，故云「自柯之明年，葵丘以前，已有九合」也。今就穀梁爲鄭疏之。傳云：「莊公十三年春，齊人、宋人、陳人、蔡人、邾人會于北杏。是齊侯、宋公也，其曰人何也？始疑之。何疑焉？桓非受命之伯也，將以事授之者也。曰：可矣乎？未乎？舉人，衆之辭也。」是北杏之會，諸侯尚未許桓爲伯也。傳又云：「冬，公會齊侯，盟于柯。曹劌之盟也，信齊侯也。桓盟雖内與，不日，信也。」范寧集解：「桓公之信，著於天下，自柯之盟始。」其明年會鄄，又明年會鄄，皆謀推齊爲伯。又明年「同盟于幽」，經書「同」，則成爲伯矣。二十七年又「同盟于幽」，傳云：「于是而後授之諸侯也。齊侯得衆也。桓會不致，安之也。桓盟不日，信之也。信其信，仁其仁。」觀此，則桓伯始於柯而成於鄄，故鄭亦不數柯，而云「柯之明年」，則明指九合爲始鄄矣。呂氏春秋貴信篇言柯之盟，「莊公與曹劌皆懷劍劫盟」云云。下云：「夫九合之而合，壹匡之而聽，〔一〕皆從此生矣。」新序雜事篇亦云：「柯之盟，齊不倍盟，天下諸侯翕然而歸之。爲鄄之會、幽之盟，諸侯莫不至焉。爲陽穀之會、貫澤之盟，遠國皆來。」又云：「九合諸侯，一匡天下，功次三王，爲五伯長，本信起乎柯之盟也。」皆以九合在柯後，知鄭說非無據矣。至貫之盟，左傳云「服江、黄也」，公羊傳謂「江人黄人不召而至」，雖穀梁傳有「楚伐江滅黄，齊不能救，君子閔之」之言，然閔其不能救，非不肯救也，且以哀江、黄之服德而無援也。」此固無損於齊伯。至陽穀之會，左傳曰：「謀伐楚也。」公羊曰：「無障谷，無貯粟，無易樹子，無以妾爲妻。」穀梁曰：「桓公委端搢笏而朝諸侯，諸侯皆諭乎桓公之志。」此桓盛會，亞於葵丘，九合當數之無疑矣。至檉謀救鄭，首戴謀寧周，寧母謀伐鄭，皆無異辭。至葵丘爲桓極盛，亦於是始衰，故鄭不數葵丘，已有九也。自鄭釋廢疾傳寫有「去貫與陽穀」五字，而申鄭者遂不得其解。今綜各說，以附於後。穀梁疏引劉炫謂有洮與葵丘，以當貫、陽穀之數，且以穀梁傳洮會兵車爲誤。李賢後漢書延篤傳注同，用劉說也。凌氏曙典故覈亦從其說，謂洮會在僖八年，明年會葵丘，葵丘以前皆衣裳，用管仲也。葵丘以後用兵車，管仲死也。案：穀梁言洮會爲兵車，合於鹹、牡丘、淮爲四會。左傳云：「會于洮，謀王室也。襄王定位而後發喪。」其時叔帶作難，襄王懼不立，不發喪而告難于齊。桓公奉王命以兵車會諸侯謀之，此正理之所宜，何乃以爲傳誤？且究是傳誤，亦爲劉義，非康成有傳誤之言，此一說也。范甯解十三年會北杏，十四年會鄄，十五年又會鄄，十六年會幽，二十七年又會幽，僖元年會檉，二年會貫，三年會陽穀，五年會首戴，七年會寧母，九年會葵丘，凡十一會。論語皇疏引范注謂「鄭不取北杏及陽穀，爲九會」，則有貫與葵丘，又一說也。陸氏論語釋文云：「范甯注云：『十三年會北杏，又會柯，十四年會鄄，十五年又會鄄，十六年會幽，二十七年又會幽，僖元年

〔一〕「聽」原誤作「匡」，據呂氏春秋改。

會檉，二年會貫，三年會陽穀，五年會首戴，七年會寧母。』凡十一會。鄭不取北杏及陽穀爲九。」則有柯、貫二會，又一說也。盧氏文弨釋文攷證從陸氏而小變其說云：「穀梁疏引鄭釋廢疾云：『去貫與陽穀』，或云：『與猶數也，言數陽穀，故得爲九也。』僖九年『盟于葵丘』，疏云：『論語「一匡天下」，鄭不據之，而指陽穀者，鄭據公羊之文，故指陽穀。』然則鄭注不數貫而數陽穀，陸言鄭有貫無陽穀，互誤。」陳氏鱣古訓畧同，則有柯、陽穀二會，又一說也。案：北杏在柯會前，柯會不數，北杏安得數之？其數柯與葵丘，顯與鄭義不合。又鄭論語此文無注，盧誤記有注。凡諸述鄭，未符厥指。至穀梁疏又列二說：「或云『葵丘會、盟異時，故分爲二。』或取公子結與齊桓、宋公盟爲九。先師劉炫難之云：『若以葵丘之盟，盟、會異時而數爲二，則首戴之會亦可爲二也。離會不數，鄄盟去公子結，則惟有齊、宋二國之會，安得數之？』」是前二說皆劉難，楊疏所不從矣。若劉敞意林以始幽終淮爲九。萬斯大學春秋隨筆以莊二十七年會幽，並檉、貫、陽穀、首止、寧母、洮、葵丘、鹹爲九。羅泌路史以第九次合諸侯專指葵丘。朱子集注以「九」與「糾」通，與左僖二十六年傳桓公「糾合諸侯」文同。〔一〕異義錯出，難可通曉，後之學者，當無爲所惑矣。「不以兵車」，以者，用也。桓公假仁義以服諸侯，諸侯皆來就桓會盟，不用兵車驅迫之也。呂氏春秋勿躬篇：「桓公令五子皆任其事，以受令於管子，十年九合諸侯，一匡天下，皆夷吾與五子之能也。」新序雜事篇：「夫管仲能知人，桓公能任賢，所以九合諸侯，一匡天下，不用兵車，管仲之功也。」然則管仲能知人用人，成此伯功，所以論語歸美管仲也。「如其仁」者，王氏引之經傳釋詞：「如，猶乃也。」此訓最當。蓋不直言「爲仁」，而言「如其仁」，明專據功業言之，穀梁傳所云「仁其仁」者也。胡

〔一〕「二十六」原誤作「九」，據左傳改。

氏紹勳拾義據廣雅釋言訓「如」爲「均」，亦通。俞氏樾諸子平議謂「法言是擬論語，其中所云『如其富，如其富』；『如其智，如其智』；『如其寢，如其寢』，皆不予之辭。則『如其仁，如其仁』，蓋不許其仁也。言管仲但論其事功可也，不必論其仁也」。俞君此說，深得楊子之意，其與論語本旨，不必合也。鄭注云：「重言『如其仁』者，九合諸侯，功齊天下，此仁爲大，死節，仁小者也。」○注「齊襄」至「死之」。○正義曰：「襄公立，無常」，至「出奔魯」，見左莊八年傳。襄公，僖公之子。公孫無知，則僖公母弟夷仲年所生之子，故此注以無知爲襄公從弟也。無知弒襄公，遂自立。左傳云：「九年春，齊人雍廩殺無知。公及齊大夫盟于蔇，齊無君也。夏，公伐齊，納子糾，桓公自莒先入。秋，師及齊師戰于乾時，我師敗績。鮑叔帥師來言曰：『子糾，親也，請君討之。管、召，讎也，請受而甘心焉。』乃殺子糾於生竇。召忽死之。管仲請囚，鮑叔受之，及堂阜而稅之。」史記齊世家：「小白少好善，大夫殺無知，高、國先陰召小白，魯亦發兵送子糾，而使管仲別將兵遮莒道，射中小白帶鉤。小白佯死，管仲使報魯，魯送糾者行遲，六日至齊，小白已入，立爲桓公。桓公載温車中馳行，又有高、國應，故得先入立。」管子大匡篇：「齊請管仲、召忽於魯，魯君乃遂束縛管仲與召忽。管仲謂召忽曰：『子懼乎？』召忽曰：『何懼乎？吾不蚤死，將胥有所定也。今既定矣，令子相齊之左，必令忽相齊之右，雖然，殺君而用吾身，是再辱我也。子爲生臣，忽爲死臣，子其勉之。』乃行入齊境，自刎而死。管仲遂入。君子聞之曰：『召忽之死也，賢其生也，管仲之生也，賢其死也。』」

17 子貢曰：「管仲非仁者與？桓公殺公子糾，不能死，又相之。」子曰：「管仲相桓公，霸諸侯，一匡天下，【注】馬曰：「匡，正也。天子微弱，桓公帥諸侯以尊周室，一正天下。」民到于今受其賜。【注】受其賜者，爲不被髮左衽之惠。微管仲，吾其被髮左衽矣。【注】馬曰：「微，無也。無管仲，則君不君、臣不臣，皆爲夷狄。」

正義曰：左莊九年傳：「管仲請囚，鮑叔受之，及堂阜而稅之。歸而以告曰：『管夷吾治於高傒，使相可也。』公從之。」列子力命篇：「桓公遂召管仲。魯歸之，齊鮑叔牙郊迎，釋其囚。桓公禮之，而位於高、國之上，鮑叔牙以身下之，任以國政，號曰仲父。」是管仲相齊事也。鄭注云：「天子衰，諸侯興，故曰霸。霸者，把也，言把持王者之政教，故其字作伯，或作霸也。」案：說文：「伯，長也。」諸侯受命爲一州諸侯之長，謂之州伯，又謂之方伯。伯轉聲爲霸，故其字亦作「霸」。白虎通號篇：「霸者，伯也，行方伯之職，會諸侯，朝天子，不失人臣之義，故聖人與之，非明王之法不張。霸猶迫也，把也，迫脅諸侯，把持其政。」然則霸者，諸侯之長，所以爲政之名也。把持者，固守之意，固守王者之政教，以令於諸侯，此文王爲西伯，不嫌稱聖也。春秋時，如齊桓、晉文，先未受命，恃其國彊，迫脅諸侯，雖後亦序之爲伯，然伯道未純，故聖門羞稱之。　鄭此注謂「天子衰，諸侯興，故曰霸」者，卽據周五霸皆當衰世言之也。「吾」者，吾中國也。「被髮」者，皇疏云：「被髮，不結也。」禮，男女及時，則結髮於首，加冠笄爲飾。戎狄無此禮，但編髮被之體後也。　左僖二十二年傳：〔一〕「初，平王之東遷也，辛有適伊川，見被髮而祭於野者，曰：『不及百年，此其戎乎！其禮先亡矣。』」是被髮爲戎狄俗也。「左衽」者，說文：「衽，衣裣也。裣，交衽也。」蒼頡解詁：「衽，衣襟也。」「裣」、「襟」一字。聲類：「襟，交領也。」「交領」卽交衽，蓋衣領下屬於衣前右幅，通稱爲衽、爲裣、爲襟。必言「交」者，謂領兩頭相交，周人頸也。領右，則衣前幅掩向右；領左，

〔一〕上「二」原誤作「三」，據左傳改。

則衣前幅掩向左。中夏禮服皆右衽，深衣則用對襟，對襟用直領，故鹽鐵論散不足篇及釋名釋衣服所云「直領」，即指深衣而言。戎狄無禮服，亦無深衣，止隨俗所好服之，而多是左衽，故夫子舉爲言也。毛氏奇齡四書改錯、江氏永鄉黨圖考皆據玉藻「衽當旁」釋此文。彼「衽」是掩縫之用，長二尺五寸，綴之右腋之裳端，以垂於下，此深衣之制。然江考朝服、祭服、喪服，左右皆有衽，即深衣之裳左旁亦有衽。玉藻所云「續衽鉤邊」者，江謂「在左旁縫之以合前後」。則凡裳無不左衽，而何夷夏之別乎？是知玉藻之「衽當旁」，與論語「左衽」名同實異，論語當用說文、蒼頡、聲類諸訓解之矣。漢書韋賢傳引劉歆說謂：「周自幽王後，南夷與北夷交侵，中國不絕如綫。春秋紀齊桓南伐楚，北伐山戎，孔子曰：『微管仲，吾其被髮左衽矣。』是故弃桓之過而錄其功，以爲伯首。」案：被髮左衽，乃戎狄之俗，楚雖南夷，未有此制，歆之言亦趁辭耳。毛本「衽」作「袵」，係俗體。○注「匡正」至「天下」。○正義曰：爾雅釋言：「皇、匡，正也。」詩六月「以匡王國」，謂正王國也。周自東遷，王室微弱，天子之尊，與諸侯無異。齊桓率諸侯，令天下，知尊周室，故曰一正天下。馬氏統論桓功，當訓「一」爲皆也。鄭注以「一匡」指陽穀。穀梁疏謂「鄭據公羊」。案：公羊僖三年：「秋，齊侯、宋公、江人、黃人會于陽穀。」傳云：「此大會也，曷爲末言爾？桓公曰：『無障谷，無貯粟，無易樹子，無以妾爲妻。』」穀梁傳亦云：「桓公委端搢笏而朝諸侯，諸侯皆諭乎桓公之志。」志者，志在尊周室也。此桓大會，故鄭指之。後葵丘之會，壹明天子之禁，穀梁傳及孟子並言其盛。而鄭解「一匡」不據之者，公羊傳言「葵丘之盟，桓公震而矜之，叛者九國」。桓伯之衰自此始。鄭依公羊爲言，故不指葵丘也。以義言之，馬、鄭說皆通。然「一匡」、「九合」，「一」字、「九」字，皆是計數，則鄭義爲長。漢書郊祀志注：「一匡天下，謂定襄王爲天子之位也。一說謂陽穀之會，令諸侯云云，天下皆從，故云一匡者也。」一說指鄭注前說，則六朝人解義。○

注「微無」至「夷狄」。〇正義曰：「微、無」，常訓，見詩式微傳。漢書匈奴傳：「苟利所在，不知禮義。」傳贊云：「夷狄之人，貪而好利，被髮左衽，人面獸心，其與中國殊章服，異習俗，飲食不同，言語不通」，故知其人君不君、臣不臣也。注言此者，見夷狄入中國，必用夷變夏，中國之人，既習於被髮左衽之俗，必亦滅棄禮義，馴至不君不臣也。

豈若匹夫匹婦之爲諒也，自經於溝瀆而莫之知也？」【注】王曰：「經，經死於溝瀆中也。管仲、召忽之於公子糾，君臣之義未正成，故死之未足深嘉，不死未足多非。死事既難，亦在於過厚，故仲尼但美管仲之功，亦不言召忽不當死。」正義曰：顏師古漢書敍傳注：「凡言匹夫匹婦，謂凡庶之人，一夫一婦，當相配匹。」宋氏翔鳳發微云：「中論知行篇云：『召忽伏節死難，人臣之美義也。仲尼比爲匹夫匹婦之爲諒矣。』後漢書應劭傳劭議曰：『召忽親死子糾之難，而孔子曰「經於溝瀆，人莫之知。」』則漢儒皆以『經於溝瀆』爲召忽事。子罕篇云：『匹夫不可奪志。』則匹夫者，所謂獨行之士，惜一己之節，不顧天下者也，非以匹夫爲賤而非之。諒者，說文：『諒，信也。』爾雅釋詁：『亮，信也。』『亮』與『諒』同。匹夫匹婦以言許人，必踐其言，是之謂諒。」發微又云：「左傳『乃殺子糾于生竇』，杜注：『生竇，魯地。』史記作『笙瀆』。集解賈逵曰：『魯地句瀆也。』索隱按鄒誕生本作『莘瀆』。『莘』、『笙』聲相近，笙如字，瀆音豆。論語作『溝瀆』，蓋後代聲轉而字異，故諸文不同。桓十二年：『公會宋人、燕人盟于穀丘。』杜注：『穀丘，宋地。』左傳作『盟于句瀆之丘』，杜注：『句瀆之丘，即穀丘也。』水經濟水注：『濮水又東，與句瀆合，句瀆首受濮水，枝渠于句陽縣東南，逕句陽縣故城南。』春秋之穀丘，左傳以爲句瀆之丘矣。縣處其陽，故縣氏焉。按句陽故城在今曹州府治北三十里，即穀丘也。則在春秋爲曹地，其境與魯相錯，亦得有魯地。又左傳哀六年：『齊囚王豹于句瀆之丘。』或其時曹將亡，齊亦侵其地而有之。要之，生竇、笙瀆、句瀆與溝瀆是一地，而齊、魯、曹、宋壤地相接，各得有其一隅，復以聲轉而異其字也。」按論語言召忽「經死溝瀆」，而管子大匡言「入齊境，自刎而死」，傳聞各異。莫之知者，言無功績爲人所知也。○注「經經」至「當死」。○正義曰：晉語「申生雉經」，史記田單傳「遂經其頸於樹枝」，索隱：「經猶繫也。」荀子彊國篇：「救經而引其足也。」楊倞注：「經，縊也。」「經死於溝瀆中」，此以溝瀆爲田間水道。爾雅釋地：「水注谷曰溝，注澮曰瀆」是也。說苑善說篇：「管子者，天子之佐，諸侯之相也。死之則不免爲溝中之瘠。」與此注合，皆不以溝瀆爲地名也。管仲、召忽，舊爲子糾之傅。雖糾於次當立，而未卽位而死，君臣之義尚未正成，故仲雖不死，未足多非也。管子大匡云：「召忽曰：『百歲之後，犯吾君命，而廢吾所立，奪吾糾也，雖得天下，吾不生也。兄與我齊國之政也，受君令而不改，奉所立而不濟，是吾義也。』管仲曰：『夷吾之爲君臣也，將承君命，奉社稷，以持宗廟，豈死一糾哉？夷吾之所死者，社稷破，宗廟滅，祭祀絕，則死之。非此三者，則夷吾生。夷吾生，則齊國利；夷吾死，則齊國不利。』」觀此，則二子之死與不死，各自有見。仲志在利齊國，而其後功遂濟天下，使先王衣冠禮樂之盛，未淪於夷狄。故聖人以仁許之，且以其功爲賢於召忽之死矣。然有管仲之功，則可不死；若無管仲之功，而背君事讎，貪生失義，又遠不若召忽之爲諒也。

18 公叔文子之臣大夫僎，與文子同升諸公。【注】孔曰：「大夫僎，本文子家臣，薦之使與己並爲大夫，同升在公朝。」子聞之，曰：「可以爲文矣。」【注】孔曰：「言行如是，可謚爲文。」正義曰：毛氏奇齡四書賸言：「臣大夫，卽家大夫也。其曰『同升諸公』，則家臣升大夫之書法耳。左傳：『子伯季子，初爲孔氏臣，新登于公。』」又經問引先仲氏說謂「臣大夫」三字不分。檀弓：「陳子車死於衛，其妻與其家大夫謀以殉葬。」蓋仕於家曰家大夫，仕於邑曰邑大夫，而統爲臣大夫。閻氏若璩四書釋地畧同。今案：家臣之中，爵秩不同，尊者爲大夫，次亦爲士。故此別之云大夫僎，明僎爲家臣中之爲大夫者也。毛氏謂「臣大夫」三字不得分，殊泥。漢書古今人表作「大夫選」，則漢人讀不以大夫連「臣」字也。「僎」作「選」，通用字。釋文云：「僎，本又作撰。」先進篇：「異乎三子者之撰。」鄭作「僎」，是「僎」、「撰」亦通用也。錢氏坫論語後錄：「案周書謚法文有六等：稱『經天緯地』，『道德博厚』，『學勤好問』，『慈惠愛民』，『愍民惠禮』，『錫民爵位』，並無『修制交鄰』，『不辱社稷』等例。檀弓：『公叔文子卒，其子戍請謚於君。君曰：「夫子聽衛國之政，修其班制，以與四鄰交。衛國之社稷不辱，不亦文乎？」』靈公之論，不本典制，故夫子舉同升佚事以合之。意深矣。」○注「薦之」至「公朝」。○正義曰：注意以僎因文子薦之，同升於公爲大夫，經言「大夫僎」者，從後書之。李賢後漢吳良傳注：「文子家臣名僎，操行與文子同，文子乃升進之於公，與之同爲大夫。」即本注義。

19 子言衛靈公之無道也，康子曰：「夫如是，奚而不喪？」孔子曰：「仲叔圉治賓客，祝鮀治宗廟，王孫賈治軍旅。夫如是，奚其喪？」【注】孔曰：「言雖無道，所任者各當其才，何爲當亡？」正義曰：

記「子言」者，謂子與康子言及之也。周書謚法解「亂而不損」，「好祭鬼神」皆曰「靈」。衛靈之謚，當取「亂而不損」矣。朱子集注云：「喪，失位也。」釋文云：「子曰衛靈公之無道，一本作子言，鄭本同。」案：皇本作「子曰」。李賢後漢書明帝紀注亦是「曰」字，邢本從鄭作「子言」，「言」字是也。又「無道」下，皇本有「久」字，然考疏文無「久」字，此後人所增。

20子曰：「其言之不怍，則爲之也難。」【注】馬曰：「怍，慙也。內有其實，則言之不慙，積其實者爲之難。」

正義曰：皇本作「則其爲之難」。大戴禮曾子立事篇盧注引「其言之不怍，其後爲之難。」嚴氏杰校云：「所引論語，當讀如史記『作作有芒』之作。」包氏愼言溫故錄：「案作，起也。勇於有爲者，其言必有振厲奮起之色。言不奮起，則行必觀望，故曰『爲之也難』。」案：盧引論語，未知何本。或「作」即是「怍」之誤。嚴、包二君，但就文說之。○注「怍慙」至「之難。」○正義曰：說文：「怍，慙也。詐，慙語也。」段注謂論語此文當作「詐」。今通用「怍」字。己所能爲，即是「內有其實」。皇疏引王弼曰：「情動於中而外形於言，情正實，而後言之不怍。」此卽馬義。後漢書皇甫規傳論：「孔子稱『其言之不怍，則其爲之也難』。察皇甫規之言，其心不怍哉。夫其審己則干祿，見賢則委位。故干祿不爲貪，而委位不求讓；稱己不疑伐，而讓人無懼情。故能功成於戎狄，身全於邦家也。」此引文以「不怍」爲美詞，與馬義合。曾子立事云：「是故君子出言以鄂鄂，行身以戰戰，亦殆免於戾矣。」盧注：「鄂鄂，辨厲也。」竊謂「辨厲」卽「不怍」之意，「戰戰」卽「爲之也難」之意。

21陳成子弑簡公。孔子沐浴而朝，告於哀公曰：「陳恒弑其君，請討之。」【注】馬曰：「成子，齊大夫陳恒也。將告君，故先齊，齊必沐浴。」公曰：「告夫三子。」【注】孔曰：「謂三卿也。」孔子曰：「以吾從大夫之後，不敢不告也。君曰『告夫三子』者。」【注】馬曰：「我禮當告君，不當告三子，君使我往，故復往。」之三子告，不可。孔子曰：「以吾從大夫之後，不敢不告也。」【注】馬曰：「孔子由君命之三子告，不可，故復以此辭語之而止。」

正義曰：左哀十四年傳：「齊陳恒弑其君壬於舒州。孔丘三日齊，而請伐齊。三公曰：『魯爲齊弱久矣，子之伐之，將若之何？』對曰：『陳恒弒其君，民之不與者半。以魯之半加齊之半，可克也。』公曰：『子告季孫。』孔子辭，退而告人曰：『吾以從大夫之後也，故不敢不言。』」與此文畧同。壬卽簡公名。周書謚法解「一德不懈」、「平易不訾」，皆曰「簡」。此當取「平易不訾」爲謚也。公羊僖元年傳：「上無天子，下無方伯，天下諸侯，有爲無道者，臣弒君，子弒父，力能討之，則討之可也。」白虎通誅伐云：「論語曰『陳恒弒其君，孔子請討之』。王者諸侯之子，篡弒其君而立，臣下得誅之者，廣討賊之義也。春秋傳曰：『臣弒君，臣不討賊，非臣也。』」顧氏棟高春秋大事表：「魯之兵權在三子，三子之兵權在家臣。觀陽貨、弗擾且能以其衆畔，而冉求、季路獨不可出其兵以仗義討賊乎？孔子能使由、求墮費、郈，而三子靡然聽從，豈孔子當日奉魯君之命，命家臣出其卒，而三子敢或梗令乎？誠得哀公一言聽許，委夫子以兵權，空魯國之甲，使家臣將之，此時子路雖仕衞，而冉有自在，加以樊遲、有若，皆勇銳之士，移檄遠近，聲罪致討，四鄰諸侯，必有聞風響應，縱不能梟陳恒之首，亦當誅當日之推刃於齊君者，而更定其嗣。如此，則國威可振，周道可興矣，豈空言而不可見諸實事者哉？」案：魯自四分公室，兵衆皆在三家，誠使哀公奮發有爲，許夫子之請討，則奉辭伐罪，夫子必能得之三子，而大服齊人，則一舉而兩國之權奸皆有所顧忌，斯亦亂世之一治也，而惜乎哀公之終不能用孔子也。吳氏嘉賓說謂：「春秋絶筆於獲麟，卽以是年夏有陳恒執君弒君之事，當時無一人敢正其罪，故弗忍更書之。」其說未爲無理矣。魯三家與齊陳氏情事相同，故不可夫子之請。然魯君臣釁隙雖深，終不敢一加刃於其君，未始非夫子之清議有以維持之也。此春秋之作，所爲不能以已也。釋文：「弒，本又作殺，同音試。」案：皇本作「殺」。「告夫三子」，唐石經、皇本、高麗本「三」上有「二」字。考文引足利本同。下「告夫三子者」、「之三子告」並同。釋文云：「之三子告，本或作『二、三子告』，非也。」第二節「不敢不告也」，皇本無「也」字。○注「成子」至「沐浴」。○正義曰：史記田敬仲完世家〔一〕：「田常卒，常謚爲成子。」是成子卽陳恒謚也。其世家上文云：「齊人歌之曰：『嫗乎采芑，歸乎田成子。』」此史家從後記之，或「成」字誤衍爾。禮於常朝不齊，此重其事，故先齊也。注據左傳「三日齊」爲言，明此文「沐浴」亦因齊而設。故玉藻云：「將適公所，宿齊戒，居外寢，沐浴。」是見君齊必沐浴也。說文云：「沐，濯髮也。浴，洒身也。」○注「我禮」至「復往」。○正義曰：注意謂夫子此語是退而語人也。「不當告三子」者，言臣當統於君也。「君使往，復往」者，示君命已不敢逆也。

22 子路問事君，子曰：「勿欺也，而犯之。」【注】孔曰：「事君之道，義不可欺，當能犯顏諫爭。」正義曰：皇本「也」作「之」。○注「事君」至「諫爭」。○正義曰：注以「勿欺」卽謂能犯顏諫爭也。孟子言「齊人謂其君何足語仁義，是爲不敬」。又言「謂其君不能者，是賊其君」，與此言「欺」同也。子路仕季氏，夫子恐其爲具臣，又季氏伐顓臾，子路力未能諫止，故此告子路以「勿欺」，而又嫌其意不明，故更云「而犯之」。禮檀弓云：「事君有犯而無隱。」若隱卽爲欺矣。

23 子曰：「君子上達，小人下達。」【注】本爲上，末爲下。正義曰：達，通也。論語比考讖：「君子上達，與天合符。」言君子德能與天合也。○注：「本爲上，末爲下。」○正義曰：皇疏：「上達者，達於仁義也。下達謂達於財利，

〔一〕「田敬仲完世家」原誤作「齊世家」，據史記改。

所以與君子反也。」案：禮大學云：「德者，本也；財者，末也。」

24 子曰：「古之學者爲己，今之學者爲人。」【注】孔曰：「爲己，履而行之；爲人，徒能言之。」注「爲己」至「言之」。○正義曰：「徒能言之」，謂己但能稱說，以求知於人也。荀子勸學篇：「君子之學也，入乎耳，箸乎心，布乎四體，形乎動靜，端而言，蝡而動，一可以爲法則。小人之學，入乎耳，出乎口。口、耳之間則四寸耳，曷足以美七尺之軀哉？」又云：「古之學者爲己，今之學者爲人。君子之學也，以美其身；小人之學也，以爲禽犢。」楊倞注：「禽犢，饋獻之物也。」北堂書鈔引新序云：「齊王問墨子曰：『古之學者爲己，今之學者爲人，何如？』對曰：『古之學者，得一善言，以附其身；今之學者，得一善言，務以悅人。』」又後漢桓榮傳論：「孔子曰：『古之學者爲己，今之學者爲人。』爲人者，憑譽以顯揚；爲己者，因心以會道。」「顯揚」，邢疏引作「顯物」，謂顯之於物也。諸文並與此注義合。

25 蘧伯玉使人於孔子。【注】孔曰：「伯玉，衛大夫蘧瑗。」孔子與之坐而問焉，曰：「夫子何爲？」對曰：「夫子欲寡其過而未能也。」【注】言夫子欲寡其過，而未能無過。使者出。子曰：「使乎！使乎！」【注】陳曰：「再言『使乎』者，善之也。言使得其人。」正義曰：孔子於衛，主蘧伯玉，此時孔子去衛，伯玉使人來。使雖微者，必與之坐，爲賓主禮也。「與」，猶授也。「夫子」者，大夫之稱。○注：「伯玉，衛大夫蘧瑗。」○正義曰：陳留風俗傳：「長垣縣有蘧伯鄉，有蘧伯玉冢。一曰新鄉有蘧亭。」疑蘧本以邑氏也。呂覽召類注：「伯玉，衛大夫，蘧莊子無咎之子瑗，謚曰成子。」○注「言夫子欲寡其過，而未能無過。」○正義曰：莊子則陽篇：「蘧伯玉行年六十而六十化，未嘗不始於是之，而卒詘之以非也。未知今之所謂是之非五十九非也。」淮南子原道訓：「蘧伯玉年五十而知四十九年非。」觀此，是伯玉欲寡過而常若未能無過，亦是實語，其平居修省不自滿假之意可見。使者直對以實，能尊其主，非祗爲謙辭。○注：「再言『使乎』者，善之也。言使得其人。」○正義曰：段氏玉裁經韵樓集「使乎使」三字逗，下一「乎」字爲永歎之辭，與此注違，亦未必合經旨。漢書藝文志：「子曰：『誦詩三百，使於四方，不能專對。』孔子曰：『使乎！使乎！』言其當權事制宜，受命而不受辭。」亦以此言「寡過」、「未能」非爲所受之辭，故爲使得其人也。論衡問孔篇：「孔子曰：『使乎！使乎！』非之也。說論語者曰：『非之者，非其代人謙也。』」此當時駁義，不足信。

26 子曰：「不在其位，不謀其政。」曾子曰：「君子思不出其位。」【注】孔曰：「不越其職。」正義曰：毛氏奇齡稽求篇：「夫子既言位分之嚴，故曾子引夫子贊易之詞以爲證。此與牢曰『子云「吾不試故藝」』正同。」又曰：「『思不出位』，係艮卦象辭。世疑象傳多『以』字，或古原有此語，而夫子引以作象辭。曾子又引以證『不在其位』之語，故不署『象曰』、『子曰』二字，亦未可知。」案：禮中庸云：「君子素其位而行，不願乎其外。素富貴，行乎富貴；素貧賤，行乎貧賤；素夷狄，行乎夷狄；素患難，行乎患難。君子無入而不自得焉。在上位，不陵下；在下位，不援上。正己而不求於人，則無怨。上不怨天，下不尤人。」鄭注：「不願乎其外，謂思不出其位也。」與此章義相發。

27 子曰：「君子恥其言而過其行。」　正義曰：此與里仁篇「古者言之不出，恥躬之不逮」，語意正同。禮雜記云：「有其言而無其行，君子恥之。」表記云：「君子恥有其辭而無其德，有其德而無其行。」亦此意。皇本「而」作「之」，「行」下有「也」字。

28 子曰：「君子道者三，我無能焉：仁者不憂，知者不惑，勇者不懼。」子貢曰：「夫子自道也。」　正義曰：「自道」者，言夫子身能備道也。孟子引子貢語，以夫子「仁且知」爲「既聖」，皆所謂「知足知聖」也。

29 子貢方人。【注】孔曰：「比方人也。」子曰：「賜也賢乎哉？夫我則不暇。」【注】孔曰：「不暇比方人也。」　正義曰：釋文云：「方人，鄭本作謗，謂『言人之過惡』。」盧氏文弨考證：「古論『謗』字作『方』，蓋以聲近通借。子貢言人過惡，故子曰『賜也賢乎哉』，言汝己身果皆賢乎！而謗人也，夫我則不暇謗人而自治。」孫氏志祖讀書脞録說此文云：「左傳『庶人謗』，正義云：『謗謂言其過失，使在上聞之而自改，亦是諫之類也。』昭四年傳：『鄭人謗子產。』國語：『厲王虐，國人謗王。』皆是言其實事，謂之爲謗。但傳聞之事，有實有虛，或有妄謗人者，今世遂以謗爲誣類，是俗易而意異也。」案：三國志王昶傳昶戒子書曰：「夫毀譽，愛惡之原，而禍福之機也。是以聖人慎之。孔子曰：『吾之於人，誰毀誰譽；如有所譽，必有所試。』又曰：『子貢方人。賜也賢乎哉？我則不暇。』以聖人之德，猶當如此，況庸庸之徒而輕毀譽哉？」[一]以方人爲毀，是亦讀「方」爲「謗」，用鄭義也。「暇」者，說文云「閑也」。皇本作「賜也賢乎我夫哉，我則不暇」，文

[一]「徒」原誤作「德」，據三國志改。

有誤。○注：「比方人也。」○正義曰：莊子田子方篇：「魯多儒者，少爲先生方者。」是「方」訓比也。學以相備而成，故朋友切磋，最爲學道之益。夫子嘗問子貢與回孰愈？又子貢問子張、子夏孰愈？夫子亦未斥言不當問，是正取其能比方人也。此文何反議之？注說誤。

30 子曰：「不患人之不己知，患其不能也。」【注】王曰：「徒患己之無能。」 正義曰：皇本作「患己無能也」。

31 子曰：「不逆詐，不億不信，抑亦先覺者，是賢乎！」【注】孔曰：「先覺人情者，是寧能爲賢乎？或時反怨人。」 正義曰：漢書翟方進傳：「上以方進所舉應科，不得用逆詐廢正法。」顏師古注：「逆詐者，謂以詐意逆猜人也。逆，迎也。」大戴禮曾子立事篇：「君子不先人以惡，不疑人以不信。」與此文意同。「先覺」者，詐與不信，未容施行，已覺之也。荀子非相篇：「聖人何以不欺？曰：聖人者，以己度者也。故以人度人，以情度情，以類度類，以說度功，古今一度也。類不悖，雖久同理，故鄉乎邪曲而不迷，觀于雜物而不惑，以此度之。」○注「先覺」至「怨人」。○正義曰：注以「先覺」卽逆億，故云「是安能爲賢乎」？「反怨人」，皇疏謂「反受怨責」，非也。釋文云：「怨，本或作冤。」盧氏文弨考證：「古怨與冤通。」

32 微生畝謂孔子曰：「丘何爲是栖栖者與？無乃爲佞乎？」【注】包曰：「微生姓，畝名。」孔子曰：「非敢爲佞也，疾固也。」【注】包曰：「病世固陋，欲行道以化之。」

正義曰：微生稱夫子名，當以齒長故也。釋文云：「『丘何』，或作『丘何爲』，鄭作『丘何是』，本或作『丘何爲是』。」「栖栖者」，邢疏云：「猶皇皇也。」案：說文：「𠧧，鳥在巢上也。象形。日在𠧧方而鳥𠧧，故因以爲東𠧧之𠧧。棲，𠧧或作木妻。」「棲」與「栖」一字，則「栖」亦「𠧧」或體也。詩「可以棲遲」，漢嚴發碑作「西遲」。毛傳：「棲遲，遊息也。」凡人行緩急，皆得言棲。文選班固答賓戲曰：「棲棲遑遑，孔席不煖。」李善注：「棲遑，不安居之意也。」詩六月云：「六月棲棲。」毛傳：「棲棲，簡閱貌。」義亦同。夫子周流無已，不安其居，所至皆以禮義之道陳說人主，微生疑夫子但爲口才以說時君，故曰佞也。「孔子曰」，皇本「曰」上有「對」字。○注「微生姓，畝名。」○正義曰：漢書古今人表作「尾生晦」，師古曰：「即微生畝也。晦，古畝字。」翟氏灝考異引鄭曉說，以畝、高爲一人，畝名，高字。愚未敢以爲然。○注：「病世固陋，欲行道以化之。」○正義曰：「固陋」者，昧於仁義之道，將以習非勝是也。夫子欲行道以化之，不得不干人主。此自明栖栖之意。呂氏春秋愛類篇：「賢人之不遠海內之路，而時往來乎王公之朝，非以要利也，以民爲務者也。」

33 子曰：「驥不稱其力，稱其德也。」【注】鄭曰：「德者，調良之謂。」

正義曰：太平御覽四百三引鄭注云：「驥，古之善馬。德者，謂有五御之威儀。」與此注異。當云：「驥，古之善馬。德者，調良之謂，謂有五御之威儀。」集解節引此注，文不備耳。說文云：「驥，千里馬也。」莊子馬蹏篇釋文：「驥，千里善馬也。」謂驥一日行千里，此其力也。周官保氏職「五馭」，鄭司農云：「五馭：鳴和鸞，逐水曲，過君表，舞交衢，逐禽左。」此謂御者之容。騏馬調良，能有其德，故爲善馬。人之稱之當以此。

34 或曰：「以德報怨，何如？」子曰：「何以報德？【注】德，恩惠之德。以直報怨，以德報德。」

正義曰：「報」者，廣雅釋言：「報，復也。」玉篇：「報，酬也，答也。」朱子集注云：「或人所稱，今見老子書。」案：道德經恩始章：「大小多少，報怨以德。」此朱子所指。禮表記：「子曰：『以德報怨，則寬身之仁也；以怨報德，則刑戮之民也。』又曰：『以德報德，則民有所勸；以怨報怨，則民有所懲。』」與此章義相發。「寬身之仁」，所謂厚於仁者也。雖是寬仁而不可爲法，故此告或人以報怨之道宜以直也。以直不必不怨，故表記又云：「以怨報怨矣。」吳氏嘉賓說：「以直者不匿怨而已。人之性情，未有不樂其直者，至於有怨，則欲使之含忍而不報。夫含忍而不報，則其怨之本固未嘗去，將待其時之可報而報之耳。至於蓄之久而一發，將至於不可禦，或終于不報，是其人之於世，必以浮道相與，一無所用其情者，亦何所取哉？以直報怨，凡直之道非一，視吾心何如耳。吾心不能忘怨，報之直也，既報則可以忘矣。苟能忘怨而不報之，亦直也，雖不報，固非有所匿矣。怨期於忘之，德期於不忘，故報怨者曰『以直』，欲其心之無餘怨也。報德者曰『以德』，欲其心之有餘德也。其心不能忘怨，而以理勝之者，亦直以其心之能自勝也。直之反爲僞，必若教人以德報怨，是教人使爲僞也。烏乎可？」

35 子曰：「莫我知也夫！」子貢曰：「何爲其莫知子也？」【注】子貢怪夫子言何爲莫知己，故問。子曰：「不怨天，不尤人，【注】馬曰：「孔子不用於世而不怨天，人不知己，亦不尤人。」下學而上達，【注】孔曰：「下學人事，上知天命。」知我者其天乎？」【注】聖人與天地合其德，故曰唯天知己。

正義曰：「莫我知」者，夫子歎己不見用，由世人莫我知故也。鄭注云：「尤，非也。」「尤」卽「訧」省。夫子當衰周之世，天未欲平治天下，而但生德於己，正使夫子立文垂制以教萬世，故儀封人言「天將以夫子爲木鐸」也。包氏愼言溫故錄：「史記孔子世家：『哀公十四年春，狩于大野。叔孫氏車子鉏商獲獸，以爲不祥。仲尼視之，曰：「麟也。」取之。曰：「河不出圖，洛不出書，吾已矣夫！」顏淵死，孔子曰：「天喪予！」及西狩獲麟，曰：「吾道窮矣！」喟然曰：「莫我知也夫！」子貢曰：「何爲莫知子？」子曰：「不怨天，不尤人，下學上達，知我者其天乎！」』據史記此文，莫知之歎，蓋發於獲麟之後。然則『不怨天』者，知天之以己制作爲後王法也。『不尤人』者，人事之厄，天所命也。孔子在庶，而褒貶進退，王者所取則，故曰『下學而上達』。達，通也。張衡應間曰：『蓋聞前哲首務，務于下學上達，佐國理民，有云爲也。』是上達者，謂達於佐國理民之道。史公自敍曰：『董生云：「周衰道廢，孔子知言之不用，道之不行也，是非二百四十二年之中，以爲天下儀表，貶天子，退諸侯，討大夫，以達王事而已矣。」』又云：「仲尼悼禮樂廢崩，追修經術，以達王道，此上達之義也歟！春秋本天以治人，知我者其惟春秋，罪我者其惟春秋，故曰：『知我者其天乎！』」案：說苑至公篇：「夫子行說七十諸侯，無定處，意欲使天下之民各得其所，而道不行。退而修春秋，采毫毛之善，貶纖介之惡，人事浹，王道備，精和聖制，上通於天而麟至，此天之知夫子也。於是喟然而歎曰：『天以至明爲不可蔽乎，日何爲而食？地以至安爲不可危乎，地何爲而動？』天地而尚有動蔽，是故賢聖說於世而不得行其道，故災異並作也。夫子曰：『不怨天，不尤人，下學而上達，知我者其天乎？』」亦以此節爲獲麟而發，「下學上達」爲作春秋之旨，學通於天，故惟天知之。論語撰考讖云：「『下學上達，知我者其天乎？』通精曜也。」與說苑意同。蓋春秋本天治人，包說「夫子上達於佐國理民之道」，卽是上通於天也。漢書五行志：「劉向以爲如人君下學而上達，災消而福興矣。」顏師古注：「上達，謂通於天道而畏威。」此雖譬引之辭，然亦謂人君精誠格天，則自降之福。是上達爲上通於天也。○注：「聖人與天地合其德。」○正義曰：易文言傳文。

36 公伯寮愬子路於季孫。【注】馬曰：「愬，譖也。伯寮，魯人，弟子也。」子服景伯以告，【注】孔曰：「魯大夫子服何忌也。告，告孔子。」曰：「夫子固有惑志【注】孔曰：「季孫信讒，恚子路。」於公伯寮，吾力猶能肆諸市朝。」【注】鄭曰：「吾勢力猶能辨子路之無罪於季孫，使之誅寮而肆之。有罪既刑，陳其尸曰肆。」子曰：「道之將行也與，命也；道之將廢也與，命也。公伯寮其如命何？」正義曰：說文：「竂，從穴尞。論語有公伯竂。」今作「寮」，九經字樣謂爲隸省。史記仲尼弟子列傳作「僚」，索隱引別本又作「繚」、作「遼」，並通用字。夫子，謂季孫。弟子列傳：「夫子固有惑志，僚也。」是「於公伯寮」四字當連上爲句，言夫子疑於寮之言也。疑寮卽是疑子路。皇本「於公伯寮」下有「也」字。案：子路以忠信見知於人，不知寮何所得愬，而季孫且信之。朱子或問以爲「在墮三都、出藏甲之時」，說頗近理。當時必謂子路此舉，是彊公室，弱私家，將不利於季氏，故季孫有惑志。夫子言道「將行」、「將廢」者，子路墮都，是夫子使之，今子路被愬，是道之將廢，而已亦不能安於魯矣。然行廢皆天所命，若天不廢道，雖寮有愬，季孫且不聽之。若天未欲行道，此自命所受宜然，非關寮愬。言此者，所以慰子路而止景伯之憤也。張氏爾岐蒿庵閒話云：「人道之當然而不可違者，義也；天道之本然而不可争者，命也。貧富、貴賤、得失、死生之有所制而不可彊也，君子與小人一也。命不可知，君子當以義知命矣。凡義所不可，即以爲命所不有也。故進而不得於命者，退而猶不失吾義也。小人嘗以智力知命矣，力不能争，則智邀之，智力無可施，而後謂之命也。君子以義安命，故其心常泰；小人以智力争命，故其心多怨。衆人之於命，亦有安之矣，大約皆知其無可奈何，而後安之者也。聖人之於命安之矣，實不以命爲準也，而以義爲準，故雖力有可争，勢有可圖，而退然處之，曰：『義之所不可也。』義所不可，斯曰命矣。故孔子之於公伯寮，未嘗無景伯之可恃也。於衞卿，未嘗無彌子瑕之可緣也。孟子之於臧倉，未嘗無樂正子之可力爲辨而重爲請也，亦曰義所不在耳。義所不在，斯命所不有矣，故聖賢之於命，一於義者也。安義，斯安命矣。衆人之於命，不必一於義也，而命皆有以制之。制之至無可奈何，而後安之。故聖賢之與衆人安命同也，而安之者不同也。」○注：「伯寮，魯人，弟子也。」○正義曰：公伯複姓，見廣韵。稱「伯寮」者，猶「冶長」、「馬遷」之比。弟子傳：「公伯僚，字子周。」不云魯人，或馬别有據也。家語弟子解無公伯寮，有申繚字周。蓋以申繚一人，當申堂、公伯寮二人。臧氏庸拜經日記譏其僞造是也。明程敏政以寮爲聖門蟊螣，請罷其從祀。○注：「魯大夫子服何忌也。」○正義曰：世本：「獻子蔑生孝伯，孝伯生惠伯，惠伯生昭伯，昭伯生景伯。」則景是謚也。邢疏：「左傳哀十三年：〔一〕『吴人將囚景伯。景伯曰：「何也立後於魯矣。」』杜注云：『何，景伯名。』然則景伯單名何，而此註云『何忌』，誤也。」漢魯峻石壁畫七十二子象有子服景伯。○注「吾勢」至「日肆」。○正義曰：

〔一〕「三」原誤作「二」，據左傳及阮元論語校勘記改。

「勢力」者，言景伯是孟孫之族，當有勢力能與季孫言也。辨子路之無罪，欲令季孫知寮之愬，然後使季孫誅寮，以國之常刑殺之也。「陳其尸曰肆」者，說文：「肆，極陳也。」周官鄉士云：「協日刑殺，肆之三日。」又遂士云：「協日就郊而刑殺，各於其遂肆之三日。」縣士云：「協日刑殺，各就其縣肆之三日。」又掌戮云：「凡殺人者，踣于市，肆之三日。」惟殺于甸師氏者不肆，是周制殺人有陳尸三日之法。故左傳載楚殺令尹子南于朝，三日，子南之子棄疾請尸，亦以陳尸三日故也。鄉士疏引論語注云：「大夫於朝，士於市。公伯寮是士，止應云『肆諸市』，連言朝耳。」此鄭注文，爲集解刪佚。檀弓：「杞梁之妻曰：『君之臣不免於罪，則將肆諸市朝，而妻妾執。』」注：「肆，陳尸也。大夫以上於朝，士於市。」與論語注同。魯語云：「大刑用甲兵，其次用斧鉞，中刑用刀鋸，其次用鑽笮，薄刑用鞭朴，以威民也。故大者陳之原野，小者致之市朝。五刑三次，〔一〕是無隱也。」韋昭注：「其死刑，大夫以上尸諸朝，士以下尸諸市。三處：野、朝、市。」韋與鄭同。據左傳楚殺令尹子南于朝，又晉尸三郤于朝，明以職尊，故肆朝也。若晉尸雍子與叔魚于市，孔疏卽云「以其賤故也」。其後董安于縊而死，趙孟尸諸市，亦以安于職卑。是鄭以大夫肆朝、士肆市有明徵矣。王制云：「刑人于市，與衆棄之。」無殺人于朝及肆朝之文，說者以王制爲殷禮。然周官鄉、遂、縣士及掌戮亦止言「肆市」，不言「肆朝」。且掌戮又云：「唯王之同族與有爵者，則殺之于甸師氏。」有爵當謂大夫以上職尊者，與魯語及論語、左傳之文不同，說者多以爲疑。毛氏奇齡經問謂「刑士於市，刑大夫于甸師氏。而苟有重罪宜肆者，則士肆市，大夫肆朝，而士以下各于其地刑之肆之，未爲不可」。此說深爲得理。若然，則周官不言「肆朝」，或以事不經見，故不載之；抑後周所增制，非元公舊典也！又案：古人言「市朝」，有二解：

〔一〕「三」原誤作「之」，據國語改。

考工記「面朝後市，市朝一夫」，周官鄉師「以木鐸徇于市朝」，檀弓「遇諸市朝，不反兵而鬬」，奔喪「哭辟市朝」，孟子「若撻之于市朝」，史記孟嘗君列傳「日暮之後，過市朝者」，皆謂市中官治之所。司市云：「掌市之治教政刑，量度禁令，以次敍分地而經市。」注云：「次謂吏所治舍思次、介次也，若今市亭然。」此卽是「市朝」，與論語此文「市朝」爲二，各別也。公伯寮是士，而廣韵稱爲「魯大夫」，未知所本。

37 子曰：「賢者辟世，【注】孔曰：「世主莫得而臣。」其次辟地，【注】馬曰：「去亂國，適治邦。」其次辟色，【注】孔曰：「色斯舉矣。」其次辟言。」【注】孔曰：「有惡言乃去。」

正義曰：「辟」，皇本作「避」。說文：「避，回也。」蒼頡篇：「避，去也。」賢者所辟，有此四者，當由所遇不同。孟子告子下言「古之君子，所去三」，亦云「其次」、「其下」，與此文義同。呂氏春秋先識覽：「凡國之亡也，有道者必先去，古今一也。」高注引此文「辟色」作「避人」。子華子神氣篇亦言「違世」、「違地」、「違人」。後篇桀溺謂子路曰：「且而與其從辟人之士也，豈若從辟世之士哉？」「辟人」卽「辟色」，當時兩稱之，高誘或亦隨文引之耳。子華子以違世爲大上，違地、違人皆其次，似以優劣論之，與論語意不同矣。管子宙合篇：「賢人之處亂世也，知道之不可行，則沈抑以辟罰，靜默以侔免。辟之也，猶夏之就凊，冬之就温焉，可以無及於寒暑之菑矣，非爲畏死而不忠也。夫强言以爲僇，而功澤不加，進傷爲人君嚴之義，退害爲人臣者之生，其爲不利彌甚，故退身不舍端，修業不息版，以待清明。」○注：「世主莫得而臣。」○正義曰：世主謂當世之主，明非一主也。儒行云：「儒有上不臣天子，下不事諸侯，雖分國如錙銖，不臣不仕。」○注：「有惡言乃去。」○正義曰：惡言謂不善之言，或言有失禮也。子曰：「作者七人矣。」【注】包曰：「作，爲也。爲之者凡七人，謂長沮，桀溺，丈人，石門，荷蕢，儀封人，楚狂接輿。」

正義曰：復稱「子曰」者，移時乃言也。作，如「見幾而作」之作。○注「作爲」至「接輿」。○正義曰：「作、爲」，常訓。「爲之者」，謂爲辟世、辟地、辟色、辟言者也。七人所爲不同，此注無所分別，當以義難定故也。鄭注云：「伯夷、叔齊、虞仲辟世者，荷蓧、長沮、桀溺辟地者，柳下惠、少連辟色者，荷蕢、楚狂接輿辟言者也。七當爲十字之誤也。」皇疏引王弼曰：「七人：伯夷，叔齊，虞仲，夷逸，朱張，柳下惠，少連也。」後漢書黃瓊傳注引注云云，即王弼說。蓋鄭、王據孔子以前人，包據孔子同時人。應劭風俗通十反篇：「孔子嘉虞仲、夷逸，作者七人。」即王弼所本。陶潛羣輔録數七人，前說本包，後說本王、鄭，又改「七人」爲「十人」，世遠義失，難得而折衷焉。

38 子路宿於石門。晨門曰：「奚自？」【注】晨門者，閽人也。子路曰：「自孔氏。」曰：「是知其不可而爲之者與？」【注】包曰：「言孔子知世不可爲而彊爲之。」

正義曰：「子路宿於石門」者，子路時自魯外出，晚宿石門也。鄭注云：「石門，魯城外門也。晨門，主晨夜開閉者。」此引見後漢書蔡邕傳注。又張皓王龔傳論注引論語注：「晨，主守門，晨夜開閉也。」文小異。外門，當謂郭門也。水經洙水注：「洙水北流，逕孔里，又西南，枝津出焉。又西南逕瑕丘城東，而南入石門。門右結石爲水門，跨於水上。」閻氏若璩釋地謂「此即子路宿處」是也。太平寰宇記：「古魯城凡有七門，次南第二門名石門。」此似指城門，恐未然。周官司門是下大夫，又「每門下士二人」。賈疏謂下士是「在門開閉者」。故其職云：「掌授管鍵，以啟閉國門。」授者，下大夫授之下士。然則此「晨門」即謂下士在門開閉者矣。說文：「晨，早昧爽也。從臼辰。辰，時也。」爾雅釋詁：「晨，早也。」晨門職司晨夜之啟閉，故稱「晨門」。高士傳：「石門守者，魯人也，亦避居不仕，自隱姓名，爲魯守石門。」皇本「晨門」上重「石門」二字。「孔氏」猶言孔家，以居相近，人所習知，故不舉名字也。「知其不可而爲之者」，謂知世衰亂不可與共事，而猶冀己見用爲治之也。下篇夫子云：「吾非斯人之徒與而誰與？天下有道，丘不與易也。」「易」者，治也。言丘之與易，正以天下無道之故。卽此意。○注：「晨門者，閽人也。」○正義曰：周官「閽人，王宮每門四人」，注云：「閽人，司昏晨以啟閉者。」賈疏：「昏時閉門，則此名閽人也。晨時啟門，則論語謂之『晨門』也。皆以時事爲名耳。」案：閽人爲主宮門之稱，若司城郭諸門，則名司門。注以閽人例「晨門」，非謂「晨門」卽閽人也。

39 子擊磬於衛，有荷蕢而過孔氏之門者，曰：「有心哉，擊磬乎！」【注】蕢，草器也。有心，謂契契然。既而曰：「鄙哉，硜硜乎！莫己知也，斯己而已矣。【注】此硜硜者，徒信己而已。言亦無益。深則厲，淺則揭。」【注】包曰：「以衣涉水爲厲。揭，揭衣也。言隨世以行己，若過水必以濟，知其不可，則當不爲。」子曰：「果哉！末之難矣。」【注】未知己志，而便譏己，所以爲果。末，無也。無難者，以其不能解己之道。正義曰：釋文：「荷蕢，本又作河。」漢書古今人表作「何蕢」。說文：「何，儋也。」「何」本字。荷夫蕖葉，別一義。說文：「臾，古文蕢。論語有荷臾。」則許所見壁中文也。「孔氏」皇本作「孔子」。御覽五百七十六引論語注云：「子擊磬者，樂也。蕢，草器也。荷此器，賢人辟世也。有心哉，善其音有所病於世。」不言注爲何人，諸家皆以爲鄭注。說文：「擊，攴也。」「攴」卽「扑」字。又「磬，樂石也。象縣虡之形，殳擊之。籒文省爲殸。」孟子告子云：「我知其不爲蕢也。」趙注：「蕢，草器。」漢書何武等傳贊「以一蕢障江、河」，顏師古注〔一〕：「蕢，織草爲器，所以盛土也。」上篇言「爲山未成一簣」，「蕢」、「簣」同。注云「荷此器，賢人辟世」者，鄭注上章以「荷蕢」爲辟地，不爲辟世，或隨文變稱與？「有所病於世」者，病猶患也，憂也。禮樂記云：「樂者，音之所由生也，其本在人心之感於物也。」夫子感時衰亂，其心一寓於音。荷蕢聞知其聲，故善之也。「既」，終也，卒也。言荷蕢又有言也。「鄙哉硜硜」者，謂音也。釋名釋州國：「鄙，否也。小邑不能遠通也。」趙岐孟子盡心注：「鄙，狹也。」樂記云：「其哀心感者，其聲噍以殺。」注云：「噍，踧也。」踧猶踧踖，不安舒之貌。殺，減也。凡感於哀心，其聲衰減，抑而不揚，故荷蕢以爲鄙也。說文：「硜，古文磬。」史記樂書「石聲硜」，今樂記作「磬」，然則磬是以聲名之矣。釋名釋樂器：「磬，罄也。其聲罄罄然堅緻也。」「罄」與「磬」、「硜」並通。「莫己知」者，言人莫知夫子而用之也。翟氏灝考異云：「世家繫此事於三至衞時。蓋靈公老，怠於政，不用孔子，故荷蕢有莫己知之語。」釋文：「莫己，音紀。下斯己同。」唐石經尚不誤。「斯己」者，言但當爲己，不必爲人，即孟子所云「獨善其身」者也。朱子集注讀「斯己」爲以，非是。「深則厲，淺則揭」，衞詩匏有苦葉文。荷蕢之言，亦天下有道則見，無道則隱之意。朱氏彬經傳考證：「『果哉』六字爲句，自成韻語。末，無也，蔑也。言其所見小也。檀弓『末之卜也』，曾子曰『微與』，詞意皆相類。」戴氏望論語注云：「果，信也。之，往也。信如其言，無所復往，行道難矣。」案：朱、戴說皆通。○注：「有心，謂契契然。」○正義曰：詩大東云：「契契寤歎，哀我憚人。」毛傳：「契契，憂苦也。」擊鼓傳：「契闊，勤苦也。」廣雅釋訓：「契契，憂也。」「栔」、「契」同。○注：「此硜硜者，徒信己而已。言亦無益。」○正義曰：「此硜硜者」，亦謂磬聲也。「徒信己」，即釋「斯己」二字，言夫子止可自信諸己，

〔一〕「顏師古」原誤作「李賢」，據漢書注改。

人不能知而用之，故不能有益於人。○注「以衣」至「不爲」。○正義曰：爾雅釋水云：「濟有深涉。深則厲，淺則揭。揭者，揭衣也。以衣涉水爲厲，繇膝以下爲揭，繇膝以上爲涉，繇帶以上爲厲。」爾雅釋「厲」字具二義，包用第一義也。鄭注云：「由膝以上爲厲。」「由膝以上」，與涉同。孫炎注爾雅云：「以衣涉水，濡褌也。」水但濡褌，即是「由膝以上」，即是「以衣涉水」，則鄭同包用第一義矣。說文：「砅，履石渡水也。」引詩「深則砅」，此當本三家，別一義，亦得通也。詩毛傳云：「遭時制宜，如遇水，深則厲，淺則揭矣。」後漢書張衡傳：「深厲淺揭，隨時爲義。」厲揭皆視時所宜，無一定也。注云「必以濟者，謂必以此法濟也。言夫子知世不可，而猶爲之，不能適淺深之宜。○注「未知」至「之道」。○正義曰：「果」與「惈」同。孫炎爾雅注：「果，決之勝也。」夫子以荷蕢所言，不知己志而輒譏己，是爲果也。「末、無」，常訓。夫子言天下有道，丘不與易，是其不能忘天下，正以世亂不可以已耳。出處之際，夫子以道爲衡，若但如涉水之厲揭，則亦無所難矣。此正荷蕢不能解夫子之道也。

40 子張曰：「書云：『高宗諒陰，三年不言。』何謂也？」【注】孔曰：「高宗，殷之中興王武丁也。諒，信也。陰，猶默也。」正義曰：「書云」者，伏生大傳說命篇：「書曰『高宗梁闇，三年不言』，何爲梁闇也？傳曰：高宗居凶廬，三年不言，此之謂梁闇。」是此書文在說命篇。禮記喪服四制所引，亦其文也。坊記篇：「高宗云：『三年，其惟不言，言乃讙。』」鄭注：「高宗，殷王武丁也。名篇在尚書。」謂在尚書說命篇也。稱高宗者，說命，高宗所作也。江氏聲尚書集注音疏未檢伏傳，遽以此文立高宗之訓一篇，誤矣。楚語白公曰：「昔殷武丁能聳其德，至于神明，於是乎三年默以思道。卿士患之，曰：『王言以出令也，若不言，是無所稟令也。』武丁於是作書，曰：『以余正四方，〔一〕余恐德之不類，茲故不言。』如是而又使以象夢求四方之賢聖，得傅說。賈、唐云：「書，說命也。」呂氏春秋重言篇：「人主之言，不可不慎。〔二〕高宗，天子也，卽位諒闇，三年不言。卿大夫恐懼患之。高宗乃言曰：『以余一人正四方，余恐言之不類也，茲故不言。』」皆說命佚文。書無逸云：「其在高宗時，舊勞於外，爰暨小人。作其卽位，乃或亮陰，三年不言，言乃雍。」此本說命篇言高宗之事。鄭注此云：「諒闇，謂凶廬也。」其無逸注云：「諒闇轉作梁闇。楣謂之梁，闇謂廬也。」又云：「三年之禮，居倚廬，柱楣。」注喪服四制云：「諒古作梁。楣謂之梁，闇讀如『鶉鵪』之鵪。闇謂廬也。廬有梁者，所謂柱楣也。」如鄭此說，是伏傳作「梁」用正字，作「亮」、作「諒」皆叚借。又漢書五行志、何休公羊注作「涼」，亦叚借也。「闇」從音，與「陰」聲最近。惠氏士奇禮說：「葛洪曰：『橫一木長梁于東墉下著地，以草被之。既葬則翦去草，以短柱拄起長梁，謂之柱楣，楣亦名梁。既葬泥之，障以蔽風。』愚謂古之闇，今之庵也。釋名曰：『草圓屋曰蒲，又謂之庵。庵，掩也，所以自覆掩也。』誅茅爲屋，謂之翦屏，非庵而何？庵讀爲陰，猶南讀爲任，古今異音。廣雅『庵』與『廬』，皆舍也。倚廬不塗，既葬塗廬。塗近乎堊。釋名曰：『堊，亞也，次也。先泥之，次乃飾以白灰。』康成謂『堊室者，壘墼爲之』。蓋柱楣倚壁爲一偏，壘墼成屋爲兩下。然則既葬除之，既練壘之，加堊，既祥又加黝，總謂之廬。故尚書大傳曰：『高宗有親喪，居廬三年。』此之謂也。唐禮，小祥，毁廬爲堊室。堊猶廬也，焉用毁哉？然則大夫居廬，士居堊室，何也？曰：非親且貴者不廬。廬，嚴者也。不言不笑謂之嚴。百官備，百物具，不言而事行，非親且貴者乎？言而後事行，及身自執事而後行者，故不廬也。」案：白虎通喪服篇：

〔一〕「正」原誤作「王」，據國語改。　〔二〕「慎」原誤作「懼」，據呂氏春秋改。

「所以必居倚廬何？孝子哀，不欲聞人之聲，又不欲居故處，居中門之外，倚木爲廬，質反古也。不在門內何？戒不虞故也。」故禮閒傳曰：「『父母之喪，居倚廬。』於中門外東牆下戶北面，練居堊室，無飾之室。」又曰：「天子七日、公諸侯五日、卿大夫三日而服成，居外門內東壁下爲廬。」然則廬是倚木爲之，別以一木橫臥於地，以上承所倚之木，卽葛洪所謂「下著地」者也。孝子於所倚木兩旁出入，或以苫蔽其一旁耳。既葬，則以短柱將所橫臥於地之長梁拄起，若爲半屋然。則所謂柱楣者，謂有柱有楣也。梁闇以喪廬稱之，文選閒居賦注以爲「寒涼幽闇之處」，此望文爲義，非古訓也。「三年」者，喪期也。「不言」者，不言政事也。喪服四制謂「百官備，百物具，不言而事行者，扶而起」。則謂天子諸侯居喪皆不言矣。四制又云：「斬衰之喪，唯而不對；齊衰之喪，對而不言。」此自卿大夫以下與賓客之禮。若雜記云「三年之喪，言而不語，對而不問」，此所言謂喪事。喪大記、喪服四制、既夕記並謂父母之喪，「非喪事不言」是也。孟子滕文公篇文公居定公之喪，「五月居廬，未有命戒」。五月者，定公葬時也。五月未有命戒，則既葬後有命戒，此時勢之異，非得已矣。若然，三年不言政事，乃天子居喪之禮，而高宗謂「恐德不類，故不言」者，自辟孝名而承之以謙也。大傳云：「高宗有親喪，居廬三年。然未嘗言國事，而天下無背叛之心者，何也？及其爲大子之時，盡以知天下人民之所好惡，是以雖不言國事也，知天下無背叛之心。」由大傳言觀之，高宗深悉民情，當時冢宰必亦能不失民好惡，故能守禮，不亟言也。子張問「何謂」者，鄭注檀弓云：「時人君無行三年喪之禮，問有此與？怪之也。」則此言「何謂」，亦是怪而問之，以起夫子之教也。○注「高宗」至「默也」。○正義曰：喪服四制：「『高宗諒闇，三年不言』，善之也。王者莫不行此禮，何以獨善之也？曰：高宗者，武丁；武丁者，殷之賢王也。繼世卽位，而慈良於喪，當此之時，殷衰而復興，禮廢而復起，故善之。善之，故載之書中而高之，故謂之高宗。」殷本紀：「帝小乙崩，子帝武丁立。武丁修政行德，天下咸驩，殷道復興。」又漢書五行志云：「劉向以爲殷道既衰，高宗承敝而起，盡涼陰之哀，天下應之也。」是高宗爲殷之中興王，故孟子言「武丁朝諸侯，有天下矣。」馬融書注云：「亮，信也。陰，默也。爲聽於冢宰，信默而不言。」此僞孔所本。楚語言高宗云：「於是乎三年默以思道。」此但釋「不言」之義。其不言在居喪時，故鄭從伏傳作「梁闇」，解爲「喪廬」，不用其師說也。子曰：「何必高宗，古之人皆然。君薨，百官總己【注】馬曰：「己，百官。」以聽於冢宰三年。」【注】孔曰：「冢宰，天官卿，佐王治者。三年喪畢，然後王自聽政。」

正義曰：「古之人皆然」，謂皆諒闇三年不言也。高宗之先，殷道稍衰，或不能守不言之禮，至高宗慈良於喪，故書載高宗深美之。「君薨」者，曲禮云：「天子死曰崩，諸侯曰薨。」鄭注：「自上顛壞曰崩薨，顛壞之聲。」說文：「薨，公侯猝也。」上得兼下，故此文稱君薨也。「百官」者，衆辭。「總己」猶言率己。說文云：「總，聚束也。」李賢後漢和帝紀注「百官總己之職事以聽於冢宰」是也。白虎通爵篇：「所以聽於冢宰三年者何？以爲冢宰職在制國之用，是以由之也。故王制曰：『冢宰制國用。』」案：周官云：「乃立天官冢宰，使帥其屬而掌邦治，以佐王均邦國。」是平時邦治掌於冢宰，而因喪攝政，則凡事皆當聽之。白虎通止以財用爲言，於義隘矣。書大傳：「孔子曰：『古者君薨，王世子聽于冢宰三年，不敢服先王之服，履先王之位而聽焉。以民臣之義，則不可一日無君矣。不可一日無君，猶不可一日無天也。以孝子之隱乎，則孝子三年弗居矣。故曰：「義者彼也，隱者此也。」遠彼而近此，則孝子之道備矣。』」○注「冢宰」至「聽政」。○正義曰：周官天官目錄云：「象天所立之官。冢，大也。宰者，官也。天者，統理萬物。天子立冢宰，使掌邦治，亦所以總御衆官，使不失職。」又「大宰，卿一人」，注云：「變冢言大，進退異名也。百官總焉，則謂之冢。列職於王，則稱大。冢，大之上也，山頂曰冢。」又曲禮云：「天子建天官，先六大，曰大宰。」注：「此蓋殷時制也。」則天官之制，殷、周皆同。故此注但云「冢宰，天官卿」，卽據周官釋之矣。「三年喪畢，然後聽政」者，明喪未畢，君不聽政也。孟子萬章篇：「舜相堯，二十有八載，堯崩，三年之喪畢，舜避堯之子於南河之南。舜薦禹於天，十有七年，舜崩，三年之喪畢，禹避舜之子於陽城。禹薦益於天，七年，禹崩，三年之喪畢，益避禹之子於箕山之陰。」夫不於堯、舜、禹始崩之時避政而去，而必俟三年之後，明三年之喪，王世子不言，而皆爲冢宰攝政也。其後如武王崩，周公攝政，亦是此禮。據閔予小子詩序，則嗣王除喪，初朝於廟。而成王此時，尚未能親政，故周公復攝行之。管、蔡所以疑周公者，正因成王除喪，猶聽政於周公故也。於禮天子諸侯在喪，皆自稱「子」，明子道未終也。白虎通爵篇：「春秋傳曰『天子三年然後稱王』者，謂稱王統事發號令也。論語曰云云。緣孝子之心，則三年不忍當也。三年除喪，乃卽位統事，踐阼爲主，南面朝臣下，稱王以發號令也。」是言喪畢，然後王自聽政也。

41 子曰：「上好禮，則民易使也。」【注】民莫敢不敬，故易使。　正義曰：易象傳云：「上天下澤，履，君子以辨上下，定民志。」春秋繁露立元神云：「夫爲國，其化莫大於崇本。崇本則君化若神，不崇本則君無以兼人。無以兼人，雖峻刑重誅而民不從，是所謂驅國而棄之者也，患孰甚焉？」又曰：「是故郊祀致敬，共事祖禰，舉顯孝弟，表異孝行，所以奉天本也。秉耒躬耕，採桑親蠶，墾草殖穀，開闢以足衣食，所以奉地本也。立辟廱庠序，修孝悌敬讓，明以教化，感以禮樂，所以奉人本也。三者皆奉，則民如子弟，不敢自專，邦如父母，不待恩而愛，不須嚴而使。」

42 子路問君子。子曰：「修己以敬。」【注】孔曰：「敬其身。」曰：「如斯而已乎？」曰：「修己以安人。」【注】孔曰：「人，謂朋友九族。」曰：「如斯而已乎？」曰：「修己以安百姓。修己以安百姓，堯、舜其猶病諸！」【注】孔曰：「病猶難也。」

正義曰：「君子」，謂在位者也。「修己」者，修身也。「以敬」者，禮無不敬也。「安人」者，齊家也。「安百姓」，則治國平天下也。易家人彖傳云：「家人，女正位乎內，男正位乎外。」此安人之義也。凡安人、安百姓，皆本於修己以敬，故曰「君子篤恭而天下平」。

43 原壤夷俟。【注】馬曰：「原壤，魯人，孔子故舊。夷，踞。俟，待也。踞待孔子。」子曰：「幼而不孫弟，長而無述焉，老而不死，是謂賊。」【注】賊謂賊害。以杖叩其脛。【注】孔曰：「叩，擊也。脛，腳脛。」

正義曰：說文：「幼，小也。」釋名釋長幼：「幼，少也。言生日少也。」「不孫弟」者，言事長上不恭順也。「無述」者，言無德爲人所稱述也。案：原壤母死，登木而歌，夫子若爲弗聞而過之。及此夷俟，乃嚴責之者，母死登木而歌，乃罪惡之大者，當在誅殛之法，非祇以言相責，故惟若弗聞而過之，可全親故也。至此夷俟，不嫌重責。所云「不孫弟」者，當卽指登木而歌之事，所以隱責其不孝也。一寬之，一嚴之，聖人之仁至而義盡也。大戴禮曾子立事篇：「少稱不弟焉，恥也；壯稱無德焉，辱也；老稱無禮焉，罪也。」與此文畧同。○注「原壤」至「孔子」。○正義曰：檀弓云：「孔子之故人曰原壤，其母死，夫子助之沐椁。」是原壤爲孔子故舊也。云「魯人」者，以意言之。「夷、踞」者，「夷」與「跠」同。廣雅釋詁：「跠，踞也。」王延壽魯靈光殿賦：「卻負戴而蹲跠。」「蹲跠」連文同義。說文：「居，蹲也。蹲，居也。」段氏玉裁注謂「今人居處字，古祇作凥。

今人蹲居字，古祇作居」。又謂「古人跪與坐，皆厀著於席。而跪聳其體，坐下其脾若蹲。則足底著地，而下其脾，聳其厀，曰蹲。其字亦作竢。原壤夷俟，謂蹲踞而待，不出迎也。」段氏此說，卽馬義也。爾雅釋詁：「竢，待也。」「竢」與「俟」同。穀梁莊八年傳：「俟，待也。」此常訓。焦氏循補疏：「案法言五百篇『如夷俟倨肆』，宋咸注云：『皆驕倨之謂。』廣雅云：『蹲、跠、展、啓、肆，踞也。』『夷俟』卽是『踞肆』，『俟』、『肆』音相近。『夷俟』猶『跠肆』，與『鞠躬』爲『匑匔』同。『鞠躬』雙聲也，『夷俟』疊韵也。」案：焦說亦通。○注：「賊謂賊害。」○正義曰：左文十八年傳：「毁則爲賊。」荀子修身篇：「保利非義謂之至賊。」原壤放恣無禮，時人或競傚之，將爲世道害也。○注：「叩，擊也。脛，腳脛。」○正義曰：說文無「叩」字，「敂」下云「擊也」，卽此義。說文：「脛，胻也。胻，脛耑也。」釋名釋形體：「脛，莖也，直而長，似物莖也。」脛是人股之名。此云「腳脛」者，謂脛之下近腳者也。

44 闕黨童子將命。【注】馬曰：「闕黨之童子將命者，傳賓主之語出入。」或問之曰：「益者與？」子曰：「吾見其居於位也，【注】童子隅坐無位，成人乃有位。見其與先生並行也。非求益者也，欲速成者也。」【注】包曰：「先生，成人也。並行，不差在後，違禮。欲速成人者，則非求益也。」正義曰：荀子儒效篇：「仲尼居於闕黨，闕黨之子弟罔不分，有親者取多，孝悌以化之也。」闕黨是孔子所居。漢書梅福傳：「今仲尼之廟，不出闕里。」師古曰：「闕里，孔子舊里也。」闕里卽闕黨。寰宇記云：「孔子家在魯故城中歸德門內，闕里之中，背洙面泗，矍相圃之東北，所謂洙、泗之閒也。」是也。漢書古今人表作「厥黨童子」，「厥」、「闕」聲形相近，未知誰是，其命名之義，不能深究。漢史晨饗孔廟後碑「望見闕觀」，此指孔廟之闕觀。漢高帝以大牢祠孔子，當時廟貌用王侯制也。水經泗水注：「孔廟東南五百步，有雙石闕，卽靈光之南闕，北百餘步卽靈光殿基。」〔一〕二者與闕里無涉。閻氏若璩混三者爲一，非也。說本宋氏翔鳳四書釋地辨證。兗州府志滋陽縣東北一里有闕黨，此出後世傅會。「將命」者，此童子自爲黨人將命也。或疑爲「益者」，疑爲求益也。「居於位」者，居於成人位也。鄭注云：「玉藻『無事則立主人之北，南面。』〔二〕謂童子侍長者，皆立而不坐。今此童子儼居成人之位，不復面立，與禮異也。皇本「命」下有「矣」字。○注「闕黨」至「出入」。○正義曰：據士相見禮，請見用贄，賓主致辭，皆將命者達之。又云：「主人曰：『曏者，吾子辱使某見，請還贄於將命者。』」注：「將猶傳也。傳命者，謂擯相也。」又「賓對曰：『某也非敢求見，請還贄於將命者。』主人對曰：『敢固辭。』賓對曰：『某不敢以聞，固以請於將命者。』」是賓主紹介皆稱「將命」，故鄭以擯相釋之。此注「傳賓主之語」，亦兼二者而言。○注：「童子隅坐無位，成人乃有位。」○正義曰：「隅坐」，謂當隅處坐也。檀弓云：「曾子寢疾病，童子隅坐而執燭。」注：「隅坐，不與成人並。」疑童子凡坐皆不當位中，與成人異也。注此義亦通。○注「先生」至「益也」。○正義曰：爾雅釋親：「男子先生爲兄，後生爲弟。」兄既先己而生，故稱先生。注以「成人」解之者，正以先生先此童子而生，當爲成人也。年十六以上爲成人。曲禮記云：「五年以長，則肩隨之。」注云：「肩隨者，與之並行差退。」王制云：「父之齒隨行，兄之齒雁行。」並言成人之禮。「肩隨」卽雁行也。若童子，則卽五年之長及兄齒皆宜隨行，注所云「差在後也」。今此童子與先生並行，不差在後，用成人之禮，故爲欲速成也。

〔一〕「百」字原脫，據水經注補。

〔二〕「北南」二字原互倒，據禮記玉藻乙正。

論語正義卷十八

衛靈公第十五　集解

凡四十九章　正義曰：釋文於君子不可小知章後，有「子曰『父在觀其志，父没觀其行』」十字。又鄭注曰：「古皆無此章。」今皇、邢本無此章，則集解本與鄭本異也。但皇、邢本衹四十二章，釋文亦止四十三章。今云「四十九章」，「九」字誤，當作「三」。

1 衛靈公問陳於孔子。【注】孔曰：「軍陳行列之法。」孔子對曰：「俎豆之事，則嘗聞之矣；【注】孔曰：「俎豆，禮器。」軍旅之事，未之學也。」【注】鄭曰：「萬二千五百人爲軍，五百人爲旅。軍旅末事，本未立，不可教以末事。」明日遂行。

正義曰：說文：「敶，列也。」今經典多省作「陳」，釋文作「陣」。顏氏家訓書證篇謂「陣」字，始見王羲之小學章，則晉時俗體也。「俎豆」者，朝聘禮所用也。新序五：「昔衛靈公問陳，孔子言『俎豆』，賤兵而重禮也。故春秋曰：『善爲國者不師。』」史記孔子世家：「孔子將西見趙簡子，至於河乃還，而反乎衛，入主蘧伯玉家。他日，靈公問兵陳。孔子曰：『俎豆之事則嘗聞之，軍旅之事未之學也。』明日，與孔子語，見蜚鴻，仰視之，色不在孔子。孔子遂行，復如陳。夏，衛靈公卒。」此事在魯哀二年。孔子去衛，實因靈公問陳之故。其明日，又適遇靈公仰視蜚鴻，故去志益決。論語記夫子去衞之本意，故但及問陳耳。左哀十一年傳：「孔文子之將攻大叔也，訪於仲尼。仲尼曰：『胡簋之事，則嘗學之矣；軍旅之事，未之聞也。』退，命駕而行。」與此事畧同。○注：「軍陳行列之法。」○正義曰：太公六韜有天陳、地陳、人陳、雲鳥之陳，皆軍行陳列之名。春秋時，諸侯多別制陳法，如鄭有魚麗，魯有支離，楚有荆尸類，皆是。○注：「俎豆，禮器。」○正義曰：說文：「俎，禮俎也。從半肉在且上。且，薦也。從几，足有二横。一，其下地也。」明堂位：「俎，有虞氏以梡，夏后氏以嶡，殷以椇，周以房俎。」鄭注：「梡，斷木爲四足而已。嶡之言蹷也，謂中足爲横距之象。椇之言枳椇也，謂曲橈之也。房謂足下跗也。上下兩間，有似於堂房。」聶崇義三禮圖：「案舊圖云：『俎長二尺四寸，廣尺二寸，高一尺。漆兩端赤，中央黑。』」案：俎載牲體，豆盛醢醬及諸濡物，是皆禮器也。○注「萬二」至「末事」。○正義曰：「萬二千五百人爲軍，五百人爲旅」，邢疏云：「皆司馬序官文也。」「本末」猶先後。本者謂先教民使得所養，知尊君親上之義也。本立乃教以兵事，則於蒐狩時習之，然後可以卽戎，故軍旅爲末事也。子路篇：「子曰：『以不教民戰，是謂棄之。』」孟子告子下：「孟子曰：『不教民而用之謂之殃民。殃民者，不容於堯、舜之世。』」

2 在陳絶糧，從者病，莫能興。【注】孔曰：「從者，弟子。興，起也。孔子去衞如曹，曹不容，又之宋，遭匡人之難。又之陳，會吳伐陳，陳亂，故乏食。」子路慍見曰：「君子亦有窮乎？」子曰：「君子固窮，小人窮斯濫矣。」【注】濫，溢也。君子固亦有窮時，但不如小人窮則濫溢爲非。正義曰：說文：「糧，穀也。」周官廩人注：「行道曰糧，謂糒也。止居曰食，謂米也。」詩公劉「乃裹餱糧」，是糧爲行食。夫子時在道，故稱糧矣。鄭注云：「粻，糧也。」本爾雅釋言。陳氏鱣古訓謂「古論作『糧』，鄭所注魯論作『粻』」，義或爾也。皇本作「粮」，係俗體。荀子宥坐篇：「孔子南適楚，厄於陳、蔡之閒，七日不火食，藜羹不糂，弟子皆有饑色。」吕氏春秋慎人篇：「孔子窮於陳、蔡之閒，七日不嘗，藜羹不糝，宰予備矣。」高誘注：「備當作憊。憊，極也。」莊子讓王、韓詩外傳、說苑雜言並畧同。高注吕氏春秋連引問陳、絕糧兩事，當時簡編相連，未有分別。而皇、邢本又以「明日遂行」屬此節之首，然以僞孔注觀之，兩事既非在一時，則不得合爲一節，而「明日遂行」必屬上節無疑矣。「君子亦有窮乎」者，據天恒理言，君子當蒙福佑，不宜窮也。「固窮」者，言窮當固守也。尸子曰：「守道固窮，則輕王公。」荀子宥坐載此事，夫子告子路曰：「君子之學，非爲通也，爲窮而不憂，困而意不衰也，知禍福終始而心不惑也。」又云：「故君子博學、深謀、修身、端行，以俟其時。」即言「困窮」之義。易困彖曰：「困，剛揜也。險以說，困而不失其所亨，其惟君子乎！」象曰：「澤无水，困，君子以致命遂志。」致命遂志，此君子所以能困窮也。說文：「㜮，過差也。」引此文作「㜮」，「㜮」、「濫」字異義同。鄭注云：「濫，竊也。」坊記：「小人貧斯約，約斯盜。」小人貧必至爲盜，故此注以竊言之。禮器注：「濫亦竊盜也。」是也。易繫辭傳：「困，德之辨也。」鄭注：「辨，別也。」遭困之時，君子固窮，小人窮則濫德，於是別也。○注「興起」至「乏食」。○正義曰：「興、起」，爾雅釋詁文。說文：「起，能立也。」「孔子去衞如曹」云云，據世家則在定十四、十五兩年。至吳伐陳，陳亂，則在哀元年。世家云：「孔子去衞過曹，去曹適宋，與弟子習禮大樹下。宋司馬桓魋欲殺孔子，拔其樹。孔子去，適鄭，至陳，主司城貞子家。」然則去宋之後，尚有適鄭一節，注不備耳。但由鄭至陳，不由蔡地，與「陳、蔡之閒」之文不合。又在宋遭桓魋之難，與匡人無涉，僞孔注並誤。世家又云：「孔子遷於蔡三歲，吳伐陳，楚救陳，軍于城父。聞孔子在陳、蔡之閒，楚使人聘孔子。孔子將往拜禮，陳、蔡大夫謀曰：

『孔子賢者，所刺者皆中諸侯之疾。今者久留陳、蔡之閒，諸大夫所設行皆非仲尼之意。今楚，大國也，來聘孔子。孔子用於楚，則陳、蔡大夫用事危矣。』於是乃相與發徒役圍孔子於野，不得行，〔一〕絕糧。於是使子貢至楚。楚昭王興師迎孔子，然後得免。」是絕糧事，在哀公六年。此注不本之，而以爲在哀元年，不知何本。江氏永鄉黨圖考據世家，孔子自陳遷于蔡，是爲陳、蔡之閒，在哀四年。其説較確。然世家亦可從，詳先進疏。惟世家言陳、蔡大夫合謀圍孔子，故致絕糧，全氏祖望經史問答辨之云：「陳事楚，蔡事吳，則讐國矣，安得二國之大夫合謀乎？」又云：「吳志在滅陳，楚昭至誓死以救之，陳之仗楚何如？感楚何如？而敢圍其所用之人乎？」全氏此辨極當。案：孟子云：「君子之厄於陳、蔡之閒，無上下之交也。」先進篇亦云：「從我於陳、蔡者，皆不及門也。」明因其時弟子未仕陳、蔡，無上下之交，故致困乏耳。此注以爲困亂，亦近臆測，而世家更附會爲陳、蔡大夫合謀圍孔子，更非是也。○注「濫溢」至「爲非」。○正義曰：説文云：「濫，氾也。」水氾濫則至潰溢，杜注左哀五年傳：「濫，溢也。」是也。「不如」，猶言不似。孟子梁惠王上：「孟子云：『無恒産而有恒心者，惟士爲能。若民，則無恒産，因無恒心。苟無恒心，放辟邪侈，無不爲矣。』」是小人窮則濫溢爲非也。

3 子曰：「賜也，女以予爲多學而識之者與？」對曰：「然，【注】孔曰：「然，謂多學而識之。」非與？」【注】孔曰：「問今不然。」曰：「非也，予一以貫之。」【注】善有元，事有會，天下殊途而同歸，百慮而一致，知其元則衆善舉矣。故不待多學而一知之。　正義曰：史記孔子世家言「孔子戹於陳、蔡，子貢色作。孔子曰：『賜，爾以予

〔一〕「行」原誤作「已」，據史記孔子世家改。

是爲多學而識之者與？』」云云。是此節亦絕糧時問答語。阮氏元一貫說：「貫，行也。此夫子恐子貢但以多學而識學聖人，而不於行事學聖人也。夫子於曾子則直告之，於子貢則畧加問難而出之。卒之告子貢曰：『予一以貫之。』亦謂壹皆以行事爲教也，亦卽忠恕之道也。」今案：夫子言「君子博學於文」，又自言「默而識之」，是孔子以多學而識爲貴，故子貢答曰「然」。然夫子又言：「文莫吾猶人，躬行君子，未之有得。」是聖門之教，行尤爲要。中庸云：「博學之，審問之，愼思之，明辨之，篤行之。」學問思辨，多學而識之也；篤行，一以貫之也。荀子勸學篇：「君子博學而日參省乎己，則知明而行無過矣。」又曰：「其數則始乎誦經，終乎讀禮；其義則始乎爲士，終乎爲聖人。」皆言能行之效也。否則徒博學而不能行，如誦詩三百，而授政，使四方不能達，不能專對，雖多亦奚爲哉？至其所以行之，不外忠恕，故此章與詔曾子語相發也。○注「善有」至「知之」。○正義曰：焦氏循補疏：「繫辭傳云：『天下何思何慮？天下同歸而殊途，一致而百慮。』韓康伯注云：『少則得，多則惑，途雖殊，其歸則同，慮雖百，其致不二。苟識其要，不在博求，一以貫之，不慮而盡矣。』與何晏說同。易傳言『同歸而殊途，一致而百慮』，何氏倒其文爲『殊途而同歸，百慮而一致』，則失乎聖人之恉。莊子引記曰：『通于一而萬事畢。』此何、韓之說也。夫『通於一而萬事畢』，是執一之謂也，非一以貫之也。孔子以『一貫』語曾子，曾子卽發明之云：『忠恕而已矣。』忠恕者何？成己以成物也。孟子曰：『大舜有大焉，善與人同，舍己從人，樂取於人以爲善。』舜於天下之善，無不從之，是眞一以貫之，以一心而同萬善，所以大也。一貫則爲聖人，執一則爲異端。董子云：『夫喜、怒、哀、樂之發，與清暖寒暑，其實一貫也。』四氣者，天與人所同也。天與人一貫，人與己一貫，故一貫者忠恕也。孔子焉不學，無常師，無可無不可，異端反是。孟子以楊子爲我，墨子兼愛，子莫執中，而不知有當爲我、當兼愛之時也。爲楊者必斥墨，爲墨者必斥楊，楊已不能貫墨，墨已不能貫楊，使楊子思兼愛之說不可廢，墨子思爲我之說不可廢，則恕矣，則不執一矣。聖人之道貫乎爲我、兼愛、執中者也。執一則人之所知、所行與己不合者皆屏而斥之，入主出奴，不恕不仁，道日小而害日大矣。『人之有技，若己有之』，保邦之本也。『己所不知，人其舍諸』，舉賢之要也。『知之爲知之，不知爲不知』，力學之基也。善與人同，則人之所知、所能，皆我之所知、所能，而無有異。惟事事欲出乎己，則嫉忌之心生。嫉忌之心生，則不與人同，而與人異。執兩端而一貫者，聖人也。執一端而無權者，異端也。記曰：『夫言豈一端而已，夫各有所當也。』各有所當何？可以一端概之。史記禮書云：『人道經緯萬端，規矩無所不貫。』惟孔子無所不貫，以忠恕之道通天下之志，故無所不知，無所不能，非徒恃乎一己之多學而識也。忠恕者，絜矩也。絜矩者，格物也。物格而後致知，故無不知。由身以達乎家國天下，是一以貫之也。一以貫之，則天下之知皆吾之知，天下之能皆吾之能，何自多之有？自執其多，仍執一矣。」案：焦說亦是。

4 子曰：「由！知德者鮮矣。」【注】王曰：「君子固窮，而子路慍見，故謂之少於知德。」　正義曰：中庸之德，民所鮮能，故知德者鮮。○注「君子」至「知德」。○正義曰：荀子宥坐載夫子厄於陳、蔡，答子路語畢，復曰：「居！吾語女。昔者公子重耳霸心生於曹，越王句踐霸心生於會稽，齊桓公小白霸心生於莒。故居不隱者思不遠，身不佚者志不廣。」佚與逸同，謂奔竄也。或即此「知德」之義，但荀子語稍駁耳。

5 子曰：「無爲而治者，其舜也與？夫何爲哉？恭己正南面而已矣。」【注】言任官得其人，故無爲而治。

正義曰：「恭己」者，修己以敬也。漢書王子侯表「下饗共己之治」，顏注引此文亦作「共己」云，「共」讀曰「恭」，此所見本異也。「正南面」者，正君位也。禮中庸云：「詩云：『不顯惟德，百辟其刑之。』是故君子篤恭而天下平。」呂氏春秋先己篇：「昔者先聖王成其身而天下成，治其身而天下治。故善響者不於響，於聲；善影者不於影，於形；爲天下者不於天下，於身。詩曰：『淑人君子，其儀不忒。』其儀不忒，正是四國。』言正諸身也。故反其道而身善矣，行義則人善矣，樂備君道而百官已治矣，萬民已利矣。三者之成也，在於無爲。無爲之道曰勝天。」注：「天無爲而化，君能無爲而治，民以爲勝於天。」○注：「言任官得其人，故無爲而治。」○正義曰：注以恭己固可以德化，然亦因輔佐得人，乃成郅治。此注可補經義。漢書董仲舒傳：「對策曰：『堯在位七十載，迺遜于位以禪虞舜。堯崩，天下不歸堯子丹朱而歸舜。舜知不可辟，迺卽天子之位，以禹爲相，因堯之輔佐，繼其統業，是以垂拱無爲而天下治。』」又曰：「三王之道，所祖不同，非其相反，將以捄溢扶衰，所遭之變然也。故孔子曰：『亡爲而治者，其舜虖！』改正朔，易服色，以順天命而已。其餘盡循堯道，何更爲哉？」此卽謂舜因堯舊，任官得人也。大戴禮主言篇：「昔者舜左禹而右臯陶，不下席而天下治。」新序雜事四：[一]「故王者勞於求人，佚於得賢。舜舉衆賢在位，垂衣裳恭己無爲而天下治。」詩卷阿云：「伴奐爾游矣，優游爾休矣。」鄭箋：「伴奐，自縱弛之意也。賢者既來，王以才官秩之，各任其職，則得伴奐而優游自休息也。孔子曰：『無爲而治者，其舜也與？恭己正南面而已。』言任賢故逸也。」並與此注義同。

[一]「四」原誤作「三」，據新序改。

6 子張問行。子曰：「言忠信，行篤敬，雖蠻貊之邦行矣。言不忠信，行不篤敬，雖州里行乎哉？【注】鄭曰：「萬二千五百家爲州，五家爲鄰，五鄰爲里。行乎哉，言不可行。」立則見其參於前也，在輿則見其倚於衡也，夫然後行。」【注】包曰：「衡，軛也。言思念忠信。立，則常想見參然在目前。在輿，則若倚車軛。」子張書諸紳。【注】孔曰：「紳，大帶。」

正義曰：史記弟子傳：「子張從在陳、蔡閒，因問行。孔子曰『言忠信』」云云。是此問亦在絶糧時。翟氏灝考異以子張時年少爲疑，過矣。「篤」與「竺」同，厚也，謂厚愛人也。荀子修身篇：「體恭敬而心忠信，術禮義而情愛人，橫行天下，雖困四夷，人莫不貴。」又說苑敬慎篇：「顏回將西遊，問於孔子曰：『何以爲身？』孔子曰：『恭敬忠信，可以爲身。恭則免於衆，敬則人愛之，忠則人與之，信則人恃之。人所愛，人所恃，必免於患矣。』」與此文義同。「蠻貊」者，說文云：「蠻，南蠻蛇種。貉，北方豸種。孔子曰：『貉之爲言惡也。』」此「貉」作「貊」，係別體，說文所無也。「在輿」謂在軍中也。戴氏震釋車云：「車式較內謂之輿。」自注：「大車名箱。」「書諸紳」者，謂書夫子語於紳也。說文：「書，箸也。」又序云：「箸於竹帛謂之書。」趙氏佑溫故錄：「據玉藻言帶之制，天子終辟，大夫辟垂，士率下辟。辟讀如字，卽襞積之襞。率卽繂，謂緶緝也。終辟者，上下皆辟之。大夫止辟其垂者，卽紳也。士辟其垂之末而已。紳之長三尺，則書諸紳亦刺文於其上與？或曰：紳有囊，蓋書而貯之。」皇本「參」下有「然」字，此誤依注增入，又「夫然後行」句末有「也」字。○注：「萬二千五百家爲州。」○正義曰：弟子傳集解作「二千五百家爲州」，此有「萬」字，衍也。周官大司徒：「五黨爲州。」一黨五百家，五黨是二千五百家。鄭彼注及州長、內則注並云：「二千五百家爲州。」此注亦當同。釋名釋州國云：「州，注也，郡國所注仰也。」○注「衡軛」至「車軛」。○正義曰：衡之言橫也，謂橫於車前。阮氏元車制圖考說「衡與車廣等，長六尺四寸」是也。衡兩旁下有曲木叉馬頸，謂之軛。衡、軛本二物，注以「軛」釋「衡」，意尚未晰。皇疏云：「參猶森也。森森然滿亙於己前也。」釋文：「參，所金反。」說文「森」字注：「讀若曾參之參。」是「參」、「森」音同，然「參」不訓「森」。皇疏所云，未必即得注意。朱子集注云：「參讀如『毋往參焉』之參，言與我相參也。」王氏引之經義述聞：「家大人曰：『參字可訓爲直，故墨子經篇曰：「參，直也。」論語「參於前」，謂相直於前也。呂氏春秋有始篇：「夏至日行近道，乃參於上。」謂直人上也。淮南說山篇：「越人學遠射，參天而發。」謂直天而發也。』自注：『鄘風柏舟釋文引韓詩曰：「直，相當值也。」』」〔一〕二說皆視此注爲長。俞氏樾羣經平議又以「參」爲「厽」。玉篇曰：「厽，尚書以爲參字。」蓋西伯戡黎篇「乃罪多參在上」，古字作「厽」。說文厽部：「厽，絫坺土爲牆壁，象形。」尚書、論語並作當「厽」，厽之言絫也，言見其積絫於前也。其說亦有理，故附箸之。

7 子曰：「直哉史魚！邦有道，如矢；邦無道，如矢。【注】孔曰：「衛大夫史鰌，有道無道，行直如矢。言不曲。」君子哉蘧伯玉！邦有道，則仕；邦無道，則可卷而懷之。」【注】包曰：「卷而懷謂不與時政，柔順不忤於人。」

正義曰：韓詩外傳：「正直者順道而行，順理而言，公平無私，不爲安肆志，不爲危激行。昔者衛大夫史魚病且死，謂其子曰：『我數言蘧伯玉之賢而不能進，彌子瑕不肖而不能退。爲人臣生不能進賢而退不肖，死不當治喪正堂，殯我於室足矣。』衛君問其故，子以父言對。君造然召蘧伯玉而貴之，而退彌子瑕，徙殯於正堂，成禮而後去。

〔一〕「值」字原脫，據經典釋文補。

生以身諫，死以尸諫，可謂直矣。」此相傳史魚直諫之事，可爲論語此文證也。外傳又云：「外寬而內直，自設於隱括之中，直己不直人，善廢而不悒悒，蘧伯玉之行也。」是伯玉亦守直道，但不似史魚之直。人不問有道無道，又其出處，深合「有道則見，無道則隱」之義。視史魚爲更賢，故夫子以君子許之。外傳云「善廢而不悒悒」，即此所云「卷而懷之」也。儀禮公食大夫禮注：「卷，收也。」「懷」與「褱」同，藏也。下篇「懷其寶」訓同。「卷而懷之」，蓋以物喻。唐石經「懷之」作「懷也」。阮氏元校勘記：「後漢書周黃徐姜申屠傳序亦作『也』。」俞氏樾羣經平議以「也」字爲是，而訓「懷」爲歸，引詩匪風、皇矣毛傳爲證，亦通。○注「衞大」至「不曲」。○正義曰：鄭注云：「史魚，衞大夫，名鰌。君有道無道，行常如矢直不曲也。」此僞孔所本。梁氏玉繩人表考：「案：杜譜列史鰌在雜人，蓋不得其族系。」而閻氏四書釋地又續以爲史朝之子，高氏姓名考亦云：「史魚，朝子。」並謂卽檀弓之衞大史柳莊，不知何據。詩大東云「其直如矢」，亦以矢行最直，故取爲喻也。顏師古漢書貢禹傳注：「如矢，言其壹志。」謂志壹於直，不計有道無道。○注：「卷而懷謂不與時政。」○正義曰：黃氏式三後案曰：「左傳襄公十四年，孫林父逐其君衎。二十六年，甯喜弒其君剽，蘧伯玉身遭其變，近關再出。或以伯玉爲無此事，而左氏爲誣。或以左氏有此事，而伯玉爲非。左氏信史也，伯玉賢大夫也，爲此說者，豈通論哉？孔子之再主伯玉家也，據史記在衞靈將卒之時，事在哀公二年，距襄公之十四年，年六十有七。則孫氏搆禍，伯玉年少，而名德既著，物望攸歸。孫氏奸雄，意欲收拾人心，藉以爲重。卒能進退裕如，全身遠害，此明哲之知幾也。逮夫衎奔剽立，孫甯專國，伯玉當此無道，必已卷而懷之矣。惟其卷而懷之，甯喜亦聽其從近關出也。伯玉之答孫林父曰：『君制其國，誰敢奸之？』大義已懍懍矣。其答甯喜則曰：『瑗不得聞君之出，敢聞其入？』是出與入皆可付之不聞矣。包子良謂其『不與時政』者是也。」

潘氏德輿養一齋集曰：「卷而懷之，殆未仕也。與夫獻公之暴，所謂邦無道時也。觀史魚之進伯玉，知伯玉始因未嘗進矣。」又曰：「未仕而國之卿大夫訪之，重其賢也。」案：黃、潘二說義同。竊以伯玉年少時已仕，及見獻公無道，乃更不仕，故難作得從近關出也。「不與時政」，卽是避位而去。若但以爲始未嘗仕，尚未盡然。

8 子曰：「可與言而不與之言，失人；不可與言而與之言，失言。知者不失人，亦不失言。」

正義曰：皇本、唐石經、宋十行本、岳珂本、考文引古本、足利本、高麗本「不與」下無「之」字。後漢安帝紀引亦無「之」字。中論貴言篇：「君子必貴其言。貴其言，則尊其身；尊其身，則重其道；重其道，所以立其教。言費則身賤，身賤則道輕，道輕則教廢。故君子非其人則弗與之言。」又曰：「故君子之與人言也，使辭足以達其智慮之所至，事足以合其性情之所安，弗過其任而強牽制也。苟過其任而強牽制，則將昏瞀委滯，而遂疑君子以爲欺我也。不則曰『無聞知矣』，〔一〕非故也，明偏而示之以幽，弗能照也；聽寡而告之以微，弗能察也。故孔子曰：『可與言而不與之言，失人；不可與言而與之言，失言。知者不失人，亦不失言。』夫君子之於言也，所致貴也，雖有夏后之璜、商湯之駟，弗與易也。今以施諸俗士，以爲志誣而弗貴聽也，不亦辱己而傷道乎？是以君子將與人語大本之源，而談性義之極者，必先度其心志，本其器量，視其銳氣，察其墮衰，然後唱焉以觀其和，導焉以觀其隨。隨和之微，發乎音聲，形乎視聽，著乎顏色，動乎身體，然後可以發幽而步遠，功察而治微。於是乎闓張以致之，因來以進之，審諭以明之，雜稱以廣之，立準以正之，疏煩以理之，疾

〔一〕「無」原誤作「吾」，據中論改。

而勿迫，徐而勿失，雜而勿結，〔一〕放而勿逸，欲其自得之也。故大禹善治水，而君子善導人。導人必因其性，治水必因其勢，是以功無敗而言無弃也。荀卿曰：『禮恭然後可與言道之方。〔二〕有争氣者，勿與辨也。』孔子曰：『惟君子然後能貴其言，貴其色，小人能乎哉？』」

9 子曰：「志士仁人，無求生以害仁，有殺身以成仁。」【注】孔曰：「無求生以害仁，死而後成仁，則志士仁人不愛其身也。」

正義曰：「志士」者，孟子滕文公篇：「志士不忘在溝壑。」趙岐注：「志士，守義者也。」俞氏樾平議謂「志士」即知士，與「仁人」爲「知」、「仁」並舉，其説亦通。「害仁」，唐石經作「害人」，文選曹植贈徐幹詩注、太平御覽四百十九亦引作「人」，皆從唐石經而誤也。張栻解：「人莫不重於其生也，君子亦何以異於人哉？然以害仁則不敢以求生，以成仁則殺身而不避，蓋其死有重於生故也。夫仁者，人之所以生者也。苟虧其所以生者，則其生也亦何爲哉？曾子所謂『得正而斃』者，正此義也。」焦氏循雕菰樓文集云：「殺身成仁，解者引比干之諫，夷、齊之餓，固矣。然殺身不必盡刀鋸鼎鑊也。舜勤衆事而野死，冥勤其官而水死，爲民禦大災、捍大患，所謂仁也。以死勤事，即是殺身成仁。苟自愛其身，則禹不胼胝，顔色不黧黑，竅氣不塞，足不偏枯，而水不平，民生不遂，田賦不能成，即是不能成仁，則爲求生以害仁也。管仲不死而相桓公，霸諸侯，一匡天下，民到于今受其賜，是成仁不必殺身。夫聖賢之死不死，審乎仁不仁，非謂仁必死也，非謂死則仁也。」

〔一〕「結」原誤作「給」，據中論改。

〔二〕「方」原誤作「致」，據中論及荀子改。

10子貢問爲仁。子曰：「工欲善其事，必先利其器。居是邦也，事其大夫之賢者，友其士之仁者。」【注】孔曰：「言工以利器爲用，人以賢友爲助。」　正義曰：「爲仁」者，爲猶行也。「利其器」，漢書梅福傳作「厲其器」。惠氏棟九經古義以「利」爲古論，馮氏登府異文考證以「厲」爲魯論，二字訓義畧同也。言「居是邦」，則在夫子周遊時。曾子制言下：「凡行不義，則吾不事；不仁，則吾不長。奉相仁義，則吾與之聚羣。」荀子哀公篇：「所謂庸人者，不知選賢人善士，託其身焉以爲己憂。」然則所事所友，皆己德行之助，可資以砥厲，故宜愼選之也。皇疏云：「大夫貴，故云事；士賤，故云友也。大夫言賢，士言仁，互言之也。」案：皇本「仁者」下有「也」字。

11顏淵問爲邦。子曰：「行夏之時，【注】據見萬物之生，以爲四時之始，取其易知。　正義曰：「爲邦」者，謂繼周而王，以何道治邦也。呂氏春秋察今篇：「故治國無法則亂，守法而弗變則悖。悖亂不可以持國，世易時移，變法宜矣。譬之若良醫，病萬變，藥亦萬變，病變而藥弗變，嚮之壽民，今爲殤子矣。故凡舉事必循法以動，變法者因時而化，若此論則無過務矣。夫不敢議法者，衆庶也；以死守者，有司也；因時變法者，賢主也。」呂覽此言，正顏子問爲邦之意。干寶易雜卦注：「弟子問政者數矣，而夫子不與言三代損益，以非其任也。回則備言王者之佐，伊尹之人也，故夫子及之焉。」○注「據見」至「易知」。○正義曰：見萬物之生，謂建寅月也。白虎通三正篇：「正朔有三何？本天有三統，謂三微之月也。明王者當奉順而成之，故受命各統一正也，敬始重本也。三微者，何謂也？陽氣始施黃泉，萬物動微而未著也。〔一〕

〔一〕「微」原誤作「發」，據白虎通改。

十一月之時，陽氣始養根株，黃泉之下，萬物皆赤。赤者，盛陽之氣也，故周爲天正，色尚赤也。十二月之時，萬物始牙而白，白者陰氣，故殷爲地正，色尚白也。十三月之時，萬物始達，孚甲而出，皆黑，人得加功，故夏爲人正，色尚黑。尚書大傳曰：『夏以孟春月爲正，殷以季冬月爲正，周以仲冬月爲正。夏以十三月爲正，色尚黑，以平旦爲朔。殷以十二月爲正，色尚白，以雞鳴爲朔。周以十一月爲正，色尚赤，以夜半爲朔。』三正之相承，若順連環也。孔子承周之弊，行夏之時，知繼十一月正者，當用十三月也。」周書周月解：「夏數得天，百王所同。其在商湯，用師于夏，除民之災，順天革命，改正朔，變服殊號，一文一質，示不相沿，以建丑之月爲正，易民之視。亦越我周王，致伐于商，改正異械，以垂三統。至于敬授民時，巡守祭享，猶自夏焉，是謂周月，以紀于政。」據周書此言，是周亦用夏時。乾鑿度云：「天道三微而成一著。」〔一〕夏時萬物始達，雖微而已著，故白虎通以爲「人得加功」也。禮鄉飲酒義：「春之爲言蠢也，產萬物者聖也。」周月解：「凡四時成歲，有春、夏、秋、冬，各有孟、仲、季，以名十二月。萬物春生、夏長、秋收、冬藏，天地之正，四時之極，不易之道。」是春主生物，爲四時始，寅月爲孟春，夏時用之。民既便於施功，故易得知之也。乘殷之輅，【注】馬曰：「殷車曰大輅。左傳曰：『大輅越席，昭其儉也。』」正義曰：釋文：「輅，本亦作路。」說文：「輅，車軨前橫木也。」段注引應劭說「謂以木當胸以輓車」者即此。又謂車名，本字自作路。案：釋名釋車：「天子所乘曰路。路亦車也。謂之路者，言行于道路也。」是「路」爲車名。爾雅釋詁、舍人注：「路，車之大也。」此引申之義。○注「殷車」至「儉也」。○正義曰：禮明堂位：「鸞車，有虞氏之輅也；鉤車，夏后氏之輅也；大輅，殷輅也；乘輅，周輅也。」是歷代車制不同，名亦各異。此注「殷車曰

〔一〕「道」原誤作「氣」，據易緯乾鑿度改。

大輅」，卽據明堂位別之。鄭彼注云：「鸞車，有鸞和也；鉤車，有曲輿者也；大路，木路也；乘路，玉路也。」案：周官巾車言王五路，「木路」居末，最質，故知殷大路是木路也。鄭注巾車謂「玉路，以玉飾諸末；金路，以金飾諸末；象路，以象飾諸末；革路，鞔之以革而漆之，無他飾；至木路，則不鞔以革，漆之而已。」是「木路」最質，故亦稱素車也。郊特牲：「大路繁纓一就，先路三就，次路五就。」疏云：「殷則有三路，其世猶質，故以少質爲先。」如疏所言，是殷有三路。論語此文，當得兼之。引左傳者，桓二年文。服虔云：「大路，木路。」是據殷禮言之。「越席」者，結草爲席，置大路中以爲藉也。亦尚質之意。**服周之冕，**【注】包曰：「冕，禮冠。周之禮文而備，取其黈纊塞耳，不任視聽。」注「冕禮」至「視聽」。○正義曰：注有脫文，當云「取其垂旒蔽明，黈纊塞耳，不任視聽也」。大戴禮子張問入官篇：「古者冕而前旒，所以蔽明也；黈絖塞耳，所以弇聽也。」盧辯注：「禮緯含文嘉以懸絖垂旒，爲閑姦聲，弇亂色，令不惑視聽，則璪瑱之設，兼此二事也。」孔氏廣森補注：「玉篇曰：『黈，黃色也；絖，綿也。』以綿爲充耳，垂冕兩旁，其下綴玉謂之瑱，懸絖之緜謂之紞。天子玄紞，諸侯黃，大夫青，士素。」今案：「纊」、「絖」一字。注言此者，欲言冕制之善，亦文備之一端也。宋書禮志：「周監二代，典制詳密。弁師掌六冕，司服掌六服，設擬等差，各有其序。周之祭冕，繅采備飾，故夫子曰『服周之冕』，以『盡美』稱之。」**樂則韶舞。**【注】韶，舜樂也。盡善盡美，故取之。正義曰：俞氏樾羣經平議：「舞當讀爲武。周官鄉大夫『五曰興舞』，論語八佾馬注引作『興武』，莊十年左傳經文『以蔡侯獻舞歸』，穀梁作『獻武』，皆古人舞、武通用之證。『樂則韶舞』者，則之言法也，言樂當取法韶武也。子於四代之樂，獨於韶武有盡美之論，雖盡善未盡善，微有低昂，然尚論古樂，韶之後卽及武，而夏、殷之樂不與焉，可知孔子之有取於武矣。夏時、殷輅、周冕，皆以時代先後爲次。若韶、舞專指舜樂，則當首及之。惟韶、武非一代之樂，故列於後。且時言夏，畧言殷，冕言周，而韶舞不言虞，則非止舜樂明矣。」案：俞說是也。孔子世家言「孔子絃歌詩，以求合韶、武、雅、頌之音」。韶、武並言，皆孔子所取也。武爲周一代之樂，合文、武、周公所作樂名之。說詳八佾疏。**放鄭聲，遠佞人。鄭聲淫，佞人殆。」**【注】孔曰：「鄭聲、佞人，亦俱能惑人心，與雅樂、賢人同，而使人淫亂危殆，故當放遠之。」正義曰：「放」者，罷廢之也。樂記云：「鄭音好濫淫志，宋音燕女溺志，衞音趨數煩志，齊音敖辟喬志。此四者，皆淫於色而害於德，是以祭祀弗用也。」是四國皆有淫聲，此獨云「鄭聲」者，亦舉甚言之。五經異義：「魯論說，鄭國之俗，有溱、洧之水，男女聚會，謳歌相感，故云『鄭聲淫』。左傳說煩手淫聲謂之鄭聲者，言煩手躑躅之聲使淫過矣。謹案：鄭詩二十一篇，說婦人十九矣，故鄭聲淫也。」案：白虎通禮樂篇：「樂尚雅何？雅者，古正也，所以遠鄭聲也。孔子曰『鄭聲淫』何？鄭國土地民人，山居谷汲，男女錯雜，爲鄭聲以相悅懌。」又漢書禮樂志云：「桑間濮上，鄭、衞、宋、趙之聲並出，內則致疾損壽，外則亂政傷民。庶民以爲利，列國以相間。」皆以鄭聲爲鄭國之聲，與魯論說同。其「煩手淫聲謂之鄭聲」，乃左傳別一義。服虔解誼據之，不與魯論同也。又魯論舉溱洧一詩，以爲鄭俗多淫之證，非謂鄭詩皆是如此。許氏錯會此旨，舉鄭詩而悉被以淫名，自後遂以鄭詩混入鄭聲，而謂夫子不當取淫詩。又以序所云「刺時刺亂」者，改爲「刺淫」，則皆許君之一言誤之矣。樂記云：「世亂則禮慝而樂淫，是故其聲哀而不莊，樂而不安，慢易以犯節，流湎以忘本，廣則容姦，狹則思欲，感條暢之氣，而滅平和之德，是以君子賤之也。」周官大司樂：「凡建國禁其淫聲、過聲、凶聲、慢聲。」注：「淫聲，若鄭、衞也。」淫聲爲建國所宜禁，故此言「爲邦」亦放之矣。白虎通誅伐篇：「佞人當誅何？爲其亂善行，傾覆國政。韓詩內傳曰：『孔子爲魯司寇，先誅少正卯，謂佞道已行，亂國政也。佞道未行，章明遠之而已。』論語曰：『遠佞人。』〔二〕公羊莊十七年：〔一〕「齊人執鄭詹，書甚佞也。」何注：「孔子曰：『放鄭聲，遠佞人。』罪未成者，伯當遠之而已。」〔二〕與白虎通義合。通鑑孝元帝紀引荀悅曰：「子曰『遠佞人』，非但不用而已，乃遠而絕之，隔塞其源，戒之極也。」○注「鄭聲」至「遠之」。○正義曰：鄭聲與雅樂同，佞人與賢人同，是其能惑人也。惑於鄭聲則思淫亂，惑於佞人則當危殆。下篇子曰：「惡鄭聲之亂雅樂也，惡利口之覆邦家者。」「利口」卽「佞人」，二者皆似是而非，故易惑人也。

12 子曰：「人無遠慮，必有近憂。」【注】王曰：「君子當思患而預防之。」 正義曰：皇本「人」下有「而」字。張栻解：「慮之不遠，其憂卽至，故曰近憂。」○注：「君子當思患而預防之。」○正義曰：邢疏云：「此易既濟象辭也。」案：繫辭云：「安不忘危，存不忘亡，是以身安而國家可保也。」荀子大畧篇：「先事慮事，先患慮患。先事慮事謂之接，接則事優成。先患慮患謂之豫，豫則禍不生。事至而後慮者謂之後，後則事不擧。患至而後慮者謂之困，困則禍不可禦。」又仲尼篇：「智者之擧事也，滿則慮嗛，平則慮險，安則慮危，曲重其豫，猶恐及其禍，是以百擧而不陷也。」皆言人宜遠慮也。

13 子曰：「已矣乎！吾未見好德如好色者也。」 正義曰：皇本無「乎」字。

〔一〕「七」原誤作「一」，據公羊傳改。
〔二〕「遠」原誤作「討」，據公羊傳注改。

14 子曰：「臧文仲其竊位者與！知柳下惠之賢，而不與立也。」【注】孔曰：「柳下惠，展禽也。知賢而不舉，是爲竊位。」

正義曰：文選陶徵士誄注引鄭注云：「柳下惠，魯大夫展禽，食采柳下，謚曰惠。」太平御覽四百二引鄭注：「柳下惠，魯士師展禽也。其邑名柳下，謚曰惠。」文小異。左僖二十六年疏：「魯語展禽對臧文仲云『獲聞之』，是其人氏展，名獲，字禽。」柳下爲邑名者，柳下若桑中、棘下之類，其地今不可考。閻氏若璩四書釋地說「國策顏斶言『秦攻齊，令有敢去柳下季壟五十步而樵採者，死不赦』。古人多葬於食邑，壟所在即邑所在。則柳下自當在齊南魯北二國接壤處，昔爲魯地，後爲齊有也。」惠爲謚者，列女傳：「柳下惠死，門人將謚之。妻曰：『夫子之謚，宜爲惠乎！』門人從以爲謚。」是惠爲謚也。高誘淮南說林訓注：「柳下惠，魯大夫，展無駭之子，名獲，字禽。家有大柳樹，行惠德，因號柳下惠。一曰柳下邑。」趙岐孟子公孫丑篇注亦云：「柳下是其號也。」以柳下爲號，與晉陶潛自稱五柳先生同，疑未必然。至惠之爲謚，明見列女傳，而亦以爲生前之號，均與鄭異義，非也。又高誘謂柳下惠爲無駭之子，亦不知所本。柳下惠爲士師，見下微子篇。「不與立」者，邢疏云：「不稱舉與立於朝廷也。」方氏觀旭偶記：「展喜犒齊師，使受命於展禽，正臧孫辰爲政之時，見內傳。展禽議文仲祀爰居。文仲曰：『是吾過也，季子之言不可不法也。』使書之以爲三筴，見外傳。並是文仲知柳下惠之證。」李氏惇羣經識小：「案臧氏世爲司寇，文仲當已爲之，或爲司空而兼司寇也。柳下惠爲士師，正其屬官，無容不知。此與文子同升事正作一反照。」○注：「知賢而不舉，是爲竊位。」○正義曰：「竊」如「盜竊」之竊。言竊居其位，不讓進賢能也。

15 子曰：「躬自厚而薄責於人，則遠怨矣。」【注】孔曰：「責己厚，責人薄，所以遠怨咎。」 正義曰：春秋繁露仁義法篇：「以仁治人，義治我，『躬自厚而薄責於外』，此之謂也。且論己見之而人不察，曰：君子攻其惡，不攻人之惡，非仁之寬與？自攻其惡，非義之全與？此之謂仁造人，義造我，何以異乎？故自稱其惡謂之情，稱人之惡謂之賊；求諸己謂之厚，求諸人謂之薄；自責以備謂之明，責人以備謂之惑。」呂氏春秋舉難篇：「故君子責人則以人，自責則以義。責人以人則易足，易足則得人，自責以義則難爲非，難爲非則行飾，故任天地而有餘。不肖者則不然，責人則以義，自責則以人。責人以義責難贍，難贍則失親，自責以人則易爲，易爲則行苟，故天下之大而不容也。身取危，國取亡焉，此桀、紂、幽、厲之行也。」中論脩本篇：「孔子之制春秋也，詳內而略外，急己而寬人。故於魯也，小惡必書；於衆國也，大惡始筆。夫見人而不自見者謂之矇，聞人而不自聞者謂之聵，慮人而不自慮者謂之瞀。故明莫大乎自見，聰莫大乎自聞，睿莫大乎自慮。」

16 子曰：「不曰『如之何』、【注】孔曰：「不曰如之何者，猶言不曰奈是何。」『如之何』者，吾末如之何也已矣。」【注】孔曰：「如之何者，言禍難已成，吾亦無如之何。」 正義曰：春秋繁露執贄篇：「子曰：『人而不曰如之何、如之何者，吾莫如之何也矣。』故匿病者不得良醫，羞問者聖人去之，以爲遠功而近有災。」此以「如之何」爲問人之辭，凡稱「何如」是也。 朱子集注云：「如之何、如之何者，熟思而審處之辭也。不如是而妄行，雖聖人亦無如之何矣。」此以「如之爲心自審度，亦通。 荀子大略篇：「天子即位，上卿進曰：『如之何憂之長也！』」「憂長」即審度之義。〇注：「如之何者，禍難已成。」○正義曰：陸賈新語愼微篇：〔一〕「故孔子遭君暗臣亂，衆邪在位，政道隔於王家，仁義閉於公門，故作公陵之歌，傷無權力於世。大化絶而不通，道德私而不用，故曰『無如之何者，吾末如之何也已矣』。夫言道因權而立，德因勢而行。不在其位者，則無以齊其政；不操其柄者，則無以制其剛。」〔二〕此論語家舊說，指世亂言之。僞孔所云「禍難已成」，似卽竊取此義。然曰「無如之何」者，亦統兩「如之何」爲一句，非如僞孔橫分兩句也。

17 子曰：「羣居終日，言不及義，好行小慧，難矣哉！」【注】鄭曰：「小慧，謂小小之才知。難矣哉，言終無成。」

正義曰：此章是夫子家塾之戒。說文云：「羣，輩也。」「羣居」謂同來學共居者也。夫子言人羣居當以善道相切磋，不可以非義小慧相誘引也。釋文：「慧，音惠。」皇本作「惠」，注同。此依魯論改，不知鄭君定讀已作「慧」也。考文引古本作「惠」，卽指皇本。文選陳琳檄吳將校部曲文注、太平御覽人事部引並作「慧」。○注：「小慧，謂小小之才知。」○正義曰：說文：「慧，儇也。」史記索隱：「慧，智也。」左成十八年傳：「周子有兄而無慧。」杜注：「蓋世所謂白癡。」則慧爲有才知之稱。戴氏望注云：「小慧，爲小辨慧也。哀公欲學小辨，以觀於政。孔子曰：『不可，社稷之主愛日。』」案：戴說卽鄭義。釋文引注更云：「魯讀『慧』爲『惠』，今從古。」則作「慧」者古論，魯論用假借字作「惠」也。馮氏登府異文考證：「案晉語『巧文辯惠則賢』，惠卽慧。後漢孔融傳『將不早惠乎？』注『惠』作『慧』。列子穆王篇『秦人逢氏有子少而惠。』陸機弔魏武文：『知惠不能去其惡。』並與『慧』同。」

〔一〕「愼微」原誤作「辨惑」，據新語改。　〔二〕「制其剛」，新語作「正其時」。

18 子曰：「君子義以爲質，禮以行之，孫以出之，信以成之。君子哉！」【注】鄭曰：「義以爲質謂操行，孫以出之謂言語。」　正義曰：釋文云：「『義以爲質』，一本作『君子義以爲質』。鄭本畧同。」翟氏灝考異：「孝經三才章疏引此文，無『君子』二字。」臧氏琳經義雜記以有者爲衍是也。「義以爲質」者，義者，宜也，人行事所宜也。禮運云：「何謂人義？父慈子孝，兄良弟弟，夫義婦聽，長惠幼順，君仁臣忠，十者謂之人義。講信修睦謂之人利，爭奪相殺謂之人患。故聖人之所以治人七情，修十義。講信修睦，尚辭讓，去爭奪，舍禮何以治之？」又云：「其居人也曰養，其行之以貨力、辭讓、飲食、冠昏、喪祭、射御、朝聘。」注：「養當爲義，字之誤也。」是凡禮皆以行義也。禮尚辭讓，去爭奪，故「孫以出之」。「信」者，申也。言以相申束，使不相違背，故「信以成之」。稱「君子」者，言其人有士大夫之行，可爲法則也。○注「義以」至「言語」。○正義曰：禮器注：「質猶性也。」荀子臣道注：「質，體也。」「操」者，持也，守也。義本於心之裁度，而要以制事，故注以「操行」言之。「出」謂出諸口。鄭以行禮已是孫讓，故解「孫以出之」爲言語也。詩云：「愼爾出話，無不柔嘉。」

19 子曰：「君子病無能焉，不病人之不己知也。」【注】包曰：「君子之人，但病無聖人之道，不病人之不己知。」　正義曰：憲問篇：「子曰：『不患人之不己知，患其不能也。』」義同。

20 子曰：「君子疾没世而名不稱焉。」【注】疾，猶病也。　正義曰：「没世」猶没身也。史記孔子世家：

「子曰：『弗乎弗乎，君子病没世而名不稱焉。吾道不行矣，吾何以自見於後世哉？』」以此爲孔子作春秋時語，亦安國舊説。中論考僞篇：「貴名乃所以貴實也。」張栻論語解：「有是實則有是名。名者，所以命其實也。終其身而無實之可名，君子疾諸，非謂求名於人也。」錢氏大昕養新録：「孔子贊易曰：『善不積，不足以成名。』孝經曰：『立身行道，揚名於後世。』於論語曰：『君子去仁，惡乎成名。』又曰：『君子疾没世而名不稱焉。』聖人以名立教，未嘗惡人之好名也。孟子曰：『令聞廣譽施於身。』令聞廣譽，非名而何？唯聲聞過情，斯君子恥之耳。道家以無爲宗，故曰『聖人無名』。又曰『無智名，無勇功』，又以伯夷死名與盜跖死利並言。此悖道傷教之言，儒者所弗道。」○注「疾，猶病也」。○正義曰：法言問神篇：「君子病没世而無名。」

21 子曰：「君子求諸己，小人求諸人。」【注】君子責己，小人責人。　正義曰：禮中庸云：「君子素其位而行，不願乎其外。」又云：「正己而不求於人，則無怨。上不怨天，下不尤人。」鄭注引此文説之。中論貴驗篇：「子思曰：『事自名也，聲自呼也，貌自眩也，物自處也，人自官也，無非自己者。故怨人之謂壅，怨己之謂通。通也知所悔，壅也遂所誤。』」○注：「君子責己，小人責人。」○正義曰：「求」訓「責」，亦引申之義。禮大學云：「君子有諸己而後求諸人。」謂先責諸己也。若小人則藏身不恕，而即欲喻諸人，故但責人。孟子所謂「今以其昏昏使人昭昭」者也。

22 子曰：「君子矜而不争，【注】包曰：「矜，矜莊也。」羣而不黨。」【注】孔曰：「黨，助也。君子雖衆，不相私助，義之與比。」正義曰：矜易於爭，羣易於黨，故君子絕之。劉氏宗周論語學案：「矜者，斬斬自持。不爭，則非絕物矣。羣者，油油與人。不黨，則非徇物矣。此君子持世之準也。」○注：「矜，矜莊也。」○正義曰：呂覽重言注：「矜，嚴也。」「嚴」、「莊」義同。○注「黨助」至「與比」。○正義曰：「黨」訓助者，引申之義。「義之與比」，言與人以義相親比也。

23 子曰：「君子不以言舉人，不以人廢言。」【注】包曰：「有言者不必有德，故不可以言舉人也。」【注】王曰：「不可以無德而廢善言。」正義曰：禮文王世子云：「凡語于郊者，必取賢斂才焉，或以德進，或以事舉，或以言揚。」「揚」如「揚于王廷」之揚。蓋先揚之，而後考其德事，乃進用之也。書舜典云：「敷奏以言，明試以功，車服以庸。」彼是考績之法，亦在試以功效，不專尚言。故管子明法解云：「明主之擇賢人也，言勇者試之以軍，言智者試之以官。試於軍而有功者則舉之，試於官而事治者則用之。故以戰功之事定勇怯，以官職之治定愚智。故勇怯愚智之見也，如白黑之分。亂主則不然，聽言而不試，故妄言者得用。」觀此，是古舉人之術，皆不以言可知。

24 子貢問曰：「有一言而可以終身行之者乎？」子曰：「其恕乎！己所不欲，勿施於人。」【注】言己之所惡，勿加施於人。正義曰：「一言」謂一字。春秋左氏疏引易云：「伏羲作十言之教，曰乾、坤、震、巽、坎、離、艮、兑、消、息。」韓非子說林下：「齊人曰：『臣請三言而已。』曰：『海大魚。』」又古人稱所箸書若數萬言，數十萬言，及詩體四言、五言、七言，並以一字爲一言也。皇本「行」下無「之」字，「人」下有「也」字。○注：「言己之所惡，勿加施於人。」

○正義曰：皇本無此注。

25 子曰：「吾之於人也，誰毀誰譽？如有所譽者，其有所試矣。【注】包曰：「所譽者，輒試以事，不虛譽而已。」斯民也，三代之所以直道而行也。」【注】馬曰：「三代，夏、殷、周。用民如此，無所阿私，所以云『直道而行』。」　正義曰：集注云：「毀者，稱人之惡而損其真；譽者，揚人之善而過其實。」包氏慎言溫故録：「『斯民』兩語，正申明上文『所試』句。『如』與『而』同。『以』，用也。言我之於人，無毀無譽。而或有所譽，稱揚稍過者，以斯人皆可獎進而人於善之人，往古之成效可覩也。蓋『斯民』即三代之民。三代用此民直道而行，而人皆競勸於善，安在今之不可與爲善哉？『其有所試』，謂三代已嘗試之，非謂身試之也。漢書藝文志儒家敍畧云：『孔子曰：「如有所譽，其有所試。」唐、虞之隆，殷、周之盛，仲尼之業，已試之效也。』後漢書韋彪傳彪上議曰〔一〕：『國以簡賢爲務，賢以孝行爲先。孔子曰：「事親孝，故忠可移於君。」忠孝之人，持心近厚；鍛鍊之人，持心近薄。三代之所以直道而行者，在所以磨之故也。』章懷注云：『彪引之者，言三代選賢，皆磨礪選録，然後用之。』合此二文，校其語意，則上文所云『如有所譽』，是即直道也。直者，無私曲之謂。如有所譽，似偏於厚，而究其磨礪誘掖之意，非爲私曲，故曰直道，所謂善善宜從長也。班固景帝贊曰：『孔子稱「斯民，三代之所以直道而行」，信哉！周、秦之敝，網密文峻，而奸軌不勝。漢興，掃除煩苛，與民休息。至於孝文，加之以恭儉，孝景遵業，五六十載之間，移風易俗。至於黎民醇厚，周言成、康，漢言文、景，美矣。』此贊以孔子之言證

〔一〕「韋彪」原誤作「班彪」，據後漢書改。

漢事，言秦人以刻薄馭民，而民俗益敝。至漢文、景務率民於寬厚，能容人過，而治迹蒸蒸日上，是直道本厚意而行之者也。」案：論衡率性篇：「傳曰：『堯、舜之民，可比屋而封；桀、紂之民，可比屋而誅。』『斯民也，三代所以直道而行也。』聖主之民如彼，惡主之民如此，竟在化不在性也。」此亦謂堯、舜以德化民，即是直道而行，異於桀、紂之暴虐。此與包君所引證若合符也。皇本「人」下無「也」字，「所」作「可」。○注：「所譽者，輒試以事，不虛譽而已。」○正義曰：漢書薛宣傳谷永薦宣疏，以「宜爲御史中丞，舉錯皆當。『如有所用，必有所試』。」謂譽而用之也。以試爲夫子身試，與包注同，亦可通。○注「用民」至「而行」。○正義曰：「無所阿私」，謂無所阿比，以私意毀譽人也。劉氏逢祿述何篇：「春秋不虛美，不隱惡，褒貶予奪，悉本三代之法，無虛加之辭也。」

26 子曰：「吾猶及史之闕文也。有馬者借人乘之，今亡矣夫！」【注】包曰：「古之良史，於書字有疑則闕之，以待知者。有馬不能調良，則借人乘習之。孔子自謂及見其人如此，至今無有矣。言此者，以俗多穿鑿。」

正義曰：毛詩抑傳：「借，假也。」亦常訓。唐石經「史」下無「之」字，皇本「今」下有「則」字，朱子集注本「矣」誤「已」。○注「古之」至「穿鑿」。○正義曰：宋氏翔鳳發微云：「周禮保氏『教之六藝』：『四曰五馭，五曰六書。』御與書同在六藝，皆國子之所當教，故孔子言『執御』。又言『正名』，言『雅言』，所以教門弟子者，與天子諸侯之設官無以異也。史籀爲周宣王時太史，作大篆十五篇。周禮外史『掌達書名于四方』〔一〕，亦太史之屬。漢律：『太史試學童能諷書九千字以上，乃得爲

〔一〕「外」原誤作「內」，據周禮改。

史。又以六體試之，課最者以爲尚書、御史、史書、令史。吏民上書，字或不正，輒舉劾。』史書、令史者，爲掌史書之令史，專以正書字爲職，故曰史書，曰史篇，皆謂書字掌於太史，而保氏以教。班氏藝文志云：『古制書必同文，不知則闕，問諸故老。至於衰世，是非無正，人用其私。故孔子曰：「吾猶及史之闕文也，今亡矣夫！」蓋傷其寖不正。』其引論語『史之闕文』，卽上子路篇『不知蓋闕』同義。志又言『史籀篇，周官教學童者也』。見論語之史，若漢代史書、史篇之類，而不必爲紀言、紀事之成書也。許氏說文解字敍云：『詭更正文，鄉壁虛造不可知之書，以燿於世。』與班氏言衰世之弊同。孔子之所歎，許氏又云：『書曰「予欲觀古人之象」，言必遵修舊文而不穿鑿。孔子曰：「吾猶及史之闕文，今亡矣夫！」蓋非其不知而不問，人用己私，是非無正，巧說衺辭，使天下學者疑。蓋文字者，經藝之本，王政之始，前人所以垂後，後人所以識古，故曰「本立而道生」。知天下之至嘖而不可亂也。』班、許兩家之言，若出一涂。故論語包注云云，凡有馬而借人乘習，則皆期於善御，亦六藝之一，弟子之事，而保氏之所教也。五馭之目爲鳴和鑾，逐水曲，過君表，舞交衢，逐禽左。乘之者，習此者也，有一定之法，非可人用其私，故車能同軌。六書之目爲指事，象形，諧聲，會意，轉注，叚借。闕文者，所不知者也。有一定之法，非可詭更正文，故書能同文。」案：宋說「史闕文」之義，至爲詳確。其謂有馬借人乘之，爲五馭之法，尤補注義。荀子禮論篇：「故大路之馬，必倍至教順，然後乘之，所以養安也。」注：「倍至，謂倍加精至也。」則有馬須借人乘之，乃得教順，此學御之事。夫子時，六藝之學將廢，故俗多穿鑿，不免自以爲是也。

27 子曰：「巧言亂德。小不忍，則亂大謀。」【注】孔曰：「巧言利口，則亂德義。小不忍，則亂大謀。」

正義曰：吳氏嘉賓論語說：「先王有不忍人之政，然非小不忍之謂也。故曰『惟仁者能愛人，能惡人』。苟不忍於惡一人，則將有亂大謀者矣。聖人之所惡，常在於似之而非者。巧言亂德，所謂惡佞足以亂義也。小不忍則亂仁，或曰：必有忍，其乃有濟，若後世所謂能有所忍以就大事者，不知此狙詐之術，雖於聖人之辭若可通，竊以爲非也。」案：漢書李尋傳：「執乾剛之德，勉彊大誼，絶小不忍。」外戚傳：「夫小不忍則亂大謀，恩之所不能已，義之所割也。」二傳文皆如吳說。

28 子曰：「衆惡之，必察焉；衆好之，必察焉。」【注】王曰：「或衆阿黨比周，或其人特立不羣，故好惡不可不察也。」

正義曰：潛夫論潛歎篇云：「孔子曰：『衆好之，必察焉；衆惡之，必察焉。』故聖人之施舍也，不必任衆，亦不必專己，必察彼己之所爲，而度之以義，或舍人取己，故舉無遺失而政無廢滅也。或君則不然，己有所愛，則因以斷正，不稽於衆，不謀於心，苟眩於愛，惟言是從，此政之所以敗亂，而士之所以放佚者也。」又管子明法解：「亂主不察臣之功勞，譽衆者則賞之，不審其罪過，毀衆者則罰之如此者，則邪臣無功而得賞，忠臣無罪而有罰。」又云：「如此則慤愿之人失其職，而廉潔之吏失其治。故明法曰：『官之失其治也，是主以譽爲賞，而以毀爲罰也。』」案：潛夫論引「衆好」句，在「衆惡」前。宋葛洪涉史隨筆、王氏論語辨惑、司馬温公論選舉狀議貢舉狀、王臨川答段縫書，亦先「好」後「惡」。風俗通義正失篇、羅隱兩同書真僞章「好」均作「善」，亦「衆善」句在前，卽王注疑亦如此。俞氏樾平議以爲傳寫誤倒，或有然也。○注「或衆」至「察也」。○正義曰：「或衆阿黨比周」，所以衆好；「或其人特立不羣」，所以衆惡。梁書劉孝綽傳：「孤特則積毀所歸，比周則積譽斯信。」卽本王注，故亦引論語說之。

29 子曰：「人能弘道，非道弘人。」【注】王曰：「才大者，道隨大；才小者，道隨小，故不能弘人。」正義曰：皇本「弘人」下有「也」字。○注「王曰」至「弘人」。○正義曰：皇本不言「王肅曰」，則何晏等義也。道隨才爲大小，故人能自大其道，卽可極仁聖之詣，而非道可以弘人。故行之不著，習矣不察，終身由之，而不知其道，則仍不免爲衆。中庸記所云「苟不至德，至道不凝焉」，卽此意也。漢書董仲舒傳：「夫周道衰於幽、厲，非道亡也，幽、厲不繇也。至於宣王，思昔先王之德，興滯補弊，明文、武之功業，周道粲然復興。」下引此文。又禮樂志載平當說衰微之學，興廢在人，亦引此文，義皆可證。

30 子曰：「過而不改，是謂過矣。」正義曰：韓詩外傳三：「孔子曰：『過而改之，是不過也。』」當本此文而反言之。穀梁僖二十二年傳：〔一〕「過而不改，又之，是謂之過。」

31 子曰：「吾嘗終日不食，終夜不寢，以思，無益，不如學也。」正義曰：「思」者，思其所學也。然思之不達，而一於思，反爲無益，故曰「思而不學則殆」。大戴禮勸學篇：「孔子曰：『吾嘗終日而思矣，不如須臾之所學也。』」畧本此文。賈子新書修政語上：「湯曰：『學聖王之道者，譬其如日；靜思而獨居，譬其若火。』夫舍學聖之道而靜居獨思，譬其若去日之明於庭，而就火之光於室也。然可以小見，而不可以大知。是故明君而君子貴尚學道，而賤下獨

〔一〕「二十二」原誤作「二十」，據穀梁傳改。

思也。」

32 子曰：「君子謀道不謀食。耕也，餒在其中矣；學也，祿在其中矣。君子憂道不憂貧。」【注】鄭曰：「餒，餓也。言人雖念耕而不學，故飢餓。學則得祿，雖不耕而不餒。此勸人學。」　正義曰：潛夫論讚學篇引「耕也餒在其中」三句，連上「吾嘗終日不食」爲一章，當時簡編相聯，未分別也。「耕」者，說文云「犂也」。謂以牛犂田也。○注「餒餓」至「人學」。○正義曰：段本說文：「餒，飢也。」此常訓。「念耕」者，念猶思也，本非所習而思爲之，故曰「念耕」。古者四民各習其業，自非有秀異者，不升於學。春秋時，士之爲學者，多不得祿，故趨於異業。而習耕者衆，觀於樊遲以學稼、學圃爲請，而長沮、桀溺、荷蓧丈人之類，雖隱於耕，而皆不免謀食之意。則知當時學者以謀食爲亟，而謀道之心或不專矣。夫子示人以君子當謀之道，學當得祿之理，而耕或不免餒，學則可以得祿，所以誘掖人於學，而凡爲君子者，當自勉矣。鄭謂「念耕而不學」，謂士之爲農者，但務農而不爲學也。既不學不可得祿，故或遇凶歉而不免於餒，是兩失之矣。若夫農務於耕，自習其業，安得概以「謀食」責之？潛夫論釋難篇釋此文云：「君子勞心，小人勞力，故孔子所稱，謂君子爾。」誼與鄭同。夫耕原於謀食，謀食即不得不憂貧。君子志其大者、遠者，但憂謀道之無得於己，而豈口腹身家之圖所能易其志哉？

33 子曰：「知及之，仁不能守之；雖得之，必失之。【注】包曰：「知能及治其官，而仁不能守，雖得之，必失之。」知及之，仁能守之，不莊以涖之，則民不敬。【注】包曰：「不嚴以涖之，則民不敬從其上。」知及之，仁能守之，莊以涖之，動之不以禮，未善也。」【注】王曰：「動必以禮，然後善。」

正義曰：此章十一「之」字，包注指位言，但於「動之」句不可通。毛氏奇齡賸言補指民言，知足以及民，卽知臨爲大君之宜。案：「知及之」，謂政令條教足以及民也。「仁不能守之」，謂不能以仁守之。「仁」字置句首，與「知及之」配儷成文耳。大戴禮武王踐阼篇：「師尚父曰：『且臣聞之，以仁得之，以仁守之，其量百世；以不仁得之，以仁守之，其量十世；以不仁得之，以不仁守之，必及其世。』」是言凡得民者，皆當以仁守之也。孟子離婁篇：「桀、紂之失天下也，失其民也。失其民者，失其心也。得天下有道，得其民，斯得天下矣。得其民有道，得其心，斯得民矣。」此文得之、失之，卽謂得民、失民也。「莊以涖之」者，涖，臨也。見毛詩采芑傳。說文：「𥫔，臨也。」卽「涖」本字。皇本作「莅」，又「涖」或體。「莊以涖之」，謂威儀也。左氏傳：「北宮文子曰：『有威而可畏謂之威，有儀而可象謂之儀。君有君之威儀，其臣畏而愛之，則而象之，故能有其國家，令聞長世。臣有臣之威儀，其下畏而愛之，故能守其官職，保族宜家。』」又曰：「故君子在位可畏，施舍可愛，進退可度，周旋可則，容止可觀，作事可法，德行可象，聲氣可樂，動作有文，言語有章，以臨其下，謂之有威儀也。」皆言臨民當莊之義。「動之以禮」，謂以禮感動於民，使行之也。荀子王霸篇：「上莫不致愛其下，而制之以禮。上之於下，如保赤子。政令制度，所以接下之人，百姓有不理者如豪末，則雖孤獨鰥寡必不加焉。故下之親上，歡如父母，可殺而不可使不順。君臣上下，貴賤長幼，至于庶人，莫不以是爲隆正。然後皆內自省，以謹於分。」此動之以禮爲治之善也。○注：「知能」至「失之」。○正義曰：後漢書劉梁傳：「孔子曰：『智之難也！有臧武仲之智，而不容於魯國。抑有由也，作而不順，施而不恕矣。』蓋善其知義，議其違道也。」下文又云：「患之所在，非徒在智之不及，又在及而違之者矣。故曰『智及之，仁不能守之，雖得之，必失之』也。」此引論語以證武仲之失位，由於不順不恕。不順不恕，卽是不仁，與包義正合。易繫辭傳：「何以守位？曰仁。」

34 子曰：「君子不可小知，而可大受也；小人不可大受，而可小知也。」【注】王曰：「君子之道深遠，不可以小了知而可大受；小人之道淺近，可以小了知而不可大受也。」

正義曰：集注云：「知，我知之也；受，彼所受也。」淮南子主術訓：「是故有大畧者，不可責以捷巧；有小智者，不可任以大功。人有其才，物有其形，有任一而太重，或任百而尚輕。是故審豪釐之計者，必遺天下之大數，不失小物之選者，惑於大數之舉，譬猶狸之不可使搏牛，虎之不可使搏鼠也。」○注「王曰」至「受也」。○正義曰：皇本無「王肅曰」，則何晏等義也。「了」者，無餘之辭。君子所知，皆深遠之道，不可以小了之也。小人秖知淺近，故可以小了知。

35 子曰：「民之於仁也，甚於水火。【注】馬曰：「水火及仁，皆民所仰而生者，仁最爲甚。」水火，吾見蹈而死者矣，未見蹈仁而死者也。」【注】馬曰：「蹈水火，或時殺人；蹈仁，未嘗殺人。」

正義曰：說文云：「蹈，踐也。」惠氏棟周易述：「仁乃乾之初生之道，故未見蹈仁而死，極其變，如求仁得仁，殺身成仁，乃全而歸之之義，不可言死。」○注「水火」至「爲甚」。○正義曰：孟子告子篇：「民非水火不生活。」是水火爲民所仰而生也。仰者，望也。鄭注云：「甚於水火，於仁最急也。」同馬義。

36 子曰：「當仁，不讓於師。」【注】孔曰：「當行仁之事，不復讓於師，言行仁急。」正義曰：此章是夫子示門人語。蓋事師之禮，必請命而後行，獨當仁則宜急行，故告以不讓於師之道，恐以展轉誤人生死也。○注「當行」至「仁急」。○正義曰：說文：「當，田相值也。」人於事，值有當行仁者，不復讓於師，所謂「聞斯行之」也。春秋繁露竹林篇論楚子反許宋平事云：「今子反往視宋，聞人相食，大驚而哀之，不意之至於此也，是以心駭目動而違常禮。禮者，庶於仁文質而成體者也。今使人相食，大失其仁，安著其禮？方救其質，奚恤其文？故曰『當仁不讓』，此之謂也。」彼言子反不讓於君，與此義畧同，故引文說之。

37 子曰：「君子貞而不諒。」【注】孔曰：「貞，正。諒，信也。君子之人，正其道耳。言不必小信。」注：「貞正」至「小信」。○正義曰：易彖傳：「貞，正也。」此常訓。君子以義制事，咸合正道，而不必爲小信之行。何異孫十一經問對：「孟子曰：『君子不亮，惡乎執？』『亮』與『諒』同。孔子曰：『豈若匹夫、匹婦之爲諒也？』又曰：『君子貞而不諒。』諒者，信而不通之謂。君子所以不亮者，非惡乎信，惡乎執也。故孟子又曰：『所惡執一者，爲其賊道也。』」焦氏循孟子正義：「論語云『好信不好學，其蔽也賊』，蓋好信不好學，則執一而不知變通，遂至於賊道。『君子貞而不諒』，正恐其執一而蔽於賊也。友諒兼友多聞，多聞由於好學，則不至於賊。」案：上篇夫子答子貢曰：「言必信，行必果，硜硜然小人哉！」孟子離婁下：「大人者，言不必信，行不必果，唯義所在。」「言必信」，卽此注所云「小信」也，亦卽「諒」也。漢書王貢等傳贊：「貞而不諒，薛方近之。」顏注云：「薛方志避亂朝，詭引巢、許爲喻，近此義也。」亦言不必信之證。

38 子曰：「事君，敬其事而後其食。」【注】孔曰：「先盡力而後食祿。」

正義曰：「敬」者，自急敕也。禮表記云：「子曰：『事君，軍旅不辟難，朝廷不辭賤。處其位而不履其事，則亂也。故君使其臣，得志則愼慮而從之，否則孰慮而從之，終事而退，臣之厚也。』」是言事君當敬其事也。檀弓云：「仕而未有祿者。」〔一〕可見當時人臣居位，有不得祿。然祇去位則可，若在位而但計及食祿，不復敬君之事，則大不可。朱子集注云：「後，與『後獲』之後同。」儒行曰：「先勞而後祿。」亦此意。郡齋讀書志載蜀石經作「敬其事而後食其祿」，是依注文妄增。

39 子曰：「有教無類。」【注】馬曰：「言人所在見教，無有種類。」

注：「言人所在見教，無有種類。」○正義曰：說文云：「類，種類相似，唯犬爲甚，故其字從犬。」皇疏云：「人乃有貴賤，同宜資教，不可以其種類庶鄙而不教之也。教之則善，本無類也。」呂氏春秋勸學篇：「故師之教也，不爭輕重、尊卑、貧富，而爭於道，其人苟可，其事無不可。」

40 子曰：「道不同，不相爲謀。」

正義曰：吳氏嘉賓說：「孟子曰：『伯夷、伊尹、柳下惠，三子者不同

〔一〕「者」原誤作「去」，據禮記改。

道。』道者，志之所趨舍，如出處語默之類。雖同於爲善，而有不同，其是非得失，皆自知之，不能相爲謀也。」案：孟子又言「之行不同也，或遠或近，或去或不去，歸潔其身而已矣。」歸潔其身，道也，而遠近、去不去，行各不同，則不能相爲謀也。史記伯夷列傳引此文云：「亦各從其志也。」卽孟子不同道之説。顏注以天道、人道爲言，失其旨矣。老莊申韓列傳：「世之學老子者，則絀儒學，儒學亦絀老子。『道不同不相爲謀』，豈謂是耶？」亦以老子之學與儒不同，未可厚非也。若夫「與時偕行」，「無可無不可」，夫子之謂「集大成」，安有所謂「不相謀」哉？不相謀者，道之本能；相爲謀者，聖人之用。後世儒者，擧一廢百，始有異同之見，而自以爲是，互相攻擊，既非聖人覆燾持載之量，亦大昧乎「不相爲謀」之旨。

41 子曰：「辭達而已矣。」【注】孔曰：「凡事莫過於實，辭達則足矣，不煩文豔之辭。」　注「凡事」至「之辭」。○正義曰：辭皆言事，而事自有實，不煩文豔以過於實，故但貴辭達則足也。儀禮聘禮記：「辭無常，孫而説，辭多則史，少則不達。辭苟足以達，義之至也。」是辭不貴多，亦不貴少，皆取達意而止。錢氏大昕潛研堂文集：「據聘記解此文，以爲論語亦是聘辭，則不若此注言『凡事』得兼擧也。」

42 師冕見，【注】孔曰：「師，樂人，盲者，名冕。」及階，子曰：「階也。」及席，子曰：「席也。」皆坐，子告之曰：「某在斯，某在斯。」【注】孔曰：「歷告以坐中人姓字所在處。」師冕出。子張問曰：「與師言之道與？」子曰：「然。固相師之道也。」【注】馬曰：「相，導也。」　正義曰：趙氏佑溫故録：「禮，迎客於門，每門必讓；降等之客，則於門内。此師冕見，當先有坐客，則第俟諸階，故紀從階始。」案：趙說是也。但師冕來見，必亦有扶工者，入門之後，當立堂下，故此及階、及席，夫子若爲扶工者，一一詔告之。又告以某某在斯者，令師冕知之，得與爲禮也。禮少儀云：「其未有燭而有後至者，則以在者告。道瞽亦然。」注：「爲其不見，意欲知之也。師冕見。」云云。正瞽無目，恒如日闇，故道示之，亦如無燭時也。○注：「歷告以坐中人姓字所在處。」○正義曰：廣雅釋詁：「某，名也。」言以某名其人也。此歷舉姓字亦云「某」者，坐中非止一人，夫子本以姓字告之，記者不能盡述，故重言「某」以括之。「姓字」釋「某」，「所在處」釋「在斯」。○注：「相，導也。」○正義曰：「相、導」，爾雅釋詁文。鄭注云：「相，扶也。」「扶」、「導」義同。周官眡瞭：「凡樂事相瞽。」注：「相，扶工。」

論語正義卷十九

季氏第十六　集解

凡十四章

1 季氏將伐顓臾。冉有、季路見於孔子曰：「季氏將有事於顓臾。」【注】孔曰：「顓臾，伏羲之後，風姓之國，本魯之附庸。當時臣屬魯，季氏貪其土地，欲滅而取之。冉有與季路爲季氏臣，來告孔子。」孔子曰：「求！無乃爾是過與？【注】孔曰：「冉求爲季氏宰，相其室，爲之聚斂，故孔子獨疑求，教之。」夫顓臾，昔者先王以爲東蒙主，【注】孔曰：「使主祭蒙山。」且在邦域之中矣，【注】孔曰：「魯七百里之封，顓臾爲附庸，在其域中。」是社稷之臣也。何以伐爲？」【注】孔曰：「已屬魯，爲社稷之臣，何用滅之爲？」

正義曰：季氏，謂康子。說文云：「伐，擊也。從人持戈。」左莊二十九年傳：「凡師有鍾鼓曰伐。」季氏欲伐顓臾，二子知其謀，因見孔子告之。皇疏引蔡謨曰：「冉有、季路並以王佐之姿，處彼相之任，豈有不諫季孫以成其惡？所以同其謀者，將有以也。量己揆勢，不能制其悖心於外，順其意以告夫子，實欲致大聖之言以救斯弊。是以夫子發明大義，以酬來感，宏舉治體，自救時難，斯乃聖賢同符，相爲表裏者也。」集注引洪氏曰：「二子仕於季氏。」凡季氏所欲爲，必以告於夫子，則因夫子之言而救止者，宜亦多矣。

伐顓臾之事，不見於經傳，其以夫子之言而止也與？「無乃爾是過與」，是猶寔也。説見王氏經傳釋詞。「邦域」者，周禮大宰注：「邦，疆國之境。」釋名釋州國：「邦，封也。封有功於是也。」釋文云：「邦或作封。」蓋二字音義同。漢書王莽傳「封域之中」，即邦域也。惠氏棟謂依孔注「邦」當作「封」，然孔云「七百里之封」，乃釋「邦」爲封，非孔本作「封」，惠氏誤也。陳氏鱣又謂下文「邦内」，鄭作「封内」，明此「邦域」亦當爲「封域」。然釋文於此但云「或作封」，邦、域義通，不必舍正本用或本矣。説文云：「或，邦也。从口，从戈。以守一，一，地也。域，或又从土。」漢書賈誼傳注：「域，界局也。」是域即所封之界也。「何以伐爲」，與「何以文爲」同一句法。皇本作「何以爲伐也」。○注「顓臾」至「取之」。○正義曰：左僖二十一年傳：「任、宿、須句、顓臾，風姓也，實司大皞與有濟之祀。」杜注：「大皞，伏羲。四國，伏羲之後，故主其祀。」「附庸」者，鄭注王制云：「小城曰附庸。附庸者，以國事附於大國，未能以其名通也。」案：「庸」與「墉」同。詩「以作爾庸」，謂以作爾城也。顓臾爲魯附庸，故得稱臣。詩閟宮箋云：「附庸，則不得專臣也。」是謂附庸得自立國，繼世雖稱臣，不得專之矣。趙氏佑温故録：「詩云『錫之山川，土田附庸』。魯屬國之在邦域者多矣，自向爲莒人，宿被宋遷，邾與魯世相仇殺，魯又滅項，取須句，取邿，取鄟，取鄫，取卞，皆附庸而不克保，魯之不字小亦甚矣。獨顓臾爲幸存，非其事大謹職，何能至于今不貳？故曰社稷之臣。」○注：「使主祭蒙山。」○正義曰：左傳言「顓臾司有濟之祀」，司者，主也。濟與東蒙，顓臾並主其祀，左傳、論語各舉其一耳。蒙山即東蒙山，在魯東，故云。胡氏渭禹貢錐指：「蒙山在今蒙陰縣南四十里，西南接費縣界。漢志：『蒙陰縣有蒙山祠，顓臾國在山下。』後魏志：『新泰縣有蒙山。』劉芳徐州記：『蒙山高四十里，長六十九里，西北接新泰縣界。』元和志：『蒙山在新泰縣東八十八里，費縣西北八十里。東蒙山在費縣西北七十五里。』是謂蒙與東蒙爲二山也。齊乘曰：「龜山在今費縣西北七十里,蒙山在龜山東,二山連屬,長八十里。』禹貢之蒙,論語之東蒙,正此蒙山也。後人惑於東蒙之說,遂誤以龜山當蒙山,蒙山爲東蒙,而隱沒龜山之本名,故今定正之。邑人公鼐論曰:『蒙山高峯數處,俗以在東者爲東蒙,中央者爲雲蒙,在西北爲龜蒙,其實一山。』龜山自在新泰,亦非卽龜蒙峯也。」蔣氏廷錫尚書地理今釋:「蒙山在今山東青州府蒙陰縣南八里,西南接兗州費縣界,延袤一百餘里。」今案:蔣說以蒙陰縣南八里諸山爲卽蒙山,蓋統山之羣阜言之,與胡氏「蒙陰縣南四十里」說異,而實同也。蒙陰今屬沂州府。○注:「魯七百里之封。顓臾爲附庸,在其域中。」○正義曰:孟子云:「公侯百里,伯七十里,子男五十里。不能五十里,不達於天子,附於諸侯,曰附庸。」解者謂此周初之制,其後成王用周公之法制,廣大邦國之竟,故周官大司徒言「公方五百里,侯四百里,伯三百里,子二百里,男百里。」先鄭注以爲附庸在內,後鄭則以附庸不在其中。明堂位云:「成王以周公爲有勳勞於天下,是以封周公於曲阜,地方七百里。」注云:「上公之封,地方五百里,加魯以四等之附庸,方百里者二十四,并五五二十五,積四十九,開方之,得七百里。」是魯七百里,包有附庸,僞孔此注用後鄭義也。大司徒注又云:「凡諸侯爲牧正帥長及有德者,乃有附庸,爲有祿者當取焉。公無附庸,侯附庸九同,伯附庸七同,子附庸五同,男附庸三同,進則取焉,退則歸焉。魯於周法不得有附庸,故言錫之也。地方七百里者,包附庸,以大言之也。附庸二十四,言得兼此四等矣。」賈疏云:「凡有功進地,侯受公地,附庸九同;伯受侯地,附庸七同;子受伯地,附庸五同;男受子地,附庸三同。魯本五百里,四面各加百里,四五二十,卽二十同。四角又各百里,爲四同,故附庸二十四。」魯兼侯、伯、子、男四等之附庸,以開方知之也。

冉有曰:「夫子欲之,吾二臣者,皆不欲也。」【注】孔曰:「歸咎於季氏。」孔子曰:「求!周任有言曰:『陳力就列,不能者止。』危而不持，顛而不扶，則將焉用彼相矣？【注】馬曰：「周任，古之良史。言當陳其才力，度己所任，以就其位，不能則當止。」包曰：「言輔相人者，當能持危扶顛，若不能，何用相爲？」且爾言過矣，虎兕出於柙，龜玉毁於櫝中，是誰之過與？」【注】馬曰：「柙，檻也；櫝，匱也。失虎毁玉，豈非典守之過邪？」冉有曰：「今夫顓臾，固而近於費。【注】馬曰：「固謂城郭完堅，兵甲利也。費，季氏邑。」今不取，後世必爲子孫憂。」

正義曰：「陳力」二句，是周任語。「危而不持」云云，則夫子設譬以曉之。「止」謂去位也。「危」者，行傾側也。「顛」者，失隊也。説文：「持，握也。扶，佐也。」集注云：「相，瞽者之相也。」此言瞽者將有危顛，則須相者扶持之。漢書陳球傳：「傾危不持，焉用彼相邪？」正本此文。「矣」與「邪」同。王氏經傳釋詞謂此「矣」字與「乎」同義，是也。「虎兕」，皆獸名。爾雅釋獸：「兕，似牛。」郭注：「一角，青色，重千斤。」説文：「[illegible]，如野牛而青。兕，古文從几。」周官囿人職：「掌囿游之獸禁，牧百獸。」注：「養獸以宴樂視之。禁者，其蕃衛也。」案：「蕃」與「藩」同。「蕃衛」即此所云「柙」也。「龜」謂守龜，龜人掌之。「玉」謂命圭，典瑞掌之。皇本「出」下、「毁」下無「於」字。釋文：「匣，户甲反，本今作柙。」漢書文三王傳引亦作「匣」。顓臾與費相近，閻氏釋地又續謂相距僅七十里，樊廷枚釋地補引兖州府志：「故顓臾城，距古費城六十五里。」是顓臾近費也。「後世必爲子孫憂」，釋文本無「後世」字，引或本有之。馮氏考證謂後漢臧宫傳注引亦無「後世」字。○注：「周任，古之良史。」○正義曰：左隱六年、昭五年皆引周任説，不言爲史官。馬此注當别有所本。杜預云「周大夫」。路史注「商太史」。江氏永羣經補義疑卽書盤庚遲任，不知然否？○注：「柙，檻也。」○正義曰：説文：「柙，檻也，臧虎兕也。從木，甲聲。」義本論語。○注：「固謂城郭完堅，兵甲利也。」○正義曰：周官掌固云：「掌脩城、郭、溝、池、樹、渠之固。」序官注云：「固，國所依阻者也。國曰固，野曰險。」

此注兼兵甲言者，引申之義。孔子曰：「求！君子疾夫【注】孔曰：「疾如女之言。」舍曰欲之而必爲之辭。【注】孔曰：「舍其貪利之說，而更作他辭，是所疾也。」丘也聞有國有家者，不患寡而患不均，不患貧而患不安。【注】孔曰：「國、諸侯，家、卿大夫，不患土地人民之寡少，患政理之不均平。憂不能安民耳，民安則國富。」蓋均無貧，和無寡，安無傾。【注】包曰：「政教均平，則不貧矣；上下和同，不患寡矣；小大安寧，不傾危矣。」夫如是，故遠人不服，則脩文德以來之。既來之，則安之。

正義曰：皇本「而必」下有「更」字。「寡」者，民多流亡也。「均」者，言班爵祿、制田里皆均平也。左傳子產言「天子之地一圻，列國一同，自是以衰」。春秋繁露度制篇：「孔子曰：『君子不盡利以遺民。』故君子仕則不稼，田則不漁，食時不力珍，大夫不坐羊，士不坐犬。」又云：「孔子曰：『不患貧而患不均。』故有所積重，則有所空虛矣。大富則驕，大貧則憂。憂則爲盜，驕則爲暴，此衆人之情也。聖者則于衆人之情，見亂之所從生，故其制人道而差上下也，使富者足以示貴而不至于驕，貧者足以養生而不至于憂。以此爲度，而調均之，是以財不匱而上下相安，故易治也。」案：繁露引「不患貧而患不均」，魏書張普惠傳同。蓋貧由於不均，故下文言「均無貧」。論語本錯綜其文，而繁露則依義引之，故不同也。「和無寡」者，言既均平，則上下和協，民皆思歸也。「脩文德」者，脩謂加治之，文德謂文治之德，所以別征伐爲武事也。周語云：「有不祭則脩意，有不祀則脩言，有不享則脩文，有不貢則脩名，有不王則脩德，序成而有不至則脩刑。於是乎有刑不祭，伐不祀，征不享，讓不貢，告不王。於是乎有刑罰之辟，有攻伐之兵，有征討之備，有威讓之令，有文告之辭。布令陳辭而又不至，則又增於德，無勤民於遠，是以近無不聽，遠無不服。」周語此文，卽謂遠人不服，宜脩文德之事。「來」謂召來之也。趙岐孟子章指引作「懷之」，「懷」亦來也。「安之」者，施以養教之術，使之各遂其生也。今由與求也，相夫子，遠人不服，而不能來也。邦分崩離析，而不能守也。【注】孔曰：「民有異心曰分，欲去曰崩，不可會聚曰離析。」而謀動干戈於邦內。【注】孔曰：「干，楯也；戈，戟也。」吾恐季孫之憂，不在顓臾，而在蕭牆之內也。」【注】鄭曰：「蕭之言肅也。牆謂屏也。君臣相見之禮，至屏而加肅敬焉，是以謂之蕭牆。後季氏家臣陽虎，果囚季桓子。」

正義曰：閻氏釋地又續：「徐文長謂顓臾在邦域中，非遠人，當以淮夷、徐戎當之。余亦不謂然。淮夷、徐戎竝興，乃伯禽之時，非哀公也。考哀公元年，冬伐邾，二年春伐邾，三年冬圍邾，六年冬伐邾，七年秋伐邾，遂入之，以邾子益來。八年夏，以吳將伐我，乃歸邾子。『遠人』似即謂邾。或曰：魯擊柝聞於邾，相距僅七十六里，何以爲遠？曰：敵國則遠人矣。」「邦分崩離析」，謂四分公室，季氏取二，孟孫、叔孫各一。此時賦用益繁，誅求無藝，上下相猜，將不能守其邦也。釋文：「邦內，鄭本作封內。『不在顓臾』，或作『不在於顓臾』。」馮氏考證：「唐石經亦有於字。」阮氏校勘記曰：「隸釋載漢石經殘字，『而在』下有『於』字，云『盍毛、包、周無於』。」宋本「而在」下亦有「於」字。陳氏鱣曰：「高麗本上句有『於』字，與釋文合。下句無『於』字，從包、周本也。」「牆」，漢石經作「蘠」。下篇「辟諸宮牆」，亦作「蘠」。脩華嶽碑「蘠屋傾亞」，皆叚「蘠」爲「牆」。方氏觀旭偶記：「俗解以蕭牆之內爲季氏之家，不知禮天子外屏，諸侯內屏，大夫以簾，士以帷，則蕭牆惟人君有耳。卿大夫以下，但得設帷簾。管仲僭禮旅樹，禮記不言自管仲始，可見管仲之後，諸國卿大夫無有效之僭者。季氏之家安得有此？竊謂斯時哀公欲去三桓，季氏實爲隱憂。又以出甲墮都之後，雖有費邑，難爲臧紇之防，孫林父之戚，可藉以逆命。君臣既已有隙，一旦難作，即效意如之請，請囚於費而無可遑。又畏顓臾世爲魯臣，與魯犄角以逼己，惟有謀伐顓臾，克之，則如武子之取卞，以爲己有而益其彊；

不克，則魯師實已勞憊於外，勢不能使有司討己以干戈。憂在內者攻彊，乃田常伐吳之故智。此後所爲正不可知，所謂內變將作者也。然則蕭牆之內何人？魯哀公耳，不敢斥君，故婉言之。若曰季孫非憂顓臾而伐顓臾，實憂魯君疑己而將爲不臣，所以伐顓臾耳。此夫子誅奸人之心，而抑其邪逆之謀也。」案：方說是也。漢書五行志：「成帝建始三年，未央殿中地震。谷永曰：『地震蕭牆之內。』」是「蕭牆」當指人君。○注：「干，楯也；戈，戟也。」○正義曰：爾雅釋言：「干，扞也。」孫炎注：「干盾自蔽扞。」方言：「盾，自關而東，或謂之瞂，或謂之干，關西謂之盾。」廣雅釋器：「干、瞂、櫓，盾也。」「楯」與「盾」同。干、盾、瞂、櫓，皆一物異名。方言又云：「戟，楚謂之釨，凡戟而無刃，秦、晉之閒謂之釨，或謂之鏔。吳、揚之閒謂之戈，東齊、秦、晉之閒謂其大者曰鏝胡，其曲者謂之鉤釨鏝胡。」郭注：「釨，取名於鉤釨也。鉤釨鏝胡，卽今雞鳴鉤釨戟也。」說文：「戟，有枝兵也。戈，平頭戟也。」據方言，是戈爲戟之異稱。據說文，則戈亦戟類。故此注以「戟」訓「戈」。○注「蕭之」至「桓子」。○正義曰：說文云：「蕭，艾蒿也。」蕭牆義無取此，故鄭訓「蕭」爲「肅」。釋名釋宮室：「蕭牆在門內。蕭，肅也。臣將入於此，自肅敬之處也。」亦同鄭義。說文：「牆，垣蔽也。」屏亦短垣，所以障蔽內外，故亦稱牆。陽虎囚季桓子，在定公八年，而二子事季，則在哀公十一年後，鄭氏此言，未得其實，宜平方氏之易其義也。

2 孔子曰：「天下有道，則禮樂征伐自天子出；天下無道，則禮樂征伐自諸侯出。　正義曰：禮記中庸云：「非天子不議禮，不制度，雖有其德，苟無其位，不敢作禮樂焉。」孟子盡心下云：「征者，上伐下也，敵國不相征也。」則禮樂征伐，皆宜自天子出。白虎通考黜篇：「禮說九錫，車馬、衣服、樂則、朱戶、納陛、虎賁、鈇鉞、弓矢、秬鬯，皆隨其德可行而賜。能安民者賜車馬，能富民者賜衣服，能和民者賜樂則，民衆多者賜朱户，能進善者賜納陛，能退惡者賜虎賁，能誅有罪者賜鈇鉞，能征不義者賜弓矢，孝道備者賜秬鬯。故王制曰：『賜之弓矢，然後專殺。』又曰：『賜圭瓚，然後爲鬯。未賜者，資鬯於天子。』禮『天子賜侯氏車服，路先設，路下四亞之。』又曰：『諸公奉篋服。』王制曰：『天子賜諸侯樂，則以柷將之。』詩曰：『君子來朝，何錫與之？雖無與之，路車乘馬。又何與之？玄袞及黼。』書曰：『明試以功，車服以庸。』朱户、納陛、虎賁者，皆與之制度，而鈇鉞、弓矢、玉瓚，皆與之物，各因其宜也。」按此謂九命，惟天子有賜諸侯，始得用之，故曰「九命作伯」。其諸侯自有之禮樂，及尋常刑賞，施之國中，亦由天子制定爲法，故曰「禮樂征伐自天子出」。白虎通誅伐篇：「諸侯之義，非天子之命，不得動衆起兵。誅不義者，所以彊幹弱枝，尊天子，卑諸侯也。」是諸侯雖有征伐，亦須天子之命。蓋禮樂征伐，皆黜陟之大權，所以褒賢誅不肖，天子之所獨操之者也。此惟治世則然，故曰「天下有道」。及無道之時，上替者必下陵，禮樂征伐，不待天子賜命，而諸侯輒擅行之。或更國有異政，僭上無等，雖極霸彊，要爲無道之天下矣。

自諸侯出，蓋十世希不失矣；【注】孔曰：「希，少也。周幽王爲犬戎所殺，平王東遷，周始微弱。諸侯自作禮樂，專行征伐，始於隱公。至昭公十世失政，死於乾侯矣。」自大夫出，五世希不失矣；【注】孔曰：「季文子初得政，至桓子五世，爲家臣陽虎所囚。」陪臣執國命，三世希不失矣。【注】馬曰：「陪，重也。謂家臣陽虎爲季氏家臣，至虎三世而出奔齊。」

正義曰：云「蓋十世」者，「蓋」是大略之辭。下「五世」、「三世」不言「蓋」，統上而省文也。劉氏逢禄述何篇：「自諸侯出，蓋十世希不失，何也？曰：齊自僖公小霸，桓公合諸侯，歷孝、昭、懿、惠、頃、靈、莊、景，凡十世。而陳氏專國，晉自獻公啟疆，歷惠、懷、文而代齊霸，襄、靈、成、景、厲、悼、平、昭、頃，而公族復爲彊臣所滅，凡十世。

魯自隱公僭禮樂，滅極，至昭公出奔，凡十世。曰：自大夫出，五世希不失，獨驗於三桓，而齊陳氏、晉三家終於竊國，何也？曰：陳氏、三家，皆異姓公侯之後，其本國亡，故復其始也。曰：陪臣執國命，若南蒯、公山弗擾、陽虎，皆及身失之。而云三世始失，何也？曰：計其同惡相連，故稱三世也。」案：十世、五世、三世，皆約略言之。故有及世而未失者，亦有未及世而失者，運有遲速，終於失之，匪惟人事，抑天道矣。馮氏季驊春秋三變說：「隱、桓以下，政在諸侯；僖、文以下，政在大夫；定、哀以下，政在陪臣。當其初，會盟征伐皆國君主之。隱十年，翬帥師會四國伐宋也，則貶而去族。桓十一年，柔會宋公、陳侯、蔡叔盟折也，亦貶而去族，權猶不遽下移也。僖十九年，大夫爲翟泉之盟以伐鄭，則諱不書公。文二年，垂隴盟，書士穀。十五年，以上軍下軍入蔡，書郤缺，而大夫始專矣。浸淫至成二年，鞌之戰，魯以四卿帥師，而三家之勢張。襄十六年，溴梁之會，晉直以大夫主盟，而無君之勢成。于是物極必反，上行下效，諸侯專天子，大夫專諸侯，家臣專大夫。宋樂祁有陳寅，鄭罕達有許瑕，齊陳恆有陳豹，衞孔悝有渾良夫，晉趙鞅有董安于，魯仲孫有公斂處父。而莫狡且彊于季孫之陽虎，以公伐鄭，而實意在惡季孟于鄰國；盟公周社，而實意在詛三桓于國人。夫子于定八年，特書盜竊寶玉大弓，所以治陪臣也。春秋上治諸侯，中治大夫，下治陪臣，至目之曰盜，充其類以盡其義，諸侯大夫，一言以蔽之耳。」顧氏棟高春秋大事表：「春秋之中葉，討伐無書公者，政自大夫出也。定公之初伐齊，反書公者，陪臣執國命，而欲叚公以與大夫抗也。哀公之世，征伐盟會無書公者，大夫復張，已專其利，而以危難之事陷其君也。」馮氏景解春集：「孔子不言『禮樂征伐自陪臣出』，而曰『執國命』，其辭信，其義精。」蔡氏蒙引仍以禮樂征伐爲國命者，非也。家臣雖專政，無行禮樂征伐之事。禮樂征伐，必交乎四鄰，而國命不出境。陪臣執之云者，猶彊奴抗孱主，第相鬩於門之內而已矣。」○注「周幽」至「侯矣」。○正義曰：鄭注云：「亦謂幽王之後也。平王東遷，政始微弱，諸侯始專征伐。」此僞孔所襲。周本紀：「幽王嬖褒姒，生伯服，幽王欲廢太子。太子母，申侯女，而爲后。幽王得褒姒，欲廢申后，并去太子，用褒姒爲后，以其子伯服爲太子。申侯怒，乃與繒、西夷犬戎共攻幽王，遂殺幽王驪山下。於是諸侯乃卽申侯，而共立故幽王太子宜臼，是爲平王也。」漢書地理志：「平王東居洛邑。」於是王室之尊，與諸侯無異。是平王東遷，周始微弱也。隱公名息姑，惠公之子。魯世家：「魯孝公二十五年，犬戎殺幽王。二十七年，孝公卒，子弗湟立，是爲惠公。」惠公立於平王之世，而春秋託始隱公，可知平王東遷之始，諸侯猶守王命，至隱公時，禮樂征伐乃出自諸侯也。僞孔以十世失政，專據魯事言之。自隱後，歷桓、莊、閔、僖、文、宣、成、襄、昭爲十世也。「乾侯」，晉地。昭二十五年，伐季氏，不克，孫於齊，後如晉，居乾侯。三十二年，卒於乾侯。○注「季文」至「所因」。○正義曰：定五年左傳：「九月乙亥，陽虎囚季桓子及公父文伯。」由桓逆推至五世，知爲文子始專政也。○注「陪重」至「奔齊」。○正義曰：說文：「陪，重土也。」引申爲凡加益之義。廣雅釋詁：「陪，臣也。」韋昭楚語注：「臣之臣爲陪。」曲禮：「列國之大夫，入天子之國，自稱曰陪臣某。」是諸侯大夫於天子爲陪臣，則諸侯大夫家臣亦於諸侯爲陪臣矣。陽虎之先，爲季氏臣，未有所證，或馬據論語，以意言之。但注「陽虎」，「虎」字疑誤，當謂「陽虎之先」，別一人也。

天下有道，則政不在大夫。【注】孔曰：「制之由君。」天下有道，則庶人不議。【注】孔曰：「無所非議。」

正義曰：說文：「議，語也。」廣雅釋詁：「議，謀也。」詩北山：「或出入風議。」是謀論政事爲議也。方氏觀旭偶記云：「議者，圖議國政。倘云私議君上之得失，則庶人傳語，正是先王之制，王者斟酌焉。而事行不悖，豈得謂非有道？蓋庶人有凡民，有府史胥徒之屬，凡民可以傳語，府史胥徒不當與謀國政，況有道之時，野無遺賢，俊傑在位，王公論道經邦，自不下資於庶人之微。春秋傳齊定姜曰：『舍大臣而與小臣謀，一罪也。』鄭子國曰：『國有大命，而有正卿，童子言焉，將爲戮矣。』冉有曰：『君子有遠慮，小人何知？』並言古之正法。若曹劌論戰事，足見魯卿大夫之已鄙；重人告伯宗，足見晉卿大夫之無學。陽虎有言而魯國亂，〔一〕鄙人論政而曹國亡。俱是無道之時，庶人之議得聞於世者也。」○注「制之由君」。○正義曰：「君」，統天子諸侯言之。政制自上，臣下奉而行之，所謂「君令臣共」者也。若夫桓、文啟霸，政柄未移，雖禮樂征伐出自諸侯，而考其世運，猶可稱有道矣。

3 孔子曰：「祿之去公室五世矣，【注】鄭曰：「言此之時，魯定公之初，魯自東門襄仲殺文公之子赤而立宣公，於是政在大夫，爵祿不從君出，至定公爲五世矣。」政逮於大夫四世矣，【注】孔曰：「文子、武子、悼子、平子。」故夫三桓之子孫微矣。」【注】孔曰：「三桓謂仲孫、叔孫、季孫，三卿皆出桓公，故曰三桓也。仲孫氏改其氏稱孟氏。至哀公皆衰。」

正義曰：爾雅釋訓：「逮，及也。」說文同。又云：「隶，及也。隸，及也。」音義並同。○注「言此」至「世矣」。○正義曰：鄭知夫子此言在定公初者，以下文「政逮大夫四世」，又言「三桓子孫微」，是在定公五年陽虎作難之時，故知爲定公初也。毛氏奇齡稽求篇：「按春秋昭二十五年，叔孫婼如宋。〔二〕宋樂祁曰：『魯君必出，政在季氏，三世矣；魯君喪政，四公矣。』至三十二年，公薨乾侯。史墨對趙簡子曰：『季友有大功於魯，受費，以爲上卿。至于文子、武子，世增其業。魯文公薨，而東門襄仲殺適立庶，魯君於是乎失國政，政在季氏，於此君也四公矣。』兩人所言四公，上自文薨以後，下及

〔一〕「陽虎有言而魯國亂」八字原係闕文，據論語偶記補。 〔二〕「婼」原誤作「舍」，據春秋經傳改。

昭終之年，宣、成、襄、昭，紬指四世。其不云五世者，樂祁與史墨言此在昭公時，子所言在定公時，多一世也。故史記魯世家云：「文公卒，襄仲立宣公。魯由此公室卑，三桓彊。」而漢食貨志云：「魯自文公以後，祿去公室，政在大夫。」則是文公以後爲宣、成、襄、昭、定五世。」案：毛氏此言，足以證明鄭義。春秋繁露玉杯篇：〔一〕「文公不能服喪，不時奉祭，以不三年，〔二〕又以喪取，取于大夫以卑宗廟，亂其羣祖以逆先公。小善無一，而大惡四五，故諸侯弗予盟，命大夫弗爲使。是惡惡之徵，不臣之效也。出侮于外，入奪于內，無位之君也。孔子曰：『政逮于大夫四世矣。』蓋自文公以來之謂也。」案：董氏以季文子始仕在文公時，文公出侮入奪，固已自啟其釁，故至宣公，祿去公室。繁露此言，與鄭意似異而實同也。左文十八年傳：「文公二妃。敬嬴生宣公。敬嬴嬖，而私事襄仲。宣公長，而屬諸襄仲。襄仲欲立之，叔仲不可。仲見于齊侯而請之，齊侯許之。冬十月，仲殺惡及視，而立宣公。」公羊傳作「子赤」，是「惡」即「赤」，此其事也。「祿」謂百官之俸。注「爵祿」連言者，謂有爵而後有祿也。祭統云：「古者明君爵有德而祿有功，必賜爵祿于太廟，示不敢專也。故祭之日，一獻，君降立於阼階之南，南鄉，所命北面，史由君右執策命之。再拜稽首，受書以歸，而舍奠于其廟。此爵賞之施也。」今魯政在大夫，爵祿人皆不由君出，則用舍之權，俱是大夫主之可知。○注：「孔曰：『文子、武子、悼子、平子。』」○正義曰：皇本此注作「鄭曰」。左氏傳言：「魯文公薨，而政在季氏。季氏者，文子也。」宣十八年傳：「欲去三桓，以張公室。」成十六年傳：「魯之有季、孟，猶晉之有欒、范也，政令于是乎成。」竝指文子。江氏永羣經補義：「專政者，東門遂。輔之者，季孫行父。襄仲死，逐子家者，文子也。觀傳所載虧姑成婦等事，行父亦專横矣，故專政當自文子始。昭二十五年，宋樂祁曰：『政在

〔一〕「玉杯」原誤作「玉林」，據春秋繁露改。　〔二〕「奉祭」下原衍「倒序」二字，據春秋繁露刪。

季氏三世矣。』杜注：『三世：文子、武子、平子。』孔疏云：『不數悼子者，悼子未爲卿而卒，不執魯政，故不數也。十二年傳曰：「季悼子之卒也，叔孫昭子以再命爲卿。」卿必再命，乃得經書名氏。七年三月，經書「叔孫婼如齊涖盟」，其年十月「季孫宿卒」，是悼子先武子而卒，平子以孫繼祖也。』此疏甚確。當以文子、武子、平子、桓子爲四世。」案：江氏是也。閻氏若璩、毛氏奇齡、馮氏景、李氏惇、方氏觀旭說並同。閻氏又引孔子世家言：「季武子卒，平子代立。」亦一證。○注「三桓」至「皆衰」。○正義曰：禮郊特牲注云：「三桓，魯桓公之子、莊公之弟公子慶父、公子牙、公子友。」此注所云「仲孫」，即慶父之後，又稱爲孟氏也。叔孫即公子牙之後，季孫即公子友之後。方氏觀旭偶記曰：「四世，是季文至桓。惟是宣公時，孟、叔二家與季文子共事。孟則慶父之曾孫獻子蔑，蔑生莊子速，速生孝伯羯，羯生僖子貜，貜生懿子何忌，與季桓子同時。叔則牙之孫莊叔得臣，得臣生宣伯僑如、穆叔豹，豹生昭子婼，婼生成子不敢，不敢生武叔州仇，與季桓子同時。孟與叔竝已五世柄政，此經論三桓之子孫而統云『四世』者，蓋惟就季氏之世爲言。季氏，孟、叔二家所宗也。是以傳言季氏爲冢卿，二子爲介卿。叔孫穆子指楹曰：『雖惡之，其可去乎？』臧戾曰：『凡有季氏與無，於我孰利？』皆曰：『無季氏，是無叔孫氏也。』然則二家視季氏爲盛衰，舉季氏之世，而三桓可知矣。」案：方氏是也。此注謂「至哀公皆衰」，則統三家言之。三家微於定、哀之時，至後益衰，不復自振矣。漢書楚元王傳向上封事曰：「『祿去公室，政逮大夫。』危亡之兆。」

4 孔子曰：「益者三友，損者三友。友直，友諒，友多聞，益矣。友便辟，【注】馬曰：「便辟，巧辟人之所忌，以求容媚。」友善柔，【注】馬曰：「面柔也。」友便佞，損矣。」【注】鄭曰：「便，辯也，謂佞而辯。」正義曰：「公羊定四年傳：「朋友相衛。」何休解詁：「君臣言朋友者，闔廬本以朋友之道爲子胥復讎。孔子曰『益者三友』」云云。據何注，則「三友」、「三樂」皆指人君言。直者能正言極諫，諒者能忠信不欺，多聞者能識政治之要。人君友此三者，皆有益也。「便辟」者，集注云：「謂習於威儀。」此但能爲容媚，與直相反；「善柔」能爲面柔，與諒相反；「便佞」但能口辯，非有學問，與多聞相反。人君友此三者，皆有損也。蓋「便辟」是體柔，即所謂「足恭」也。「善柔」是面柔，即所謂「令色」也。「便佞」是口柔，即所謂「巧言」也。説文：「諞，便巧言也。從言，扁聲。周書曰：『戩戩善諞言。』論語曰：『友諞佞。』」此當出古論。○注：「便辟，巧辟人之所忌，以求容媚。」○正義曰：「巧辟」者，「辟」與「避」同，謂君忌直言，則諱避不諫也。此義迂曲，於經旨不相應。釋文音「辟」爲「婢亦反」，謂「注亦同」，是誤以馬注讀避爲婢亦矣。盧氏文弨考證曰：「公羊定四年傳疏云：『便辟謂巧爲譬喻。』又云：『今世間有一論語，音便辟爲便僻者，非鄭氏之意，通人所不取矣。』據此，則讀『辟』爲『譬』，本鄭注。馬融則讀爲『避』，與鄭義異，故皇本注中作『避』。惠氏云：『馬、鄭皆讀辟爲避，誤。』」案：盧校是也。巧爲譬喻，已是便佞，鄭君此義，未爲得也。考文載一本、高麗本經注皆作「便僻」，後漢爰延傳注、太平御覽交友部引論語亦作「僻」，與公羊疏所稱世間之音合，而徑寫經注字作「僻」，此直以義妄改。夫善柔、便佞，皆邪僻之行，則作「便僻」便是渾言無所指稱，宜爲通人所不取也。後漢書佞幸傳贊：「咎在親便嬖，所任非仁賢，故仲尼箸損者三友。」此又讀「便辟」爲「便嬖」。孟子梁惠王篇：「爲便嬖不足使令于前與。」「便嬖」是近倖小臣，不得稱友，且若輩亦非盡無良，以釋此文，未能允也。○注：「面柔也。」○正義曰：爾雅釋訓：「戚施，面柔也。」鄭箋詩新臺云：「戚施面柔，下人以色。」是其義也。鄭此注云：「善柔，夸毗也。」案：爾雅：「夸毗，體柔也。」毛詩板云：「無爲夸毗。」傳云：「夸毗，以體柔人也。」鄭此訓與馬異，馬氏是也。公羊定四年疏云：「善柔，謂口柔、面柔、體柔之屬。」與馬、鄭各別。陳氏鱣古訓疑爲鄭義，非也。○注：「便，辯也，謂佞而辯。」○正義曰：爾雅釋訓：「諸諸、便便，辨也。」「辨」、「辯」字同。何休公羊解詁引此文，釋文云：「辯佞如字，本亦作便佞。」疏云：「辯佞，辯爲媚矣。」是陸、徐所見本均用鄭義。宋氏翔鳳輯鄭注校云：「御覽四百六引此注『便佞也』，文異義同。」

5 孔子曰：「益者三樂，損者三樂。樂節禮樂，【注】動得禮樂之節。樂道人之善，樂多賢友，益矣。樂驕樂，【注】孔曰：「恃尊貴以自恣。」樂佚遊，【注】王曰：「佚遊，出入不節。」樂宴樂，損矣。」【注】孔曰：「宴樂，沈荒淫瀆。三者自損之道。」正義曰：「道人之善」者，道猶說也，若舜隱惡揚善也。「賢友」即直諒多聞是也。「佚遊」者，佚猶放也。釋文云：「佚，本亦作逸。」二字古通用。○注：「動得禮樂之節。」○正義曰：禮得其體，樂得其和，動必由之，有制節也。禮記玉藻云：「古之君子必佩玉，右徵角，左宮羽，趨以采薺，行以肆夏，周還中規，折旋中矩，進則揖之，退則揚之，然後玉鏘鳴也。」鄭注：「君子，士已上。」大戴記保傅云：「行中鸞和，步中采茨，趨中肆夏，所以明有度也。」又云：「天子處位不端，受業不敬，言語不序，聲音不中律，進退節度無禮，升降揖攘無容，周旋俯仰視瞻無儀，安顧咳唾趨行不得，色不比順，隱琴瑟，凡此其屬太保之任也。」是言在位者有禮樂之節也。○注：「佚遊，出入不節。」○正義曰：「出入」猶言往反。書皋陶謨云：「無若丹朱傲，惟慢遊是好。」孟子梁惠王下載晏子對景公云：「從流下而忘反謂之流，從流上而忘反謂之連，從獸無厭謂之荒。」是「佚遊」爲非義也。無逸言「文王不敢盤于遊田」，其戒嗣王，無淫于、觀于、逸于、遊于田，胥是意也。○注：「宴樂，沈荒淫瀆。」○正義曰：說文云：「宴，安也。」飲食所以安體，故亦曰宴。漢書成帝紀：「帝爲太子，其後幸酒樂燕。」「樂宴」作「燕」者，叚借字。易象傳：「君子以飲食宴樂。」鄭注：「宴，享宴也。」彼是以禮飲食，與此「宴樂」爲沈荒淫瀆不同。書微子云：「沈酗于酒。」大雅抑詩云：「荒湛于酒。」「湛」與「沈」同。春秋左氏傳以貪于飲食爲饕餮，而晏子亦以飲食若流戒齊景公。古人燕飲，非時不舉，非有故不特殺，不欲以口腹之欲敗乃度也。「淫瀆」謂淫於女色，注是推廣言之。史記樂書：「宋音燕女溺志。」集解引王肅曰：「燕，歡悅也。」

6 孔子曰：「侍於君子有三愆：【注】孔曰：「愆，過也。」言未及之而言謂之躁，【注】鄭曰：「躁，不安靜。」言及之而不言謂之隱，【注】孔曰：「隱匿不盡情實。」未見顏色而言謂之瞽。」【注】周曰：「未見君子顏色所趣向，而便逆先意語者，猶瞽也。」

正義曰：「言及之而不言」，皇本無「而」字。韓詩外傳曰：「未可與言而言謂之瞽，可與之言而不與之言謂之隱。君子不瞽言，謹慎其序。」略本論語此文。集注引尹氏焞曰：「時然後言，則無三者之過。」○注：「愆，過也。」○正義曰：爾雅釋言：「諐，過也。」說文：「愆，過也。諐，籀文。」○注：「躁，不安靜。」○正義曰：說文：「趮，疾也。」「躁」即「趮」字。考工記：「羽豐則遲，殺則趮。」「趮」與「遲」對文，亦訓疾。人性疾則不安靜。釋名釋言語云：「躁，燥也。物燥乃動而飛揚也。」是也。釋文引注更云：「魯讀躁爲傲，今從古。」盧氏考證曰：「未及言而先自言之，是以己所知者，傲人之不知也。」此則魯義，與古不同。荀子勸學篇：「未可與言而言謂之傲，可與言而不言謂之隱，不觀顏色而言謂之瞽。君子不傲，不隱，不瞽，謹順其身。」鹽鐵論孝養篇：「言不及而言者，傲也。」並用魯論作「傲」。陳氏鱣曰：

「繫辭傳云『躁人之辭多』，故鄭從古作躁。」

7 孔子曰：「君子有三戒：少之時，血氣未定，戒之在色；及其壯也，血氣方剛，戒之在鬭；及其老也，血氣既衰，戒之在得。」【注】孔曰：「得，貪得。」　正義曰：說文云：「戒，警也。从廾持戈，以戒不虞。」又云：「壯，大也。」爾雅釋詁同。曲禮云：「三十曰壯。」「鬭」猶爭也。說文：「鬥，兩士相對，兵杖在後，象鬥之形。鬭，遇也。從鬥，斲聲。」二字義微別，今經典通作「鬭」。釋文：「得，或作德，非。」翟氏灝考異：「淮南詮言訓：『凡人之性，少則猖狂，壯則彊暴，老則好利。』本此章。」張栻論語解：「人有血氣，則役於血氣，血氣有始終盛衰之不同，則其所役亦隨而異。夫血氣未定，則動而好色；血氣方剛，則銳而好鬭；血氣既衰，則歛而志得。凡民皆然，爲其所役者也。於此而知戒，則義理存；義理存，則不爲其所役矣。」

8 孔子曰：「君子有三畏：畏天命，畏大人，【注】順吉逆凶，天之命也。大人卽聖人，與天地合其德。畏聖人之言。【注】深遠不可易知測，聖人之言也。小人不知天命而不畏也，狎大人，侮聖人之言。」【注】恢疏，故不知畏。直而不肆，故狎之。不可小知，故侮之。　正義曰：「天命」，兼德命、祿命言。知己之命原於天，則修其德命，而仁義之道無或失。安於祿命，而吉凶順逆必脩身以俟之，妄爲希冀者非，委心任運者亦非也。且得位，則行義以達其道，不得位，亦必隱居以求其志。此方是天地生人，降厥德于我躬之意。故惟君子能知天命而畏之也。其畏之者，恐己之德有未至，無以成己成物，有負於天耳。鄭注：「大人，謂天子諸侯爲政教者。」言天子諸侯能爲政教，是爲賢德之君。程氏廷祚說：「大人，謂當時之天子諸侯也。天子有天下，建立諸侯，與之分而治之。君子之畏之者，豈爲其崇高富貴哉？位曰天位，事曰天職，則皆天命之所在也。故進退必以禮，匡諫必以正，所謂『我非堯、舜之道，不敢以陳於王前』也。小人之於大人，效奔走之恭，極逢迎之巧，而日導之以非，所謂『是何足與言仁義，則狎之甚』也。」程氏此說，指當時天子諸侯，不必是賢德之君，與鄭微異，均得通也。朱氏彬經傳考證：「大人，以位言。」引「禮運『大人世及以爲禮』，鄭注『大人謂諸侯』，可證鄭說。」又引「士相見禮『與大人言，言事君』，鄭注：『大人，卿大夫也。』昭十八年左傳：『閔子馬曰：「夫必多有是說，而後及其大人。大人患失而惑。」』杜注：『大人，在位者。』」此解「大人」兼及卿大夫，亦鄭義之引伸也。是故「畏天命」，則戒謹恐懼，必致其修己安人、安百姓之學。「畏大人」，則秉禮懷刑，必無有干犯其長上者。「畏聖人之言」，則古訓是式，必無有敢蔑棄先王之典者。鄭注云：「狎，慣忽也。」孔穎達書疏謂慣見而忽之，是謂小人狎侮其君上，不加敬也。廣雅釋詁：「侮，輕也，傷也。」漢書外戚中山衞姬傳：「不畏天命，侮聖人言。」師古曰：「侮，古侮字。」案：說文「侮」下云：「侮，古文從母。」外戚傳所引，當出古論。○注「順吉」至「其德」。○正義曰：易文言傳：「積善之家，必有餘慶；積不善之家，必有餘殃。」尸子曰：「從道必吉，反道必凶，如影如響。」即此注義。春秋繁露郊語篇引此文解之云：「以此見天之不可不畏敬，猶主上之不可不謹事。不謹事主，其禍來至顯；不畏敬天，其殃來至闇。闇者不見，其端若自然也。由是觀之，天殃與上罰所以別者，闇與顯耳。孔子同之，俱言可畏也。」又順命篇說此文云：「其祭社稷、宗廟、山川、鬼神，不以其道，無災無害。至於祭天不享，其卜不從，使其牛口傷，鼷鼠食其角，或言食牛，或言食而死，或食而生，或不食而自死，或改卜而牛死，或卜而食其角。過有深淺厚薄，〔一〕而災有簡甚，不可不察也。以此見其可畏。專誅絶者，其唯天乎？臣殺君，子殺父，三十有餘，諸其賤者則損。以此觀之，可畏者，其唯天命大人乎？亡國五十有餘，皆不事畏者也，況不畏大人，專誅之君之滅者，〔二〕何日之有哉？」案：董氏言天命，專主禍福，必論語家舊説，故此注同之。又董氏解「大人」爲君上，與鄭注同。此注以「大人」爲卽聖人者，孟子云：「有大人者，正己而物正者也。」是「大人」卽聖人。易文言傳：「夫大人者，與天地合其德。」此注所本。中庸云：「仲尼上律天時，下襲水土。辟如天地之無不持載，無不覆幬。辟如四時之錯行，如日月之代明。」是聖人與天地合德也。陳氏鱣古訓：「何解『大人』卽聖人，則與下『聖人之言』相複，是二畏矣。」故今不從之也。○注：「深遠不可易知測，聖人之言也。」○正義曰：繁露郊語篇云：「天地神明之心，與人事成敗之真，固莫之能見也，惟聖人能見之。聖人者，見人之所不見者也，故聖人之言亦可畏也。」又順命篇云：「魯宣違聖人之言，變古易常，而災立至。聖人之言可不愼？」董氏之旨，亦主禍福。此注則以聖言深遠，難可知測，或慮德闇，易獲罪聖言也。與繁露旨意當同。○注「恢疏」至「侮之」。○正義曰：邢疏云：「案老子德經云：『天網恢恢，疏而不失。』言天之網羅，恢恢疏遠，刑淫賞善，不失毫分也。」案：天道難測，故於報施有遲速顯闇之異，小人不明此理，故不畏也。「肆」，倨肆也。言大人正直，而無所肆傲於人，故小人狎之。左襄二十九年傳：「直而不倨。」杜注：「倨，傲。」意略同。「小知」者，小有所知也。小人不知聖言，故曰「不可小知」。

〔一〕「過」原誤作「遇」，據春秋繁露改。〔二〕「專」上原重「大人」二字，據春秋繁露删。

9 孔子曰：「生而知之者上也，學而知之者次也。困而學之，又其次也。【注】孔曰：「困謂有所不通。」困而不學，民斯爲下矣。」

正義曰：上、次、又次，皆言人資質之殊，非謂其知有淺深也。中庸云：「或生而知之，或學而知之，或困而知之，及其知之，一也。」鄭注：「困而知之，謂長而見禮義之事，己臨之而有不足，乃始學而知之。」中庸又云：「有弗學，學之弗能，弗措也。有弗問，問之弗知，弗措也。有弗思，思之弗得，弗措也。有弗辨，辨之弗明，弗措也。人一能之，己百之；人十能之，己千之。果能此道矣，雖愚必明，雖柔必彊。」此言困學之事，當百致其功也。若使困而不學，則蠢然罔覺，斯爲材質之最下者，不得爲士類矣。○注：「困謂有所不通。」○正義曰：不通者，言心有所隔塞也。廣雅釋詁：「困，窮也。」

10 孔子曰：「君子有九思：視思明，聽思聰，色思温，貌思恭，言思忠，事思敬，疑思問，忿思難，見得思義。」

正義曰：孫氏奇逢近指：「九思，皆思誠者之事。」案：孟子云：「心之官則思，思則得之，不思則不得也。」君子嚴於所思，而約之有此九端。蓋凡言行，莫能外是矣。說文：「聽，察也。」色謂顏色，貌謂禮容。尚書洪範：「貌曰恭，言曰從，視曰明，聽曰聰。」從謂順乎理。此文言「忠」，忠者誠實之謂，誠實則順理可知。釋文：「難，乃旦反。」皇疏云：「一朝之忿，忘其身以及其親，是謂難也。」案：後漢吴祐傳：「孝子忿必思難，動不累親。」與皇疏合。大戴禮曾子立事云：「忿怒思患。」「患」、「難」義同。

11 孔子曰：「見善如不及，見不善如探湯。吾見其人矣，吾聞其語矣。【注】孔曰：「探湯，喻去惡疾。」隱居以求其志，行義以達其道。吾聞其語矣，未見其人也。」

正義曰：「如不及」，如己所不及也。文子上德篇：「文王見善如不及。」孟子云：「文王望道而未之見。」言文王如未之見也，亦如不及之意。「探湯」者，以手探熱，易致傷害也。爾雅釋詁：「探，取也。」郭注：「探者，摸取也。」說文：「湯，熱水也。」孟子：「冬日則飲湯。」列子湯問篇：「日初出，則滄滄涼涼；及日中，如探湯。」亦以「探湯」喻熱。大戴禮曾子立事云：「見善恐不得與焉。見不善者，恐其及己也。」盧辯注引此文，明「探湯」卽「恐其及己」之意。「聞其語」，皆謂古語。隱居求志，行義達道，若伊尹耕莘，而樂堯、舜之道，及湯三聘而行其君臣之義，以達其所守之道者也。春秋之末，賢人多隱，故長沮、桀溺、接輿、丈人，皆潔己自高，不復求其所志。夫子「未見」之歎，正緣於此。然夫子處無道之世，周遊諸侯，栖栖不已。而又言「天下有道則見，無道則隱」，隱者，卽此隱居求志之謂，非如隱而果於忘世也。孟子云：「故士窮不失義，達不離道。窮不失義，故士得己焉；達不離道，故民不失望焉。」與此語義正同。程氏瑤田論學小記：「隱居以求其志，求其所達之道也。當其求時，猶未及行，故謂之志。行義以達其道，行其所求之志也。及其行時，不止於求，故謂之道。志與道，通一無二，故曰：士何事？曰尚志。」案：後漢書逸民列傳序引此文，李賢注云：「求志謂長沮、桀溺。」如其說，則夫子固見其人矣。○注：「探湯，喻去惡疾。」○正義曰：毛氏奇齡賸言：「案扁鵲傳『湯液醴灑』，所以治病者，故以探湯、去疾爲卻惡之喻。」今案：漢書楚元王傳向上封事曰：『見不善如探湯。』今二府奏佞讇不當在位，歷年而不去。」顏師古注：「探湯，言其除難無所避也。」與去疾義同。或論語舊說如此，僞孔襲其義也。

12 齊景公有馬千駟，死之日，民無德而稱焉。【注】孔曰：「千駟，四千匹。」伯夷、叔齊餓于首陽之下，【注】馬曰：「首陽山在河東蒲坂縣，華山之北，河曲之中。」民到于今稱之。其斯之謂與？【注】王曰：「此所謂以德爲稱。」

正義曰：此章亦孔子語。陳祥道禮書云：「諸侯六閑，衞文公之騋牝三千，齊景公之有馬千駟。三千則近於天子十二閑之數，而千駟又過之，是皆僭侈而違禮者也。」閻氏若璩釋地又續引郝敬說，並申之云：「千駟，蓋指公馬之畜於官者，非國馬之散在民間者也。周禮校人：『天子十有二閑。』良馬十閑，二千一百六十匹，駑馬二閑，千二百九十六匹，共三千四百五十六匹。降而諸侯六閑，猶千二百九十六匹。皆所以給公用，備賜予也。齊景公時，地大於王畿，性又惟狗馬是好，故畜多如是。至出自民間，則說苑所稱『長轂三千乘』，是非此數也。」樊氏廷枚釋地補：「漢書梅福傳：『雖有景公之位，伏櫪千駟，臣不貪也。』伏櫪，正與韋昭國語注『繫馬，良馬在閑，非放牧者』同義。」包氏慎言溫故錄：「後漢書濟南王康傳：『康多殖貨財大修宮室，廐馬千二百匹，奢侈恣欲，游觀無度。』何敞上疏諫曰：『諸侯之義，節謙制度，然後能保其社稷，和其民人。楚作章華以凶，吴興姑蘇而滅。景公千駟，民無稱焉。』依何敞疏，則『千駟』當指公廏之馬。蓋僭侈之事，民無德而稱者，言民無所知其德稱說之也。」皇本作「民無得稱焉」。阮氏元校勘記云：「德、得雖通，此處自當作德。王注、邢疏皆以斯字卽指德言，若改爲得，頗乖文義。」今案：皇疏云：「生時無德而多馬。」又云：「言多馬而無德。」是皇本亦作「德」。今字作「得」，當出異域所改。說文云：「餓，飢也。」淮南說山訓注：「餓，困乏也。」史記伯夷列傳：「伯夷、叔齊聞西伯昌善養老，盍往歸焉。及至，西伯卒。武王東伐紂，伯夷、叔齊叩馬而諫曰：『父死不葬，爰及干戈，可謂孝乎？以臣弑君，可謂仁乎？』左右欲兵之。太公曰：『此義人也。』〔一〕扶而去之。武王已平殷亂，天下宗周，而伯夷、叔齊恥之，義不食周粟，隱於首陽山，采薇而食之。及餓且死，作歌曰云云，遂餓死於首陽山。」此其事也。錢氏可選補闕疑：「夷、齊不食周粟，非絕粒不食也。古人祿皆以粟，如原思辭粟是也。餓而食薇者，粟或不足，有時采薇以充之，未必止食薇也。秦記謂其『食薇三年，顏色不改』，誣矣。」案：漢書王貢兩龔鮑傳：「昔武王伐紂，遷九鼎於雒邑。伯夷、叔齊薄之，餓于首陽，不食其祿。」亦謂因不仕周食祿，故致餓也。「其斯之謂與」句，上當有脫文。注以「斯」指「德」，亦是因文解之。蔡節論語集說牽合上章，而謂「見善矣，又若不及見之也，見不善矣，猶未免於嘗試之，此指齊景公」。「隱居」二句爲指夷、齊，殊爲穿鑿。張栻論語解、孔廣森經學卮言並以「隱居求志，行義達道」，證合夷、齊，而於「見善」、「見不善」二句略而不言，則亦集說之傅會矣。○注「首陽」至「之中」。○正義曰：漢地理志：「河東郡蒲反有堯山、首山祠，雷首山在南。」司馬彪郡國志：「河東郡蒲坂有雷首山。」劉昭注補引論語此文並馬注說之。首山、首陽、雷首，三名實一地。「反」與「坂」同。華山卽太華，在蒲坂西南，大河之南。蓋河由壺口之西循山麓南行，至太華，乃折而東，雷首山適當其北，故曰「華山之北，河曲之中」也。太平寰宇記引論語鄭康成注：「首陽山在河中蒲坂城南，今陽區山，俗號爲首陽山。」知鄭此文亦有注，與馬義同。唐詩采苓云：「采苓采苓，首陽之巔。」首陽之名，確見此詩。其序言：「刺晉獻公好聽讒言。」讒言卽指驪姬。當時太子申生被譖以死，驪姬復譖公子重耳、夷吾，曰：「二公子皆知之。」於是重耳奔蒲，夷吾奔屈。獻公復命寺人披伐蒲，故其詩言「舍旃舍旃」，勸公勿信讒言，致伐之也。重言「舍旃」者，非一之辭。晉語：「重耳處蒲城。」韋昭解：「蒲，今蒲坂。」是首陽在蒲坂，卽是雷首，有明徵矣。金氏鶚求古錄亦據詩「首陽」，以爲卽夷、齊之所居，其說誠是。而以首陽

〔一〕「義」原誤作「異」，據史記改。

爲在晉都平陽之西，則全無所據。揆其意，徒以采苓是晉詩，首陽應在晉都左右，不知獻公時疆域甚廣，所謂「河外列城五」者，其地卽在蒲坂大河之西。蒲是晉邑，得舉其境內之山，豈必斤斤於晉都左右求首陽之所在邪？莊子讓王云：「夷、齊北至于首陽之山，遂餓而死。」所謂北至者，蓋夷、齊自孟津諫武王伐紂後，遂由孟津西北至首陽也。莊子大略言之，故祇稱「北至」矣。大戴記曾子制言中：「昔者伯夷、叔齊死於溝、澮之間。」又云：「夫二子者，居河、濟之間。」孔氏廣森補注：「首陽山在蒲坂、河曲中，其南王屋，濟水所出，故云河濟之間。」孔氏釋首陽，卽本馬、鄭也。金氏亦知平陽不在河、濟之間，因謂「二子先居河、濟間，後乃隱首陽，河、濟間卽孟津。夷、齊諫武王時居此。」此則彊文成義，不可爲典要矣。至許慎說文謂首陽在遼西，曹大家注幽通賦謂在隴西，高誘注呂氏春秋有始覽謂在洛陽東北，司馬貞史記索隱謂在岐山之西，皆非是。

13 陳亢問於伯魚曰：「子亦有異聞乎？」【注】馬曰：「以爲伯魚，孔子之子，所聞當有異。」對曰：「未也。嘗獨立，【注】孔曰：「獨立謂孔子。」鯉趨而過庭。曰：『學詩乎？』對曰：『未也。』『不學詩，無以言。』鯉退而學詩。他日，又獨立，鯉趨而過庭。曰：『學禮乎？』對曰：『未也。』『不學禮，無以立。』鯉退而學禮。聞斯二者。」陳亢退而喜曰：「問一得三，聞詩，聞禮，又聞君子之遠其子也。」

正義曰：「異聞」者，謂有異教獨聞之也。稱「鯉」者，將述對父之語，若當父前，子自稱名也。「趨而過庭」者，禮，臣行過君前，子行過父前，皆當徐趨，所以爲敬也。過庭謂東西徑過也。王通中說立命篇引姚義曰：「夫教之以詩，則出辭氣斯遠暴慢矣。約之以禮，則動容貌斯立威嚴矣。」義與此章相發。說苑建本篇：「孔子曰：『鯉君子不可以不學，見人不可以不飾。不飾則無根，無根則失理，失理則不忠，不忠則失禮，失禮則不立。』」說苑所述，疑卽過庭學禮之訓，而文較詳。「聞斯二者」，伯魚自明所聞如此，未有異也。「遠其子」者，司馬光家範引此文說云：「遠者，非疏遠之謂也，謂其進見有時，接遇有禮，不朝夕嘻嘻相褻狎也。」案：古者命士以上，父子皆異宮，所以別嫌疑，厚尊敬也。一過庭須臾之頃，而學詩學禮，教以義方，所謂「家人有嚴君」者，是之謂遠。白虎通五行篇云：「君子遠子近孫。」此其義也。皇本「不學詩無以言」，「不」上有「曰」字，「言」下有「也」字，「二者」下有「矣」字。

14 邦君之妻，君稱之曰夫人，夫人自稱曰小童。邦人稱之曰君夫人，稱諸異邦曰寡小君。異邦人稱之亦曰君夫人。【注】孔曰：「小君，君夫人之稱。對異邦謙，故曰寡小君。當此之時，諸侯嫡妾不正，稱號不審，故孔子正言其禮也。」

正義曰：曲禮：「天子之妃曰后，諸侯曰夫人。」公羊隱二年傳：「女在其國稱女，在塗稱婦，入國稱夫人。」明夫人爲君所稱也。白虎通嫁娶篇：「國君之妻，稱之曰夫人何？明當扶進夫人，謂非妾也，國人尊之，故稱君夫人也。自稱小童者，謙也，言己智能寡少，如童蒙也。」曲禮：「夫人自稱於其君曰小童。」注云：「小童，若云未成人也。」唐石經「稱諸異邦」，「諸」誤「謂」。皇本「亦曰君夫人」下有「也」字。○注「小君」至「禮也」。○正義曰：「小君」者，比於君爲小也。春秋書「葬我小君」，是小君卽君夫人之稱，於本國稱「小君」，於異邦稱「寡小君」。猶稱其君於本國曰「君」，於異邦曰「寡君」也。白虎通云：「論語曰：『國君之妻，國人稱之曰君夫人，稱諸異邦曰寡小君。』謂聘問兄弟之國，及臣於他國稱之，謙之辭也。」白虎諸儒，以「稱諸異邦」爲國人所稱，當是論語家舊義。故僞孔此注，亦以「寡小君」爲邦人謙稱也。曲禮：「夫人自稱於諸侯曰寡小君。」注云：「謂饗來朝諸侯之時。」彼文以「寡小君」爲夫人自稱於異邦諸侯，與論語言寡小君爲邦人所稱異。孫氏奇逢近指引郝敬説：「稱諸異邦，如大夫士出使他邦致辭之類，非夫人自稱也。夫人無越國，亦無有自稱爲君者。曲禮謂『夫人自稱於諸侯曰寡小君』，誤也。」此説足正從來傳注之誤。李氏光地劄記：「下兩句皆以邦人之稱言。君尊之，則邦人尊之，故稱於本國者稱君，以重君命也。夫人自小，則邦人小之，故稱於異邦者不敢夷君，以順夫人意也。」胡氏培翬研六室雜箸：「此節惟『小童』句係夫人自稱，餘皆他人稱謂之辭。『稱諸異邦』亦是邦人稱之。雜記：『夫人薨，赴於他國曰寡小君。』此其確證也。聘禮：『夫人使下大夫韋弁歸禮。』注云：『致辭當稱寡小君。』又聘禮記：『君以社稷故，在寡小君。』注云：『此贊拜夫人聘享辭。』明『寡小君』是臣下對他邦人釋辭之稱，非夫人自稱審矣。俗解因曲禮有『自稱於諸侯曰寡小君』之文，遂指爲夫人自稱。然則云『寡小君不祿』，亦可爲夫人自稱乎？曲禮當屬記者之誤。孔疏謂『古者諸侯相饗，夫人亦出，故得自稱』。考之禮，饗食，主賓皆有擯贊傳辭，亦無夫人對他國君自稱之禮。內宰：『凡賓客之祼、獻、瑤爵皆贊。』是其證。況論語無『自』字，與記文本異。考古者當據論語以訂曲禮之非，不當因曲禮而滋論語之誤。」案：孫氏諸説皆精審，足以證明此注矣。云「嫡妾不正」者，詩江有汜釋文：「嫡，正夫人也。」白虎通嫁娶篇：「妾者，接也，以時接見也。」嫡尊得稱夫人，妾卽娣媵之屬，卑不得稱夫人。春秋時，嫡妾之禮不正，多以妾爲夫人。故左傳言魯文公有二妃，齊桓公有三夫人，鄭文公有夫人芈氏、江氏，宋平公納其御，步馬者稱「君夫人」，及左師受饋，亦改命曰「君夫人」。是當時妾稱夫人也。劉氏逢祿述何篇曰：「春秋正適妾之名，仲子、成風以天王、太廟、異邦正之，不得稱夫人也。則妾子爲君，皆繫於子，君稱之曰母，自稱曰先君之妾，邦人稱之曰君母，稱諸異邦曰寡君之母，異邦人稱之亦曰君之母而已。『母以子貴』，公羊氏之駁言也，以穀梁爲正。」

論語正義卷二十

陽貨第十七　集解

凡二十四章　正義曰：漢石經：「凡廿六章。」洪氏頤煊讀書叢録謂「漢石經分『子曰唯上知與下愚不移』、『子謂伯魚曰』各自爲一章，故云廿六」。邢本「古者民有三疾」章下有「子曰：『巧言令色，鮮矣仁。』注王曰：『巧言無實，令色無質。』」唐石經亦有此章，係旁注。御覽三百八十八引論語「陽貨曰：『巧言令色，鮮矣仁。』」疑古傳本有二：有者非後人所增，無者亦非後人所删也。皇本、考文引古本、足利本、高麗本皆無此章，則從集解所據本也。王注亦見學而篇皇疏。

1 陽貨欲見孔子，孔子不見，【注】孔曰：「陽貨，陽虎也，季氏家臣，而專魯國之政。欲見孔子，使仕。」歸孔子豚。孔子時其亡也，而往拜之。遇諸塗。【注】孔曰：「欲使往謝，故遺孔子豚。塗，道也。於道路與相逢。」正義曰：孟子滕文公篇載此事云：「陽貨欲見孔子而惡無禮。」「惡無禮」者，謂孔子不往見，嫌己無禮以致之也。又云：「大夫有賜於士，不得受於其家，則往拜其門。陽貨矙孔子之亡也，而饋孔子蒸豚。孔子亦矙其亡也，而往拜之。當是時，陽貨先，豈得不見？」趙岐注：「陽貨，魯大夫也。孔子，士也。矙，視也。陽貨視孔子亡而饋之者，欲使孔子來答，恐其便答拜使人也。豚非大牲，故用熟饋也。孔子矙其亡者，心不欲見陽貨也。」據孟子，則歸豚本由矙亡，故孔子亦受而矙亡拜之。彼文作「饋」，此作「歸」，二字通用。釋文載「鄭本作饋」，云：「魯讀饋爲歸，今從古。」則作「饋」者古論，作「歸」者魯論也。廣雅釋詁：「覩，視也。」王氏念孫疏證引此文謂「時」與「覩」同。釋言篇：「時，伺也。」此與孟子作「矙」義合。陽貨稱大夫者，毛氏奇齡四書賸言：「季氏是司徒，下有大夫二人，一曰小宰，一曰小司徒，故邑宰、家臣通稱大夫也。」周氏柄中典故辨正說：「禮玉藻云：『酒肉之賜，弗再拜。』又云：『大夫親賜於士，士拜受，又拜於其室。』孔疏：『此非酒肉之賜，故再拜。』陽貨饋蒸豚，正是酒肉之賜，弗再拜者，故必矙亡而來。」〇注：「陽貨，陽虎也。」〇正義云：「貨」、「虎」一聲之轉，疑貨是名，虎是字也。顧氏棟高春秋大事表：「陽虎欲以己更孟氏。」疑與孟孫同族。〇注：「欲使」至「相逢」。〇正義曰：廣雅釋詁：「歸，遺也。」孟子疏引此注：「豚，豕之小者。」今此文脱。說文：「豚，小豕也。從彖省，象形。豚，篆文從肉豕。」方言：「豬，其子或謂之豚，或謂之貕。吳、揚之閒謂之豬子。」是豚爲豕之小者也。爾雅釋宮：「路，旅塗也。」釋名釋道云：「涂，度也，人所由得通度也。」周官司險注：「五涂，徑、畛、涂、道、路也。」此注「塗」訓「道」，又「道路」連言，皆渾舉不分別也。「相逢」者，訓「遇」爲逢也。爾雅釋詁：「遘、逢，遇也。遘、逢、遇、遻，見也。」穀梁傳：「不期而會曰遇。」謂孔子曰：「來！予與爾言。」曰：「懷其寶而迷其邦，可謂仁乎？」曰：「不可。」【注】馬曰：「言孔子不仕，是懷其寶也。知國不治而不爲政，是迷邦也。」好從事而亟失時，可謂知乎？」曰：「不可。」【注】孔曰：「言孔子栖栖，好從事而數不遇，失時，不得爲有知。」日月逝矣，歲不我與。」【注】馬曰：「年老，歲月已往，當急仕。」孔子曰：「諾。吾將仕矣。」【注】孔曰：「以順辭免。」

正義曰：毛氏奇齡稽求篇引明郝敬云：「前兩曰不可，皆是貨自爲問答，以斷爲必然之理。此如史記留侯世家張良阻立六國後八不可語，有云：『今陛下能制項籍之死命乎？』曰：『未能也。』『能得項籍頭乎？』曰：『未能也。』『能封聖人墓，表賢者閭，式智者門乎？』曰：『未能也。』皆張良自爲問答。至『漢王輟食吐哺』以下，纔是高祖語。此章至『孔子曰』以下，纔是孔子語。孔子答語祇此，故記者特加『孔子曰』三字以別之。」閻氏若璩釋地又續同。樊氏廷枚釋地補云：「孔子世家『楚令尹子西曰：「王之使使諸侯有如子貢者乎？」曰：「無有。」「王之輔相有如顏回者乎？」曰：「無有。」「王之將率有如子路者乎？」曰：「無有。」「王之官尹有如宰予者乎？」曰：「無有。」』此亦子西自爲問答。」王氏引之經傳釋詞：「有一人之言而自爲問答者，則加曰字以別之。論語云云。孟子告子篇『爲是其智弗若與？曰非然也』是也。」「懷其寶」者，懷，藏也。皇疏：「寶猶道也。」義見廣雅釋詁。胡氏紹勳拾義：「或謂身爲寶，如老子：『輕敵幾喪吾寶。』注云：『寶，身也。』呂覽先己篇：『嗇其大寶。』注云：『大寶，身也。』懷其寶，謂藏其身。」兩義並通。爾雅釋詁：「迷，惑也。」說文同。言懷道不仕，若己迷惑其邦，不使致治也。「吾將仕」者，言己當就仕也。左僖二十三年傳：「策名委質。」服虔解誼：「古者始仕，必先書其名於策，委死之質於君。」然則夫子言「將仕」，意亦策名委質，如今時投選報吏部矣。○注「言孔」至「有知」。○正義曰：孔子初適周反魯，既又適齊反魯，是栖栖也。少儀：「亟見曰朝夕。」注：「亟，數也。」是「亟」有數訓。○注：「年老，歲月已往。」○正義曰：陽虎於定八年冬叛魯，孔子年五十一。此語在未叛魯前，時孔子年亦近五十，始衰，得稱老也。○注：「以順辭免。」○正義曰：皇疏引郭象曰：「聖人無心仕與不仕，隨世耳。陽虎勸仕，理無不諾，不能用我，則無自用，此直道而應者也。然免遜之理，亦在其中也。」

2 子曰：「性相近也，習相遠也。」【注】孔曰：「君子慎所習。」

正義曰：戴氏震孟子字義疏證：「性者，分於陰陽五行，以爲血氣、心知、品物，區以別焉。舉凡既生以後，所有之事，所具之能，所全之德，咸以是爲其本，故易曰『成之者性也』。氣化生人、生物以後，各以類滋生久矣。然類之區別，千古如是也，循其故而已矣。在氣化曰陰陽，曰五行，而陰陽五行之成化也，雜糅萬變，是以及其流形，不特品物不同，雖一類之中又復不同。凡分形氣於父母，卽爲分於陰陽五行，人物以類滋生，皆氣化之自然。中庸曰：『天命之謂性。』以生而限於天，故曰天命。大戴禮記曰：『分於道之謂命，形於一之謂性。』分於道者，分於陰陽五行也。一言乎分〔一〕，則其限之於始，有偏全、厚薄、清濁、昏明之不齊，各隨所分而形於一，各成其性也。然性雖不同，大致以類爲之區別，故論語曰『性相近也』，此就人與人近言之也。孟子曰：『凡同類者舉相似也，何獨至於人而疑之？聖人與我同類者。』言同類之相似，則異類之不相似明矣。故語告子『生之謂性』曰：『然則犬之性猶牛之性，牛之性猶人之性與？』明乎其不可混同言之也。」又曰：「問：孟子之時，因告子諸人紛紛各立異說，故直以性善斷之。孔子但言善相近，意在於警人慎習，非因論性而發，故不必直斷以善與！曰：然。古今常語，凡指斥下愚者，矢口言之，每曰『此無人性』；稍舉其善端，則曰『此猶有人性』。以人性爲善稱，無人性卽所謂『人見其禽獸也』。有人性卽相近也，善也。論語言『性相近』，正見人無有不善。若不善，與善相反，其遠已縣絕，何近之有？分別性與習，然後有不善，而不可以不善歸性。凡得養失養及陷溺梏亡，咸屬於習也。」李氏光地論語劄記：「案夫子此言，惟孟子能暢其說。其曰『性善』，卽『相近』之說也。其曰『或相倍蓰而無算，其所以陷溺其心者然也』，則『習相遠』之說也。先儒謂孔子

〔一〕「一」字原脫，據孟子字義疏證補。

所言者，氣質之性，非言性之本；孟子所言，乃極本窮源之性。愚謂惟其相近，是以謂之善，惟其善，是以相近，似未可言孔、孟之指殊也。蓋孔、孟所言者，皆人性耳。若以天地之理言，則乾道變化，各正性命，禽獸草木，無非是者。然禽獸之性，則不可言與人相近，相近者，必其善者也。故孝經曰：『天地之性人爲貴。』是孔子之說無異於孟子也。禽獸之性，不可以言善。所謂善者，以其同類而相近也，故曰『人皆可以爲堯、舜』。是孟子之說又無異於孔子也。」焦氏循「性善」解：「性無他，食色而已。飲食男女，人與物同之。當其先民知有母，不知有父，則男女無別也。茹毛飲血，不知火化，則飲食無節也。有聖人出，示之以嫁娶之禮，而民知有人倫矣。示之以耕耨之法，而民知自食其力矣。以此示禽獸，禽獸不知也。禽獸不知，則禽獸之性不能善。人知之，則人之性善矣。以飲食男女言性，而人性善不待煩言自解也。禽獸之性不能善，亦不能惡；人之性可引爲善，亦可引爲惡。惟其可引，故性善也。牛之性可以敵虎，而不可使之咥人，所知所能不可移也。惟人能移，則可以爲善矣。是故惟習相遠，乃知其性相近，若禽獸則習不能相遠也。」案：諸說皆精審，足以發明孔、孟言性之旨。其他家言性，若荀子性惡，是就當時之人性皆不善，此有激之論，不爲典要。至世碩言性有善有惡，與公都子所言性有善有不善同。又告子言性無善無不善，或說性可以爲善，可以爲不善。及漢後儒者之說，皆多影響，故俱畧之。漢書宣元六王傳：「詔曰：『夫人之性，皆有五常，及其少長，耳目牽於耆欲，故五常消而邪心作，情亂其性，利勝其義。』」由是言之，性不外乎耆欲，習卽生於耆欲。善者能制其耆欲，而習而爲善；不善者不能制其耆欲，而習而爲不善。善惡殊途，所以云「相遠也」。○注：「君子愼所習。」○正義曰：後漢書班彪傳：「時東宮初建，諸王國並開，而官屬未備，師保多缺。彪上言曰：『孔子稱「性相近，習相遠」。賈誼以爲「習與善人居，不能無善，猶習與惡人居，不能無惡」。是以聖人愼所與居，而戒慎所習。』」即此注之義。漢書刑法志：「風俗移人，人性相近，而習相遠，信矣。」亦謂人習於俗也。子曰：「惟上知與下愚不移。」【注】孔曰：「上知不可使爲惡，下愚不可使彊賢。」正義曰：阮氏元論性篇：「性中雖有秉彝，而才性必有智愚之別。然愚者，非惡也，智者善，愚者亦善也。古人每言才性，即孟子所謂『非才之罪也』。韓文公原性因此孔子之言，爲『三品』之說，雖不似李習之之悖於諸經，然以下愚爲惡，誤矣。或者更欲以性爲至靜、至明，幾疑孔子『下愚』之言爲有礙，則更誤矣。尚書召誥曰：『今天其命哲。』哲與愚相對，哲即智也。有吉必有凶，有智必有愚。召公曰『既命哲』者，〔一〕言所命非愚。然則愚亦命之所有，下愚亦命之所有，但今若生子在厥初生，自貽哲命耳。孔子之言與召公之言，無少差謬。又案：韓文公原性篇謂『孔子性善之說，得上而遺下』，蓋文公以子魚、楊食我等爲性惡也。然此正是孔子所謂不移之下愚也，非惡也。」今案：阮說是也。漢書古今人表：「傳曰：譬如堯、舜、禹、稷、卨與之爲善則行，鮌、讙兜欲與爲惡則誅。可與爲善，不可與爲惡，是謂上智。桀、紂、龍逢、比干欲與之爲善則誅，干莘、崇侯與之爲惡則行。可與爲惡，不可與爲善，是謂下愚。齊桓公，管仲相之則霸，豎貂輔之則亂。可與爲善，可與爲惡，是謂中人。」此文畧本賈誼新書連語篇，以上智爲善，下愚爲惡。論衡本性篇亦云：「孔子曰：『性相近也，習相遠也。』夫中人之性，在所習焉。習善而爲善，習惡而爲惡也。至於極善極惡，非復在習。故孔子曰：『惟上智與下愚不移。』性有善不善，聖化賢教，不能復移易也。」是以上智、下愚爲善、惡之分，又以上章及此章爲三品，漢人早有此說，而文公因之。然有性善，有性不善，性可以爲善，可以爲不善。孟子已辭而闢之，而斷爲性善，則知三品之言非矣。夫子言「生而知之」爲上，即此上智；「困而學之」爲又

〔一〕據召誥及上文，「既」當作「其」。

次，困卽是愚；而爲又次，無不可移也。至「困而不學」，乃云「民斯爲下」，下卽此所云「下愚」。戴氏震孟子字義疏證：「生而下愚，其人難與言禮義，由自絕於學，是以不移。然苟畏威懷惠，一旦觸於所畏所懷之人，啟其心而憬然覺悟，往往有之。苟悔而從善，則非下愚矣；加之以學，則日進於智矣。以不移定爲下愚，又往往在知善而不爲、知不善而爲之者，故曰不移，不曰不可移。雖古今不乏下愚，而其精爽幾與物等者，亦究異於物，無不可移也。」程氏瑤田論學小記：「人之氣有清濁，故有智愚。然人之智，固不同於犬牛之智，人之愚亦不同於犬牛之愚。犬牛之愚，無仁、義、禮、智之端；人之愚，未嘗無仁、義、禮、智之端。是故智者知正其衣冠矣，愚者亦未嘗不欲正其衣冠也。其有不然者，則野人之習於鄉俗者也。然野人亦自有智愚，其智者亦知當正其衣冠，而習而安焉，此習於惡則惡之事也。其愚者見君子之正其衣冠也，亦有所不安於心，及欲往見君子，必將正其衣冠焉，此習於善則善之事也。」案：如程說，是愚亦可爲善，則愚非惡矣。如戴說，卽下愚亦可移。蓋均本孟子「性善」之旨，以發明夫子言外之意。

3 子之武城，聞弦歌之聲。【注】孔曰：「子游爲武城宰。」夫子莞爾而笑，【注】莞爾，小笑貌。曰：「割雞焉用牛刀？」【注】孔曰：「言治小何須用大道。」

正義曰：鄭注云：「武城，魯之下邑。」與前篇包注畧同。御覽卷一百六十引此文注云：「武城今在費縣。」此注不知爲誰。宋氏翔鳳樸學齋札記謂「亦鄭注」，不知然否？「弦歌」者，說文：「弦，弓弦也。從弓，象絲軫之形。」曹憲廣雅音：「凡弓、弩、琴、瑟，弦皆從弓。」皇本此文作「絃」，是別體。文王世子：「春誦夏弦。」注：「弦謂以絲播詩。」周官小師「弦歌」注：「弦謂琴瑟也，歌依詠詩也。」依詠詩者，謂以琴瑟之弦依詩詠之也。

毛詩子衿傳：「古人教以詩樂，誦之歌之，弦之舞之。」夫子於武城得聞之者，樂記云：「古之教者，家有塾，黨有庠。」春秋時，庠塾之教廢，故禮樂崩壞，雅頌之音不作。子游爲武城宰，乃始復庠塾之教，於時受學者衆，故夫子得聞弦歌之聲也。「莞爾」，釋文作「莧，華版反，本今作莞」。易夬九五：「莧陸夬夬。」虞翻注：「莧，悅也。讀如『夫子莧爾而笑』之莧。」案說文：「莧讀若丸。」與「莧」字從廾從見，形最相似。「莧」訓山羊細角，羊有善義，故引申爲和睦之訓。論語正字作「莧」，叚借作「莞」。集解云「小笑貌」，與虞氏「莧陸」之訓亦合。釋文所見本作「莧」，遂音「華版反」，非也。此說畧本之劉氏毓崧，見其所箸通義堂集。唐石經作「莞」，皇、邢本同。列子天瑞篇：「老韭之爲莞也。」殷敬順釋文：「莞，一作莧。」亦二字混用不別。廣雅釋詁：「莧，笑也。」疑「莞」字小變。唐貞觀孔子廟碑：「唲爾微笑。」此後出俗字。「割雞」謂分割肉節也。爾雅釋言：「割，裂也。」說文：「雞，知時畜也。鶏，籀文雞從鳥。」「牛刀」謂割牛刀也，不言「割」者，家上省文。○注：「莞爾，小笑貌。」○正義曰：唐貞觀碑：「唲爾微笑。」微、小義同。楚辭漁父云：「漁父莞爾而笑。」王逸注：「笑，離齗也。」文選張衡東京賦注：「莞爾，舒張面目之貌也。」○注：「言治小何須用大道。」○正義曰：此戲言也。皇疏引繆播曰：「惜其不得導千乘之國，如牛刀割雞，不盡其才。」此深得夫子之意。

子游對曰：「昔者偃也聞諸夫子曰：『君子學道則愛人，小人學道則易使也。』」【注】道謂禮樂也。樂以和人，人和則易使。

子曰：「二三子！【注】孔曰：「從行者。」偃之言是也，前言戲之耳。」【注】孔曰：「戲以治小而用大道。」

正義曰：「君子」者，謂王、公、士、大夫之子孫也。「小人」者，謂凡庶民之子孫也。尚書大傳：「新穀已入，櫌鉏已藏，祈樂已入，歲事既畢，餘子皆入學。」是小人亦入學習禮樂也。樂記云：「樂者爲同，禮者爲異。同則相親，異則相敬。合情飾貌者，禮樂之事也。」又云：「樂至則無怨，禮至則不爭，揖讓而治天下者，禮樂之謂也。」則學禮樂，自知相親、相敬之道，故愛人也。又云：「禮義立，則貴賤等矣；樂文同，則上下和矣。民知事貴敬上之道，故易爲上所使也。」「戲」者，爾雅釋詁：「戲，謔也。」呂覽重言篇注：「戲，不誠也。」

4 公山弗擾以費畔，召，子欲往。【注】孔曰：「弗擾爲季氏宰，與陽虎共執季桓子，而召孔子。」子路不說，曰：「末之也已，何必公山氏之之也？」【注】孔曰：「之，適也。無可之則止，何必公山氏之適？」子曰：「夫召我者，而豈徒哉？如有用我者，吾其爲東周乎？」【注】興周道於東方，故曰東周。

正義曰：潛夫論志氏姓：「公山氏，魯公族，姬姓。」「弗擾」，皇本「弗」作「不」。左傳及史記孔子世家、漢書古今人表皆作「不狃」。王氏引之春秋名字解詁：「不，語詞。狃，狃也。論語作『弗擾』，叚借字也。古音『狃』與『擾』同。不狃字子洩，『洩』與『忕』通，皆貫習之義。」金履祥通鑑前編：「公山不狃以費畔季氏，佛肸以中牟畔趙氏，皆家臣畔大夫也。而召孔子，孔子雖卒不往，而云『欲往』者，蓋大夫畔諸侯而陪臣以張公室爲名也。子韓皙曰：『大夫而欲張公室，罪莫大焉。』此當時流俗之言也。抑大夫而欲張公室，亦名義也，故欲往以明其可也。然二人者，皆以己私爲之，非真可與有爲也，故卒不往，以知其不可也。」案：金說是也。翟氏灝考異謂「召，是季氏召。下文『何必公山氏之之也』，『何必』下脫『因』字。上『之』謂往，下『之』謂季氏此」。不得其解，妄爲說之。「豈徒」者，言不徒召之而往也。「吾其爲」者，「其」與「豈」同，言不爲也。「東周」者，王城也。周自文王宅豐，武王宅鎬，及後伐紂有天下，遂都鎬，稱鎬京焉，天下謂之宗周。迨周公復營東都於郟鄏，是爲王城。幽王時，犬戎攻滅宗周，平王乃遷居東都，遂以東都爲東周，而稱鎬京爲西周也。史記孔子世家：「定公九年，陽虎奔于齊，是時孔子年五十。公山不狃以費畔季氏，使人召孔子。孔子循道彌久，溫溫無所試，莫能己用，曰：『蓋周文、武起豐、鎬，今費雖小，儻庶幾乎！』欲往。子路不說，止孔子。孔子曰：『夫召我豈徒哉？如用我，其爲東周乎！』然亦卒不行。」據世家之文，是孔子欲以費復西周文、武之治，此當出安國故也。鹽鐵論褒賢篇：「孔子曰：『如有用我者，吾其爲東周乎！』庶幾成湯、文、武之功，爲百姓除殘去賊，豈貪祿樂位哉？」亦據文、武爲孔子欲復西周，而兼言成湯，此皆古論家說。其後夫子作春秋，據魯新周，卽此意。必據魯者，周道幽、厲傷之，而猶在魯，故據魯春秋而一新以西周之治。新以西周，不得不絀東周，故此文亦言不爲東周也。鄭注此云：「東周，據時成周。」案公羊傳曰：「王城者何？西周也。成周者何？東周也。」成周者，亦周公所營，以處殷頑民，在王城之東。胡氏渭禹貢錐指謂「二城東西相去四十里」是也。王子朝之亂，敬王出居成周，當時遂以王城爲西周，成周爲東周。鄭云「據時當指成周。」「爲」當訓助。然考其時，王室已定，不致有爲東周之疑也。皇本「用」上有「復」字。○注：「弗擾」至「孔子」。○正義曰：左定五年傳：「季桓子行東野，〔一〕及費，子洩爲費宰，逆勞於郊，桓子敬之。九月乙亥，陽虎囚季桓子。」又八年傳：「季寤、公鉏極、公山不狃皆不得志於季氏，叔孫輒無寵於叔孫氏，叔仲志不得志於魯，故五人因陽虎。欲去三桓，將享桓子於蒲圃而殺之。」桓子以計入於孟氏，孟氏之宰公斂處父率兵敗陽虎，陽虎遂逃於讙、陽關以叛，季寤亦逃而出。竊意不狃斯時正爲費宰。而陰觀成敗於其際，故畔形未露。直至九年，始據邑以叛，然猶曰「張公室」也，久之而並與魯爲敵。故定十二年：「仲由爲季氏宰，將墮費，而不狃及叔孫輒率

〔一〕「東」字原脫，據左傳補。

費人襲魯，夫子命申句須、樂頎伐之而後北，國人追之，敗諸姑蔑，不狃及輒遂奔齊。」此則不狃畔魯之事，而非此之以費畔也。史記孔子世家載以費叛召孔子在定九年，可補左氏之遺。趙氏翼陔餘叢考信左傳而反議史記，並疑論語，則過矣。若毛氏奇齡稽求篇據此注，謂陽虎囚季桓子，弗擾之畔卽在其時，則爲定五年，與世家不合。且不狃初以仲梁懷不敬己，而欲陽虎逐之，虎遂並囚桓子。桓子先亦甚敬不狃，斯時似尚無釁，其畔季氏，乃八年以後事。左傳文甚明顯，不得牽混。○注：「之，適也。無可之則止。」○正義曰：武氏億經讀考異：「近讀從『已』字絶句。案孔曰云云，是當以『也』字爲句，『已』爲止，文作一讀。」今案：近讀義勝。○注：「興周道於東方，故曰東周。」○正義曰：費在周東，故曰東方。

5 子張問仁於孔子。孔子曰：「能行五者於天下，爲仁矣。」「請問之。」曰：「恭，寬，信，敏，惠。恭則不侮，【注】孔曰：「不見侮慢。」寬則得衆，信則人任焉，敏則有功，【注】孔曰：「應事疾，則多成功。」惠則足以使人。」

正義曰：「任」謂任事也。國語晉語：「箕鄭曰：『信於令，則時無廢功；信於事，則民從事有業。』」卽此義也。「惠」者，仁也，謂以仁心行仁政也。書臯陶謨云：「安民則惠，黎民懷之，民懷其上，故足使之也。」趙氏佑溫故録：「惠，順也。此康誥『惠不惠之惠』，仁者待人，務順乎人情。凡有所使，皆量其長而不苛所短，予以佚而常體其勞，是之謂惠。」此義亦通。○注：「不見侮慢。」○正義曰：鄭注云：「不致人侮慢之言。」卽僞孔所本。皇疏引江熙曰：「自敬者，人亦敬己也。」○注：「應事疾，則多成功。」○正義曰：說文：「敏，疾也。」管子形勢云：「朝忘其事，夕失其功。」是言治事當敏疾也。焦氏循補疏：「僖四年公羊傳注：『生事有漸，故敏則有功。』徐彥疏云：『敏，審也。言舉事敏審，則有成功矣。』

是敏之義爲審。僖二十三年左傳：『辟不敏也。』注云：『敏猶審也。』卅三年左傳『禮成而加之以敏。』注云：『敏，審當於事。』亦以敏爲審。周官師氏：『二曰敏德。』注云：『敏德，仁義順時者也。』當其可之謂時，順時則審當之謂也。」案：焦從何義，亦通。

6　佛肸召，子欲往。【注】孔曰：「晉大夫趙簡子之邑宰。」子路曰：「昔者由也聞諸夫子曰：『親於其身爲不善者，君子不入也。』【注】孔曰：「不入其國。」佛肸以中牟畔，子之往也，如之何？」正義曰：阮氏元校勘記：「『佛肸』，皇本作『胇肸』，唐石經作佛肸，古今人表作茀肸。佛、茀、胇三字音近通借。五經文字云：『肸、肹，上說文，下隸省。』」史記孔子世家：「佛肸爲中牟宰。趙簡子攻范、中行，伐中牟。佛肸畔，使人召孔子」云云。是中牟爲范、中行邑。佛肸是范、中行之臣，於時爲中牟宰。而趙簡子伐之，故佛肸卽據中牟以畔也。左哀五年傳：「夏，趙鞅伐衞，范氏之故也，遂圍中牟。」此卽簡子伐中牟之事。然則佛肸之召孔子，當在哀五年無疑矣。翟氏灝考異云：「簡子挾晉侯以攻范、中行，佛肸爲范、中行家邑宰，因簡子致伐距之，于晉爲畔，于范、中行猶爲義也。且聖人神能知幾，范、中行滅，則三分晉地之勢成。三分晉地之勢成，則大夫自爲諸侯之禍起，其爲不善，較佛肸孰大小哉？子路見未及此，但知守其常訓，聖人雖有見焉，卻難以前知之幾爲門弟子語也。故但以堅白恒理答之。」案：翟說太深，反失聖意。蓋聖人視斯人之徒，莫非吾與，而思有以治之，故於公山、佛肸，皆有欲往之意。且其時天下失政久矣，諸侯畔天子，大夫畔諸侯，少加長，下凌上，相沿成習，恬不爲怪。若必欲棄之而不與易，則滔滔皆是，天下安得復治？故曰「天下有道，丘不與易也」。明以無道之故而始欲仕也。且以仲弓、子路、冉有皆仕季氏，夫季氏非所謂竊國者乎？而何以異於畔乎？子路身仕季氏，而不欲夫子赴公山、佛肸之召，其謹守師訓，則固以「親於其身爲不善，君子不入」二語而已，而豈知夫子用世之心與行道之義固均未爲失哉？ 中牟者，邑名。王氏瑬四書地理考：「洪氏亮吉曰：『管子云「築五鹿、中牟、鄴者，三城相接也。」五鹿今直隸大名府元城縣，鄴今河南彰德府安陽縣，是中牟在當時與五鹿、鄴相接矣。韓非子晉平公問趙武曰：「中牟，三國之股肱，邯鄲之肩髀。」邯鄲，即今直隸廣平府邯鄲縣，是中牟在當時又與邯鄲咫尺矣。臣瓚引汲郡古文云：「齊師伐趙東鄙，圍中牟。」趙時已都邯鄲，是中牟又在邯鄲之東矣。戰國策：「昔者趙氏襲衛，魏王身披甲底劍，〔一〕挑趙索戰，邯鄲之中騖，河、山之間亂。衛得是藉也，亦收餘甲而北面，殘剛平，墮中牟之郭。」是中牟又在衛之北境矣。太平寰宇記：「湯水在湯陰縣北，源出縣西牟山，去縣三十五里。」元豐九域志亦云：「湯陰縣有牟山。」戰國策舊注云：「中牟在相州湯陰縣。」〔二〕史記：「佛肸爲中牟宰。」索隱云：「此河北之中牟，蓋在漢陽西。」「漢陽」蓋「濮陽」之誤，今湯陰縣正在濮州西也。張守節史記正義亦云：「湯陰縣西五十八里有牟山，〔三〕蓋中牟邑在此山側。」則中牟在湯陰無疑也。今湯陰去安陽不五十里，去邯鄲、元城，亦不出一、二百里，益信管子、韓非子所云「相接」，云「肩髀」，無一字妄設也。春秋傳：「晉車千乘在中牟，中牟人欲伐之。」哀五年：「趙鞅伐衛，圍中牟。」杜預以滎陽中牟爲注，而疑其回遠。裴駰集解又以中牟非自衛適晉之次，不知春秋傳之「中牟」，即今湯陰中牟也。晉在衛之西北，今湯陰縣正在滑縣等西北，爲衛入晉必由之道。若河南之中牟，漢雖立爲縣，而其名實未嘗見於經傳。班固地理志于河南郡中牟縣注云：「趙獻侯自耿徙此。」則以鄭之中牟爲趙之中

〔一〕「王」原誤作「主」，據戰國策齊策改。 〔二〕〔三〕「湯」，戰國策注及史記正義並作「蕩」。

牟，雖偶有未檢，然殊非小失矣。左傳正義以爲中牟在河北，不復知其處，而又引臣瓚云：「中牟當在温水之上。」史記集解引瓚説，温水又作「漯水」，則又未知何據也。』壇案：定九年『衞侯將如五氏，過中牟』，五氏在今邯鄲縣西南，蓋衞侯自今開州至邯鄲，而路由湯陰。是時中牟屬晉，至哀五年『趙鞅伐衞，圍中牟』，則中牟屬衞矣，豈因佛肸之叛，地入于衞與？若臣瓚之説，引作『温水』，或引作『漯水』，疑當爲『湯水』之譌也。」案：洪説甚核。全氏祖望經史問答、莊氏述祖別記畧同。「如之何」者，之者，是也，謂佛肸也。言佛肸已畔，己雖往，如彼不善何也？○注：「晉大夫趙簡子之邑宰。」○正義曰：佛肸是范、中行邑宰，見孔子世家。此當出安國舊義。今此孔注以爲趙簡子邑宰，與彼文不合，其僞顯然。子曰：「然。有是言也。不曰堅乎，磨而不磷；不曰白乎，涅而不緇。【注】孔曰：「磷，薄也。涅可以染皁。言至堅者，磨之而不薄；至白者，染之於涅而不黑。喻君子雖在濁亂，濁亂不能污。」吾豈匏瓜也哉？焉能繫而不食？」【注】匏，瓠也。言匏瓜得繫一處者，不食故也。吾自食物，當東西南北，不得如不食之物，繫滯一處。」正義曰：「不曰堅乎」句上，皇本有「曰」字。「緇」，史世家作「淄」。新語道基篇、論衡問孔篇、文選座右銘注亦作「淄」。阮氏元校勘記：「淄、緇古字通。後漢后妃紀：『恩隆好合，遂忘淄蠹。』以淄爲緇。」漢州輔碑所謂「摩而不粼，涅而不緇」者，「摩」與「磨」同，「粼」當「磷」之叚借。校勘記及翟氏灝考異、桂氏馥羣經義證、馮氏登府異文攷證引漢費鳳別碑：「湼而不滓。」廷尉仲定碑：「泥而不宰。」校尉熊君碑：「泥而不滓穢。」據史記屈賈列傳有云：「皭然泥而不滓者也。」後漢書隗囂傳：「賢者泥而不滓。」與三碑略同，皆是「涅而不緇」異文。書洪範疏引荀子：「白沙在涅，與之俱黑。」大戴禮曾子制言篇「涅」作「泥」，是「涅」、「泥」二字通用之證。鄭注云：「我非匏瓜，焉能繫而不食者，冀往仕而得禄也。」此非經旨。○注：「磷，薄也。涅可以染阜。」○正義曰：廣雅釋詁：「磷，𧝒也。」王氏念孫疏證：「考工記鮑人：『雖敝不甐。』鄭注云：『甐，故書或作鄰。鄭司農云：「鄰，讀爲磨而不磷之磷。」』磷、甐、鄰並通。」「𧝒」，經傳皆通作「薄」。方言：「涅，化也。燕、朝鮮洌水之間日涅。」說文：「涅，黑土在水中也。」是涅乃黑土，用以染物，故方言以「涅」訓「化」。漢書敍傳引此文，顏注：「涅，污泥也，〔一〕可以染阜。」以污泥當黑土，辭之誤也。焦氏循補疏：「孔謂『可以染阜』者，淮南齊俗訓云：『素之質白，染之以涅則黑。』俶真訓云：『今以涅染緇，則黑于涅。』高誘注云：『涅，礬石也。』西山經：『女牀之山，其陰多石涅。』郭注云：『即礬石也。』楚人名爲涅石，秦人名爲羽涅也。』神農本草經：『礬石一名羽碮。』碮卽涅也。其可以染阜，蓋指今之阜礬。」○注「匏瓠」至「一處」。○正義曰：詩匏有苦葉傳：「匏謂之瓠。」說文：「匏，瓠也。」一物二名。言「匏瓜」者，匏亦瓜類也。詩傳又云：「瓠葉苦，不可食也。」陸璣詩疏謂「匏葉先甘後苦」。〔二〕王氏念孫廣雅疏證謂「瓠有甘苦二種，瓠甘者葉亦甘，瓠苦者葉亦苦。甘者可食，苦者不可食」。又引北方農人謂瓠之甘者，次年或變爲苦。以陸氏先甘後苦之說爲非。如王之言，是此云「不可食」者，謂匏瓜之苦者也。魯語云：「苦匏不材於人，共濟而已。」韋昭云：「材讀若裁也，不裁於人，言不可食也。」是也。匏瓜以不食，得繫滯一處。王粲登樓賦：「懼匏瓜之空懸，畏井渫之不食。」「空懸」卽謂懸繫也。韋昭解魯語「共濟」，謂「佩匏可以渡水」，自是釋彼文宜然。或遂援以解論語，謂「繫卽繫以渡水」，則已有用於人，於取譬之旨不合矣。皇疏又載一通云：「匏瓜，星名也。言人有材智，宜佐時理務，爲人所用，豈得如匏瓜繫天而不可食耶？」黃震日鈔云：「臨川應抑之天文圖有匏瓜星，其下注引論語，正指星而言。蓋星有匏瓜之名，徒繫於天而不可食。正與『維南有箕，不可簸揚；維北有斗，不可

〔一〕「也」原誤作「丸」，據漢書注改。

〔二〕「陸璣」原誤作「陸機」，據毛詩草木鳥獸蟲魚疏改。

挹酒漿』同義。」今案：「匏瓜」星名，見史記天官書，此義亦通。「吾自食物」者，言吾當如可食之物，與匏瓜異也。「當東西南北」者，言人當志在四方也。檀弓引夫子云：「今丘也，東西南北之人也。」

7 子曰：「由也！女聞六言六蔽矣乎？」【注】六言六蔽者，謂下六事：仁、知、信、直、勇、剛也。對曰：「未也。」「居！吾語女。【注】孔曰：「子路起對，故使還坐。」好仁不好學，其蔽也愚；好知不好學，其蔽也蕩，【注】孔曰：「仁者愛物，不知所以裁之，則愚蕩無所適守。」好信不好學，其蔽也賊；【注】孔曰：「父子不知，相爲隱之輩。」好直不好學，其蔽也絞；好勇不好學，其蔽也亂；好剛不好學，其蔽也狂。」【注】孔曰：「狂妄抵觸人。」

正義曰：「六言六蔽」，是古成語，夫子以其義問子路也。廣雅釋詁：「蔽，障也。」荀子解蔽注：「蔽言不能通明，滯于一隅，如有物壅蔽之也。」戴氏震孟子字義疏證：「人之血氣心知，本乎陰陽五行者，性也。如血氣資飲食以養，其化也卽爲我之血氣，非復所飲食之物矣。心知之資於問學，其自得之也亦然。以血氣言，昔者弱而今者彊，是血氣之得其養也。以心知言，昔者狹小而今者廣大，昔者闇昧而今者明察，是心知之得其養也，故曰『雖愚必明』。」案：六言皆心知之善，而不好學皆有所蔽。故荀子勸學云：「君子博學而參省乎己，則知明而行無過矣。」卽謂學能袪蔽也。管氏同紀聞：「大人之所以言不必信者，惟其爲學而知義所在也。苟好信不好學，則惟知重然諾而不明事理之是非，謹厚者則硜硜爲小人。苟又挾以剛勇之氣，必如周、漢刺客游俠，輕身殉人，扞文網而犯公義，自聖賢觀之，非賊而何哉？」案：前篇云「直而無禮則絞」，下章云「君子有勇而無義爲亂」，與此言好直、好勇之蔽同，蓋禮義皆須學以成也。皇本「由」下無「也」

字，「居」上有「曰」字。○注：「子路起對，故使還坐。」○正義曰：凡尊長問己，己將答之，皆起離席以申敬也。對畢就坐，若未畢，尊長命之坐，則坐。○注「仁者」至「適守」。○正義曰：仁者不好學，則不知裁度，或至愛無差等也。知者不好學，多妄自用，不能據德依仁，故無所適守。○注：「狂妄抵觸人。」○正義曰：說文：「抵，側擊也。觸，牴也。」「牴」與「抵」同。剛者性獷直，其言行多抵觸人也。

8 子曰：「小子何莫學夫詩？【注】包曰：「小子，門人也。」詩，可以興，【注】孔曰：「興，引譬連類。」可以觀，【注】鄭曰：「觀風俗之盛衰。」可以羣，【注】孔曰：「羣居相切磋。」可以怨。【注】孔曰：「怨刺上政。」邇之事父，遠之事君，【注】孔曰：「邇，近也。」多識於鳥獸草木之名。」

正義曰：學詩可以事父事君者，荀子言「詩故而不切，其依違諷諫，不指切事情，故言者無罪，聞者足戒」。詩序言：「正得失，動天地，感鬼神，莫近於詩。先王以是經夫婦，成孝敬，厚人倫，美教化，移風俗。」明詩教有益，故學之可事父事君也。焦氏循毛詩補疏序：「夫詩溫柔敦厚者也。不質直言之，而比興言之，不言理而言情，不務勝人而務感人。自理道之說起，人各挾其是非以逞其血氣，激濁揚清，本非謬戾，而言不本於情性，則聽者厭倦。至於傾軋之不已，而忿毒之相尋，以同爲黨，即以比爲爭。甚而假宮闈廟祀儲貳之名，動輒千百人哭於朝門，自鳴忠孝，以激其君之怨，害及其身，禍於其國，全失乎所以事君父之道。余讀明史，每歎詩教之亡，莫此爲甚。」案：焦說甚通。說文：「鳥，長尾禽總名也。」爾雅釋鳥云：「二足而羽謂之禽，四足而毛謂之獸。」鳥、獸、草、木，所以貴多識者，人飲食之宜，醫藥之備，必當識別，匪可妄施，故知其名，然後能知其性。爾雅於鳥、獸、草、木，皆專篇釋之，而神農本草亦詳言其性之所宜用，可知博物之學，儒者所甚重矣。○注：「興，引譬連類。」○正義曰：周官大師：「教六詩：曰風，曰賦，曰比，曰興，曰雅，曰頌。」注：「賦之言鋪，直鋪陳今之政教善惡；比，見今之失，不敢斥言，取比類以言之；興，見今之美，嫌於媚諛，取善事以喻勸之。鄭司農云：『比者，比方於物也；興者，託事於物。』」案：先鄭解「比」、「興」就物言，後鄭就事言，互相足也。「賦」、「比」之義皆包於「興」，故夫子止言「興」。毛詩傳言興百十有六，而不及賦比，亦此意也。此注言「引譬」者，謂譬喻於物也。學記云：「不學博依，不能安詩。」注：「博依，廣譬喻也。」即此「引譬」之義也。言「連類」者，意中兼有賦、比也。○注：「觀風俗之盛衰。」○正義曰：謂學詩可論世也。詩序云：「治世之音安以樂，其政和；亂世之音怨以怒，其政乖；亡國之音哀以思，其民困。」世治亂不同，音亦隨異，故學詩可以觀風俗而知其盛衰。若吴季札觀樂，最箸也。○注：「羣居相切磋。」○正義曰：焦氏循補疏：「案詩之教，温柔敦厚，學之則輕薄嫉忌之習消，故可以羣居相切磋。」○注：「怨刺上政。」○正義曰：鄭注云：「怨謂刺上政。」此僞孔所本。廣雅釋詁：「譏、諫，怨也。」「諫」、「刺」同。凡君親有過，諫之不從，不能無怨，孟子所謂「親親之義」也。然必知「比」、「興」之道，引譬連類而不傷於徑直，故言易入而過可改也。

子謂伯魚曰：「女爲周南、召南矣乎？人而不爲周南、召南，其猶正牆面而立也與？」【注】馬曰：「周南、召南，國風之始，樂得淑女，以配君子，三綱之首，王教之端，故人而不爲，如向牆而立。」

正義曰：皇本「召」作「邵」。周南、召南者，謂周公、召公分郟所得南國之詩也。不主一國，故總繫焉。二南之詩，用於鄉人，用於邦國，當時鄉樂未廢，故夫子令伯魚習之。依其義說，以循行之，故稱爲也。竊又意二南皆言夫婦之道，爲王化之始，故君子反身必先修諸己，而後可刑于寡妻，至于兄弟，以御于家邦。漢書匡衡傳謂「室家之道修，則天下之理得」，卽此義也。時或伯魚授室，故夫子特舉二南以訓之與？○注「周南」至「而立」。○正義曰：二南亦是國風，以列在前，故言「國風之始」。淑女謂大姒，君子謂文王也。關雎序云：「周南、召南，正始之道，王化之基，是以關雎樂得淑女以配君子。」注言此者，見二南多言德化之所及，其致治之本則在關雎，故舉「淑女配君子」以爲言也。「三綱」者，謂君臣、父子、夫婦也。後漢荀爽傳：「臣聞有夫婦然後有父子，有父子然後有君臣，有君臣然後有上下，有上下然後有禮義。禮義備，則人知所厝矣。夫婦，人倫之始，王化之端，故文王作易，上經首乾、坤，下經首咸、恒。」毛詩關雎傳亦云：「夫婦有別則父子親，父子親則君臣敬，君臣敬則朝廷正，朝廷正則王化成。」是夫婦爲三綱之首，王教之端也。「向牆而立」者，訓「正」爲「向」，與「正南面」之「正」同。向牆面之而立，言不可行也。孟子謂「身不行道，不行於妻子」。漢匡衡傳謂「福之興莫不本乎室家，道之衰莫不始乎梱內」。並此意。

9 子曰：「禮云禮云，玉帛云乎哉？【注】鄭曰：「玉，圭璋之屬；帛，束帛之屬。言禮非但崇此玉帛而已，所貴者，乃貴其安上治民。」樂云樂云，鐘鼓云乎哉？」【注】馬曰：「樂之所貴者，移風易俗，非謂鐘鼓而已。」

正義曰：說文：「鐘，樂鐘也，秋分之音，萬物穜成。」〔一〕白虎通五行篇：「鐘者，動也。言陽氣於黃泉之下動養萬物也。」皇本「鐘」作「鍾」。鍾者，酒器。經傳二文多通用。荀子大略篇：「聘禮志曰：『幣厚則傷德，財侈則殄禮。』禮云禮云，玉帛云乎哉？」是言禮不重玉帛也。漢書禮樂志：「樂以治內而爲同，禮以修外而爲異。同則和親，異則畏敬。畏敬之意難見，

〔一〕「萬」字原脫，據說文補。

則著之於享獻辭受，登降跪拜。和親之説難形，則發之於詩歌詠言，鐘石筦弦。蓋嘉其敬意而不及其財賄，美其歡心而不流其聲音。故孔子曰：『禮云禮云，玉帛云乎哉？樂云樂云，鐘鼓云乎哉？』此禮樂之本也。」案：此謂敬爲禮本，和爲樂本也。禮記仲尼燕居云：「師，爾以爲必鋪几筵，升降酌獻酬酢，然後謂之禮乎？爾以爲必行綴兆，興羽籥，作鐘鼓，然後謂之樂乎？言而履之，禮也；行而樂之，樂也。」亦與此章義相發。皇疏引繆播曰：「玉帛，禮之用，非禮之本。鐘鼓者，樂之器，非樂之主。假玉帛以達禮，禮達則玉帛可忘；借鐘鼓以顯樂，樂顯則鍾鼓可遺。以禮假玉帛於求禮，非深乎禮者也；以樂託鍾鼓於求樂，非通乎樂者也。」○注「玉圭」至「治民」。○正義曰：周官典瑞云：「瑑圭璋璧琮以頫聘。」圭以聘君，璋以聘夫人，璧琮以享，皆瑞玉也。注偏舉「圭璋」，故云「屬」以兼之。説文：「帛，繒也。」鄭注尚書云：「帛，所以薦玉也。」聘禮：「釋幣制玄纁束。」注云：「凡物十曰束。玄纁之率，玄居三，纁居二。朝貢禮云：『制丈八尺。』」疏云：「制謂舒之長短。雜記云：『納幣一束，束五兩，兩五尋。』然則每卷二丈，若作制幣者，每卷丈八尺爲制，合卷爲匹也。」胡氏培翬正義謂「雜記是言昏禮納徵，束帛用二丈，取成數，其他禮幣皆以一丈八尺爲節也。」案：帛亦言「屬」者，據聘禮束帛之外，又有錦紡，鄭此注意兼有之也。孝經廣要道章：「安上治民，莫善於禮。」此鄭所本。○注「樂之」至「而已」。○正義曰：孝經云：「移風易俗，莫善於樂。」亦馬所本。鄭注云：「言樂不但崇此鐘鼓而已，所貴者，貴其移風易俗也。」與馬略同。

10 子曰：「色厲而內荏，【注】孔曰：「荏，柔也。謂外自矜厲而內柔佞。」譬諸小人，其猶穿窬之盜也與？」【注】孔曰：「爲人如此，猶小人之有盜心。穿，穿壁。窬，窬牆。」正義曰：説苑修文篇：「顓孫子莫曰：『去爾外厲。』曾子曰：『外厲者必内折。』『内折』與『内荏』同義。釋文：「穿踰，本又作窬。」此誤依孔義改經文作「踰」，陸所見本已然也。先伯父五河君經義説畧：「儒行：『篳門圭竇。』鄭注：『圭竇，門旁窬也，穿牆爲之。』釋文：『圭窬，説文云：「穿木户也。」郭璞三蒼解詁云：「門旁小窬也。」』此則鄭本作『竇』，陸本作『窬』。玉篇引禮記及左傳並作『圭窬』，今左傳亦作『圭竇』，是知『窬』與『竇』通。説文：『竇，空也。』窬下曰：『一曰空中也。』窬是穿木户，亦取空中之義。故凡物之取於空中者，皆得爲窬。淮南氾論訓：『古者爲窬木方版以爲舟航。』高誘曰『窬，空也』是也。窬與廁同。孟康漢書注曰『東南謂鑿木空中如曹曰廁』是也。此『穿窬』猶言穿户，與『踰牆』之踰不同。孟子『穿窬』亦此解。」謹案：臧氏庸拜經日記畧同。漢書胡建傳：「黄帝李法曰：『壁壘已定，穿窬不繇路，是謂姦人，姦人者殺。』」此在軍律尤嚴也。○注：「荏，柔也。」○正義曰：漢書翟方進傳引此文，應劭注：「荏，屈橈也。」詩巧言：「荏染柔木。」毛傳：「荏染，柔意也。」説文：「栠，弱貌。」「栠」與「荏」同。廣雅釋詁：「恁，弱也。」○注：「穿，穿壁；窬，窬牆。」○正義曰：説文：「穿，通也。從牙在穴中。」壁即牆也。云「窬，窬牆」者，謂「窬」即踰之叚借。孔注本亦是「窬」字，不作「踰」也。或謂僞孔亦解「窬」爲空，則與穿壁義複，孔意不如是。

11 子曰：「鄉原，德之賊也。」【注】周曰：「所至之鄉，輒原其人情，而爲意以待之，是賊亂德也。一曰：鄉，向也，古字同。謂人不能剛毅，而見人輒原其趣嚮容媚而合之，言此所以賊德也。」

正義曰：孟子盡心篇云：孟子答萬章問引「孔子曰：『過我門而不入我室，我不憾焉者，其惟鄉原乎？鄉原，德之賊也。』」此孟子述所聞語較詳。「曰：『何如斯可謂之鄉原矣？』曰：『何以是嘐嘐也？言不顧行，行不顧言，則曰：古之人！古之人！行何爲踽踽涼涼？生斯世也，爲斯世也，善斯可矣。閹然媚於世也者，是鄉原也。』」此孟子言鄉原異於狂獧也。「萬子曰：『一鄉皆稱原人焉，無所往而不爲原人，孔子以爲德之賊，何哉？』曰：『非之無舉也，刺之無刺也，同乎流俗，合乎汚世，居之似忠信，行之似廉潔，衆皆説之，自以爲是，而不可與入堯、舜之道，故曰德之賊也。孔子曰：「惡似而非者，惡莠，恐其亂苗也；惡佞，恐其亂義也；惡利口，恐其亂信也；惡鄭聲，恐其亂樂也；惡紫，恐其亂朱也；惡鄉原，恐其亂德也。」』」趙岐注：「萬章言人皆以爲原善所至，亦謂之善人。」是趙訓「原」爲善。前篇「侗而不愿」，鄭注：「愿，善也。」「原」與「愿」同。中論考僞篇：「鄉愿無殺人之罪，而仲尼深惡之。」字直作「愿」，與趙訓同矣。一鄉皆稱善，而其忠信廉潔皆是假託，故足以亂德，所謂色取仁而行違者也。子貢問鄉人皆好，夫子以爲未可，亦是恐如鄉原者在其中也。○注「所至」至「德也」。○正義曰：注前讀「鄉」如字，後讀「鄉」與「向」同。其解「原」字，並謂原人之情，與孟子不合，蓋未然也。

12 子曰：「道聽而塗説，德之棄也。」【注】馬曰：「聞之於道路，則傳而説之。」

正義曰：此爲闇於大道，不知審擇者戒也。荀子大略篇：「君子疑則不言，未問則不立，道遠日益矣。」楊倞注：「未曾學問，不敢立爲論議，所謂不知爲不知也。爲道久遠，自日有所益，不必道聽塗説也。」○注：「聞之於道路，則傳而説之。」○正義曰：皇疏云：「記問之學，不足以爲人師。師人必當温故而知新，研精久習，然後乃可爲人傳説耳。若聽之於道路，道路乃卽爲人傳説，必多謬妄，所以爲有德者所棄也，亦自棄其德也。」案：注「傳而説之」，卽「言説」之説。釋文於「塗説」無音，於注「説之」音悦，此不可解。

13 子曰：「鄙夫，可與事君也與哉？【注】孔曰：「言不可與事君。」其未得之也，患得之。【注】患得之，患不能得之，楚俗言。既得之，患失之。苟患失之，無所不至矣。」【注】鄭曰：「無所不至者，言其邪媚無所不爲。」

正義曰：釋文：「與哉，本或作無哉。」「得之」、「失之」，「之」者，是也，謂禄位也。鄙夫患不得禄位，則有夤緣干進之術。既得而又患失，則益思固其禄位，而不敢正言直諫，以取媚人主，招權納賄，以深病民。漢書朱雲傳：「今朝廷大臣，上不能匡主，下亡以益民，皆尸位素餐，孔子所謂『鄙夫不可與事君，苟患失之，亡所不至』者也。」又後漢李法傳法上疏諫：「坐失旨，免爲庶人。還鄉里，人問其不合上意之由，法未嘗應對，固問之。法曰：『鄙夫可與事君乎哉？苟患失之，無所不至。』」正以己無患失之心，遂上疏諫，致罷免耳，是與鄙夫異也。若然，禮雜記云：「既得之而又失之，君子恥之。」與鄙夫所患同者，君子恥不稱其位而失之，與鄙夫思固其位之志殊也。先伯父五河君經義説略曰：「自『色厲而內荏』至『鄙夫』，凡四章，語意大畧相同。皆言中不足而外有餘，蓋貌爲有德則色厲，而陰實小人故內荏，貌爲好學則道聽，而中無所守故塗説。是故居則爲鄉愿，出則爲鄙夫，欺世盜名之徒，其害可勝言哉！」○注：「言不可與事君。」○正義曰：注以「與」爲我與之也。王氏引之經傳釋詞解此文云：「與猶以也。下文『患得』、『患失』，皆言鄙夫所以不可事君之故，非謂不可與鄙夫事君也。顏師古匡謬正俗曰：『孔子曰：「鄙夫可以事君也與哉？」』李善注文選東京賦曰：『論語曰：「鄙夫不可以事君。」』變『與』言『以』，正與經旨相合。」○注：「患得之者，患不能得之，楚俗言。」○正義曰：臧氏琳經義雜記：「古人之言，多氣急而文簡，如論語『其未得之也，患得之』，以得爲不得，猶尚書以可爲不可。」焦氏循補疏：「古人文法有急緩，不顯，顯也，此緩讀也。公羊傳：『如勿與而已矣。』何休注云：『如即不如也，齊人語也。』此急讀也。以得爲不得，猶以如爲不如。何云『楚俗語』，孔子魯人，何爲效楚言也？」今案：荀子子道篇：「孔子曰：『小人者，其未得也，則憂不得；既已得之，又恐失之。是以有終身之憂，無一日之樂也。」潛夫論愛日篇：「孔子病夫未得之也，患不得之。」又毛氏奇齡賸言引家語：「患弗得之。」皆以訓詁增成其義。韓愈王承福傳：「其賢於患不得之，而患失之，以濟其生之欲者。」亦此意。沈作喆寓簡據王承福傳，謂「古本必如是」，此未達古人立文之法。○注：「無所不至者，言其邪媚無所不爲。」○正義曰：鹽鐵論論誹篇：〔一〕「君子疾鄙夫之不可與事君，患其聽從而無所不至也。」聽從者無所匡正，但知保其祿位，故必至邪媚無所不爲也。後漢李法傳注引此注「邪媚」上多「諂佞」二字。

14 子曰：「古者民有三疾，今也或是之亡也。【注】包曰：「言古者民疾與今時異。」古之狂也肆，【注】包曰：「肆，極意敢言。」今之狂也蕩；【注】孔曰：「蕩無所據。」古之矜也廉，【注】馬曰：「有廉隅。」今之矜也忿戾；【注】孔曰：「惡理多怒。」古之愚也直，今之愚也詐而已矣。」

正義曰：朱子集注云：「氣失其平則爲疾，故氣稟之偏者亦謂之疾。昔所謂疾，今亦亡之，傷俗之益衰也。」鄭注云：「魯讀廉爲貶，今從古。」陳氏鱣古訓曰：「貶，自貶損也。釋名云：『廉，自檢斂也。』貶、廉義同。」案：陳說固是，然「廉」字義勝，故鄭從古。宋氏翔鳳發微云：「狂也，矜也，愚也，皆氣質之偏，古所謂疾也。有肆以救狂，有廉以救矜，有直以救愚，是不失爲古之疾也。蕩則失其所謂狂，忿戾則失其所謂矜，詐則失其所謂愚，此古但爲人疾，而今遂至於死亡。人情日變，風俗日漓，聖人所爲明禮樂以救之與？」○

〔一〕「論誹」原誤作「語悱」，據鹽鐵論改。

注：「肆，極意敢言。」○正義曰：孟子盡心下言狂者云：「其志嘐嘐然，曰：『古之人！古之人！』夷考其行，而不掩焉者也。」趙岐注：「嘐嘐，志大言大者也。重言『古之人』，欲慕之也。」志大言大，即此注所云「極意敢言」也。○注：「蕩無所據。」○正義曰：「據」即「據於德」之據。無所據，則自放禮法之外，若原壤者也。○注：「有廉隅。」○正義曰：說文：「廉，仄也。」「仄」與「側」同。漢書賈誼傳：「廉遠地則堂高。」注：「廉，側隅也。」荀子不苟篇：「廉而不劌。」注：「廉，稜也。」義俱相近。○注：「惡理多怒。」○正義曰：注以「惡理」訓「戾」，「多怒」訓「忿」。說文：「戾，曲也。」字林：「戾，乖戾也。」乖戾則多違理，故注云「惡理」。

15 子曰：「惡紫之奪朱也，【注】孔曰：「朱，正色。紫，間色之好者，惡其邪好而奪正色。」惡鄭聲之亂雅樂也，【注】包曰：「鄭聲，淫聲之哀者，惡其奪雅樂。」惡利口之覆邦家者。」【注】孔曰：「利口之人，多言少實，苟能說媚時君，傾覆國家。」

正義曰：皇本「者」作「也」。孟子盡心下引孔子此言「惡莠，恐其亂苗也；惡佞，恐其亂義也；惡利口，恐其亂信也；惡鄭聲，恐其亂樂也；惡紫，恐其亂朱也；惡鄉原，恐其亂德也。」較此文爲詳，而總之云「惡似而非者」。趙岐注：「似真而非真者，孔子之所惡也。」○注「朱正」至「正色」。○正義曰：說文云：「朱，赤心木。」趙岐孟子注亦云：「朱，赤也。」儀禮士冠禮注：「凡染絳，一入謂之縓，再入謂之赬，三入謂之纁，朱則四入與？」朱爲正色者，考工記「畫繢之事」：東方青，南方赤，西方白，北方黑，赤是朱，居南方之正，故爲正色也。紫爲間色者，鄉黨皇疏引穎子嚴云：「北方水，水色黑，水剋火，火色赤。以黑加赤，故爲紫，紫爲北方間也。」釋名釋采帛：「紫，疵也，非正色也，五色之疵瑕以惑人者也。」是紫爲間色，以黑加赤，稍有赤，故與朱亂也。云「間色之好者」，以時尚紫，知色好也。困學紀聞：「周衰，諸侯服紫。玉藻云：『玄冠紫緌，自魯桓公始。』管子云：『齊桓公好服紫衣，齊人尚之，五素易一紫。』皆周衰之制也。」江氏永鄉黨圖考又引「渾良夫紫衣，僭君服」，是當時好服紫矣。夫子以紫奪朱，惡之，非謂其間色也，若他間色紅綠碧緇之類，皆得用之。○注「利口」至「國家」。○正義曰：鄭注云：「疾時利口，多言少實也。」此僞孔所襲。「多言少實」，是其言不由中，但務爲説媚而已。中論覈辨篇：「且利口者，心足以見小數，言足以盡巧辭，給足以應切問，難足以斷俗疑。然而好説而不倦，諜諜如也。夫類族辨物之士者寡，而愚闇不達之人者多，孰知其非乎？此其所以無用而不見廢也，至賤而不見遺也。先王之法，析言破律，亂名改作者殺之。行僻而堅，言僞而辨，記醜而博，順非而澤者亦殺之。爲其疑衆惑民，而潰亂至道也。孔子曰『巧言亂德』，『惡似而非者也』。」

16 子曰：「予欲無言。」【注】言之爲益少，故欲無言。子貢曰：「子如不言，則小子何述焉？」子曰：「天何言哉？四時行焉，百物生焉，天何言哉？」

正義曰：皇疏引王弼曰：「子欲無言，蓋欲明本，舉本統末，而示物於極者也。夫立言垂教，將以通性，而弊至於湮；寄旨傳辭，將以正邪，而勢至於繁。既求道中，不可勝御，是以修本廢言，則天而行化。」案：夫子本以身教，恐弟子徒以言求之，故欲無言，以發弟子之悟也。詩日月：「報我不述。」毛傳：「述，循也。」言弟子無所遵行也。鄭注云：「魯讀天爲夫，今從古。」鄭以四時行，百物生，皆説天，不當作「夫」，故定從古。翟氏灝考異謂「兩句宜有別，上句從魯論爲勝」，誤也。四時行者，謂春、夏、秋、冬四時相運行也。春秋繁露四時之副篇：「天之道，春暖以生，夏暑以養，秋清以殺，冬寒以藏。暖暑清寒，異氣而同功，皆天之所以成歲也。」又人副天數篇：「春生夏長，百物以興；秋殺冬收，百物以藏。」是百物之生隨四時爲興藏也。詩文王云：「上天之載，無聲無臭。」載者，事也。天不言而事成，故無聲無臭也。禮哀公問篇：「孔子云：『無爲而物成，是天道也；已成而明，是天道也。』」荀子天論篇：「列星隨旋，日月遞炤，四時代御，陰陽大化，風雨博施，萬物各得其和以生，各得其養以成，不見其事而見其功，夫是之謂神。皆知其所以成，莫知其無形，夫是之謂天。」案：聖人法天，故大易咸取爲象，夫子易傳特發明之，故曰：「大人者，與天地合其德，與日月合其明，與四時合其序，與鬼神合其吉凶。先天而天弗違，後天而奉天時。」其教人也，亦以身作則，故有威可畏，有儀可象，亦如天道之自然循行，望之而可知，儀之而可得，固不必諄諄然有話言矣。○注：「言之爲益少。」○正義曰：夫子欲訥於言而敏於行，故恐徒言之則爲益少也。

17 孺悲欲見孔子，孔子辭以疾。將命者出户，取瑟而歌，使之聞之。【注】孺悲，魯人也。孔子不欲見，故辭之以疾。爲其將命者不知已，故歌。令將命者悟，所以令孺悲思之。 正義曰：釋文：「孺，字亦作孺。」此俗體。禮雜記云：「恤由之喪，哀公使孺悲之孔子，學士喪禮，士喪禮於是乎書。」是孺悲實親學聖門，而孔子不見之者，此「欲見」是始來見，尚未受學時也。儀禮士相見禮疏謂「孺悲不由紹介，故孔子辭以疾」，此義當出鄭注。御覽四百二引韓詩外傳云：「子路曰：『聞之於夫子，士不中間而見，女無媒而嫁者，非君子之行也。』」注云：「中間，謂介紹也。」禮少儀云：「聞，始見君子者，辭曰：『某固願聞名於將命者。』不得階主。」此少者見尊長之禮，當有介紹。聘義所謂「君子於其所尊，弗敢質，敬之至也」是也。鄭注又云：「將命，傳辭者。」此指主人之介，傳主人辭者也。户，室户也。古人燕居在室中，即見賓亦然。「取瑟而歌」，謂取瑟鼓之，而復倚聲以歌也。皇本「辭」下有「之」字。○注「爲其」至「思之」。○正義曰：「不知己」，邢本脱「知」字，「己」誤「已」，此從皇本補正。將命者悟，知其非疾，必亦告之孺悲，令孺悲自思其失禮而改之也。

18 **宰我問：「三年之喪，期已久矣。君子三年不爲禮，禮必壞；三年不爲樂，樂必崩。舊穀既没，新穀既升，鑽燧改火，期可已矣。」**【注】馬曰：「周書月令有更火之文：『春取榆柳之火，夏取棗杏之火，季夏取桑柘之火，秋取柞楢之火，冬取槐檀之火。』一年之中，鑽火各異木，故曰改火也。」正義曰：三年喪期，鄭君以爲二十七月，王肅以爲二十五月。儀禮士虞禮云：「朞而小祥，又朞而大祥，中月而禫。是月也吉祭，猶未配。」注：「中猶間也，與大祥間一月，自喪至此，凡二十七月。」胡氏培翬正義：「三年之喪，二十五月而大祥，二十七月而禫。猶期之喪十三月而大祥，十五月而禫。皆與大祥間隔一月也。檀弓曰：『祥而縞，是月禫，徙月樂。』祥而縞，謂二十五月也；是月禫，二十七月也；徙月樂，二十八月也。戴德喪服變除禮云：『二十五月大祥，二十七月而禫。』白虎通云：『二十七月而禫，通祭宗廟，去喪之殺也。』自王肅誤讀『祥而縞，是月禫』之文，以禫亦在二十五月，祥禫同月。又以士虞禮『中月而禫』爲月中而禫，謂在祥月之中。與鄭異說，非也。」案：二十五月之説，見禮三年問及公羊閔二年傳。或彼文止據大祥爲再期，未數禫月也。梁氏玉繩瞥記：「閔二年：『吉禘于莊公。』傳云：『譏始不三年也。』文二年：『公子遂如齊納幣。』傳云：『譏喪娶也。』蓋周衰禮廢，三年之喪久已不行。」論語「宰我問三年喪」，疏引繆協謂：「宰我思啟憤於夫子，以戒將來，義在屈己明道。」此解極確，與齊宣王欲短喪不同。案：詩素冠序：「刺不能三年也。」檜爲鄭武公所滅，此詩當作於平王之世。又公羊哀五年經：「秋九月癸酉，齊侯處臼卒。」六年傳：「秋七月，除景公之喪。」是三年之喪，當時久不行。故滕文公問孟子：「定爲三年之喪，而父兄百官皆不欲。」且云：「吾宗國魯先君莫之行，吾先君亦莫之行。」魯先君，則文公以來之謂也。然檀弓言子夏、閔子騫皆三年喪畢，見於夫子，是聖門之徒皆能行之。宰我親聞聖教，又善爲說辭，故舉時人欲定親喪爲期之意，以待斥於夫子。其謂「君子三年不爲禮，禮必壞；三年不爲樂，樂必崩」，此亦古成語，謂人久不爲禮樂，則致崩壞，非爲居喪者言。而當時短喪者或據爲口實，故宰我亦直述其語，不爲諱隱也。「期已久矣」，「期」讀如其，釋文云：「期音基，下同。一本作其。」一本是也。其已久矣，謂三年太久。史記弟子列傳作「不已久乎」，可證也。下文「期可已矣」，方讀如基，與「期已久矣」之「期」，文同義異。盧氏文弨考證反疑「其」爲「朞」之誤，非也。說文云：「穀，續也。百穀之總名。」沒，盡也。鄭注云：「升，成也。」言舊穀已盡，新穀已成，明期是周歲，天道將復始也。「燧」者，左文十年傳：「命夙駕載燧。」杜注：「燧，取火者。」禮內則事佩有「木燧」、「金燧」。鄭注：「木燧，鑽火也。金燧，可取火於日。」考工記輈人：「鑒燧之齊。」鄭注：「鑒燧，取水火於日月之器也。」此卽金燧之制與木燧名同。世本云：「造火者燧人。」因以爲名也。周氏柄中典故辨正：「鑽燧之法，書傳不載。揭子宣璇璣遺述云：『如榆剛取心一段爲鑽，柳剛取心方尺爲盤，中鑿眼，鑽頭大，旁開寸許，用繩力牽如車，鑽則火星飛爆出竇，薄煤成火矣。此卽莊子所謂「木與木相摩則燃」者，古人鑽燧之法，意亦如此。』今案揭說頗近理。若然，則『春取榆柳』者，正用兩木，一爲鑽，一爲燧也。其棗杏桑柘，意亦然矣。」徐氏頲「改火」解：「改火之典，昉於上古，行於三代，迄於漢，廢於魏，晉以後，復於隋而仍廢。尸子曰：『燧人上觀星辰，察五木以爲火。』故曰昉於上古也。周監二代，周禮有司爟行火之政令，故曰行於三代也。漢武帝時，別置火令、丞，中興省之，然續漢志曰：『冬至鑽燧改火。』故曰迄於漢。隋王劭以改火之義近代廢絕，引東晉時有以雒陽火渡江者，世世事之，非見絀於魏、晉後乎？隋文從劭請而復之，然其後不見踵行者，蓋視爲具文而已，故曰復於隋而仍廢者也。」案：周官司爟云：「四時變國火，以救時疾。」管子禁藏篇：「鑽燧易火，所以去茲毒也。」蓋四時之火，各有所宜，若春用榆柳，至夏仍用榆柳便有毒，人易以生疾，故須改火以去茲毒，卽是以救疾也。○注「周書」至「火也」。○正義曰：周書月令篇今亡，漢書藝文志：「周書七十一篇。」劉向云：「周時誥誓號令，蓋孔子所論百篇之餘。」周禮司爟疏引鄭此注「周書曰」云云，與馬注同。漢人皆見周書，則隋書經籍志繫之汲冢，謂「與竹書並出晉世」，誤也。先鄭司爟注引鄹子同，亦本周書。榆、柳、棗、杏、桑、柘、柞、楢、槐、檀，皆木名。說文：「柘，桑也。」疑柘是桑之屬。又說文「樜」下云：「樜，木出發鳩山。」而北山經：「發鳩之山，其上多柘木。」則樜、柘通也。此木今不知所指。鄭詩箋云：「柞，櫟也。」櫟，今之阜斗。陸璣引三蒼：〔一〕「棫卽柞也。」爾雅釋木：「棫，白桵。」郭注以爲「小木叢生」。二說各異。然高誘注淮南時則訓云：「木不出火，惟櫟爲然。」則以「柞」爲「棫」近之矣。說文：「楢，柔木也。工官以爲耎輪。」郭注中山經又云：「楢，剛木也。中車材。」段氏玉裁說文注謂「此木堅韌，故剛柔異稱而同實」是也。皇疏云：「榆柳色青，春是木，木色青，故春用榆柳也。棗杏色赤，夏是火，火色赤，故夏用棗杏也。桑柘色黃，季夏是土，土色黃，故季夏用桑柘也。柞楢色白，秋是金，金色白，故秋用柞楢也。槐檀色黑，冬是水，水

〔一〕「陸璣」原誤作「陸機」，據毛詩草木鳥獸蟲魚疏改。

色黑，故冬用槐檀也。」案：淮南時則訓：「春爨萁燧火，夏秋爨柘燧火，冬爨松燧火。」此與周書不同。又天文訓云：「冬至甲子受制，木用事，火烟青，七十二日；戊子受制，土用事，火烟黃，七十二日；庚子受制，金用事，火烟白，七十二日；丙子受制，火用事，火烟赤，七十二日；壬子受制，水用事，火烟黑，七十二日。」其次土，先於金，金先於火。周氏柄中以董子繁露證之，木令後當次火，火令後當次土，今文錯誤。其說甚確。管子幼官篇又云：「春以羽獸之火爨，夏以毛蟲之火爨，秋以介蟲之火爨，冬以鱗蟲之火爨，中央以倮蟲之火爨。」周氏柄中云：「月令：『春，其蟲鱗；夏，其蟲羽；秋，其蟲毛；冬，其蟲介。』蓋冬至後改春火，春其蟲鱗，而時則猶冬也，故曰冬以鱗獸之火爨，其實木用事，乃春火也。由此推之，春改夏火，夏其蟲羽，故曰春以羽獸之火爨。夏改秋火，秋其蟲毛，故曰夏以毛獸之火爨。秋改冬火，其蟲介，故曰秋以介蟲之火爨。月令以四時之正言，管子以改火之始言，故異耳。」

子曰：「食夫稻，衣夫錦，於女安乎？」曰：「安。」「女安，則爲之。夫君子之居喪，食旨不甘，聞樂不樂，居處不安，故不爲也。今女安，則爲之。」【注】孔曰：「旨，美也。責其無仁恩於親，故再言『女安則爲之』。」宰我出。子曰：「予之不仁也！子生三年，然後免於父母之懷。【注】馬曰：「子生未三歲，爲父母所懷抱。」夫三年之喪，天下之通喪也，【注】孔曰：「自天子達於庶人。」予也有三年之愛於其父母乎？」【注】孔曰：「言子之於父母，欲報之德，昊天罔極，而予也有三年之愛乎？」

正義曰：說文：「稻，稌也。」別二名。北方以稻爲穀之貴者，故居喪不食之也。儀禮喪服傳言「居喪既虞，食疏食水飲；既練，始食菜果，飯素食。」練者，小祥之祭。鄭彼注云：「疏猶麤也，素猶故也，謂復平生時食也。」程氏瑤田「疏食素食」說云：「疏食者，稷食也，不食稻粱黍也。素食，鄭云『復平生時食』，謂黍稷也。賤者食稷，然豐年亦得食黍。若稻粱二者，據聘禮、公食大夫禮皆加饌，非平生常食，居喪更何忍食？故夫子斥宰我曰：「『食夫稻，于女安乎？』」是雖既練飯素食，亦必不食稻粱，宜止於黍稷也。詩碩人箋：「錦，文衣也。」終南傳：「錦衣，采色也。」錦是有文采之衣，謂凡朝祭服以帛爲之者也。檜詩「刺不能三年」，而云「庶見素冠、素衣」，素冠，練冠也。禮檀弓云：「練，練衣黃裏縓緣。」閒傳云：「期而小祥，練冠縓緣；又期而大祥，素縞麻衣。」注云：「麻衣，十五升布深衣也。謂之麻者，純用布無采飾也。」陳氏奐毛詩疏：「小祥大祥，皆用麻衣。大祥之麻衣配縞冠，小祥之麻衣配練冠。」是未終喪皆服麻衣，無采飾，則不得衣錦可知。皇本「稻」下、「錦」下有「也」字，「汝安則爲之」句上有「曰」字。說文：「甘，美也。」詩多言「旨酒」，此文「食旨」，兼凡飲食言之。喪大記云「祥而食肉」，謂大祥也。閒傳云：「期而大祥，有醯醬。」有醯醬者，明始得食肉也。又云：「中月而禫，禫而飲醴酒。始飲酒者，先飲醴酒；始食肉者，先食乾肉。」則自小祥後但得食菜果，飯素食，而醯醬食肉必待至大祥之後，飲醴酒必待至禫之後，則小祥後不得食旨明矣。喪大記：「祥而外無哭者，禫而內無哭者，樂作矣故也。」喪服四制云：〔一〕「祥之日，鼓素琴。」則自大祥之前，不與於樂，故曲禮云「居喪不言樂」是也。「居處」謂居常時之處也。閒傳云：「父母之喪，居倚廬，寢苫枕塊，不說絰帶。既虞卒哭，柱楣翦屏，芐翦不納。期而小祥，居堊室，寢有席。又期而大祥，居復寢。中月而禫，禫而牀。」喪服傳言「既虞寢有席」，與閒傳言「寢有席」在小祥之後稍異。又喪服傳言「既練舍外寢」，注云：「舍外寢於中門之外，所謂堊室也。」則鄭以喪服傳與閒傳合也。又喪大記：「既練居堊室，既祥黝堊，禫而從御，吉祭而復寢。」復寢在禫後，與閒傳在大祥後又稍異。以理衡之，當以大記爲備也。禮問喪云：「夫悲哀在

〔一〕「喪服四制」原誤作「檀弓」，據禮記改。

中，故形變於外也；痛疾在心，故口不甘味，身不安美也。」孝經喪親章：「服美不安，聞樂不樂，食旨不甘，此哀慼之情也。」「不仁」者，言不愛父母，是不仁也。故又曰「予也有三年之愛於其父母乎？」言無有也。大戴禮盛德篇：「凡不孝，生於不仁愛也；不仁愛，生於喪祭之禮不明。喪祭之禮，所以教仁愛也，致愛故能致喪祭。」即此義也。漢石經「於其父母」下無「乎」字，當誤脫。○注：「旨，美也。」○正義曰：說文同。○注：「子生未三歲，爲父母所懷抱。」○正義曰：說文：「褱，俠也。褱，裹也。」今字作「懷」、作「抱」，皆叚借字。蓼莪詩云：「父兮生我，母兮鞠我。拊我畜我，長我育我，顧我復我，出入腹我。」○注：「自天子達於庶人。」○正義曰：禮三年問引論語此文，「通喪」作「達喪」，注：「達謂自天子至於庶人。」此孔所本。禮中庸云：「父母之喪，無貴賤一也。」○注：「欲報之德，昊天罔極。」○正義曰：詩蓼莪文。注引此者，見三年之喪亦是思報德也。

19 子曰：「飽食終日，無所用心，難矣哉！【注】馬曰：「爲其無所據樂善，生淫欲。」不有博弈者乎？爲之，猶賢乎已。」

正義曰：孟子告子篇：「心之官則思，思則得之，不思則不得也。」思者，思理義也。無所用心，則於理義皆不知思，其不說學可知。「難」者，言難以成德也。孟子告子篇：「今夫弈之爲數，小數也，不專心致志，則不得也。」是博弈皆用心也。「賢」者，勝也。「已」者，止也。博弈之人，知用其心，若作他事，當亦用心，故視無所用心者爲勝也。荀子脩身篇：「偷儒憚事，無廉恥而嗜乎飲食，則可謂惡少者矣。」偷儒憚事，卽無所用心之人也。「博」者，說文：「簙，局戲也，六箸十二棊也。」方言：「簙謂之蔽，或謂之箘。秦、晉之間謂之簙，吳、楚之間或謂之蔽，或謂之箭裏，或謂之簙毒，或謂之兗專，或謂之匳璇，或謂之綦。」「簙」與「博」同。荀子大略篇：「六貳之博。」楊倞注：「六貳之博，即六博也。」王逸注楚辭云：「投六箸，行六綦，故曰六博。」今之博局，亦二六相對也。西京雜記：「許博昌善陸博法，用六箸，以竹爲之，長六分，或用二箸。」列子說符篇釋文引六博經云：「博，二人相對坐向局。局分爲十二道，兩頭當中名爲水，用綦十二枚，法六白六黑，又用魚二枚，置於水中，其擲采以瓊爲之，二名牽魚，每一牽魚獲二籌，翻一魚獲三籌。若已牽兩魚而不勝者，名曰被翻雙魚，彼家獲六籌爲大勝也。」「弈」者，說文云：「弈，圍棊也。」文選博弈論注引邯鄲淳藝經曰：「綦局縱橫，各十七道，合二百八十九道，白黑綦子，各一百五十枚。」焦氏循孟子正義：「博蓋即今之雙陸，弈爲圍棊。以其局同用板平承於下，則皆謂之枰，以其同行於枰，皆謂之綦。上高而銳如箭，亦如箸，今雙陸綦俗謂之鎚，尚可考見其狀，故有箭箸之名。今雙陸枰上亦有水門，其法古今有不同。如弈，古用二百八十九道，今則用三百六十一道，亦其例也。蓋弈但行綦，博以擲采而後行綦，後人不行綦而專擲采，遂稱擲采爲博，博與弈益遠矣。」○注：「爲其無所據樂善，生淫欲。」○正義曰：不用心則無所據依以樂善，既不樂善，則自生淫欲。魯語敬姜曰：「夫民勞則思，思則善心生；逸則淫，淫則忘善，忘善則惡心生。」

20 子路曰：「君子尚勇乎？」子曰：「君子義以爲上，君子有勇而無義爲亂，小人有勇而無義爲盜。」

正義曰：「尚」、「上」義同，故二文並用。「義以爲上」者，言以義勇爲上也。禮聘義云：「有行之謂有義，有義之謂勇敢。故所貴於勇敢者，貴其能以立義也；所貴於立義者，貴其有行也；所貴於有行者，貴其行禮也。故所貴於勇敢者，貴其敢行禮義也。故勇敢強有力者，天下無事則用之於禮義，天下有事則用之於戰勝。用之於戰勝則無敵，用之於禮義則順治。外無敵，內順治，此之謂盛德。故聖王之貴勇敢強有力如此也。勇敢強有力，而不用之於禮義戰勝，而用之於爭鬬，則謂之亂人。刑罰行於國，所誅者亂人也。」又荀子榮辱篇：「爲事利，爭貨財，無辭讓，果敢而振，猛貪而戾，恈恈然惟利之見，是賈盜之勇。」二文並可證此章之義。

21 子貢曰：「君子亦有惡乎？」子曰：「有惡：惡稱人之惡者，【注】包曰：「好稱說人之惡，所以爲惡。」惡居下流而訕上者，【注】孔曰：「訕，謗毀。」惡勇而無禮者，惡果敢而窒者。」【注】馬曰：「窒，窒塞也。」

正義曰：皇本「子貢」下有「問」字。漢石經作「君子有惡乎？子曰：有」。案：「亦」是承上之辭，此句上無所承，自不當有「亦」字。陳氏鱣古訓曰：「子曰『有』者，與檀弓曾子曰『有』句法同。」又漢石經「惡居下而訕上者」無「流」字。惠氏棟九經古義云：「當因子張篇『惡居下流』，涉彼而誤。鹽鐵論：『大夫曰文學居下而訕上。』漢書朱雲傳：『小臣居下訕上。』是漢以前無『流』字。」陳氏鱣古訓云：「四輩經、比丘尼經音義引亦無流字。」馮氏登府異文考證云：「白六帖兩引俱無流字。」案：皇疏云：「又憎惡爲人臣下，而毀謗其君上者也。」邢疏云：「謂人居下位，而謗毀在上。」並無「流」字，今經文有「流」字，後人據誤本加也。少儀疏引此文，雖有「流」字，亦後人所增。蔡邕楊賜碑：「惟我下流，二三小臣。」此自稱，爲謙辭，非本論語此文。鄭注云：「魯讀窒爲室，今從古。」馮氏登府異文考證：「說文：『室，實也。』集韻：『窒，實也。』義本通，古二字亦相假。周卯敦銘：『孚乎家室。』韓勑碑：『廧城庫室。』漢書功臣表有『清簡侯室中同』，史記作『窒』，皆其證也。馬氏應潮曰：『室有窒義。』太玄經曰：『泠竹爲管，室灰爲候。』虞翻注：『室，窒也。』」案：室、窒音義俱近，故魯論作「室」。鄭以「窒」義較顯，故從古。○注：「好稱說人之惡，所以爲惡。」○正義曰：君子隱惡揚善，故稱說人惡，爲君子惡也。○注：「訕，謗毀。」○正義曰：說文：「訕，謗也。」一切經音義五引蒼頡：「訕，誹毀也。」禮少儀云：「爲人臣下者，有諫而無訕。」孔疏謂「道說君之過惡」。○注：「窒，窒塞也。」○正義曰：注當云「窒，實也」，衍一「窒」字。說文：「窒，塞也。塞，隔也。」戴氏望注云：「不通恕道，窒塞於事。」廣雅釋詁：「恎，很也。」王氏念孫疏證：「玉篇『恎，惡性也。』論語『惡果敢而窒者』，窒與恎通，言很戾也。馬融訓『窒』爲塞，失之。下文云『痓，惡也』，義與恎相近。」案王說亦備一義，其斥馬注爲失，誤也。

曰：「賜也亦有惡乎？」「惡徼以爲知者，【注】孔曰：「徼，抄也。抄人之意以爲己有。」惡不孫以爲勇者，惡訐以爲直者。」【注】包曰：「訐謂攻發人之陰私。」

正義曰：「曰賜也亦有惡乎」，皇本「乎」作「也」，以此語屬子貢。邢疏同。文選西征賦注引子貢曰：「賜也，亦有惡乎？」尤可證。釋文：「徼，鄭本作絞，古卯反。」中論覈辨篇：「孔子曰：『小人毀訾以爲辨，絞急以爲智，不遜以爲勇。』斯乃聖人所惡。」中論此文，誤以此節爲夫子語。「毀訾以爲辨」，即「訐以爲直」之義。「絞急」與鄭本作「絞」字同。阮氏元校勘記曰：「敫聲、交聲，古音同部，故得通借。」案：左成十四年傳引詩：「彼交匪傲。」漢書五行志引左傳「彼交」作「匪徼」，亦交、敫二聲旁通之證。「絞急」者，謂於事急迫，自炫其能以爲知也。中論此文，可補鄭義。馮氏登府異文考證：「禮記隱義云：『齊以相絞訐爲掉磬，論語言「絞以爲知」，又云「訐以爲直」。』絞、訐連文，正齊、魯之方言。鄭氏北海人，其注三禮多齊言，故於齊、古、魯參校之時，不從古而從魯也。」案：鄭作「絞」，不知何論？必如隱義之說，亦是齊論，而馮君以爲從魯，殊屬臆測。「惡不遜以爲勇」者，言本無勇，假不遜以爲勇也。荀子脩身篇：「加惕悍而不順，險賊而不弟焉，則可謂不詳少者矣。」即此文之意。○注：「徼，抄也。抄人之意以爲己有。」○正義曰：說文：「徼，循也。循，順行也。」漢書言「中尉徼循京師」，引申爲凡遮取之義，故注訓抄。說文：「鈔，又取也。」無「抄」字。一切經音義二引字書：「抄，掠也。」又引通俗文：「遮取謂之抄掠。」音義又云：「古文抄剿二形。」案：曲禮「毋剿說」，注：「剿猶擥也，謂取人之說以爲己說。」與此注意同。○注：「訐謂攻發人之陰私。」○正義曰：釋文引說文云：「訐，面相斥。」是訐爲攻發也。「陰私」，人所諱言，而面相攻發，以爲己直也。

22 子曰：「唯女子與小人爲難養也，近之則不孫，遠之則怨。」

正義曰：此爲有家國者戒也。養猶待也。左僖二十四年傳：「女德無極，婦怨無終。」杜注：「婦女之志，近之則不知止足，遠之則忿怨無已。」即此「難養」之意。易家人九三云：「家人嗃嗃，悔厲，吉。婦子嘻嘻，終吝。」象傳：「家人嗃嗃，未失也。婦子嘻嘻，失家節也。」此即不孫之象。故初九云：「閑有家。」言當教之於始也。六二云：「无攸遂，在中饋，貞吉。」言婦人惟酒食之議，故能順以巽也。師上六云：「開國承家，小人勿用。」「小人」即此篇上章所指「鄉原」、「鄙夫」之屬。皇本「怨」上有「有」字。

23 子曰：「年四十而見惡焉，其終也已。」【注】鄭曰：「年在不惑，而爲人所惡，終無善行。」

正義曰：漢石經：「年卌見惡焉。」「卌」从兩廿，即「四十」字之併。漢碑多如此作。○注「年在」至「善行」。○正義曰：皇疏云：「人年未四十，則德行猶進，當時雖未能善，猶望可改。若年四十在不惑之時，猶爲衆人共所見憎惡者，則當終其一生，無復有善理。」案：曾子立事篇：「三十、四十之間而無藝，即無藝矣；五十而不以善聞，則無聞矣；七十而無德，雖有微過，亦可以勉矣。」孔氏廣森補注：「勉當爲免，言不足責。」並言人年至壯老，無所成德，譏論之也。

論語正義卷二十一

微子第十八　集解

凡十四章　正義曰：此篇實止十一章，疑「四」爲「一」誤。

1 微子去之，箕子爲之奴，比干諫而死。【注】馬曰：「微、箕，二國名。子，爵也。微子，紂之庶兄。箕子、比干，紂之諸父。微子見紂無道，早去之，箕子佯狂爲奴，比干以諫見殺。」孔子曰：「殷有三仁焉。」【注】仁者愛人，三人行異而同稱仁，以其俱在憂亂寧民。

正義曰：微、箕皆有封國，還仕王朝爲卿士。至此諫紂，俱不聽，微子乃去其位，行遯於外，箕子以佯狂去位，爲紂奴也。史記宋微子世家：「周武王克殷，微子乃持其祭器造於軍門，肉袒面縛，左牽羊，右把茅，膝行而前以告。於是武王乃釋微子，復其位如故。」復其位者，復其微子之位也。及武庚滅，乃改封國於宋，爲宋公。又宋世家言：「武王封箕子於朝鮮而不臣。」是二子後皆別封。此仍言微、箕者，從故爵也。舊時說者謂微子去之，是去殷如周，與載籍無一合者，抑亦妄矣。朱氏彬經傳考證：「此章止敍比干之諫，一似微、箕兩賢初無一言之悟主者，不知非也。微、箕之諫，已貫於比干之諫之中，特文勢蟬聯而下，使人不覺耳。宋世家曰：『紂既立，不明，淫亂於政，微子數諫，紂不聽。及祖伊以西伯昌之修德，滅阢，懼禍至，以告紂。紂曰：「我生不有命在天乎？是何能爲？」于是微子度紂不可諫，欲死之，及去，未能自決，乃問于太師、少師。』于是太師、少師乃勸微子去，遂行。又曰：『紂爲淫泆，箕子諫，不聽。人或曰：「可以去矣。」箕子曰：「人臣諫不聽而去，是彰君之惡而自説于民，吾不忍爲也。」乃被髮佯狂而爲奴。』又曰：『王子比干見箕子諫不聽而爲奴，則曰：「君有過而不以死爭，則百姓何辜？」乃直言諫紂。』由此觀之，微、箕非不諫也，特比干被禍尤烈耳。」○注「微箕」至「見殺」。○正義曰：微、箕皆殷時封國，孔氏書疏引鄭玄説，以爲俱在圻内也。杜預春秋釋例：「僖六年，微，東平壽張縣西北有微鄉微子冢。」水經濟水注：「濟水又北逕微鄉東。」春秋莊公二十八年經書：「冬，築郿。」京相璠曰：「公羊傳謂之微，東平壽張縣西北三十里有故微鄉，魯邑也。」杜預曰：「有微子冢，西北去朝歌，尚在圻内。」寰宇記云：「博州聊城縣有微子城。」博州，今東昌府治，聊城爲附郭首邑，與壽張毗連，故兩邑皆言有微地，實則壽張是也。閻氏若璩釋地謂「今潞安府潞城縣東北十五里有微子城」，此據明一統志，不足信也。左僖三十三年經：「晉人敗狄于箕。」注：「太原陽邑縣南有箕城。」閻氏釋地謂「在今山西遼州榆社縣東南三十里，而彙纂謂「在太谷縣東南三十五里」，是榆社縣西，亦一邑兩載，皆在圻内，但未知孰是。又左傳：「秦入我河縣，〔一〕焚我箕、郜。」江氏永春秋地理考實謂「今山西隰州蒲縣東北有箕城，當卽其地」。然去朝歌甚遠，必非箕子所封邑也。比干未有封國，孟子稱「王子比干」，疑比干卽其名或字也。路史謂「唐之比陽有比水，卽比干國」，其説不知何本？考比陽於漢地志屬南陽郡，非在圻内，路史誤也。白虎通爵篇：「子者，孳也，孳孳無已也。殷爵三等，謂公、侯、伯也。」此得有子者，鄭君王制注：「異畿内，謂之子。」是也。微子名啟，箕子名無考。莊子大宗師：「若狐不偕、務光、伯夷、叔齊、箕子、胥餘、紀他、申徒狄。」〔二〕司馬彪注

〔一〕「縣」原誤作「曲」，據左傳改。　〔二〕「狐」原誤作「孤」，據莊子改

以胥餘爲箕子名。尸子亦云：「箕子胥餘，漆身爲厲，被髮佯狂。」胥餘並承箕子之下，則彪說亦可信也。左哀九年傳：〔一〕「陽虎曰：『微子啟，帝乙之元子也。』」呂氏春秋仲冬紀：「紂之母生微子啟與仲衍，其時猶尚爲妾，已而爲妻而生紂。」史記殷本紀：「帝乙長子曰微子啟，啟母賤，不得嗣。少子辛，辛母正后，辛爲嗣。帝乙崩，子辛立，是爲帝辛，天下謂之紂。」宋世家：「微子開者，殷帝乙之首子，而紂之庶兄也。」庶兄者，謂微子生時其母未爲后，則微子是帝乙庶子，即是紂之庶兄，此馬注意亦然也。孟子告子篇：「以紂爲兄之子，且以爲君，而有微子啟、王子比干。」又以微、比皆紂諸父，說比干者無異辭，而微子爲諸父則止孟子一言。翟氏灝考異引陸象山說，從孟子，則以箕子稱微子，曰王子，與比干稱謂同，或其行輩亦同。姚氏鼐經說：「牧誓言『播棄王父母弟不迪』，苟有庶兄，播棄不迪，其罪不甚于王父母弟乎？而武王乃不言之乎？吾是以知惟孟子之言信也。」宋世家又云：「箕子者，紂親戚也。」不言爲何行輩。服虔、杜預以爲紂庶兄，而王肅以爲紂諸父，與馬此注同。高誘注淮南主術爲紂庶兄，而注呂氏春秋必己、離謂、過理等篇，皆爲紂諸父。傳聞各異，未知孰是。殷本紀云：「紂愈淫亂不止，微子數諫不聽，乃與太師、少師謀，遂去。比干曰：『爲人臣者，不得不以死争。』迺强諫紂。紂怒曰：『吾聞聖人心有七竅。』剖比干，觀其心。箕子懼，乃詳狂爲奴，紂又囚之。」此紀先敘微子，次比干、箕子，馬此注本之，遂以微子爲早去也。宋世家云：「箕子諫不聽，乃被髮佯狂而爲奴。王子比干見箕子諫不聽而爲奴，乃直言諫紂。紂怒，乃遂殺王子比干。於是太師、少師乃勸微子去，遂行。」則又先箕子，次比干，次微子，與殷紀敘述不同。韓詩外傳：「紂作炮烙之刑。王子比干曰：『主暴不諫，非忠也；畏死不言，非勇也；見過即諫，不用即死，忠之至也。』遂諫

〔一〕「哀」原誤作「定」，據左傳改。

三日不去，紂囚殺之。」又云：「比干諫而死。箕子曰：『知不用而言，愚也；殺身以彰君之惡，不忠也。』遂被髮佯狂而去。」此傳先比干，次箕子，與殷紀同，與宋世家異，而不言微子去之在何時。竊以微子事當從宋世家，以宋人所載，必得實也。若箕、比先後，宜闕疑焉。「佯狂」者，佯，僞也。廣雅釋詁：「狴，癡也。」後漢陳忠傳注：「狂易，謂狂而易性也。」「爲奴」者，周官司厲：「其奴男子入于罪隸，女子入于舂稾。凡有爵者，與七十者，與未齔者，皆不爲奴。」鄭注：「謂坐爲盜賊而爲奴者，輸于罪隸。」此據漢法以況爲盜賊之罰，其實凡有罪皆得輸入，故甘誓言「奴戮汝」也。箕子是有爵，雖有罪，不得爲奴，故必佯狂而後得以没入。先鄭司厲注云：「箕子爲之奴，罪隸之奴也。」是也。御覽四百十九引鄭注云：「此三人，紂同姓大臣。微子知紂惡而去之，箕子、比干不忍去，故或爲奴，或見殺。」詩邶柏舟疏引鄭注又云：「箕子、比干不忍去，皆是同姓之臣，有親屬之恩，君雖無道，不忍去之也。然君臣義合，道終不行，雖同姓有去之理。故微子去之，與箕子、比干同稱三仁。」案：白虎通五行篇：「親屬臣諫不相去何法？法木枝葉不相離也。」何休公羊莊九年注：「禮，公子無去國道也。」是同姓之臣無去理。然微子實處不得不去之勢，故鄭君復言「同姓有去理」，以明之也。○注「仁至」者「寧民」。○正義曰：「憂亂」者，憂君亂也。「憂亂寧民」，皆是愛人，故爲仁也。中論智行篇：「微子介於石不終日，箕子内難而能正其志，比干諫而剖心。君子以微子爲上，箕子次之，比干爲下，故春秋大夫見殺，皆譏其不能以智自免也。」案：微子之去，在箕、比事後，彼見二子及已諫已不行，故聽太師、少師之勸，然後去也。以智許之，必非微子所願，而比干以忠愛受奇禍，復從而奪之，亦太近刻。然則夫子之次三子，或如胡炳文四書通謂「先易者，後難者」也。以爲上下之次，殆未然矣。皇本此注作「馬曰」。

2 柳下惠爲士師，【注】孔曰：「士師，典獄之官。」三黜。人曰：「子未可以去乎？」曰：「直道而事人，焉往而不三黜？【注】孔曰：「苟直道以事人，所至之國，俱當復三黜。」枉道而事人，何必去父母之邦？」

正義曰：鄭注云：「黜，退也。」案：說文：「黜，貶下也。」三黜仍爲此官，故先言「爲士師」，明非改官也。柳下被黜不去，卽是降志辱身之事，然不爲枉道，故孟子稱爲「聖之和」，又言「不以三公易其介」也。戰國燕策燕王喜謝樂間書曰：〔一〕「昔者柳下惠吏于魯，三黜而不去。或謂之曰：『可以去。』柳下惠曰：『苟與人之異，惡往而不黜乎？猶且黜乎，寧于故國耳。』」與此文略同。○注：「士師，典獄之官。」○正義曰：鄭亦有此注，孔所襲也。周官：「士師，下大夫四人。」鄭注：「士，察也，主察獄訟之事。」此官王朝得有下大夫，若侯國，不過以中下士爲之，故孟子言「柳下惠不卑小官」也。

3 齊景公待孔子曰：「若季氏，則吾不能；以季、孟之閒待之。」【注】孔曰：「魯三卿，季氏爲上卿，孟氏爲下卿，不用事。言待之以二者之閒。」曰：「吾老矣，不能用也。」孔子行。【注】以聖道難成，故云「吾老，不能用。」

正義曰：「待孔子」，史記孔子世家作「止孔子」，謂商所以安止之也。世家云：「魯昭公奔於齊，頃之，魯亂。孔子適齊，景公問政孔子，孔子曰：『君君，臣臣，父父，子子。』他日，又復問政於孔子，孔子曰：『政在節財。』景公說，欲以尼谿田封孔子。晏嬰進云云。後景公敬見孔子，不問其禮。異日，景公止孔子曰：『奉子以季氏，吾不能。』以季、孟之閒待之。齊大夫欲害孔子，孔子聞之。景公曰：『吾老矣，弗能用也。』孔子遂行，反乎魯。」其事在孔子三十五歲之後，四十

〔一〕「間」原誤作「毅」，據戰國策改。

二歲之前。景公欲以尼谿封孔子，晏嬰雖沮之，而公猶欲待之以季、孟之閒，是公意猶未忘也。邢疏云：「景公言我待孔子以上卿之位，則不能，以其有田氏專政故也。又不可使其位卑若魯孟氏，故將待之以季、孟二者之閒。」案：左氏傳劉康公曰：「叔孫之位，不若季、孟。」又叔孫僑如曰：「魯之有季、孟，猶晉之有欒、范。」二文皆言季、孟。全氏祖望問答：「謂以權勢稱之，故四分公室。舍中軍則季氏將左師，孟氏將右師，而叔孫氏自爲軍。是三桓之勢，季一孟二，不可墨守下卿之說而輕之。」其說甚確。若然，則康公所言叔孫位不若孟者，亦是明其權重，假位說之，非其實也。此文「季、孟之閒」，專是言位。周氏炳中典故辨正：「謂季孟之閒，明明在季之下，孟之上。即謂將以叔孫氏待孔子，亦無不可。」周氏之言，尤洽經旨。景公雖欲待孔子，而終不果行，後又託於吾老而不能用，孔子所以去齊而反魯也。待孔子與「吾老」之言，非在一時，故論語用兩「曰」字別之。○注「魯三」至「之閒」。○正義曰：昭四年左傳季孫爲司徒，叔孫爲司馬，孟孫爲司空。司徒，上卿也；司空，下卿也。哀二年經書：「季孫斯、叔孫州仇、仲孫何忌帥師伐邾。」此正魯三卿之位次。但孟氏雖居下卿，而權重於叔氏，故當時多言季、孟。此注謂「孟不用事」，誤。○注：「以聖道難成，故云『吾老不能用』」。○正義曰：世家：「晏嬰曰：『自大賢之息，周室既衰，禮樂缺有閒。今孔子盛容飾，繁登降之禮，趨詳之節，累世不能殫其學，當年不能究其禮。若欲用之以移齊俗，非所以先細民也。』」是晏嬰以聖道難成，故景公聞而止尼谿之封，其後以「吾老不能用」辭孔子，亦由晏嬰前言惑沮之也。左襄二十五年傳：「叔孫宣伯之在齊也，叔孫還納其女于靈公，嬖，生景公。」宣伯在齊爲魯成十六年，景公之生當在成十七、八年，計其卽位時已二十七、八歲。至孔子因魯亂適齊，則在景公三十一年後。故閻氏若璩釋地謂「孔子在齊，爲景公三十三年，時年已六十，故稱老」。

4 齊人歸女樂，季桓子受之，三日不朝，【注】桓子，季孫斯也。使定公受齊之女樂，君臣相與觀之，廢朝禮三日。孔子行。

正義曰：釋文：「歸如字，鄭作饋。」案：後漢蔡邕傳注、文選鄒陽上書注並引作「饋」，用鄭本也。江氏永鄉黨圖考：「按世家歸女樂，去魯適衛，皆敍於定公十四年，非也。定十三年夏，有築蛇淵囿，大蒐比蒲，皆非時勞民之事。使夫子在位，而聽其行之，則何以爲夫子？考十二諸侯年表及衛世家，皆於靈公三十八年書『孔子來，祿之如魯』。衛靈三十八當魯定十三。蓋女樂事在十二、十三冬春之閒。去魯實在十三年春。魯郊嘗在春，故經不書，當以衛世家爲正。」○注「桓子」至「三日」。○正義曰：孔子世家：「孔子由大司寇行攝相事，於是誅魯大夫亂政者少正卯。與聞國政三月，粥羔豚者弗飾賈，男女行者別於塗，塗不拾遺，四方之客至乎邑者，不求有司，皆予之以歸。齊人聞而懼曰：『孔子爲政必霸，霸則吾地近焉，我之爲先并矣。盍致地焉？』犂鉏曰：『請先嘗沮之，沮之而不可則致地，庸遲乎？』於是選齊國中女子好者八十人，皆衣文衣而舞康樂，文馬三十駟，遺魯君。陳女樂文馬於魯城南高門外。季桓子微服往觀再三，將受，乃語魯君爲周道游，往觀終日，怠於政事。子路曰：『夫子可以行矣。』孔子曰：『魯今且郊，如致膰乎大夫，則吾猶可以止。』桓子卒受齊女樂，三日不聽政。郊又不致膰俎於大夫，孔子遂行，宿乎屯。而師己送曰：『夫子則非罪。』孔子曰：『吾歌可夫？』歌曰：『彼婦之口，可以出走；彼婦之謁，可以死敗。蓋優哉游哉，維以卒歲！』師己反，桓子曰：『孔子亦何言？』師己以實告。桓子喟然歎曰：『夫子罪我，以羣婢故也夫！』」此僞孔所本。韓非內儲説言：「齊景公以女樂六遺哀公。」此紀事之誤。又言：「仲尼諫，不聽，去而之楚。」謂孔子諫女樂，深合事情，足補世家之闕。案：孟子言「孔子於季桓子有見行可之仕」，世家亦言行乎季孫，三月不違其任，孔子甚專。至將死，命康子必反孔子，此不得謂不知孔子矣。乃受齊女樂，甘墮齊人術中，而迫孔子以不得不行，此當别有隱情。或即惑於公伯繚之愬，以夫子爲彊公弱私，不利於己，故孔子於女樂之受，雖諫亦不聽也。世家言「孔子去魯適衞」，而韓非及檀弓皆言「適楚」，亦傳聞各異。

5 楚狂接輿歌而過孔子，【注】孔曰：「接輿，楚人。佯狂而來歌，欲以感切孔子。」曰：「鳳兮鳳兮！何德之衰？【注】孔曰：「比孔子於鳳鳥，鳳鳥待聖君乃見，非孔子周行求合，故曰衰。」往者不可諫，來者猶可追。已而已而，今之從政者殆而！」【注】孔曰：「已往所行，不可復諫止；自今已來，可追自止，辟亂隱居。已而已而者，言世亂已甚，不可復治也。再言之者，傷之深也。」孔子下，欲與之言。趨而辟之，不得與之言。【注】包曰：「下，下車。」

正義曰：莊子人閒世云：「孔子適楚，楚狂接輿游其門曰：『鳳兮鳳兮！何如德之衰也？來世不可待，往世不可追也。天下有道，聖人成焉；天下無道，聖人生焉。方今之時，僅免刑焉。福輕乎羽，莫之能載；禍重乎地，莫之知避。已乎已乎！臨人以德；殆乎殆乎！畫地而趨。迷陽迷陽，無傷吾行！吾行郤曲，無傷吾足！』山木，自寇也；膏火，自煎也。桂可食，故伐之；漆可用，故割之。人皆知有用之用，而莫知無用之用也。」此當似接輿歌原文，論語節引之耳。衰、追、已、殆皆韻。戴氏望論語注：「據莊子解此文云：往，往世。諫，正也。言禍亂相尋，已往不可以禮義正之。來，來世也。言待來世之治，猶可追耶？明不可追。殆，疑也。昭王欲以書社地封孔子，令尹子西沮之，故言今之從政者見疑也。」案：戴説是也。孔子世家載子西説云：「且楚之祖封於周，號爲子男五十里。今孔丘述三、五之法，〔一〕明周召之業，王若用之，則楚安得世世堂堂方數千里乎？夫文王在豐，武王在鎬，百里之君卒王天下。今孔丘得據土壤，賢弟子爲佐，非楚之福也。」是子西以夫子得志，不利於楚，故疑之也。莊子云：「殆乎殆乎！畫地而趨。」「畫地」即指封書社之事，明以此見殆，則「殆」訓疑，至確也。「何德之衰」，此據邢本，與世家同。漢石經作「何而德之衰也」，與莊子合。「如」、「而」古字通。唐石經及皇本、高麗本作「何德之衰也」。又「諫」下、「追」下，漢石經及皇本、高麗本並有「也」字。鄭注云：「魯讀『期斯已矣，今之從政者殆』。今從古。」陳氏鱣古訓曰：「期，時也。言出處之道，惟其時而已矣。今之從政者殆，是可已之時也。」此或得魯義。鄭所以必從古者，正據世家作「已而已而」，又莊子亦云「已乎已乎」，知古本爲近也。又皇本「辟」作「避」，「不得與之言」下有「也」字。○注「接輿」至「孔子」。○正義曰：接輿，楚人，故稱楚狂。莊子逍遥游：「肩吾問於連叔曰：『吾聞言於接輿。』」應帝王篇：「肩吾見狂接輿，狂接輿曰」云云。又「接輿曰」云云。此外若荀子堯問、秦策、楚辭、史記多稱接輿。故馮氏景解春集謂接是姓，輿是名，引齊稷下辨士接子作證。皇甫謐高士傳：「陸通，字接輿。」妄撰姓名，殊不足據。韓詩外傳稱「楚狂接輿躬耕以食。楚王使使者齎金百鎰，願請治河南，接輿笑而不應，乃與其妻偕隱，變易姓字，莫知所之」。觀此，則接輿乃其未隱時所傳之姓字，後人因「孔子下」解爲「下車」，遂謂楚狂與夫子之輿相接而歌，誤也。秦策范睢曰：「箕子、接輿，漆身而爲厲，被髮而陽狂，無益於殷、楚。」史記鄒陽傳上書曰：「箕子佯狂，接輿避世。」楚辭涉江云：「接輿髡首。」「髡首」如仲雍之斷髮。漆身、髡首，皆佯狂之行，故此注言「接輿佯狂」也。「感切」猶感動。○注「已往」至「治也」。○正義曰：注以「往者」、「來者」指孔子，與莊子不合。陳氏奐論語孔注辨僞

〔一〕「五」原誤作「王」，據史記改。

序云：「已，止也，止所止息也。此卽教孔子避亂隱居之意。訓解云云，與下句『今之從政殆』義重複，僞也。」案：陳說是也。以魯讀證之益見。○注：「下，下車。」○正義曰：注以「下」爲下車。則前云「歌而過」，當謂過夫子車前也。鄭注云：「下堂出門也。」與包異者，鄭以莊子言孔子適楚，楚狂接輿游其門，是夫子在門内，非在車上，故以下爲下堂也。前篇「下而飲」、「拜下」，皆不言堂，與此同。高士傳前用莊子「游其門」之文，及此復從包氏以爲下車，不免自相矛盾。

6 長沮、桀溺耦而耕，孔子過之，〔一〕使子路問津焉。【注】鄭曰：「長沮、桀溺，隱者也。耜廣五寸，二耜爲耦。津，濟渡處。」正義曰：金履祥集注考證說：「長沮、傑溺名皆從水，子路問津，一時何㠯識其姓名？諒以其物色名之，如荷蕢、晨門、荷蓧丈人之類。蓋二人耦耕於田，其一人長而沮洳，一人桀然高大而塗足，因以名之。」案：金說亦甚有理。漢婁壽碑：「桀且、溺之耦耕。」「且」卽「沮」省。史記世家敍此事於孔子去葉反蔡之時，則爲哀公六年，孔子年六十四也。水經潕水注：「方城山，水東流，注潕水。故地理志曰：『南陽葉，方城。』邑西有黄城山，是長沮、桀溺耦耕之所，有東流水，則子路問津處。」寰宇記略同，未知其說所本。而近時山東通志又謂「魚臺縣桀溺里在縣北三十里，相傳爲子路問津處。其地乃濟水經流之地，有問津亭。碑載夫子適陳、蔡，有渡，有橋，有菴，俱以問津名。」考魚臺爲魯棠邑，夫子時非去魯，何緣於此問渡？地理書多難徵信若此。世家云：「孔子以隱者，使子路問津焉。」論衡知實篇謂「孔子使子路問津，欲觀隱者之操」，此或古論家說。然求意太深，反失事實。○注「耜廣」至「渡處」。○正義曰：「耜廣五寸，二耜爲耦」，考工匠人

〔一〕「孔子過之」四字原脫，據十三經注疏本補。

文。說文「耜」作「相」，云「臿也」。臿者，耒之别名。三蒼云：「耜，耒頭鐵也。」京房易繫辭傳注：「耜，耒下耓也。」訓義相同。匠人注：「古者耜一金，兩人併發之。今之耜，岐頭兩金，象古之耦也。」鄭意古耜一金，一人發之。若兩人二耜併發，則謂之耦。說文：「耦，耒廣五寸爲伐，二伐爲耦。」「伐」與「發」同，許所稱亦古制也。匠人疏云：「二人雖並發一尺之地，未必並頭共發。知者，孔子使子路問津於長沮，長沮不對，又問桀溺，若並頭共發，不應别問桀溺，明前後不並可知。雖有前後，其畎自得一尺，不假要並也。」案：漢書食貨志：「后稷始畎田，以二耜爲耦，廣尺深尺曰畎，長終畮。一畮三畎，一夫三百畎，而播種於畎中。」此文下云「耰」爲覆種，則「耦耕」爲播種於畎中矣。「津，濟渡處」者，說文：「津，水渡也。」水經河水注：「自黃河泛舟而渡者，皆爲津也。」

長沮曰：「夫執輿者爲誰？」子路曰：「爲孔丘。」曰：「是魯孔丘與？」曰：「是也。」曰：「是知津矣。」【注】馬曰：「言數周流，自知津處。」問於桀溺。桀溺曰：「子爲誰？」曰：「爲仲由。」曰：「是魯孔丘之徒與？」對曰：「然。」曰：「滔滔者天下皆是也，而誰以易之？【注】孔曰：「滔滔，周流之貌。言當今天下治亂同，空舍此適彼，故曰誰以易之。」且而與其從辟人之士也，豈若從辟世之士哉？」【注】士有辟人之法，有辟世之法。長沮、桀溺謂孔子爲士，從辟人之法；己之爲士，則從辟世之法。耰而不輟。【注】鄭曰：「耰，覆種也。輟，止也。覆種不止，不以津告。」

正義曰：皇疏云：「執輿，猶執轡也。子路初在車上，即爲御，御者執轡。今既下車而往問津渡，則廢轡與孔子也。」漢石經「輿」作「車」，「誰」下有「子」字，「曰是」下無「也」字，「曰」字。皇本「誰」下有「乎」字，「曰是」上有「對」字。釋文云：「孔子之徒，一本作『子是』，今作『孔丘之徒與』。」世家作「子孔丘之徒與」。又「滔滔」，釋文引鄭本作「悠悠」，世家載此文正作「悠悠」，僞孔注本亦同。陳氏鱣古訓曰：「後漢書朱穆傳：『悠悠者皆是，其可稱乎？』亦本此。」洪氏頤煊讀書叢錄：「文選養生論：『夫悠悠者，既以未效不求。』李善引此文當作『悠悠』，今本作『滔滔』，後人所改。」案：鹽鐵論大論篇言孔子云：「悠悠者皆是。」皆同鄭本，當是古論。集解從魯論作「滔滔」也。又漢書班固敍傳：「固作幽通賦曰：『溺招路以從己兮，謂孔氏猶未可安，慆慆而不萉兮，卒隕身乎世歒。』」鄧展曰：「慆慆者，亂貌也。萉，避也。」師古曰：「論語稱桀溺曰：『慆慆者，天下皆是也。』」此引論語作「慆」，亦由所見本異。舀聲古音在蕭、幽部，故與「悠」通。「誰以易之」，誰，謂當時諸侯也。以，與也。易，治也。言當時諸侯皆無賢者，孔子得誰與治之耶？「且而」之「而」，謂子路也。顏師古敍傳注云：「避人之士，謂孔子，避世之士，溺自謂也。」「耰而不輟」，漢石經作「櫌不輟」。說文引亦作「櫌」。五經文字曰：「韻音憂，見論語。」集韻：「韻或從耒。」然則作「耰」乃或體字。

○注：「滔滔」至「易之」。○正義曰：盧氏文弨釋文攷證：「史記世家集解引此注『滔滔』作『悠悠』，又文選四十九干令升晉紀總論『悠悠風塵』注所引孔注亦同。是古論作『悠悠』，鄭、孔皆同。何晏依魯論作『滔滔』，采孔注而改之，妄甚。」今案：「悠悠」訓周流，疑與詩「淇水滺滺」同，即「攸」之或體，水回旋、周流皆是。此水喻當世之亂同也。注云「治亂同」者，連言耳。「空舍此適彼」，言彼此皆同，不必以此易彼也，說似可通，但與下句「丘不與易」義不協。○注「士有」至「之法」。○正義曰：注以兩「從」字爲孔子及沮、溺所從，非謂子路從，於語意不合。○注：「耰，覆種也。輟，止也。」○正義曰：說文：「櫌，摩田器。」［一］是「櫌」本器名，用以摩田。而此云「覆種」者，徐鍇說文繫傳云：「謂布後以此器摩之，使土開發處復合，以覆種也。」是也。江氏永羣經補義：「或疑播種之後不可摩，摩則種不固。然沮、溺耦耕時即耰，國語云『深耕而疾耰

［一］「耰」字，說文解字作「櫌」。

之』，孟子亦曰『麰麥播種而耰之』，是耰在播種之後。問諸北方農人曰：播種之後，以土覆是，摩而平之，使種入土，鳥不能啄也。」案：齊民要術：「耕荒畢，以鐵齒鎘錗再徧杷之，漫擲黍穄，勞亦再徧。」「勞」與「耰」一音之轉。「輟止」者，爾雅釋詁：「輟，已也。」「已」、「止」同訓。子路行以告。夫人憮然，【注】爲其不達己意，而便非己也。曰：「鳥獸不可與同羣，吾非斯人之徒與而誰與？【注】孔曰：「隱於山林是同羣。吾自當與此天下人同羣，安能去人從鳥獸居乎？」天下有道，丘不與易也。」【注】言凡天下有道者，丘皆不與易也，己大而人小故也。正義曰：「子路行以告」，漢石經及史記世家並無「行」字，今皇、邢本皆有「行」字。阮氏元校勘記謂「因丈人章誤衍」是也。「夫子憮然」，漢石經無「夫」字。又皇本「羣」下有「也」字。○注：「爲其不達己意，而便非己也。」○正義曰：三蒼云：「憮然，失意貌也。」孟子滕文公上：「夷子憮然。」趙注：「憮然者，猶悵然也。」焦氏循正義：「說文：『憮，一曰不動。』爾雅釋言云：『憮，撫也。』廣雅釋詁既訓『撫』爲安，又訓『撫』爲定，安定皆不動之義。蓋夫子聞子路述沮、溺之言，寂然不動，久而乃有『鳥獸不可同羣』之言。此夷子聞徐辟述孟子之言，寂然不動，久而乃有『命之』之言。」案：焦說與三蒼義合。蓋人失意，每致寂然不動，如有所失然也。沮、溺不達己意，而妄非己，故夫子有此容。○注「隱於」至「居乎」。○正義曰：山林是鳥獸所居，人隱居山林，是與鳥獸同羣也。人與人同羣，故當相人偶也。言辟人辟世法皆非也。○注「言凡」至「故也」。○正義曰：皇本作「孔注」。其申注云：「言凡我道雖不行於天下，天下有道者，而我道皆不至與彼易之，是我道大、彼道小故也。」案：注意謂天下即有道，某亦不以治民之大道易彼隱避之小道也。於義殊曲，故不從之。

7 子路從而後，遇丈人，以杖荷蓧。【注】包曰：「丈人，老人也。蓧，竹器。」子路問曰：「子見夫子乎？」丈人曰：「四體不勤，五穀不分，孰爲夫子？」【注】包曰：「丈人云不勤勞四體，不分植五穀，誰爲夫子而索之耶？」植其杖而芸。【注】孔曰：「植，倚也。除草曰芸。」子路拱而立。【注】未知所以答。止子路宿，殺雞爲黍而食之，見其二子焉。明日，子路行以告。子曰：「隱者也。」使子路反見之。至，則行矣。【注】孔曰：「子路反至其家，丈人出行不在。」

正義曰：「從而後」者，謂從夫子行而在後也。釋文云：「蓧，本又作條，又作莜。」盧氏文弨考證：「說文：『莜，從條省聲。論語曰：「以杖荷莜。」』是莜爲正字，論語本與說文合。條乃『條枚』字，於六書爲叚借，今作蓧不省，皇本作篠，誤。」「四體」者，趙岐孟子注：「體者，四枝股肱也。」「五穀」者，禾、黍、稷、稻、麥也。說五穀者多家，此從程氏瑤田說定之。鄭注云：「分猶理，謂理治之也。」宋氏翔鳳發微云：「王制『百畝之分』，鄭注：『分或爲糞。』此『五穀不分』，當讀如草人『糞種』之糞，必先糞種而後五穀可治。」俞氏樾平議略同，於義亦通。朱氏彬經傳考證：「宋呂本中紫薇雜說曰：『四體不勤二語，荷蓧丈人自謂。』其說得之。」平議又云：「兩不字，並語詞。不勤，勤也；不分，分也。」引詩「徒御不警，大庖不盈」，「不戢不難，受福不那」諸傳爲據，亦是也。「植其杖」，漢石經「植」作「置」。惠氏棟九經古義：「案：商頌那詩『置我鞉鼓』，箋云：『置讀曰植。』正義云：『金縢云「植璧秉圭」，鄭注云：「植，古置字。」』然則古者置、植字同。說文曰：『植或作⿰木置，從置。』」今案：依詩箋「植」、「置」本二字，金縢注謂「植古置字」者，謂古以「植」爲「置」叚借之義也。段氏玉裁說文注云：「丈人行來至田，則置杖於地，用莜芸田。植杖者，置杖也。」此從漢石經作「置」爲訓，如呂氏春秋異用篇所云「孔子置杖」之比。然用莜芸田，必拄杖而後可芸。竊以此文作「植」爲正，作「置」亦是叚字，段說未能合也。「芸」本作「䢷」,「耘」是或體,俱見説文。今作「芸」,漢石經作「耘」,俱隸省。「拱」者,説文:「拱,斂手也。」新書容經:「固頤正視,平肩正背,臂如抱鼓,足閒二寸,端面攝纓,端股整足。體不搖肘曰經立,因以微磬曰共立。」「共」與「拱」同。檀弓:「孔子與門人立拱。」玉藻「臣侍於君垂拱」,垂卽微磬之象。子路聞丈人言,知其賢者,禮異之也。「爲黍」者,治黍爲飯也。黍,禾屬而黏者,其不黏者別名穈穄,用以作飯,蓋食之貴者,所以敬禮客也。○注:「丈人,老人也。蓧,竹器。」○正義曰:淮南脩務訓注:「丈人,長老之稱。」與此注合。至道應訓注以爲「老而杖於人,故稱丈人」。此說不免附會。易師「丈人吉」,鄭注:「丈之言長,能以法度長於人。」彼稱丈人爲位尊者,與此荷蓧丈人爲齒尊異也。説文:「莜,芸田器。」其字從草,此注云「竹器」者,草、竹一類也。皇本經、注皆作「篠」,卽本此注誤改。説文:「癹,以足蹋夷草。從癶從殳。春秋傳曰:『癹夷蘊崇之。』」丁氏杰曰:「今南昌人耘田用一具,形如提梁,旁加索,納於足下。手持一杖,以足蹋草入泥中,名曰脚躧。」是可爲論語「以杖荷蓧、植杖而芸」及説文「莜」字、「癹」字之證。○注「丈人」至「之耶」。○正義曰:宋氏翔鳳發微云:「詳包意,亦以『四體不勤,五穀不分』爲自述其不遑暇逸之義。故不能知孰爲夫子,以答子路,非以責子路也。」○注:「植,倚也。除草曰芸。」○正義曰:植者,立也,故有倚訓,謂依倚之也。江氏永羣經補義:「今人耘田,必扶杖乃能用足,則植杖正所以耘,猶云拄杖也。」説文:「䢷,除苗閒穢也。」段氏玉裁注:「小雅毛傳曰:『耘,除草也。』食貨志云:『苗生三葉以上,稍耨壟草,因隤其土以附苗根,比成壟盡而根深,能風與旱。』此古者䢷耔爲一事也,謂苗初生之始也。既成以後,仍有莠及童蓈生乎其閒,則又以槈薅之。薅者,披田草也,亦謂之䢷。」今案:用莜芸草,亦在既成以後。吾鄉農人云:「田宜多芸,不獨除草,且茂苗也。」○注:「子路反至其家,丈人出行不在。」○正義曰:注以丈人偶出行不遇,非知子路復來而避之也。子路曰：【注】鄭曰：「留言以語丈人之二子。」「不仕無義。長幼之節，不可廢也。君臣之義，如之何其廢之？【注】孔曰：「言女知父子相養不可廢，反可廢君臣之義邪？」欲潔其身，而亂大倫。【注】包曰：「倫，道理也。」君子之仕也，行其義也。道之不行，已知之矣。」【注】包曰：「言君子之仕，所以行君臣之義，不必自己道得行。孔子道不見用，自己知之。」　正義曰：義者，宜也。君子成己所以成物，故士必宜仕。仕即是義，亦即是道。不仕則無君臣之義，是爲亂倫。亂之爲言猶廢也。夫子栖栖不已，知其不可而猶爲之，亦是冀行其道而已。道行，而君臣之倫以盡；道不行，而君臣之倫終未嘗一日敢廢。故孟子言「孔子三月無君，皇皇如也」，明雖知道不行，猶不敢忘仕也。「長幼之節」，謂前見二子有兄弟之節次也。注以「父子相養」言之，非矣。漢石經：「君臣之禮，如之何其廢之也？」皇本作「如之何其可廢也」。「潔」，阮據宋本作「絜」。「道之不行」，皇本「行」下有「也」字。釋文：「已音紀，一音以。」盧氏文弨考證曰：「音以是。」○注：「倫，道理也。」○正義曰：說文：「倫，一曰道也。」又訓理者，謂文理也。凡「論」、「侖」字皆訓理，其證也。○注「不必」至「知之」。○正義曰：注讀「已知」之已爲紀，已道不行，則望人行之，故曰「不必自己道得行」。明人行之與己同也，此說稍曲。

8 逸民：【注】逸民者，節行超逸也。伯夷、叔齊、虞仲、夷逸、朱張、柳下惠、少連。【注】包曰：「此七人皆逸民之賢者。」　正義曰：說文：「佚，佚民也。從人，失聲。」段氏玉裁注謂「論語『逸民』，許作『佚民』」，『佚』正字，『逸』叚借字。」孟子曰：「遺佚而不怨。」案：下篇「舉逸民」，亦用叚字。顏師古漢書律曆志注：「逸民，謂有德而隱處者。」

此虞仲後雖爲君，柳下惠亦爲士師，要自其初，皆爲民也。左僖五年傳：「宫之奇曰：『太伯、虞仲，太王之昭也。』」史記周本紀：「古公有長子曰太伯，次曰虞仲。」又云：「太伯、虞仲知古公欲立季歷以及昌，乃二人亡如荆蠻，文身斷髮，以讓季歷。」吴太伯世家：「太伯之奔荆蠻，荆蠻義之，立爲吴太伯。太伯卒，無子，弟仲雍立，是爲吴仲雍。周武王克殷，求太伯、仲雍之後，得周章。周章已君吴，因而封之。乃封周章弟虞仲於周之北故夏墟，是爲虞仲，列爲諸侯。」案：本紀以虞仲爲太伯弟，世家以仲雍爲太伯弟，虞仲則仲雍曾孫周章之弟，説似不同。吴仁傑兩漢刊誤補遺謂「仲雍亦名虞仲」，是虞仲有兩人。漢書地理志：「周太王長子太伯，次曰仲雍，少曰公季。公季有聖子昌，欲傳國焉。太伯、仲雍辭行采藥，遂奔荆楚。故孔子美而稱曰：『太伯可謂至德也已矣。』謂『虞仲夷逸，隱居放言，身中清，廢中權。』」師古曰：「虞仲，即仲雍也。」志又云：「太伯卒，仲雍立，至曾孫周章，而武王克殷，因而封之。又封周章弟中于河北，是爲北吴，後世謂之虞。」師古曰：「中讀曰仲。」班志此文，亦以周有兩虞仲。「虞」、「吴」通用，如「騶虞」亦作「騶吾」之比，仲雍稱吴仲雍，故或稱虞仲。志引論語「隱居放言」，即指逃竄荆蠻之事。兩虞仲本皆爲吴仲，故稱周章之弟爲北吴，對周章爲南吴也。後世稱北吴爲虞者，亦以兩吴不能分别，故取同音異字而爲虞矣。仲雍亦稱虞者，此又因音同而假之，其本字則爲「吴」也。虞仲在夷、齊前，而先夷、齊者，重德也，若孟子稱伯夷在伊尹前矣。○注：「逸民者，節行超逸也。」○正義曰：後漢書逸民傳敍：「蓋録其絶塵不及。」與此注義同。○注：「此七人皆逸民之賢者。」○正義曰：虞仲，注不知何指。尸子云：「夷逸者，夷詭諸之裔。或勸其仕，曰：『吾譬則牛，寧服軛以耕於野，不忍被繡入廟而爲犧。』」禮雜記：「孔子曰：『少連、大連善居喪，三日不怠，三月不解，期悲哀，三年憂。東夷之子也。』」此夷逸、少連二人事可考者。朱張見漢書古今人表。論語釋文云：「朱張並如字，衆家亦爲人姓名。王弼注：『朱張字子弓，荀卿以比孔子。』」案：荀子非相篇、非十二子篇、儒效篇以仲尼、子弓並言，楊倞注以子弓爲仲弓，則是夫子弟子，豈得厠於古賢之列而曰「我異於是」？且子弓之卽爲朱張，亦別無一據，則王說未可信也。竊以朱張行事，當夫子時已失傳，故下文論列諸賢，不及朱張，而但存其姓名於逸民之列，蓋其愼也。又釋文引「鄭作侏張，云音陟留反」。宋氏翔鳳過庭録：「文選劉琨答盧諶書：『自頃輈張。』注曰：『輈張，驚懼之貌也。』揚雄國三老箴：『負乘覆餗，姦宄侏張。』『輈』與『侏』古字通。此鄭本作『侏張』，知非人姓名矣。故鄭作者七人，注獨不舉夷逸、朱張。郝氏敬曰：『朱張，朱當作譸。書「譸張爲幻」，卽陽狂也。』曰逸民，曰夷逸，曰朱張，三者品其目，夷、齊、仲、惠、連五者舉其人也。」此說當得鄭義。臧氏庸拜經日記略同。今案：鄭義不著，或如宋、臧所測，然夷逸明見尸子，柳下豈爲陽狂？於義求之，似爲非也。漢地志說仲雍之事，引謂虞仲、夷逸，本此文連言。師古以爲竄於蠻夷而遁逸，其義或與鄭同，要未必得班本旨也。七人爲逸民之賢者，是解逸民爲隱逸，不謂超逸也。此集解前後失檢處。

子曰：「不降其志，不辱其身，伯夷、叔齊與！」【注】鄭曰：「言其直己之心，不入庸君之朝。」謂「柳下惠、少連，降志辱身矣，言中倫，行中慮，其斯而已矣」。【注】孔曰：「但能言應倫理，行應思慮，如此而已矣。」謂「虞仲、夷逸，隱居放言，【注】包曰：「放，置也。不復言世務。」身中清，廢中權。【注】馬曰：「清，純潔也。遭世亂，自廢棄以免患，合於權也。」

正義曰：孟子公孫丑篇：「孟子曰：『伯夷非其君不事，非其友不友，不立於惡人之朝，不與惡人言。立於惡人之朝，與惡人言，如以朝衣、朝冠坐於塗炭。是故諸侯雖有善其辭命而至者，不受也。不受也者，是亦不屑就已。』」是卽伯夷不降其志、不辱其身之事也。舉伯夷則叔齊可知。又云：「柳下惠不羞汙君，不卑小官，遺佚而不怨，阨窮而不憫。故曰『爾爲爾，我爲我，雖袒裼裸裎於我側，爾焉能浼我哉』？故由由然與之偕而不自失焉，援而止之而止。援而止之而止者，是亦不屑去已。」是卽柳下惠降志辱身之事也。論出處之節，自以不降、不辱爲優，而夷、齊亦失之過峻。韓詩外傳謂夷、齊爲磏仁，又曰「仁磏則其德不厚」，又曰「磏仁雖下，然聖人不廢者，匡民隱括有在是中者也」。是知夷、齊雖聖人所許，亦聖人所不爲也。惠、連降志辱身，出處之際，似無足觀。然中倫中慮，言行如此，實非枉道以殉人，故夫子亦許之也。虞仲、夷逸，亦是不降不辱，故能中清中權。而隱居放言，於世亦寡所合，但不及夷、齊之行，故述逸民之目，仲、逸亞於夷、齊。論行事，則夷、齊與惠、連爲最異，故相次論之，而後及虞仲、夷逸也。「不辱其身」，皇本「身」下有「者」字。「其斯而已矣」，漢石經作「其斯以乎」。「謂虞仲夷逸」，漢石經作「夷泆」。「身中清」，世家「身」作「行」。「行」與「廢」當是對文，謂居位行道也。此安國舊義也。「廢中權」，釋文引「鄭作發，云動貌」。案：「貌」疑「作」也。後漢隗囂傳：「方望曰：『動有功，發中權。』」此謂行事所發見也。皇疏引江熙曰：「晦明以遠害，發動中權也。」二文並作「發」，與鄭本同。當由齊、魯文異。江熙所云，可補鄭義。○注「但能」至「已矣」。○正義曰：「倫理」者，訓倫爲理也。「思慮」者，謂心所思慮於道也。孟子以柳下惠爲和爲介，又大戴衞將軍文子篇：「孝子慈幼，允德秉義，約貨去怨，蓋柳下惠之行也。」是其言行有可稱也。○注：「放，置也。不復言世務。」○正義曰：「放置」，見廣雅釋詁。中庸云：「國無道，其默足以容。」卽此注義。後漢孔融傳：「跌蕩放言。」李賢注：「放，縱也。」又荀韓鍾陳傳論：「漢自中世以下，閹豎擅恣，故俗遂以遁身矯潔放言爲高。」李賢注：「放肆其言，不拘節制也。論語曰：『隱居放言。』」此解似勝包氏。○注：「遭世亂，自廢棄以免患，合於權也。」○正義曰：注以虞仲、夷逸當亂世，則虞仲似非仲雍，疑指周章弟，當紂世也。

我則異於是，無可無不可」。【注】馬曰：

「亦不必進，亦不必退，惟義所在。」注：「亦不必進，亦不必退，惟義所在。」○正義曰：進者，可也；退者，不可也。逸民或治則進，亂則退，或雖治亦退，或雖亂亦進，行各不同，皆未適於大道。惟夫子本從心之矩，妙隱見之權，進退俱視乎義。義苟可進，雖亂亦進，義苟宜退，雖治亦退。孟子云：「孔子可以仕則仕，可以止則止，可以久則久，可以速則速。」久謂久居其國，速謂速去，此孔子之行也。孟子以孔子爲「聖之時」，此注則以義衡之。義者，宜也，卽時也。故易傳屢言時義也。鄭注此云：「不爲夷、齊之清，不爲惠、連之屈，故曰異於是也。」案：法言淵騫篇：「或問：李仲元是夷、惠之徒與？曰：不夷不惠，可否之閒也。」後漢黃瓊傳李固引傳曰：「不夷不惠，可否之閒。」可否卽可與不可也。孟子云：「伯夷隘，柳下惠不恭。隘與不恭，君子不由也。」君子卽孔子，是謂孔子不爲夷、惠也。

9 太師摯適齊，亞飯干適楚，【注】孔曰：「亞，次也。次飯，樂師也。摯、干皆名。」三飯繚適蔡，四飯缺適秦，【注】包曰：「三飯、四飯，樂章名，各異師。繚、缺皆名也。」鼓方叔入於河，【注】包曰：「鼓，擊鼓者。方叔，名。入謂居其河內。」播鼗武入於漢，【注】孔曰：「播，搖也。武，名也。」少師陽、擊磬襄入於海。【注】孔曰：「魯哀公時，禮壞樂崩，樂人皆去。陽、襄皆名。」　正義曰：太師摯等皆殷人，則太師、少師等官是殷制也。周官有太師、小師、鼓人、磬師。又大司樂、膳夫皆以樂侑食，瞽矇、眡瞭皆掌播鼗。與此諸職尊卑同異，未聞也。亞飯、三飯、四飯者，禮王制云：「天子日食舉樂。」公羊隱五年傳注：「魯詩傳曰：『天子食日舉樂。』」白虎通禮樂篇：「王者食，所以有樂何？樂食天下之太平，富積之饒也。明天子至尊，非功不食，非德不飽，故傳曰：『天子食時舉樂。』王者所以日四食者何？明有四方之物，食四時之功也。王者平居中央，制御四方。平旦食，少陽之始也；晝食，太陽之始也；餔食，少陰之始也；暮食，太陰之始也。論語曰：『亞飯干適楚，三飯繚適蔡，四飯缺適秦。』諸侯三飯，卿大夫再飯，尊卑之差也。」案：此班氏所說殷制，當爲論語舊義。周官膳夫云：「王齊日三舉。」則天子亦三飯。又鄭注鄉黨云：「不時，非朝、夕、日中時。」此通說大夫士之禮，則周制自天子至士皆三飯，與殷異也。又禮器曰：「禮有以少爲貴者，天子一食，諸侯再，大夫士三。」注云：「謂告飽也。」既告飽，則侑之，乃更食，凡三侑。儀禮特牲是士禮，有九飯，少牢是大夫禮，有十一飯，故鄭注以「諸侯十三飯，天子十五飯」，皆因侑更食之數，與論語亞飯、三飯、四飯之義不同。而近之儒者，若黃氏式三後案、凌氏曙典故覈，皆援之以釋論語，謂「初飯不侑，始侑爲亞飯，再侑爲三飯，三侑爲四飯」。案：亞飯諸義，白虎通言之最晰，舍可據之明文，而別爲新義，未爲得理，且三侑不過須臾之頃，何得更人更爲樂也？漢書古今人表太師摯等同在「智人」之列，其次在殷末周前。顏師古注：「自師摯已下八人，皆紂時奔走分散而去。」又禮樂志云：「書序『殷紂斷棄先祖之樂，迺作淫聲，用變亂正聲，以說婦人』。樂官師瞽抱其器而奔散，或適諸侯，或入河海。」師古注：「論語云云。此志所云及古今人表所敍，皆謂是也。」云『諸侯』者，追繫其地，非爲當時已有國名。」又董仲舒傳：「對策曰：『至於殷紂，逆天暴物，殺戮賢知，殘賊百姓。伯夷、太公皆當世賢者，隱處而不爲臣。守職之人，皆奔走逃亡，入于河海。』」師古注：「謂若鼓方叔、播鼗武、少師陽之屬也。」然則以太師摯等爲殷人，董氏先有此義，而班氏承之。故其著白虎通義，於亞飯、三飯、四飯，卽據殷禮說之矣。惟齊、楚、蔡、秦，皆周時國名，世多以爲疑。毛氏奇齡稽求篇辨之云：「周成王封熊繹于楚蠻，孝王封非子爲附庸，而邑之秦，皆先名其地，而後封之者。國語：『文王諏于蔡原。』注：『蔡公，殷臣。』樂記：『齊者，三代之遺聲也。』則齊在夏、殷已先有之。」案：如毛說，則齊、蔡、秦、楚皆舊時國名，周人因而名之，如今府、州、縣多沿先朝之稱之比。顏師古以爲「追繫其地」，尚未然也。毛氏又曰：「太師摯，摯字是疵字。其又云『師摯之始，關雎之亂』，此師摯是魯人，與人表所記不同。考周本紀『太師疵、少師彊抱其樂器而奔周』，疵與彊卽摯與陽，兩音相近之名。殷本紀亦云：『剖比干，囚箕子，殷之太師、少師乃持其祭樂器奔周』是也。」段氏玉裁尚書撰異：「尚書微子篇『父師少師』，史記作『太師少師』。宋世家於比干死之後云：『太師少師乃勸微子去。』則少師非比干，太師非箕子，甚明。殷本紀亦云：『微子與太師少師謀去，而比干剖心，箕子爲奴，殷之太師、少師乃持其祭樂器奔周。』周本紀又云云。是則太師、少師爲殷之樂官，卽太師摯、少師陽也。摯卽疵，陽卽彊，音皆相近，惟傳聞異辭，則載所如不一，而其事則一。此今文尚書說也。」今案：毛、段說是也。上章逸民有夷、齊，爲殷末周初，下章八士亦周初人，則此章太師摯等自爲殷末人。竊以太師適齊，少師入海，皆在奔周之前。伯夷、太公避紂居海濱，後皆適周，而太公仕爲太師，亦其類也。鄭此注以爲周平王時人，顏師古今人表注卽不取之。案：史記十二諸侯年表：「太史公讀春秋曆譜牒，至周厲王，曰：師摯見之矣。」鄭或據此文，以爲目及見之，則在厲王後，歷宣、幽而當平王矣。不知年表所言師摯，卽泰伯篇之師摯，當是魯之樂官，與此太師摯爲殷人異也。且師摯與夫子同時，以爲平王時，亦非入於河。皇本作「于」，下同。漢石經「入于海」，亦作「于」。說文：「鞀，鞀遼也。從革，召聲。鞉、鞀或從兆聲。𪔂、鞀或從鼓兆。磬，籀文鞀，從殸召。」段氏玉裁注：「遼者，謂遼遠必聞其聲也。」案：此則今本作「鼗」，卽「𪔂」之移寫。釋文：「鼗，亦作鞉。」皇本作「鞀」，皆或體。儀禮大射儀注：「鼗，如鼓而小，有柄。」周官小師注：「鼗，如鼓而小，持其柄搖之，旁耳還自擊。」據爾雅釋樂：「大鼗謂之麻，小者謂之料。」鼗有大小，鄭禮注據小者言之。論語「播鼗」，播爲摇，亦小鼗矣。○注：「亞，次也。」○正義曰：爾雅釋言：「亞，次也。」説文：「亞，醜也。賈侍中説以爲次第也。」○注：「三飯、四飯，樂章名。」○正義曰：包原注句首當有「亞飯」二字，集解删之耳。「樂章名」者，謂舉食之樂，取於亞飯、三飯、四飯爲章名也。鄭注此云：「亞飯、三飯、四飯，皆舉食之樂。」與包義同。○注：「播，摇也。」○正義曰：廣雅釋言：「播，摇也。」與此注同。説文：「播，一曰布也。」周官瞽矇：「掌播鼗、柷、敔、塤、簫、管、絃、歌。」注：「播謂發揚其音。」義皆相近。○注：「魯哀公時，禮壞樂崩，樂人皆去。」○正義曰：孔此説無據，顏師古禮樂志注譏其未允是也。史記禮書云：「仲尼没後，受業之徒沈淪而不舉，或適齊、楚，或入河海。」説者以子語魯太師樂，亞飯諸職卽其所屬之官，當時親聞樂於夫子，故皆爲受業之徒，與孔氏「哀公時」之説相爲影響，不知禮書所云「齊楚」、「河海」，乃假論語以爲文，而非謂太師諸人皆孔子弟子也。史公作弟子列傳，詳載諸賢，而不及師摯諸人，此可證矣。又或據孔子世家「孔子學琴師襄子」，以爲卽「擊磬襄。」閻氏若璩釋地説：「夫子在衞，學琴師襄子，則襄子自爲衞人，與論語曰襄者自別。又且一琴一磬，各爲樂師，不得妄有牽合。」

10 周公謂魯公曰：「君子不施其親，不使大臣怨乎不以。故舊無大故，則不棄也。無求備於一人。」【注】孔曰：「魯公，周公之子伯禽封於魯。施，易也。不以他人之親易己之親。以，用也。怨不見聽用。大故，謂惡逆之事。」 正義曰：「不施」，漢石經同。釋文作「不弛」。「施」、「弛」二字古多通用。周官遂人注「施讀爲弛」，可證也。此文「不施」，卽「不弛」叚借。鄭注坊記云：「弛，棄忘也。」以訓此文最當。泰伯篇：「君子篤於親。」篤者，厚也，卽不弛之義。禮中庸云：「仁者，人也，親親爲大。」又云：「親親則諸父昆弟不怨。」儀禮喪服傳：「始封之君，不臣諸父昆弟。」則諸父昆弟在始封國時，當加恩也。左昭十四年傳：「乃施邢侯。」晉語：「施邢侯氏。」孔晁注：「廢其族也。」此「施」亦當讀弛，訓廢，與鄭君「棄忘」之訓相近。服虔注左傳云：「施猶劾也。」謂劾其罪也。惠氏棟九經古義援以解此文，謂不施爲隱其罪。此似讀施如字，亦待公族之道，於義得通者也。「大臣」，謂三卿也。「不以」，謂不用其言也。禮緇衣云：「子曰：『大臣不親，百姓不寧，則忠敬不足而富貴已過也，大臣不治而邇臣比矣。故大臣不可不敬也，是民之表也。』」又云：「君毋以小謀大，則大臣不怨。」蓋既用爲大臣，當非不賢之人，而以小臣間之，則大臣必以不用爲怨矣。魏志杜恕傳引「怨乎不以」，以意屬文，未足深據。包氏愼言溫故録以爲所見本異，武氏億羣經義證更謂「『何』與『呵』通，今本作『乎』，卽呼嗟之義」，皆未然也。「故舊」者，周官大宗伯：「以賓射之禮，親故舊朋友。」注云：「王之故舊朋友，爲世子時共在學者。」王制言大學之制云：「王太子、王子、羣后之太子、卿大夫元士之適子，國之俊選，皆造焉。」此文「故舊」，卽謂魯公共學之人，苟非有大故，當存録擇用之，不得遺棄，使失所也。「備」者，鄭注特牲禮云：「備，盡也。」人才知各有所宜，小知者不可大受，大受者不必小知，因器而使，故無求備也。漢書東方朔傳顏師古注：「士有百行，功過相除，不可求備。」亦此義也。大傳云：「聖人南面而聽天下，所且先者五，民不與焉。一曰治親，二曰報功，三曰舉賢，四曰使能，五曰存愛。」以此五者爲先，當是聖人初政之治。周公此訓，略與之同，故説者咸以此文爲伯禽就封，周公訓誡之詞，當得實也。○注「魯公」至「之事」。○正義曰：史記魯周公世家：「武王破殷，徧封功臣同姓戚者。封周公旦於少昊之虛曲阜，是爲魯公。周公不就封，留佐武王。武王既崩，成王少，周公乃踐祚代成王攝行政當國。於是卒相成王，而使其子伯禽代就封於魯。」

又云：「周公卒，子伯禽固已前受封，是爲魯公。」據此文，是周公封魯，即爲魯公，祇以周公身仕王朝，未得就封，故猶以王官稱之而曰周公，至伯禽始得稱魯公耳。「施、易」，亦常訓。此注似以「親」爲父母，於義最謬，無足爲之引申。鄭注云：「大故，爲惡逆之事。」此孔所襲。

11 **周有八士：伯達、伯适、仲突、仲忽、叔夜、叔夏、季隨、季騧。**【注】包曰：「周時四乳生八子，皆爲顯仕，故記之爾。」

正義曰：達、适、突、忽、夜、夏、隨、騧，皆依韻命名。漢書古今人表仲忽作「中曶」，顏師古注：「曶與忽同。」惠氏棟九經古義：「周有叔液鼎，即八士之叔夜也。古文液或省作夜。尚書大傳：『時則有脂夜之妖。』鄭注云：『夜讀爲液。』是古液字作夜。」白虎通姓名篇：「稱號所以有四何？法四時用事先後，長幼、兄弟之象也。故以時長幼，號曰伯、仲、叔、季也。伯者，長也。伯者子最長，迫近父也。仲者，中也。叔者，少也。季者，幼也。質家所以積於仲何？質者親親，故積於仲；文家尊尊，故積於叔。即如是，論語曰：『周有八士』云云。積於叔何？〔一〕蓋以兩兩俱生故也。不積於伯、季，明其無二也。」○注「周時」至「之爾」。○正義曰：乳猶生也。每生得二子，故四乳得生八子。釋文引「鄭云『成王時』，劉向、馬融皆以爲宣王時」。則馬、鄭本有此章注義，集解佚之耳。盧氏文弨釋文考證云：「聖賢羣輔録云：『周八士，見論語。賈逵以爲文王時。』晉語說：『文王即位，詢于八虞。』賈、唐云：『八虞，周八士，皆在虞官。』漢書古今人表載周八士在『中上』，列成叔武、霍叔處之前，二人皆文王子，則班固亦以爲文王時。」孔氏廣森經學卮言：「逸周書和

〔一〕「積」上原衍「不」字，據白虎通删。

寤篇曰：『王乃勵翼於尹氏八士。』武寤篇曰：『尹氏八士，太師三公。』是八士皆尹氏，爲武王時人，有明證也。或疑『十亂』之南宮适，即此伯适。又克殷篇曰：『乃命南宮忽振鹿臺之財，巨橋之粟。乃命南宮百達、史佚遷九鼎三巫。』古者命士以上，父子皆異宮，故禮曰『有東宮，有西宮』。蓋達、适、忽，尹氏之子，別居南宮者，猶南宮敬叔本孟氏子，而以所居稱之耳。國語：『文王詢于八虞。』賈侍中云：『周八士，皆在虞官。』君奭言文王之臣『有若南宮适』，然則八士且逮事文王矣。」案：盧、孔說是也。江氏永羣經補義、翟氏灝四書考異略同。春秋繁露郊祭篇：〔一〕「詩曰『唯此文王，小心翼翼。昭事上帝，允懷多福。』多福者，非謂人事也，事功也，謂天之所福也。傳曰：『周國子多賢，蕃殖至於駢孕男者四，四產而得八男，皆君子俊雄也。』今此天之所以興周國也，非周國之所能爲也。」董引傳說，以釋詩「多福」之文，則八士在文王時，董義亦然，此當無疑者也。包注雖不言八士在何時，然以八士皆爲顯仕，當據晉語仕爲虞官，則與董、賈說亦合也。

〔一〕「郊祭」原誤作「郊語」，據春秋繁露改。

論語正義卷二十二

子張第十九　集解

凡二十五章

1 子張曰：「士見危致命，見得思義，祭思敬，喪思哀，其可已矣。」【注】致命，不愛其身。正義曰：真德秀四書集編：「義、敬、哀皆言『思』，致命獨不言『思』者，死生之際，惟義是徇，有不待思而決也。」

2 子張曰：「執德不弘，信道不篤，焉能爲有？焉能爲亡？」【注】孔曰：「言無所輕重。」正義曰：「執德」，猶言據德。「弘」者，大也。「執德不弘」，即子夏所言「小道」，不能致遠者也。「篤」者，厚也，固也。當時容有安於小成，惑於異端，故子張譏之。○注：「言無所輕重。」○正義曰：皇疏云：「世無此人，則不足爲輕；世有此人，亦不足爲重。」

3 子夏之門人問交於子張。【注】孔曰：「問與人交接之道。」子張曰：「子夏云何？」對曰：「子夏曰：『可者與之，其不可者距之。』」子張曰：「異乎吾所聞：君子尊賢而容衆，嘉善而矜不能。我之大賢與，於人何所不容？我之不賢與，人將距我，如之何其距人也？」【注】包曰：「友交當如子夏，汎交當如子張。」

正義曰：「距」者，棄絶之意。荀子仲尼注：「拒，敵也。」漢書趙廣漢傳注引晉灼曰：「距，閉也。」「距」與「拒」同。論語釋文云：「距，本今作拒。」案：漢石經作「距」，邢疏本、集注本皆作「拒」。翟氏灝考異：「漢石經『可者』下，『者距』上，凡闕四字，今此閒有五字，疑漢本無其字。」「嘉」者，說文云「美也」。「嘉善」猶尊賢，互辭。「矜」者，詩鴻雁傳「憐也」。○注：「友交當如子夏，汎交當如子張。」○正義曰：注以二子論交，各有所宜，非互訾也。鄭注云：「子夏所云，倫黨之交也；子張所云，尊卑之交也。」尊卑亦是汎交，倫黨則與爲同類，是友交矣。蔡邕正交論：「子夏之門人問交於子張，而二子各有所聞乎夫子。然則其以交誨也：商也寬，故告之以距人；師也褊，故告之以容衆，各從其行而矯之。若夫仲尼之正道，則汎愛衆而親仁，故非善不喜，非仁不親，交游以方，會友以仁，可無貶也。」蔡邕此言，以二子所聞，各得一偏，其正道則汎愛衆即汎交，親仁即友交，義與包、鄭相發矣。世儒多徇子張之言，以子夏爲失。案：呂氏春秋觀世篇：「周公旦曰：『不如吾者，吾不與處，累我者也。與我齊者，吾不與處，無益我者也。惟賢者必與賢於己者處。』」又上篇子曰「毋友不如己者」，並子夏所聞論交之義。大戴禮衞將軍文子篇：「孔子曰：『詩云：「式夷式已，無小人殆。」而商也，其可謂不險也。』」盧辯注：「言其鄰於德也。」子夏之行，抑由所聞而然，固無失矣。

4 子夏曰：「雖小道，【注】小道謂異端。必有可觀者焉；致遠恐泥，【注】包曰：「泥難不通。」是以君子不爲也。」　正義曰：周官大司樂注：「道多才藝。」此「小道」亦謂才藝。鄭注云：「小道，如今諸子書也。」鄭舉一端，故云「如」以例之。漢書宣元六王傳：「東平王宇上疏求諸子及太史公書，上以問大將軍王鳳，對曰：『諸子書或反經術，非聖人，或明鬼神，信物怪。太史公書有戰國縱橫權譎之謀，不可予。不許之辭宜曰：五經，聖人所制，萬事靡不畢載。夫小辯破義，小道不通，致遠恐泥，皆不足以留意。』」藝文志：「小說家者流，蓋出於稗官。街談巷語，道聽塗說者之所造也。孔子曰：『雖小道，必有可觀者焉；致遠恐泥，是以君子弗爲也。』然亦弗滅也。閭里小知者之所及，亦使綴而不忘。如或一言可采，此亦芻蕘狂夫之議也。」後漢書蔡邕傳：「上封事曰：夫書畫辭賦，才之小者，匡國理政，未有其能。昔孝宣會諸儒於石渠，章帝集學士於白虎，通經釋義，其事優大，文、武之道，所宜從之。若乃小能小善，雖有可觀，孔子以爲致遠則泥，君子故當志其大者。」據此，則小道爲諸子書，本漢人舊義，故鄭注同之。江熙曰：「百家競說，非無其理。」用鄭義也。○注：「小道，謂異端。」○正義曰：焦氏循補疏：「聖人一貫，則其道大；異端執一，則其道小。孟子以爲大舜有大焉，善與人同，能通天下之志，故大。執己不與人同，其小可知，故小道爲異端也。」○注：「泥難不通。」○正義曰：「泥難」二字連讀。鄭注云：「泥謂滯陷不通。」與包義同。漢書五行志中之上：「震遂泥。」注引李奇曰：「泥者，泥溺於水，不能自拔。」爾雅釋獸：「威夷，長脊而泥。」郭注：「泥，少才力。」亦滯難之義。

5 子夏曰：「日知其所亡，月無忘其所能，可謂好學也已矣。」【注】孔曰：「日知其所未聞。」

正義曰：皇疏云：「日知其所亡，是知新也；月無忘所能，是溫故也。」劉氏宗周學案：「君子之於道也，日進而無疆，其所亡者，既日有知之，則拳拳服膺而弗失之，至積月之久而終不忘，所謂『學如不及，猶恐失之』者矣。」

6 子夏曰：「博學而篤志，【注】孔曰：「廣學而厚識之。」切問而近思，仁在其中矣。」【注】切問者，切問於己所學未悟之事。近思者，近思己所能及之事。汎問所未學，遠思所未達，則於所學者不精，所思者不解。 正義曰：中庸言博學、審問、愼思、明辨、篤行爲執善固執之功，與此章義相發。擇善固執是誠之者，誠者，所以行仁也，故曰「仁在其中」。○注「廣學而厚識之」。○正義曰：注以志爲識，謂博學而識之也。○集注讀志如字，謂篤志好學也。亦通。○注：「近思己所能及之事。」○正義曰：此從皇本校改，邢本脱「近」字，「所」下衍「未」字。

7 子夏曰：「百工居肆以成其事，君子學以致其道。」【注】包曰：「言百工處其肆則事成，猶君子學以致其道。」 正義曰：說文云：「肆，極陳也。」凡陳物必有所居之處，故市廛爲貨物所居，亦通名肆。俞氏樾羣經平議：「周易說卦傳『巽爲工』，虞翻曰：『爲近利市三倍。』子夏曰『工居肆』，然則此肆字卽『市肆』之肆。市中百物俱集，工居於此，則物之良苦，民之好惡，無不知之，故能成其事。」案：「致」如「致知」、「致曲」之致。致者，極也，盡也。禮記大學云：「大學之道，在明明德，在親民，在止於至善。」止至善則致其道之謂，故大學又言：「君子無所不用其極。」極、致義同。趙氏佑溫故録：「此『學』以地言，乃『學校』之學，對『居肆』省一『居』字，卽國語稱『士羣萃而州處，少而習焉，其心安焉，不見異物而遷』者也。學記：『大學之教也，退息必有居學。』」此說亦通。

8 子夏曰：「小人之過也必文。」【注】孔曰：「文飾其過，不言情實。」　正義曰：皇本「必」下衍「則」字。

○注：「文飾其過，不言情實。」○正義曰：小人不欲改過，故於人之責之也，則爲文飾之言以自解說，若爲無過者然。史記孔子世家齊羣臣對景公曰：「君子有過，則謝以質；小人有過，則謝以文。」文謂文飾也。孟子云：「且古之君子，過則改之；今之君子，過則順之。」又云：「今之君子，豈徒順之，又從爲之辭。」「辭」卽文也。

9 子夏曰：「君子有三變：望之儼然，卽之也温，聽其言也厲。」【注】鄭曰：「厲，嚴正。」　正義曰：望之，謂遠望之，觀其容也。卽，就也。在近就見之，觀其色也。釋文：「儼，本或作嚴。」案：皇本作「嚴」，邢本作「儼」，二字通用。爾雅釋詁：「儼，敬也。」詩澤陂傳：「儼，矜莊貌。」下篇云：「君子正其衣冠，尊其瞻視，儼然人望而畏之。」

10 子夏曰：「君子信而後勞其民；未信，則以爲厲己也。信而後諫；未信，則以爲謗己也。」【注】王曰：「厲猶病也。」　正義曰：子夏此言，亦無欲速之意。鄭注云：「厲讀爲賴，恃賴也。」案：左昭四年：「楚滅賴。」公羊作「厲」。又公羊僖十五年釋文：「厲，舊音賴。」是厲、賴字通，音亦同。然鄭注非全文，恃賴之義，亦頗難曉也。

○注：「厲猶病也。」○正義曰：管子度地：「厲一害也。」注：「厲，疾病也。」言上勞己，使己病也。

11 子夏曰：「大德不踰閑，小德出入可也。」【注】孔曰：「閑猶法也。小德則不能不踰法，故曰出入可。」

注「閑猶」至「入可」。○正義曰：說文：「閑，闌也。」此訓法者，引申之義。廣雅釋詁：「閑，瀆也。」「瀆」與「法」同。注以小德當行權，故云「不能不踰法」。書酒誥云：「越小大德，小子惟一。」此據常經，可不行權，雖小德不當出入。荀子王制篇：「孔子曰：『大節是也，小節是也，上君也。大節是也，小節一出焉，一入焉，中君也。大節非也，小節雖是也，吾無觀其餘矣。』」荀子言小節未可出入，即酒誥之意。若子夏所云「可」者，謂反經合權，有不得不出入者也。繁露玉英篇：「夫權雖反經，亦必在可以然之域。不在可以然之域，故雖死亡，終弗爲也。故諸侯在不可以然之域者，謂之大德，大德無踰閑者，謂正經。諸侯在可以然之域者，謂之小德，小德出入可也。權，譎也，尚歸之以奉鉅經耳。」董解亦謂行權，與此注同。韓詩外傳云：「孔子遭齊程木子於郯之間，傾蓋而語終日，有間，顧子路曰：『由！束帛十匹，以贈先生。』子路曰：『昔者由也聞之於夫子，士不中道相見。女無媒而嫁者，君子不行也。』孔子曰：『大德不踰閑，小德出入可也。』」此相傳夫子佚事，於義得證者也。邢疏以「大德」、「小德」指人言，方氏觀旭偶記亦同，非也。

12 子游曰：「子夏之門人小子，當洒掃、應對、進退，則可矣，抑末也。本之則無，如之何？」【注】包曰：「言子夏弟子，但當對賓客修威儀禮節之事則可，然此但是人之末事耳，不可無其本，故云『本之則無，如之何』。」

正義曰：子游，漢石經作「斿」。稱小子者，子游呼而告之也。釋文：「洒掃，上色買反，又所綺反，正作灑，經典相承作洒。下素報反，本今作掃。」盧氏文弨攷證：「說文：『灑，汛也。洒，滌也。古文以爲灑埽字。』經典中如毛詩、論語及周禮隸僕、國語晉語皆作『洒掃』，是借用。」凡糞除，先以水潑地，使塵不揚而後掃之，故洒先於掃。曲禮云：「凡爲長者糞之禮，必加帚於箕上，以袂拘而退。其塵不及長者，以箕自鄉而扱之。」弟子職云：「凡拚之道，實水于槃，攘袂及肘，堂上則播灑，室中握手，執箕膺揲，厥中有帚，入戶而立，其儀不貸，執帚下箕，倚于戶側。凡拚之紀，必由奧始，俯仰罄折，拚毋有徹，拚前而退，聚于戶內，坐板排之，以葉適己，實帚于箕。」此洒掃之事也。「應」，說文作「譍」，云：「以言對也。」今通作「應」。散文「應對」無別，對文則「應」是唯諾，不必有言，與「對」專主答辭異也。內則云：〔一〕「在父母之所，有命之，應唯敬對。」曲禮云：〔二〕「父召無諾，先生召無諾，唯而起。」內則云：〔三〕「進退周旋慎齊。」凡摳衣趨隅，與夫正立拱手，中規中矩之節，皆幼儀所當習者。子游習於禮樂，以學道爲本，而以洒掃、應對、進退爲禮儀之末，故譏子夏爲失教法。大戴禮曾子事父母篇：「曾子曰：『夫禮，大之由也，不與小之自也。』」又謂「趨翔周旋，俛仰從命」爲「未成於弟」，亦此意。釋文云：「末，本末之末，字或作未，非也。」○注：「但當對賓客修威儀禮節之事。」○正義曰：「當對」即「應對」。爾雅釋詁：「應，當也。」

子夏聞之，曰：「噫！言游過矣！君子之道，孰先傳焉？孰後倦焉？【注】孔曰：「噫，心不平之聲也。」包曰：「言先傳業者，必先厭倦。故我門人先教以小事，後將教以大道。」譬諸草木，區以別矣。君子之道，焉可誣也？【注】馬曰：「言大道與小道殊異，譬如草木，異類區別。言學當以次，君子之道，焉可使誣，言我門人但能洒掃而已？」有始有卒者，其惟聖人乎？」【注】孔曰：「終始如一，惟聖人耳。」

正義曰：君子之道，謂禮樂大道，即子游所謂本也。此當視人所能學，而後傳之，故曰：「孰先傳焉？孰後倦焉？」「倦」即「誨人不倦」之

〔一〕「內則」原誤作「曲禮」，據禮記改。〔二〕「曲禮云」原作「又云」，據禮記改。〔三〕「內則」原作「又」，據禮記改。

「倦」。言誰當爲先而傳之？誰當爲後而倦教？皆因弟子學有淺深，故教之亦異。草木區別，卽淺深之喻。今子游所譏，則欲以君子之道概傳之門人，是誣之也。毛氏奇齡稽求篇：「倦卽古券字。傳與券，皆古印契傳信之物。一如教者之與學者兩相印契，故借其名曰傳曰券。」如毛此說，則「倦」爲「券」誤，亦得備一義也。漢書薛宣傳：「宣令薛恭、尹賞換縣，移書勞勉之曰：『昔孟公綽優于趙、魏，而不宜滕、薛，故或以德顯，或以功擧，君子之道，焉可憮也？』」注：「蘇林曰：『憮，同也，兼也。』晉灼曰：『憮音誣。』師古曰：『謂行業不同，所守各異。』」此引論語作「憮」，當由齊、古異文。毛詩巧言傳：「憮，大也。」訓大，故有同、兼之義，師古所說從蘇解也。晉灼音「憮」爲「誣」，正謂「憮」卽「誣」也。焦氏循補疏謂：「憮乃誣字叚借。說文：『誣，加也。』加與同、兼義近。」其說良然。漢石經「惟」作「唯」。○注「言先」至「大道」。○正義曰：注以先傳必先厭倦，後傳則後厭倦，非經旨。○注「言大」至「而已」。○正義曰：「草木區別」，喻人學有不同。故注云「大道」、「小道」，則指本末言之，本爲大道，末爲小道也。華嚴經音義上引注云：「區，別也。」疑注有脱文。凡地域謂之區，區以分別，故區卽訓別。注以「誣」爲欺誣，言教人以所不能，則爲誣也。於義亦通。○注：「終始如一，惟聖人耳。」○正義曰：大學云：「物有本末，事有終始，知所先後，則近道矣。」此大學教人之法，雖聖人亦不外此。然聖道體備，學其本而末已賅，學其末而本不廢，故能終始如一。如一者，一貫之謂也。

13 子夏曰：「仕而優則學，【注】馬曰：「行有餘力，則以學文。」學而優則仕。」正義曰：古者大夫士，年七十致事，則設教於其鄉，大夫爲大師，士爲少師，是仕而優則學也。學至大成乃仕，是學而優則仕也。○注：「行有餘力，則以學文。」○正義曰：說文：「優，饒也。饒，餘也。」言人從事於所當務而後及其餘，不泛騖也，故引學而文說之。此又一義。

14 子游曰：「喪致乎哀而止。」【注】孔曰：「毀不滅性。」 正義曰：朱子集注云：「致極其哀，不尚文飾也。楊氏曰：『喪，與其易也寧戚，不若禮不足而哀有餘之意。』」案：問喪云：「故哭泣辟踊，盡哀而止矣。」與此「而止」文法同。夏氏之蓉喪說：「人未有自致者也，必也親喪乎？先王制禮，非由天降，非自地出，人情之所不能自已者而已矣。是故衰麻免絰之數，哀之發於容服者也。擗踊哭泣之節，哀之發於聲音者也。斬衰唯而不對，齊衰對而不言，大功言而不議，哀之發於言語者也。父母之喪，朝一溢米，莫一溢米。齊衰之喪，不食菜果，大功不食醯醬，小功不飲酒醴，哀之發於飲食者也。父母之喪，居倚廬，寢苫枕塊。齊衰之喪，居堊室，哀之發於居處者也。凡此者無他，創鉅者其日久，痛深者其愈遲，凡有知者之所固然，稱情以立文焉而已矣。」○注：「毀不滅性。」○正義曰：注說非經意。「性」與「生」同。喪服四制云：「三日而食，三月而沐，期而練，毀不滅性，不以死傷生也。」

15 子游曰：「吾友張也爲難能也，然而未仁。」【注】包曰：「言子張容儀之難及。」 注：「言子張容儀之難及。」○正義曰：焦氏循補疏：「此文但言『難能』，未言所以難能者何在，故下連載曾子之言『堂堂』，知堂堂爲難能，卽知難能指堂堂。此自相發明之例。」案：焦說本此注。大戴禮衛將軍文子篇孔子言子張「不弊百姓」，「以其仁爲大」。又言其「不伐，不侮可侮，不佚可佚」。是子張誠仁，而子游譏其未仁者，以其容儀過盛，難與並爲仁，但能成己而不能徧成物，卽是未仁。未仁者，未爲仁也。以此見仁道之至難也。

16 曾子曰：「堂堂乎張也，難與並爲仁矣。」【注】鄭曰：「言子張容儀盛，而於仁道薄也。」　正義曰：弟子羣居，脩德講學，皆是爲仁。但必忠信篤敬，慮以下人，而後與人以能親，容人以可受，故可與並爲仁。若容儀過盛，則疑於矜己，或絕物矣，故難與並爲仁。列子仲尼篇：「子曰：『師之莊，賢於丘也。』」又曰：「師能莊而不能同。」「莊」卽謂堂堂，「不能同」卽難與並之意。○注：「言子張容儀盛，而於仁道薄也。」○正義曰：御覽三百八十九引「仁道薄」下有「勉難進」三字。「容儀」謂容貌之儀。子張平居，容儀過盛，故云「師也辟」。辟者，盤辟也。知堂堂爲容儀盛者，廣雅釋詁：「堂，明也。」釋訓：「堂堂，容也。」後漢書伏湛傳：「杜詩上疏曰：『湛容貌堂堂，國之光暉。』」「堂」字通作「棠」。魯峻碑：「棠棠忠惠。」

17 曾子曰：「吾聞諸夫子：人未有自致者也，必也親喪乎！」【注】馬曰：「言人雖未能自致盡於他事，至於親喪，必自致盡。」　正義曰：漢石經作「吾聞諸子」。「人未有自致也」者，孟子云：「親喪，固所自盡也。」意同。

18 曾子曰：「吾聞諸夫子：孟莊子之孝也，其他可能也。其不改父之臣與父之政，是難能也。」【注】馬曰：「孟莊子，魯大夫仲孫速也。謂在諒陰之中，父臣及父政雖有不善者，不忍改也。」正義曰：皇本「難」下無「能」字。朱子集注云：「其父獻子，名蔑。獻子有賢德，而莊子能用其臣，守其政。故其他孝行雖有可稱，而皆不若此事之爲難。」○注「謂在」至「改也」。○正義曰：注意以三年不改爲孝，故云「在諒陰之中」。諒陰，凶廬，上下通稱。其實三年不改，亦謂其父善道，已能守之，便是至孝。若有不善，正當改易，何爲云「不忍」哉？注說誤也。

19 **孟氏使陽膚爲士師，問於曾子。**【注】包曰：「陽膚，曾子弟子。士師，典獄之官。」正義曰：檀弓疏引鄭注論語云：「慶父輈稱死，時人爲之諱，故云孟氏。」僞王應麟集本繫於孟懿子問孝章，丁氏杰以爲當在此下，臧氏庸從之。公羊僖元年傳：「慶父於是抗輈經而死。」此鄭所本。公羊疏引鄭云：「慶父輈死。」當卽論語注文。臧氏以此注「稱」字爲「經」之誤，陳氏鱣以「稱」字誤衍，二說均有理。考鄭以魯人諱慶父之事，故稱孟氏。此義未知所出。杜預謂「慶父是莊公長庶兄」。庶長稱孟，於理爲順。問於曾子者，陽膚問也。**曾子曰：「上失其道，民散久矣。如得其情，則哀矜而勿喜。」**【注】馬曰：「民之離散，爲輕漂犯法，乃上之所爲，非民之過。當哀矜之，勿自喜能得其情。」

正義曰：張栻解：「先王之於民，所以養之教之者，無所不用其極，故民心親附其上，服習而不違。如是而猶有不率焉，而後刑罰加之，蓋未嘗不致哀矜惻怛也。若夫後世禮義衰微，所以養之教之者，皆蕩而不存矣。上之人未嘗心乎民也，故民心亦渙散而不相屬，以陷於罪戾而蹈於刑戮，此所謂上失其道，民散久矣。」「情」者，實也，謂民所犯罪之實也。周官小宰：「以敍聽其情。」禮記大學：「無情者不得盡其辭。」「哀矜」者，哀其致刑，矜其無知，或有所不得已也。書呂刑云：「哀矜折獄。」與此文同。論衡雷虛篇引論語作「哀憐」，或是以義代之。段氏玉裁遂疑「矜」當作「矝」，矝讀如憐，恐未是也。韓詩外傳：「昔之君子，道其百姓不使迷，是以威厲而刑措不用也。故形其仁義，謹其教道，使民目晰焉而見之，使民耳晰焉而聞之，使民心晰焉而知之，則道不迷而民志不惑矣。詩曰：『示我顯德行。』故道義不易，民不由也；禮樂不明，民不見也。詩曰：『周道如砥，其直如矢。』言其易也。『君子所履，小人所視。』言其明也。『睠言顧之，潸焉出涕。』哀其不聞禮教而就刑誅也。夫散其本教而待之刑辟，猶決其牢而發以毒矢也，不亦哀乎！」鹽鐵論後刑篇引此文說之云：「夫不傷民之不治，而伐己之能得奸，猶弋者覩鳥獸挂罻羅而喜也。」○注「民之」至「之過」。○正義曰：「離散」謂民心畔離，違經犯道，故以「輕漂」形之。禮樂記云：「流辟邪散。」荀子勸學篇注：「散謂不自檢束。」

20 子貢曰：「紂之不善，不如是之甚也。是以君子惡居下流，天下之惡皆歸焉。」【注】孔曰：「紂爲不善以喪天下，後世憎甚之，皆以天下之惡歸之於紂。」正義曰：紂者，殷王帝乙之子，名辛，字受，又字紂。高誘呂氏春秋功名注、蔡邕獨斷並以桀、紂爲謚。書戡黎疏謂「後人見其惡，爲作惡謚」是也。皇本「善」下有「也」。漢石經「之甚」作「其甚」。○注「紂爲」至「於紂」。○正義曰：列子楊朱篇：「天下之美，歸之舜、禹、周、孔；天下之惡，歸之桀、紂。」漢書敍傳：「班伯以侍中起眂事。時乘輿幄坐張畫屏風，畫紂醉踞妲己作長夜之樂。上因顧指畫而問伯：『紂爲無道，至於是虖！』伯對曰：『書云「迺用婦人之言」，何有踞肆於朝？所謂衆惡歸之，不如是之甚者也。』」楊敞傳：「惲書曰：『下流之人，衆毀所歸。』」後漢書竇憲傳論：「憲率羌胡邊雜之師，一舉而空朔庭，列其功庸，兼茂於前多矣，而後世莫稱者，章末釁以降其實也。是以下流，君子所甚惡焉。」諸文皆以「天下之惡」爲惡名，此注與之同也。皇疏引蔡謨曰：「聖人之化，由羣賢之輔；闇主之亂，由衆惡之黨。是以有君無臣，宋襄以敗；衞靈無道，夫奚其喪。言一紂之不善，其亂不得如是之甚。身居下流，天下惡人皆歸之，是故亡也。」此以「天下之惡」爲惡人，其說亦通。左昭七年傳楚芊尹無宇曰：「昔武王數紂之罪，以告諸侯曰：『紂爲天下逋逃主，萃淵藪。』」杜注：「天下逋逃，悉以紂爲淵藪，集而歸之。」孟子滕文公篇言紂臣有飛廉，墨子明鬼下有費中、惡來、崇侯虎，〔一〕淮南覽冥訓有左彊，道應訓有屈商，是紂時惡人皆歸之證。

21 子貢曰：「君子之過也，如日月之食焉：過也，人皆見之；更也，人皆仰之。」【注】孔曰：「更，改也。」

正義曰：皇本「食焉」作「蝕也」。釋名釋天：「日月虧曰食。稍稍侵虧，如蟲食草木葉也。」凌氏曙典故覈：「日月之行天上，日居上，月居下，日爲月所揜，故日食。月在天上，日乃在地下，地球居中隔之，日光爲地球所掩，不能耀月，故月食。人皆仰之者，言人皆仰戴之也。孟子公孫丑篇有此文，當亦古語，而二賢述之。」○注：「更，改也。」○正義曰：說文云：「更，改也。」此常訓。

22 衞公孫朝【注】馬曰：「公孫朝，衞大夫。」問於子貢曰：「仲尼焉學？」子貢曰：「文武之道，未墜

〔一〕「明鬼下」原誤作「非樂」，據墨子改。

於地，在人。賢者識其大者，不賢者識其小者。莫不有文武之道焉。夫子焉不學？而亦何常師之有？」【注】孔曰：「文武之道，未墜落於地，賢與不賢，各有所識。夫子無所不從學。無所不從學，故無常師楊

正義曰：春秋時，魯有成大夫公孫朝，見昭廿六年傳；楚武城尹公孫朝，見哀十七年傳；鄭子産兄公孫朝，見列子。」朱篇。及此凡四人，故論語稱衞以別之。與公子荆書法同，此翟氏灝考異說。云「公孫」者，白虎通姓名篇：「諸侯之子稱公子，公子之子稱公孫。」史記弟子傳此章爲陳子禽問子貢，蓋涉下章而誤。「焉學」者，焉所從受學也？夫子學皆從周，中庸云：「仲尼祖述堯舜，憲章文武。」憲者，法也。章者，明也。大道之傳由堯舜，遞至我周，制禮作樂，於是大備，故言文王既沒，其文在茲。及此子貢言「道」，亦稱文武也。漢石經「墜」作「隧」，「識」作「志」。馮氏登府考證：「荀子儒效篇：『至共頭而山隧。』漢西狹頌：『敷有顛覆實隧之患。』前漢王莽傳：『不隧如髮。』並與墜同。周官保章氏注：『志，古文識。』漢書楚元王傳劉歆引此文、孟子尹士章章指引並作『志』，或出古論。」賢與不賢謂孔子同時人，此與大受小知章「君子」、「小人」皆以才器言也。賢者識其承天治人之大，不賢者識其名物制度之細。文武之道，所以常存，而夫子刪定贊修，皆爲有徵之文獻可知。書傳言夫子問禮老聃，訪樂萇弘，問官郯子，學琴師襄，其人苟有善言善行足取，皆爲我師。此所以爲集大成也與！

23 叔孫武叔語大夫於朝【注】馬曰：「魯大夫叔孫州仇，武謚。」曰：「子貢賢於仲尼。」子服景伯以告子貢。子貢曰：「譬之宮牆，賜之牆也及肩，窺見室家之好。夫子之牆數仞，【注】包曰：「七尺

曰仞。」不得其門而入，不見宗廟之美，百官之富。得其門者或寡矣。夫子之云，不亦宜乎！」

【注】夫子謂武叔。 正義曰：夫子歿後，諸子切劘砥礪，以成其學。故當時以有若似聖人，子夏疑夫子，而叔孫武叔、陳子禽皆以子貢賢於仲尼，可見子貢晚年進德修業之功，幾幾乎超賢入聖。然孟子言子貢智足知聖人，又子貢、有若皆言夫子生民未有，故此及下兩章皆深致贊美。法言問明篇：「仲尼，聖人也。或劣諸子貢，子貢辭而精之，然後廓如也。」「宮牆」者，室四周有牆，凡寢廟皆居其中，牆南面有門，以通出入。此制上下當同，但高卑廣狹必有差別，今無文以明之。金氏鶚禮説謂「士庶人垣牆不周」，未必然也。墨子辭過篇：「故聖王作爲宮室，宮牆之高，足以辨男女之禮。」説文：「窔，周垣也。」「窔」當爲宮牆之名。漢石經作「譬諸宮牆」，下「賜之牆」同。皇本作「譬諸」，句末多「也」字。「及肩」者，説文：「肩，髆也。肩，俗從户。」言宮牆卑，與人肩齊也。「窺」，釋文作「闚」，皇本、宋石經同。説文：「窺，小視也。闚，閃也。」義別而音近，故二字通用。錢氏坫後録：「王宮牆高五丈，爲六仞四分仞之一，故曰數仞。」錢氏據仞爲八尺之説推之，其義未審。所據釋文：「仞，一作刃。」魏李仲琁孔子廟碑、汲縣太公碑用此文並作「刃」，當時傳本用叚字也。錢氏又曰：「考工記：『外有九室，九卿朝焉。』注：『外，路門之表也。九室，如今朝堂諸曹治事處。』百官之富，即指此。」案：及肩之牆，是士庶人，故以室家爲言。數仞之牆，指天子諸侯，故有宗廟百官。此其美富，惟得其門而入者見之。門謂宮牆之門，及朝廟諸門也。武叔未親聖教，本在門外，而但自宮牆窺之，故於士庶人室家之好能見之，於天子諸侯宗廟百官則不得見焉。今但舉所見者稱之，則謂子貢賢於夫子，固其宜矣。皇本作「夫夫子之牆」，又「入」下有「者」字，「夫子云」無「之」字。○注：「魯大夫叔孫州仇。」○正義曰：邢疏云：「案世本，州仇，公子叔牙六世孫叔孫，不敢子也。春秋定十年：『秋，叔孫州

仇帥師圍郈。』左傳：『武叔懿子圍郈。』是知叔孫武叔卽州仇也。」○注：「七尺曰仞。」○正義曰：鄭此注與包同，高誘呂氏春秋適威注亦同。趙岐注孟子、王逸注楚辭、樊光注爾雅及許氏說文並云：「八尺曰仞。」應劭注漢書食貨志云：「五尺六寸曰仞。」考工記匠人疏引王肅說、莊子庚桑楚釋文引小爾雅廣度並云：「四尺曰仞。」諸家不同。程氏瑤田通藝錄以七尺爲是。其說曰：「揚雄方言云：『度廣曰尋。』杜預左傳『仞溝洫』注：『度深曰仞。』二書皆言人伸兩手以度物之名。而尋爲八尺，仞必七尺者，何也？同一伸手度物，而廣深用之，其勢自不得不異。人長八尺，伸兩手亦八尺，用以度廣，其勢全伸而不屈，而用之以度深，則必上下其左右手而側其身焉。身側則身與所度之物，不能相摩，於是兩手不能全伸而成弧之形。弧而求其弦以爲仞，必不能八尺，故七尺曰仞，亦其勢然也。」

24 叔孫武叔毀仲尼。子貢曰：「無以爲也，仲尼不可毀也。他人之賢者，丘陵也，猶可踰也；仲尼，日月也，無得而踰焉。人雖欲自絕，其何傷於日月乎？多見其不知量也。」【注】言人雖欲自絕棄於日月，其何能傷之乎？適足自見其不知量也。

正義曰：「毀」，謂非毀夫子，以爲他人得賢之也。「無以爲」者，言無以爲毀，禁止之也。說文：「丘，土之高也，非人所爲也。陵，大𠂤也。」「猶可踰」者，言於丘陵可過之也。「仲尼日月」者，日月至高，非人所得踰之也。皇本「日月」上有「如」字。阮氏元校勘記：「後漢書孔融傳、列女傳二注引此文，並有如字。」又皇本「絕」下有「也」字。○注「言人」至「量也」。○正義曰：「絕」、「如晉侯使呂相絕秦」之絕。「絕棄於日月」者，絕棄卽謂毀也。云「適足」者，「多」與「祇」同，祇訓適也。左襄廿九年傳「多見疏也」，服本作「祇」。云「祇，適也」，此證甚多，不具引。

25 陳子禽謂子貢曰：「子爲恭也，仲尼豈賢於子乎？」子貢曰：「君子一言以爲知，一言以爲不知，言不可不慎也。夫子之不可及也，猶天之不可階而升也。 正義曰：「爲恭」者，言爲恭敬以尊崇其師也。公羊桓元年：「鄭伯以璧假許田，易之也。易之則其言假之何？爲恭也。」何休注：「爲恭遜之辭。」與此義同。釋文：「爲知，音智，下同。」智者知人，知人則無失言，故君子於人之一言，就其言之得失，識其人之智與不智，故言當極慎也。喪大記：「虞人設階。」注：「階，所乘以升屋者。」説文：「梯，木階也。」子貢以夫子道高若天，亦前章以日月爲喻之意。夫子之得邦家者，【注】孔曰：「謂爲諸侯若卿大夫。」所謂立之斯立，道之斯行，綏之斯來，動之斯和。其生也榮，其死也哀，如之何其可及也？」【注】孔曰：「綏，安也。言孔子爲政，其立教則無不立，道之則莫不興行，安之則遠者來至，動之則莫不和穆。故能生則榮顯，死則哀痛。」 正義曰：「立」者，以禮立之也。「之」指人言，所謂「立人」也。「道」猶導也，所謂「達人」也。達者，通也，行也。「綏之」者，言有仁政安集之也。「動之」者，以禮樂興動之也。荀子儒效云：「造父者，天下之善御者也。無輿馬，則無所見其能。羿者，天下之善射者也。無弓矢，則無所見其巧。大儒者，善調一天下者也。無百里之地，則無所見其功。」夫子未得大用，故世人莫知其聖而或毁之。然至誠必能動物，存神過化，理有不忒。夫子仕魯未幾，政化大行，亦可識其略矣。○注：「綏，安也。」○正義曰：爾雅釋詁文。

論語正義卷二十三

堯曰第二十

正義曰：漢書藝文志：「論語古二十一篇。出孔子壁中，兩子張。」何晏等序亦云：「古論分堯曰下章子張問以爲一篇，有兩子張。」兩子張者，前第十九篇是子張，此子張問從政又爲子張，故云「兩」也。如淳注漢書，以此子張篇名從政。金氏履祥集注考證以此篇名子張問，金說似爲得之也。翟氏灝考異引毛奇齡說，未有一章可爲一篇者，是必別有子張一篇，未必是從政章，此說似非。蓋論語自微子篇說夫子之言已訖，故子張篇皆記弟子之言，至此更搜集夫子遺語，綴於册末。而有兩篇者，以論語非一人所撰，兩篇皆更待裒録而未有所得，故堯曰止一章，子張止二章也。此真孔壁之舊，其合併爲一篇，則齊、魯家學者爲之矣。翟氏灝考異以堯曰云云爲論語後序，故專爲篇，而文今不全，歷引周易序卦及先秦、兩漢諸子史後序皆居篇尾。又以堯曰章及孟子由堯舜章皆爲一書後序，「子張問」以下古原別分爲篇，蓋於書成後續得附編，故又居後序之後。此說尤誤。論語之作，非出一人，此序果誰所作？且泰伯篇末，嘗論堯、舜、文、武、禹矣，亦將謂爲後序耶？必不然矣。篇內文有脫佚，自昔儒者曾言之。

集解

凡三章　正義曰：翟氏灝考異：「古論語分此一篇爲二，則堯曰凡一章，子張凡二章。魯論無不知命章，則堯曰凡二章。」

1 堯曰：「咨！爾舜，天之曆數在爾躬，【注】曆數謂列次也。允執其中。四海困窮，天祿永終。」【注】包曰：「允，信也；困，極也；永，長也。言爲政信執其中，則能窮極四海，天祿所以長終。」舜亦以命禹。【注】孔曰：「舜亦以堯命己之辭命禹。」

正義曰：爾雅釋詁：「嗟，咨蹉也。」詩文王：「咨女殷商。」毛傳：「咨，嗟也。」堯有所重誡於舜，故歎而後言也。書堯典云：「乃命羲、和，欽若昊、天，曆象日月星辰，敬授民時。」「曆象」、「曆數」詞意並同。洪範：「五紀：一曰歲，二曰月，三曰日，四曰星辰，五曰曆數」。「曆數」是歲、月、日、星辰運行之法。曾子天圓篇：「聖人愼守日月之數，以察星辰之行，以序四時之順逆，謂之曆。」中論曆數篇：「昔者聖王之造曆數也，察紀律之行，觀運機之動，原星辰之迭中，寤晷景之長短，於是營儀以准之，立表以測之，下漏以考之，布算以追之，然後元首齊乎上，中朔正乎下，寒暑順序，四時不忒。夫曆數者，先王以憲殺生之萌而詔作事之節也，使萬國不失其業者也。」此曆數之義也。史記曆書言：「黃帝考定星曆，建立五行，起消息，正閏餘，於是有天地神祇物類之官。」又言：「堯復遂重黎之後，立羲和之官，明時正度。年耆禪舜，申戒文祖云：『天之曆數在爾躬。』舜亦以命禹。由是觀之，王者所重也。」據史記之文，則「咨舜」云云，乃堯禪位語。舜不陟帝位，故當堯之世，但攝政也。王者，天之子，當法天而行，故堯以天之曆數責之於舜。春秋繁露郊語篇引此文釋之云〔一〕：「言察身以知天也。」此董以「在」訓察，「躬」訓身也。在之爲察，見爾雅釋詁。「察身」者，謂省察其身，當止至善以

〔一〕「郊語」原誤作「郊祭」，據春秋繁露改。

承天之事，受天之大福，故天垂象而人主法焉，天示異而人主懼焉。書洪範云：「王省惟歲。」詩大明云：「唯此文王，小心翼翼。昭事上帝，聿懷多福。」「翼翼」者，敬也，並皆察身之義也。鄭此注云：「曆數在汝身，謂有圖籙之名。」「圖籙」者，帝王受命，有符瑞之徵，可先知也。其書起於周末，漢世儒者用以説經，故康成據之，實則於義非也。「執中」者，謂執中道用之。禮中庸云：「子曰：『舜其大知也與！執其兩端，用其中於民。』」執而用中，舜所受堯之道也。用中卽中庸，故庸訓用也。中庸之義，自堯發之，其後賢聖論政治學術，咸本此矣。「四海困窮」者，孟子滕文公上：「當堯之時，天下猶未平，洪水橫流，氾濫於天下，草木暢茂，禽獸繁殖，五穀不登，禽獸偪人，獸蹄鳥跡之道交於中國。堯獨憂之，舉舜而敷治焉。」又滕文公下：「當堯之時，水逆行，氾濫於中國，蛇龍居之，民無所定。下者爲巢，上者爲營窟。書曰：『洚水警余。』洚水者，洪水也。」是堯時四海困窮之徵。堯舉舜敷治之，故此咨告之言，當憂恤之也。其後舜命禹亦言此者，水土初平，民猶艱食鮮食故也。「天祿」者，天子玉食萬方，有祿食自天予之，故言天也。毛氏奇齡稽求篇：「閻潛丘云：『四海困窮是儆辭，天祿永終是勉辭。』蓋四海當念其困窮，天祿當期其永終也。」江氏聲尚書集注音疏疑此節爲舜典佚文，東晉古文入之大禹謨。○注：「曆數謂列次也。」○正義曰：爾雅釋詁：「歷，數也。」歷卽是數，故曆數連文。禮記郊特牲注：「簡歷謂算具陳列之也。」「次」亦數也。○注「允信」至「長終」。○正義曰：「允、信」，「永、長」，皆爾雅釋詁文。段氏玉裁説文注云：「困之本義爲止而不過，引申之爲極盡。論語『四海困窮』謂君德充塞宇宙，與橫被四海之義略同。」段説卽包此注意，然非經旨。「天祿所以長終」者，言享天祿能終竟之也。易歸妹象傳：「君子以永終知敝。」書金縢：「惟永終是圖。」漢、魏人用此經語。班彪王命論云：「福祚流于子孫，天祿其永終矣。」雋不疑謂暴勝之曰：「樹功揚名，永終天祿。」韋賢傳：「匡衡曰：『其道應天，故天祿永終。』」其他封策禪詔，若漢武帝立子齊王閎策，漢靈帝立皇后詔，吳大帝即位告天文，漢禪位于魏册，魏使鄭沖奉册于晉，凡引此文，皆作永長解。惟魏明帝青龍二年，山陽公薨，魏志注引獻帝傳有「山陽公深識天祿永終之運，禪位文皇帝」。又曰：「惟山陽公昔知天命永終於已，深觀曆數，允在聖躬，傳祚禪位。」是解「永終」爲永絕在魏末晉初，而嗣後宋、齊、梁、陳，其文一轍，皆曰：「敬禪神器，授帝位于爾躬，四海困窮，天祿永終。於戲！王其允執厥中，儀刑前典，以副昊天之望。」于是皆以「天祿永終」繼「困窮」之後，爲却位絕天之辭，於古義絕不相應。此閻氏若璩、毛氏奇齡說。曰：「予小子履敢用玄牡，敢昭告于皇皇后帝：【注】孔曰：「履，殷湯名。此伐桀告天之文。殷家尚白，未變夏禮，故用玄牡。皇，大。后，君也。大，大君。帝，謂天帝也。墨子引湯誓，其辭若此。」有罪不敢赦。【注】包曰：「順天奉法，有罪者不敢擅赦。」帝臣不蔽，簡在帝心。【注】言桀居帝臣之位，罪過不可隱蔽，以其簡在天心故。朕躬有罪，無以萬方；萬方有罪，罪在朕躬。」【注】孔曰：「無以萬方，萬方不與也；萬方有罪，我身之過。」正義曰：「曰予」上當有「湯」字。稱「小子」者，王者父天母地，爲天之子，湯告天，故謙言「小子」也。鄭注以此文爲舜命禹事，則舜本不名履，殊可疑。俞氏樾羣經平議謂「鄭本無『履』字」，或得之。「昭告」者，詩大明：「昭事上帝。」箋云：「昭，明也。」言明告上帝，不敢有所隱飾也。鄭注云：「皇皇后帝，並謂大微五帝，在天爲上帝，分主五方爲五帝。〔一〕用玄牡者爲舜命禹事，於時總告五方之神，莫適用，用皇天大帝之牲。」案：周官司服：「祀昊天上帝，則服大裘而冕。祀五帝亦如之。」大宗伯：「以蒼璧禮天，以黃琮禮地，以青圭禮東方，以赤璋禮南方，以白琥禮西方，以玄璜禮北方。皆有牲幣，各放其器之色。」注云：

〔一〕「主」原誤作「王」，據陳鱣論語古訓引鄭注並參詩閟宮正義改。

「此禮天以冬至，謂天皇大帝在北極者也；禮東方以立春，謂蒼精之帝；禮南方以立夏，謂赤精之帝；禮西方以立秋，謂白精之帝；禮北方以立冬，謂黑精之帝。」鄭不言中央之帝，以經文不見，故略之也。史記天官書：「南宮朱鳥，權、衡。衡，太微，三光之廷。」又言：「掖門內五星，五帝坐。」是五帝屬太微，故此注言太微五帝也。在天爲上帝，即謂昊天上帝，亦即大宗伯注所云「天皇大帝」也。舜命禹總祭五帝，即是受終文祖也。五帝分祭牲幣，各有所尚，今此是總祭，故莫適用。而以昊天爲主，用玄牡，故夏禮亦尚玄也。說文：「牡，畜父也。」廣雅釋獸：「牡，雄也。」凡大祭，牲用牛，則此玄牡爲黑牛矣。如鄭之言，「有罪」謂四凶，「帝臣」即謂禹。其注云「簡閱在天心」，言天簡閱其善惡也。周官小宰「二曰聽師田以簡稽」，鄭司農注、遂大夫「簡稼器」注並云：「簡，閱也。」是「簡」有閱訓。「帝臣」爲善，「有罪」爲惡，「帝心」承上二句，言所舉黜，皆本天心所簡閱也。周語王子晉言：「皇天嘉禹，胙以天下。」韋昭注引論語「帝臣不蔽，簡在帝心」爲證。韋同鄭義，而與白虎通及包、孔注以爲「湯伐桀告天」者異，當亦經師相傳，有此訓也。「無以萬方」，漢石經「無」作「毋」。又「萬方有罪」下不重「罪」字，皇本亦不重。爾雅釋詁：「朕，我也。」郭注：「古者貴賤皆自稱朕，至秦世始爲天子尊稱。」案：此告天亦稱朕，是朕未爲尊稱也。東晉古文采此節文入湯誥。〇注「履殷」至「若此」。〇正義曰：孫氏志祖讀書脞録：「據大戴禮少閒篇『商履代興』，白虎通姓名篇：『湯王後更名，爲子孫法，本名履也。』則湯名天乙，又名履，自無可疑。」案：潛夫論五行志亦稱子履，是履爲湯名也。明堂位：「夏后氏牲尚黑，殷白牡。」是殷尚白。於時湯甫伐桀，仍用夏禮爲玄牡也。說文：「皇，大也。」詩楚茨「先祖是皇」，傳亦云「大也」。爾雅釋詁：「后，君也。」說文：「后，繼體君也。象人之形。」「天帝稱后者，尊之，故君之也。」墨子兼愛下：「夫兼相愛，交相利，不惟禹誓爲然，雖湯說亦猶是也。湯曰：『惟予小子履，敢用玄牡，告于上天后曰：「今天大旱，卽當朕身履，未知得罪于上下，有善不敢蔽，有罪不敢赦，簡在帝心。萬方有罪，卽當朕身；朕身有罪，無及萬方。」』呂氏春秋順民篇亦云：「湯克夏而天大旱，湯以身禱于桑林曰：『余一人有罪，無及萬夫；萬夫有罪，在余一人。』」然則此語爲因旱禱雨之辭。墨子謂之「說」者，周官大祝：「掌六祈以同鬼神示，曰類，曰造，曰禬，曰禜，曰攻，曰說。」又詛祝亦「掌類、造、攻、説、禬、禜之祝號」。「說」謂以詞自解說也。孔注本墨子。而云湯誓爲伐桀告天之辭，與墨子不合，作僞者之疏可知。白虎通三軍篇：「王者受命，質家先伐，文家先改正朔何？質家言天命已，使已誅無道，今誅得爲王，故先伐。故論語曰云云。此湯伐桀告天，用夏家之牲也。」與此包、孔注合。周語內史過引湯誓：「余一人有皋，無以萬夫，萬夫有皋，在余一人。」是湯誓亦有其文。疑伐桀告天及禱雨文略相同。然禱雨在克夏後，無爲仍用夏牲，故白虎諸儒不用墨子爲說也。伐桀所以告天者，繁露四祭篇：「已受命而王，必先祭天，乃行王事，文王之伐崇是也。」又郊祭篇：「是故天子每將興師，必先郊祭以告天，乃敢征伐，行子道也。文王先郊，乃敢行事，而興師伐崇。」下俱引詩棫樸證之，是此告天亦郊祭也。○注「言桀」至「心故」。○正義曰：墨子云：「有善不敢蔽。」是「帝臣」謂善臣。呂氏春秋簡選篇言「湯反桀之事，遂其賢良」是也。此注以帝臣爲桀，與墨子不合。又「簡在帝心」，承上有罪帝臣言之，故鄭注謂「簡閱其善惡也」。此注單承桀言，亦誤。○注：「無以萬方，萬方不與也。」○正義曰：以，與也；與，預也。世之治也，在位者皆自引過，以求盡乎治民之道。世衰則君諉罪於臣，臣諉罪於民，於是以民皆不肖，而視之如仇讐。欲民之治，不可得已。周有大賚，善人是富。【注】周，周家。賚，賜也。言周家受天大賜，富於善人，有亂臣十人是也。注「周周」至「是也」。○正義曰：

〔一〕「郊祭」原誤作「郊祀」，據春秋繁露改。

爾雅釋詁：「賚，賜也。」說文：「賜，予也。」詩周頌序云：「賚，大封於廟也。賚，予也，言所以錫予善人也。」鄭注：「大封，武王伐紂時，封諸臣有功者。」是大賚謂武王所賚。此注言「周家受天」者，當謂受天命，因大賜也。孔氏詩疏云：「樂記說武王克殷，未及下車而封薊、祝、陳，下車而封杞、宋。又言將率之士，使爲諸侯，是大封也。昭二十八年左傳曰：『昔武王克商，光有天下，其兄弟之國者十有五人，姬姓之國四十人。』皆是武王大封之事。此注舉十亂者，以十亂中若周召、太公、畢公，皆封國爲諸侯，餘亦畿內諸侯也。亂臣，「臣」字當衍，此後人所加，說見前疏。「雖有周親，不如仁人。【注】孔曰：「親而不賢不忠則誅之，管、蔡是也。仁人謂箕子、微子，來則用之。」百姓有過，在予一人。」　正義曰：墨子兼愛中：「昔者武王將事泰山隧，傳曰：『泰山有道，曾孫周王有事，大事既獲，仁人尚作，以祗商夏，蠻夷醜貉。雖有周親，不若仁人。萬方有過，維予一人。』」宋氏翔鳳說：「『周親』四語，蓋封諸侯之辭也。武王封大公於齊，在泰山之陰，故將事泰山，而稱『仁人尚』，爲封大公之辭也。」今案：說苑貴德篇：「武王克殷，問周公曰：『將奈其士衆何？』周公曰：『使各宅其宅，田其田，無變舊親。惟仁是親，百姓有過，在予一人。』」「舊親」，韓詩外傳作「舊新」。彼爲誓衆之辭，與此封諸侯略同。「周」者，至也。見逸周書謚法解。毛詩鹿鳴傳：「親者，近也，密也。」「周親」兼舊新言之。「百姓有過，在予一人」，言凡諸國百姓有不虞，天性不迪率典者，皆我一人之責。所以然者，百姓有過，亦由所封諸侯未得其人，故引以自責也。曲禮云：「君天下曰天子，朝諸侯，分職、授政、任功，曰予一人。」「分職」即謂封諸侯也。白虎通號篇：「王者自謂一人者，謙也。欲言己材能當一人耳。」東晉古文采諸文入泰誓。○注「親而」至「用之」。○正義曰：注不解「周」字，而以管、蔡當「周親」，是以「周」爲周家也。管、蔡作亂被誅，在成王時。注言此者，欲見管、蔡是周親，其封當亦在武王時，是不如仁人也。呂氏春秋離謂篇：「周公、召公以此疑。」高誘注：「以管、蔡流言，故疑也。論語曰：『雖有周親，不如仁人。』此之謂。」亦以管、蔡當「周親」，與此注意同。史記宋世家：「周武王克殷，微子乃造於軍門，肉袒面縛，左牽羊，右把茅，膝行而前以告。於是武王乃釋微子，復其位如故。」又曰：「武王乃封箕子於朝鮮而不臣也。」是箕子、微子來則用之也。

謹權量，審法度，修廢官，四方之政行焉。【注】包曰：「權，秤也；量，斗斛。」

正義曰：漢書律曆志：「虞書『乃同律度量衡』，所以齊遠近、立民信也。自伏羲畫八卦，由數起，至黃帝、堯、舜而大備。三代稽古，法度章焉。周衰官失，孔子陳後王之法曰：『謹權量，審法度，修廢官，舉逸民，四方之政行矣。』」據志此文，是「謹權量」云云以下，皆孔子語。故何休公羊昭三十二年注引此節文，冠以「孔子曰」。說文云：「宷，悉也，知宷諦也。審，篆文從番。」考工記弓人注：「審猶定也。」成氏蓉鏡經史駢枝曰：「法度與權量，相對爲文，當爲二事。法謂十二律，度謂五度也。舜典『同律度量衡。』馬融注：『律，法也。』量衡即論語之『權量』，則律度亦即論語之『法度』矣。漢書律曆志引虞書及論語此文，又云：『元始中，羲和劉歆等言之最詳：一曰備數，二曰和聲，三曰審度，四曰嘉量，五曰權衡。聲者，宮、商、角、徵、羽也。五聲之本，生於黃鐘之律。』十有二律，〔一〕即法也。」案：成說是也。律者，聲之所出。聲正而後數可明，數明而後萬物可正，故黃鐘爲萬物根本也。度者，漢志云「分、寸、尺、丈、引也」。謹審之本，在於正律。故漢志引劉歆曰：「五聲之本，生於黃鐘之律。九寸爲宮，或損或益，以定商、角、徵、羽。九六相生，陰陽之應也。」又云：「度本起黃鐘之長。以子穀秬黍中者，一黍之廣，度之九十分，黃鐘之長。一爲一分，十分爲寸，十寸爲尺，十尺爲丈，十丈爲引，而五度審矣。量本起于黃鐘之龠，用度數審其容，以子穀秬黍

〔一〕「十」上原衍「二」字，據文義並參漢書律曆志刪。

中者千有二百實其龠，以井水準其概。十龠爲合，十合爲升，十升爲斗，十斗爲斛，而五量嘉矣。權本起于黃鐘之重。一龠容千二百黍，重十二銖，兩之爲兩。二十四銖爲兩，十六兩爲斤，三十斤爲鈞，〔一〕四鈞爲石，而五權謹矣。」包氏愼言溫故錄：「漢志引此文云云，顏氏不解，『修廢官』者，意蓋以官卽職此權量法度者。志上云『周衰官失，孔子陳後王之法』，下乃引論語，明繼周而起者，惟修此數官爲急耳。志下又引劉歆鐘律篇分敍權、量、法、度云：『權者，所以稱物平施，知輕重也。職在大行人，鴻臚掌之。量者，所以量多少也。職在太倉，大司農掌之。度者，所以度長短也。職在內官，廷尉掌之。』以修廢官爲修此數官，故劉氏每敍一事，而結云某職在某官，某官掌之。」案：包說是也。據成君義，法訓律，當據志補云：「聲所以作樂者，職在大樂，太常掌之。」昔舜一歲四巡守，皆同律度量衡。月令春秋分，皆「同度量，正權概」。周官大行人：「十有一歲，同度量，同數器。」蓋奸民貿易，積久弊生，古帝王特設專官以審察之。其官歷代皆未廢，至周衰而或失耳。趙氏佑溫故錄「或有職而無其官，或有官而不舉其職，皆曰廢」是也。「四方之政行焉」，謂凡所以治四方者，其政皆舉而行之也。皇本「焉」作「矣」。○注：「權，秤也；量，斗斛。」○正義曰：說文無「秤」字，「稱」下云「銓也」，謂銓量多少也。周易象傳：「君子以稱物平施。」左傳：「地平天成，稱也。」稱所以平物，故俗作「秤」。廣韻：「秤，昌孕切。」俗「稱」字是也。漢志云：「權，重也，衡所以任權而均物平輕重也。」又云：「權者，銖、兩、斤、鈞、石也。」「權衡」皆統名「稱」，故此注以「秤」釋「權」也。志又云：「量者，龠、合、升、斗、斛也，所以量多少也。」又云：「合者，合龠之量也；升者，登合之量也；斗者，聚升之量也；斛者，角斗平多少之量也。」此注舉「斗」、「斛」二者，以概其餘。興滅國，繼絕世，舉逸民，天下之民

〔一〕「三」字原脫，據律曆志補。

歸心焉。 正義曰：爾雅釋詁：「滅，絶也。」公羊僖五年傳：「滅者，亡國之善辭也。」許氏五經異義解此文云：「國謂諸侯，世謂卿大夫。」白虎通封公侯篇「王者受命而作，興滅國，繼絶世何？爲先王無道，妄殺無辜，及嗣子幼弱，爲彊臣所奪子，孫皆無罪囚而絶，重其先人之功，故復立之。論語曰云云。」據此是「興滅國」爲無罪之國，若有罪當滅者，亦不興之也。尚書大傳：「古者諸侯始受封，則有采地，百里諸侯以三十里，七十里諸侯以二十里，五十里諸侯以十五里。其後子孫，雖有罪黜，其采地不黜，使其子孫賢者守之，世世以祠其始受封之人。此之謂『興滅國，繼絶世』。書曰：『茲予大享于先王，爾祖其從與享之。』此之謂也。」韓詩外傳同。此言平時立國，不以有罪黜其采地，亦興滅繼絶之義，凡封國當有此制也。漢成帝詔曰：「蓋聞褒功德，繼絶統，所以重宗廟，廣聖賢之路也。」又曰：「夫善善及子孫，古今之通義也。」五經異義按：「公羊、穀梁説云：卿大夫世，則權并一姓，防賢塞路，經譏尹氏、崔氏是也。古春秋左氏説：卿大夫得世祿，不世位，父爲大夫死，子得食其故采地，如有賢才，則復升父故位。」〔一〕許愼謹案：「易爻位三爲三公。食舊德謂食父故祿。尚書云：『世選爾勞，予不絶爾善。』論語『興滅國，繼絶世』。詩云：『凡周之士，不顯亦世。』孟子云：『文王之治岐也，仕者世祿。』故周世祿也。」從左氏義，鄭氏無駁，與許同。

所重：民、食、喪、祭。【注】孔曰：「重民，國之本也；重食，民之命也；重喪，所以盡哀；重祭，所以致敬。」

正義曰：東晉古文采此文入武成。○注「重民」至「致敬」。○正義曰：夏書曰：「衆非元后何戴？后非衆無與守邦。」孟子盡心下：「民爲貴。」又言「諸侯之寶」有「人民」。周官大宰：「以九兩繫邦國之民。」大司徒：「掌人民之數。」司民：「掌登萬民之數，自生齒以上，皆書于版，異其男女，歲登下其死生。及三年大比，以萬民之數詔司寇，司寇

〔一〕「升」字原脱，據五經異義補。

獻其數于王，王拜受之，登于天府，內史、司會、冢宰貳之，以贊王治。」是民爲國之本也。書洪範：「八政：一曰食。」伏生傳：「食者，萬物之始，人事之所本。」故八政先食。周官大宰：「以九職任萬民。一曰三農，生九穀；二曰園圃，毓草木。」大司徒：「辨十有二壤之物，而知其種，以教稼穡樹藝。」又云：「頒職事十有二于邦國都鄙，使以登萬民。一曰稼穡，二曰樹藝。」是食爲民命，當重之也。喪以哀爲主，祭以敬爲主。喪祭者，所以教民反本追孝也。禮記經解云：「喪祭之禮廢，則臣子之恩薄；臣子之恩薄，則背死亡生者衆矣。」**寬則得衆，信則民任焉，敏則有功，公則說。**【注】孔曰：「言政教公平，則民説矣。凡此二帝、三王所以治也，故傳以示後世。」正義曰：漢石經無「信則民任焉」句，皇本、足利本、高麗本亦無。翟氏灝考異、阮氏元校勘記並疑爲子張問仁章誤衍。又「公則説」，皇本「説」上有「民」字。考異又云：「按四語與上文絕不蒙。與前論仁章文，惟『公説』二字，殊疑子張問仁一章原在古論子張篇首，而此爲脱亂不盡之文。古書簡盡則止，不以章節分簡，故雖大半脱去，猶得餘其少半連絡于下章也。下章子張問政，孔子約數以示，俟張請目，然後詳晰言之，與問仁章文勢畫一，顯見其録自一手。又二十篇中，唯此二章以子答弟子之言，加用『孔』字。蓋古分堯曰『子張問』以下別爲一篇，與前季氏篇爲別一記者所録，稱『孔子』是其大例，故知命章首舊本亦有『孔』字。今以問仁章亂入陽貨之篇，既嫌其體例不符，而公山佛肸連類並載之閒，橫隔以此，亦頗不倫。」又云：「恭寬、信、敏、惠之本，獨舍此句，未足該歷代帝王爲治之體要也。」○注：「言政教公平，則民説矣。」○正義曰：呂氏春秋貴公篇：「昔先聖王之治天下也，必先公，公則天下平矣。平得於公。嘗試觀於上志，其得之以公，其失之必以偏。故洪範曰：『無偏無黨，王道蕩蕩。無偏無頗，遵王之義。無或作好，遵王之道。無或作惡，遵王之路。』天下非一人之天下也，天下之天下也。陰陽之和，不長一類。甘露時雨，不私一物。萬民之主，不阿一人。」是言政教宜公平也。公平則舉措刑賞皆得其宜，民服於上，故說也。

2 子張問於孔子曰：「何如斯可以從政矣？」子曰：「尊五美，屏四惡，斯可以從政矣。」【注】孔曰：「屏，除也。」子張曰：「何謂五美？」子曰：「君子惠而不費，勞而不怨，欲而不貪，泰而不驕，威而不猛。」子張曰：「何謂惠而不費？」子曰：「因民之所利而利之，斯不亦惠而不費乎？【注】王曰：「利民在政，無費於財。」擇可勞而勞之，又誰怨？欲仁而得仁，又焉貪？君子無衆寡，無小大，無敢慢，斯不亦泰而不驕乎？【注】孔曰：「言君子不以寡小而慢也。」君子正其衣冠，尊其瞻視，儼然人望而畏之，斯不亦威而不猛乎？」

正義曰：皇本「問」下有「政」字。「尊」者，崇尚之意，或作「遵」。漢平都相蔣君碑：「遵五迸四。」後漢祭遵傳：「遵美屏惡。」洪适隸釋以「遵」、「迸」爲魯論異文。方言：「遵，行也。」此義亦通。「貪」者，說文云：「欲物也。」呂覽慎大注：「求無厭，是爲貪。」阮氏元校勘記：「益卦注、旅師疏及文選洞簫賦注引此文，並作『因民所利而利之』。皇疏兩述經文，皆無上『之』字，疑後人妄增。」又皇本「擇」下有「其」字。案：「擇可勞而勞之」以下，皆因子張問而答之。不言「子張問」者，統於首句「何謂惠而不費」，凡諸問辭皆從略也。勞民，如治溝洫及耕斂之類。又農隙講武事，興土功，並是擇而勞之。荀子富國篇言：「古人使民，夏不宛暍，冬不凍寒，急不傷力，緩不後時，事成功立，上下俱富。而百姓皆愛其上，人歸之如流水，親之歡如父母，爲之出死斷亡而愉者，無它故焉，忠信調和均辨之至也。」是言勞民而民不怨也。「欲仁得仁」，謂欲施仁政於民，即可施行，故易得仁也。皇疏云：「君子正其衣冠者，衣無撥，冠無免也。」

中論法象篇：「夫法象立，所以爲君子。法象者，莫先乎正容貌，愼威儀。是故先王之制禮也，爲冕服采章以旌之，爲佩玉鳴璜以聲之，欲其尊也，欲其莊也，焉可懈慢也？夫容貌者，人之符表也。符表正，故情性治；情性治，故仁義存；仁義存，故盛德著；盛德著，故可以爲法象。斯謂之君子矣。故孔子曰：『君子威而不猛，泰而不驕。』詩云：『敬爾威儀，惟民之則。』」○注：「屏，除也。」○正義曰：穀梁宣九年傳：「放猶屏也。」廣雅釋詁：「摒，除也。」「摒」與「屏」同。○注：「利民在政，無費於財。」○正義曰：左氏傳云：「上思利民，忠也。」「利民在政」者，政在養民，故當順民之性，使之各遂其生。邢疏云：「民居五土，所利不同。山者利其禽獸，渚者利其魚鹽，中原利其五穀。人君因其所利，使各居其所安，不易其利，則是惠愛利民在政，且不費於財也。」說文：「費，散財用也。」廣雅釋言：「費，耗也。費，損也。」○注：「言君子不以寡小而慢也。」○正義曰：「寡小」，人所易慢。經意所主，故注別言之。書無逸：「至于小大，無時或怨。」鄭注：「小大，謂萬民，上及羣臣。」詩泮水：「無小無大，從公于邁。」皆與此稱「小大」同。皇疏引殷仲堪曰：「君子處心以虛，接物以敬，不以衆寡異情，大小改意，無所敢慢，斯不驕也。」卽此注意。說文：「慢，惰也，一曰不畏也。」二義相近。

子張曰：「何謂四惡？」子曰：「不教而殺謂之虐，不戒視成謂之暴，【注】馬曰：「不宿戒而責目前成，爲視成。」慢令致期謂之賊，【注】孔曰：「與民無信，而虛刻期。」猶之與人也，出納之吝，謂之有司。」【注】孔曰：「謂財物俱當與人，而吝嗇於出納惜難之，此有司之任耳，非人君之道。」

正義曰：「不教而殺」，謂未以禮義教民，民犯於法，則以罪殺之，此爲虐也。說文：「虐，殘也。」今從隸省作「虐」。京房易傳：「不教而誅茲謂虐。」義本此。毛詩終風傳：「暴，疾也。」高誘淮南天文訓注：「暴，虐也。」「戒」者，說文：「戒，警也。」儀禮士冠禮：「主人戒賓。」注：「戒，警也，告也。」言上於民當先告戒之，而後責成功也。「慢令」者，新序雜事篇：「緩令急誅，暴也。」「緩令」即「慢令」。說文訓「慢」爲惰，凡怠惰，則致緩也。王氏樵紹聞編：「視成，如今官府之受成；致期，如今官府之立限。周公之誓洛邑也，賦工命役，咸勤誥治，戒之如此其至也，然後視其成焉，而不愆于素。若但曰『吾知責其成而已』，而無夙戒之道，則卒遽無漸，而人難於效功矣。費誓魯公之令衆也，『甲戌，我惟征徐戎』，『甲戌，我惟築』，期會明審如此。芻糧之不備，楨幹之不供，則有某刑，其令之嚴又如此。孰敢不依期而集哉？今也慢其令於先，而刻期於後，以誤其民，而必刑之，則是賊之而已。」荀子宥坐篇：「魯有父子訟者，拘之三月，其父請止，孔子舍之。季孫不說。孔子曰：『嫚令謹誅，賊也。今生也有時，斂也無時，暴也。不教而責成功，虐也。已此三者，然後刑可即也。』」韓詩外傳：「孔子曰：『不戒責成，害也；慢令致期，暴也；不教而誅，責也。君子爲政，避此三者。』」又子貢謂季孫曰：「託法而治謂之暴，不戒致期謂之虐，不教而誅謂之賊，以身勝人謂之責。責者失身，賊者失臣，虐者失政，暴者失民。」文皆略同。「出納」者，說文：「納，絲溼納納也。」別一義。「內，入也。从冂自外而入也。」經傳多叚「納」爲「內」。此處皇本、釋文本皆作「內」，唯邢本作「納」。公羊桓二年傳：「納者，入辭也。」上句言「與人」，此言「出」又言「納」者，俞氏樾平議：「因出納爲人之恒言，故言出而並及納。史記刺客傳『多人不能無生得失』，言失而並言得也。游俠傳：『緩急人之所時有也』，言急而並言緩也。此言出納亦猶是矣。」案：俞說是也。胡氏紹勳拾義：「納亦主與人。凡財物出於己，必入於人，亦謂之納。」引禹貢「納總」、「納銍」、「納秸」，昏禮「納采」、「納吉」、「納徵」，曲禮「納女於天子」諸文爲據，其說亦通。夏小正：「納卵蒜。」傳云：「納者何也？入之君也。」亦一證。○注：「不宿戒而責目前成，爲視成。」○正義曰：公食大夫記：「不宿戒。」注：「申戒爲宿。」又鄉飲酒注：「再戒爲宿戒。」○注：「與民無信，而虛刻期。」○正義曰：注謂令既出，而行之有違，是虛刻期，爲無信也。此説雖通，究非經旨。○注「俱當」至「之道」。○正義曰：方言：「荆、汝、江、湘之郊，凡貪而不施，或謂之悋。」虞翻易注：「坤爲吝嗇。」皇疏云：「有司，謂主典物者也，猶庫吏之屬也。庫吏雖有官物而不得自由，故物應出入者，必有所諮問，不敢擅易。人君若物與人而吝，即與庫吏無異，故云『謂之有司』也。」案：夫子言從政之道，而人君爲政亦不異此，故注廣言之。

3 孔子曰：「不知命，無以爲君子也；【注】孔曰：「命謂窮達之分。」不知禮，無以立也；不知言，無以知人也。」【注】馬曰：「聽言而別其是非。」

正義曰：釋文本、皇、邢本、唐、宋石經並作「孔子」，唯集注本無「孔」字，當是誤脱。釋文云：「魯論無此章，今從古。」此亦出鄭注。韓詩外傳：「子曰：『不知命，無以爲君子。』言天之所生，皆有仁、義、禮、智、順、善之心。不知天之所以命生，則無仁、義、禮、智、順、善之心，謂之小人。」又曰：「大雅曰：『天生蒸民，有物有則；民之秉彝，好是懿德。』言民之秉德以則天也。不知所以則天，又焉得爲君子乎？」漢書董仲舒傳對策曰：「天令之謂命。人受命於天，固超然異於羣生，貴於物也。故曰：『天地之性人爲貴。』明於天性，知自貴於物，然後知仁、義、禮、智，安處善，樂循理，謂之君子。故孔子曰：『不知命，無以爲君子。』此之謂也。」二文皆言德命，其義極精。蓋言德命可兼祿命也，説詳前疏。○注：「聽言而別其是非。」○正義曰：言者心聲。言有是非，故聽而別之，則人之是非亦知也。易繫辭傳：「將叛者其辭慙，中心疑者其辭枝，吉人之辭寡，躁人之辭多，誣善之人其辭游，失其守者其辭屈。」此孔子「知言」即知人之學。孟子自許「知言」云：「詖辭知其所蔽，淫辭知其所陷，邪辭知其所離，遁辭知其所窮。」亦謂「知言」即可知人也。

論語正義卷二十四

論語序

正義曰：經典釋文、唐石經標題如此，必是何晏等原式。皇疏本作「論語集解敍」，邢疏本則每篇首行題「論語註疏解經卷第幾」，此序首行題「論語註疏解經序」，次行題「序解疏」三字。案：何晏等作序時，止有序，未有疏也。今竟稱「註疏序」，此自作疏時妄題，其後失檢，遂仍之也。

序曰：漢中壘校尉劉向言魯論語二十篇，皆孔子弟子記諸善言也。太子太傅夏侯勝、前將軍蕭望之、丞相韋賢及子玄成等傳之。

正義曰：「序」，皇疏本作「敍」。爾雅釋詁：「敍，緒也。」孫炎注：「敍謂端緒也。」說文：「敍，次第也。」凡紀錄一篇訖，述其大義並傳授源流，令人識而知之，故謂之「序」。周易傳有序卦，此稱「序」之始。序者，東西牆之名，蓋假借也。漢者，水名。高祖初爲漢王，王巴蜀、漢中，後因以爲有天下之號。「中壘校尉」者，漢書百官公卿表：「中壘校尉掌北軍壘門內，外掌西域。」顏師古注：「掌北軍壘門之內，而又外掌西域。」案：「壘」者，軍所立營壘以爲固也。「校尉」，官名。若司隸、城門、屯騎、越騎、胡騎、射聲、虎賁、輕車，皆有校尉，秩皆二千石。劉向官終中壘校尉，故此舉爵稱之。邢疏云：「劉向者，高祖少弟楚元王之後，辟彊之孫，德之子，字子政，本名更生，成帝卽位，更名向。數上疏言得失，以向爲中壘校尉。向爲人簡易，專精思於經術。成帝詔校經傳諸子詩賦，每一書已，向輒條其篇目，撮其指意，録而奏之。著別録、新序。此言『魯論語二十篇，皆孔子弟子記諸善言也』，蓋出於彼，故何晏引之。」案：此言出向別録，邢氏連言新序耳。「魯論語二十篇」者，言魯人所傳論語有此篇。漢書藝文志：「漢興，有齊、魯之說。」明齊人、魯人所傳論語始於漢興時也。釋名釋典藝：「論語，紀孔子與諸弟子所語之言也。論，倫也，有倫理也。語，敍也，敍己所欲説也。」案：「論」、「倫」字皆從「侖」。説文侖部云：「侖，理也。」倫理之訓，實爲至當。故皇侃序疏首列其義。其下二途，則經綸今古，輪轉無窮，均爲傅會，通人所不取也。藝文志云：「論語者，孔子應答弟子時人及弟子相與言而接聞於夫子之語也。當時弟子各有所記，門人相與輯而論纂，故謂之論語。」此謂夫子及弟子之語，門人論之。何異孫十一經問對：「論語有弟子記夫子之言者，有夫子答弟子問者，有弟子自相答問者，又有時人相言者，有臣對君問者，有師弟子對大夫之問者，皆所以討論文義，故謂之論語。」案：如何説，是夫子與弟子時人各有討論之語，非謂夫子弟子之語門人始論之也。此則視漢志爲得也。藝文志又云：「論語，魯二十篇，魯王駿説二十篇。」是二十篇爲魯論也。漢書武帝紀：「著之于篇。」顔師古注：「篇謂竹簡也。」竹簡用以寫書，故説文訓「篇」爲書。實則書成，竹簡編連之，方名篇也。「皆孔子弟子記諸善言也」者，説文：「皆，俱詞也。」言孔子弟子不止一人也。史記孔子世家云：「孔子生魯昌平鄉陬邑。其先宋人也，曰孔防叔。防叔生伯夏，伯夏生叔梁紇。紇禱於尼丘，得孔子。生而首上圩頂，故因名曰丘，字仲尼，姓孔氏。」此言孔子者，弟子稱其師曰「子」，尊者之名，不敢斥言也。弟子是對兄與父之稱，當時弟子事夫子比於父兄，故自稱弟子，若公西華言「弟子不能學」是也。弟子亦稱門人者，言爲夫子門内受業之人也。釋名釋典藝：「記，紀也，紀識之也。」言恐有遺忘，故識於策也。「諸」者，不一之辭。廣雅釋言：「善，佳也。」漢書匡衡傳：「論語、孝經，聖人言行之要。」趙岐孟子題辭：

「論語者，五經之錧轄，六藝之喉衿。」楊泉物理論：「論語者，聖人之至論，王者之大化。」是論語所言爲善言也。漢書百官公卿表：「太子太傅，古官，秩二千石。前後左右將軍，皆周末官，秦因之，位上卿。漢不常置，或有前後，或有左右，皆掌兵及四夷。相國、丞相，皆秦官，掌丞天子助理萬機，有左右。高帝卽位，置一丞相，十一年更名相國。孝惠、高后置左右丞相，文帝二年復置一丞相。」是「太子太傅」、「前將軍」、「丞相」皆漢官名也。邢疏引漢書傳云：「夏侯勝，字長公，東平人。少好學，爲學精熟，善說禮服，徵爲博士。宣帝立，太后省政，勝以尚書授太后，遷長信少府，坐議廟樂事下獄。繫再更冬，會赦，出爲諫大夫。上知勝素直，復爲長信少府，遷太子太傅。受詔撰尚書、論語說，賜黃金百斤。年九十卒官，賜冢塋，葬平陵。太后賜錢三百萬，爲勝素服五日，以報師傅之恩，儒者以爲榮。始，勝每講授，謂諸生曰：『士病不明經術。經術苟明，其取青紫如俛拾地芥耳。學經不明，不如親耕。』蕭望之，字長倩，東海蘭陵人也。好學齊詩，事同縣后倉，又從夏侯勝問論語、禮服。以射策甲科爲郎，累遷諫大夫，後代丙吉爲御史大夫，左遷爲太子太傅。及宣帝寢疾，選大臣可屬者，引至禁中，拜望之爲前將軍。元帝卽位，爲弘恭、石顯等所害，飲鴆自殺。天子聞之驚，拊手爲之卻食，涕泣，哀動左右。長子伋嗣爲關內侯。韋賢，字長孺，魯國鄒人也。賢爲人質樸少欲，篤志於學，兼通禮、尚書，以詩教授，號稱鄒、魯大儒。徵爲博士，給事中，進授昭帝詩，稍遷光祿大夫。及宣帝卽位，以先帝師，甚見尊重。本始三年，代蔡義爲丞相，封扶陽侯。年七十餘，爲相五歲，地節三年以老病乞骸骨，賜黃金百斤，罷歸，加賜第一區。丞相致仕自賢始。年八十二薨，謚曰節侯。少子玄成字少翁，復以明經歷位至丞相，鄒、魯諺曰：『遺子黃金滿籯，不如一經。』玄成爲相七年，建昭三年薨，謚曰共侯。此四人皆傳魯論。」案：漢藝文志：「魯夏侯說二十一篇。」此當卽夏侯勝受詔所作說也。志載韋賢不及玄成，然韋賢傳言「玄成復以明經位至丞相」，且遺子一經，著於時諺，是玄成固傳其父之學。張禹傳言「韋玄成說論語」，故此序及陸德明釋文敍録並載之。東平、蘭陵、鄒皆屬魯，故漢儒林瑕丘江公傳言「韋賢、夏侯勝皆魯人也。」又漢志魯論語家「傳十九篇」，當是傳魯論語者所作。翟氏灝考異謂「古人釋經，經與傳說俱各篇兩行，故經二十篇，而傳說之篇或十九，或二十一也」。至漢志復有「常山都尉龔奮、魯扶卿」。又「王駿說二十篇」，師古曰：「王吉子。」據王吉傳，吉子駿從梁丘臨學易，〔一〕左曹陳咸薦駿賢父子，經明行修。是駿亦經生。然王吉本傳齊論，而駿傳魯論者，蓋父子異學。若孟卿爲禮、春秋，而使子孟喜從田王孫受易；劉向受穀梁，而劉歆獨好左氏春秋也。龔奮、魯扶卿、王駿不載此序，皆所遺也。又敍録復有太子少傅夏侯建，亦序所遺。

齊論語二十二篇，其二十篇中章句，頗多於魯論。琅邪王卿及膠東庸生、昌邑中尉王吉，皆以教授。

正義曰：「齊論語」者，齊人所傳，與魯不同，故多二篇。「章句」者，說文云：「章，樂竟爲一章，從音從十。十，數之終也。」本言樂竟，故文字每節已終則謂之章。說文云：「句，曲也。」詩關雎疏云：「句者，局也，聯字分疆，所以局言者也。」東觀漢紀徐防上疏曰：「試論語本文章句，但通度，勿以射策。」趙岐孟子敍言：「論四百八十六章。」漢石經、釋文敍録每篇亦載章數，自是漢經師所傳有之。惟不言句數，或久失傳，或但有章，連言句耳。今惟毛詩有章句，舊題也。漢書張禹傳：「始魯扶卿及夏侯勝、王陽、蕭望之、韋玄成皆說論語，篇第或異。」王陽是傳齊論，餘皆傳魯論。齊、魯篇第既有或異，則齊論章句，容亦增多。馮椅論語解以「子張問仁於孔子」，稱「孔子」，爲齊論。盧氏文弨鍾山札記以「陳成子弑簡公」，不稱「齊」，亦爲齊論。洪興祖論語說引或說，以季氏篇爲齊論，

〔一〕據王吉傳作「梁丘賀」，梁丘賀傳則云：「吉乃使其子郎中駿上疏從臨受易。」臨乃賀子。二文說法不同。

或當是也。竊又疑此文所云「章句」，專指訓釋之詞，若下言「周氏、包氏章句」者也。「章句」聯綴於本文，故言「二十篇中章句」也。漢志於魯論載「傳十九篇」，而於齊論載「説二十九篇」，則多魯論十篇。齊説即此序所言「章句」也，二十九篇之説爲齊論章句，則十九篇之傳亦爲魯論章句矣。魯傳、齊説不箸作者姓氏，明是諸儒相傳之義，非一人也。「琅邪」，郡名。「膠東」，國名。「昌邑」屬山陽郡，武帝天漢四年，更山陽爲昌邑國，並見漢地理志。邢疏云：「王卿，天漢元年，由濟南太守爲御史大夫。庸生名譚生，蓋古謂有德者也。」案：翟氏灝考異引七略曰：「論語家近有琅邪王卿，不審名，蓋卿非王氏名。」據七略，此文不言王卿居何官。又漢志及釋文敍録亦不詳庸生之名。邢疏云云，當別有所本。「中尉」者，百官公卿表云：「中尉，秦官，掌徼循京師。」又云：「諸侯王掌治其國，有中尉掌武職。成帝綏和元年，令中尉如郡都尉。」此昌邑中尉，即昌邑國所置之中尉也。漢書王吉傳：「王吉，字子陽，琅邪皋虞人也。少好學明經，以郡吏舉孝廉爲郎，補若盧右丞，遷雲陽令。舉賢良爲昌邑中尉。」此三人皆傳齊論。其見於王吉傳，若「臣聞高宗諒闇，三年不言」，「天不言，四時行焉，百物生焉」，「舜、湯不用三公九卿之世，而舉皋陶、伊尹」，皆齊論也。王卿所教授，今無可考。王吉傳：「初，吉兼通五經，能爲騶氏春秋，以詩、論語教授。」張禹傳：「禹先事王陽，後從庸生。」王陽即王吉，是庸生、王吉皆以齊論教授於人也。漢志云：「傳齊論者，昌邑中尉王吉、少府宋畸、御史大夫貢禹、尚書令五鹿充宗、膠東庸生，惟王陽名家。」釋文敍録同。此序不及宋畸、貢禹、五鹿充宗，亦所遺也。

故有魯論，有齊論。

正義曰：論語亦單稱「論」，故有魯論、齊論及古論之名。董仲舒春秋繁露、趙岐孟子章句凡引論語，多直稱論。史游急就章「宦學諷誦孝經、論」，張禹傳「欲爲論，念張文」是也。亦有單稱「語」者，後漢書邳彤傳引「語曰：『一言可以興邦。』」橋玄傳引「語曰：『三軍可奪帥，匹夫不可奪志。』」崔駰傳引「語曰：『不患無位，患所以立。』」是也。又有稱「經」者，漢書于定國傳引「經曰：『萬方有罪，罪在朕躬。』」是也。又有稱「傳」者，漢書魯共王傳：「得古文經、傳。」「傳」謂論語，其他見於史者甚多，揚雄傳贊所謂「傳莫大於論語」是也。又有稱「記」者，後漢書趙咨傳引「記曰：『喪，與其易也寧戚』。」是也。又有稱「說」者，前漢書郊祀志引「論語說曰：『子不語怪神』」是也。

魯共王時，嘗欲以孔子宅爲宮，壞，得古文論語。

正義曰：邢疏云：「傳曰：『魯共王餘，景帝子，程姬所生。以孝景前二年立爲淮陽王，前三年徙王魯，二十八年薨。謚曰共王。初好治宮室，壞孔子舊宅以廣其宮，聞鐘磬琴瑟之音，遂不敢復壞，於其壁中得古文經傳。』即謂此論語及孝經爲傳也。酈道元水經泗水注言：「曲阜武子臺南四里許，則孔廟，卽夫子之故宅也。宅大一頃，所居之堂，後世以爲廟。」又云：「孔廟東南五百步，有雙石闕，卽靈光之南闕。北百餘步，卽靈光殿基，是魯恭王之所造也。」據此文，夫子宅東南三、四百步外，卽近靈光，則共王所居之宮，與夫子宅相毗連可知。故欲壞孔子宅以廣其宮也。其孔子壁中有經傳者，孔叢子獨治篇：「陳餘謂子魚曰：『秦將滅先王之籍，而子書籍之主，其危矣乎？』子魚曰：『顧有可懼者，必或求天下之書焚之，書不出則有禍，吾將先藏之以待其求，求至無患矣。』」孔叢雖僞書，然此言當得其真。顏師古注漢書藝文志引「漢紀尹敏傳云：『孔鮒所藏。』」鮒卽子魚也。若家語以爲孔騰所藏，今文書序以爲孔惠所藏，則異說矣。論衡佚文篇：「恭王壞孔子宅以爲宮，聞弦歌之聲，懼復封塗，上言武帝。武帝遣吏發取古經論語。」然則恭王始壞孔宅而復封塗，未竟壞也。武帝乃更毀壁發取古文，則古文非共王所得，此序以壞宅得論語屬之共王者，本以共王始事故也。漢藝文志言：「武帝末，魯恭王壞孔子宅。」案：恭王初封淮陽，後封魯，在位二十八年薨，當元朔元年，其壞孔子宅事又在其前，則爲武帝初年，漢志以爲武帝末，未審也。志又云：「得古文尚書及禮記、論語、孝經凡數十篇，皆古字也。」魏書江式傳：「亡新居攝，使大司空甄豐校文字之部，時有六書：一曰古文，孔子壁中書也。魯恭王壞孔子宅而得禮、尚書、春秋、論語、孝經也。」許愼說文自敘云：「倉頡之初作書，蓋依類象形，故謂之文。其後形聲相益，卽謂之字。及周宣王太史籀著大篆十五篇，與古文或異。至孔子書六經，左丘明述春秋傳，皆以古文。」是古文爲倉頡所作。言古者，依後世今文別之也。晉書衞恒傳：「漢武時，魯恭王壞孔子宅，得尚書、春秋、論語、孝經。時人以不復知有古文，謂之科斗書。漢世秘藏，希得見之。」段氏玉裁說文序注云：「古文出於壁中，故謂之壁中書，晉人謂之科斗文。王隱曰：『科斗文者，周時古文也。其字頭麤尾細，似科斗之蟲，故俗名之焉。』」又說文自敘稱論語亦爲古文，此古文據段說兼有大篆。今其著者惟荷炎字爲古文，其餘所引，則段氏謂「所說字形、字音、字義，皆合倉頡、史籀」，非謂皆用壁中古文也。翟氏灝四書考異云：「按魏正始中立三字石經，嘗倣效孔壁古文，備爲一書。又晉咸寧時汲郡人發古冢，得竹册十餘萬言，其間具有論語。」又云：「魏所立石，隋志僅録其尚書、春秋，未定論語之曾刊否也。汲冢所出羣書，隨復散棄，存於後者，惟周書、魏史、穆天子傳、瑣語數種，其論語自六朝皆絶口不稱，恐已旋滅之矣。」據此，則論語古文久已無傳，而郭忠恕汗簡録古論語字，如郁作[illegible]，糾作[illegible]，甯作[illegible]，昆作[illegible]，備作[illegible]，奪作[illegible]，羿作[illegible]，訒作[illegible]，舉作[illegible]，虐作[illegible]，勃作[illegible]，葸作[illegible]，貉作[illegible]，又作[illegible]，綽作[illegible]，篤作竺，廏作[illegible]。朱雲金石韻府續録古論語如弟作[illegible]，[illegible]作[illegible]，媚作[illegible]，柙作[illegible]，褻作[illegible]。凡所載古文，疑皆後人依放鐘鼎及說文爲之，未必及見孔壁古文也。

齊論有問王、知道，多於魯論二篇。古論亦無此二篇，分堯曰下章子張問以爲一篇，有兩子張，凡二十一篇。篇次不與齊、魯論同。

正義曰：漢藝文志：「齊二十二篇。多問王、知道。」如淳曰：「問王、知道，皆篇名也。」

晁公武郡齋讀書志：「詳其名，當是内聖之道，外王之業。」朱氏彝尊經義考斥晁説爲附會，謂「今逸論語見於説文。初學記、文選注、太平御覽等書，其詮『玉』之屬特詳。竊疑齊論所逸二篇，其一乃問玉，非問王也。考之篆文，三畫正均者爲『王』，中畫近上者爲『玉』，初無大異，因譌『玉』爲『王』耳。王伯厚亦云：『問王疑即問玉。』亶其然乎？」案：説文引逸論語：「玉粲之璱兮，其瑮猛也。如玉之瑩。」段氏玉裁注云：「張禹魯論所無，則謂之逸論語，如十七篇之外爲逸禮，二十九篇之外爲逸尚書也。」其初學記所引「璠璵」，魯之寶玉也。孔子曰：「美哉璠璵，遠而望之，奐若也；近而視之，瑟若也。一則理勝，一則孚勝。」又初學記及御覽所引：「玉十謂之區，治玉謂之琢，又謂之雕。瑳，玉色鮮白也。瑩，玉色也。瑛，玉光也。瓊，赤玉也。璿瑾瑜，美玉也。璑，三采玉也。玲、瓏、瑲、瑣、瑝，玉聲也。璥，玉佩也。瑱，充耳也。璪，玉飾以水藻也。」凡所詮「玉」之辭，與説文所引逸論語文全不類。朱氏不當並數之，今家語亦有問玉篇，當是依用論語篇名。然則問王之爲問玉，其説信不誣也。宋氏翔鳳師法表以問王爲春秋素王之事，備其問答。又合知道爲發揮堯曰篇之義蘊。此曲説，不可從。漢石經論語碑末記諸家有無不同之説，有「蓋肆乎其肆也」句，不知何篇之文，則亦逸文之僅存也。漢志云：「論語古二十一篇，出孔子壁中，有兩子張。」蓋古論分堯曰下章子張問從政別爲一篇，而題以子張問，與第十九篇之子張篇題略同，故有兩子張。如氏注以爲「篇名從政」，殆未然也。論衡正説篇：「漢興失亡，至武帝發取孔子壁中古文，得二十一篇，共齊、魯、河間九篇，本三十篇。至昭帝女讀二十一篇，宣帝下太常博士。時尚稱書難曉，後更隸寫傳誦。」又云：「今時稱論語二十篇，又失齊、魯、河間九篇。本三十篇，分布亡失，或二十一篇，目或多或少，文讚或是或誤。」案：齊、魯、河間九篇，不知何篇。翟氏灝考異以藝文志論語十二家，有燕傳説三篇，河間趙地，偪近於燕，燕傳疑即論衡所云河間者也。案：翟説亦是存疑，不足爲據。魯論、齊論已見前志，不得别有齊、魯合河間爲九篇，出於漢志之外，又合古論爲三十篇也。史記孔子世家：「時魯共王壞孔子舊宅，壁中得古文虞、夏、商、周之書，及傳論語、孝經，悉還孔氏。」〔一〕漢藝文志亦言：「武帝末，魯共王壞孔子宅，得古文尚書及禮記、論語、孝經，凡數十篇。孔安國者，孔子後也，悉得其書。」則古文論語久入孔氏，昭帝女何由得讀？既帝女能讀，而宣帝時博士轉難曉耶？此皆無稽之説，不足與深辨也。皇侃義疏敍曰：「古論篇次，以鄉黨爲第二篇，雍也爲第三篇，内倒錯，不可具説。」是古論篇次不與齊、魯論同。然皇本多爲異域人所改，此等説他處未見，恐難據也。隋書經籍志：「古論語章句煩省，與魯論不異。」然學而篇「未若貧而樂」，古論「樂」下有「道」字。鄉黨篇「車中内顧」，古論作「不内顧」。衞靈公篇「子曰：『父在觀其志，父没觀其行。』」鄭云「古皆無此章」。堯曰篇「知命」章，鄭云「魯論無此章」，則謂古、齊有此章也。古、齊、魯章句本有不同，而隋志謂其煩省不異，亦大略言之爾。經典敍録引桓譚新論説古論云：「文異者四百餘字。」今略見史記、説文並鄭注中。

安昌侯張禹本受魯論，兼講齊説，善者從之，號曰張侯論，爲世所貴。

正義曰：「安昌」，據漢地理志屬汝南郡。漢書傳云：「張禹字子文，河内軹人也。從沛郡施讐受易，琅邪王陽、膠東庸生問論語，既皆明習，有徒衆，舉爲郡文學。甘露中，諸儒薦禹，有詔太子太傅蕭望之問。禹對易及論語大義，望之善焉，奏禹經學精習，有師法，可試事。奏寢，罷歸故官。久之，試爲博士。初元中，立皇太子，而博士鄭寬中以尚書授太子，薦言禹善論語。詔令禹授太子論語，由是遷光禄大夫。數歲，出爲東平内史。成帝卽位，徵禹、寬中，皆以師賜爵關内侯，給事中，領尚書事。河平四年，代王商爲丞相，封安昌侯。爲相六歲，鴻

〔一〕史記孔子世家無此文，引書當有誤。下文又引此，誤同。

嘉元年以老病乞骸骨，就第。建平二年薨，謚曰節侯。始魯扶卿及夏侯勝、王陽、蕭望之、韋玄成皆説論語，篇第或異。禹先事王陽，後從庸生，采獲所安，最後出而尊貴。諸儒爲之語曰：『欲爲論，念張文。』由是學者多從張氏，餘家寖微。」釋文敍録云：「安昌侯張禹受魯論於夏侯建，又從庸生、王吉受齊論，擇善而從，號曰張侯論。」據敍録，是禹受魯論於夏侯建，而禹傳不及建，蓋所遺也。宋氏翔鳳師法表：「張論合齊、魯兩家之學，特其篇章與魯論同，故多以張論爲魯論。後漢熹平石經即用張論。」案：藝文志：「魯安昌侯説二十一篇。」師古曰：「張禹也。」考禹傳云「初，禹爲師，以上難數對己問經，爲論語章句獻之」意，此卽二十一篇説也。隋書經籍志：「張氏晚講齊論，後遂合而考之，删其繁惑，除去問王、知道二篇，從魯論二十篇爲定。」是張論本二十篇。而漢志言禹有二十一篇，説者疑「一」字誤衍，或是經二十篇，説一篇。志連經言之，得有二十一篇也。又禹傳云：「禹成就弟子尤著書，淮陽彭宣至大司空，沛郡戴崇至少府九卿。」當亦傳論語之學者，此序未之及也。

包氏、周氏章句出焉。

正義曰：後漢儒林傳：「包咸字子良，會稽曲阿人也。少爲諸生，受業長安，師事博士右師細君，習魯詩、論語。王莽末，去歸鄉里。光武卽位，舉孝廉，除郎中。建武中，入授皇太子論語，又爲其章句。拜諫議大夫。永平五年，遷大鴻臚。經傳有疑，輒遣小黄門就舍卽問。年七十二卒於官。〔一〕子福拜郎中，亦以論語入授和帝。」邢疏云：「周氏，不詳何人。不言名而言氏者，蓋爲章句之時，義在謙退，不欲顯題其名，但欲傳之私族，故直云氏而已。或曰以何氏諱咸，故没其名，但言包氏，連言周氏耳。」釋文敍録云：「後漢包咸、周氏並爲章句，立於學官。」宋氏翔鳳師法表云：「謂立石大學，非張論曾立博士也。」案：宋説似誤。趙岐孟子題辭：「孝文欲廣遊學之路，論語、孝經、

〔一〕「二」字原脱，據漢書改。

孟子、爾雅，皆置博士。」劉歆移讓太常書：「孝文時，尚書初出屋壁，詩始萌芽。天下衆書往往頗出，皆諸子傳說，猶立於學官，爲置博士。」時所稱傳，即論語、孟子類也。唐書薛放傳：「漢時論語首立於學官。」則論語西漢時已立。至後漢百官志太常博士凡十四人，不及論語，然後漢徐防傳云：「防疏謂『博士及甲乙試策，宜從其家章句，開五十難以試之。五經各取上第六人，論語不宜射策。雖所失或久，差可矯革。』詔書下公卿，皆從防言。」翟氏灝考異云：「據通典載漢小郡都尉博士督郵板狀曰：『通易、尚書、詩、禮、春秋、孝經、論語，兼綜載籍，窮微闡奥。』都尉博士猶講授論語，太常博士詎轉不講授與？此正可與徐防事互爲發明。蓋其時諸經皆兼論語，故不復設專官耳。」案：翟氏甚是。論語惟立博士，故得立石大學。洪适隸釋載殘字石經堯曰篇，末云「而在於蕭牆之內，盍、毛、包、周無於此」，以諸家校魯論之異同。宋氏翔鳳師法表云：「盍氏、毛氏，不知與包、周孰爲先後，又不知爲齊爲魯。」

古論唯博士孔安國爲之訓解，而世不傳。至順帝時，南郡太守馬融亦爲之訓說。

正義曰：「古論」者，古字論語也。史記孔子世家：「安國，孔子十一世孫，爲武帝博士。」漢書孔光傳言：「安國爲武帝博士，至臨淮太守。」世家但言「博士」者，當是史公就目見時言之。此序本世家，故亦祇言「博士」，未詳其後所居之官耳。世家又云：「時魯共王壞孔子舊宅，壁中得古文虞、夏、商、周之書，及傳論語、孝經，悉還孔氏。」漢書藝文志云：「魯共王壞孔子宅，而得古文尚書及禮記、論語、孝經凡數十篇，皆古字也。孔安國者，孔子後也，悉得其書。」是古文論語爲安國所得也。然漢志不言安國注論語，而此序謂安國爲古論訓解者，王肅家語後序云：「魯恭王得壁中書，以歸夫子十一世孫子國。子國乃考論古今文字，撰衆師之義，爲古文論語訓二十一篇，尚書傳五十八卷。其後孝成帝詔劉向校定衆書，都記錄，名古文尚書、論語別錄。子國孫衍爲博士，上書辨之，略曰：『古文尚書、論語，世人莫有能言者，臣祖安國爲之今文讀而訓傳。其義既畢，會值巫蠱事起，遂各廢，不行於時，然其典雅正實，與世所傳者不同日而語也。光禄大夫向以爲其時所未施行之故，尚書則不記于别録，論語則不使名家也。臣竊惜之，臣愚以爲宜皆記録别見。』奏上。天子許之，未即論定，而遇帝崩，向又病亡，遂不果立。」案：漢藝文志列論語十二家，於齊、魯論傳、説皆備載之。而於古論不言有孔氏説，劉向雅博，爲世通儒，倘及見典雅正實之安國古文訓，豈有廢置之不使名家乎？安國以今文讀古文，而司馬遷正從安國問故，其孔子世家、弟子列傳所載論語文，必是安國之學。今校之孔注，如在陳絶糧，敍孔子去衞如曹，又之宋之陳，佛肸爲趙簡子邑宰，顯與史記不合。其他差謬，遠失經旨者甚多，是此注必非安國所作。今所傳尚書傳、孝經傳，往時儒者皆知其僞，而論語因爲集解所采，無敢異議。近陳氏鱣箸論語古訓，自序疑其不類。沈氏濤箸論語孔注辨僞，自序譏其詮義膚淺，徵典舛誤，疑爲平叔所作。丁氏晏箸論語孔注證僞，以爲王肅所作。蓋王肅好與鄭難，故論者以尚書傳爲肅作，則此論語注必亦出肅之手，而特於家語序互證成之。丁氏此説，較沈氏爲得。論衡正説篇謂「安國以授魯人扶卿，官至荆州刺史，始曰論語」。案：扶卿爲魯論之學，見漢藝文志，不傳古論，且漢志及張禹傳、經典敍録皆言魯扶卿，是魯爲其姓。論衡獨言魯人扶卿，與漢志諸文不同。又荆州刺史似謂扶卿所居之官，論衡此言，未知所本。至論語之名，早見坊記，豈至安國及扶卿時始有其名？王充於經術頗疎，此等説終是不可據也。邢疏云：「案後漢紀：『孝順皇帝諱保，安帝之子也。』地理志云：『南郡，秦置，高帝元年更爲臨江郡，五年復故。景帝二年復爲臨江郡，中二年復故，屬荆州。』表云：『郡守，秦官，掌治其郡，秩二千石。景帝中二年，更名太守。』後漢書傳云：『馬融字季長，扶風茂陵人也，有俊才。初，京兆摯恂以儒術教授，隱於南山，融從其遊學，博通經籍。永初四年，拜爲校書郎中，詣東觀典校秘書。陽嘉二年，拜議郎。大將軍梁商表爲從事中郎，轉武都太守。三遷，桓帝時爲南郡太守。融才高博洽，爲世通儒，註孝經、論語、詩、易、三禮、尚書。年八十八，延熹九年卒於家。』」據融傳，但言「註論語」，而此序以爲古論者，以融注他經多爲古文，故意所注論語亦是古論。其後康成取古論校正魯論，當亦受之融者也。皇侃疏、隋經籍志謂馬融亦注魯論，似未然。

漢末，大司農鄭玄就魯論篇章，考之齊、古，爲之註。

正義曰：康成生當靈、獻時，故曰「漢末」。「大司農」者，漢書百官公卿表云：「治粟内史，秦官，掌穀貨，有兩丞。景帝後元年更名大農令，武帝太初元年更名大司農。」司馬彪百官志：「大司農卿一人，中二千石。」後漢書傳云：「鄭玄字康成，北海高密人也。受業，師事京兆第五元先，始通京氏易、公羊春秋、三統曆、九章算術。又從東郡張恭祖受周官、禮記、左氏春秋、韓詩、古文尚書。以山東無足問者，乃西入關，因涿郡盧植，事扶風馬融。融素驕貴，玄在門下，三年不得見，乃使高業弟子傳受於玄。玄日夜尋誦，未嘗怠倦。會融集諸生考論圖緯，聞玄善算，乃召見於樓上，玄因從質諸疑義，問畢辭歸。融喟然謂門人曰：『鄭生今去，吾道東矣。』玄自遊學，十餘年乃歸鄉里。家貧，客耕東萊，學徒相隨已數百千人。及黨事起，乃與同郡孫嵩等四十餘人俱被禁錮，遂隱修經業，杜門不出。建安元年，自徐州還高密。玄後嘗疾篤，自慮，以書戒子益恩云云。時大將軍袁紹總兵冀州，遣使邀玄，舉玄茂才，表爲左中郎將，皆不就。公車徵爲大司農，給安車一乘，所過長吏送迎。乃以病自乞還家。卒年七十四。自郡守以下嘗受業者，縗絰赴會千餘人。凡玄所注周易、尚書、毛詩、儀禮、禮記、論語、孝經、尚書大傳、中候、乾象曆，又著天文七政篇、魯禮禘祫議、六藝論、毛詩譜、駁許慎五經異議、答臨孝存周禮難，凡百餘萬言。玄質於詞訓，通人頗譏其繁。至於經傳洽孰，稱爲純儒，齊、魯間宗之。』」「就魯論篇章」云云者，隋書經籍志：「鄭以張侯論爲本，參校齊、古而爲注。」張論卽魯論。陸氏音義云：「鄭校周之本，以齊、古讀正，凡五十事。」宋氏翔鳳師法表云：「周之本，卽周氏之出於張侯者，蓋張論出而三家遂微，鄭學興而齊、古差見，是康成雖就魯侯，實兼通齊、古，而於古論尤多徵信。故注中從古讀正魯論者不一而足。其從齊讀已不可考，然尋兩家之學，可以得其一二。」案：音義謂「鄭以齊、古校正周本，凡五十事」，今以鄭氏佚注校之，祇得二十四事，皆明箸魯讀之文。其「哀公問主」解爲「社主」，雖從周本作「主」，仍是從古論義爲「社主」也。至如「有酒食，先生饌」，「饌」，鄭作「餕」。「無適也」，「適」，鄭作「敵」。「異乎三子者之撰」，「撰」，鄭作「僎」，云「僎讀曰詮」。「子貢方人」，「方」，鄭作「謗」。「朱張」，鄭作「侏張」。「廢中權」，「廢」，鄭作「發」。皆與集解本異，疑此卽據齊論校正者也。又衞靈公篇：「子曰：『父在，觀其志；父没，觀其行。』」鄭云：「古皆無此章。」謂古論及齊論無此章。鄭仍從周本有此章也。又堯曰篇知命章，鄭云：「魯論無此章。」此又從齊、古校補周本者也。宋氏謂「鄭從齊讀已不可考」，是大略言之，未細檢耳。宋氏師法表又云：「隋經籍志：『論語注十卷，鄭玄注。』經典敍録同。隋志又言：『梁有古文論語，鄭玄注，亡。』蓋阮孝緒所箸録，鄭無別注古文，其所注論，卽用古文，故別題古文論語。」案：舊唐書經籍志：「論語十卷，鄭玄注。論語釋義十卷，鄭玄注。」新唐書藝文志：「論語鄭玄注十卷，又注論語釋義一卷。」分注與釋義爲二，疑釋義卽鄭君論語敍。故新志作「一卷」，其舊志云「十卷」者，字之誤也。又二志有鄭君「論語篇目弟子一卷」，今略見史記集解中。宋氏翔鳳師法表云：「隋志言『梁、陳之時，惟鄭玄、何晏立於國學，而鄭氏甚微。周、齊，鄭學獨立。至隋，何、鄭並行，鄭氏盛於人間。』考箸録家説論語者，康成以前，俱已久佚，至鄭氏，大抵佚於五季之亂，略存於何解、陸音。」

近故司空陳羣、太常王肅、博士周生烈，皆爲義説。

正義曰：邢疏云：「年世未遠，人已殁故，是近故也。」晉書職官志：「太尉、司徒、司空，並古官也。自漢歷魏，置以爲三公。」漢書百官公卿表：「奉常，秦官，掌宗廟禮儀。景帝中六年，更名太常。」司馬彪百官志：「太常卿一人，中二千石。」本注曰：「掌禮儀祭祀。」百官公卿表：「博士，秦官，掌通古今。」是司空、太尉、博士皆官名也。魏志陳羣傳：「陳羣字長文，潁川許昌人也。太祖辟羣爲司空西曹掾屬。文帝即位，遷尚書僕射。明帝即位，進封潁陰侯，頃之爲司空。青龍四年薨，謚曰靖侯。」王朗傳：「王朗，東海蘭陵人。子肅，字子雍，年十八，從宋忠讀太玄，而更爲之解。黃初中，爲散騎黃門侍郎。太和三年，拜散騎常侍。正始元年，出爲廣平太守。公事徵還，拜議郎。頃之，爲侍中，遷太常。時大將軍曹爽專權，任用何晏、鄧颺等。肅曰：『此輩即弘恭、石顯之屬。』後爲光祿勳，徙爲河南尹，後遷中領軍，加散騎常侍。甘露元年薨。初，肅好賈、馬之學，而不好鄭氏，采會同異，爲尚書、詩、論語、三禮、左氏解，皆列於學官。」經典敍錄有王肅論語注十卷。後漢馮衍傳「尚書周生豐」，李賢注：「風俗通曰：『周生，姓也。』」王朗傳：「自魏初徵士燉煌周生烈，明帝時董遇等，亦歷注經傳，頗傳於世。」裴松之注：「臣按此人姓周生，名烈。何晏論語集解有烈義例，餘所箸述，見晉武帝中經簿。」經典敍錄「周生烈」注引「七錄：字文逢。」邢疏引七錄云：「字文逸，本姓唐，魏博士侍中。」案：「逢」、「逸」二字形相近，未知孰是。隋志：「周生子要論一卷，魏侍中周生烈撰。」新唐志：「儒家有周生烈子五卷。」是周生後官侍中，其説論語，即裴氏所云「義例」也。今邢疏、集解但有周氏，無周生氏，至皇疏又但有周生烈，而無周氏。蓋二家之注，久爲後人混併，莫可識別矣。惟「冉有退朝」注云：「君之朝。」見於釋文所引，此則確爲周生義也。

前世傳受師説，雖有異同，不爲訓解，中間爲之訓解，至于今多矣。所見不同，互有得失。

正義曰：邢疏云：「據今而道往古，謂之前世，上教下曰傳，下承上曰受。中間爲之訓解，謂自古至今，中間包氏、周氏等爲此論語訓解，有二十餘家，故曰『至于今多矣』。以其趣舍各異，故得失互有也。」案：「前世」當指前漢，藝文志載有魯、齊之說，即僞孔此注，亦見采録，則非不爲訓解矣。序之此言，舉其大略，未爲篤論也。後漢儒林傳言何休「註訓論語」，不爲集解所采，是當時已佚不傳矣。北堂書鈔六十六引論語：「女爲君子儒，無爲小人儒。」何休注云：「君子爲儒，將以明道；小人爲儒，則矜其名。」劉氏逢禄據書鈔所引，爲何休佚注，推演其義，爲論語述何篇一卷。然集解載此注爲孔安國注，史記弟子傳集解引作「何曰」，何者，何晏，非何休也。足利本不載姓名，則亦以爲「何曰」矣。且小人儒不必是矜名，其義淺狹，決非邵公語可知。

今集諸家之善，記其姓名，有不安者，頗爲改易，名曰論語集解。

正義曰：爾雅釋言：「集，會也。」通作「輯」，若劉歆有輯略也。邢疏云：「註但記其姓，而此連言名者，以箸其姓，所以名其人，非謂『名字』之名也。頗爲改易者，註首不言『包曰』、『馬曰』，及諸家說下『一曰』者，皆是何氏自下己意，改易先儒者也。」案：此語亦見晉書鄭沖傳。惟「記其姓名」下有「因從其義」四字。集解姓名並舉，以皇疏本證之自見。邢氏亦本皇疏，而此疏云云，或所見別本實不稱名也。「集解」者，集諸家解論語之義。杜預注春秋左傳，合經傳諸文，比其義類，亦名「集解」，與此言同旨異。經典敍録、隋志、唐志俱云：「何晏集解十卷。」

光禄大夫關内侯臣孫邕、光禄大夫臣鄭沖、散騎常侍中領軍安鄉亭侯臣曹羲、侍中臣荀顗、尚書駙馬都尉關内侯臣何晏等上。

正義曰：漢百官公卿表：「大夫掌論議，有太中大夫、中大夫、諫大夫，皆無員，多至數十人。太初元年，更名中大夫爲光禄大夫，秩比二千石，無印綬。」晉書職官志：「光禄大夫加金章紫綬者，品秩第二，禄賜、班位、冠幘、車服、佩玉，置吏卒羽林。其以爲加官者，惟假章綬、禄賜、班位而已，不別給車服、吏卒也。光禄大夫假銀章青綬者，品秩第三，位在金紫將軍下，諸卿上。漢時所置無定員，多以爲拜假賵贈之使，及監護喪事。魏氏已來，轉復優重，不復以爲使命之官。其諸公告老者，皆家拜此位，及在朝顯職，復用加之。」又云：「光祿大夫與卿同秩中二千石。」據晉志，則魏時貴重之臣方拜此職，而孫邕以關內侯得爲光祿大夫者，大約如諸公告老家拜此位也。司馬彪百官志：「關內侯，承秦賜爵十九等爲關內侯，無土，寄食在所縣，民租多少各有戶數爲限。」劉昭注：「關內侯者，依古畿內子男之義也。秦都山西，以關內爲王畿，故曰關內侯也。」邢疏云：「孫邕字宗儒，樂安青州人也。」案：魏志齊王紀注引魏書廢齊王表有「光祿大夫關內侯邕」，即孫邕也。晉任城太守夫人孫氏碑云：「夫人，濟南孫氏之中女也。父列卿光祿大夫建德亭侯。」又歷述其父於魏文帝時爲侍郎，又爲勃海太守十餘年，其後爲吏部尚書，又爲侍中。武氏億跋尾據盧毓傳，孫邕代毓爲吏部尚書，與碑言「吏部尚書」合。而關內侯特名號侯之一，至其後，乃獲實封，有建德亭侯爵矣。桂氏馥跋尾據管寧傳，侍中孫邕薦寧，與碑言「侍中」合。魏文帝典論：「光和中北海王和平，亦好道術，自以當仙，濟南孫邕少事之。」則邕爲濟南人。邢疏云「樂安」者，樂安與濟南同隸青州，地最相近，故兩地並稱。案：王和平事，亦見後漢方術傳。典論言王和平爲光和時人，而邕少事之，則邕亦爲靈帝或獻帝時人。計終魏世，必已歿矣。晉書鄭沖傳：「鄭沖字文和，滎陽開封人也。起自寒微，卓爾立操，清恬寡欲，耽玩經史，遂博究儒術及百家之言。及魏文帝爲太子，命沖爲文學，累遷尚書郎，〔一〕出補陳留太守。大將軍曹爽引爲從事中郎，轉散騎常侍、光祿勳。嘉平三年，拜司空。及高貴鄉公講尚書，沖執經親授，與侍中鄭小同俱被賞賜。俄轉司徒。常道鄉公即位，拜太保，封壽光侯。時文帝輔政，平蜀之

〔一〕「郎」字原脫，據晉書補。

後，命賈充、羊祜等分定禮儀、律令，皆先諮于沖，然後施行。」按：曹爽輔政，在正始之際，沖由從事中郎轉至光祿勳，在曹爽輔政時。惟傳言爲「光祿勳」，與此敘「光祿大夫」不同，疑光祿勳是其實官，光祿大夫則加官也。作此序時，未爲光祿勳，故但言光祿大夫；及陳壽作傳，〔一〕詳其實官，亦不及加官矣。晉職官志：「散騎常侍，本秦官也。秦置散騎，又置中常侍，散騎騎從乘輿車後，中常侍得入禁中，皆無員，亦以爲加官。漢東京初，省散騎，而中常侍用宦者。魏文帝黃初初，置散騎，合之于中，同掌規諫，不典事。」「合之于中」者，晉灼漢表注云：「魏文帝合散騎、中常侍爲散騎常侍也。」晉志又云：「中領軍將軍，魏官也。漢建安四年，魏武丞相府自置，及拔漢中，以曹休爲中領軍。文帝踐阼，始置領軍將軍，以曹休爲之，主五校、中壘、武衛等三營。」據志此文，則「中領軍」即中領軍將軍也。不言「將軍」者，辭之省。曹爽傳：「爽弟羲爲中領軍。」與武衛將軍訓、散騎常侍彥並列，且稱其「貴寵莫盛」。其後司馬懿奏誅曹爽，亦言其「破壞諸營，盡據禁兵，羣官要職，皆置所親。殿中宿衛，歷世舊人皆復斥出」。卽指曹羲等言。齊王紀：「正始三年，秋七月乙酉，以領軍將軍蔣濟爲太尉。」則曹羲之官中領軍必在三年秋後矣。「安鄉亭侯」者，安鄉不知所在。說文：「亭，民所安定也。亭有樓，從高省，丁聲。」漢書百官公卿表云：「大率十里一亭，十亭一鄉，皆秦制也。」此安鄉亭卽是十亭之鄉，故舉鄉名以表之。司馬彪百官志：「列侯，所食縣爲侯國。」本注曰：「承秦爵二十等，爲徹侯，金印紫綬，以賞有功。功大者食縣，小者食鄉亭，得臣其所食吏民。」然則安鄉亭侯，卽列侯食於安鄉者也。邢疏云：「曹羲，沛國譙人。魏宗室曹爽之弟。」晉志又云：「秦置侍中，漢因之，俱無定員。魏、晉以來置四人，掌儐贊威儀。」漢表注引應劭曰：「入侍天子，故曰侍中。」荀顗傳：「字景倩，

〔一〕晉書非陳壽作，「陳壽」二字疑誤。

潁川人，魏太尉彧之第六子也。博學洽聞，理思周密。魏時以父勳除中郎，擢拜散騎侍郎，累遷侍中。爲魏少帝執經，拜騎都尉，賜爵關內侯。難鍾會易無互體，又與扶風王駿論仁孝孰先，見稱於世。」案：顗爲魏少帝執經，指高貴鄉公，見三國志注。其爲侍中在其前，則當齊王時，故廢齊王表亦有「侍中臣顗」，卽荀顗也。晉志又曰：「列曹尚書，本漢承秦置。至成帝，又置尚書五人，一人爲僕射，而四人分爲四曹，通掌圖書秘記章奏之事，各有其任。其一曰掌侍曹，主丞相御史公卿事。其二曰二千石曹，主刺史郡國事。其三曰民曹，主吏民上書事。其四曰主客曹，主外國夷狄事。後成帝又置三公曹，主斷獄，是爲五曹。後漢光武改常侍曹爲吏部曹，主選舉祠祀事。」又云：「六曹並令僕二人，謂之八座。尚書雖有曹名，不以爲號。靈帝以侍中梁鵠爲選部尚書，於此始見曹名。及魏改選部爲吏部，主選部事。凡五曹尚書、二僕射、一令爲八座。」此何晏所官尚書，卽是吏部。魏志傅嘏傳：「時曹爽秉政，何晏爲吏部尚書。」經典敍錄亦言「吏部尚書何晏」。又文選景福殿賦注引典略云：「平叔遷尚書，主選。」裴松之曹爽傳注：「晏爲尚書，主選舉，其宿與之有舊者，多被拔擢。」言晏主選舉，則爲吏部無疑。此序但言「尚書」者，當時不列曹名。齊王紀正始八年，有「尚書何晏奏」，亦是祇言「尚書」也。漢表云：「奉車都尉、駙馬都尉，皆武帝初置，秩比二千石。」師古曰：「駙，副馬也。非正駕車，皆爲駙馬。」司馬彪志本注曰：「無員，掌駙馬。」魏制無考。曹真傳：「晏，何進孫也。母尹氏，爲太祖夫人。晏長於宮省，又尚公主，少以才秀知名，好老、莊言，作道德論及諸文賦箸述凡數十篇。」裴松之注：「晏字平叔。尚主，又好色，故黄初時無所事任。及明帝立，頗爲宂官。至正始初，曲合於曹爽，亦以才能，故爽用爲散騎侍郎，遷侍中、尚書。晏前以尚主，得賜爵爲列侯。」案：此序晏爲關內侯，而裴注言「爲列侯」者，蓋晏初封列侯，繼封關內侯耳。宋氏翔鳳師法表云：「鄭沖傳：『初，沖與孫邕、荀顗、何晏共集論語諸家訓註之善者，記其姓名，因從其義，有不安者，輒改易之，名曰論語集解。成，奏之魏朝，于今傳焉。』魏志言何晏『作道德論及諸文賦箸述凡數十篇』，不言『注論語』。而沖在高貴鄉公時，講尚書，執經親授，與侍中鄭小同俱被賞賜，是沖本經生，論語集解之成，當定自沖手。今使平叔專其姓氏者，蓋上論語集解，奏列邕、沖等名，而晏最在後，箸錄家見奏末稱『臣何晏等上』，遂以集解爲晏一人所撰，相沿至今也。」劉氏毓崧通義堂筆記曰：「唐、宋時，臣下上表，結銜皆尊者居後。此序未列銜，亦是由下逆數，蓋平叔官最顯要，故最居後，專集解之名也。考通典二十二言〔一〕：『尚書，至後漢則爲優重，出納王命，敷奏萬幾。蓋政事之所由宣，選舉之所由定，罪賞之所由正，斯乃文昌天府，衆務淵藪，內外所折衷，遠近所稟仰。故李固云：「陛下之有尚書，猶天之有北斗。斗爲天之喉舌，尚書亦爲陛下之喉舌。斗斟酌元氣，運平四時；尚書出納王命，賦政四海。」』據此，則尚書之權甚重，吏部專掌選舉。又晏以國戚尚主，貴莫與比，故晏居首。漢表言「侍中得入禁中」。通典二十一云：『侍中，漢代爲親近之職，魏、晉選用，稍增華重，而大意不異。』自注：『晉任愷爲侍中，萬機大小，多管綜之。』是侍中職亦甚重，故荀顗居次。中領軍則掌三營兵，故曹羲又居次。其光祿大夫皆是加官，同於閑散，故鄭沖、孫邕又居次。何晏、曹羲、孫邕沒於魏世，惟荀顗、鄭沖皆仕晉，故晉書有傳。沖傳居前，故詳言與孫邕等共爲集解之事。荀顗傳居後，自不複述。今宋氏據沖傳所言，以爲集解定自沖手，恐非。」案：劉說是也。經典釋文載論語舊題止「集解」二字，在「學而第一」之下。自注：「一本作何晏集解。」可見陸氏所見正本未嘗以集解專屬何晏，其兼載「一本」，自是後人改題之誤。故釋文云「何晏集孔安國」云云，其文兩見，則皆爲後人改題所惑矣。然裴松之注曹真傳，

〔一〕「二十二」原誤作「二十一」，據通典改。

卽稱「何晏論語集解」。裴爲此注，在宋文帝時，是其誤久矣。蔡邕獨斷：「凡羣臣上書于天子者，有四名：一曰章，二曰奏，三曰表，四曰駁議。」此文稱「上」，則奏類也。經典敍録：「正始中上之，盛行于世。」正始卽齊王芳。曹羲、何晏以齊王嘉平元年爲司馬宣王所殺，上此集解則在正始三年後也。晉書禮志：「魏齊王正始二年，帝講論語通，使太子釋奠。」則意當時諸臣亦以帝通論語，故撰集訓說以獻之爾。羣臣上書不書姓，而此稱姓者，箸述之體，所以紀實也。結銜當別爲一行，獨斷所云「左方下附曰『某官臣某甲上』」也。今連綴序末，亦後人所合併。

鄭玄論語序逸文

正義曰：略本宋氏翔鳳所輯。

仲弓、子游、子夏等撰。　正義曰：此引見論語音義，至敍録則云「仲弓、子夏等所撰定」，不及子游。邢疏與音義同，兩處引文不言鄭序。陳氏鱣古訓、宋氏翔鳳輯鄭注並采入敍，雖由意測，當得之也。仲弓、子游、子夏皆孔子弟子。論語崇爵讖曰：「子夏六十四人，共撰仲尼微言，以當素王。」明標子夏之名。傅休奕傅子：「昔仲尼既没，仲弓之徒追論夫子之言，謂之論語。」此當本鄭序，故數仲弓也。但作論語者，雖有三子之名，實非止三子所作，故鄭言「等」以明之。漢書藝文志：「論語者，孔子應答弟子時人及弟子相與言而接聞於夫子之語也。當時弟子各有所記。夫子既卒，門人相與輯而論簒，故謂之論語。」趙岐孟子題辭：「七十子之疇，會集夫子所言，以爲論語。」二文所言，皆以論語爲聖門羣弟子所作，故鄭君既箸其姓名，復言「等」以總括之也。鄭樵通志藝文略有論語撰人名一卷，不知誰作。翟氏灝四書考異曰：「通志所録撰人名，恐即源本崇爵讖，」今其書不傳，莫可詳矣。陸九淵象山語録曰：『鄭康成、王肅謂「論語爲子游、子夏所編」，亦有可考者。如學而篇「子曰」次章便載有若一章，又「子曰」而下載曾子一章，皆不名而以「子」稱之。蓋子夏輩平昔所尊者，此二人耳。』」案：陸以王肅説與鄭同，不知何本。其以有子、曾子爲子夏輩所尊，故稱「子」，其説良是。柳宗元文集論語辨以論語稱「曾子」，子爲師稱，因以論語爲出自曾子弟子樂正子春、子思之徒。程子、朱子則以爲出於曾子、有子之門人。其説與象山異，雖亦得通。但不當取後遺前，而反没羣賢箸録之功也。又考論語弟子之稱子者，自有子、曾子外，閔子騫皆書字，而先進篇一稱閔子。冉伯牛、冉仲弓、冉有皆書字，而雍也篇、子路篇各一稱冉子。則意書字者爲弟子所記，書子者爲三子之弟子所記也。胡寅論語詳解、趙順孫四書纂疏謂「憲問篇不書姓，且直稱名，疑通篇皆憲所記」，其說亦頗得理。要之，論語之作，不出一人，故語多重見，而編輯成書，則由仲弓、子游、子夏首爲商定，故傳論語者能知三子之名。鄭君習聞其說，故於序標明之也。「撰定」者，禮記內則注：「撰，治擇之名也。」廣雅釋詁：「撰，具也，定也。」凡有所作述，必具衆義，擇善從之。故此三訓義皆通也。漢書揚雄傳：「譔以爲十三卷。」顏師古注：「譔與撰同。」說文：「定，安也。」荀子王制：「夫是之謂定論。」楊倞注：「定論謂不易之論。」仲弓等裒輯諸弟子所記，勒爲此編，故以爲所撰定也。既經撰定，不得無名以稱之，此「論語」二字必亦仲弓等所題。漢志云：「門人相與輯而論篹，故謂之論語。」「謂之」者，門人謂之也。經典敍錄亦云：「夫子既終，微言已絕，弟子恐離居以後，各生異見，〔一〕而聖言永滅，故相與論撰，因輯時賢及古明王之語，合成一法，謂之論語。」亦以論語爲弟子所題也。論衡正說篇：「初孔子孫安國以教魯人扶卿，官至荊州刺史，始曰論語。」似論語之名爲安國所題，此誤說也。翟氏灝攷異曰：「按論語名見禮坊記及今家語弟子解，今家語不可信，坊記可信也。蓋自孔氏門人相論篹畢，隨題之爲論語矣。」

書以八寸策。鉤命決云：「春秋二尺四寸書之，孝經一尺二寸書之。」故知六經之策，皆長二尺四寸。易、書、詩、禮、樂、春秋皆尺二寸，孝經謙，半之。論語八寸策者，三分居一，又謙焉。正義曰：「書以八寸策」，見北史徐遵明傳，彼文作「八十宗」，乃傳寫之誤，徐氏就而通之，非也。說文云：「書，箸也。」又序云：「箸於竹帛謂之書也。」「八寸」者，策之度。

〔一〕「異」原誤作「意」，據釋文改。

「策」者，「册」之叚借。說文：「策，馬箠也。」別一義。「册，符命也，諸侯進受於王也。象其札一長一短，中有二編之形。笧，古文册從竹。」符命，卽天子賜諸侯之册書，故凡書簡編連之，亦曰策。魯語云：「遂書以爲三筴。」「筴」卽俗「策」字。鄭注中庸云：「策，簡也。」聘禮記注同。爾雅釋器：「簡謂之畢。」郭注：「今簡札也。」說文：「簡，牒也。」釋名釋書契：〔一〕「札，櫛也，編之如櫛齒相比也。」凡皆異名同物。杜預春秋左傳序云：「大事書之于策，小事簡牘而已。」孔疏申之，以單執一札爲簡，連編諸簡爲策，分策、簡爲二，非也。聘禮記云：「百名以上書于策，不及百名書于方。」鄭注：「名，書文也，今謂之字。方，版也。」用策用方，以字之多少有異，不以事之大小有異，則杜預以策與簡牘分大事小事，亦非也。「鉤命決」者，緯篇名。鉤命決止言春秋、孝經之策，鄭君據之得以推測他經，故總言「知六經之策」也。「易、書、詩、禮、樂、春秋」者，六經之名。說文：「經，織也。」織有文理，故羣經取以爲名。釋名釋典藝：「經，徑也，常典也。如徑路無所不通，可常用也。」此說「經」爲叚借，未必然也。管子戒篇：「澤其四經。」尹注：「四經謂詩、書、禮、樂。」是孔子前已稱經，故禮記經解亦舉六藝也。孝經者，孔子爲弟子曾參說孝道，因亦稱經。孔子世家云：「孔子晚好讀易，韋編三絕。」易既得編成策，則他經可知。晉書束皙傳：「太康二年，汲縣人盜發魏襄王冢，得竹書數十車。」皆簡編科斗文字，襍寫經史，可見羣經皆有策矣。六經之策，二尺四寸，說見左傳序疏。若儀禮聘禮疏引作「尺二寸」，字之誤也。後漢書周磐傳：「編二尺四寸簡，寫堯典一篇。」又曹褒傳言箸新禮成，「寫以二尺四寸簡」，亦以新禮比於經也。獨斷云：「策者，簡也。其制長二尺，短者半之。」二尺下疑脫「四寸」二字。南史王僧虔傳：〔二〕「文惠太子鎮雍州，有盜發楚王冢，獲竹簡書、青絲編。簡廣數分，長二尺。

〔一〕「釋書契」原誤作「釋典藝」，據釋名改。　〔二〕「南史」原誤作「齊書」，據南史改。

有得十餘簡，以示王僧虔，僧虔曰：『是科斗書考工記，周官所闕文也。』」所言策「長二尺」者，則以齊尺大於古尺也。鹽鐵論詔聖篇云：「二尺四寸之律，古今一也。」是漢時律尺與經策同。若漢書杜周傳所言「不循三尺法」，則金氏鶚求古録以爲舉成數是也。鄭君據鉤命決之文，以推知六經之策，又據所見論語之策八寸，以六經之策較之，是爲三分居一矣。論衡正説篇：「説論者皆知説文解語而已，不知論語本幾何篇，但周以八寸爲尺，不知論語所以獨一尺之意。夫論語者，弟子共紀孔子之言行，勑己之時甚多，數十百篇，以八寸爲尺，紀之約省，〔一〕懷持之便也。以其遺非經傳文，紀識恐忘，故但以八寸尺，不二尺四寸也。」仲任所見論語之策，與鄭君同。彼謂論語以周尺度之爲一尺，於漢尺則爲八寸，然則六經之策二尺四寸，孝經之策一尺二寸，亦是據漢尺。若在周尺，六經策爲三尺，孝經策爲一尺五寸矣。宋氏翔鳳師法表以八寸之策爲壁中古文，然若論衡所言「八寸」爲據漢尺，則安知非魯、齊論尺度也？鄭注尚書云：「三十字，一簡之文。」漢書藝文志：「劉向以中古文校歐陽、大、小夏侯三家經文，率簡二十五字者，脱亦二十五字，簡二十二字者，脱亦二十二字。」是一簡容字有多寡之殊。服虔左傳注謂「古文篆書，一簡八字」。此或服氏所見適然，非謂羣經之策皆是一簡八字也。金氏鶚求古録云：「論語策八寸，容八字，六經策二尺四寸者，容二十餘字至三十字，大約一寸容一字。古用科斗大篆，其字體不宜小。又一簡止容一行，則字體更不宜小，故每一寸容一字也。古人書策，每行亦不拘字體，故或有二十五字，或有二十二字，推之或二十三字，或二十四字，皆未可定。此由字體有繁簡，繁者宜疎，簡者宜密，總欲其點畫之明析而已。」「謙」者，史記樂書王肅注：「謙，自謙損也。」陳氏鱣古訓曰：「謙讀爲減。樂記『禮主其減』，樂書減作謙。」陳氏此説亦

〔一〕「省」原誤作「者」，據論衡改。

是也。孝經策一尺二寸，比之六經之策，爲損去其半。論語策八寸，比之六經之策，爲三分居一。孝經已爲謙半，論語則又謙矣。段氏玉裁說文「册」字注考正此文，謂「論語策八寸，尺二寸者三分居二，又謙焉。」語殊不憭。魯扶先。正義曰：此引見經典敍録注。宋氏翔鳳師法表以爲鄭序文也。案：漢書張禹傳言「魯扶卿說論語」，漢志敍魯論家有魯扶卿，經典敍録同。此稱「扶先」者，「先」是「先生」之省。史記鼂錯傳：「學申、商刑名於軹張恢先所。」徐廣曰：「先即先生。」漢書梅福傳：「叔孫先非不忠也。」顔師古注：「先猶言先生也。」是也。論衡正說篇：「安國以教魯人扶卿，官至荆州刺史，始曰論語。」案：論衡以扶卿爲人姓名，而魯則所居之地。又以扶卿爲安國弟子，是傳古論之學，與漢志諸文不合。至以論語爲安國等所題，尤不可信。

後敍

班生有言：「仲尼没而微言絶，七十子喪而大義乖。」聖人之言，中正和易，而天下萬世莫易其理，故曰「微言」，非祇謂性與天道也。「大義」者，微言之義，七十子之所述者也。今其箸者，咸見論語。竊以先聖存時，諸賢親承指授，當已屬稿，或經先聖筆削，故言特精善。迨後追録言行，勒爲此編，作之者非一人，成之者非一時。先儒謂孔子没後，弟子始共撰述，未盡然也。曾子、子思、孟子、荀子皆有箸書，於先聖之道多所發明，而注家未之能及。至八佾、鄉黨二篇，多言禮樂制度。漢人注者，惟康成最善言禮，又其就魯論，兼考齊、古而爲之注，知其所擇善矣。魏人集解，於鄭注多所删佚，而僞孔、王肅之説，反藉以存，此其失也。梁皇侃依集解爲疏，所載魏、晉諸儒講義，多涉清玄，於宮室、衣服諸禮闕而不言。宋邢昺又本皇氏，別爲之疏，依文衍義，益無足取。我朝崇尚實學，經術昌明，諸家説論語者彬彬可觀，而於疏義之作，尚未逮也。

先君子少受學於從叔端臨公，研精羣籍，繼而授館郡城，多識方聞綴學之士，時於毛氏詩、鄭氏禮注皆思有所述録。初箸毛詩詳注、鄭氏釋經例，後皆輟業。及道光戊子，先君子應省試，與儀徵劉先生文淇、江都梅先生植之、涇包先生慎言、丹徒柳先生興恩、句容陳丈立始爲約，各治一經，加以疏證。先君子發策得論語，自是屏棄他務，專精致思，依焦氏作孟子正義之法，先爲長編，得數十巨册，次乃薈萃而折衷之，不爲專己之學，亦不欲分漢、宋門户之見，凡以發揮聖道，證明典禮，期於實事求是而已。既而作宰畿輔，簿書繁瑣，精力亦少就衰，後所闕卷，畀恭冕，使續成之。恭冕承命惶悚，謹事編纂，及咸豐乙卯秋，將卒業，而先君子病足瘇，遂以不起，蓋知此書之將成而不及見矣。傷哉！

丙辰後，邑中時有兵警，恭冕兢兢慎持，懼有遺失，暇日亟將此稿重復審校，手自繕録，蓋又十年，及乙丑之秋而後寫定，述其義例，列於卷首。繼自今但求精校，或更得未見書讀之，冀少有裨益。是則先君子之所以爲學，而恭冕之所受於先君子者，不敢違也。世有鴻博碩儒，幸不吝言，補其罅漏，正其迷誤，跂予望之。

同治五年歲次丙寅春三月，恭冕謹識。

清史稿劉寶楠傳 附劉恭冕傳

劉寶楠，字楚楨，寶應人。父履恂，字迪九，乾隆五十一年舉人，國子監典簿，著有秋槎札記。寶楠生五歲而孤，母氏喬教育以成。始寶楠從父台拱漢學精深，寶楠請業於台拱，以學行聞鄉里。爲諸生時，與儀徵劉文淇齊名，人稱揚州二劉。道光二十年成進士，授直隸文安縣知縣。文安地稱窪下，隄堰不修，遇伏，秋水盛張，輒爲民害。寶楠周履隄防，詢知疾苦，爰檢舊册，依例督旗屯及民同修，而旗屯恆怙勢相觀望，寶楠執法不阿，功遂濟。再補元氏，會歲旱，縣西北境蝗，袤延二十餘里。寶楠禱東郊蜡祠，蝗爭投阬井，或抱禾死，歲則大熟。咸豐元年，調三河，值東省兵過境。故事，兵車皆出里下。寶楠謂兵多差重，非民所堪，雇車應差，給以民價，民得不擾。

寶楠在官十六年，衣冠樸素如諸生時。勤於聽訟，官文安日，審結積案千四百餘事。雞初鳴，坐堂皇，兩造具備，當時研鞫，事無鉅細，均如其意結案，悖者照例治罪。凡涉親故族屬訟者，諭以睦婣，概令解釋。訟獄既簡，吏多去籍歸耕，遠近翕然，著循良稱。咸豐五年卒，年六十五。

寶楠於經，初治毛氏詩、鄭氏禮，後與劉文淇及江都梅植之、涇包愼言、丹徒柳興恩、句容陳立約各治一經。寶楠發策得論語，病皇、邢疏蕪陋，乃蒐輯漢儒舊說，益以宋人長義，及近世諸家，仿焦循孟子正義例，先爲長編，次乃薈萃而折衷之，著論語正義二十四卷。因官事繁，未卒業，命子恭冕續成之。他著有釋穀四卷，於豆、麥、麻三種多補正程氏九穀考之說；漢石例六卷，於碑志體例考證詳博；寶應圖經六卷、勝朝殉揚錄三卷、文安隄工錄六卷。

恭冕，字叔俛。光緒五年舉人。守家學，通經訓，入安徽學政朱蘭幕，爲校李貽德春秋賈服注輯述，移補百數十事。後主講湖北經心書院，敦品飭行，崇尚樸學。幼習毛詩，晚年治公羊春秋，發明「新周」之義，闢何邵公之謬說，同時通儒皆韙之。卒年六十。著有論語正義補、何休論語注訓述、廣經室文鈔。

（錄自清史稿卷四百八十二儒林二）